E. H. Wichmann
Geschichte Hamburgs
in alten Darstellungen

SEVERUS

Wichmann, E. H.: Geschichte Hamburgs
Hamburg, SEVERUS Verlag 2013
Nachdruck der Originalausgabe von 1889

ISBN: 978-3-86347-688-5
Druck: SEVERUS Verlag, Hamburg, 2013

Der SEVERUS Verlag ist ein Imprint der Diplomica Verlag GmbH.

Bibliografische Information der Deutschen Nationalbibliothek:
Die Deutsche Nationalbibliothek verzeichnet diese Publikation in der Deutschen Nationalbibliografie; detaillierte bibliografische Daten sind im Internet über http://dnb.d-nb.de abrufbar.

© **SEVERUS Verlag**
http://www.severus-verlag.de, Hamburg 2013
Printed in Germany
Alle Rechte vorbehalten.

Der SEVERUS Verlag übernimmt keine juristische Verantwortung oder irgendeine Haftung für evtl. fehlerhafte Angaben und deren Folgen.

SEVERUS

Inhalt.

	Seite
Die Gründung der Hamburger Kirche 811	1
Gründung des Erzbistums Hamburg	3
Rimbert, Erzbischof von Hamburg 865—888 und seine Nachfolger bis 918	14
Adaldag, Erzbischof von Hamburg 937—988	17
Die Domkirche	25
Die Domschule in Hamburg	34
Die Entwickelung der Altstadt Hamburg	43
Die Petrikirche	54
Die Elbmarschen	59
Adolf III., Graf von Holstein, Stormarn und Wagrien, 1164—1201	75
Neu-Hamburg, das Nikolaikirchspiel	86
Das Hospital St. Georg	98
Die Nikolaikirche	107
Adolf IV.	120
Das Marien-Magdalenen-Kloster	131
Das Johanniskloster	140
Die Entwickelung unserer Geestdörfer	153
Die Entwickelung unseres Grundeigentums	169
Die Katharinenkirche	176
Die Jakobikirche	187
Die St. Gertrud-Kapelle	194
Der Rödingsmarkt	196
Das Kloster Harvestehude	212
Das Bullenhuser Schleusenhaus	225
Die Walddörfer	240
Der Winserbaum	251
Die alte Börse	259
Die Wandrahmen und die holländische Reihe	267
Die Insel Neuwerk	278
Die Entstehung der Stadt Altona	286

Abbildungen.

	Seite
Ansgar, Erzbischof von Hamburg	3
Ansgar	13
Die Domkirche in Hamburg	26
Domhalle	31
Plan von der Altstadt Hamburg. 1150	52
Die Petrikirche in Hamburg vor dem Brande	55
Der Zollenspieker. 1650	62
Adolf III.	76
Plan von Neu-Hamburg. 1200	87
St. Georg im 17. Jahrhundert	101
Nikolaikirche. 1657	113
Adolf IV.	129
Rückseite des Marien-Magdalenen-Klosters	133
Marien-Magdalenenkirche	135
St. Johanniskirche	143
Das Johanniskloster mit Umgebung. 1823	144
Küche des Johannisklosters	146
Plan des Johannisklosters mit Umgebung von 1823 und der Straßenzüge von 1887	151
Das sogenannte Fideikommiß-Haus in Billwärder an der Bille	163
Haus in Billwärder an der Bille	163
Kikenkathen bei Wandsbeck	164
Alte Kirche in Steinbeck	167
Neue Kirche in Steinbeck	168
Bei den Mühren	177
Die hohe Brücke	178
Das Zippelhaus	179
Das englische Haus, in der Gröningerstraße	180
Die Katharinenkirche. 1657	184
Die Katharinenkirche	185
Das alte Steinthor	188
Das alte Schützenhaus und der Steinthorturm	189
Geometrischer Abriß der Kirche St. Jakobi	191
Jakobi-Kirchhof in Hamburg	193
Die St. Gertrud-Kapelle	194
Der Röbingsmarkt	196
Kajen	206
Eppendorf bei Hamburg	215
Vom alten Raben nach Hamburg	216
Plan von Herwardeshude bei Hamburg	218
Bullenhuser Schleusenhaus	235
Mellenburger Schleusenhaus	245
Waltershof	246
Herrenhaus in Wohldorf	246
Der Winserbaum und Winserturm	254
Die neue Winserbrücke	255
Blick von der Ellernthorsbrücke auf das Flet 1886	256
Kleine Bäckerstraße 1887	257
Neustädter Fuhlentwiete 1887	258
Börse. Rathaus. Niedergericht	265
Kaisershof	266
Blockhaus	272
Baumhaus	273
Leuchtturm auf Neuwerk	280
Das Ritzebütteler Schloß	281
Altona nach einer Zeichnung von Waterlo	286
Plan von Altona 1550	290

Die Gründung der Hamburger Kirche 811.

Zu der Zeit, als Karl der Große die Sachsen seiner Herrschaft unterwarf und die Eider zur Nordgrenze des fränkischen Reiches machte, war Hamburg und die ganze Umgegend noch mit Wald und Sumpf bedeckt. Von Boberg über Steinbeck, Hamm und Horn bis nach Flottbeck zieht sich ein Höhenzug entlang, welcher damals mit einer steilen Böschung gegen die Elbe abfiel und mit dichtem Laubwald bedeckt war, die niedrige, sumpfige Elbmarsch, welche vor der Geest lag, wurde bei jeder höheren Flut überschwemmt und konnte daher nicht zum Wohnen und zum Ackerbau, sondern nur zur Viehweide benutzt werden. Bei Hamburg ist dieser Höhenzug unterbrochen, und durch diese Lücke stand das Alsterthal mit der Elbniederung in Verbindung. Auch das Alsterthal bildete damals eine sumpfige Niederung, welche ebenfalls von jeder höheren Flut überschwemmt wurde, und beide Niederungen konnten daher nur im trocknen Sommer bei anhaltender Dürre, oder im Winter bei strenger Kälte überschritten werden. Die Alster durchfloß ihre Niederung in einem vielfach gewundenen Lauf, von welchem noch jetzt ein Teil in dem Fleet am Mönkedamm und hinter der Neuenburg erhalten ist; die übrigen Krümmungen sind später durch den Aufstau der Alster zum Mühlenteich verschwunden und nur teilweise noch zu bestimmen. Die Abhänge der Geest gegen die Alster an den hohen Bleichen, in Pöseldorf, Harvestehude, St. Georg u. s. w. waren ebenfalls mit Laubwald bedeckt und das Alsterthal mag damals einen malerischen Anblick gewährt haben, ähnlich dem des Thales im Flottbecker Park bei Teufelsbrücke.

Das Plateau der Geest war mit Grasflächen, Weideland, bedeckt; das östliche, später als Röwekamp, Borgesch u. s. w. erwähnt, erstreckte sich etwa bis zur Jakobikirche und das westliche, von dem noch jetzt ein Teil als Heiligengeistfeld übrig ist, bis zu der großen Michaeliskirche, dem Großen Neumarkt und den Kohlhöfen u. s. w. in die jetzige Neustadt hinein. Am Rande der Geest führte die große Landstraße entlang, deren Richtung noch heute durch die Steinstraße, Speersort, große Michaelisstraße und Mühlenstraße bezeichnet wird, den Übergang über die sumpfige Niederung bildete ein Knüppeldamm, etwa in der Richtung des großen Burstah, zum Überschreiten des Alsterflusses diente eine Furt.[1])

Auf dem Ausläufer des östlichen Geestrückens, welcher in der Form eines Dreiecks zwischen der Hermannstraße, großen Johannisstraße und den beiden Bäckerstraßen in die Alsterniederung hineingeschoben war, hatten die umwohnenden Sachsen ihren Opferplatz, der ohne Zweifel für die Abhaltung des germanischen Gottesdienstes vortrefflich gelegen war. Von Osten und Westen durch die große Landstraße, von Norden durch Fußwege, die jetzige Langereihe in St. Georg und die neustädter Fuhlenwiete, leicht zugänglich, war er doch fast ganz abgeschlossen, denn auf zwei Seiten von der unzugänglichen Elb- und Alsterniederung umgeben, brauchte man also nur auf der Ostseite eine künstliche Grenze zu errichten, um unbefugte Lauscher (Hörige, Knechte und Frauen) fern zu halten. Zu dem Zwecke wurde hier ein Wall aufgeworfen, der sich von der Alsterniederung in einem Bogen, zwischen Paulstraße und Pferdemarkt und längs des Kattrepels, über den Geestrücken bis zur Elbniederung erstreckte; ein Teil dieses Walles ist noch lange unter dem Namen „heidnischer Wall" erhalten geblieben. Während der gottesdienstlichen Feier war die Landstraße durch ein Thor am Speersort und bei der Mühlenbrücke geschlossen. Dieser Opferplatz hat vermutlich schon lange vor Karl dem Großen bei den Sachsen den Namen „Hamburg" geführt. Die Sage erzählt aber, daß Karl der Große hier eine Burg „die Hammaburg" gegründet, und später in derselben eine Kirche erbaut habe, doch ist die Sage wohl in Rom entstanden, als Ansgar die päpstliche Bestätigung des Erzbistums nachsuchte. Man übersetzte das deutsche Wort Burg[2]) mit castellum, und da die alten Sachsen keine befestigten Plätze hatten, so konnte nur Karl der Große hier die Burg gegründet haben. Karl der Große hätte aber ein schlechter Stratege sein müssen, wenn er eine Festung zum Schutz der Grenze auf dem rechten Elbufer angelegt haben würde, wo sie bei einem Überfall durch die breite Elbniederung von aller Hülfe aus dem fränkischen Reich abgeschnitten gewesen wäre. Die einmal entstandene Sage haben die Hamburger Geistlichen wohlbedacht erhalten und weiter ausgebildet, weil durch dieselbe das Ansehen des Orts erhöht wurde. Schon die ersten Missionäre suchten in Deutschland so viel als möglich die Kirchen auf einem geheiligten Platz zu errichten. Karl der Große aber bestimmte in dem unterworfenen Sachsenland alle geweihten Plätze zum Eigentum der christlichen Kirchen und gründete neue Kirchen vorzugsweise auf den angesehenen Opferplätzen, weil die Bevölkerung einmal gewohnt war, zur Feier des Gottesdienstes sich hier zu versammeln. Wenn also Karl der Große die Kirche für Nordalbingien in Hamburg erbauen ließ, so ist wohl zu vermuten, daß hier ein wichtiger heidnischer Opferplatz gewesen ist.

So weit unsere Nachrichten reichen, ist die Kirche in Hamburg 811 gegründet, Karl der Große berief den Priester Heridag hierher und ließ Kirche und Priester durch Amalhar, Erzbischof in Trier, weihen. Es war allerdings nur eine kleine hölzerne Kirche mit einem Priester und einigen Gehülfen, wie Karl der Große deren manche in Sachsen gegründet hat, aber über seine weiteren Pläne mit Hamburg besitzen wir keine Nachrichten. Es kann jedoch nicht seine Absicht gewesen sein, hier nur eine kleine Landkirche mit beschränktem Wirkungskreis zu gründen, das beweist schon der Umstand, daß er die Kirche nicht durch einen der benachbarten Bischöfe von Bremen oder Verden, auch nicht durch den Erzbischof von Köln weihen ließ, denn diese hätten daraus später ein Patronatsrecht über dieselbe ableiten können; überdies schenkte er der Hamburger Kirche zum Unterhalt der Geistlichen und zur Unterstützung der Mission die Einkünfte des reichen Klosters Rodnach in Flandern, zwischen Doornick und Oudenarden.

Allein Heridag starb schon im folgenden Jahre, und da auch Karl der Große am 28. Jan. 814 einem hitzigen Fieber erlag, scheint die Hamburger Kirche nicht wieder besetzt und in Vergessenheit geraten zu sein, denn nirgends wird dieselbe wieder erwähnt. Die Bischöfe von Bremen und Verden vereinigten sich später über eine Teilung von Nordalbingien, infolgedessen die nördliche Hälfte an Bremen, die südliche mit Hamburg an Verden fiel, und da Karl der Große über seine Absichten mit der Hamburger Kirche nichts hinterlassen hatte, trug Ludwig der Fromme kein Bedenken, die Teilung der Hamburger Diöcese zu bestätigen und dadurch die Stiftung seines Vaters wieder aufzuheben.

Ansgar, Erzbischof von Hamburg 831—865.

Gründung des Erzbistums Hamburg.

Das Altertum ist reich an heroischen Charakteren, welche für hohe Ideale der Menschheit, für das Wohl ihres Volkes, für die Freiheit ihrer Mitbürger Gut und Blut freudig opferten und sich die Bewunderung der Mit- und Nachwelt erwarben. Im Mittelalter begegnen wir solchen Männern selten oder nie, der Gesichtskreis ist beschränkt, die Lebensanschauung einseitig, der Mann begeistert sich nicht für hohe Ideale und strebt nicht nach dem Beifall der Mitmenschen; in der Einsamkeit, in enger Klause widmet er sein ganzes Leben einer einzigen Aufgabe, welche aber weder der Menschheit noch seinem Volk einen Vorteil bringt, und wenn wir auch den Fleiß und die Ausdauer bewundern, zur Nachahmung kann uns sein Beispiel nicht anregen. Der Glaube ist die einzige höhere

Idee, welche manche Männer in Wahrheit begeistert, aber auch hier zeigt sich nicht der kühne Mut, der die Hindernisse durch eigene Kraft zu beseitigen sucht; demütig und gottergeben überläßt er dies der waltenden Vorsehung, er umgeht die Hindernisse, aber besiegt sie nicht. Dennoch können wir solchen Charakteren unsere Anerkennung nicht versagen, denn sie lassen sich durch keine Mißerfolge irre machen, sie beginnen fortwährend die Arbeit aufs neue, sobald die Verhältnisse sich nur im geringsten günstiger gestalten, und nicht immer hat ihr Gottvertrauen sie getäuscht.

Ein hervorragender Träger dieser Richtung war Ansgar, er betrachtete die Bekehrung der Skandinavier als seine Lebensaufgabe, und so oft auch die kaum errungenen Erfolge wieder vernichtet wurden, so ergriff er doch jede Gelegenheit und begann die Arbeit mit neuem Mut. Am Abend seines Lebens hatte er zwar die Freude, daß in Schweden eine, in Dänemark zwei kleine Gemeinden bestanden, aber bald nach seinem Tode waren auch diese wieder zerstreut. Ein halbes Jahrhundert blieb das Christentum in ganz Skandinavien unterdrückt, und erst nach mehreren Jahrhunderten gelangte es völlig zum Siege. Würde Ansgar ein anderes Ziel zu seiner Lebensaufgabe gewählt haben, dann hätte er bei seiner reichen Begabung viel mehr für seine Kirche, für sein Volk, für Kunst und Wissenschaft wirken können. Eine irrtümliche Auffassung ist es auch, wenn man Ansgar als Apostel des Nordens, und als leuchtendes Vorbild für seine Nachfolger auf dem erzbischöflichen Stuhl bezeichnet. Im Gegenteil zeigt die Geschichte des Erzbistums, daß die ersten Nachfolger gar nichts für die Mission in Skandinavien gethan haben, und daß die Bekehrung hauptsächlich den Missionären aus England und Schottland zu verdanken ist, Adaldag, Unwan, Bezelin und Adalbert schlugen andere Wege ein und benutzten andere Mittel als Ansgar, nnd sie würden auch ohne sein Beispiel ihr Ziel verfolgt haben.

Ansgar wurde am 9. September 801 in der Picardie geboren, sein Vater war ein Ministerialer am Hof Karls des Großen, seine Mutter, eine fromme, sanfte Frau, verlor er schon in seinem fünften Jahre, doch hat sie auf das weiche Gemüt des Kindes einen nachhaltigen Einfluß geübt und die Vorliebe für religiöse Andachtsübungen geweckt; wenigstens spielt noch in seinem höhern Alter die verstorbene Mutter in seinen Visionen und religiösen Träumereien eine große Rolle. Da der Vater durch sein Amt zu sehr beschäftigt war, übergab er seinen Sohn dem Kloster Corbie zur Erziehung.

Bei Klosterschulen denken wir in der Regel an eine strenge, finstere (klösterliche) Zucht, wodurch jede freie, selbständige Entwicklung des Kindes zerstört wird; dies war aber zu jener Zeit nicht der Fall, namentlich herrschte in Corbie ein reges, wissenschaftliches Streben, da der Kaiser sich persönlich für dies Kloster interessierte, die tüchtigsten Lehrer hierher berief, und insbesondere sächsische Jünglinge hier unterrichten ließ, um sie später als Missionäre zu verwenden. Auch waren di Klosterschulen in jener Zeit nicht ausschließlich zur Erziehung von Geistlichen und Mönchen bestimmt, sie unterrichteten in allen Wissenschaften, und da sie die einzigen Bildungsanstalten waren, suchte Karl der Große die Adeligen und seine Ministerialen zu veranlassen, daß sie ihre Söhne in dene Klosterschulen unterrichten ließen, damit er sie als tüchtige Beamte verwenden könne. Wenn also Knaben in Klöstern erzogen wurden, so war damit keineswegs die Bestimmung zum geistlichen Stande ausgesprochen, sondern die Mehrzahl derselben kehrte nach Vollendung ihrer Erziehung in das weltliche Leben zurück.

Ansgar war ein lebhafter, aufgeweckter Knabe und bald bei Lehrern und Mitschülern allgemein beliebt, denn obwohl er beim fröhlichen Spiel nicht zurückstand, so überflügelte er seine Altersgenossen im Wissen, und seiner reichen Begabung, wie seinem Fleiß verdankte er es wohl, daß er schon im Alter von fünfzehn Jahren als Lehrer in der Schule verwandt wurde, um zwanzigjährige Jünglinge zu unterrichten.

Trotzdem muß es überraschen, daß er bei seiner Mündigkeit sich für den geistlichen Beruf entschied, obgleich er infolge der Stellung seines Vaters zu der kaiserlichen Familie, und bei seinen tüchtigen Kenntnissen ein rasches Fortkommen im Staatsdienst erwarten durfte. Es mag sein, daß auf diese Entscheidung das Andenken an die verstorbene Mutter einen Einfluß ausgeübt hat, jedenfalls zeigt sich hier aber schon der eigentümliche Charakterzug, der Verzicht auf persönliche Vorteile und die Hingabe an eine Lebensaufgabe.

Nach dem Tode Karls des Großen geriet das fränkische Reich sehr rasch in Verfall, aber für die wissenschaftlichen Bestrebungen wirkte sein Geist noch lange fort, ja im allgemeinen steigerte sich noch der Eifer, und die bedeutenderen Klöster konnten bald die Zahl der Mönche und Schüler nicht mehr fassen, so daß es nötig wurde, Filialen anzulegen.

Dies war auch der Fall mit dem Kloster Corbie, und da Ludwig der Fromme dasselbe ebenfalls als Missionsanstalt für die Bekehrung der Sachsen betrachtete, wünschte er, daß das neue Kloster östlich von dem Mutter=Kloster angelegt werde. Nach längerem Suchen fand man einen passenden Platz im Solingerwalde an der Weser, in der Nähe der königlichen Villa Huxari. Am 6. August 822 wurde der Grundstein gelegt, und im folgenden Jahre konnte das neue Kloster eingeweiht werden. Es erhielt den Namen Neu=Corbeja oder Neu=Corbie und wurde mit Mönchen aus Alt=Corbie besetzt. Auf Wunsch des Kaisers kam auch Ansgar in das neue Kloster, um die Schule einzurichten und zu leiten. Also kaum 21 Jahre alt, erhielt er schon das Amt des Scholasters, außerdem wählten seine Klosterbrüder ihn zum Hauptprediger. Ansgar brachte die neue Schule bald in Ruf, aus allen Gegenden kamen Söhne von Fürsten und Adeligen hierher, denn Lehrer und Schüler beseelte ein ernstes wissenschaftliches Streben und ein reger Wetteifer. Doch sollte Ansgar in dieser ehrenvollen Stellung nicht lange verbleiben.

Schon 822 hatte Ebbo von Rheims eine Missionsreise nach Dänemark unternommen, aber wegen der Thronstreitigkeiten zwischen den vier Söhnen Göttriks keine Erfolge erzielt. 826 wurde Harald, König von Südjütland, durch Göttriks Söhne vertrieben, und kam Hülfe suchend nach Mainz. Auf den Rat Ebbos sprach er dem Kaiser gegenüber den Wunsch aus, mit seiner Familie die Taufe zu empfangen, und diese wurde mit großer Pracht vollzogen. Aber Ludwig der Fromme wünschte auch die Bekehrung des dänischen Volkes und suchte daher nach einem Mann, der die Befähigung und den Mut besaß, Harald nach Dänemark zu begleiten und dort eine Mission einzurichten. Vergebens trug der Kaiser seinen Wunsch einer Versammlung von Geistlichen und Adeligen vor, es fand sich niemand bereit, den gefahrvollen Auftrag zu übernehmen. Da wandte er sich an Wala, den Abt des Klosters Neu=Corbie, und dieser brachte Ansgar in Vorschlag. Ludwig der Fromme war damit einverstanden, und als Wala in seinem Auftrage Ansgar fragte, ob er die Mission übernehmen möchte, erklärte dieser sich sofort bereit; indessen machte Wala ihn auf die Gefahren und die großen Schwierigkeiten aufmerksam, es sei auch durchaus kein Befehl des Kaisers, sondern es solle sein eigener freier Wille sein, und er möge sich einige Tage Bedenkzeit nehmen, erst dann werde er dem Kaiser seinen Entschluß mitteilen. Als aber Ansgar seinem ersten Entschluß treu blieb, sandte Wala ihn zum Kaiser nach Mainz, um demselben seine Bereitwilligkeit persönlich auszusprechen. Auch Ludwig der Fromme unterließ nicht, ihn auf die Beschwerden und Gefahren aufmerksam zu machen, doch Ansgar antwortete ihm, daß er zu jedem Dienst für den Glauben bereit sei und Harald ohne Bedenken begleiten wolle, wenn er dadurch zur Verbreitung des Evangeliums beitragen könne. Alle Anwesenden staunten über seinen Entschluß, einige machten ihm Vorwürfe, daß er seine segensreiche Stellung in Neu=Corbie aufgeben wolle, andere wandten sich von ihm ab, als von einem ehrgeizigen, ruhmsüchtigen Manne, viele verspotteten ihn als einen Thoren, Ansgar aber ließ sich durch nichts irre machen, sondern kehrte ruhig in sein Kloster zurück, um sich auf seine Reise vorzubereiten.

Auch seine Klosterbrüder erwarteten, er werde im letzten Augenblick von seinem Entschluß zurücktreten, und ließen es an böswilligen Bemerkungen hinter seinem Rücken nicht fehlen, auch fand sich keiner zu seiner Begleitung bereit. Allein Ansgar ließ sich auch dadurch in seinem Entschluß nicht wankend machen, aber er zog sich immermehr in die Einsamkeit zurück, um sich durch Gebet und das Studium heiliger Schriften auf die Reise vorzubereiten. Da überraschte ihn eines Tages sein Klosterbruder Autbert, welcher aus einer angesehenen Familie stammte, mit dem Entschluß, daß er ihn, Ansgar, nicht allein nach Dänemark reisen lassen wolle, er möge ihm die Erlaubnis zur Begleitung bei dem Abt Wala auswirken. Da Autbert schwächlich war, versuchte Ansgar ihn zu bewegen, sich nicht den Beschwerden und Gefahren einer Missionsreise nach Dänemark auszusetzen. Vergebens bemühte sich auch Wala durch mancherlei Gründe, Autbert in seinem Entschluß wankend zu machen, jedoch bewilligte er endlich den Urlaub unter der Bedingung, daß er keinen seiner Untergebenen zur Begleitung zwingen dürfe.

Kaiser Ludwig der Fromme war hocherfreut über den Entschluß der beiden jungen Leute, rüstete sie mit dem nötigen Reisegepäck, mit Altargeräten, Büchern, überhaupt mit allem reichlich aus, was für die Einrichtung des christlichen Gottesdienstes notwendig erschien, damit sie als Gesandte des Kaisers in Dänemark würdig auftreten konnten. Allein Harald hatte sich nur taufen lassen, um mit Hülfe des Kaisers seine Herrschaft wieder zu erlangen, das Christentum war ihm durchaus gleichgültig, und die beiden Missionäre erschienen ihm daher als unbequeme Begleiter. Er machte ihnen dies auch in recht fühlbarer Weise bemerklich; am Bord des königlichen Schiffes wurden sie von allen auf die roheste Weise behandelt, um sie dadurch sobald als möglich zur Umkehr zu bewegen.

Nachdem Ansgar und Autbert wirklich die Reise angetreten und sich mit Harald eingeschifft hatten, war sehr schnell das Urteil umgeschlagen, und die lebhafte Anerkennung ihres Mutes eilte ihnen voraus. Als sie auf der Rheinfahrt nach Köln kamen, wurden sie vom Erzbischof Hadebold sehr ehrenvoll aufgenommen, und als er von ihrer schmachvollen Behandlung an Bord des königlichen Schiffes hörte, schenkte er ihnen sein bestes Schiff zur weiteren Reise nach Dänemark. Sobald Harald die schöne Einrichtung dieses Schiffes sah, wünschte er dasselbe auch benutzen zu können; bereitwillig trat Ansgar ihm eine der beiden Kajüten ab, und infolge dessen gestaltete sich das Verhältnis der beiden Missionäre zum König erträglicher.

Ohne Unfall gelangten sie glücklich nach Jütland, aber mit der Missionsthätigkeit hatte es noch gute Wege. Zwar gewann Ansgar durch sein bescheidenes, anspruchloses Benehmen manche Freunde, aber die Gründung einer christlichen Gemeinde, der Bau einer Kirche wurde ihm untersagt, König Harald erlaubte ihm nur, in Haddeby, nahe bei Schleswig, eine Schule zu errichten, um dort dänische Knaben im Christentum zu unterrichten.

Zwei Jahre hatten sie in dieser Weise gewirkt, als Autbert schwer erkrankte und nach Corbie zurückkehren mußte, wo er um Ostern 830 den Folgen der Missionsreise erlag. Auch Ansgar mußte bald darauf das Land verlassen, da Harald durch einen neuen Aufstand und durch die Söhne Göttriks abermals vertrieben wurde. Jetzt faßte der kaiserliche Hof endlich energische Beschlüsse, um die unruhigen Nachbarn zu bändigen; ein starkes, fränkisches Heer führte König Harald in sein Land zurück, und er mußte jetzt die Missionspredigt erlauben, worauf Ansgar seine Thätigkeit mit besserem Erfolg wieder aufnehmen konnte; doch wurde er bald darauf in einen günstigeren Wirkungskreis berufen.

Auf der Reichsversammlung zu Worms, im August und September 829, erschien eine schwedische Gesandtschaft, um ein Bündnis mit dem fränkischen Reiche abzuschließen. Diese Gesandten berichteten unter andern, daß in Schweden viele dem Christentum geneigt seien, auch der König wohlwollende Gesinnungen für dasselbe hege, und der Kaiser möge nur christliche Priester in ihr Land senden. Ludwig der Fromme beschloß daher, mit einer Gesandtschaft einige Missionäre an den schwedischen König abzusenden; auf Vorschlag von Wala wurde Ansgar zu dieser wichtigen Sendung ausersehen und aus Dänemark zurückgerufen. Ansgar erklärte sich sofort bereit, nahm Witmar, mit dem er schon im Kloster Neu-Corbie befreundet gewesen war, zum Begleiter, und ausgerüstet mit reichen kaiserlichen Geschenken für den König von Schweden und mit den Altargeräten für den Gottesdienst traten sie im Frühjahr 830 in Begleitung der Gesandtschaft die Reise nach Schweden an. Die dänische Mission wurde während Ansgars Abwesenheit dem Mönch Gislemar übertragen.

Der Anfang der Reise nach Schweden war indessen nicht glücklich, denn auf der Fahrt über die Ostsee hatten sie mit Sturm und Unwetter schwer zu kämpfen, und fielen endlich Seeräubern in die Hände, von denen sie ausgeplündert und in einer unbewohnten Gegend der schwedischen Küste ans Land ausgesetzt wurden. Die ganze Ausrüstung, die Bücher, Kirchengeräte, die kaiserlichen Geschenke für den schwedischen König, alles war verloren, daher ist es leicht erklärlich, daß Ansgars Begleiter den Mut verloren hatten und nach Deutschland zurückzukehren wünschten. Nur mit vieler Mühe gelang es Ansgar, sie zum Ausharren zu bewegen. Auf dem beschwerlichen Landwege setzten sie jetzt ihre Reise fort und gelangten ohne weiteren Unfall nach Birka, der damaligen Hauptstadt von Schweden.

Wie sich zu jener Zeit der Handel der westlichen Ostsee in Schleswig konzentrierte, so bildete Birka am Mälar den Mittelpunkt des Handels in der östlichen Ostsee. Hier trafen die Kaufleute aus Deutschland, Rußland, Griechenland ꝛc. zusammen, und das Christentum war hier bereits teils durch die fremden Kaufleute bekannt geworden, teils hatten die heimischen Kaufleute dasselbe auf ihren Reisen in christlichen Ländern kennen gelernt, und es bedurfte daher nur einer äußern Anregung, um dem Evangelium wirkliche Anhänger zu gewinnen.

Auf Empfehlung seiner Gesandten nahm König Bern (Björn) Ansgar und seine Begleiter, trotzdem sie ohne kaiserliche Geschenke erschienen, freundlich auf, und auf seinen Antrag bewilligte die Volksversammlung den Missionären die freie Lehre des Evangeliums. Durch seine begeisterten Predigten, besonders aber durch sein frommes und leutseliges Wesen gewann Ansgar auch hier bald die allgemeine Achtung, und manche ließen sich taufen. Von großer Bedeutung war es, daß Hergeier (Herigar), der königliche Burggraf von Birka, offen zum Christentum übertrat und auf seinem Odal (Landgut) in der Nähe von Birka eine Kirche erbauen ließ, wo Ansgar den christlichen Gottesdienst einrichten konnte und die Gemeinde einen Mittelpunkt fand.

Ansgar kehrte hierauf nach Deutschland zurück, um dem Kaiser Bericht zu erstatten, und traf denselben auf dem Reichstage zu Diedenhofen. Ludwig der Fromme hatte kurz vorher mit Dänemark einen günstigen Frieden abgeschlossen, durch welchen die Lage der Mission sehr gebessert worden war; denn von Göttriks Söhnen war nur Horich übrig geblieben und dieser versprach jetzt, dem Christentum keine Hindernisse in den Weg zu legen. Dazu kam nun der günstige Bericht über die Aussichten in Schweden. Am kaiserlichen Hof entstand große Freude, man schmeichelte sich mit der Hoffnung, daß der Sieg des Christentums in Skandinavien bereits gesichert sei, und Ludwig der Fromme faßte den Plan ein besonderes Erzbistum für den Norden zu gründen, obgleich noch kein einziges Bistum, ja nicht einmal eine geordnete Gemeinde vorhanden war. Doch die Gründung eines Erzbistums wurde von Ebbo von Rheims und von Rhabanus Maurus eifrig befürwortet, und der Reichstag stimmte dem Antrage des Kaisers zu. Auf Ansgars Vorschlag wurde Hamburg[3]) zum Sitz des Erzbistums erwählt, weshalb die Bischöfe von Bremen und Verden die von ihnen in Besitz genommenen Teile von Nordalbingien der Hamburger Diöcese wieder herausgeben mußten. Im Süden und Westen bildete die Elbe die Grenze des neuen Erzbistums, aber im Norden und Osten erstreckte es sich in unbegrenzte Ferne. Da die Einkünfte des Klosters Rodnach anderweitig vergeben waren, überwies der Kaiser dem Erzbistum das reiche Kloster Turholt in Flandern zum Unterhalt der Priester und zur Unterstützung der Mission.

Nachdem die Bischöfe Willerich von Bremen und Helmgard von Verden keine Einwendungen gegen den Plan erhoben hatten, ernannte Ludwig der Fromme Ansgar zum Erzbischof, ließ ihn durch den kaiserlichen Erzkaplan, Drogo von Metz, unter Beistand der Erzbischöfe Ebbo von Rheims, Hetti von Trier und Otgar von Mainz mit großer Feierlichkeit weihen, sandte ihn alsdann in Begleitung des Markgrafen Gerold und der Bischöfe Bernald von Straßburg und Ratold von Soissons nach Rom, um die neue Schöpfung vom Papst bestätigen zu lassen. Gregor IV. nahm Ansgar sehr freundlich auf und erteilte ihm nicht nur persönlich das Pallium[4]) sondern ernannte ihn auch zum päpstlichen Legaten für Skandinavien und zum Metropolitan aller von ihm zu gründenden Bistümer.[5])

Als Ansgar aus Rom zurückgekehrt war, mußte er sich zunächst mit Ebbo von Rheims über die Mission in Skandinavien verständigen, denn dieser war bereits 822 von Papst Paschalis I. zum päpstlichen Legaten für den Norden ernannt worden. Nun hatte Ebbo seit seiner erfolglosen Missionsreise nach Dänemark nichts für die Bekehrung der Skandinavier gethan, während Ansgar seit 826 unausgesetzt in Dänemark und Schweden dafür gewirkt hatte, und billigerweise hätte Ebbo sein Anrecht an Ansgar abtreten sollen, allein daran dachte er nicht im entferntesten. Im Gegenteil, da Ansgar ihm, als dem älteren, die Wahl freistellte, nahm er Schweden für sich in Anspruch. Weil er aber keine Zeit und auch keine Neigung hatte, die Mission persönlich in die Hand zu nehmen, so übertrug er dieselbe seinem Neffen Gauzbert, welcher nach Genehmigung des Kaisers von Ebbo und Ansgar zum Bischof von Schweden geweiht wurde und als solcher den Namen Simon annahm. Gauzbert wurde vom Kaiser und von Ebbo mit Geld, Kirchengeräten, überhaupt mit allen für die Reise erforderlichen Dingen reichlich ausgerüstet. Er wird wahrscheinlich im Jahre 832 nach Schweden abgereist sein; denn sowohl die Bischofsweihe, als auch die Ausrüstung zur Reise muß vor dem Sturz Ebbos als Vertrauter des Kaisers erfolgt sein. Ebbo ging aber noch einen Schritt weiter. Im Jahre 823 hatte Ludwig ihm seinen Hof Welanao bei Itzehoe für die Unterstützung der Mission in Dänemark verliehen, da er diese jetzt Ansgar überlassen, mußte er folglich auch den Hof abtreten, aber er benutzte noch seinen letzten Einfluß beim Kaiser, um Welanao auf die schwedische Mission übertragen zu lassen. Die Legation war Ansgar und Ebbo gemeinschaftlich übertragen, und in dieser Hinsicht waren sie also gleich berechtigt, aber die Metropolitangewalt besaß Ansgar allein, doch Ebbo wollte diesen Unterschied nicht anerkennen. Ganz ebenso verfuhr auch sein Stellvertreter Gauzbert, er sah das Bistum Schweden für ein ganz unabhängiges an und dachte daher nicht daran, sich der Metropolitangewalt Ansgars unterzuordnen.

Nachdem nun die Auseinandersetzung mit Ebbo erledigt war, ging Ansgar wahrscheinlich noch in demselben Jahre nach Dänemark, um die Mission neu zu beleben, aber seine Reise war erfolglos. Die alte Raub= und Wanderlust regte sich aufs neue, denn die Verwirrungen im Frankenreich waren für die Wikinger zu verlockend, und seit dem Frühjahr 834 wurden die französischen, niederländischen und friesischen Küsten wieder regelmäßig mit Raub und Brand heimgesucht. Es ist leicht begreiflich, daß unter solchen Umständen an eine Ausbreitung des Christentums nicht zu denken war. Die Wikingerscharen, welche unter dem Schutz der heidnischen Volksgötter auszogen und mit Beute beladen heimkehrten, waren in den Augen des Volks ein schlagender Beweis von der Ohnmacht des Christengottes, der christliche Gottesdienst wurde daher verachtet, die Priester verjagt, und auch Ansgar mußte unverrichteter Dinge schon im nächsten Jahre das Land verlassen.

Zu Hamburg gründete Ansgar neben der Kirche ein Kloster und zog tüchtige Mönche aus Neu-Corbie hierher, um sie als Lehrer in der Schule zu verwenden. So weit seine Mittel reichten, kaufte er dänische, slawische und auch sächsische Knaben aus der Knechtschaft frei und ließ sie in Hamburg oder Turholt erziehen, um sie später als Missionäre zu verwenden.

Von einer Episkopal-Verfassung war noch keine Rede, Ansgar lebte mit seinen Geistlichen in einer klosterähnlichen Missionsgesellschaft, für den Glanz und die Pracht des Erzbistums hatte er keinen Sinn, und wenn ihm einstweilen auch der skandinavische Norden verschlossen war, so fand er in seinem eigentlichen Sprengel Arbeit genug für die Mission, denn die Nordalbingier hatten, von Karl dem Großen gezwungen, sich zwar taufen lassen, aber bekehrt waren sie nicht, und nach dem Tode des Kaisers wird hier kaum ein regelmäßiger christlicher Gottesdienst stattgefunden haben. Als Ansgar sein Amt antrat, fand er in ganz Nordalbingien nur zwei Kirchen, Meldorf und Hamburg, er selbst fügte später noch zwei hinzu, Heiligenstädten und Schönefeld, gewiß ein Beweis, wie gering die Zahl der Christen in Nordalbingien war. In der Bevölkerung herrschten noch heidnische Anschauungen, Sitten und Gebräuche. Die aus der Gefangenschaft der Normannen entflohenen Christen wurden von den Nordalbingiern wieder eingefangen und an die Dänen oder Slawen verkauft, oder zum eigenen Dienst behalten, und wie Rimbert berichtet, kostete es Ansgar viele Mühe, daß die Nordalbingier den Handel mit Christensklaven aufgaben. Ob und welche Erfolge Ansgar in der Bekehrung der Nordalbingier erzielt hat, erzählt Rimbert nicht, bedeutend aber werden sie nicht gewesen sein, denn 150 Jahre später fand Vizelin im nördlichen und östlichen Holstein das Heidentum noch in voller Blüte.

Im Jahre 843 erlitt das Erzbistum einen schweren Verlust. Durch den Vertrag von Verdun fiel das Kloster Turholt an Karl den Kahlen, welcher einen seiner Günstlinge, Raginar, mit den reichen Einkünften belehnte. Die Einnahmen des Erzbistums waren aber noch so gering, daß bald Mangel eintrat, infolgedessen viele Geistliche und Mönche das Kloster und die Mission verließen und nach Corbie oder einem andern Kloster zurückkehrten.

In Schweden hatte bis dahin die Mission einen guten Fortgang gefunden, jetzt trat auch hier eine Reaktion ein. Im Frühjahr 845 drang ein wütender Volkshaufen in die Kirche und vertrieb Gauzbert und seine Geistlichen, welche ausgeplündert und von allem entblößt nach Deutschland flüchten mußten. Von der Volksversammlung wurde darauf der christliche Gottesdienst verboten, die Kirche geschlossen und die Mitglieder der Gemeinde durften sich nur im Geheimen versammeln. Für das Erzbistum war dies kaum ein Verlust, da Gauzbert die Metropolitanrechte nicht anerkannt hatte, allein Ansgar wurde persönlich recht schwer davon betroffen, da er zu der schwedischen Kirche den Grund gelegt und bis jetzt gehofft hatte, daß Schweden auf die Bekehrung der Dänen zurückwirken werde. Indessen wurde Gauzbert bald nach seiner Rückkehr aus Schweden durch den Bischofsitz von Osnabrück entschädigt.

Bisher war Hamburg vielleicht seiner Armut wegen von den Raubzügen der Normannen verschont geblieben, im Sommer 845 erschien aber plötzlich eine große Wikinger Flotte[6] auf der Elbe und drang so rasch vor, daß Hamburg völlig überrascht wurde. Ansgar konnte mit seinen Geistlichen kaum das nackte Leben retten und nur seine Reliquien über die Elbe in Sicherheit bringen. Die Kirche, das Kloster und der erzbischöfliche Hof wurden ausgeplündert und niedergebrannt und alle Bewohner, welche sich nicht durch eilige Flucht retteten, in die Sklaverei geschleppt.

Durch die Zerstörung Hamburgs war der Fortbestand des Erzbistums ernstlich in Frage gestellt, denn König Ludwig, welcher Ansgar nicht einmal für den Verlust von Turholt hatte entschädigen können, vermochte jetzt noch weniger zu helfen. Außerdem war zur Zeit kaum ein Grund für die Erneuerung des Erzbistums vorhanden, denn in Nordalbingien war die Zahl der Christen eine sehr geringe, in den skandinavischen Ländern durfte aber das Christentum nicht gepredigt werden und es war wenig Aussicht vorhanden, daß in der nächsten Zeit die Lage der Dinge sich bessern werde.

Da bot sich dem Könige plötzlich eine günstige Gelegenheit, Ansgar für den Verlust von Hamburg zu entschädigen und ihn zugleich der nordischen Mission zu erhalten.

Am 24. August 845 starb Leuderich[7] Bischof von Bremen, und Ludwig konnte jetzt Ansgar das erledigte Bistum verleihen. Seine Stellung als päpstlicher Legat blieb davon unberührt, denn diese war ihm persönlich verliehen, dagegen boten die Einkünfte des Bremer Bistums reichere Mittel für die Mission. Trotzdem trug Ansgar Bedenken, die Verleihung anzunehmen und ließ diese erst fallen, nachdem 847 eine Synode in Mainz unter dem Vorsitz von Rhabanus Maurus den Plan Ludwigs des Deutschen zugestimmt hatte. Nach Meinung der Synode sollte indes Ansgar nicht beide Stifte miteinander vereinigen, und daher stellte eine neue Synode im folgenden Jahre die Teilung des Hamburger Sprengels wieder her, wie sie bis 831 bestanden hatte, demnach fiel die kleinere südliche Hälfte mit der Hamburger Kirche an Waldgar, Bischof von Verden, und das Übrige vereinigte Ansgar mit dem Bistum Bremen.

Ansgar war jetzt also Bischof von Bremen und als solcher Suffragan des Erzbischofs von Köln, außerdem durch die Ernennung des Papstes Metropolitan und päpstlicher Legat für die skandinavische Kirche. Allerdings bildeten die beiden letzteren Würden zur Zeit nur leere Titel, da in den skandinavischen Ländern das Christentum gänzlich unterdrückt war; aber bald nachdem Ansgar den Bremer Stuhl angenommen hatte, wurden die Verhältnisse in Dänemark der Mission wieder günstiger, der Sturm hatte ausgetobt, und, unterstützt von den reicheren Mitteln des Bremer Stiftes, gelang es Ansgar, den König Horich zu bewegen, daß er die Predigt des Evangeliums und den Bau einer Kirche in Schleswig erlaubte.

Die Fortschritte der Mission in Dänemark zeigten aber die Mängel der neuen Einrichtung, denn für die kirchlichen Gründungen in Skandinavien und für die Metropolitangewalt war ein Stift erforderlich, welches nach oben frei und unabhängig war, wie das Hamburger Erzbistum; diesen Anforderungen entsprach aber das Bremer Bistum nicht. Dazu kam noch ein anderes Bedenken. Der König könne zwar eine Diözese erweitern, aber nicht den Ort verändern, dem der Papst die Weihe verliehen habe. Eine neue Synode beschloß daher 850 die Wiederherstellung des Hamburger Erzbistums, jedoch auf einer neuen Grundlage, Ansgar empfing Hamburg zurück und mußte Verden durch einen Teil des Bremer Stiftes entschädigen. Das Hamburger Erzbistum bestand jetzt also aus der nördlichen, größeren Hälfte von Nordalbingien und dem Bremer Stift.

Durch den neuen Beschluß der Synode war jetzt das Bremer Bistum aufgehoben, dies rief aber neue Verwickelungen hervor, welche die beiden Erzbistümer Köln und Hamburg mehrere Jahrhunderte beschäftigt haben, denn Bremen mußte aus dem Metropolitanverbande mit Köln gelöst werden, dies konnte aber nicht sofort geschehen, da zur Zeit der Kölner Stuhl unbesetzt war, der später erwählte Erzbischof Günther weigerte sich aber, nachträglich seine Zustimmung zu geben.

Da Ansgar in den nächsten Jahren durch die dänischen Verhältnisse ganz in Anspruch genommen wurde, kam seine Stellung zu Köln nicht weiter zur Beratung. Um seine Stellung im eigenen Lande zu befestigen, suchte König Horich mit Ludwig dem Deutschen ein Bündnis abzuschließen, und dieser benutzte Ansgar als Unterhändler. Als Gesandter seines Königs kam Ansgar jetzt häufig nach Dänemark und wurde allmählich Horichs Freund und Ratgeber, was natürlich die Mission sehr beförderte. Horich trat zwar selbst nicht zum Christentum über, aber so weit es seine Stellung gestattete, unterstützte er die christlichen Priester.

Als nun die Mission in Dänemark sich so gut entwickelte, richtete Ansgar seine Blicke wieder nach Schweden und sandte zunächst den Einsiedler Ardgar als Kundschafter dorthin. Dieser fand in Birka noch eine kleine Anzahl von Gläubigen, doch die Kirche war geschlossen und durfte nicht zum Gottesdienst benutzt werden. Ardgar wagte es nicht, den König um Freigebung des christlichen Gottesdienstes zu bitten, sondern kehrte nach Deutschland zurück. Sein Bericht erfüllte Ansgar mit neuen Hoffnungen für die Zukunft, und er trat sofort mit Ebbo und Gauzbert wegen Eröffnung der schwedischen Mission in Unterhandlung, allein beide lehnten es ab, dieselbe wieder in die Hand zu nehmen, und da auch Ardgar keine Neigung hatte, Bischof von Schweden zu werden, entschloß sich Ansgar, obgleich bereits über 50 Jahre alt, persönlich die Reise zu unternehmen. Zu dem Zweck wandte er sich an seinen Freund König Horich, und empfing von ihm einen Paß und ein Empfehlungsschreiben in Runen an den König von Schweden. Ansgar kam glücklich nach Birka, wurde überall freundlich aufgenommen und auf den Antrag des Königs beschloß die Volksversammlung, den christlichen Gottesdienst wieder zu erlauben. Die Kirche wurde dem Gottesdienst geöffnet, die Gläubigen durften sich öffentlich versammeln, und diejenigen, welche aus Furcht vor den Verfolgungen des Pöbels zum Heidentum zurückgekehrt waren, fanden sich zu Ansgars Predigten ein, brachten Freunde und Bekannte mit, welche den begeisterten Redner zu hören wünschten, der aus weiter Ferne gekommen, um ihnen das Evangelium zu predigen, und manche Neugierige wurden bald Anhänger der neuen Lehre, so daß die Zahl der Gläubigen sich rasch vergrößerte. Die Angelegenheiten der Gemeinde waren bald geordnet, Ansgar setzte einen seiner Begleiter, Erimbert, als Vorsteher ein und kehrte in sein Erzbistum zurück.

Kaum erfuhr jedoch Gauzbert, daß Ansgar einen so schönen Erfolg erreicht hatte, und die Mission einen so günstigen Fortgang versprach, als er auch sofort seine Ansprüche geltend machte, und wiederum trat Ansgar bescheiden zurück. Gauzbert begnügte sich jedoch nicht, auf eine so leichte Weise Herr der schwedischen Kirche geworden zu sein, sondern ging sofort einen Schritt weiter, er sandte seinen Geistlichen Ansfried als Gemeindevorsteher nach Birka und entließ Erimbert nach Bremen, ohne sich vorher mit Ansgar zu beraten und zu verständigen. Ansgar nahm auch diese Demütigung ruhig hin, weshalb Rimbert die christliche Friedensliebe Ansgars hoch erhebt. Als indessen Gauzbert bald darauf starb, kam Ansfried persönlich nach Bremen, um sich von Ansgar im Amte bestätigen zu lassen und die Metropolitanrechte Hamburgs anzuerkennen. Allein Ansfried erkrankte und starb in Bremen, bevor er nach Schweden zurückreisen konnte. Ansgar weihte jetzt einen Bremer Geistlichen Ragimbert zum Bischof von Schweden, doch wurde dieser auf der Reise von den Räubern erschlagen, und nun sandte Ansgar seinen Freund Rimbert nach Birka, der glücklich ans Ziel gelangte und eine erfolgreiche Thätigkeit entwickelte.

In Dänemark trat nach dem Tode Horichs abermals eine Reaktion gegen das Christentum ein, indem Horich Barn (das Kind), seinen heidnischen Ratgebern folgend, das Christentum verbot, die Kirche in Schleswig schließen und die deutschen Priester aus dem Lande vertreiben ließ. Doch der Einfluß dieser fanatischen Ratgeber dauerte nicht lange, der junge König erkannte sehr bald, daß die Weisheit und Einsicht des alten Freundes seines Vaters ihm nützlicher war. Er rief Ansgar an seinen Hof zurück und diesem gelang es leicht, den König zu bewegen, das Verbot des christlichen Gottesdienstes wieder aufzuheben; die Kirche in Schleswig wurde wieder geöffnet und die deutschen Missionäre durften ihre Thätigkeit fortsetzen. Das Christentum hatte von diesem Zwischenfall noch einen Vorteil, denn Ansgar erhielt die Erlaubnis, in Ripen eine neue Gemeinde zu gründen, eine Kirche zu erbauen und den christlichen Gottesdienst einzurichten.

Ob und wann Hamburg von Ansgar wieder aufgebaut worden ist, wissen wir nicht, doch hat er wohl seit 845 nicht mehr in Hamburg, sondern, falls er nicht auf Reisen war, in Bremen gewohnt, und naturgemäß wurde Bremen dadurch der Hauptort des Erzbistums, wenn auch Hamburg die Titular=Metropole blieb.

Ebensowenig berichtet uns Rimbert, ob und was Ansgar für die Ausbreitung des Christentums in seiner speziellen Diözese gethan hat, und doch gab es hier ohne Zweifel sehr viel zu thun. Wie traurig es in Nordalbingien mit dem christlichen Glauben aussah, haben wir oben schon erwähnt, aber auch im Stift Bremen stand es nicht viel besser, denn 851 fand Ansgar in manchen Distrikten an der Unterweser das Heidentum noch in voller Blüte, welche zur Zeit Karls des Großen schon als völlig bekehrt galten.

Nachdem die Mission in Schweden und Dänemark guten Fortgang hatte, suchte Ansgar das Verhältnis zu Köln zu ordnen, aber so sehr er sich persönlich bemühte, Günther zum Verzicht auf Bremen zu bewegen, konnte er doch nichts erreichen. Erst nachdem auf einer großen Synode zu Worms, wahrscheinlich im Jahre 860, die Bischöfe von Deutschland und Frankreich die Vereinigung des Bistums Bremen mit dem Erzbistum Hamburg noch einmal beraten und für richtig befunden hatten, gab Günther auf eindringliches Bitten der beiden Könige, Ludwig des Deutschen und Lothars seinen Widerspruch auf und willigte in die Trennung des Bistums Bremen von dem Kölner Erzbistum.

Da Günther bald darauf vom Papst Nicolaus exkommuniziert wurde, schien seine Einwilligung König Ludwig dem Deutschen keine genügende Sicherheit zu bieten, er sandte daher den Bischhof Salomon von Konstanz nach Rom, um die Beschlüsse der Wormser Synode durch den Papst bestätigen zu lassen. In der Bulle vom 31. Mai 864 erteilte Nicolaus der Vereinigung von Bremen mit Hamburg nicht allein seine volle Zustimmung, sondern bedrohte auch jeden Erzbischof von Köln mit dem Bann, der künftig in irgend einem zum Hamburger Erzbistum gehörigen Orte sich irgend welche Gewalt anmaßen würde.

Ansgar hatte seinen Geistlichen Nordfried dem Bischof Salomon als Begleiter mitgegeben, um seine Stellung als Metropolitan und päpstlicher Legat für Skandinavien bestätigt zu erhalten, und in einer, vom 1. Juni 864 datierten Bulle bestätigt der Papst Ansgar in beiden Würden, doch wird eine Mitberechtigung Ebbos in der Legation nicht mehr erwähnt, da derselbe inzwischen verstorben war.[8]

Die Unabhängigkeit des Hamburger Erzbistums schien also gesichert, als Ansgar am 2. Februar 865 starb, auch konnte er die Beruhigung mit ins Grab nehmen, daß er für die Bekehrung der Skandinavier nicht ganz erfolglos gewirkt hatte.

Die 3 Gemeinden in Dänemark und Schweden waren zwar eigentlich nur Missionsstationen, ähnlich wie sie in Südafrika, in Hinterasien, Australien u. s. w. noch heute bestehen, welche eine kleine Anzahl von Gläubigen um sich versammeln, aber auf Sitten und Kultur der Bevölkerung keinen Einfluß üben; denn wenige Jahre nach Ansgars Tode waren diese Gemeinden abermals aufgelöst, und es verging fast ein halbes Jahrhundert, bis das Christentum in Skandinavien wieder Eingang fand.

Der geschichtliche Ansgar erscheint uns also als ein Mann von großer Begabung, aber geringer Willenskraft, und selbst in seinem spätern Alter und in der hervorragenden Stellung konnte er sich von der angeborenen Unterwürfigkeit der Ministerialen nicht frei machen. Sein bescheidenes, anspruchloses Auftreten erweckte ihm überall Freunde, von priesterlichem Hochmut und hierarchischer Anmaßung findet sich bei ihm keine Spur, und in dieser Hinsicht unterscheidet er sich wesentlich von den Geistlichen seiner Zeit, namentlich von Ebbo und Gauzbert; aber wie viel höher steht die Auffassung des Christentums bei seinem großen Zeitgenossen, dem Dichter des Heliand, und wie viel mehr wird diese den alten Sachsen zugesagt haben. Doch die römische Kirche hat Ansgars Namen stets hochgehalten, ihn mit einem reichen Kranz von Sagen umgeben, ihm manches zugeschrieben, was erst viele Jahre später geschehen ist, und sein Andenken durch Bildnisse und Statuen geehrt. Fast jede ältere Kirche in Hamburg und Bremen hat irgend ein Andenken an Ansgar aufzuweisen.

Ansgar, Erzbischof von Hamburg.

Unser Bild im Eingange des Artikels ist eine Kopie von einem Ölgemälde, welches bis 1805 eine Zierde des Doms bildete, als Gründer des Erzbistums hält Ansgar in seiner Linken eine kleine Domkirche, wie es auf fast allen Bildern der Fall ist, doch ist er nicht wie gewöhnlich im jugendlichen, sondern im reifen Mannesalter dargestellt. Neuerdings hat Hamburg zu seinem Andenken auf der Trostbrücke eine schöne Bildsäule errichtet, und hier auf der Grenze der beiden alten Städte stehen jetzt Ansgar als Gründer von Alt-Hamburg und Graf Adolf III. als Gründer von Neu-Hamburg einander gegenüber.

Rimbert,

Erzbischof von Hamburg 865—888, und seine Nachfolger bis 918.

Auf seinem Krankenlager hatte Ansgar den Wunsch ausgesprochen, Rimbert zum Nachfolger zu erhalten, und am Tage nach Beisetzung der Leiche in dem Bremer Dom versammelten sich die Gemeinde und Geistlichen zur Wahl eines neuen Erzbischofs. Rimbert wurde einstimmig erwählt und nach Bestätigung durch König Ludwig den Deutschen aus Schweden zurückgerufen; schon im Dezember 865 verlieh Papst Nikolaus ihm das Pallium, und 872 bestätigte Papst Hadrian II. ihm die päpstliche Legation für den ganzen Norden, sowie die Ehrenrechte und die Besitzungen seiner Kirche. — Rimbert war im Kloster Turholt erzogen, hatte hierauf zu seiner weiteren Ausbildung die Schule in Neu-Corbie besucht und war alsdann zu Ansgar nach Bremen gegangen. Als Erzbischof betrachtete er Ansgar als sein Vorbild für alle Handlungen, auch ihm war die Mission in Skandinavien Hauptsache, und in den ersten Jahren unternahm er wiederholt Reisen nach Dänemark und Schweden, um die Bekehrung persönlich zu fördern. Aber durch den langen Aufenthalt in Schweden und durch die Beschwerden der Missionsreisen wurde seine Gesundheit untergraben; auch später hinderte seine Kränklichkeit ihn oft in der Erfüllung seiner erzbischöflichen Pflichten, weshalb er den Mönch Adalgar aus Corbie zum Gehilfen nahm.

Bald nach Ansgars Tode begann es in der nordischen Welt wieder zu gähren, die Zerrüttung im Frankenreich war für die Wikinger zu verlockend, und seit 873 wurden die französischen Küsten wieder von den Normannen mit Raub und Brand heimgesucht. Nachdem Ludwig der Deutsche 876 gestorben war, wurden auch die deutschen Küsten nicht mehr geschont; 880 erschien eine zahlreiche Flotte an der friesischen Küste, um das Bremer Stift zu verheeren. Ein sächsisches Heer, welches unter der Führung des Herzogs Brun sich ihnen entgegen warf, wurde am 2. Februar bei Ebstorf vernichtet, Herzog Brun, die Bischöfe von Hildesheim und von Minden und 11 sächsische Grafen wurden erschlagen, und viele sächsische Edle gerieten in die Gefangenschaft. Rimbert hatte wegen seiner Erkrankung an dem Kampf nicht teilgenommen, nach der Niederlage war er aber eifrig bemüht, die Gefangenen auszulösen und verschonte selbst die Kirchengefäße nicht. Wahrscheinlich haben die Normannen nach ihrem Siege auch Nordalbingien verheert und Hamburg zum zweitenmal zerstört, denn seit 880 nannte Rimbert sich nur noch Erzbischof von Bremen. Im Dezember 880 wurde ein großes Normannenheer von Ludwig dem Jüngern in den Niederlanden vernichtet, infolgedessen blieben im nächsten Jahre die deutschen Küsten von den Wikingerscharen gemieden. Nachdem im Jahre 882 Ludwig der Jüngere gestorben war, vereinigte Karl der Dicke noch einmal das ganze Reich Karls des Großen, aber durch seine kraftlose Regierung wurde die Raublust der Normannen noch mehr befördert und 884 verheerte eine Wikingerschar wieder die Gegend zwischen Ems und Weser.

Da ermannte sich Rimbert, sammelte eine Schar Friesen und überfiel die Normannen; viele wurden erschlagen, die übrigen in die Sümpfe getrieben, und nur wenige entkamen in die Heimat, um die Vernichtung ihrer Genossen zu melden. Im nächsten Jahre folgte ein Rachezug der Normannen, der jedoch von den Sachsen und Friesen glücklich zurückgewiesen wurde, worauf für mehrere Jahre Ruhe eintrat.

Sobald in Skandinavien die Raub= und Wandersucht aufs neue erwachte, traten auch die alten Volksgötter ihre Herrschaft wieder an, die Kirchen wurden zerstört und die Missionäre verjagt. Rimbert und seine Geistlichen konnten aber die Mission nicht unterstützen, da sie genug zu thun hatten, um die durch die Verheerungen der Normannen geschlagenen Wunden zu heilen. Die skandinavische Mission war thatsächlich zu Grunde gegangen, und es war keine Aussicht vorhanden, daß sie in absehbarer Zeit wieder ins Leben treten würde.

Diese Gelegenheit benutzte der Erzbischof Hermann von Köln, um seine Rechte auf Bremen geltend zu machen. Hamburg war zerstört, Bremen aber nur Bistum, und ebensowenig wie der König durfte der Erzbischof eigenmächtig seinen Sitz verlegen, Rimbert aber nannte sich nicht mehr Erzbischof von Hamburg, weshalb Hermann jetzt von ihm den Suffraganeid als Bischof von Bremen forderte. Anstatt, gestützt auf päpstliche Bullen, diese Forderung entschieden zurückzuweisen, wandte Rimbert sich an Papst Stephan V., welcher zu vermitteln suchte, und an Karl den Dicken, welcher sich zu keinem Einschreiten entschließen konnte. Das Hamburger Erzbistum würde jetzt schon zum zweitenmal aufgehoben worden sein, wenn nicht ein unerwartetes Ereignis dazwischen getreten wäre. Die Deutschen waren der kraftlosen Regierung Karls des Dicken überdrüssig geworden, die Reichsversammlung zu Tribur setzte 887 den schwachen Kaiser ab und wählte Arnulf von Kärnthen zum Könige, der Köln mit seiner Forderung zur Ruhe verwies. Rimbert aber sollte sich nicht lange seines Sieges freuen, denn er starb schon im folgenden Jahre, am 11. Juni 888. In seinen letzten Lebensjahren hatte Rimbert sich häufig durch seinen Vizedom, den Diakon Adalgar, vertreten lassen, wenn er wegen seiner kranken Füße nicht gehen konnte, auf seinen Wunsch wurde dieser jetzt zum Erzbischof erwählt, vom König Arnulf bestätigt und in Mainz geweiht. Aber schon 890 trat Hermann von Köln abermals mit seinen Ansprüchen hervor, und da Arnulf jetzt von den Reichsangelegenheiten gänzlich in Anspruch genommen wurde, suchte Papst Stephan V. zu vermitteln. Er forderte beide Erzbischöfe auf, am 15. August 892 in Rom zu erscheinen und vor ihm ihre Ansprüche zu begründen, bestätigte indessen, am 21. Mai 891, dem Erzbischof Adalgar alle Rechte seiner Kirche. Nachdem aber Stephan am 7. August 891 gestorben war, befahl Papst Formosus dem Erzbischof Hermann, er solle zunächst auf der Synode zu Frankfurt, im Mai 892, seine Ansprüche vorbringen und dann mit Adalgar im August nach Rom kommen, um die Entscheidung des Papstes entgegen zu nehmen.

In Frankfurt behauptete nun Hermann, daß seit Altersher das Bremer Bistum dem Kölner Erzbistum untergeordnet gewesen sei, was von sämtlichen Suffraganen des Erzbistums bestätigt wurde. Nun hätte zwar Adalgar diese Behauptung leicht durch die Bulle des Papstes Nicolaus I. vom 31. Mai 864 widerlegen können, allein schon damals waren sämtliche Privilegien Hamburgs verloren gegangen; Adalgar konnte also die Rechte seines Erzbistums durch Urkunden nicht nachweisen und lebende Zeugen aus der Zeit von 847 bis 851 werden damals kaum noch vorhanden gewesen sein, immerhin muß Adalgar sich nur schwach verteidigt haben, denn die Synode konnte sich über die Frage nicht einigen. Aber sie wollte auch nicht, daß der Papst sich in die innern Angelegenheiten der deutschen Kirche einmischen sollte, daher wurde beschlossen, den Streit durch ein Gottesgericht, d. h. durch einen Zweikampf, entscheiden zu lassen. Der Zweikampf fiel zu Gunsten Hermanns aus, denn der Bremer Dienstmann unterlag dem Kölner, und infolgedessen beschloß die Synode zu Tribur 895, daß Bremen der Kölner Metropole unterstellt, Adalgar also Suffragan des Kölner Erzbischofs sein solle.

Jetzt aber mischte sich der Papst Formosus doch ein und suchte zu Gunsten Adalgars zu vermitteln. In der Bulle von 895 (ohne Datum) tadelt er Adaldag, daß er auf seine Vorladung nicht in Rom erschienen sei, auch keinen Vertreter gesandt habe, und bestimmt alsdann: das Hamburger Erzbistum solle so erweitert werden, daß es Bistümer errichten könne, und bis dahin zur Unterstützung die Bremer Kirche behalten. Der Hamburger Erzbischof möge bis dahin den Forderungen des Kölner Erzbischofes durch einen Vikar Genüge leisten. Wenn aber Hamburg genügend erweitert und bereichert sei, dann solle Bremen an Köln zurückfallen[9]).

Indessen kam weder die Entscheidung des Papstes, noch der Beschluß der Synode zur Ausführung, und es wird nirgends berichtet, daß Adalgar jemals Suffraganpflichten gegen Köln geleistet habe. Die Aufmerksamkeit des deutschen Reiches wurde jetzt von ganz andern Sorgen in Anspruch genommen. Nachdem Arnulf ein großes Normannenheer an der Dyle vernichtet hatte, wurden die deutschen Küsten von ihnen gemieden, aber jetzt erschienen zwei neue, noch schlimmere Feinde. Im Nordosten erhoben sich die Slawen, schon 886 war die slawische Mark an die Obotriten verloren gegangen und der ganze sächsische Grenzbezirk von ihnen verwüstet worden, wenn also Hamburg nicht 880 von den Normannen zerstört wurde, dann ist es jetzt unzweifelhaft von den Obotriten geschehen. Auch Arnulf kämpfte 889 unglücklich gegen die Slawen, erst 895 konnte er sie zum Frieden zwingen und die deutsche Grenze gegen ihre Raubzüge sichern. Auch gelang es Arnulf, den König von Mähren, Swatoplok, wieder zu unterwerfen, doch erst, nachdem er die Magyaren zu Hilfe gerufen hatte; diese wurden aber bald viel schlimmere Feinde, als es die Mähren jemals gewesen waren.

Als Arnulf 899 gestorben und das Reich an den sechsjährigen Ludwig gefallen war, achteten die Slawen den Friedensvertrag nicht mehr, sondern begannen 902 ihre Raubzüge aufs neue und verheerten die sächsischen Grenzbezirke. Jetzt erschienen auch die Magyaren, durchzogen Süddeutschland bis Lothringen, 915 wurden sie aber von den Slawen gegen die Sachsen zu Hilfe gerufen, und mit diesen vereinigt, plünderten sie die Umgegend von Bremen, 918 aber wurde Bremen selbst erobert und eingeäschert.

Adalgar erlebte diese Unglücksfälle nicht mehr, er starb am 9. Mai 909. Auf seinen Wunsch wurde wieder ein Mönch aus Corbie, der Vizedom Hoger, der in den letzten Jahren sein Gehilfe und Vertreter gewesen war, zum Erzbischof erwählt. Hoger empfing die Weihe in Köln und starb am 20. Dezember 916. Weiteres berichtet die Geschichte nicht über ihn, noch weniger aber über seinen Nachfolger Reginward, von dem lange Zeit nicht einmal der Name bekannt war, und dessen Todestag auch jetzt noch nicht festgestellt ist. Unter den trostlosen Zuständen im Reich hatten natürlich die Grenzbezirke am schwersten zu leiden, und das Hamburger Erzbistum war so herabgekommen, daß es in den Reichsverhandlungen nicht einmal erwähnt wird.

Alle bisherigen Erzbischöfe stammten aus Corbie, so daß Hamburg fast als eine Filiale des Klosters gelten konnte. Die Bevölkerung war arm, und die Kirche hatte daher nur geringe Einnahmen, doch wurde ein Zehntel derselben für die Armen verwandt. In der Zeit des Verfalls des karolingischen Reiches empfingen die kirchlichen Stifte viele Geschenke, auch ist das Hamburger Erzbistum wahrscheinlich nicht unbedacht geblieben, aber die Schenkungen waren meistens liegende Gründe, welche wegen der Unsicherheit nur geringen Wert hatten und nur geringen Ertrag lieferten, auch lagen dieselben nur im Bremer Stift, da die Hamburger Diözese fast ganz in Besitz der feindlichen Nachbaren war. Die Priester lebten mit dem Erzbischof in einer klosterähnlichen Genossenschaft, an die Einführung einer Episkopal-Verfassung war bis dahin nicht zu denken gewesen.

Adaldag,

Erzbischof von Hamburg 937—988.

Am 10. August 911 war Ludwig das Kind ohne Erben gestorben und mit ihm das karolingische Geschlecht in Deutschland erloschen, es mußte daher eine Neuwahl stattfinden. Da Otto der Erlauchte, Herzog von Sachsen, seines hohen Alters wegen ablehnte, wurde Konrad, Herzog von Franken, zum König erwählt. Konrad I. war ein tapferer, umsichtiger Fürst, aber unter den letzten Karolingern war das Ansehn und die Macht des Königs so gesunken, daß die Fürsten sich fast ganz unabhängig gemacht hatten; Konrad hat während seiner Regierungszeit sich vergeblich angestrengt, die widerspenstigen Fürsten zum Gehorsam gegen die königliche Oberherrschaft wieder zurückzuführen. Die Nachbarvölker machten sich diese Schwäche des Reichs zu nutze, und Ungarn, Slawen und Normannen setzten ungestraft ihre Raubzüge fort, namentlich wurde das Erzbistum Hamburg wiederholt verheert; trotzdem ist Konrads Regierung für dasselbe von Bedeutung geworden.

Als Erzbischof Reginward gestorben war, wählten die Geistlichen den Bremer Dompropsten Leidrad zum Nachfolger; als dieser jedoch mit seinen Fürsprechern am königlichen Hoflager erschien, wurde er nicht angenommen, sondern Konrad ernannte seinen Kaplan Unni zum Erzbischof. Unni blieb auch als Erzbischof der vertraute Ratgeber seines Königs, sowie dessen Nachfolgers, Heinrich I., der Papst Johann X. bestätigte unter dem 28. Oktober 920 die Rechte des Erzbistums und übersandte ihm das Pallium, aber das Erzbistum erholte sich nur langsam unter seiner Regierung.

Nachdem Otto der Erlauchte 914 gestorben war, folgte ihm sein Sohn Heinrich als Herzog von Sachsen, und nach dem Tode Konrads I., am 19. Oktober 918, wurde Heinrich von den Sachsen und Franken zum König erwählt und von den übrigen Stämmen bald anerkannt. Nachdem Heinrich die Glieder des Reiches fester geeinigt, die Westgrenze gegen die Franzosen gesichert, die Slawen zur Ruhe gebracht und nach hartem Kampf die Ungarn zurückgewiesen hatte, konnte er die Macht des Reiches endlich gegen die Dänen wenden. Harald, der Sohn Gorm des Alten, hatte südlich der Eider sich eine Herrschaft gegründet; Heinrich ging nun im Jahre 934 mit einem stattlichen sächsischen Heer über die Elbe, trieb Harald nach Schleswig zurück, und drang dann siegreich in Jütland ein, bis Gorm um Frieden bat. Dieser mußte die Mark Schleswig abtreten, sich zu einem jährlichen Tribut verpflichten und versprechen, den christlichen Missionären Schutz und Freiheit der Predigt zu gewähren. Erzbischof Unni ergriff sofort die Gelegenheit zur Erneuerung der Mission, beriet mit König Heinrich die Mittel und Wege, und bald nach dem Friedensschluß begab er sich persönlich nach Schleswig. Gorm verharrte zwar in seinem Christenhaß, aber er konnte es doch nicht hindern, daß sein Sohn Harald, von Unni gewonnen, die Christen in seinen Schutz nahm und den Bau einer Kirche in Schleswig erlaubte. Bald sammelte sich hier eine Gemeinde von Gläubigen, Unni stellte Priester an und ging dann mit einem Geleitsbrief des Königsohnes hinüber zu den Inseldänen, zu denen sich bisher kein christlicher Priester gewagt hatte. Auch hier gelang es Unni, dem Christentum die ersten Anhänger zu gewinnen, wenn auch an die Gründung einer Gemeinde und den Bau einer Kirche noch nicht zu denken war. Dann aber trieb es ihn weiter, den Spuren Ansgars zu folgen. Er fuhr übers Meer nach Schweden. Unter dem Schutz des Königs durfte er in Birka predigen, und auch hier fand sein Wort einen günstigen Boden. Bald hatte sich die Zahl der Gläubigen so vermehrt, daß Unni eine Gemeinde einrichten und Priester anstellen konnte; doch als er sich jetzt zur Heimkehr rüstete, erkrankte er und starb am 17. September 936. Sein Haupt brachten die Jünger in die Heimat zurück und setzten es im Bremer Dom bei, den Körper aber beerdigten sie in Birka, und sein Grabhügel blieb lange eine geweihte Stelle für die Christen.

Unni war der dritte und letzte Erzbischof, welcher die Mission zu seinem persönlichen Beruf gemacht hat; jetzt begann eine neue Zeit in der Bekehrungsgeschichte, die Zeit der Missionspolitik, und es war das Werk Adaldags, die Grundlinien derselben festzustellen.

Adaldag stammte aus einem adeligen Hause, war von einnehmender Gestalt und Sitte, ein Verwandter und Schüler des Bischofs Adalward von Verden, und wurde früh unter die Hofgeistlichen Heinrich I. aufgenommen. Ein Zufall erhob ihn vom Diener zum Freund der königlichen Familie. Als König Heinrich I. am Sonnabend, den 2. Juli 936, im Sterben lag, kniete seine fromme Gemahlin am Altar der Pfalzkirche und betete für das Seelenheil des Königs. Da verkündete das Klagegeschrei der Diener auf dem Hofe den eingetretenen Tod, Mahthild erhob sich und fragte, ob ein Priester anwesend sei, der noch keine Speise berührt habe, damit er sogleich das Requiem singen könne. Da trat Adaldag vor. Mahthild streifte die goldenen Spangen vom Arm und überreichte sie ihm als ihren königlichen Dank, auch hat sie es ihm nie vergessen, daß er ihrem toten Gemahl die erste Messe gelesen. Noch besser verstand allerdings der junge König Otto I. zu danken; er erhob Adaldag zu seinem Kanzler, und einige Monate später, nach dem Tode Unwans, zum Erzbischof von Hamburg.

Mit Adaldag besteigt ein neues Geschlecht den erzbischöflichen Stuhl, es sind nicht mehr Mönche von dunkler Geburt, von knechtischem Gehorsam gegen die römischen Forderungen und mit einem beschränkten Gesichtskreis; in den Adern der Männer, welche fortan berufen sind, die Geschicke des Erzbistums zu leiten, pulsiert ein anderes Blut, sie sind von hoher Geburt, besitzen edle Sitten, staatsmännische Bildung und einen weiten Blick; das Ansehn und die Macht des Erzbistums ist ihr Stolz und das Ziel ihrer Thätigkeit, und sie besitzen die Kraft und die Befähigung dieses Ziel zu erreichen.

Die Stellung der Bischöfe im Reich erlitt überhaupt unter den Ottonen und den ersten Saliern eine sehr veränderte Stellung. Unter den schwachen Nachfolgern Karls des Großen hatten die weltlichen Fürsten eine fast unabhängige Stellung erlangt und nachdem Konrad I. und Heinrich I., auch Otto I. in der ersten Hälfte seiner Regierung, vergebens versucht hatten, die Herzöge wieder in die Stellung von Reichsbeamten zurückzuführen, beschloß Otto I., diejenigen Rechte, insbesondere die Grafenrechte, welche er doch nicht mehr für das Königtum retten konnte, der Kirche abzutreten und auf diese Weise ein geistliches Fürstentum zu schaffen, welches dem weltlichen die Wage zu halten vermochte. Es wurde nun das Ziel der deutschen Könige, zwischen den beiden konkurrierenden Mächten den beherrschenden Schwerpunkt festzuhalten, und diese Stellung haben die Ottonen und die beiden ersten Salier mit Glück behauptet. Die weltlichen Lehen waren erblich geworden, weshalb sich das

Verfügungsrecht der Krone nicht aufrecht erhalten ließ, dagegen war der Beamtencharakter der Bischöfe leichter zu bewahren, und die Kirche gewann daher ein Interesse für ein starkes Königtum. In der Karolingerzeit waren die Bischöfe aus den Klöstern und den Stiftsgeistlichen hervorgegangen, jetzt wurde die königliche Kapelle gleichsam ein Seminar für die hohe Geistlichkeit, allerdings mehr für den Staatsdienst, als für den Kirchendienst. Hier bildete sich ein Kreis von Kirchenfürsten heran, welche in jungen Jahren der königlichen Familie und dem Hofe nahe gestanden, eine gute wissenschaftliche Bildung besaßen, in den Geschäften geschult und in einer festen Politik aufgewachsen waren, und daher für die Verwaltung viel mehr Geschicklichkeit besaßen, als die weltlichen Vasallen.

Als Adaldag die Regierung antrat, finden wir das Erzbistum noch in einem annormalen Zustande, es ist mit dem Bistum Bremen vereinigt, aber der Bischof von Bremen ist kein Suffragan des Hamburger Erzbistums, sondern Bremen bildet mit Hamburg zusammen das Erzbistum, dies hat also nicht einen, sondern zwei Hauptsitze, zwei Kapitel und zwei Kathedralen, aber es ist ein Erzbistum ohne Suffraganbischöfe und auf einen äußerst kleinen Raum beschränkt, weshalb die übrigen Erzbischöfe nur mitleidig auf dasselbe herabblickten; aber sehr bald sollte die Welt erfahren, wie schnell ein tüchtiger Mann dasselbe zu einer bedeutenden Macht erheben konnte.

Der Sieg Heinrichs über die Dänen hatte die politische Lage im Norden gänzlich verändert; zwar versuchten die Wenden und Dänen noch einmal, ihr Haupt zu erheben, als Otto I. zu Anfang seiner Regierung mit den Herzögen von Franken und Lothringen in schwere Kämpfe verwickelt wurde, aber, als Otto sie abermals geschlagen hatte, war das Übergewicht des deutschen Reiches so groß, daß Harald selbst allen Verlockungen widerstand. Als der Graf Wichmann, Hermann Billungs Bruder, 963 sich gegen den Kaiser aufgelehnt hatte, versuchte er vergeblich den Dänenkönig zur Unterstützung zu gewinnen, und ebensowenig gelang es 968 den Slawen, Harald zu überreden, mit ihnen gemeinsam die deutsche Oberherrschaft abzuwerfen, Ostern 973 erschienen noch dänische Gesandte am kaiserlichen Hoflager, um Huldigung und Tribut zu überbringen. Aber der vielgerühmte Kriegszug Ottos I. nach Jütland bis zum Lymfiord (Otten=Sund) gehört in das Reich der Sage und ist durch nichts beglaubigt. Durch das politische Übergewicht des deutschen Reiches war die Stellung der christlichen Kirche und des Hamburger Erzbischofes in Dänemark ganz verändert. Wann Harald persönlich die Taufe nahm, ist nicht bekannt, aber unter seinem Schutz gewann das Christentum eine so rasche Verbreitung, daß Adaldag 948 auf der Synode zu Ingelheim die Vorsteher der jütischen Kirchen, Hored von Schleswig, Liafdag von Ripen und Reginbrand von Aarhus zu Bischöfen weihen konnte. Von fest umgrenzten und völlig ausgebildeten Bistümern war hier allerdings ebensowenig die Rede, als zur Zeit Karls des Großen in Sachsen, aber wie man zu jener Zeit den Vorstehern wichtiger Kirchen die bischöfliche Würde als persönliche Auszeichnung verlieh, so verfuhr man jetzt in Dänemark und Schweden. Doch war die Lage der dänischen Bistümer zur Zeit Ottos I. und Ottos II. wesentlich anders, da Dänemark die deutsche Oberhoheit willig anerkannte, und es war wohl kein leeres Wort, als Otto I. 965 den Kirchen zu Schleswig, Ripen und Aarhus die Immunität verlieh; in welchem Grade dieselbe realisiert worden, ist allerdings zweifelhaft.

Ein neues Gebiet der Missionsthätigkeit eröffnete sich für Hamburg bei den Slawen. Nach schweren Kämpfen hatten die Grafen Gero und Hermann die Wenden bis zur Oder und Ostsee der deutschen Herrschaft unterworfen, die herrenlos gewordenen Besitzungen slawischer Fürsten schenkten sie ihren deutschen Vasallen, bauten Zwingburgen, erhoben Zins und Zehnten und hielten die rache=schnaubenden Wenden mit eiserner Hand im Zaum. Jetzt sollte das Christentum die Eroberung vervollständigen, und unter dem Schutz der deutschen Machthaber begannen die Missionäre ihre Thätigkeit.

Es war Ottos I. Lieblingsplan, für die Bekehrung der Wenden ein neues Erzbistum zu

Magdeburg zu gründen, aber dieser Plan fand bei dem deutschen Klerus wenig Anklang, nur Adaldag unterstützte von Anfang an das Unternehmen. Gegen Ende 947 sandte daher der König den Abt Hadamar von Fulda nach Rom und ließ den Papst Agapet II. bitten, einen Legaten mit apostolischer Vollmacht über die Alpen zu senden, um verschiedene Fragen der deutschen Kirche zu ordnen, und von Adaldag erhielt Hadamar zugleich den Auftrag, die Erneuerung der Missionsprivilegien nachzusuchen. Die päpstliche Bulle datiert vom 2. Januar 948, und auf Grund derselben konnte Adaldag auf der Synode zu Ingelheim die Ordination der dänischen Bischöfe vollziehen. Für die slawische Kirche wurden hier noch keine Bestimmungen getroffen, was wohl hauptsächlich wegen der in Aussicht stehenden Gründung des Erzbistums Magdeburg unterblieb. Denn nach Beendigung der Synode begab sich Otto mit seinem Bruder Brun, Erzbischof von Köln, dem päpstlichen Legaten, Marino von Bomarzo, dem Erzbischof Friedrich von Mainz, Adaldag von Hamburg und dem Markgrafen Gero nach Magdeburg an die slawische Grenze. Welche Verhandlungen hier stattgefunden, ist nicht bekannt, indessen sind sie nicht schwer zu erraten. Vermutlich hat Mainz, gestützt auf seine Privilegien, die Bekehrung des Ostens als sein Monopol verfochten, wogegen Hamburg sein besseres Recht geltend machte, auf Grund der päpstlichen Legation, zu allen Völkern der Slawen, was ja erst neuerdings vom Papst bestätigt worden war. Um aber später die Errichtung des Erzbistums Magdeburg zu erleichtern, reichte Adaldag zu einem Kompromiß die Hand, und es wurde beschlossen, in dem unterworfenen Wendenland drei Bistümer zu errichten: in der Mark Geros die Bistümer Brandenburg und Havelberg, welche zur Provinz Mainz, und in der Mark Hermanns das Bistum Aldenburg, welches zur Provinz Hamburg gehören sollte. Die Errichtung des Erzbistums Magdeburg wurde erst 962 nach der Kaiserkrönung auf der römischen Synode zum Beschluß erhoben, und Otto ließ sich dieselbe sofort vom Papst bestätigen, aber die wendischen Bistümer standen vorläufig nur auf dem Papier. Adaldag ernannte Egward, einen Mönch aus dem Kloster Hirschau, zum Bischof von Aldenburg, doch scheint derselbe lange Zeit nur geringen Erfolg gehabt zu haben; erst als 968 ein neuer Aufstand der Wagrier und Obotriten blutig niedergeschlagen war und jetzt eine längere Zeit der Ruhe folgte, begann das Christentum festeren Boden zu gewinnen und sich rascher auszubreiten.

Mit dem Tode Ottos I. drohte 973 die Schöpfung Adaldags, welche unter dem Schutz und Schirm des Kaisers so herrlich gediehen war, mit einem Schlage zusammenzubrechen; denn die Dänen erhoben sich, um die deutsche Herrschaft abzuschütteln. Allein ungesäumt eilte Otto II. herbei, sprengte 974 in der Schlacht am Danewerk das dänische Heer, und die deutsche Herrschaft stand fester als vorher. Dem Christentum gereichte dieser Zwischenfall zum Vorteil, denn Harald trat jetzt offen auf seine Seite, und im Volke gewann es immer festeren Boden. Unter den von Adaldag geweihten Bischöfen findet sich schon ein Däne von vornehmer Geburt, Odinkar; ihm gelang es, besonders in Schonen und auf den Inseln dem Christentum zahlreiche Anhänger zu gewinnen, in Roeskilde auf Seeland wurde eine Kirche erbaut und in Odensee auf Fühnen ein neues Bistum errichtet. Selbst in Norwegen hatte die Mission auf kurze Zeit Erfolg. Als Hakon, Jarl von Tronjem, mit Haralds Hilfe sich zum König aufgeschwungen hatte, mußte er die dänische Oberherrschaft anerkennen und den christlichen Priestern sein Land öffnen. In der Landschaft Viken hatte Liafdag von Ripen rasches Glück, aber sehr bald warf Hakon die dänische Oberherrschaft wieder ab und trieb die Missionäre aus dem Lande. Größern Erfolg hatte die Mission im Wendenland. Nachdem der letzte Aufstand überall niedergeworfen war, wandte das Volk sich mit Eifer dem Christentum zu, überall entstanden Kirchen, Kapellen und Klöster, und nach wenigen Jahren galten 15 wendische Gaue als christlich; nur in drei Gauen blieb das Heidentum noch herrschend.

Wir finden Adaldag 983 an der Spitze von fünf Suffraganbistümern, das Ansehn des Hamburger Erzbistums war überall anerkannt und auf allen Synoden erhielt Adaldag seinen Platz neben den vornehmsten Kirchenfürsten des Abendlandes, neben den Metropolitanen von Mailand und Ravenna.

Aber auch im deutschen Reich hat das Erzbistum durch Adaldag eine wesentlich andere Stellung erhalten. Die Immunität, welche von den Karolingern den geistlichen Stiften verliehen wurde, war eigentlich nur ein negatives Recht, denn den Reichsbeamten wurde dadurch die Vornahme von Amtshandlungen auf dem Kirchengut untersagt, alle Forderungen des Reichs an die Hintersassen der Kirche zum Gericht, zum Heerdienst rc. mußten durch den Stiftsvogt vermittelt werden. Dies war jedoch überall das Recht des Grundherrn gegenüber seinen unfreien Leuten. Durch die Immunität hatten die geistlichen Stifte also die Rechte der Grundherren erlangt, aber die Immunitäts= herren suchten nun nach zwei Seiten ihre Macht zu erweitern. In der allgemeinen Auflösung unter den letzten Karolingern hatten viele kleine Grundbesitzer sich in den Schutz der Kirche geflüchtet, ihr Gut der Kirche geschenkt, von dieser aber als Lehen zurückempfangen und waren dadurch Hintersassen der Kirche geworden. Die Bischöfe suchten nun die in ihrem Gebiet zerstreut sitzenden Vollfreien zu veranlassen, daß sie sich ebenfalls in ihren Schutz begaben und sich dem geistlichen Gericht unterwarfen. Dem Hamburger Erzbistum war schon durch das Privilegium vom 15. Mai 834 die Immunität von Ludwig dem Frommen verliehen worden, aber in der Bestätigung desselben, unter dem 30. Juni 937, wurde bereits das Bestreben der Bischöfe nach Erweiterung der Immunität von Otto I. aner= kannt, denn er bestimmt hier: der Vogt soll alle Rechtsfälle entscheiden, und nur, wenn seine Macht nicht ausreicht, sich an den öffentlichen Richter, den Grafen, wenden; ferner soll niemand verhindert werden, sich in den Schutz des Erzbischofs zu begeben, vorausgesetzt, daß die Erben eingewilligt haben.

Eine wesentliche Neuerung tritt jedoch durch das Privilegium von 967 in der Verleihung des Grafenbannes ein. „Kein Herzog, Markgraf oder Graf oder sonst eine Obrigkeit soll sich in dem Erz= bistum irgend eine Gewalt anmaßen, sondern nur allein der Erzbischof und die von ihm erwählten Vögte. Die Vögte aber sollen in dem Gebiet der Kirche jede Gerichtsbarkeit und über jedermann aus= üben unter Königsbann." Durch die Erwerbung des Blutbannes trat der Erzbischof in die Reihe der Reichsfürsten ein, jetzt erst war er Herr in seinem Stift, die Hintersassen des Erzbistums waren nicht mehr abhängig von den benachbarten mächtigen Grafen, und die Kirche konnte sie gegen die Be= drückungen der öffentlichen Beamten schützen. Der Erzbischof gewann also einen größeren Einfluß auf seine Untergebenen, aber auch für das Königtum enthielt die Neuerung einen Gewinn, denn die welt= liche Macht, die Reichsgewalt, welche mit dem Grafen aus dem Gebiet der Kirche ausgeschieden war, erhielt in der Person des Vogtes, der von dem Könige mit dem Blutbann belehnt wurde, wieder Ein= gang. Auf dem platten Lande behielt das Hofrecht allerdings das Übergewicht, aber in den Zentral= punkten wurde dadurch der Bestand einer freien Gemeinde ermöglicht und die Entwickelung des freien Bürgertums, sowie die Bildung einer städtischen Gemeinde vorbereitet. Für Hamburg war die Erwerbung der Grafengewalt ohne größere Bedeutung, denn das ganze überelbische Gebiet gehörte als Markgraf= schaft gegen Dänen und Slawen den Billungern, und der erzbischöfliche Besitz war auf das kleine Gebiet westwärts vom Dom bis an die Alster beschränkt. Hier hatte der erzbischöfliche Vogt stets Gericht gehalten, aber die Herzöge wachten eifersüchtig darüber, daß die Kirche ihre Immunität nicht über die Alster ausdehnte. Anders standen die Sachen im Süden der Elbe. Hier lagen die ausgedehnten Güter des Erzbistums, der Stifte Bremen, Bücken, Versen (Bassum) und Rameslok, zu welchen unter Adaldag noch zwei neue Stifte, Heslingen und Ripesholt, hinzukamen; doch war hier das Kirchen= gut vielfach durchkreuzt von den Besitzungen mächtiger Grafengeschlechter, besonders der Billunger und der Stader, und die Erwerbung der Grafenrechte brachte die Kirche später in schwere Verwickelungen mit den Welfen.

Während Adaldag sein Erzbistum nach allen Seiten zu einem stattlichen Gebäude aufzurichten suchte, zog plötzlich eine drohende Wetterwolke über seinem Haupte zusammen, welche abermals die Existenz des Erzbistums in Frage stellte. Für Köln war unter Erzbischof Brun, dem Bruder des Kaisers, eine neue Glanzperiode angebrochen. Bei der Durchsicht seines Archivs fand Brun die Bulle des Papstes Formosus vom Jahr 895, aus welcher sich für seine Kirche wichtige Folgerungen ergaben, denn sobald die Hamburger Kirche eigene Suffraganbistümer gebildet haben werde, sollte Bremen an Köln zurückfallen, und nach der Anschauung jener Zeit würde Brun sich einer schweren Pflichtversäumnis schuldig gemacht haben, wenn er die Zurückgabe Bremens nicht gefordert hätte. König Otto mußte durch diese Forderung in eine schwierige Lage geraten und entweder dem Bruder oder dem Freunde zu nahe treten; ebensowenig konnte Adaldag in dieser Frage sicher auf die Unterstützung des Papstes rechnen, denn das strikte Recht sprach offenbar für Brun. Da jedoch sämtliche Besitzungen des Erzbistums im Bremer Bistum lagen, so war eine Abtretung desselben einer Vernichtung des Hamburger Erzbistums fast gleichbedeutend, um so mehr mußte Adaldag auf andere Mittel sinnen, den Schlag abzuwenden. Als Kanzler des Königs hatte Adaldag sich diejenigen Kenntnisse erworben, um Urkunden und päpstliche Bullen anfertigen zu können. Er entwarf jetzt eine Bulle unterm Namen Sergius III., datiert vom 1. Februar 905, durch welche die Bulle des Papstes Formosus von 895 und alle Akte des Königs Arnulf, des Erzbischofs Hermann von Köln, des Erzbischofs von Mainz und anderer Bischöfe vernichtet wurden. Der Papst bestätigte dann nach Vergang des Papstes Nikolaus das Erzbistum Hamburg und seine Metropolitangewalt in den Königreichen der Dänen, Norweger und Schweden und im ganzen Norden, sowie die Vereinigung der Diözesen Bremen und Hamburg. Er suspendiert die Erzbischöfe von Köln und Mainz von ihren Ämtern wegen ihres Verhaltens auf der Synode zu Tribur und bedroht alle mit dem Bann, die es künftig wagen würden, Bremen und Hamburg zu trennen. Bei der Beratung der Frage wußte Adaldag diese Bulle den echten Urkunden unterzuschieben, niemand ahnte die Fälschung, und es gelang Adaldag leicht, Brun zum Verzicht zu bewegen, wie der Chronist sagt, bekannte dieser offen und ehrlich, daß er im Unrecht sei.

Adaldag ist wohl der erste, aber nicht der einzige Fälscher auf dem erzbischöflichen Stuhl von Hamburg gewesen, im Gegenteil wurde dies jetzt eine wichtige Seite ihrer Staatskunst, und mehrere, gerade der bedeutendsten Erzbischöfe, haben Erstaunliches darin geleistet. Zur Entschuldigung mag man gelten lassen, daß im Mittelalter das Rechtsbewußtsein sehr getrübt war, und daß man oft nur durch solche Mittel die wahren Interessen der Kirche schützen konnte. Adaldag hat es noch einmal versucht, durch eine falsche Urkunde seinem Erzbistum zu nützen. Um das durch den Vertrag von Verdun verlorene Kloster Turholt wieder zu gewinnen, hat er auch die Urkunde Ludwig des Frommen vom 15. Mai 834 abgeändert. Da jedoch der Versuch resultatlos blieb, kann uns derselbe hier nicht weiter interessieren.

Adaldag verlegte den Hauptsitz des Erzbistums wieder nach Hamburg, doch fehlen alle Nachrichten darüber, was er für die Hebung des Ortes gethan hat. Vermutlich hat schon Ansgar von Ludwig dem Frommen das Markt- und Münzrecht für Hamburg erworben, denn in dem Privilegium Arnulfs vom Jahre 888, welches Rimbert zur Errichtung eines Marktes in Bremen ermächtigt, wird gesagt, daß er dieselben Rechte genießen solle, wie der Hamburger Markt. Auf der großen Handelsstraße Schleswig-Dorstadt bildete Hamburg eine Hauptstation, und schon zu Ansgars Zeit wurde der Markt in Schleswig von Kaufleuten aus Hamburg besucht. Als nun unter der kraftvollen

Regierung Ottos I. und Ottos II. die Nord- und Ostgrenze des Reiches völlig gesichert war, und die Bevölkerung ihre Felder in Ruhe und Frieden bestellen konnte, mußte der Wohlstand sich mehren und Handel und Verkehr sich beleben; als dann das Erzbistum allmählich 5 Suffraganbistümer errichtete, welche mit dem Zentralsitz fortwährend in Verbindung standen, mußte sich hier ein reger Verkehr entwickeln und Hamburg rasch aufblühen. Fehlt uns nun auch eine sichere Kenntnis von dem Umfang des Ortes, so lassen doch andere Nachrichten schließen, daß Hamburg damals zu den wichtigsten Städten in Norddeutschland gehört hat. Nachdem die meuterischen Herzöge von Lothringen und Franken und der Erzbischof Friedrich von Mainz wieder unterworfen waren, sandte Otto I. den letzteren auf kurze Zeit in den Verwahrsam Adaldags nach Hamburg, auch dem abgesetzten Papst Benedict V. wurde Hamburg zum Aufenthalt angewiesen.

Trotz der vielseitigen Thätigkeit, welche Adaldag für sein Erzbistum entfaltete, leistete er seinem kaiserlichen Freunde viele und große Dienste. In den ersten Regierungsjahren, in den Kämpfen gegen die widerspenstigen Herzöge, war er fast der stete Begleiter Ottos I., und auf der Ingelheimer Synode, 948, mußte er helfen, die französischen Thron- und Kirchenstreitigkeiten zu schlichten. Auf seinem Zuge über die Alpen, 961 bis 965, ließ Otto I. ihn nicht von seiner Seite; in den von hier erlassenen Gnadenbriefen wird Adaldag als „unser sehr geliebter" oder „unserer Reiche oberster Ratgeber" bezeichnet, und alle Triumphe, welche sein kaiserlicher Freund auf diesem Zuge feiert, wurden auch ihm zu teil, denn überall steht sein Name neben denen der vornehmsten Kirchenfürsten. Schon wiederholt hatten Boten und Briefe Adaldag gedrängt, zu den Seinen nach Hamburg zurückzukehren; als er nun endlich kam, da sandten sie ihm Abgeordnete drei Tagereisen entgegen, jubelnd wurde er überall empfangen, und die Menge weinte vor Freude, den geliebten Herrn wiederzusehen. Einen solchen Einzug hat vor und nach ihm kein Erzbischof gehalten. Aber er kam auch nicht mit leeren Händen: nicht nur fremdländische Seltenheiten und zahlreiche Reliquien, sondern sogar einen lebenden Papst brachte er mit, der fortan in Hamburg seinen Aufenthalt nehmen sollte.

Fast ein halbes Jahrhundert hatte Adaldag seinem Erzbistum vorgestanden, ohne von irgend einem ernsten Mißgeschick betroffen zu sein, in allen Unternehmungen hatte er wunderbares Glück gehabt; aber auch er sollte die Wahrheit von Solons Ausspruch erfahren, daß niemand vor seinem Ende glücklich zu preisen sei, denn plötzlich brach das Unglück von allen Seiten über ihn herein. 983 traf die Nachricht ein, daß Kaiser Otto II. in Kalabrien eine schwere Niederlage erlitten habe, und sofort erhob sich an der Nordgrenze der Aufruhr; die Dänen durchbrachen das Danewerk, und die Wenden legten Brandenburg und Havelberg in Asche. Als darauf die zweite Unglückspost den Tod des Kaisers meldete, brach auch die Zwietracht im Innern aus. Der Thronerbe, Otto III., war ein unmündiges Kind, und Heinrich, Herzog von Baiern, welcher die nächsten Anrechte an den Thron zu haben glaubte, rief die Böhmen, Polen und Wenden gegen die sächsischen Fürsten zu Hilfe, welche Otto III. treu blieben. Jetzt glaubte auch der Obotritenfürst Mistiwoi den Zeitpunkt gekommen, um die ihm vom Herzog Bernhard angethane Schmach rächen zu können. Verheerend fiel er in Nordalbingien ein, und Hamburg wurde ein Raub der Flammen. Zwar war es nur ein Akt persönlicher Rache, Mistiwoi blieb dem Christentum treu, und sein Kaplan begleitete ihn sogar auf den Raubzügen, aber manche Wendenfürsten traten schon jetzt zum Heidentum zurück und verjagten die christlichen Priester aus ihrem Gebiet.

Was im Wendenland drohte, war in Dänemark bereits eingetreten. Swein Gabelbart, welcher mit seinem Vater, Harald Blaatand, in Unfrieden lebte, hatte die Heimat verlassen und als Wikinger manche glückliche Raubzüge ausgeführt; er kehrte jetzt mit ansehnlicher Macht zurück, und der alte König versuchte vergebens ihm standzuhalten, verwundet mußte er übers Meer flüchten und starb bald darauf 985 in Swinemünde. Die Heergenossen brachten die Leiche nach Seeland zurück und setzten sie in der Kirche zu Roeskilde bei. Da aber Swein seinen Sieg hauptsächlich der heidnischen Partei verdankte, trat er als Beschützer der alten Volksgötter auf, die christlichen Priester wurden verjagt und die Kirchen geschlossen. Wenn jetzt ein thatkräftiger Mann den deutschen Thron eingenommen hätte, dann wäre vielleicht der Zwischenfall ohne Einbuße für die Kirche vorübergegangen, aber es waren nur leere Worte, daß der Knabe Otto III. die Immunität der dänischen Bistümer bestätigte, dadurch wurden sie der Hamburger Kirche nicht zurückgebracht. — Am Abend seines Lebens sah also Adaldag alles, was er durch fünfzigjährige Arbeit und Mühe aufgerichtet hatte, zerstört, Hamburg lag in Trümmern, und sämtliche Suffraganbistümer waren verloren, als am 28. April 988 ein sanfter Tod ihn aus dem Leben abrief.

Die Domkirche.

Das Interesse für Altertümer ist abhängig von dem materiellen Wohlbefinden der Bevölkerung, wer mit Nahrungssorgen zu kämpfen hat, interessiert sich nicht für Kunst und Wissenschaft, und wer seine ganze Arbeitskraft für die Gegenwart einsetzen muß, hat keine Zeit, an die Vergangenheit zu denken. Als im Anfang dieses Jahrhunderts Handel und Verkehr darnieder lagen, der Druck der Abgaben die Bürger schwer belastete, da war auch in Hamburg das Interesse für die frühere Größe auf wenige Kreise beschränkt. Was die Vorfahren erbaut, was sie auf dem Gebiete der Kunst und der Gewerbe geschaffen, erschien nur als unnützes Gerümpel und wurde sobald als möglich zum Besten der Stadtkasse verkauft, um den Bürgern die Lasten zu erleichtern. Leider fällt in diese Zeit auch der Abbruch des Domes und der Domkurien. Nur selten wurde daran gedacht, irgend etwas für spätere Geschlechter aufzuheben; alles, was nur Käufer fand, wurde veräußert. Das öffentliche Interesse für die Vergangenheit war so geschwunden, daß nicht einmal Abbildungen der abgebrochenen Gebäude in den Handel kamen. In dem protestantischen Deutschland hatten allerdings die Domkirchen ihre Bedeutung verloren, die bischöflichen Diözesen waren verschwunden, und für die religiösen Bedürfnisse der städtischen Gemeinden genügten die Pfarrkirchen. Dennoch haben die meisten Städte ihre ehrwürdigen Domkirchen als Wahrzeichen ihrer mittelalterlichen Größe sich erhalten, und, nachdem der Kunstsinn aufs neue erwachte, in ihrer früheren Schönheit wieder hergestellt. Nur Hamburg entbehrt dieses altertümlichen Schmuckes, kein Gebäude erinnert die jetzige Bevölkerung an die Bedeutung Hamburgs als Metropole des Erzbistums und an die Kämpfe mit der herrschsüchtigen Geistlichkeit.

Die Hamburger Kirche wurde 811 von Karl dem Großen gegründet und nicht durch den Bischof von Bremen oder Verden, auch nicht durch den Erzbischof von Köln, sondern durch den Erzbischof Amalhar von Trier geweiht. Es weist dies schon darauf hin, daß der Kaiser mit dieser Gründung weitere Absichten hatte, zumal er die reichen Einkünfte des Klosters Rodnach in Flandern für den Unterhalt der Priester und zur Unterstützung der Mission anwies. Da er aber über seine Absichten nichts hinterlassen hat, so scheint nach dem Tode des Kaisers 814 die Hamburger Kirche bald in Vergessenheit geraten zu sein, denn wir hören nichts von derselben, und später teilten die Bischöfe von Bremen und Verden die verwaiste Hamburger Diözese, Nordalbingien, unter sich, wodurch Hamburg an Verden fiel. Ludwig der Fromme bestätigte diese Teilung; somit wurde also die Gründung seines Vaters von ihm wieder aufgehoben.

Als Ansgar 831 von seiner Reise nach Schweden zurückgekehrt war, lenkte er die Aufmerksamkeit auf diese Stiftung Karls des Großen, und infolgedessen bestimmte Ludwig der Fromme Hamburg zur Metropole des nordalbingischen Erzbistums. 845 wurde die Kirche, sowie das von Ansgar gegründete Kloster durch die Normannen eingeäschert und dadurch die neue Stiftung wieder

vernichtet. Nach einigen Zwischenfällen stellte Ludwig der Deutsche 851 das Hamburger Erzbistum auf einer neuen Grundlage wieder her, indem das Bistum Bremen mit einem Teil der früheren Hamburger Diözese vereinigt wurde. Da aber Ansgar und seine Nachfolger seitdem in Bremen residierten, sank Hamburg zum zweiten Ort des Erzbistums herab. 880 oder einige Jahre später ist die Kirche abermals zerstört und vermutlich in den nächsten Jahrzehnten nicht wieder aufgebaut worden. Eine größere Bedeutung erlangte die Hamburger Kirche erst seit 937 durch die Ernennung Adaldags zum Erzbischof. Adaldag machte Hamburg zum Hauptort des Erzbistums und zu seiner Residenz. Von hier aus leitete er die Mission in Skandinavien und im Wendenland. Das Erzbistum entwickelte sich unter seiner Regierung sehr rasch, daher gewann auch die Hamburger Kathedrale bald Ansehn und Einfluß. Aber gegen Ende seiner langen und glücklichen Regierung wurde Hamburg 983 von den Wenden zerstört und auch die Domkirche niedergebrannt, welche abermals mehrere Jahrzehnte in Schutt und Asche liegen blieb. Erst Erzbischof Unwan, 1013—1030, erhob Hamburg wieder zum Hauptsitz seines Erzbistums, und, unterstützt durch seine reichen Privatmittel, baute er die Kirche, das Kloster und den erzbischöflichen Palast so prachtvoll wieder auf, daß Hamburg von den Zeitgenossen zu den schönsten Orten in Sachsen gezählt wurde. Zu dieser Zeit stand am Rhein und in Süddeutschland der Steinbau schon in hoher Blüte, Unwan jedoch gehörte zu den Immedingern, einem der edelsten und angesehensten Geschlechter in Sachsen, und hielt auch auf dem erzbischöflichen Stuhl an den sächsischen Sitten und Gebräuchen fest. Er baute daher die Kirche, wie alle früheren Domkirchen in Hamburg, aus Holz.[10])

Dem Erzbischof Bezelin Alebrand, 1035 bis 1043, genügte der Holzbau nicht mehr, er baute eine neue Domkirche aus Quadern. Auch von diesem Bau wissen wir nicht, in welchem Stil, in welcher Größe er ausgeführt war und aus welchem Material die Quadern bestanden. Da aber Bezelin aus Köln stammte, und hier um diese Zeit der romanische Stil in hoher Blüte stand, so läßt sich wohl mit ziemlicher Sicherheit schließen, daß auch Bezelin denselben zur Anwendung brachte und die von ihm erbaute Domkirche eine Pfeiler-Basilika war, ähnlich der 1066 von dem Erzbischof Anno gegründeten Stiftskirche St. Georg in Köln.

Auch die von Bezelin erbaute Domkirche hatte keinen langen Bestand, denn als die Wenden 1066 und 1072 Hamburg einäscherten, wurde auch die Domkirche zerstört. Es ist auffallend, daß weder von dieser Domkirche, noch von der ebenfalls aus Quadern erbauten Wideburg oder von der Alsterburg bis jetzt die geringste Spur aufgefunden worden ist.[11]) Mit der Zerstörung der hölzernen Gebäude hatten die Slawen es allerdings sehr leicht, dieselben wurden einfach niedergebrannt; um aber die kolossalen, bis zu 2 m dicken Mauern der romanischen Bauwerke rasch zu zerstören, besaßen sie keine Mittel. Sie werden sich daher damit begnügt haben, alles Holzwerk derselben durch Feuer zu vernichten. Früher ging in Hamburg die Sage, daß die eine Mauer der großen Halle ein Rest von dem Dom Bezelins sei. Dies hat sich beim Abbruch zwar als irrig erwiesen, denn es zeigte sich im Gegenteil, daß die Halle der jüngste Teil des Baues gewesen ist; aber solche Sagen haben gewöhnlich einen historischen Hintergrund. Da sich nun beim Abbruch des Domes herausgestellt hat, daß der älteste Teil des Domes eine Pfeiler-Basilika gewesen ist, welche in ihren Verhältnissen denen der Kölner Stiftskirche St. Georg entspricht, so ist zu vermuten, daß in dem Domgebäude selbst die Überreste des Bezelinschen Domes steckten, und die Sage nur die Teile verwechselt hat.

Nach dieser letzten Zerstörung durch die Wenden blieb die Domkirche wieder mehrere Jahrzehnte in Trümmern liegen, und erst nachdem 1111 Adolf I. von Schauenburg zum Grafen von Holstein und Stormarn eingesetzt war, konnte an einen Wiederaufbau gedacht werden. Die Sage berichtet nun, daß der Dom von dem Grafen Adolf erbaut worden sei. Dies ist aber jedenfalls ein Irrtum.

Wenn auch während der Zeit von 1066 bis 1111 das Verhältnis Hamburgs zu den Erzbischöfen sich wesentlich verändert hat, so kommt doch in Betracht, daß zur Zeit Adolfs I. die Geistlichen noch die alleinigen Baumeister waren. Sie bauten nicht nur die Kirchen, sondern auch die Paläste und Burgen für Könige und Fürsten; es kann also schon deswegen nicht daran gedacht werden, daß der Bau einer Kirche, namentlich einer Kathedrale, von einem Fürsten unternommen worden sei.

Auch von diesem Gebäude sind Stil und Ausführung nicht bekannt. Ein Prachtbau wird es keinesfalls gewesen sein, denn in den letzten 40 Jahren war die Bevölkerung von Nordalbingien verarmt oder verjagt, bald von den Slawen, bald von den Dänen überfallen und ausgeplündert, hatten viele Bewohner das Land freiwillig verlassen (es wird berichtet, daß allein 600 Familien Haus und Hof preisgaben, um sich im Harz eine neue Heimat zu gründen), oder sie waren von den Feinden in die Sklaverei geschleppt worden. Die Bevölkerung mußte sich daher durch längere Friedensjahre erst wieder erholen, um für große Bauten Geld übrig zu haben, und es ist wohl mit Bestimmtheit vorauszusetzen, daß man sich bei dem Bau des Domes auf das Notwendigste beschränkte. Von dem Bau Bezelins werden wahrscheinlich noch manche brauchbare Reste übrig gewesen sein, welche zu dem Neubau wieder benutzt werden konnten, man wird daher die zerstörten und verfallenen Teile durch neue ersetzt und das neue Gebäude in demselben Stil wieder hergestellt haben, der neue Dom wird demnach auch eine Pfeiler=Basilika gewesen sein. Da indessen der ganze Bau mit sehr spärlichen Mitteln ausgeführt war, so konnte er auch nicht auf eine lange Dauer rechnen, und es waren denn auch keine 150 Jahre verflossen, als das ganze Gebäude wieder baufällig geworden war. 1245 schenkte Adolf IV. den Zehnten aus dem Lande Oldenburg für den Dombau und bestimmte: „Mit 100 Mark soll der Schlafsaal und der Umgang (d. h. der Umbau desselben) ange=fangen werden, von dem übrigen Gelde sind Güter anzukaufen, von deren Einkünften jene Gebäude vollendet werden sollen ꝛc." (Schlesw. Holst. Urk. 659, Hambg. Urk. 532.) Als mit dem Bau begonnen wurde, muß es sich indessen herausgestellt haben, daß noch andere Teile des Domes baufällig waren, denn 1248 erteilte Erzbischof Gerhard II. von Bremen einen Ablaß von 40 Tagen für diejenigen, welche den Bau der Marienkirche in Hamburg unterstützen würden: „Da der Marienkirche in Hamburg allerseits der Einsturz droht, und die Stiftsherren vorhaben, ihr Kloster und ihren Schlaf=saal neu zu erbauen, und der Unterstützung der Gläubigen dringend bedürftig sind ꝛc." (Hambg. Urk. 547.) Die Gelder, welche infolge dieses Ablasses eingingen, müssen jedoch nicht genügt haben, oder die Reparaturen haben beim Fortgang des Baues einen größeren Umfang angenommen, als man erwartet hatte, denn 1259 erteilte der Erzbischof Hildebold von Bremen einen neuen Ablaß von 40 Tagen für diejenigen, welche den Bau der Marienkirche in Hamburg unterstützen würden: „Da die Gebäude der Marienkirche in Hamburg lobenswert begonnen sind, und zur Vollendung der Kirche Gaben der Gläubigen erfordert werden ꝛc." (Hambg. Urk. 644.) Die Reparatur der Domgebäude muß also eine recht umfassende gewesen sein, da sie nach 14 Jahren noch nicht vollendet war. Doch auch über diesen Umbau sind wir nicht weiter unterrichtet; wir kennen weder den Stil, noch die Größe der Gebäude, auch nicht das Material, aus welchem dieselben aufgeführt worden sind. Die Gelder müssen indessen genügend eingegangen sein, denn in den nächsten Jahrzehnten erfolgten keine neuen Aufforderungen zur Unterstützung des Baues.

Diesem Bau war wieder keine lange Dauer bestimmt, denn 1284 den 8. August wurde Hamburg von einer bedeutenden Feuersbrunst heimgesucht, durch welche die ganze Stadt eingeäschert worden ist.[12]) Bei dieser Gelegenheit muß auch die Domkirche zerstört worden sein, da seit 1287 von mehreren Seiten Aufforderungen zur Unterstützung des Dombaues erfolgen. Den 11. August 1287 erteilt Konrad, Bischof von Verden, "einen Ablaß von 40 Tagen denjenigen, welche an hohen

Festen die Marienkirche in Hamburg besuchen und unterstützen ꝛc." Zu demselben Zweck erteilte auch einen Ablaß Siegfried, Erzbischof von Köln, nebst sieben Bischöfen in corpore. Den 17. November 1288 befreite Hermann, Bischof von Schwerin, diejenigen von 40 Tagen Buße und Fasten, welche sich der Marienkirche in Hamburg wohlthätig erweisen, und desgleichen den 29. April 1289 Borchard, Bischof von Lübeck, „alle wahrhaft Bußfertige und Beichtende, welche die Marienkirche zu Hamburg der Andacht wegen besuchen, oder zum Bau derselben oder zu irgend welchem ihrer Bedürfnisse hilfreiche Hand leisten ꝛc." Also nicht das Hamburger Domkapitel oder der Erzbischof von Bremen bitten um Unterstützung des Baues, sondern benachbarte Prälaten; es ergiebt sich daraus, daß die Bewohner von Hamburg infolge der Feuersbrunst keine großen Beiträge leisten konnten.

Die verheerenden Brände wirkten in den Städten nach zwei Seiten hin reformierend. Bis dahin baute man in den Städten fast ausschließlich nur hölzerne Häuser, auch in Hamburg waren die steinernen Häuser noch so selten, daß in dem Stadterbebuch um die Mitte des 13. Jahrhunderts dieselben besonders aufgeführt werden. Wenn nun ein größeres Feuer ausbrach, so war selten eine Rettung der Stadt möglich, sie wurde gänzlich eingeäschert, wie es noch vor 40 bis 50 Jahren nicht zur Seltenheit gehörte, daß in Norwegen ganze Städte niederbrannten, da alle Häuser von Holz erbaut waren. In jener Zeit gab es aber keine Versicherungs=Gesellschaften, jeder mußte den Schaden selbst tragen. Wiederholten sich diese Unglücksfälle in kürzerer Zeit, dann wurde die Stadt nicht nur in ihrer Entwickelung gestört, sondern der Wohlstand der Bürger so sehr geschwächt, daß die Stadt sich nicht wieder zu ihrer früheren Blüte erheben konnte, wie z. B. Worms und Speyer. In verschiedenen Städten wurde daher vom Rat nach solchen schweren Unglücksfällen der Bau von Holzhäusern gänzlich verboten.

Andererseits suchten auch die kirchlichen Behörden ihre Gebäude gegen die verheerenden Wirkungen der städtischen Feuersbrünste zu schützen, und da die flachen Holzdecken der Basiliken hauptsächlich die Ursache waren, daß die Kirchen den Flammen zum Opfer fielen, so ersetzte man diese durch Gewölbe. Die schmäleren Seitenschiffe hatte man zwar schon seit längerer Zeit mit Tonnengewölben gedeckt, aber bei dem breiten Mittelschiff war dies nicht möglich, denn trotzdem die Mauern und Pfeiler in den romanischen Bauten eine so bedeutende Dicke hatten, konnten sie dem Druck des weiten Gewölbes keinen genügenden Widerstand leisten. Dies mag eine der Hauptursachen gewesen sein, weshalb der gotische Baustil für die städtischen Kirchenbauten eine so rasche Verbreitung gefunden hat. Da aber die romanischen Basiliken sich nicht in gotische Kirchen umwandeln ließen, mußte man einen andern Ausweg suchen. Man führte die Seitenschiffe fast zu derselben Höhe des Mittelschiffes auf, damit die Gewölbe aufeinander einen Gegendruck ausüben konnten, verwandelte die Tonnengewölbe in Kreuzgewölbe, und so entstanden die sogenannten Hallenkirchen.

Für diesen Stil entschied man sich bei dem Neubau des Hamburger Doms. Was nach dem Brande noch brauchbar war, ließ man stehen, aber man verwandelte die frühere Basilika in eine dreischiffige Hallenkirche. Der Bau schritt jedoch sehr langsam vorwärts, ob aus dem Grunde, weil die Geldmittel anfangs sehr spärlich flossen, oder weil die Arbeiten sehr sorgfältig ausgeführt wurden, erst 1329, am Sonntag nach St. Vitus den 15. Juni fand die Weihe der neuen Domkirche durch den Erzbischof Burchard von Bremen statt. Der Bau hatte also 45 Jahre gedauert. Da das Domgebäude seitdem keine Zerstörung wieder erlitten hat, so konnte derselbe beim Abbruch des Doms, 1806, wieder aufgedeckt werden. Durch die beim Abbruch gemachten Funde ist auch der Nachweis geliefert, daß der ursprüngliche Bau eine Pfeiler=Basilika gewesen ist, deren Seitenschiffe halbe Breite und halbe Höhe hatten und mit quadratischen Kreuzgewölben gedeckt waren, und ist dadurch erwiesen, daß diese Basilika später in eine Hallenkirche umgebaut worden ist.

— 30 —

Als im 14. Jahrhundert die Hansestädte einen mächtigen Aufschwung nahmen, erwarben nicht nur die Kaufleute große Reichtümer, auch die Handwerker gelangten zu Wohlstand und Ansehen, anderseits aber erinnerte der schwarze Tod die Menschen an die Vergänglichkeit des irdischen Besitzes. Infolgedessen verbreitete sich die Sitte, für das Seelenheil der Verstorbenen besondere Stiftungen zu gründen. Die Zünfte, auch eigens zu dem Zweck gebildete Gesellschaften, errichteten in den Kirchen besondere Altäre, wo an bestimmten Tagen für die verstorbenen Mitglieder Seelenmessen gelesen wurden, und wetteiferten miteinander in der Ausschmückung derselben. Aus diesen Nebenaltären empfingen die Kirchen nicht unerhebliche Einnahmen, sie suchten daher die Zahl derselben möglichst zu vergrößern, und wenn der vorhandene Raum vergeben war, mußten die Kirchen erweitert werden. Dies geschah durch Anbau von Kapellen, z. B. bei der Domkirche in Bremen, oder auch durch Anbau von Seitenschiffen, und so wurde gegen Ende des 14. Jahrhunderts die Hamburger Domkirche zu einer fünfschiffigen Hallenkirche erweitert. Der Anbau ist aber roh und handwerksmäßig ausgeführt; vermutlich mußte man die Vollendung des Baues beeilen, damit nicht zu viele Stiftungen an andere Kirchen verloren gingen. Unsere Abbildung giebt eine Seitenansicht vom Fischmarkt aus; die Fenster sind zwar mit Spitzbogen überwölbt, aber ohne Maßwerk. Überall herrscht kunstlose Einfachheit, nur das Seitenportal ist durch zurücktretende Säulen und Bogen geschmückt. Die Zeit, wann diese Erweiterung der Kirche begonnen und vollendet wurde, ist nicht bekannt, und ebensowenig wissen wir, wann zu dem Turm der Grundstein gelegt worden ist; vollendet wurde derselbe 1434. Ähnlich wie bei dem Petriturm bestand derselbe aus einem massiven, viereckigen Unterbau, auf dem die hölzerne achteckige Pyramide errichtet war. Ursprünglich war derselbe noch durch 4 kleine Spitztürmchen verziert, welche auf unserm Bilde fehlen, da sie bereits 1763 abgebrochen waren. Der Kreuzgang lag an der Nordseite der Kirche am Speersort und umschloß einen viereckigen Hofraum, welchen ursprünglich die Geistlichen gern aufsuchten, um sich hier in der Ruhe und Stille ernsten Betrachtungen hinzugeben, weshalb auf das Äußere des Kreuzganges, namentlich bei den gotischen Bauten, viel Kunstfleiß verwandt wurde. In Deutschland erbaute man in der Regel die Kirche an der Nordseite des Hofes, damit das hohe Gebäude dem Hofplatz nicht den Sonnenschein wegnehme; hier in Hamburg lag die Kirche an der entgegengesetzten Seite, und es müssen besondere Gründe eine Ausnahme von der Regel veranlaßt haben. Da der Bauplatz der Kirche geweiht war, so hat man ohne Zweifel nach jeder Zerstörung die Kirche stets wieder auf derselben Stelle errichtet, auf welcher die von Karl dem Großen errichtete Kirche gestanden hatte. Als man nun später den Kreuzgang hinzufügte, wäre man mit demselben in die Niederung hineingeraten, wenn man die Südseite gewählt hätte, und ein Teil wäre mitunter den Überschwemmungen ausgesetzt gewesen; daher verlegte man, abweichend von der Regel, Hof und Kreuzgang nach der Nordseite der Kirche. Warum aber die Kirche nicht auf der Höhe am Speersort, sondern am Abhange errichtet worden ist, darüber läßt sich jetzt kaum ein Grund entdecken. Vielleicht lag auf dieser Stelle der heidnische Opferstein, denn auf allen bekannten sächsischen Opferplätzen im Harz, Thüringen und auch in der hiesigen Gegend liegt der Stein nicht auf der Spitze der Anhöhe, sondern am Abhang, vermutlich, weil der Priester auf dem sogenannten Opferstein stehend den Segen über die im Halbkreis aufgestellten Freien austeilte und sie mit dem Opferblut besprengte. Damit aber alle den segnenden Priester sehen konnten, wählte man geneigte Plätze, also Abhänge, zum Gottesdienst.

Den schönsten Teil des Kreuzganges bildete die große Halle, Domhalle oder Schappendom. Unsere Abbildung zeigt einen Blick in das Innere der Halle, und man begreift vollkommen, daß Kunstverständige sich sehr viele Mühe gaben, wenigstens diesen Teil des Domgebäudes von dem Abbruch zu retten. Diese prächtigen Gewölbe, welche von sieben schönen, etwa 3 m hohen und 60 cm dicken Säulen[13]) von geschliffenem Granit getragen wurden, mußten auf den Beschauer eine große Wirkung ausüben. Die Zeit der Erbauung der Halle ist aber ebenfalls völlig dunkel, sicher ist sie aber nicht der älteste Teil des Domes gewesen, denn 1515 wird sie das neue Gebäude (novi edifici) (Staphorst, Kirchengesch. II, S. 327), und 1520 Nigen Gebuwte (Staphorst, Kirch. I, S. 474) genannt. Wahrscheinlich ist dies Gebäude gegen Ende des 15. Jahrhunderts errichtet für die Predigten. Da die Kirche hauptsächlich durch Messelesen an den verschiedenen Altären in Anspruch genommen war, so wurden die Prediger und Zuhörer sehr oft gestört; man mußte daher suchen, für diesen Teil des Gottesdienstes einen passenden Raum zu schaffen. Als aber nach der Reformation auch im Dom dies Messelesen allmählich aufhörte, konnte die Predigt wieder nach der Kirche verlegt werden, und die Domhalle wurde eine Zeitlang gar nicht benutzt. Später= hin diente sie als Magazin der Tischler, welche hier ihre Mobilien zum Verkauf ausstellten, woher im Volksmunde die Bezeichnung Schappendom stammt; nur während der Weihnachtszeit mußten die Tischler die Halle räumen, weil hier der Christmarkt abgehalten wurde. Der Flügel des Kreuzganges am Speersort, sowie der Reventer und der Kapitelsaal sind schon 1782 abgebrochen worden.

Die Geschichte des Domkapitels nach Einführung der Reformation und Aufhebung des Bremer Erzbistums interessiert uns hier nicht, da aber die Einkünfte des Kapitels immer mehr beschränkt wurden, reichten diese nicht mehr aus, die verschiedenen Domgebäude genügend zu unterhalten, weshalb auch die Domkirche allmählich in Verfall geriet. Die Stadt hatte aber keine Veranlassung, für die Erhaltung und Verschönerung des Gebäudes Opfer zu bringen, da der Dom an auswärtige Fürsten gefallen war. Die 1806 abgebrochenen Domgebäude haben also im allgemeinen noch dieselbe Form gehabt, in welcher sie sich im Anfang des 16. Jahrhunderts befanden, und aus den beim Abbruch gefundenen Verhältnissen läßt sich also auf die früheren Bauformen zurückschließen.

Domhalle oder Schappendom in Hamburg.

Infolge des Reichsdeputationsbeschlusses vom 23. No= vember 1802 mußte der König von England als Herzog von Bremen die Besitzungen des Domkapitels in der Stadt an Hamburg abtreten, und erst jetzt konnte die Stadt ihr Verhältnis zu dem Domkapitel ordnen. Durch den Rat= und Bürgerbeschluß vom 6. Februar und durch Vertrag des Rats mit dem Domkapitel vom 1. März 1804 wurde dieses aufgelöst. Die Domherren behielten ihre bisherigen Einnahmen auf Lebenszeit zugesichert, und das gesamte Vermögen des Domes, alle Gebäude und alle Grundstücke in der Stadt, auf dem Hamburger Berg, in St. Georg, im Hammerbrok, in Neuengamm und in Moorburg gingen in die Verwaltung und in den Besitz der Stadt über.

Nach eingehender Beratung und nach einer gründlichen Untersuchung sämtlicher Gebäude wurde Michaelis 1804 von Rat und Bürgerschaft der Abbruch der Domkirche beschlossen und zur Leitung und Beaufsichtigung desselben eine Deputation eingesetzt, bestehend aus dem Syndikus Dr. von Sienen, dem Senator J. D. Klefecker, und den Bürgern Paul Amsinck und Hermann Wiegberts.

Zur Räumung des Kirchhofes trat die Deputation zunächst mit den zu Begräbnissen Berechtigten in Unterhandlung, und nachdem diese abgefunden waren, wurden die Gebeine der hier Beerdigten nach dem Michaelis-Begräbnisplatz übergeführt, was im Mai 1805 beendigt war; indessen wurden 1809 beim Ebenen des Platzes, sowie 1838 beim Bau des Schulhauses noch manche Leichen aufgefunden. Der Christmarkt oder Weihnachtsmarkt war schon Weihnacht 1804 nach dem Gänsemarkt verlegt worden. Es ist eine sehr alte Sitte, in dem Kreuzgange des Domes einige Tage vor Weihnachten einen Markt abzuhalten, wo Spielsachen für Kinder und allerlei Näschereien feilgeboten wurden; aber schon zu Zeiten des Papsttums herrschte die Unsitte, daß die Marktbuden in die Kirche selbst hineindrangen, wogegen die Erzbischöfe wiederholt einschreiten mußten. Später wurde der Hauptteil des Christmarktes in der großen Domhalle abgehalten, weshalb derselbe noch heute Dom genannt wird.

Auch die inneren Einrichtungen, alle Kunst- und Wertgegenstände wurden noch im Jahre 1804 fortgeschafft, teils verschenkt, teils in Auktion öffentlich versteigert. Die Petrikirche erhielt z. B. ein Bild Ansgars, die Johanniskirche ein Kruzifix von Holz, die Nikolaikirche verschiedene Epitaphien, die Stadtbibliothek eine Statue von Ansgar, das Museum Hamburger Altertümer den Esel mit dem Dudelsack 2c. Die verkauften Gegenstände sind zum Teil in allen Himmelsgegenden zerstreut, doch ist auch manches in Hamburg verblieben. Einen großen Ruf besaßen die Glocken; die drittgrößte Glocke, 2635 kg, kaufte die Michaeliskirche für Mk. 3873,65, und dient dieselbe noch heute als Stundenglocke, welche wohl in der ganzen Stadt hörbar ist; die größte Glocke, 4900 kg, kaufte die Petrikirche für Mk. 8820, nach Suhr für Mk. 10200, und die Nikolaikirche die zweite Glocke, 3500 kg, für Mk. 5125, doch sind beide Glocken beim Brande 1842 zerstört. Auch die Kirche zu Altengamm und die zu Eppendorf erwarben kleinere Glocken, welche noch heute im Gebrauch sind. Die Hälfte der Orgel wurde nach Altona für Mk. 2160 verkauft, die andere Hälfte kam nach Schleswig 2c. Für verkaufte Grabsteine wurden fast Mk. 10000, für Gestühle, Kronleuchter 2c. über Mk. 2500 gelöst. Viele Grabsteine wurden zum Bau neuer Siele verbraucht, und es wäre gar nicht unmöglich, daß diese Steine noch einmal zu recht gründlichen Untersuchungen Veranlassung geben.

Mit dem Abbruch der Gebäude wurde im Mai 1805 begonnen. In der zweiten Hälfte des vorigen Jahrhunderts waren schon wiederholt Gerüchte verbreitet worden über den bevorstehenden Einsturz bald dieses, bald jenes Teiles des Domgebäudes, namentlich betrafen diese Befürchtungen den Domturm. Bald hieß es, die Turmmauer sei ausgewichen, bald wieder, daß die Turmspitze sich immermehr neige. Die Aufregung, welche solche Gerüchte besonders in der Umgegend des Domes hervorriefen, nötigten sowohl das Domkapitel, als auch die Stader Regierung wiederholt eine Untersuchung der Gebäude anzuordnen. Als sich 1763 bei einer solchen Untersuchung herausstellte, daß die Spitze des Turmes vier Fuß nach Südwesten überhing, wollte die Stader Regierung schon die ganze Turmpyramide herabnehmen lassen; das Kapitel aber ließ zunächst nur die vier kleinen Ecktürme auf der Turmmauer abbrechen und trat wegen der Turmpyramide mit Sonin in Beratung. Dieser richtete mit seinen großartigen Maschinen eines schönen Morgens in kurzer Zeit die Turmspitze wieder lotrecht ein, bevor noch irgend jemand aus der Nachbarschaft etwas von den Arbeiten bemerkt hatte. Nach einer späteren gründlichen Untersuchung des ganzen Turmes erklärte Sonin, daß der Turm noch Jahrhunderte stehen könne, infolgedessen sich die Gemüter allmählich beruhigten. 1780 zeigten sich Risse in dem Gewölbe des Kreuzganges am Speersort, worauf 1782 dieser Teil des Kreuzganges mit dem Kapitelshaus durch den Zimmermeister des Domes abgebrochen und eine neue Kapitelstube in dem hohen Chor eingebaut wurde. Da man sich jedoch über die Verwertung des leeren Platzes nicht einigen konnte, blieb derselbe bis zum Abbruch des Domes unbenutzt liegen.

Zunächst wurde nun 1805 die Turmpyramide für Mk. 37000 zum Abbruch verkauft und successive mit den übrigen Teilen des Gebäudes in ähnlicher Weise verfahren. Da sich bei einer wiederholten Untersuchung zeigte, daß die westliche Mauer der großen Domhalle 16—18 Zoll ausgewichen war, und eine Reparatur des Gebäudes also große Unkosten verursacht haben würde, konnten die Kunstfreunde die Erhaltung nicht durchsetzen, obgleich es das einzige Gebäude in Hamburg war, welches ein so wirkungsvolles Sterngewölbe enthielt. Beim Abbruch zeigte sich auch, daß fast sämtliche Balkenköpfe verfault waren und daher eine Reparatur kaum möglich gewesen wäre. Weder in dem Knopf des Turmes, noch in dem Grundstein fand sich irgend ein historisches Dokument.

Die Gebäude des Domes waren nicht nach einem einheitlichen Plane, sondern einige Teile im romanischen Stil, andere im Übergangsstil oder im gotischen Stil erbaut. Das Portal des Turmes hatte z. B. Spitzbogen, welche von korinthischen Säulen getragen wurden, der Thürsturz und die Fenster waren dagegen romanisch; das Portal an der Nordseite war spätgotisch und hatte einen reichen Schmuck von Bildwerken. Die Fenster des südlichen Seitenschiffes waren mit Spitzbogen überwölbt, aber ohne Maßwerk, wie unsere Abbildung zeigt. Der ursprüngliche Bau, die dreischiffige Basilika, hatte eine Länge[14]) von 294 Fuß und eine Breite von 94 Fuß, das Kreuzschiff war 128 Fuß, das Mittelschiff 44 Fuß, jedes Seitenschiff 24 Fuß breit. Die große Domhalle war 132 Fuß lang und 45 Fuß breit. Der Turm hatte eine Höhe von 353 Fuß, die Grundmauer ungefähr von halber Höhe hatte bis zur Höhe von 60 Fuß eine Dicke von 13 Fuß und wurde von da ab allmählich dünner bis 4 Fuß.

Auf dem Platz der abgebrochenen Domkurien wurde schon 1807 eine neue Straße angelegt und Paulstraße genannt, zur Ehre und zur Erinnerung an Paul Amsinck, der den Abbruch hauptsächlich geleitet und durch seine Umsicht sich ein großes Verdienst erworben hatte. Nachdem der Abbruch 1809 vollendet war, wurde der Platz notdürftig geebnet und blieb hierauf lange unbenutzt, erst 1838 fand er zum Bau der Schulhäuser des Johanneums eine neue Verwendung und wurde dadurch seiner ursprünglichen Bestimmung zurückgegeben. Im Altertum versammelten sich hier die Sachsen und Angeln, um Wuotan, dem Allvater, dem Gott des Lichts, Opfer zu bringen, ihm zu danken oder zu ihm um Hilfe zu flehen; von hier aus verbreitete sich deutsche Sittlichkeit und deutsche Freiheitsliebe über die umwohnende Bevölkerung. Im Mittelalter war die Stätte dem christlichen Glauben geheiligt, das Licht christlich-deutscher Kultur erleuchtete von hier aus die slawischen und skandinavischen Völker und veredelte ihre rohen, wilden Sitten. Die Gebäude des Johanneums, das Gymnasium, die Bibliothek, das Museum ꝛc. sind bestimmt, durch Erkenntnis, durch ernstes, strenges Studium die Bevölkerung auf eine höhere Kultur zu erheben. Wie die vor kurzem errichtete Statue Bugenhagens andeutet, ist an die Stelle des Glaubens die freie wissenschaftliche Forschung getreten, möge sie diesem Zweck noch lange zum Wohl und zur Ehre Hamburgs erhalten bleiben.

Die Domschule in Hamburg.

Wenn man gegenwärtig einen Blick in eine Schulklasse wirft und die Menge von Hilfsmitteln übersieht, welche für den Unterricht erforderlich sind, dann wird es schwer zu begreifen, wie vor der Erfindung der Schiefertafeln, des Lumpenpapiers, der Buchdruckerkunst ꝛc. ein Klassenunterricht möglich gewesen ist. Unser Kulturleben macht gegenwärtig außerordentlich rasche Fortschritte, eine Erfindung drängt die andere und manche bürgert sich so schnell ein, daß man schon nach wenigen Jahren kaum begreift, wie die Menschen ohne diese Hilfsmittel sich einzurichten vermochten. Wie viele Unbequemlichkeiten würden daraus entstehen, wenn z. B. die Reibzündhölzer oder die Stahlfedern plötzlich aus dem Verkehr verschwunden wären, obgleich seit ihrer Erfindung kaum ein Menschenalter vergangen ist. Nun denke man sich aber eine Schulklasse ohne Stahlfedern, Bleistifte, Gummi, Lineale, ohne Schreib- und Zeichenhefte und Schiefertafeln, ohne Fibeln, Lesebücher, Rechenbücher ꝛc., womit sollte der Lehrer seine Schüler beschäftigen, woraus sollte der Schüler lernen? Dennoch hat es eine Zeit gegeben, wo die Lehrer ohne diese Hilfsmittel Tüchtiges leisteten. Die alten Codices sind mit einer Schönheit, Sauberkeit und Regelmäßigkeit geschrieben, welche jetzt nur von wenigen Schreibern erreicht, sicherlich aber nicht übertroffen wird, und die kleinen Miniaturbilder glänzen noch heute in solcher Farbenpracht, als ob sie eben erst aus der Hand des Malers hervorgegangen seien. Bis zum 13. Jahrhundert wurden nicht nur alle öffentlichen Dokumente, alle Verträge, sondern auch Handelsbücher und Handelsbriefe in lateinischer Sprache abgefaßt, also ein Beweis, daß auch im Sprachunterricht die Leistungen der Schule nicht unbedeutend gewesen sind.

Karl der Große gründete in Sachsen überall, wo das Schwert seine Herrschaft befestigt hatte, nicht nur Kirchen und Klöster, sondern ließ neben denselben sehr bald auch Schulen einrichten zur Erziehung und Bildung der jüngeren Bevölkerung, wie z. B. in Osnabrück, Paderborn ꝛc. Auch in Hamburg gründete Karl der Große 811 eine Kirche, allein von Errichtung einer Schule ist noch keine Rede. Da aber der erste Priester Heridag bereits im nächsten Jahre 812 starb, und wahrscheinlich Karl der Große keine neuen Priester hierher versetzte, so läßt sich wohl nicht vermuten, daß der Kaiser vor seinem Tode (Januar 814) noch die Errichtung einer Schule in Hamburg angeordnet hat. Als Ludwig der Fromme 831 Hamburg zum Sitz des Erzbistums für Skandinavien bestimmte und Ansgar zum ersten Erzbischof erwählte, gründete dieser hier nicht nur ein Kloster, sondern richtete in demselben auch sofort eine Schule ein, zur Erziehung und Ausbildung von dänischen, slawischen und sächsischen Knaben, um sie später als Missionäre verwenden zu können. Diese erste Schule hatte indessen nicht lange Bestand, denn 845 wurde Hamburg von den Normannen zerstört. Nachdem in Nordalbingien Ruhe und Sicherheit wieder hergestellt waren, wird Ansgar auch Kirche und Kloster aufs neue erbaut haben, aber erst 858 hören wir wieder von der Schule.

Die Schule teilte fortan das Schicksal von Kirche und Kloster, sie wurde mit denselben zerstört und wieder eingerichtet, die Verwaltung und der Unterricht blieben in den Händen der Mönche, bis der Erzbischof Unwan (1013—1030) in Hamburg das Domkapitel einrichtete. Nach dem Wiederaufbau der Stadt versetzte er aus jedem der vier Bremer Stifte je drei Geistliche hierher, entband sie von der strengen mönchischen Zucht, doch verpflichtete er sie, nach der Regel des Chrodegang (dem canon) zu leben, daher Kanoniker, und betraute sie mit der Verwaltung der äußern Angelegenheiten des Erzbistums und der Mission. Diese 12 Priester wohnten mit dem Erzbischof in einem Hause, domus, daher vielleicht Domherren genannt, und speisten an seiner Tafel. Nach der Frühmesse versammelten sie sich unter dem Vorsitz des Erzbischofs, es wurde ein Kapitel aus der Bibel vorgelesen, woher die Bezeichnungen: Kapitelsaal, Kapitelherren, Domkapitel ꝛc. stammen, dann folgte eine kurze Beratung der Angelegenheiten des Stiftes, und darauf begab sich jeder an seine besonderen Geschäfte. Einem Domherrn, und zwar meistens dem gelehrtesten, wurde die Verwaltung der Schule übertragen, daher scholasticus, und für die Schule kam allmählich die Bezeichnung „Domschule" in Gebrauch. Später wurde das gemeinsame Leben (vita communis) der Kanoniker aufgehoben, jeder Domherr bewohnte ein besonderes Haus, eine Kurie, und führte einen eigenen Haushalt. Der Scholastikus erlangte allmählich bedeutenden Einfluß und große Einkünfte, weshalb nicht selten hohe Persönlichkeiten mit dem Amt betraut wurden. Erzbischof Liemar von Bremen war bis zu seiner Wahl, 1072, Scholastikus in Goslar gewesen, um die Mitte des 14. Jahrhunderts finden wir den Grafen Christian von Oldenburg als Scholastikus in Bremen, und der bekannte Hamburger Scholastikus Heinrich Bantschow war zugleich fürstlicher Rat des Herzogs von Mecklenburg, Propst und Administrator des Stiftes Schwerin und päpstlicher Akoluth. Der Hamburger Scholastikus führte die Aufsicht über alle Hamburger Schulen, ernannte die Rektoren und besoldete sie, er übte die Gerichtsbarkeit über Lehrer und Schüler und brauchte dem Domkapitel keine Rechenschaft abzulegen, daher vielfacher Mißbrauch. Er war zugleich Kanzler und Archivar des Stiftes und seit 1223 mit dem Propst und Dekan Vertreter des Hamburger Domkapitels bei der Erzbischofswahl in Bremen.

Anfänglich unterrichtete der Scholastikus selbst in der Schule, später aber zog er sich mehr und mehr zurück und übertrug die Leitung der Schule einem Unterbeamten, dem Magister scholarum, während er sich nur die wichtigeren Angelegenheiten vorbehielt. In Hamburg scheint schon bald nach Errichtung des Domkapitels der Scholastikus einen Magister scholarum ernannt zu haben, denn als Bezelin Alebrand (1035 bis 1043) die Stadt mit einer Mauer und 12 Türmen umgeben wollte, bestimmte er, daß der fünfte Turm von dem Magister scholarum verteidigt werden sollte; auch Adam von Bremen nannte sich 1068 Magister scholarum; doch in Hamburger Urkunden kommt der Titel erst 1200 vor.

Lokaten waren Gehilfen des Rektors beim Unterricht, sie wurden aus den befähigteren Schülern genommen, später, im 15. Jahrhundert, wählte man dazu meistens Bakkalaurien; sie hatten in einzelnen Fächern, auch im Gesang, zu unterrichten und empfingen Kommenden, auch einen Freitisch bei wohlhabenden Bürgern. Der Rektor unterrichtete in Grammatik, Logik und Rhetorik, und in Philosophie die älteren Schüler; außerdem hatte er Vorlesungen für die jüngeren Geistlichen zu halten, wenn er dazu befähigt war. Des Nachmittags sollte er die Lokaten beaufsichtigen. Auch hatte er die Aufsicht über den Gesangunterricht und diejenigen Schüler zu bestimmen, welche im Chor mitsingen sollten.

Die Entwickelung der Hamburger Schule war naturgemäß abhängig von den wissenschaftlichen Bestrebungen im deutschen Reich. Durch Karl den Großen und durch den kaiserlichen Hof in Aachen war ein lebhaftes Interesse für Kunst und Wissenschaft im deutschen Volk geweckt worden, allerdings verstand Ludwig der Fromme es nicht, die Gelehrten in ähnlicher Weise an seinen Hof zu fesseln, aber der von seinem Vater in den Schulen angeregte Wetteifer wirkte noch lange fort, und dies dürfen wir auch in Hamburg voraussetzen. Ansgar hatte schon in Alt=Korbie sich durch sein wissenschaftliches Streben ausgezeichnet, kaum 20 Jahre alt wurde er als scholasticus nach Neu=Korbie versetzt und es gelang ihm auch hier, bei seinen Schülern einen regen Wetteifer zu erwecken; trotz seiner vielseitigen Beschäftigung bewahrte er bis zum hohen Alter ein lebhaftes Interesse für Kunst und Wissenschaft, wie uns sein Biograph Rimbert berichtet. Es läßt sich daher wohl annehmen, daß er bis 845 jedenfalls bemüht war, die Schule in Hamburg auf dieselbe Höhe zu bringen, wie die von Neu=Korbie.

Infolge der heillosen Wirren unter den Söhnen Ludwigs des Frommen sank die wissenschaftliche Bildung sehr rasch, nur in Frankreich erhoben sich Kunst und Wissenschaft noch einmal zu einer kurzen Glanzperiode. Um diese Zeit wurden England und Irland durch die Normannen furchtbar verheert, namentlich Kirchen und Klöster zerstört und die Gelehrten und Geistlichen grausam verfolgt; die Flüchtlinge fanden am Hofe Karls des Kahlen freundliche Aufnahme. Seitdem Johannes Scotus Erigena hier wirkte, verbreitete sich der wissenschaftliche Glanz des Hofes über das ganze Abendland, und Gelehrte aus allen Weltgegenden fanden sich hier zusammen. Nach dem Tode Karls des Kahlen 876 erlosch auch dieser Stern, und Roheit und Unwissenheit gelangten im ganzen Reich zur Herrschaft. Die Geistlichen mischten sich persönlich in die Parteikämpfe, die höheren Ämter wurden ohne Rücksicht auf geistige und wissenschaftliche Befähigung mit Günstlingen der jeweiligen Machthaber besetzt. Jeder mußte durch List oder Gewalt sich in seiner Stellung zu behaupten suchen, es war ein Kampf aller gegen alle, und niemand hatte Zeit und Lust, sich mit Kunst und Wissenschaft zu beschäftigen. Die geistlichen Fürsten, Äbte und Bischöfe waren Kriegshelden und Diplomaten, und die niedere Geistlichkeit versank in Roheit und Unwissenheit, die Schulen gingen daher aus Mangel an Lehrenden und Lernenden ganz ein oder fristeten ein kümmerliches Dasein. Nur in einigen, von dem großen Verkehr nicht berührten Klöstern, wie in Metz, Trier, namentlich in St. Gallen, fand die Wissenschaft ein Asyl, um hier für bessere Zeiten aufgehoben zu werden. Wenn selbst in den berühmten Schulen Korbie, Fulda, Hersfeld ꝛc. das wissenschaftliche Streben gänzlich erloschen war, dürfen wir für die Hamburger Schule wohl keine Ausnahme erwarten. Selbst wenn die Hamburger Kirche während dieser Zeit vorhanden gewesen, wird an Unterricht in der Schule schwerlich gedacht worden sein, denn in der äußersten Ecke des Reiches hatten die Nachfolger Ansgars, die Erzbischöfe Rimbert, Adalgar und Hoger genug zu thun, ihre Diözese gegen räuberische Einfälle der heidnischen Nachbarn zu schützen.

Erst unter den sächsischen Kaisern fand eine Umkehr zum Bessern statt. Nachdem durch Heinrich I. im Reiche Friede und Sicherheit hergestellt war, erwachte unter Otto I. wieder Interesse für Kunst und Wissenschaft; die Gelehrten verließen die stillen Klosterzellen und wagten sich in die Welt hinaus, überall entstanden neue Schulen und in den alten erwachte ein neues Streben, und das wissenschaftliche Studium machte so rasche Fortschritte, daß die deutschen Geistlichen durch ihre Gelehrsamkeit im ganzen Abendlande berühmt waren. Auch Hamburg nahm an diesen Bestrebungen regen Anteil. Der Erzbischof Adaldag hatte schon als Kanzler Ottos I. sich durch seine wissenschaftliche Bildung ausgezeichnet, als Begleiter seines kaiserlichen Freundes erlangte er auf den Synoden in Italien ein solches Ansehen, daß er den bedeutendsten Kirchenfürsten des Abendlandes zugezählt wurde, er wirkte auch dahin, daß die Geistlichen der Hamburger Kirche in der Bildung nicht zurückblieben, und in der von ihm wieder gegründeten Schule muß daher ein reger Eifer geherrscht haben. Noch mehr stieg das Ansehen der Hamburger Geistlichkeit unter dem hochgelehrten Bezelin Alebrand, und sein Nachfolger Adalbert I. konnte sogar den Plan fassen, Hamburg zum Patriarchat des Nordens zu erheben. Hamburg war thatsächlich das Rom des Nordens, berühmte Gelehrte und Künstler aus allen Weltgegenden trafen hier zusammen; Hamburg war eine Hochschule für die jüngeren Geistlichen, hier eigneten sie sich feine weltmännische Bildung an, namentlich war ihnen Gelegenheit geboten, ihre Sprachkenntnisse zu erweitern, hier wurde norwegisch und schwedisch, englisch und französisch, italienisch, griechisch und slawisch gesprochen; die angesehensten Meister in Musik, Dichtkunst und Malerei lebten an dem erzbischöflichen Hof, und unter diesen Verhältnissen muß auch die Schule Bedeutendes geleistet haben. Die Zerstörung Hamburgs durch die Wenden unter Kruko, 1072, bereitete dieser Glanzperiode ein jähes Ende; die Erzbischöfe verlegten seitdem dauernd ihre Residenz nach Bremen und wandten ihren Einfluß und ihre Fürsorge hauptsächlich der Bremer Kirche und Schule zu, Hamburg sank zur Nebenkirche herab und die Verwaltung wurde dem Domkapitel überlassen.

In den Stürmen der Völkerwanderung waren die römischen Kaiserschulen größtenteils zu Grunde gegangen; zwar hatten die ersten deutschen Heerführer (der Ost- und Westgoten) sich noch bemüht, in den neugegründeten Staaten deutsches und römisches Wesen miteinander zu verschmelzen und daher auch das römische Schulwesen vor dem Untergange zu schützen gesucht, so daß unter Theodorich sogar römische Kunst und Wissenschaft einen neuen Aufschwung nahmen. Allein die Nachfolger hatten schon andere Grundsätze, und in den weiteren Umwälzungen des 6. und 7. Jahrhunderts verschwanden die römischen Schulen im ganzen Abendland. Da wurden die Benediktiner die Retter der klassischen Bildung. Die Ordensregel verpflichtete die Mönche schon zu gelehrten, wissenschaftlichen Studien, aber die Aufnahme von Oblaten (d. h. unmündigen Kindern, welche von den Eltern für das Klosterleben bestimmt und dem Kloster als Novizen übergeben wurden) führte zur Errichtung von Schulen, sogenannten Klosterschulen, in denen bald auch solche Kinder unterrichtet und erzogen wurden, die nicht für das geistliche, sondern für das weltliche Leben bestimmt waren.

Wie das Mönchswesen überhaupt, so wurzelte auch ihre Schuleinrichtung in der römischen Welt, die Klosterschulen waren Nachbildungen der Kaiserschulen. Der Unterricht umfaßte die sieben freien Künste, das Trivium (Grammatik, Rhetorik und Dialektik) und das Quadrivium (Arithmetik, Geometrie, Musik und Astronomie). Wer das Trivium absolviert hatte, stieg zum Quadrivium auf. Die sieben freien Künste umfaßten das Gesamtgebiet der Philosophie und zu diesen kam als neuer Unterrichtsgegenstand die christliche Theologie. — Auch die Lehrmethode und die Lehrbücher der Kaiserschulen wurden von den Mönchen beibehalten; anfangs gebrauchte man Kassiodor und Boetius, später die Bearbeitungen von Alcuin, Beda, Hrabanus 2c. und bis zur Entstehung der Universitäten im 12. und 13. Jahrhundert ist kaum eine Änderung im Schulwesen eingeführt. Ähnlich wie die Oblaten die Gründung der Klosterschulen veranlaßt hatten, so nötigten die Knaben, welche man beim Gottesdienst gebrauchte, zur Errichtung der Kathedral- oder Domschulen, die übrigens mit den Klosterschulen in ihrer Organisation übereinstimmten.

Wenngleich diese Schulen für die Bildung der Mönche und Geistlichen bestimmt waren, so beschränkten sie sich doch nicht auf den Religionsunterricht und die Einübung der kirchlichen Formen. Im Gegenteil betonen die hervorragenden Kirchenlehrer des Mittelalters den hohen Wert, welchen die Kenntnis der sieben freien Künste für die Geistlichen habe. Alcuin schreibt u. a. an die irischen Glaubensbrüder: „Aber deshalb ist die Kenntnis der weltlichen Wissenschaft nicht zu verachten, sondern die Grammatik und die übrigen Lehrgegenstände philosophischen Scharfsinns sind dem zarten Jugendalter gleichsam als Grundlage zu bieten, damit sie auf den Stufen der Weisheit zum höchsten Gipfel evangelischer Vollkommenheit emporsteigen können und mit dem Fortschritt der Jahre auch an Schätzen der Weisheit zunehmen." In den bessern Schulen wurde die Einübung der kirchlichen Formen als

Nebensache behandelt, die Lehrer betrachteten die sieben freien Künste als die Hauptlehrgegenstände, weshalb die Kloster= und Domschulen im wahren Sinne allgemeine Bildungsanstalten waren. Wenn trotzdem diese Schulen hauptsächlich von denjenigen besucht wurden, welche zu Mönchen und Geistlichen bestimmt waren, so kommt hier in Betracht, daß bis zum Ausgang des Mittelalters die Gelehrten zugleich Geistliche oder Mönche waren. Auch Karl der Große hatte bei Errichtung der Schulen hauptsächlich die Bildung der Geistlichen im Auge (Capitulare von 787 de scholis per singula episcopia et monasteria instituendis), aber er wirkte überall dahin, daß die höheren weltlichen Stände ihre Kinder an dem Unterricht in den Kloster= und Domschulen teilnehmen ließen, in Aachen errichtete er die Hofschule für seine eigenen Kinder und die seiner Höflinge.

Schreiben und Lesen waren nicht Unterrichtsgegenstände der Klosterschule, sie wurden in der Vorschule geübt. Das allgemeine Schreibmaterial im Mittelalter war das Pergament, auf welches man mit einer schwarzen Farbe die Buchstaben auftrug; aber es war viel zu teuer, daß man es für die Schreibübungen der Schüler hätte verwenden können. Für kleine Notizen benutzte man dünne Elfenbeinplatten, Schreibtafeln, auf welche man die Schrift mit einer Farbe auftrug, welche sich wieder abwaschen ließ. Vielleicht wurden ähnliche Tafeln in der Schule für den Schreibunterricht benutzt, später gebrauchte man zu diesem Zweck kleine, mit einer dünnen Schicht Wachs überzogene Holztafeln. Die Schrift wurde mit einem spitzen Stift eingetragen; sollte diese nicht mehr benutzt werden, so wurde die Tafel ein wenig erwärmt und die Wachsschicht wieder glatt gestrichen. Diese Tafeln waren, ähnlich wie unsere Schiefertafeln, von einem etwas stärkeren Holzrahmen eingefaßt, um die Schrift gegen Druck zu schützen, auch waren nicht selten mehrere gleich große Tafeln buchförmig zusammengeheftet, so daß sie für längeren Gebrauch ausreichten.[15])

Die Schulsprache war lateinisch, aller Unterricht wurde in lateinischer Sprache erteilt, die Schüler mußten mit den Lehrern und untereinander lateinisch sprechen, nur mit den Anfängern machte man eine Ausnahme, sie durften eine kurze Zeit sich noch der deutschen Sprache bedienen. In den Schulen wurden Horaz, Virgil, Sallust, Statius ꝛc. gelesen und erklärt, und aus ihnen die grammatischen Regeln abgeleitet und erlernt. In den unteren Klassen wurde die betreffende Lektion vorgesagt und von den Schülern so lange nachgesprochen, bis sie dieselbe behalten, gelernt hatten, in den oberen Klassen wurde von den Lehrern auch diktiert, die Schüler mußten das Diktat auswendig lernen. Häufig, meistens alle Monate, wurde repetiert, und wer dann am besten antworten konnte, erhielt den ersten Platz in seiner Abteilung. Die lateinische Sprache war daher gleichsam die zweite Muttersprache der Schüler, und 1304 wird z. B. in Hamburg darüber geklagt, daß die Schüler auf den Knabenbischof deutsche und lateinische Spottgedichte gemacht hatten.

Griechisch war zwar für die meisten Schulen als Unterrichtsgegenstand vorgeschrieben (in dem Capitulare von 804 bestimmt Karl der Große für die neugegründete Schule in Osnabrück: „In eodem loco graecas et latinas scholas in perpetuum manere ordinarimus"), aber nur in sehr wenigen Schulen wurde wirklich im Griechischen unterrichtet, weil es an Lehrern fehlte. Zur Zeit Karls des Großen wurden in den irischen Klöstern vielfach noch griechische Sprachstudien getrieben, aber auf dem Kontinent waren die griechischen Klassiker kaum dem Namen nach bekannt, selbst Alcuin verstand nur wenig griechisch, und hier waren es nur einige Klöster, wie St. Gallen, Corbie, Utrecht, Lüttich ꝛc., wo die Kenntnis des Griechischen gepflegt wurde. Infolge der Verbindung des sächsischen mit dem byzantinischen Kaiserhause und infolge des lebhaften Handelsverkehrs mit Konstantinopel war im 10. Jahrhundert die Kenntnis der griechischen Sprache in Deutschland ziemlich verbreitet. Otto I. korrespondierte griechisch mit den byzantinischen Kaisern und den Kalifen in Spanien, ebenso Otto II., und Otto III. hatte durch seine Mutter eine fast griechische

Erziehung erhalten; aber nachdem diese Verbindung aufgehört hatte, verlor sich auch wieder die Kenntnis der griechischen Sprache. Die alten griechischen Klassiker blieben im Abendland unbekannt, noch im 12. Jahrhundert lernte man den Aristoteles durch die Araber in Spanien kennen und übersetzte die arabische Übersetzung ins Lateinische, die griechischen Klassiker kamen erst viel später durch die von den Türken aus ihrer Heimat vertriebenen Mönche nach Italien und von dort allmählich nach dem übrigen Abendland.

Rhetorik und Dialektik wurden in den Kaiserschulen gelehrt, um die Schüler sprachgewandt zu machen, damit sie künftig vor dem Gerichtshof ihre Streitsachen gut verteidigen könnten, aber auch für die Geistlichen hielt man diese Sprachgewandtheit sehr nützlich, damit sie die Sophismen der Irrlehrer widerlegen könnten, wie Rhabanus Maurus schreibt.

Der Unterricht im Quadrivium wurde nicht in allen Schulen und nicht in allen Fächern erteilt, weil die nötigen Lehrkräfte oftmals fehlten. Manche Schulen beschränkten sich daher auf einzelne Fächer, oder sie zeichneten sich besonders durch einzelne Fächer aus, wie z. B. Fulda durch die Pflege der Musik. Rheims war berühmt als Schule für Mathematik und Physik besonders durch Gerbert (später Papst Sylvester II., gestorben 1003), welcher auf maurischen Universitäten Mathematik und Medizin studiert hatte. Er soll auch die Kenntnis der arabischen Ziffern nach dem Abendland gebracht haben, doch wurden noch im 13. Jahrhundert in allen öffentlichen Dokumenten nur die lateinischen Ziffern angewandt. In dem ältesten Hamburger Stadterbebuch (1248—1273) kommen keine arabischen Ziffern vor. In der Astronomie hatten die Schüler 24 Verse aus dem Kalender zu lernen.

In den Zeiten des Verfalls wurde die Schülerzahl eine sehr geringe, und die Unterrichts= fächer wurden auf das notwendigste beschränkt. In den Klosterschulen wurde die Zeit haupt= sächlich mit dem Einüben der Gebetformeln hingebracht, in den Domschulen wurden nur die beim Gottesdienst erforderlichen Knaben in den dabei gebräuchlichen Formen unterwiesen. Die größeren Knaben hatten bei Messen, Vigilien, Memorien ꝛc. dem Priester hilfreiche Hand zu leisten und das Räuchern zu besorgen, bei Prozessionen hatten sie den Vortritt. Ihnen folgten die Chor= schüler, Orgelsänger (Orghelen syngheren), welche die Wechselgesänge, Psalmen ꝛc. abzusingen hatten; sie mußten klangreiche Stimmen haben, wurden vom Kantor im Gesang unterrichtet, und da der Text lateinisch war, mußten sie wenigstens so viel lateinisch verstehen, daß sie den Text auswendig lernen konnten. Die Opfermannsschüler mußten die Lichter in der Kirche anzünden und bei der An= fertigung der Wachslichter helfen. Sie wurden von dem Opfermann in den nötigen Arbeiten unter= richtet und mußten ihm überhaupt zur Hand gehen; auch wenn der Rat Dokumente zu siegeln hatte, mußte der Opfermann für Wachs sorgen und ließ sich von einem oder mehreren Opferschülern begleiten. Endlich sind noch die Schlafschüler zu erwähnen, welche abwechselnd des Nachts in der Kirche wachen und für die Sicherheit der Gefäße und Ornate sorgen mußten; sie hatten die Kirche, die Meßgewänder und die Gefäße zu reinigen, die kleinen Glocken zu läuten und beim Orgelspiel die Bälge zu treten. Diese Knaben wurden auf Kosten der Kirche unterhalten, schliefen gemeinsam in einem Hause, dem Schlafhaus (dormitorium), lernten das, was sie beim Gottesdienst zu verrichten hatten, wozu allerdings nur eine geringe wissenschaftliche Bildung erforderlich war (bei ihrer Auf= nahme mußten sie notdürftig lesen und schreiben können), und rückten allmählich in die Stellen der niederen Geistlichen ein. Die Zahl der bei dem Gottesdienst verwendeten Schüler war nach der Größe der Kirche und der Gemeinde sehr verschieden, wir finden daher Schulen mit 4, 7, 12 ꝛc. Schülern.[16]) Die Hamburger Domkirche hatte ursprünglich 8 Schlafschüler (scholares dormitoriales), sie wurden vom Dekan eingesetzt, sie mußten schöne, ausgebildete Stimmen haben, richtig singen und gut lesen können. Das Schlafhaus lag am Kattrepel in der Nähe des Doms. Sie mußten bei allen Horen und Messen, auch beim Tedeum, den Frühmetten und den kleinen Vigilien zugegen sein. Des Nachts wachten abwechselnd 4 von ihnen in der Kirche. Ihre Einkünfte wurden ihnen wöchentlich von einem Vikar ausgeteilt, am Michaelistag erhielt jeder einen neuen Rock, auch Schuhe und Strümpfe; am ersten Weihnachtstage empfingen sie von jedem Domherrn einen Schilling und am zweiten Weihnachtstage noch einen Schilling, außerdem fielen ihnen reichlich Almosen zu. Diejenigen Schlafschüler, welche des Nachts in der Kirche wachen sollten, verfielen aus Langerweile leicht auf Dummheiten, sie trieben sich in den Straßen umher, verrichteten allerlei mutwillige Streiche, störten die nächtliche Ruhe der Bürger und neckten die Wächter. Die Klagen der Bürger und des Rats über das schlechte Betragen der Schlafschüler sind endlos, bis am 1. Januar 1446 die nächtliche Bewachung der Kirche durch Knaben aufgehoben und einigen Chorpriestern übergeben wurde.

In der Schule war der Gesangunterricht bevorzugt, weil der Gesang eine wesentliche Unterstützung des Gottesdienstes bildete. Die eigentlichen Chorschüler (chorales) waren daher auch von den übrigen Domschülern unterschieden und wurden im Gesang besonders unterrichtet. Die Hamburger Schule hatte 3 Gesangabteilungen (cantus minor, cantus major und die Hymnen), die 3 Gesanglehrer wurden vom Rektor erwählt. Ursprünglich bildeten die Domherrn selbst den Chor, allmählich aber überließen sie das Singen den Schülern, selbst der Kantor erschien nur bei besonders festlichen Gelegenheiten im Chor.

Jeder Schüler der Domschule bezahlte ein gewisses Schulgeld. Dies bildete einen Teil der Einkünfte des Scholastikers, welche in Hamburg aus dem Zehnten von 1½ Hufen im Gorrieswärder, von Budensee, Elversvlete und Sandowe, 5 Mark Rente aus einem Hof in Borstel und dem Schulgelde bestanden. Er suchte bei Entwertung des Geldes das Schulgeld allmählich zu erhöhen, dem sich aber fast überall die Eltern widersetzten, infolgedessen zwischen dem Rat und dem Scholaster sehr heftige Streitigkeiten entstanden. In Hamburg betrug das Schulgeld ursprünglich 100 Pfennige.[17] Schon 1335 entstand wegen Erhöhung des Schulgeldes ein Streit zwischen dem Rat und dem Scholaster resp. dem Domkapitel, infolgedessen die Stadt mit dem Bann belegt wurde und das Domkapitel sogar die Stadt verließ. Im Jahre 1337 wurde der Streit durch den Erzbischof beigelegt, der Scholastikus versprach, gelehrte und geschickte Rektoren anzustellen und das Schulgeld nicht zu erhöhen, wogegen der Rat sich verpflichtete, die Bestrafung der Schüler dem Scholaster zu überlassen. Doch schon 1339 brach ein neuer Streit aus, erst 1355 wurde durch des Erzbischofs Vermittelung der Vergleich von 1337 wieder hergestellt. Doch schon im Anfang des 15. Jahrhunderts erhöhte der Scholastiker das Schulgeld auf 12 Schillinge, als aber 1473 das Schulgeld abermals um 4 Schillinge, also auf 16 Schillinge erhöht wurde, vereinigten sich Rat und Bürger, daß niemand seine Kinder in Schulen des Scholasters schicken solle, bis das Schulgeld wieder herabgesetzt sei. Allein der Scholastikus berief sich darauf, daß seit dem 13. Jahrhundert das Geld sehr entwertet sei und jetzt, im 15. Jahrhundert, 16 Schillinge einen geringeren Wert hätten als früher 100 Pfennige, das Schulgeld sei von ihm also nicht erhöht worden, er verweigerte daher eine Herabsetzung. Die Streitfrage erlangte sogar eine solche Wichtigkeit, daß sie im Rezeß von 1483 berücksichtigt wurde, und im Art. 64 versprach der Rat, er wolle versuchen, das von dem Scholaster doppelt erhöhte Schulgeld wieder herunterzusetzen, im Weigerungsfall könnten die Bürger Magister oder Lokaten zum Unterrichten ihrer Kinder ins Haus nehmen, ohne ihnen jedoch Kost geben zu dürfen. Trotzdem fand der Scholastikus sich nicht zu einer Herabsetzung des Schulgeldes bereit, und noch 1499 finden wir die Erhöhung des Schulgeldes in den Beschwerden der Bürger gegen das Domkapitel erwähnt. Andererseits wurden arme Schüler in vielfacher Weise unterstützt, reiche Männer schenkten Legate, z. B. der Dekan stiftete eine Rente von 7 Mark zu Schuhen und Kappen für arme Schüler, arme Domschüler durften in der Stadt Almosen sammeln, was anderen Schülern verboten war, wohlhabende Bürger nahmen arme Schüler bei sich auf oder gaben ihnen freien Mittagstisch, damit diese ihren Kindern bei den Schulaufgaben helfen sollten. 1385 bildete sich auch eine Brüderschaft der armen Schüler zu dem Zweck, bedürftigen Schülern, Klerikern und fremden Priestern ein anständiges Begräbnis zu geben; dieselbe empfing nach und nach Legate und Vermächtnisse und erhielt 1452 ein eigenes Rentebuch, weil ihre Einnahme sich so vermehrt hatte.

Der Unterricht begann in Hamburg wahrscheinlich wie in Wismar des Morgens um 8 Uhr, da auch der Hamburger Rat sich um 8 Uhr versammelte, und dauerte inkl. der Mittagspause bis 4 Uhr nachmittags.[18]) — Die Domschüler waren, wie schon erwähnt, der städtischen Gerichtsbarkeit entzogen, sie standen unter der Gerichtsbarkeit des Domkapitels, die eigentlichen Schüler wurden von dem Rektor und dem Scholastikus, die Erwachsenen von dem Dekan bestraft.

Wie zu den niederen Ämtern rückten nicht selten auch zu den höheren geistlichen Stellen die Schüler der Domschule allmählich auf, ohne vorher eine höhere Bildungsanstalt besucht zu haben, ja sogar die Domherren pflegten erst, nachdem sie eine Pfründe erlangt hatten, eine auswärtige Schule, namentlich Paris, zu besuchen, um sich die fehlenden Kenntnisse anzueigen. Da die meisten Kathedralschulen nicht ausreichten, um Priestern und den höheren Geistlichen die wünschenswerte höhere wissenschaftliche Bildung zu bieten, beschäftigten sich Päpste und Konzilien wiederholt mit der Frage, wie die Bildung der höheren Geistlichen zu heben sei. Schon das vierte lateranische Konzil forderte 1213 die Domherren zum Besuch einer Universität auf, doch wurde ihnen das Studium der Medizin und Jurisprudenz untersagt. Papst Alexander III. gestattete ihnen während der Zeit ihres Studiums die Erhebung der Pfründengelder, Honorius III. dehnte dies auf 5 Jahre und Bonifacius VIII. sogar auf 7 Jahre aus, infolgedessen wurden besonders die italienischen Universitäten von Domherren und selbst von ergrauten Männern so stark besucht, daß sie nicht selten das Übergewicht erlangten. Aber der Aufenthalt in fremden Städten war sehr kostspielig, und konnten nur Männer aus wohlhabenden Familien, oder nachdem sie durch Gunst und Bevorzugung einträgliche Ämter erhalten hatten, an den Besuch einer auswärtigen Universität denken, und nur verhältnismäßig wenige Geistliche konnten rechtzeitig sich eine wünschenswerte höhere Bildung aneignen. Man mußte daher durch andere Mittel zu helfen suchen. Schon im 12. Jahrhundert hielten in manchen Klöstern gelehrte Mönche Vorlesungen über christliche Theologie, und an manchen Kathedralkirchen wurden besondere Lehrer der Theologie (Lektoren genannt) angestellt, um für die Geistlichen des Stiftes Vorlesungen über Theologie zu halten. Das dritte lateranische Konzil beschloß auf Antrag Alexanders III., daß an jeder Kathedralkirche eine Pfründe für Theologie gestiftet werden solle, vom Papst Innocenz III. wurde dieser Beschluß 1215 erneuert, aber auf die Metropolitankirchen beschränkt, und erst das Baseler Konzil dehnte die Forderung wieder auf alle Kathedralkirchen aus. Allein alle diese Vorschriften blieben auf dem Papier stehen, denn einmal zeigten die geistlichen Stifte wenig Neigung, durch diese Anstellung ihre Einkünfte zu verkürzen, und andererseits waren selten so viele gelehrte Theologen vorhanden, um die Stellen zu besetzen, und selbst bei dem besten Willen konnten manche Metropolitankirchen nur zeitweilig einen Lektor anstellen. In Lübeck wird zwar schon im 13. Jahrhundert ein Lektor erwähnt, aber in Hamburg wurde erst viel später und auf besondere Veranlassung dieses Amt eingerichtet. Wenn die Lehrkräfte vorhanden waren, so wurden auch hier zeitweilig für die besseren Schüler und die jüngeren Geistlichen Vorlesungen über Theologie, Philosophie, Grammatik und Jurisprudenz gehalten, aber erst im 15. Jahrhundert wurden diese Vorlesungen regelmäßig eingerichtet. Der Hamburger Bürger Britze vermachte dem Dom ein Legat für einen überzähligen Domherrn,

derselbe mußte Doktor und Bakkalaurus der Theologie sein und regelmäßige theologische Vor=
lesungen halten. Zur Wohnung war ihm eine Domkurie angewiesen, welche Britze 1406 auf dem
Domkirchhof hatte erbauen lassen. Später wurde derselbe Lector primarius genannt, da 1430 eine
zweite Stiftung für einen Lector secundus gemacht wurde. Der Lector primarius hielt lateinische
Vorlesungen im Lektorium des Domes über Theologie und Kirchenrecht, auch mußte er alle Viertel=
jahr einmal für das Volk deutsch predigen.

Die Freien und Adeligen in Deutschland standen meistens der litterarischen Bildung feindlich
gegenüber und verachteten sie wegen ihres römischen Ursprungs; mehr Interesse zeigten im allgemeinen
die Frauen, sie konnten häufig lesen und schreiben. Allerdings konnten nur reiche Frauen Bücher
besitzen, aber hochgestellte Frauen suchten wenigstens ein Buch, die Psalter oder sonst ein heiliges
Buch, zu erwerben, weil dies eine wesentliche Ergänzung des Schmucks einer Hausfrau bildete.
Bezeichnend ist in dieser Hinsicht das deutsche Erbrecht; Bücher gehören zum Erbteil der Frauen, wie
die Waffen nur auf die männlichen Mitglieder der Familie vererbten, auch bilden Bücher zuweilen
einen Teil der Mitgift für die Frau. Gisela, die Gemahlin Konrads II., ließ die Psalter und das
hohe Lied für sich abschreiben, und eine westgotische Prinzessin empfing als Mitgift eine Abschrift der
Bibelübersetzung des Ulfilas. Doch selbst angesehene Frauen konnten nicht immer lesen, so lernte
z. B. Mechtild, die Gemahlin Heinrichs I., erst nach dem Tode des Königs lesen und schreiben.
Dagegen beschäftigten Nonnen sich sogar mit gelehrten Studien, berühmt war in dieser Hinsicht das
Nonnenkloster Gandersheim, wo Gerberga lehrte und Hroswitha geistliche Dramen nach Terenz
dichtete. Auch Hedwig, Ottos Nichte, unterrichtete im Griechischen ec. Allein meistens war die
Erziehung der Töchter Sache der Mutter des Hauses. In dem Frauengemach arbeitete die Mutter
mit ihren Töchtern, mit weiblichen Handarbeiten beschäftigt; hier lernten diese nähen und sticken,
zuweilen unterrichtete die Mutter sie auch im Lesen und Schreiben. Um die Töchter in feineren
Sitten, in Gesang, Musik, Tanz und Deklamation auszubilden, nahmen vornehme Familien zeitweilig
wohl fahrende Sänger ins Haus. Eigentliche Mädchenschulen kannte das frühere Mittelalter nicht.
Vorübergehend widmeten manche Nonnenklöster sich der Erziehung der Mädchen, wie z. B. das Stift
Quedlinburg, in Hamburg das Kloster Herwardeshude, doch nur reiche und vornehme Familien konnten
sich diesen Luxus gestatten. Später entstanden in den Städten auch Schulen für die Töchter der
Bürger, doch wurde in diesen außer im Lesen und Schreiben nur in weiblichen Handarbeiten unterrichtet.

Einen eigentlichen Schulzwang kannte das Mittelalter nicht, manche einsichtsvolle Fürsten und
Bischöfe[19]) versuchten zwar, die Eltern zu veranlassen, ihre Söhne zur Schule zu schicken, aber erst, als im
10. und 11. Jahrhundert Handel und Verkehr sich entwickelten, lernten die Kaufleute und auch die Hand=
werker den Wert der litterarischen Bildung schätzen und ließen ihre Söhne die Kathedralschulen besuchen.

Da der Unterricht von den Geistlichen immer mehr vernachlässigt wurde und alle Klagen und
Beschwerden der Bürger nichts nützten, gründete der Rat in vielen Städten besondere Schulen, um
den Bürgersöhnen zur Erwerbung der notwendigen Kenntnisse Gelegenheit zu geben. Die Geistlichkeit
wollte jedoch die Einnahmen aus dem Schulgeld nicht verlieren und setzte daher alles in Bewegung, um
die Herrschaft über die Schulen zu behalten. Nach langen schweren Kämpfen erlangte die Bürgerschaft
nur, daß der Rat sogenannte Schreibschulen errichten durfte, wo die Schüler im Lesen, Schreiben und
in der deutschen Sprache unterrichtet wurden. Den Unterricht im Lateinischen gestattete die Geistlich=
keit nicht, hierauf legte die Bürgerschaft damals aber noch großen Wert, da bis zum 13. Jahrhundert
nicht nur alle öffentlichen Verträge lateinisch abgefaßt, sondern auch die kaufmännischen Bücher und
Korrespondenzen lateinisch geführt wurden.

Die Entwickelung der Altstadt Hamburg.

Die alten Deutschen liebten es nicht, in größeren Ortschaften dicht nebeneinander zu wohnen, sondern jeder lebte für sich auf seinem Hof, der von denen der Nachbarn mehr oder weniger entfernt lag, selbst in den eroberten römischen Provinzen ließen die Deutschen sich selten in den Städten nieder, sie wählten die Landhäuser vornehmer Römer zur Wohnung oder erbauten sich ganz neue Höfe. Im alten Deutschland gab es daher keine Städte, erst in späterer Zeit haben sie sich aus verschiedenen Anfängen entwickelt, manche mögen aus befestigten Orten der Römer, andere aus den Bischoffitzen, Klosterhöfen oder aus königlichen Pfalzen entstanden sein; später begannen auch die weltlichen Fürsten, ihres eigenen Vorteils wegen, Städte zu gründen. Wo mehrere Ursachen zusammentrafen, erlangten manche Städte nun rasch eine größere Bedeutung, wie z. B. Köln, Mainz, Worms, Speier ꝛc., während andere nur langsame Fortschritte machten, oder in ihrer Entwickelung ganz zurückblieben. Hier interessiert uns jedoch nur die Entwickelung der Bischofshöfe, da das alte Hamburg dem erzbischöflichen Hofe seinen Ursprung verdankt.

In den kirchlichen Gebäuden behielten die Geistlichen auch in Deutschland den altrömischen Baustil bei, die Klöster, die Kathedralen mit dem Kreuzgange, auch die Wohnungen der Geistlichen in den Bischoffitzen wurden dem altrömischen Wohnhause nachgebildet, aber für die Wirtschaftsgebäude folgten sie den altdeutschen Vorbildern, und die eigentlichen Bischofshöfe und Klosterhöfe waren ähnlich eingerichtet, wie die Fronhöfe der Freien. Der altdeutsche Fronhof bestand aus einer Reihe von Gebäuden. Das Hauptgebäude war das Herrenhaus (domus, casa, mansus ꝛc.), das größte und höchste unter allen Gebäuden und häufig im Innern und Äußern reich verziert; in demselben wurden die fremden Gäste empfangen, Feste und Gelage gefeiert, daher von den Dichtern auch Methsaal, Degensaal, Bierhalle ꝛc. genannt. Neben dem Herrenhaus stand das eigentliche Wohnhaus, welches die Schlaf- und Wohnräume der Familie enthielt. Die dienenden Frauen wohnten in dem, von einem dichten Zaun umgebenen Frauenhause, welches nur durch eine verschließbare Thür mit dem übrigen Hof verbunden war und mehrere Arbeitshäuser, ein Schlafhaus und außerdem Schreine, Stuben und Kammern enthielt, d. h. kleine besondere Gebäude zur Aufbewahrung der Wäsche, Kleidungsstücke und der Materialien (Wolle, Flachs, Garn zum Nähen, Sticken, Weben ꝛc.) Auf dem Hofe befanden sich ferner Ställe für Pferde, Rinder, Schweine, Schafe, Ziegen ꝛc., Scheunen, Speicher, Keller, Arbeitshäuser und Schlafhäuser für die Knechte, Küche, Backhaus, Brauhaus ꝛc. Sämtliche Gebäude waren von Holz, einstöckig und enthielten nur einen ungeteilten Raum, weshalb der Hof einen großen Umfang hatte. Derselbe war mit einem Zaun, Wall, Graben oder einer Hecke umgeben und bildete ein geschlossenes Gebiet.

Karl der Große hatte in Sachsen das bis dahin dem heidnischen Gottesdienst geweihte Land den christlichen Kirchen zugewiesen, außerdem mußten die Sachsen von je 120 Hufen eine Hufe mit einem Knecht und einer Magd an die Kirche abtreten, die Geistlichen waren daher von Anfang an auf Landwirtschaft angewiesen, ferner wurde der Zehnte in Naturalien geliefert, und diese mußten verarbeitet und verwertet werden, daher waren auch die geistlichen Stiftshöfe ähnlich eingerichtet, wie die Fronhöfe, nur verhältnismäßig umfangreicher, da sie nicht nur die Bedürfnisse der Landwirtschaft, sondern auch die der Kirche und der Geistlichen befriedigen mußten, namentlich war die Zahl der Handwerker bedeutend größer. Auf dem Hof des Klosters Neu=Corbie wurden z. B. in drei Arbeitshäusern 5 Schuster, 2 Lederarbeiter, 1 Walker, 6 Grobschmiede, 2 Goldschmiede, 2 Schildmacher, 1 Pergamentbereiter, 1 Schwertfeger, 3 Gießer, 4 Zimmerleute, 4 Maurer und zwei Ärzte beschäftigt.

Als in der Folge der Grundbesitz der geistlichen Stifte sich immer mehr vergrößerte, wurden auch die Höfe immer umfangreicher, die Geistlichen wurden zahlreicher, ihre Bedürfnisse bedeutender, und mußte besonders die Zahl der Handwerker fortwährend vermehrt werden. Um auf den größeren Höfen die Ordnung aufrecht zu erhalten, waren die Handwerker in Innungen abgeteilt und jeder Innung ein Meister vorgesetzt, der das Material und die Arbeiten beaufsichtigen mußte. Die Innung, oder man kann sagen, das Handwerk war erblich, der Sohn des Schusters wurde wieder Schuster, der des Zimmermanns wieder Zimmermann 2c. und das deutsche Volk war also auf dem besten Wege zu einer Kasteneinteilung, wie in dem alten Ägypten, Ostindien 2c.

Als Karl der Große 811 die Hamburger Kirche gründete, hat er unzweifelhaft den bisher dem heidnischen Gottesdienst geweihten Platz derselben zugewiesen, aber es findet sich keine Spur davon, daß sie von den Nordalbingiern auch kultivierte Hufen empfangen hat, wahrscheinlich ist dies unterblieben, weil der Kaiser 814, also kurz nach Gründung der Kirche, starb. In Hamburg war daher für die Errichtung eines Hofes zur Bewirtschaftung von Ländereien kein Bedürfnis vorhanden, und er war ganz überflüssig, nachdem Bremen und Verden die Hamburger Diözese unter sich geteilt hatten. Als aber 831 Ludwig der Fromme Hamburg zum Sitz eines Erzbistum bestimmte, und Ansgar hier ein Kloster gründete, da war ein Stiftshof nicht mehr zu entbehren, denn um die Bedürfnisse der Kathedrale, des Klosters und der Geistlichen zu befriedigen, waren viele Handwerker erforderlich und diese mußten in einem Hofe untergebracht werden. Wegen Errichtung des Stifts= hofes hat man wohl nicht ganz mit Unrecht Ansgar den Gründer Hamburgs genannt. Dieser Hof unterschied sich von anderen Bischofshöfen hauptsächlich darin, daß er fast nur von Handwerkern bewohnt war, da die Hamburger Kirche auch zur Zeit Ansgars keine Ländereien zu verwalten hatte, höchstens wird etwas Gartenbau und Viehzucht betrieben worden sein.

Die Kirche suchte indessen nicht nur ihren Grundbesitz zu vergrößern, sondern auch durch Erwerbung einträglicher Reichsregale ihre Einnahmen und ihren Einfluß zu vermehren. Zu diesen gehörte besonders der Zoll und das Markt= und Münzrecht, welche das Aufblühen des Stiftshofes wesentlich beförderten. Denn zur Feier der wichtigeren Kirchenfeste versammelten sich die Bewohner der Umgegend in der Kathedrale; durfte gleichzeitig neben der Kirche ein Markt abgehalten werden, so veranlaßte dies die Kaufleute, den Ort ebenfalls aufzusuchen, und die Kirchenbesucher stellten sich zahlreicher ein, wenn sie bei dieser Gelegenheit ihre Produkte verkaufen und andere ihnen wünschenswerte Dinge dagegen eintauschen konnten. Wiederholten sich die Märkte häufiger, oder lag der Ort an einer wichtigen Handelsstraße, so entschlossen sich manche Kaufleute, hier dauernd ihren Aufenthalt zu nehmen und sich neben dem Hofe, auf einem von dem Bischof ihnen angewiesenen Platz (sub urbium) anzusiedeln.

Ansgar hat ohne Zweifel in Schleswig und Birka die große Bedeutung eines Marktes für die Verbreitung des Christentums kennen gelernt, er veranlaßte daher Ludwig den Frommen, daß er Hamburg das Markt- und Münzrecht verlieh. Da der Ort auf der großen Handelsstraße von Dortrecht nach Schleswig eine Station bildete, so wird sich auf dem Markt bald ein lebhafter Verkehr entwickelt und mancher Händler hier seinen Wohnsitz genommen haben, denn um diese Zeit kommen auf dem Markt von Schleswig schon Kaufleute aus Hamburg vor, wie auch ein sub urbium Hamburg erwähnt wird.

Der erzbischöfliche Hof lag westwärts vom Dom, auf dem Dreieck zwischen der Alster- und Elbniederung, also zwischen der Schmiede-, Berg-, Hermann-, Johannis- und der Bäckerstraße. Die Kaufleute mußten sich aber außerhalb des Hofes in der Elbniederung niederlassen, und wir haben daher die Vorstadt (sub urbium) wohl auf der Reichenstraßeninsel zu suchen, ähnlich wie in Regensburg die Vorstadt in der Donauniederung lag.

Für die Entwickelung der Bischofsitze kam nun noch ein Moment hinzu. Bereits unter den Karolingern erwarben die meisten geistlichen Stifte die Immunität. Dies war allerdings nur ein negatives Recht, denn es bestand darin, daß dem öffentlichen Beamten auf dem Kirchengut die Ausübung seiner Amtsgewalt untersagt war, er durfte z. B. keine Vorladung und keine Pfändung vornehmen. Die Hintersassen der Kirche wurden dadurch gegen die Bedrückung der Beamten geschützt, aber der Bischof gewann größere Gewalt über sie. Alle Streitigkeiten der Hintersassen untereinander und alle Vergehen gegen das Hofrecht wurden von dem bischöflichen Vogt entschieden. Doch der Blutbann und die Entscheidung zwischen Freien und Unfreien verblieb dem öffentlichen Richter, dem Gaugrafen, die Unfreien mußten sich durch den bischöflichen Beamten vertreten lassen, und dieser hatte die von dem Grafengericht gegen Unfreie gefällten Urteile zu vollziehen. Jede Verletzung der Immunität wurde mit 600 solidi Buße bestraft. Da überall die Knechte und die Hörigen im Gaugericht sich durch ihren Herrn vertreten lassen mußten, und die Bewohner der geistlichen Höfe damals ausschließlich aus Knechten und Hörigen bestand, so hatte die Verleihung der Immunität für das Gerichtswesen keine große Bedeutung, doch empfingen die geistlichen Stiftsherren dadurch die Rechte der Grundherren.

Ludwig der Fromme verlieh 834 der Hamburger Kirche die Immunität, doch hatte diese hier geringe Bedeutung, da sie auf den kleinen Raum des erzbischöflichen Hofes beschränkt war. — Als nun in der Zeit der allgemeinen Auflösung unter den letzten Karolingern viele Freie sich in den Schutz der Kirche begaben, erlangten die Bischöfe nach und nach die wirkliche Jurisdiktion. Die alten Immunitätsprivilegien wurden im Laufe des 9. Jahrhunderts zwar einfach bestätigt, aber der Begriff der Immunität hatte sich gänzlich verändert.

Außer dem erzbischöflichen Hofe muß in Hamburg auch ein Hof der Grafen gewesen sein, aber über die Lage desselben sind wir noch weniger unterrichtet, und die Ansichten der Historiker weichen über diese Frage weit voneinander ab. Vermutlich lag der gräfliche Hof in der Alsterniederung, auf dem jetzigen Rathausmarkt, denn breite Wassergräben bildeten in jener Zeit den wirksamsten Schutz. Da jedoch der gräfliche Hof kein Marktrecht besaß, so war er für das Aufblühen Hamburgs ohne Bedeutung, und Kaufleute haben ihn sicher nicht zur Niederlassung gewählt.

Neben dem bischöflichen und dem gräflichen Hof fanden sich bei manchen Bischofsitzen noch Höfe von Freien, wie z. B. in Köln, Mainz, Worms, Regensburg ꝛc., ob dies auch in Hamburg der Fall gewesen, läßt sich nicht mehr nachweisen. Vielleicht haben solche Höfe östlich der Domkirche im jetzigen Jakobikirchspiel gelegen, denn im 13. Jahrhundert finden wir hier mehrere, durch reichen Grundbesitz ausgezeichnete Familien, z. B. die Herren von Berge, denen wohl der Barkhof seinen Namen verdankt, die Herren von Erteneburg, von Boyceneburg, von Heslingen ꝛc.; ob dies aber ursprüngliche Freie oder erzbischöfliche Ministeriale waren, wird ebenfalls nicht mehr zu entscheiden sein, da ältere Nachrichten über diese Familien gänzlich fehlen. Die weitere Entwickelung dieser Verhältnisse wurde 845 auf längere Zeit unterbrochen, da die Normannen Hamburg niederbrannten und die Einwohner verjagten oder als Gefangene wegführten.

In den ersten Jahren nach der Zerstörung konnte Ansgar wohl nicht daran denken, die Kirche und seinen Hof wieder aufzubauen, da Nordalbingien fortwährend den Verheerungen der Normannen ausgesetzt war, und als Ansgar das Bistum Bremen annahm, fiel die Hamburger Kirche an Verden. Erst nachdem das Erzbistum wiederhergestellt und Hamburg mit Bremen vereinigt worden war, nachdem die normannischen Raubzüge aufgehört hatten, und König Harald mit Ludwig dem Deutschen ein Freundschaftsbündnis abgeschlossen hatte, konnte an den Wiederaufbau der Kirche und des erzbischöflichen Hofes in Hamburg gedacht werden. Obgleich wir keine Nachrichten darüber besitzen, so ist doch nicht daran zu zweifeln, daß Hamburg nach 851 wieder aufgebaut worden ist, aber es war jetzt nicht mehr der Hauptort des Erzbistums, Ansgar residierte in Bremen und dort liefen alle Fäden der Verwaltung zusammen, was das Aufblühen Hamburgs wesentlich beeinträchtigte. Wir hören in den nächsten Jahren nichts von Hamburg. Als Ansgar 865 gestorben war, wurde er in der Bremer Domkirche beigesetzt, die Gemeinde und die Geistlichen von Bremen wählten Rimbert zum Nachfolger, Hamburgs Teilnahme an der Wahl wird mit keinem Wort erwähnt, und auch Rimbert nimmt seinen Aufenthalt in Bremen.

Als wenige Jahre nach Ansgars Tode die christlichen Priester aus Dänemark vertrieben und die deutschen Küsten abermals von den Wickingern heimgesucht wurden, da mag auch Hamburg nach der Schlacht bei Ebstorf 880 zerstört worden sein, da Rimbert sich seitdem Erzbischof von Bremen nannte; jedenfalls ist es 886 oder 887 von den Slawen eingeäschert worden. Der gräfliche Hof wird nach der Zerstörung bald wieder aufgebaut worden sein, aber die Kirche und der erzbischöfliche Hof blieben verödet, denn die schwachen Erzbischöfe Adalgar und Hoger haben ihre Geistlichen gewiß nicht veranlassen können, an einem so gefährdeten Platze zu predigen, und noch weniger konnten die Kaufleute zur Niederlassung geneigt sein. Nachdem aber Heinrich I. die Slawen zur Ruhe gebracht, 934 die Dänen zur Anerkennung der deutschen Oberherrschaft gezwungen und die Nordostgrenze des Reiches sichergestellt hatte, konnten die Erzbischöfe die Kirche und den Hof in Hamburg wieder aufrichten. Ob dies schon von Unni geschehen ist, bleibt zweifelhaft, da er bald nach dem Friedensschluß mit Dänemark sich auf die Missionsreise begab und 936 in Schweden starb, ohne sein Erzbistum wiedergesehen zu haben; gewiß ist Hamburg aber 937 von Adaldag wieder aufgebaut, da er nach dem Antritt seiner Regierung hier seinen Aufenthalt nahm. Weil Hamburg während der letzten 50 Jahre in Schutt und Asche gelegen hatte, so waren alle großen Veränderungen, welche die Bischoffsitze unter den letzten Karolingern erfahren hatten, an Hamburg spurlos vorübergegangen, namentlich hatten Freie sich nicht in den Schutz der Hamburger Kirche begeben und diese kein bedeutendes Grundeigentum erwerben können, daher fehlten hier reiche und mächtige Ministeriale, und selbst die Kaufleute, welche sich jetzt ansiedelten, mußten erst Vermögen erwerben. Aber unter der umsichtigen Verwaltung Adaldags blühte der Ort rasch auf. Unter der kraftvollen Regierung Ottos I. und Ottos II. erfreute sich der Nordosten des Reiches einer ungestörten Ruhe, Handel und Verkehr belebten sich, der allgemeine Wohlstand in Nordalbingien nahm rasch zu, die nach Hamburg versetzten Handwerker fanden für ihre Erzeugnisse einen lohnenden Absatz und Adaldag gewährte dem Ort alle Freiheiten, welche ein Markt zu seiner Entwickelung bedurfte. Wie schnell Hamburg sich entwickelt haben muß, beweist, daß Otto I., nachdem er die widerspenstigen Herzöge von Franken und Lothringen unterworfen hatte, den Erzbischof von Mainz auf einige Zeit in Hamburg unter die Aufsicht von Adaldag stellte und 965 dem abgesetzten Papst Benedict V. Hamburg als Verbannungsort anwies.

Noch mehr aber trug die Ausbreitung des Christentums in den skandinavischen und slawischen Ländern zum Aufblühen Hamburgs bei, denn durch die Suffraganbischöfe entwickelte sich hier ein lebhafter Verkehr mit jenen Gegenden. Für die Immunitätsbezirke trat unter den sächsischen Kaisern eine wichtige Neuerung ein, indem der Blutbann, mithin also die volle Gerichtsbarkeit den Bischöfen verliehen wurde. Fortan durfte kein Beamter, weder Herzog noch Markgraf oder Graf hier eine richterliche Gewalt ausüben, der Immunitätsbezirk wurde mithin als besonderer Gerichtsbezirk aus dem Gaugericht ausgeschieden.

Alle Bewohner der Stadt bildeten jetzt eine einzige Gemeinde, die nur der bischöflichen Gerichtsbarkeit unterworfen war. Auch die Freien standen unter der bischöflichen Vogtei, mußten Abgaben bezahlen und wurden an manchen Orten selbst zu Hofdiensten genötigt, aber gesellschaftlich verschmolzen sie nicht mit den Unfreien, sondern nahmen als burgenses oder concives eine besondere Stellung ein. Unter der kirchlichen Schutzherrschaft entstand nun ein besonderer Friede, der Stadt=friede; alle Gewaltthätigkeit und Selbsthilfe waren innerhalb des städtischen Gebietes untersagt, und die Stadt gewährte ihren Angehörigen einen besonderen Rechtsschutz. Der Bischof war Herr der Stadt, er besaß das Recht des Gebots und des Verbots, und bei Strafe des Königsbannes traf er seine Anordnungen für die ganze Stadt.

Gesellschaftlich zerfielen die Bewohner in verschiedene Gruppen. Die Unfreien, welche beim Ackerbau, bei der Viehzucht oder zu den niedrigsten Arbeiten in der Hauswirtschaft verwendet wurden, bildeten als Knechte den niedrigsten Stand. Aus ihnen sonderten sich die Handwerker ab, welche wegen ihrer Handfertigkeit höher geachtet wurden, und nach und nach größere Freiheiten erlangten. Aber diejenigen Unfreien, welche zum persönlichen Dienst des Bischofs herangezogen wurden, errangen sehr bald eine ausgezeichnetere Stellung, durch ihr Verhältnis zu der Person des Herrn sowohl, als auch durch die Ämter, welche sie zu verwalten hatten. Aus der Reihe dieser Ministerialen wurden Kämmerer, Zöllner, Münzer ꝛc. genommen, und diese bildeten den vornehmsten Stand der Stadt=bevölkerung. Gleichberechtigt mit ihnen waren die bischöflichen Dienstleute, welche für die Sicherheit des Ortes gegen innere und äußere Feinde zu sorgen hatten, sie begleiteten den Bischof bewaffnet ins Feld und zu Hof, daher milites genannt oder Ritter (ridder), weil sie meistens beritten ins Feld zogen. Durch ihre Verbindung mit den umwohnenden Freien und durch ihre feineren Sitten standen sie in höherem Ansehen. Die Dienstmannen oder milites sind hauptsächlich aus den Freien hervor=gegangen, welche sich und ihre Güter in den Schutz der Kirche begeben hatten, doch sind auch manche waffenkundige Unfreie in diese Stellung aufgerückt. Von den Bischöfen wurden sie hauptsächlich zum Kriegsdienst und auch zur Verwaltung entfernt liegender Güter verwendet. Geleistete Dienste wurden nicht selten durch Belehnung mit Grundeigentum belohnt, was das Ansehen der betreffenden Familie noch mehr erhöhte. Die Kaufleute waren ebenfalls Freie oder Freigelassene. Auf ihren Reisen erwarben sie sich viele Kenntnisse und feine Sitten, und je mehr Handel und Verkehr sich entwickelten, desto schneller gelangten sie zu Wohlstand, ja zu Reichtum und nahmen deshalb auch eine angesehene Stellung unter den Stadtbewohnern ein. Da die alten Volksrechte für die neuen Verhältnisse des Handels und Verkehrs nicht mehr ausreichten, mußten dieselben in dem städtischen Recht fortwährend erweitert und verbessert werden, und einsichtsvolle Kaufleute standen dem Bischof bei der Gesetzgebung beratend zur Seite, denn sie kannten ja die Bedürfnisse des Marktes, des Zolles, der Münze ꝛc. besser als die übrigen Bewohner. Infolgedessen erlangten die burgenses im allgemeinen gleiches Ansehen und gleichen Einfluß wie die Ministerialen und die Dienstmannen, aber trotzdem wurden sie von diesen nicht als gleichberechtigt betrachtet. Verschwägerungen kamen höchst selten vor, und gesell=schaftlich blieben die burgenses von den Ministerialen und Dienstmannen getrennt. In den Bischof=

städten sind aus den Ministerialen und Dienstleuten die Adeligen, aus den Burgenses die Patrizier hervorgegangen.

Durch Verleihung des Blutbannes wurde die kirchliche Rechtspflege gänzlich verändert. Der frühere Oberrichter der freien Gemeinde, der Gaugraf, trat als Burggraf (Stadtgraf, praefectus urbis) in den Dienst des Bischofs, er wurde der Schirmvogt des Stifts und als Vasall des Bischofs verlieh der König ihm den Gerichtsbann. Der bisherige Unterrichter der freien Gemeinde (centurio) verschwand, ebenso der bischöfliche Vogt; wo aber die Einwohnerzahl der städtischen Gemeinde sich bedeutend vermehrte, trat an Stelle des Vogtes ein neuer bischöflicher Unterrichter, der Schultheiß. Der Burggraf hegte die drei echten Thinge und ihm allein stand der Blutbann zu. Über alle geringen Vergehen und über alle Schuldsachen entschied der Schultheiß. Wie alle deutschen Richter führten beide nur den Vorsitz im Gericht, die Schöffen fällten das Urteil, und die Beisitzer im Gericht des Burggrafen wurden aus den Ministerialen und den Burgenses genommen. Die Erwerbung des Blutbannes durch das Privilegium Ottos I. hatte für Hamburg ebenfalls keine so große Bedeutung, denn trotz der Gunst Ottos I. und Ottos II. gelang es Adaldag nicht, die Grafschaft der Schirmvogtei für den erzbischöflichen Dienst zu gewinnen; in Hamburg wird nie ein Burggraf erwähnt, die Grafschaft behielten die Billunger, als Markgrafen von Nordalbingien. In Bremen ist die Grafschaft in den Besitz des Erzbistums übergegangen.

Abermals wurde die Entwickelung in Hamburg unterbrochen, als nach dem Tode Ottos II. 983 die Slawen sich erhoben und Hamburg zerstörten. Adaldag mußte seine Residenz nach Bremen verlegen und hat Hamburg wohl nicht wieder aufgebaut, denn nach seinem Tode wählten die Bremer Geistlichen Liawizo I. zum Erzbischof, und wird Hamburg bei dieser Gelegenheit nicht erwähnt. Da die Slawen in den nächsten Jahren nicht wieder unterworfen wurden, in Dänemark unter Swein das Heidentum herrschte und Nordalbingien bald von den Slawen, bald von den Dänen verheert wurde, läßt sich von dem schwachen Liawizo I. nicht erwarten, daß er die Kirche und den Hof in Hamburg wieder aufgebaut hätte. Nach dem Tode Liawizos I. 1013 ernannte Heinrich II. seinen Kanzler Unwan zum Erzbischof, und dieser ließ Hamburg neu erstehen, machte es wieder zum Hauptort des Erzbistums und nahm hier seinen ständigen Aufenthalt. Seine reichen Privatmittel gestatteten es ihm, alle Gebäude rasch und prächtig aufzuführen, und trotzdem alles nur von Holz erbaut war, wurde Hamburg bald zu den schönsten Städten in Sachsen gezählt. Über ihre innere Organisation fehlen uns die Nachrichten. In den übrigen Bischofsitzen hatten sich seit dem Tode Adaldags wesentliche Veränderungen vollzogen, namentlich in Bremen waren unter dem schwachen Liawizo I. die Ministerialen und Burgensen sehr mächtig geworden und ihr herrisches und widerspenstiges Auftreten war vermutlich eine der Ursachen, daß Unwan seine Residenz nach Hamburg verlegte. Ebenso hatte auch die Stellung der Handwerker sich während dieser Zeit wesentlich verändert, sie erbauten auf dem vom Bischof ihnen angewiesenen Platz selbst ein Haus zum Wohnen und zur Werkstatt, sie mußten dem Herrn zwar verschiedene Dienste leisten, ihm manche Dinge liefern; aber sie durften die Erzeugnisse ihres Gewerbfleißes verkaufen, an wen sie wollten, und selbst fremde Märkte mit ihren Waren aufsuchen. Als Unwan sein Amt antrat, waren in Hamburg keine Ministerialen, keine Kaufleute und keine Handwerker, alles mußte erst hierhergezogen werden. Da Unwan sich in allen Dingen als umsichtiger, einsichtsvoller Fürst bewies, so wird er auch den Ansiedlern alle nötigen Freiheiten gewährt haben, welche in jener Zeit das Fortkommen derselben erforderte, weshalb auch die innere Organisation des Ortes wesentlich von der zur Zeit Adaldags verschieden gewesen sein muß.

In Hamburg entfaltete Unwan die ganze Pracht des christlichen Gottesdienstes jener Zeit, namentlich wurde das Osterfest mit großem Glanz gefeiert, hier besuchten ihn König Knuth der

Große und die befreundeten slawischen Fürsten, sowie Gäste aus allen Himmelsgegenden, infolgedessen sich ein reger Verkehr entwickelte und die Stadt schnell aufblühte. Die Billunger betrachteten allerdings diese Machtentfaltung des Erzbistums mit scheelen Blicken, und wenn sie aus Furcht vor dem Kaiser auch nicht wagten, den Erzbischof offen anzugreifen, so mußte Unwan doch darauf bedacht sein, sich gegen einen plötzlichen Überfall zu schützen. Er umgab daher Bremen mit einer festen steinernen Mauer, ob für Hamburg eine ähnliche Befestigung beabsichtigt war, wissen wir nicht. Unter seinem Nachfolger, Liawizo II., gestaltete sich das Verhältnis zu den Billungern etwas freundlicher, aber unter Bezelin Alibrand entwickelte sich die Rivalität der beiden Mächte mit erneuter Heftigkeit. Unter ihm gewann Hamburg auch äußerlich ein ganz neues Ansehen, denn er führte den Steinbau ein, baute die Domkirche aus Quadern, auch die erzbischöfliche Pfalz, die Wideburg, wurde aus Steinen neu aufgeführt und mit starken Türmen und Zinnen versehen, damit bei einem plötzlichen Überfall die Geistlichen und die erzbischöflichen Beamten hier einen sicheren Zufluchtsort finden könnten. Auch die Stadt wollte er durch eine starke Mauer mit 12 Türmen befestigen, aber der frühe Tod verhinderte die Vollendung dieses Werkes. Gegenüber diesen großartigen Bauten glaubte auch der Herzog nicht müßig bleiben zu dürfen, sondern ließ die Alsterburg ebenfalls aus Steinen neu erbauen. Der äußere Friede blieb indessen unter Bezelin erhalten, infolgedessen Hamburg immer schöner aufblühte; überhaupt ist die Regierungszeit Bezelins die glücklichste für das Erzbistum und für Hamburg gewesen. Noch mehr muß sich Hamburg unter seinem Nachfolger Adalbert entwickelt haben, er erhob das Erzbistum zu einer nie geahnten Größe, und wenn er auch nicht ausschließlich in Hamburg residierte, so empfing er doch hier nicht selten den König von Dänemark und die slawischen Fürsten, leitete von hier aus den Verkehr mit den slawischen und skandinavischen Bistümern, und welche Bedeutung er selbst dem Orte beilegte, geht schon daraus hervor, daß er Hamburg zum Sitz eines nordischen Patriarchats erheben wollte, und daß er wünschte, im Hamburger, nicht im Bremer Dom beigesetzt zu werden. Der lebhafte Verkehr nach allen Weltgegenden muß viele Kaufleute zur Ansiedelung in Hamburg veranlaßt und die Zahl der Einwohner sich sehr vergrößert haben. Über den Umfang der Stadt, über die innere Verwaltung derselben 2c. besitzen wir aber keine Nachrichten. Allerdings haben manche alte Städte, welche, wie z. B. Rom und Jerusalem, mehrmals zerstört worden sind und verschiedene Glanzperioden gehabt haben, nicht nur ihren Umfang, sondern auch ihre Lage verändert, sie sind gleichsam hin und hergerückt. Dies ist aber bei Hamburg nicht möglich gewesen. Im Westen und Nordwesten bildete die Alster die Grenze, und die Herzöge von Sachsen wachten eifersüchtig darüber, daß die Erzbischöfe ihre Immunität nicht über die Alster ausdehnten. Im Osten scheint die Gegend, das jetzige Jakobi-Kirchspiel, ebenfalls dem Herzog gehört zu haben, wenigstens finden wir im nächsten Jahrhundert den Südabhang der Steinstraße im Besitz der Schauenburger Grafen, weshalb die Stadt sich auch nach dieser Seite nicht ausdehnen konnte. Es blieb also nur die Elbmarsch im Süden übrig, und die Marschländer sowohl an der Weser, wie an der Elbe haben die Erzbischöfe stets als ihren Besitz beansprucht und auch behauptet. Ob aber die Stadt damals schon über die Reichenstraße hinausreichte, und die Grimm- und Cremoninsel von Kaufleuten bewohnt waren, ist gegenwärtig noch eine unentschiedene Frage. Übrigens kannte das Mittelalter keine umfangreichen Städte; Worms und Speier hatten zur Zeit ihrer höchsten Blüte wohl kaum einen größeren Umfang als jetzt, und Lübeck nahm als mächtiges Haupt der Hansa keinen so großen Raum ein als gegenwärtig. Um der wachsenden Macht des Erzbistums einen Wall entgegenzusetzen, erbaute der Herzog Ordulf von Sachsen an der Alster eine neue Burg, welcher die Straße im Nikolai-Kirchspiel noch jetzt ihren Namen verdankt; die Stadt Hamburg war also damals von drei Burgen umgeben. Doch noch einmal sollte Hamburg zerstört werden und längere Zeit vom Erdboden verschwinden.

Schon beim ersten Aufstand der Slawen im Jahre 1066 wurde Hamburg von ihnen erobert, indessen scheinen sie nur die herzoglichen Burgen zerstört zu haben, denn auf seinem Sterbebette, im März 1072, sprach Adalbert noch den Wunsch aus, daß seine Leiche im Hamburger Dom beigesetzt werden möge; aber kurz vorher hatten auf einem zweiten Plünderungszuge die Obotriten unter Kruko die Stadt und die Domkirche gänzlich zerstört.

Hamburg blieb bis 1111, also fast 40 Jahre, in Trümmern liegen; man kann daher aus der späteren Lage und Richtung der Straßen nicht auf die Gestalt Hamburgs unter Adalbert zurückschließen, denn die Besitzer der Häuser waren bei der Zerstörung der Stadt umgekommen oder von den Slawen gefangen und als Knechte verkauft worden, und auch diejenigen, welche sich gerettet hatten, waren seitdem verstorben und verschollen. Beim Wiederaufbau der Stadt brauchte man also auf die früheren Hausbesitzer keine Rücksicht zu nehmen, man konnte einen neuen Stadtplan entwerfen und die Grundstücke neu einteilen.

Während aber Hamburg in Trümmern lag, vollzogen sich in den Bischofstädten die wichtigsten Veränderungen. Die Vereinigung sämtlicher Stadtbewohner zu einer Gerichtsgemeinde vermehrte ihre Kraft, und seitdem der aufblühende Handel den Städten große Reichtümer zuführte, die Zahl der Burgensen durch Einwanderung freier Landbewohner sich bedeutend vergrößerte und die Wehrhaftigkeit der Bürger in den Kämpfen der salischen Kaiser sich erprobte, entwickelte sich die städtische Freiheit rasch zur Blüte. Die Städter erlangten einen freien Gerichtsstand innerhalb ihrer Ringmauern, durch kaiserliche Privilegien wurden sie von dem Besuche auswärtiger Gerichte befreit, und die städtischen Richter auch für die Unfreien wurden öffentliche Beamte. Die Burgensen machten sich von den Abgaben an die bischöfliche Vogtei frei, auch die Handwerker erstrebten die persönliche Freiheit und Aufhebung der hofrechtlichen Dienstpflicht. Als in den Kämpfen Heinrichs IV. gegen die Bischöfe die Städte dem Kaiser die Treue bewahrten, gelang es ihnen mehr oder weniger durch die Gunst des Kaisers sich der bischöflichen Herrschaft zu entziehen. Die reichsfeindlichen Bischöfe wurden durch den Kaiser von ihren Sitzen vertrieben, während ihrer Abwesenheit nahmen die Ministerialen und Burgensen als selbständiger Rat die Verwaltung der städtischen Angelegenheiten in die Hand; den Kirchenfürsten gelang es aber nicht, wenn ihnen die Rückkehr gestattet wurde, die Bürger in ihre frühere Abhängigkeit zurückzuführen. Die Kaiser beförderten diese Bestrebungen im eigenen Interesse, verliehen den Städten vermehrte Freiheiten, deren Wahrung dem Rat übertragen wurde, wodurch dieser allmählich die Bedeutung einer städtischen Obrigkeit erlangte. Jetzt konnte man eigentlich erst von Städten in Deutschland reden.

Als Hamburg sich aus seinen Trümmern aufs neue erhob, da mußten den Ansiedlern dieselben Rechte und Freiheiten gewährt werden, welche andere Städte durch schwere Kämpfe errungen hatten. Die Handwerker waren nicht mehr in erblichen Innungen vereinigt, sondern bildeten fortan freie Zünfte, die gemeinschaftlichen Wohn- und Arbeitsräume waren verschwunden, jeder baute sich ein eigenes Wohn- und Arbeitshaus auf einem, vom Erzbischof gegen Zins überlassenen Platz und wurde also Besitzer eines Hauses, allerdings auf einem nur geliehenen Grund. Der Erzbischof errichtete für die einzelnen Gewerbe gemeinsame Verkaufsplätze, z. B. Fleischbänke oder Schrangen auf dem Berg, Brotbänke oder Brotschrangen beim Dornbusch, Schusterhalle auf dem Fischmarkt ꝛc., für deren Benutzung sie eine Abgabe zu entrichten hatten. Die Mitglieder einer Zunft wohnten nebeneinander in einer Straße, und die Namen der älteren Straßen, z. B. Bäckerstraße, Schmiedestraße, Knochenhauerstraße, Schusterstraße, Pelzerstraße, Filterstraße, Garbraderstraße ꝛc. stammen wohl schon aus dem Anfang des 12. Jahrhunderts. Auch die Kaufleute erbauten auf geliehenem Grund gegen Zins ihre Häuser in der Reichenstraße, da aber die Ministerialien und Burgensen des 11. Jahrhunderts durch die Slawen vertrieben waren, konnten in Hamburg keine Patrizier und Geschlechter entstehen, deren Übermut in den rheinischen und süddeutschen Städten später so verderbliche Kämpfe hervorrief.

Unter den Hohenstaufen erlangten die Städte noch größere Selbständigkeit, weil sie wieder treu zu dem Kaiser hielten. Friedrich I. erteilte 1156 Worms den großen Freiheitsbrief, durch welchen die Stadt zu einer freien Reichsgemeinde erhoben wurde. Allmählich folgten andere Städte diesem Beispiel, erwarben durch eigene Kraft dieselben Freiheiten und erhielten später die kaiserliche Bestätigung. Die Burgensen und die Ministerialen wurden die Träger der städtischen Freiheit und bildeten die eigentliche Bürgerschaft, die Handwerker vereinigten sich nach Befreiung von dem Hofrecht zu freien Innungen, aber in der Stadt bildeten sie nur Schutzgenossen ohne politische Rechte. Der Rat ergänzte sich selbst. Durch Vereinigung aller Regierungsrechte, welche früher in den Händen der Beamten zersplittert waren, und bei dem wachsenden Reichtum der Städte gelang es ihm, seine Machtstellung zu sichern und zu erweitern. Die Zölle wurden städtisches Eigentum und wie die städtischen Steuern und die Münze der Aufsicht des Rats unterstellt; infolgedessen konnte jetzt ein eigentlicher Staatshaushalt begründet werden. Der Schultheiß wurde der oberste Richter und trat an die Spitze des Rats, wenn dieser sich zum Gericht versammelte. Allmählich kam es dahin, daß der Rat den Schultheißen wählte, welchem der Kaiser den Bann verlieh. Im Interesse des Rats lag es, den Schultheißen nur auf kurze Zeit und aus seiner Mitte zu wählen, wodurch derselbe bald sein Ansehen verlor und zu einem städtischen Beamten herabsank. Den Vorsitz im Rat erhielten die Bürgermeister; der Rat übte die oberste Gerichtsbarkeit ohne den Schultheißen, und im peinlichen Gerichtsverfahren bildete er allein das Gericht. Für das frühere Schultheißengericht ernannte der Rat einige seiner Mitglieder, welche als ständige Beisitzer unter dem Vorsitz des Schultheißen das Gericht abhielten. Die Städte bildeten also allmählich Freistaaten mit republikanischer Verfassung.

Für die Verwaltung der Stadt wurde auch in Hamburg ein Rat eingesetzt, aber aus welchen und wie vielen Mitgliedern derselbe bestand, entzieht sich unserer Kenntnis, und ebensowenig läßt sich nachweisen, welchen Einfluß der Rat auf die Rechtspflege ausübte. Diese letzte Periode der Entwickelung wurde überhaupt unterbrochen durch die Gründung von Neu-Hamburg. Bis gegen Ende des 12. Jahrhunderts umfaßte die alte, d. h. die erzbischöfliche Stadt das Dreieck zwischen der Reichenstraße, großen Johannisstraße, Hermannstraße, Pferdemarkt und Kattrepel, wie aus umstehendem Plan zu ersehen ist. Auf dem Platz des Gymnasiums stand die Marienkirche oder der Dom. Der Kirchhof war von den Häusern der benachbarten Straßen an der Ost-, West- und Südseite begrenzt, zwischen denen schmale Wege, sogenannte Stegel, zur Kirche führten, der Haupteingang von der Schmiedestraße war mit einem Portal, dem sogenannten Schwibbogen, verziert. Nördlich der Domkirche lag die Petrikirche, die Pfarrkirche der alten Stadt, im Westen, Norden und Osten von den Höfen (Kurien) der Domherren umgeben, zwischen denen ein Fußsteig von der Kirche nach der Alster hinunter führte, der später „Hinter St. Peter" hieß. Die Domkurien grenzten im Norden und Osten an den heidnischen Wall. Die Straße zwischen den beiden Kirchen hatte keinen besonderen Namen, Speersort kommt erst viel später vor. Das am Ende dieser Straße liegende Thor hieß das große Thor oder Schulthor oder Marienthor.

Westlich der Marienkirche lag die Schmiedestraße, der untere Teil, zwischen dem Schwibbogen und dem Fischmarkt, hieß jedoch die Sattlerstraße. Der Platz südlich der Kirche war der Markt, später der alte Markt und endlich der Fischmarkt genannt. An der Ostseite lag das Haus der Schuster, die Hölle oder die Halle genannt, wo die Schuhwaren feilgeboten wurden. Die Brücke, welche neben dem Hause nach der Reichenstraße führte, hieß die Schusterbrücke, Schuhbrücke oder Fischerbrücke. Die zweite Brücke hieß die Molken- oder Milchbrücke, daneben lag das Salzhaus oder die Salzkanne, wo für Rechnung des Rates das Salz verkauft wurde. Vom Fischmarkt führte nach Osten der Schopenstehl (Scopenstele), am Ende desselben lag das kleine Thor, später Perlebergs Thor, auch Schopenstehlerthor genannt. Nach Westen führte die Bäckerstraße, später die alte oder kleine Bäckerstraße, nach der Hökerstraße, später Brader= oder Garbraderstraße, endlich Dornbusch genannt. Von hier führte die Rolandsbrücke nach der Reichenstraße, an welcher später die Roland= säule stand; es ist nicht bekannt, wann dieselbe errichtet und wann sie entfernt worden ist. Die Sage, daß der Roland bei einem Volksauflauf 1375 zerstört worden sei, kann nicht richtig sein, da 1375, 1376 u. s. f. der Maler für das Anstreichen des Rolands 24 und 26 Schillinge erhielt. Am

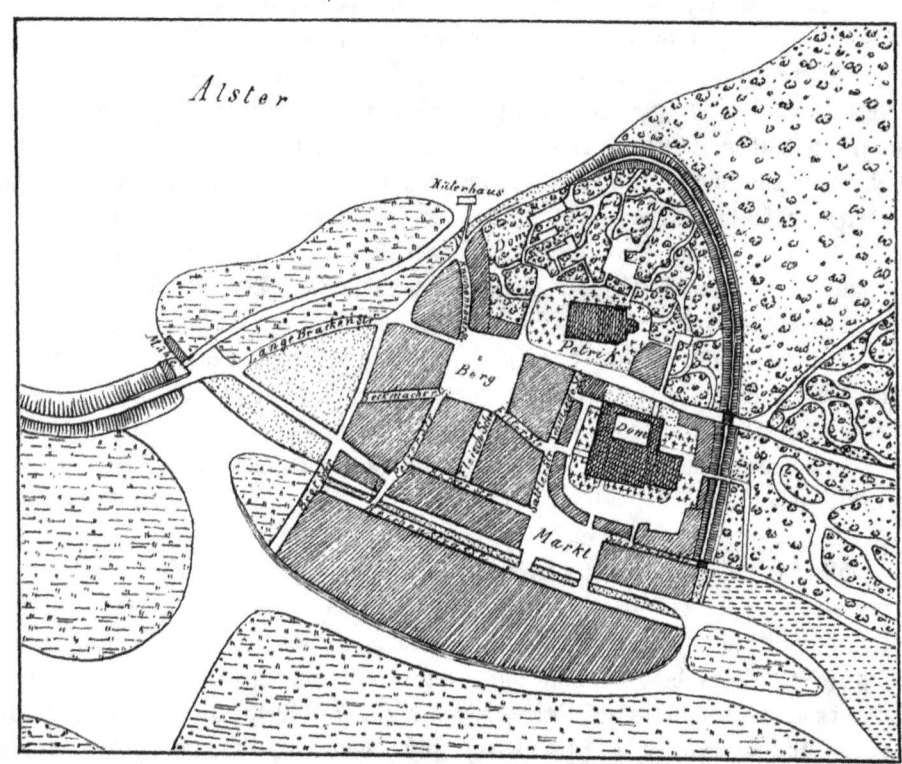

Plan von der Altstadt Hamburg.

westlichen Ende der Hökerstraße führte die Schreiberbrücke nach dem Brotschrangen, wo die Brotbänke der Bäcker standen. Der Schreiberbrücke gegenüber lag an der Ecke der Hökerstraße das Weinhaus oder der Weinkeller, wo für Rechnung des Rats Wein verkauft wurde, denn der Wein= und Salz= handel war damals noch Monopol des Rats, weshalb die Salzkanne und der Weinkeller dem Rat gehörten, also öffentliche Gebäude waren. Später wurde im Weinkeller auch Eimbeker Bier aus= geschenkt, wodurch der Name „Eimbeksches Haus" in Gebrauch kam. Neben dem Weinkeller lag das erzbischöfliche Münzhaus. Endlich wird in der Hökerstraße ein Haus, „der Tempel" oder „auf dem Tempel", erwähnt, dessen Bestimmung aber nicht bekannt ist. Neben dem Eimbekschen Hause führte die kleine Johannisstraße nach Norden, doch ist es nicht bekannt, welchen Namen sie damals führte, vielleicht ist es die platea sagorum, wo die Waffenschmiede oder Deckenmacher wohnten. Vom Ende der

Bäckerstraße führte die Pelzerstraße nach einem freien Platz, „dem Berg" oder „Bei dem Berg", und traf hier mit der Hundestraße, später Beckmacher= oder Armensünderstraße, zusammen, welche von der kleinen Johannisstraße nach dem Berg führte, von der Schmiedestraße führte die Filter= oder Hut= walkerstraße ebenfalls nach dem Berge. An der Ecke der Filterstraße lag das Büttelhaus, später die Frohnerei. An der Südseite des Berges lag der Fleischschrangen, ein unbedeckter Platz, welcher nach der Bäckerstraße hindurch ging, auf dem die Fleischbänke der Schlachter standen. Vom Berge führte die Knochenhauerstraße nach dem Küterthor, außerhalb desselben lag in der Alster das Schlachthaus oder Küterhaus. Vom Küterthor führte in südwestlicher Richtung die Weberstraße, später „Hinter dem breiten Giebel", nach der Langenbrückenstraße, später die große Johannisstraße, welche einen Teil der alten Landstraße bildete, die von dem Schulthor über den Berg nach der Mühle führte. Die Mühle ist wahrscheinlich von Adolf I. im ersten Viertel des 12. Jahrhunderts angelegt worden. Zu dem Zweck wurde der durch die Alsterniederung führende Knüppeldamm, jetzt die Straße großer Burstah, erhöht und das Alsterwasser zu einem Mühlenteich aufgestaut. Neben der Mühle führte dann eine Brücke, die Mühlenbrücke, über die Alster.

Die Einwohner von Alt=Hamburg waren größtenteils Handwerker, welche in den nach ihnen benannten Straßen wohnten und in Innungen vereinigt waren. Die wenigen Kaufleute wohnten in der Reichenstraße, doch war nur die Südseite bebaut und die Grundstücke reichten bis zum Flet, welches den Liegeplatz, den Hafen, für die Schiffe bildete. Ebenfalls wird bis gegen Ende des 12. Jahrhunderts auch die Langebrückenstraße und die neue, jetzt große Bäckerstraße noch unbebaut gewesen sein.

Die alte Stadt hatte ohne Zweifel ein Rathaus, aber wo dasselbe gelegen hat, ist bis jetzt noch unentschieden. Früher suchte man das alte Rathaus am Fischmarkt, später haben sich manche Stimmen für den Dornbusch, den Berg und auch für den Neß erhoben, doch wird sich die Frage kaum noch entscheiden lassen. Sämtliche Häuser werden wohl ohne Ausnahme von Holz erbaut gewesen sein, nur die beiden Kirchen und einige andere öffentliche Gebäude mögen aus Ziegelsteinen bestanden haben. Die Straßen waren schmal und ungepflastert, die Wagen blieben vor der Stadt, in der späteren Steinstraße, in der Stadt wurden die Lasten auf Holzschlitten befördert. Von einer besonderen Befestigung ist für diese Zeit kein sicherer Nachweis zu erbringen, im Osten war die Stadt durch den heidnischen Wall geschützt, im Süden und Nordwesten machte aber die sumpfige Elb= niederung und der große Mühlenteich eine besondere Befestigung überflüssig.

Die Petrikirche

ist die älteste Pfarrkirche in Hamburg, aber wann sie erbaut und von wem sie gegründet worden, ist nicht bekannt. Sie wird 1195 in einer Urkunde des Dompropsten Hermann zuerst erwähnt, der sie damals dem Domkapitel übertrug. Man hat früher angenommen, daß die Kirche auf dem Platz der alten Burg erbaut sei, und da diese Burg von Heinrich von Badewide 1139 zerstört worden ist, erzählen die meisten Chronisten, daß die Petrikirche zwischen 1139 und 1195 gegründet worden sei. Diese Voraussetzung ist jedoch unrichtig, denn die neueren Forscher sind darin einig, daß die alte Burg, wie die neue Burg und die Wideburg in der Niederung gelegen haben muß, und selbst wenn sie auf einer Anhöhe gelegen hätte, wäre sie doch nicht auf dem Platz der Petrikirche zu suchen, denn dieser ist ohne Zweifel seit der Gründung im Besitz der Domkirche gewesen und konnte also nicht zum Bau einer herzoglichen Burg benutzt werden. Die Gründung einer Pfarrkirche hatte andere Ursachen als die Bebauung eines wüsten Platzes.

Als im 10. und 11. Jahrhundert die Einwohner der Bischofshöfe immer zahlreicher wurden, begannen die Bischöfe allmählich neben der Kathedrale eine besondere Pfarrkirche für die Hofleute zu erbauen, während jene für den Gottesdienst der ganzen Diözese benutzt wurde. Obgleich unter Unwan, Bezelin Alebrand und besonders unter Adalbert Hamburg schon sehr viele Bewohner gehabt haben muß, und bei der Ausdehnung des Erzbistums die Domkirche von dem Hochamt, dem eigentlichen erzbischöflichen Gottesdienst und den kirchlichen Festen fast ganz in Anspruch genommen wurde, so ist es doch zweifelhaft, daß vor 1066 hier eine Pfarrkirche gegründet worden ist, denn sie wird niemals erwähnt. Nach dem Wiederaufbau der Stadt war der Erzbischof in den ersten Jahren mit dem Bau der Domkirche vollauf beschäftigt, nachdem aber die Verhältnisse in Nordalbingien sich gebessert hatten und die Einwohnerzahl von Hamburg größer geworden war, wird man den Bau einer Pfarrkirche nicht länger unterlassen haben, und es mag daher die Petrikirche schon vor 1139 gegründet worden sein. Unerklärlich bleibt es aber, aus welchem Grunde der Propst Hermann 1195 die Kirche dem Domkapitel übertrug und diese Schenkung am 12. Dezember 1220 vom Papst Honorius III. noch einmal bestätigt wurde. Ebenfalls berichtet keine Urkunde Näheres über das Gebäude, in welchem Stil, aus welchem Material, ob aus Holz, aus Feldsteinen oder Ziegel, und in welcher Größe es erbaut gewesen ist, wir müssen daher versuchen durch das Gebäude selbst über diese Fragen Auskunft zu erhalten. Die Kirche ist zwar 1842 bei dem großen Brande zerstört, aber auf den alten Grundmauern und in dem früheren Stil möglichst getreu wieder aufgeführt worden, so daß wohl mancher Rückschluß möglich ist.

Die Kirche war ursprünglich dreischiffig, das Mittelschiff hat eine Breite von 44 Fuß, jedes Seitenschiff von 24 Fuß, also etwa die halbe Breite des Mittelschiffes, das Querschiff und der Chor sind ohne Seitenschiffe, die Apsis ist polygon, ein halbes Achteck. Die Kreuzgewölbe werden von 4 starken Rundsäulen getragen, welche mit 4 dünnen Halbsäulen verziert sind. Die Kirche muß daher ursprünglich eine Basilika gewesen sein, die Seitenschiffe werden die halbe Höhe des Mittelschiffes gehabt haben, und das letztere wird mit einer flachen Holzdecke versehen gewesen sein. Jetzt haben die Seitenschiffe fast dieselbe Höhe des Mittelschiffes, und alle drei sind mit Kreuzgewölben gedeckt, die Säulenkapitäle haben mit Blattwerk verzierte schmale Gesimse, die Fenster sind, wie auf unserer Abbildung aus dem 17. Jahrhundert sichtbar ist, zwar mit Spitzbogen überwölbt, aber ohne Maßwerk. Die Kirche ist also, wie der frühere Dom, eine Hallenkirche, auch die Fenster stimmen mit denen des Domes überein, weshalb wohl beide Kirchen gleichzeitig erbaut sein werden. Da wir aber auch die Bauzeit des Domes nicht genau kennen, müssen wir unter den älteren Kirchen in Deutschland nach Beispielen suchen.

Die Petrikirche in Hamburg.

Die Elisabeth-Kirche in Marburg ist dreischiffig, Chor und Kreuzarme sind ohne Seitenschiffe, die Schiffe des Langhauses haben fast dieselbe Höhe und sind mit Kreuzgewölben gedeckt, die Seitenschiffe haben die halbe Breite des Mittelschiffes, die Pfeiler sind rund, mit 4 dünnen Halbsäulen verziert, die Kapitäle haben schmale Gesimse mit Blattwerk, Chor und Kreuzarme polygonen Abschluß. Die Elisabethkirche ist 1235—1283 erbaut und sie stimmt fast ganz mit unserer Petrikirche überein. Da ein Baumeister im westlichen Deutschland gewiß nicht eine Hamburger Kirche sich zum Muster genommen haben dürfte, so wird unsere Petrikirche wohl später erbaut worden sein. Ganz ähnliche Bauten sind die Liebfrauenkirche in Trier, die Jakobikirche in Lippstadt, der Dom zu Paderborn, die Pfarrkirche in Hamm rc., alle diese Kirchen stammen etwa aus der Mitte des 13. Jahrhunderts; es ist daher wohl der Schluß gerechtfertigt, daß auch die Petrikirche erst in der zweiten Hälfte des 13. Jahrhunderts erbaut ist. Da aber die Petrikirche schon vor 1195 vorhanden war, so haben wir nicht den ursprünglichen Bau vor uns. Die im 12. Jahrhundert erbaute Basilika wird indes bereits denselben Umfang der späteren Hallenkirche gehabt haben, denn die Begeisterung für große Kirchengebäude war damals schon so allgemein, daß man in Hamburg schwerlich eine kleine Kirche errichtet haben dürfte.

Wie die Domkirche wird auch die Petrikirche bei der großen Feuersbrunst 1284 zerstört worden sein; einem ähnlichen Unglück vorzubeugen wird die Gemeinde der Petrikirche sich ebenfalls entschlossen haben, die Basilika in eine Hallenkirche umzuändern, damit sie bei einer Feuersbrunst in der Stadt mehr Widerstand leisten könne. Wahrscheinlich ist der Neubau vor Ende des 13. Jahrhunderts vollendet und die Kirche wieder zum Gottesdienst benutzt worden, da der Bau der Domkirche sich so sehr verzögerte. Über diesen Bau und die Einweihung der neuen Kirche wird jedoch nirgends etwas berichtet.

Seit dem 14. Jahrhundert wurde die Kirche vielfach verschönert und erweitert. Wie bei der Domkirche die Vermehrung der Nebenaltäre eine Erweiterung des Gebäudes veranlaßte, so wird dieselbe Ursache die Gemeinde der Petrikirche zum Bau eines vierten Schiffes an der Südseite bewogen haben, dieses muß aber schon 1370 vollendet gewesen sein. Die Kirche erhielt dadurch eine Breite von 41 m (143 Fuß) bei einer Länge von 64,5 m (225 Fuß). Die ursprünglichen Verhältnisse der Länge, Breite und Höhe wurden durch den Anbau verschoben, doch suchte der Baumeister denselben möglichst mit dem alten Gebäude in Übereinstimmung zu bringen; die Deckengewölbe waren etwas niedriger als die der Seitenschiffe, und die Fenster und Thüren wurden denen des Hauptbaues entsprechend ausgeführt, weshalb der Anbau nicht dem derzeit herrschenden Stil entspricht. Im Anfang des 16. Jahrhunderts folgte eine weitere Vergrößerung nach der Südseite, 1503 wurde die sogenannte Rodenburgsche Kapelle und 1513 die Kapelle der Islandsfahrer angebaut. Im 17. Jahrhundert erhielt die Südseite durch das neue, reich verzierte Portal und durch das im folgenden Jahr 1605 errichtete Beinhaus die Ansicht, welche unsere Abbildung zeigt.

Auf der Nordseite lag die St. Martins-Kapelle, wahrscheinlich die älteste Nebenkapelle der Kirche, vielleicht war sie schon 1414, jedenfalls 1454 vorhanden. 1679 wurde auf dieser Seite die St. Pauls-Kapelle angebaut, nachdem das Beinhaus 1678 abgebrochen war. Ferner lag auf dieser Seite das Schulhaus, welches 1751 neu erbaut wurde. Die Kirche war also von beiden Seiten so umbaut, daß von dem eigentlichen Gebäude kaum etwas zu sehen war, denn die noch freigebliebenen Ecken hatte man zur Errichtung von Wohnungen für Kirchendiener benutzt. Auch im Innern wurde die Kirche fortwährend verschönert; 1396 und 1585 erhielt sie eine neue Kanzel, 1507 eine Orgel, 1724 einen neuen Altar, ein Geschenk von Joh. Hanken. Sehr reich und zum Teil von vorzüglicher Schönheit waren die Fenster, welche nach und nach von wohlhabenden Familien gestiftet worden sind. Der Taufstein stand früher unter der Orgel, 1553 wurde er nach der Südwestecke versetzt, 1638 schenkte Anne Oldehorst einen neuen, sehr reich verzierten Taufstein. Nach und nach wurde das Innere, die Wände und die Pfeiler, durch Gemälde verziert, Bilder hervorragender Prediger der Gemeinde, der Reformatoren, der Apostel, sowie Abbildungen von Hamburg aus dem 13. und 15. Jahrhundert.

Als gegen Ende des vorigen Jahrhunderts die Begräbnisplätze außerhalb der Stadt verlegt wurden, erhielt 1794 auch die Petrikirche gemeinsam mit der Johanniskirche einen Platz vor dem Dammthor angewiesen, und da infolgedessen der Kirchhof nicht mehr zur Beerdigung benutzt werden durfte, wurde 1803 die Umschließungsmauer weggeräumt. Während der Belagerung 1813 und 14 nahmen die Franzosen die Kirchen für Zwecke der Armee in Beschlag; am 12. Januar 1814 wurde die Petrikirche zu einem Pferdestall eingerichtet und der Gottesdienst in der Aula des Johanneum abgehalten. Erst am 27. November war das Innere soweit hergestellt, daß die Kirche zum Gottesdienst wieder geweiht werden konnte. 1342 wurde der Grundstein zum Turm gelegt. Die untere Hälfte des Turmes bestand aus massivem Mauerwerk, welches, wie beim Dom, ein Quadrat bildete und eine Höhe von 50,5 m (176 Fuß) hatte. 1377 waren die Grundmauern soweit vollendet, daß mit dem Aufrichten der hölzernen Spitze begonnen werden konnte, 1383 wurde mit dem Aufsetzen des Knopfes der Bau vollendet. Die Petrikirche war also fast hundert Jahre früher mit einem Turm verziert als die Domkirche, da zum Domturm erst 1434 der Grundstein gelegt wurde. Die Verschönerung ihres Turmes bildete fortan eine Hauptsorge der Gemeinde, schon 1384 wurde die große Stundenglocke auf den Turm gebracht. Im nächsten Jahrhundert kam das Glockenspiel hinzu, und 1493 wurde ein besonderer Glockenspieler angestellt. Ob im Anfange des 16. Jahrhunderts die Turmpyramide baufällig geworden oder durch ein Unwetter zerstört worden ist, wissen wir nicht, aber 1513 schlossen die Kirchengeschworenen mit dem Zimmermeister Heinrich Berends aus Hannover einen Vertrag, demzufolge er für die Summe von 450 Mark lübisch eine neue, höhere Spitze von Holz, mit Kupfer gedeckt, errichten sollte. Außerdem empfing er 2 Wispel Malz und 10 Ellen englisch Tuch, à 1 Mark 8 Schilling, für die Herschaffung der Gerätschaften 3 Mark, für jeden Gesellen 1 Mark 8 Schilling Biergeld und während der Bauzeit freie Wohnung und Betten für sich und seine Gesellen. Der Bau begann 1514 und war 1516 vollendet, bei der Richtfeier wurden verschiedene Schriften in den Knopf gelegt. Der ganze Bau kostete mit allen Nebenausgaben 866 Mark lübisch, zu deren Deckung in den vier Hauptkirchen eine Sammlung veranstaltet wurde, welche 394 Mark einbrachte, den Rest von 472 Mark bezahlte die Gemeinde aus dem Kirchenvermögen. Der vollendete Turm war nach C. F. Gaedechens (S. Hist. Topogr. S. 113) 445 Fuß (127,5 m), die Pyramide allein 269 Fuß (77 m) hoch, nach R. G. Behrmann (Gesch. d. Petrikirche, S. 24) war der Turm 416 Fuß, die Pyramide 220 Fuß hoch. Statt der vier kleinen Ecktürme des Domes hatte die Pyramide am Grunde vier hohe Giebelmauern. — Von Fachmännern und Kunstverständigen ist diese Turmspitze zu allen Zeiten bewundert und oft als die schönste Turmpyramide in Deutschland bezeichnet worden; Sonnin soll, wenn er an dem Turm vorübergegangen, stets zur Ehre des Baumeisters seinen Hut abgenommen haben. Doch nur wenige mögen bei der Bewunderung des Bauwerkes an den Baumeister, an den einfachen Zimmermeister aus Hannover gedacht haben, dessen Name nicht einmal genau bestimmt ist, denn er wird Hinrich Bartels, Hinrich Barteldes, Heinrich Berndes oder Heinrich Berends genannt. 1540 erhielt der Turm eine Uhr mit Stundenglocke und im nächsten Jahre an der Nord-, West- und Südseite ein Zifferblatt. 1591 mußte der Turmknopf erneuert werden, und diesmal wurde eine vom Pastor Schellhammer verfaßte Schrift hineingelegt. Als Hamburg 1648 von einem heftigen Sturm heimgesucht wurde, geriet der Turm in eine so starke Schwankung, daß viele den Sturz der Pyramide befürchteten; um einem solchen Unglück vorzubeugen, wurde der Holzbau durch starke eiserne Klammern mit den Grundmauern verbunden. 1760 mußte der Turm abermals ausgebessert werden. Bei dieser Gelegenheit wurde eine neue Schrift, verfaßt vom Pastor Mylius und geschrieben von dem Schullehrer Ch. D. Westphalen, in den Knopf gelegt. 1806 erhielt der Turm nochmals einen neuen Knopf, welcher von dem Bleidecker D. Ch. Mettlerkamp aufgesetzt wurde. Der Verfasser der Schrift war diesmal Pastor Willerding und geschrieben war sie wieder von dem Schullehrer R. D. Westphalen, außerdem wurde eine von dessen Sohn, dem Senator J. E. F. Westphalen, verfaßte Geschichte des Hamburger Handels während der letzten fünfzig Jahre in den Knopf gelegt. Auch der Petriturm stand nicht genau lotrecht, 1815 betrug die Abweichung nach Süden 42 cm (1 Fuß 5½ Zoll) und nach Westen 1,33 m (4 Fuß 7½ Zoll), doch ist niemals ein Umstürzen desselben befürchtet worden. Eine besondere Zierde des Turmes war das große Glockenspiel mit 31 Glocken. Die ersten 7 Glocken waren schon 1487 auf den alten Turm gebracht und später auf den neuen Turm übergeführt worden, seit dem 17. Jahrhundert waren die Kirchengeschworenen, sowie manche wohlhabende Gemeindemitglieder bemüht, dasselbe zu ergänzen und zu verbessern. 1625 kamen 2 neue Glocken hinzu, 1686 wurden alle Glocken von Barth. Gauert gründlich nachgesehen und besser gestimmt, 1723 erhielt das Glockenspiel eine neue Klaviatur. 1761 wurde die Glockenstube mit einer Gipsdecke versehen, damit der Ton kräftiger würde und die Zahl der Glocken um 12 vermehrt, doch erlaubte der Kirchenvorstand erst dann das Aufhängen derselben, nachdem Sonnin den Turm untersucht und erklärt hatte, daß die neue Last nicht zu schwer sei. 1804 kauften die Kirchengeschworenen die größte Glocke des Domturmes zur Vervollständigung des Glockenspieles, doch mußte sie schon 1814 wieder verkauft werden, da die Kirchenkasse infolge der französischen Okkupation in Geldverlegenheit geraten war. Alle Glocken waren genau abgestimmt und auch rücksichtlich der Tonstärke sorgfältig abgewogen, weshalb der Ton eine vorzügliche Wirkung hatte und das Werk weit berühmt war. Jeden Mittag um 12 Uhr wurde von dem Glockenspieler ein Musikstück gespielt und an Sonn- und Festtagen um 11½ Uhr und um 1 Uhr in den Sommermonaten, außerdem täglich um 6 Uhr morgens. Außer diesem großen Glockenspiel hatte der Turm noch ein zweites, kleineres, das sogenannte Spielwerk, welches 1542 auf den Turm gebracht wurde und aus 11 Glocken bestand, von denen 9 in Amsterdam gegossen waren, weshalb es wohl das holländische Glockenspiel genannt wurde. Das Werk stand mit der Uhr in Verbindung, spielte alle halbe Stunden eine kurze Choralmelodie und alle volle Stunden entweder eine längere Melodie oder eine kürzere mit einem Vorspiel. Auf fast allen Abteilungen oder Böden des Turmes waren große Wasserbehälter, Kufen, aufgestellt, welche von dem am Turm herabfließenden Regenwasser stets voll gehalten wurden, damit bei einem ausbrechenden Brande überall Wasser zum Löschen vorhanden war. Bei einem Gewitter mußten ein Schornsteinfeger, zwei Zimmerleute und ein Maurermeister sich auf den Turm begeben und über die verschiedenen Böden verteilen, um einen Brand im Keime zu ersticken, falls der Blitz einschlagen sollte.

  Trotz dieser Vorsichtsmaßregeln war es nicht möglich, den Turm 1842 zu retten. In der Nacht vom 6. auf den 7. Mai war das Feuermeer der Petrikirche immer näher gerückt, und die furchtbare Hitze hatte schon wiederholt gezündet, doch war es der Wachsamkeit und dem Eifer der Wächter stets gelungen, des Brandes wieder Herr zu werden. Da brach gegen Morgen auf dem ersten Boden ein neuer Brand aus, der noch vorhandene Rest Wasser reichte nicht aus, das Feuer zu löschen, von unten war so schnell kein Wasser heraufzuschaffen, der ganze Turm war bald mit erstickendem Rauch gefüllt, und die Wächter sahen sich gezwungen, ihre Rettungsversuche einzustellen. Nachdem der Turm am 7. Mai 1842 von den Flammen ergriffen worden, war auch die Kirche nicht mehr zu retten, man setzte daher alle Kräfte daran, um Kunst- und Wertgegenstände in Sicherheit zu bringen, das Übrige mußte dem Feuer preisgegeben werden. Das schöne ehrwürdige Gebäude sank in Schutt und Asche, über welches lange die schützende Hand der Vorsehung gewacht hatte und welches lange der Stolz der Hamburger gewesen war. Nach Forträumung des Schuttes und sorgfältiger Untersuchung der Mauerreste wurde beschlossen, die noch festen Teile der Mauern zu benutzen und auf den alten Grundmauern das Gebäude dem alten Plane möglichst getreu wieder aufzuführen. Unter der Leitung von Chateauneuf und Fersenfeld schritt der Bau rasch vorwärts. Am 7. Mai 1844 konnte der Grundstein gelegt werden, am 7. Mai 1847 fand die Richtfeier und am 7. Mai 1849 die Einweihung statt. Die Grundmauer des Turmes wurde ausgebessert und dann einfach überdacht. Des Schmuckes seiner schönen Pyramide mußte der Turm noch lange entbehren, da die Bausumme fehlte und durch Sammlungen nur allmählich der Betrag zusammengebracht wurde. Erst 1876 vereinigten sich die Behörden, die Pyramide ganz aus Eisen herstellen zu lassen. Im Sommer 1876 wurde der Bau begonnen und im Mai 1878 durch Aufsetzen von Knopf und Flügel vollendet. Der neue Turm ist noch schlanker geworden und hat eine Höhe von 134,26 m (468 Fuß 6 Zoll) erhalten. So ist die Kirche in ihrer früheren Schönheit wieder ein Schmuck Hamburgs geworden.

Die Elbmarschen.

Die norddeutsche Tiefebene ist im ganzen arm an interessanten, naturschönen Gegenden, große Strecken sind mit Heide und Moor bedeckt, und selbst die Waldungen sind größtenteils einförmige Kiefern- und Fichtenbestände, deren Anblick selten das Auge fesselt. Die Marschländer fallen aber noch mehr durch ihre Einförmigkeit auf, der Boden ist horizontal ausgebreitet, zeigt gar keine oder nur sehr geringe Erhebungen, das Land ist durch parallele Wassergräben in regelmäßige Felder abgeteilt, und die Wohn- und Wirtschaftsgebäude stehen in langen Reihen, selten zu interessanten Gruppierungen zusammengedrängt; nur auf den mit hohen, prächtigen Bäumen beschatteten Deichen findet man zuweilen kleine malerische Ansichten. Aber fruchtbar ist der Boden und reichlich lohnt er die auf denselben verwandte Mühe, üppig steht das Getreide und das Gemüse, groß und prächtig ist das Vieh, alles zeigt Wohlstand und vorzügliches Gedeihen. Die Marsch bildet den entschiedenen Gegensatz zu den benachbarten sandigen, mageren Geesthöhen. — Schon die äußere Gestaltung der Marschländer weist darauf hin, daß ihre Entstehung und Bildung eine andere gewesen ist als die der Geest. Zur Zeit, als die Mündung der Elbe noch oberhalb Geesthacht lag, bildete die Nordsee hier einen tiefeinschneidenden Meerbusen, ähnlich wie noch heute auf Großbritannien z. B. am Forth und Tay; nicht nur zeigen die Ränder der Geest noch heute den Charakter von Dünen, welche bei Nordweststürmen von den hoch angeschwellten Fluten zu beiden Seiten des Meerbusens aufgeworfen worden sind, sondern auch der Marschboden enthält in seinen tieferen Schichten Muscheln eingeschlossen, z. B. Mytilus edulis, Cardium edule 2c., welche beweisen, daß der Boden seiner Zeit mit Meerwasser bedeckt war. Die Elbe hat nun durch die mitgeführten Sinkstoffe allmählich den Meerbusen ausgefüllt und das Meerwasser zurückgedrängt. Nachdem jedoch das Land bis zur gewöhnlichen Wasserhöhe aufgebaut war, mußte die Elbe ihre Arbeit aufgeben und schob das von ihr gebildete Land immer weiter in die See hinaus; aber aus diesem Grunde hat auch das aufgeschwemmte Land fast überall dieselbe Höhe. Das Land lag bei dem gewöhnlichen Wasserstand trocken, da es aber durch höhere Fluten wieder überschwemmt wurde, konnte es weder zum Wohnen noch zum Ackerbau benutzt werden, nur als Viehweide war es in den trockenen Sommermonaten zu verwenden, zu Anfang unserer Zeitrechnung sind daher ohne Zweifel die norddeutschen Marschen noch unbewohnt gewesen. Als aber die Römer in der niederrheinischen Tiefebene eine dauernde Herrschaft begründeten, ließen sie im zweiten Jahrhundert n. Chr. von den nicht beschäftigten Legionen in Friedenszeiten Dämme aufführen, um die niedrigen Ebenen gegen die höheren Fluten zu schützen und verwandelten dadurch das bisher fast unbrauchbare Land in reiche, üppige Kulturfelder. Die hier lebenden Völkerschaften, die Friesen, Bataver u. a. erlernten von den Römern zwar sehr bald die Kunst, solche Dämme und Deiche zu erbauen, aber die Kunst blieb auf die Rheingegenden beschränkt, die Niederungen der Elbe und Weser wurden nicht eingedeicht. Die benachbarten Geestbewohner suchten jedoch in anderer Weise die Marsch auszunutzen, indem sie dieselbe zur Viehweide verwendeten; um aber sich und ihr Vieh gegen die Überschwemmungen zu schützen, führten sie künstliche Hügel auf, sogenannte Wurthen, Worthen oder Werften, und errichteten auf denselben die Wohnhäuser, Viehställe, Scheunen 2c. Zum Ackerbau konnte allerdings das Land nicht benutzt werden, aber zur Viehweide eignete es sich ganz vorzüglich, und der reiche Gewinn reizte neue Ansiedler, der steten Gefahr zu trotzen. War die Wurth nicht hoch genug aufgeführt, so daß sie bei einer außerordentlichen Sturmflut vom Wasser überschwemmt wurde, so geschah es nicht selten, daß die Wellen sämtliche Gebäude mit allem, was darin und darum war, fortrissen, und Menschen und Tiere ein nasses Grab fanden. War aber die Wurth zwar hoch genug aufgeführt, so trat zuweilen der Fall ein, daß, namentlich bei Eisgang, das Wasser den Hügel allmählich untergrub und fortschwemmte und den Bewohnern ebenfalls den Untergang bereitete. Noch heute sind auf den sogenannten Halligen, den kleinen nicht eingedeichten Inseln an der friesischen Küste, die Höfe auf solchen Wurthen erbaut, aber auch noch jetzt kommt es vor, daß bei außerordentlichen Sturmfluten der Hof mit allen Gebäuden, mit Menschen und Vieh von den Wellen verschlungen wird. Auch in der unmittelbaren Nähe von Hamburg finden sich noch heute auf Wurthen erbaute Höfe, z. B. auf Mühlenwärder, große Kattwieck, Hohe Schaar am Köhlbrand 2c., weil die Inseln nur durch niedrige Deiche, sogenannte Sommerdeiche, geschützt sind. Zahlreiche Ortsnamen in der Marsch (wie Hamelwörden im Land Kehdingen, Lüdingworth im Land Hadeln, Wöhrden, Poppenwurth, Edemanswurth in Dithmarschen, Oldensworth und Witzworth bei Tönningen) erinnern noch heute daran, daß diese Dörfer aus solchen, auf Wurthen erbauten Höfen entstanden sind; auch das Land Wursten und seine Bewohner verdanken wohl dem Umstande ihren Namen, daß diese Friesen ursprünglich auf Wurthen gewohnt haben, indem der Name Wurthfriesen allmählich in Wurstfriesen oder Wursten verwandelt ist.

Im 11. und 12. Jahrhundert wurden die niederrheinischen und friesischen Küsten von schweren Sturmfluten heimgesucht, viele Deiche durchbrochen und große Landstrecken von dem Meer verschlungen, viele Menschen retteten nur das nackte Leben, sie verloren Hab und Gut, und auch das Land, welches sie bisher ernährt hatte, war verschwunden, sie mußten also suchen in anderen Gegenden neues Land wieder zu erlangen. Aber die fleißigen, arbeitsamen Friesen und Holländer waren gern gesehene Einwohner, und weltliche und geistliche Fürsten suchten sie in ihr Land zu ziehen, um schwach bevölkerte Gegenden mit ihnen zu besetzen. Zwischen 1130—40 wurden in Thüringen mehrere holländische Kolonieen gegründet: Pforta bei Erfurt, in der goldenen Aue 2c., ebenso in Schlesien, in der Mark Brandenburg. Graf Adolf II. ließ im Jahre 1143 Boten ausgehen nach Flandern, Holland, Westfalen und Friesland, und alle auffordern, welche um Land verlegen waren, mit ihren Familien nach Wagrien zu kommen und sich hier anzusiedeln. Namentlich waren es aber die Elb- und Wesermarschen, wohin die zur Auswanderung gezwungenen Friesen und Holländer ihre Augen wandten, sie waren ihnen benachbart und die Verhältnisse den heimischen ähnlich. Die Erzbischöfe von Hamburg-Bremen beförderten und unterstützten die Kolonisten in jeder Hinsicht, namentlich seitdem sie erkannten, wie außerordentlich rasch der Wert dieser bis dahin fast unbenutzten Ländereien durch die Kolonisten gehoben wurde. Es ist nicht bekannt, wann die ersten Kolonisten hier eingewandert sind, in der Wesermarsch mögen die ältesten Ansiedelungen schon Ende des 11. Jahrhunderts gegründet worden sein, wenn auch die älteste Urkunde erst aus dem Jahre 1106 datiert, durch welche der Erzbischof Friedrich einer Gesellschaft von Einwanderern eine Strecke Land an der Weser zur Ansiedelung überweist; doch müssen schon andere Kolonieen vorher gegründet worden sein, denn der Erzbischof legt den Einwanderern die Verpflichtung auf, in dem urbar gemachten Distrikt eine Kirche anzulegen und mit einer Hufe für den Unterhalt des Priesters zu dotieren. In der Elbmarsch kann diese

Ansiedelung erst im Anfang des 12. Jahrhunderts stattgefunden haben, nachdem die nordalbingischen Grenzen gegen die Einfälle und Plünderungen der Wenden durch Adolf I. seit 1111 gesichert worden waren. Aber auch für die Elbniederung ist die Zeit der Einwanderung der Friesen und Holländer nicht nachgewiesen, weil nach dem in jener Zeit herrschenden Gebrauch derartige Verträge mündlich in Gegenwart von Zeugen abgeschlossen wurden, und erst später, wenn über die Bedeutung des Vertrages Differenzen entstanden, nachdem die Zeugen allmählich ausgestorben waren, griff man dazu, die Verträge schriftlich zu bestimmen. Fast alle Privilegien, Urkunden 2c. aus jenen Zeiten bestätigen Verhältnisse, welche meistens schon länger bestanden hatten. Für die Herbeiziehung der Marschkolonisten bemühten sich die Erzbischöfe von Hamburg-Bremen, Friedrich, Adalbert II. und namentlich Hartwich I., die schauenburger Grafen von Nordalbingien und die ratzeburger Grafen; aber welche Teile der Elbmarsch von diesen oder jenen zuerst besiedelt worden, ist ebenfalls meistens nicht nachzuweisen.

Zu den ältesten Marschgemeinden an der Elbe gehören wohl die Vierlande. Altengamm (Gamme) und Kurslak, welche in einem Deichverbande liegen, werden 1158 bei der Stiftung des Bistums Ratzeburg erwähnt, die Eindeichung ist aber unzweifelhaft älter. 1200 den 27. Januar wird Graf Adolf III. von dem Pfalzgrafen Heinrich, Sohn Heinrich des Löwen, zu Goslar am Hofe von König Philipp mit Gamme belehnt, wofür er dem Pfalzgrafen 700 Mark zahlt. Wenn in diesem Vertrage nur die beiden Gemeinden Altengamm und Kurslak verstanden sind, so müssen dieselben einen ganz außerordentlichen Wert gehabt haben; wahrscheinlich werden daher noch andere Gemeinden zu Gamme gerechnet worden sein. Kurslak, welches unzweifelhaft gleichzeitig mit Altengamm eingedeicht worden ist, wird erst 1217 erwähnt[20]), dagegen wird in der Stiftungsurkunde von 1158 Neuengamm als eine nicht eingedeichte Insel (insula nondum culta) genannt; erst in der Urkunde von 1212, worin der Ritter Reiner von Pinnow dem Hamburger Dom zwei Hufen in Neuengamm überträgt, wird dieselbe als nova insula versus villam, quae dicitur gamma bezeichnet. Auch Kirchwärder wird erst später erwähnt. 1217 den 15. August überträgt Graf Albrecht von Holstein dem Bischof Iso von Verden zwei Hufen in Kirchwärder, doch geht aus der Urkunde hervor, daß die Insel schon lange kultiviert war, sie wird wohl gleichzeitig mit Gamme eingedeicht worden sein. Der Zoll zu Eslingen (Zollenspieker, siehe die Abbildung des Zollgebäudes von 1650 auf S. 62) und Crowel (Krauel) soll schon 1189 von Heinrich dem Löwen den Hamburgern erlassen worden sein, was Graf Albrecht von Holstein den Hamburgern 1216 bestätigt. Die Vierlande kamen 1420 durch Eroberung an Hamburg und Lübeck, welche dieselben gemeinschaftlich verwalten ließen, bis sie durch den Vertrag vom 8. August 1867 gegen eine Entschädigung von 600000 Mark am 1. Januar 1868 in den alleinigen Besitz von Hamburg übergingen. Das Neueland (Nieland, Lewenwerder) und Lauenbrok (Lewenbroke) sind erst im 13. Jahrhundert kultiviert, doch wird Neuland schon 1219 in einer Urkunde erwähnt, in welcher sich der Pfalzgraf Heinrich und der Erzbischof Gerhard II. von Bremen über die Vogtei im Neuenland vergleichen. 1296 zog der Herzog Otto II. von Lüneburg und Braunschweig neue Kolonisten hierher, durch welche die Deiche erweitert wurden. Das Alteland bildet einen Teil der durch Erzbischof Hartwich II. an das Bremer Stift gefallenen Grafschaft Stade, weshalb die Erzbischöfe ein erhöhtes Interesse für die Kolonisierung derselben hatten. Schon in einer Urkunde Adalberts I. vom Jahre 1059 den 16. Juli kommen zwei Ortsnamen vor, Tuinunfliet und Heslewarther (Twilenflet und Hassel- werder), die vielleicht im Altenlande zu suchen sind; aber wohl erst im 12. Jahrhundert hat die Einwanderung von Holländern stattgefunden, denn in einer Urkunde von 1149 ist die Rede von Rechten, welche die holländischen Leute bei Stade zu haben pflegen. Doch scheint das Alteland nicht gleichzeitig, nicht auf einmal in Kultur genommen zu sein, denn Erzbischof Adalbero II. verleiht den Zehnten bei Stade, in dem angebauten und unangebauten Marschlande (palus culta et inculta). Die dritte Meile, der südöstliche Teil des Altenlandes, wird noch 1484 die neue Meile (de nyge mile) genannt, und scheint also zuletzt eingedeicht worden zu sein, denn Estebrügge wird schon 1200 als Pfarre erwähnt, und die erste Meile besitzt schon Mitte des 12. Jahrhunderts mehrere Kirchen. Interessant ist die zweite Meile durch die Lage der Dorfschaften Ladekop, Jork und Borstel; die Höfe liegen in einer langen Straße nebeneinander, und es gewinnt daher den Anschein, daß ursprünglich der Deich gegen die Elbe bei Ladekop war, später nach Jork und endlich nach Borstel vorgeschoben wurde, und hier also nach und nach das Land der Elbe abgewonnen und der Hauptstrom

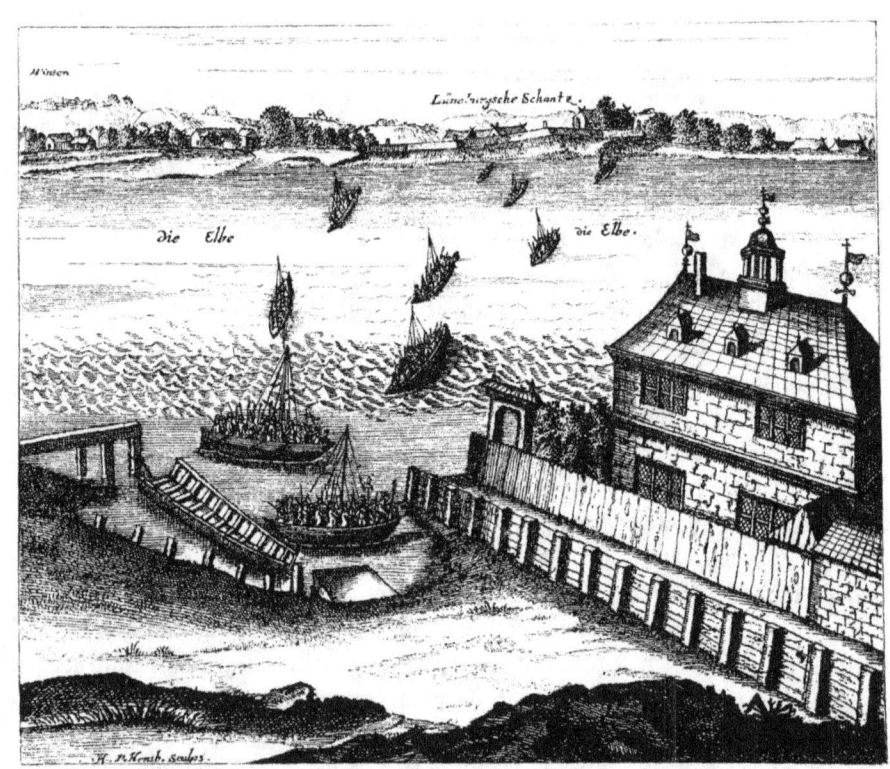

Der Bollenspieker. 1650.

der Elbe allmählich weiter nach Norden gedrängt worden ist. Dies wird in einer Hinsicht durch die historischen Nachrichten bestätigt, obgleich wir über die Gründung dieser Orte keine Angaben besitzen; aber während das mit Ladekop ungefähr in gleicher Richtung liegende Estebrügge schon 1200 vorkommt, wird Jork erst 1350 und Borstel (Sesterolete) erst 1386 erwähnt. Auch das Land Kehdingen ist wohl teilweise durch Kolonisten urbar gemacht, und vielleicht noch früher, als das Alteland, denn Butzflet und Assel werden schon vor 1124 erwähnt, doch ist der nördliche Teil vor der Eindeichung bereits von Sachsen besiedelt gewesen, wie aus dem Namen Hamelwörden hervorzugehen scheint, außerdem galt auch hier sächsisches Deichrecht. Das Land Hadeln spielt schon in den alten sächsischen Sagen eine hervorragende Rolle, die Sachsen sollen hier gelandet sein und hier die Eroberung des Landes begonnen haben, auch ist das Land stets bei dem Herzogtum verblieben. Die schmale Marsch, welche dem Lande vorliegt, ist wohl, wie der Name Lüdingworth andeutet, bereits in alter Zeit von den Sachsen als Viehweide benutzt und später mit Deichen geschützt worden. — Auf dem nördlichen Elbufer begegnen wir zunächst dem Billwerder, der unzweifelhaft schon im Anfang des 12. Jahrhunderts eingedeicht worden ist, ein urkundlicher Beweis findet sich zwar erst aus dem Jahre 1257, wo die Grafen von Holstein den Landleuten der Insel Billwerder ausnahmsweise erlauben, in dem benachbarten Eichenwald Asbrok bei Steinbeck Holz zu fällen zur Wiederherstellung ihrer Deiche. Etwa gleichzeitig wird auch schon der Hammerbrok eingedeicht worden sein, denn er gilt als von alters her bebaut. Reitbrok wird dagegen erst später, nicht vor Anfang des 13. Jahrhunderts eingedeicht worden sein, vermutlich gleichzeitig mit Neuengamm, doch haben sich die Bewohner nie zu den Vierländern gerechnet, ebensowenig wie die Einwohner von Billwerder. Der Ochsenwerder und Moorwerder müssen auch schon sehr früh kultiviert gewesen sein; der Avenberg, wo die Kirche von Ochsenwerder stand, wird schon 1142 genannt; 1395 kamen beide Werder mit dem Billwerder in den Besitz von Hamburg. Spadenland und Tatenberg, welche jetzt mit Ochsenwerder in einem Deichverband liegen, müssen erst später eingedeicht sein, denn der Name Spadenland kommt nicht vor dem 15. Jahrhundert vor. Tatenberg (Thadekenberg) wird zwar schon 1315 erwähnt, aber es deutet alles darauf hin, daß die Insel nicht früher als Reitbrok eingedeicht worden ist. Tatenberg kommt 1334, Spadenland erst 1427 in den Besitz von Hamburg.

Die Inselgruppe zwischen Hamburg und Harburg war vermutlich im 12. Jahrhundert zu einer großen Insel Gorieswerder vereinigt, sie wird 1158 bei Errichtung des Bistums Ratzeburg erwähnt. Es muß eine ansehnliche, volkreiche und mächtige Gemeinde gewesen sein, denn 1190 schloß Graf Adolf III. mit ihr ein Freundschaftsbündnis. Die Insel soll alles Land von Moorwerder bis Finkenwerder umschlossen haben, aber später wird sie durch Sturmfluten stark verwüstet und zerstückelt worden sein, denn 1383 verpfändete sie Graf Adolf von Holstein für 100 Mark an den Hamburger Bürger Klaus Garstede. Die jetzt den Raum von Gorieswerder einnehmenden Inseln Wilhelmsburg, Neuhof, Altenwerder, Rugenbergen, Finkenwerder ꝛc. werden erst später erwähnt. Von Hamburg bis Schulau findet sich jetzt am Nordufer der Elbe kein Marschland, sondern die Elbe bespült hier den Fuß der Geest, ja sie hat in den letzten Jahrhunderten selbst manches Stück der Geest weggespült. Das ist aber früher nicht so gewesen, sondern es lagerte auch hier eine Niederung zwischen der Elbe und Geest; 1443 wurde eine Wisch im Blankenbrok den Dominikanern in Hamburg verpfändet, und 1477 kaufte das Harvestehuder Kloster von einem Hamburger Bürger Wiesen und Grasland im Blankenbrok. In demselben Maße, wie im Altenlande die Elbe neues Land ansetzte, hat sie auf dem holsteinischen Ufer Land weggespült. — Unterhalb Schulau breitet sich auch an dem Nordufer wieder eine reiche Niederung aus. — Die Haseldorfer Marsch gehörte im 12. Jahrhundert den Erzbischöfen von Hamburg-Bremen, welche sie dem Schutze der Dienstmannen, dem alten Geschlecht von Haselthorpe, anvertraut hatten, daher wird das Land auch schon im Anfang des 12. Jahrhunderts eingedeicht worden sein. — Die Cremper Marsch ist vermutlich erst später eingedeicht, sie gehörte ebenfalls nicht zu Nordalbingien, sondern zum Erzbistum, aber sie wird nicht vor der Urkunde von 1237 erwähnt. — Die Wilster Marsch wird schon 1139 erwähnt, die Kirche in Wilster 1164 genannt. Wie schon die Ortsnamen Dodenkop, Kukeskop, Roskop andeuten, sind beide Marschen wohl von niederländischen Kolonisten eingedeicht worden; das in beiden Distrikten geltende Holländische Recht wurde aber 1470 von König Christian I. aufgehoben, infolgedessen der eigentümliche Charakter der Bevölkerung allmählich verschwunden ist. — Dithmarschen kommt schon früh in der Geschichte vor, in der Biographie von Willebrord wird es Thietmares Gau, 1059 von Adalbert I. Thietmaresca genannt, aber die Zeit der Eindeichung ist hier ebensowenig nachzuweisen. Die vielen

Ortsnamen auf wurth, wöhrden ⁊c. beweisen, daß die Marsch lange vor dem 11. Jahrhundert bewohnt gewesen ist. Die Deiche werden daher später von der einheimischen Bevölkerung erbaut worden sein.

Geht nun aus der Geschichte der Marschen hervor, daß die Unterelbe im Laufe der Jahrhunderte sehr bedeutende Veränderungen erlitten haben muß, so tritt uns bei genauerer Betrachtung noch eine auffallendere Erscheinung entgegen. Das Außenland, d. h. die außerhalb der Deiche liegenden Ländereien, ist viel höher als das Binnenland. Dies erklärt sich allerdings dadurch, daß dasselbe noch fortwährend der Überflutung ausgesetzt war und die Elbe hier nach wie vor die Sinkstoffe absetzen konnte, aber das Binnenland, besonders das der älteren Marschdörfer, ist meistens niedriger als der mittlere Wasserstand der Elbe. Auf einem Lande, welches die meiste Zeit überschwemmt ist, können sich keine Pflanzen entwickeln, und es ist wohl nicht anzunehmen, daß die Einwanderer solche Strecken, welche noch nicht mit Gras und Kräutern bedeckt waren, eingedeicht haben sollten. Die mittlere Höhe des Niedrigwassers bei Eintritt der Flut kann man auf 3,25 m, die des Hochwassers bei Eintritt der Ebbe auf 5,15 m über Neu=Null annehmen; nun aber liegt das Binnenland von Billwerder 3,2—3,8 m im westlichen, 3,8—4,8 m im östlichen Teil über Null, in Spadenland 4,9 m, in Tatenberg 4,5—5,2 m, in Ochsenwerder 4,0—5,3 m, in Reitbrok 4,3—5,2 m, in Moorwerder 4,8—5,2 m, auf Waltershof, Finkenwerder und Moorburg 4,0 m, mithin würden diese Ländereien ohne Deiche bei jeder gewöhnlichen Flut überschwemmt werden und manche selbst bei niedriger Ebbe kaum wasserfrei sein und daher keine Pflanzendecke tragen. Wenn man in neuerer Zeit in den Niederlanden größere Landstrecken, welche stets vom Meer bedeckt waren, wie z. B. das Harlemer Meer und das Y trocken gelegt hat, so war das möglich, da man durch große Pumpwerke das Wasser ausschöpfen konnte; solche Maschinen besaßen aber die Kolonisten im 12. Jahrhundert nicht, es bleibt also nur die Möglichkeit, daß entweder der mittlere Wasserstand der Elbe zu jener Zeit niedriger oder das eingedeichte Land höher gewesen sein muß. Durch vielfache Untersuchungen ist aber wohl ziemlich sicher nachgewiesen, daß das Niveau der Nordsee in den letzten Jahrhunderten sich nicht verändert hat, es wird daher auch der mittlere Wasserstand jetzt weder höher noch niedriger sein, als zur Zeit der Eindeichung. Es bleibt also nur übrig, daß das Binnenland im Laufe der Zeit niedriger geworden ist. Der Erdboden von Flußinseln hat sich mit Wasser vollgesogen, so lange dieselben regelmäßig von der Flut überschwemmt werden; wird die Insel aber eingedeicht, so verdunstet allmählich das Wasser, der Boden trocknet aus und sinkt zusammen, gleich einem nassen Schwamm, der durch Trocknen immer kleiner wird, da das eingeschlossene Wasser verschwindet. So auch mag es sich erklären, daß der Boden in manchen Marschdörfern um 1 m und noch mehr niedriger geworden ist. Die eingewanderten Niederländer sind durch die Einführung der Kunst des Deichbaues die Wohlthäter für Norddeutschland geworden, aber die Sachsen haben sich sehr bald die Kunst angeeignet, und wie wir bereits oben gesehen haben, sind die Deiche in Ditmarschen, im Lande Hadeln und im Lande Kehdingen wahrscheinlich von den einheimischen, sächsischen Bewohnern erbaut worden, vermutlich ist dasselbe auch in Billwerder, Reitbrok und Ochsenwerder der Fall gewesen, da sich die Vierländer stets von diesen Bewohnern abgesondert haben. Unter welchen Bedingungen die Kolonisten sich in den Elb= und Wesermarschen niederließen, ist durch keine Urkunde beglaubigt. Aus der Urkunde des Erz= bischofs Friedrich ersehen wir nur, daß er der Gemeinde ein Stück Bruchland an der Weser zur Kultur überweist, sie sollen das Land in Hufen (hove, huobe, mansus ⁊c.) teilen, 720 Ruten (virga regalis) lang und 30 Ruten breit (also ca. 2889 m lang und 121 m breit), mithin ein Flächenraum von 36 Morgen (circa 35 ha), aber über die rechtliche und politische Stellung der Einwanderer giebt uns die Urkunde keine Auskunft.

Wir haben oben bereits gesehen, daß Adolf III. von Holstein mit den Bewohnern von Gorieswerder einen Freundschaftsvertrag abschloß, worin beide Teile sich gegenseitig Kriegshilfe versprachen, der Graf also die Bewohner als eine freie, unabhängige Gemeinde anerkannte. Allgemein bekannt sind auch die schweren Kämpfe der Bremer Erzbischöfe mit den Stedingern in der Wesermarsch. Schon Anfang des 13. Jahrhunderts hatten der Wohlstand und das rasche Gedeihen der Marschkolonien die benachbarten Adeligen nach deren Besitz lüstern gemacht, und der Graf von Oldenburg versuchte, die Stedinger durch Waffengewalt seiner Herrschaft zu unterwerfen, doch diese leisteten erfolgreichen Widerstand, warfen die Oldenburger zurück und zerstörten die Burgen Linen und Lechtenberg. Jetzt verjagten sie auch die erzbischöflichen Dienstleute und verweigerten dem Erzbischof die vertragsmäßigen Steuern. Zwar rückte Hartwich II. 1207 mit einem Heere in die Landschaft ein, um die rückständigen Steuern einzutreiben, allein auch er mußte unverrichteter Dinge wieder abziehen. 1212 finden wir die Stedinger abermals im Kampfe mit den Oldenburgern, sie erobern die Burg Seehausen in der Nähe von Bremen und zerstörten die Burg Manzow, 1213 erobern sie Rheinsberg, doch werden sie von Graf Heinrich geschlagen, aber im nächsten Jahre werden die Edlen von Stola durch die Bauern vernichtet, und jetzt tritt eine längere Zeit der Ruhe ein. Erst nachdem der Erzbischof Gerhard II. sie der Ketzerei beschuldigte und 1233 einen allgemeinen Kreuzzug gegen die Stedinger zu stande brachte, als ein Heer von 40000 Bewaffneten gegen die kleine Landschaft anrückte, und in der Schlacht bei Altmesch, am 28. Mai 1234, die Blüte der Bevölkerung gefallen war, erst dann unterwarfen sie sich den geistlichen und weltlichen Herren, sie wurden ihrer Rechte und Freiheiten beraubt, ihr Wohlstand war vernichtet und sie haben sich nicht wieder zu ihrer früheren Blüte erhoben; aber man sieht, welche Kraft in der Marschbevölkerung lag, daß eine kleine Gemeinde etwa 30 Jahre den mächtigen Nachbaren erfolgreichen Widerstand leisten konnte. Der Erzbischof hatte seinen Willen erreicht, aber dem Erzbistum einen schlimmen Dienst erwiesen, denn einer der wertvollsten und wohlhabensten Teile seiner Diözese war durch den Kreuzzug verwüstet. Wir erkennen aus diesen Kämpfen und Verträgen zwar, daß die Kolonisten eine freiere Stellung als die Geestbauern eingenommen haben müssen, aber von ihren Rechten verlautet nichts Näheres. Etwas besser sind wir über die Stellung der Altenländer in der Grafschaft Stade unterrichtet. In einer Urkunde von 1287 werden die Hauptleute des Altenlandes erwähnt, 1361 unterwarfen die Hauptleute ihre Streitigkeiten mit dem Vogt des Grafen von Schauenburg dem Schiedsspruche des Hamburger Rates, das Schriftstück ist mit dem Siegel der Hauptleute versehen. In einer Urkunde von 1392 sichern „de hovetlude unde de ganze menheit des olden landes" den Hamburgern ihren Schutz gegen die Burgmannen von Horneburg. Wiederholt schlossen die Altenländer mit den Nachbaren Verträge zur Erhaltung des Friedens auf der Elbe und in den angrenzenden Ländern. Aber ein klares Bild der rechtlichen und politischen Lage der Marschbewohner erhalten wir erst durch das Landrecht, welches 1603 dem revidierten Hamburger Stadtrecht angehängt und 1605 mit demselben gedruckt wurde. Allerdings sind diese Marschdörfer erst im 14. Jahrhundert in den Besitz Hamburgs übergegangen, aber bei dem Wechsel der Herrschaft sind den Gemeinden ihre Rechte und Freiheiten bestätigt worden, und keinesfalls war die Hansestadt im 14. Jahrhundert geneigt, den Marschbauern ihre Freiheiten zu erweitern. Ohne Zweifel ist das Landrecht viel älter als 1604 [schon Klefeker sagt in der „Sammlung Hamburger Gesetze und Verfassungen Teil II, S. 401", „das jetzige Landrecht ist so alt, als die Erwerbung der Marschlande"] und wir dürfen daher auch wohl die nach dem Landrechte den Marschbauern zustehenden Rechte und Freiheiten als die ursprünglichen ansehen. Die Bauern (Höftleute) in den Marschlanden Billwerder, Ochsenwerder, Moorwerder, Finkenwerder, Moorburg, Spadenland, Tatenberg und Ausschlag leisten nach dem Landrecht den Bürgereid, sie sind also gleich den Bürgern freie Leute, keine Unterthanen wie die Geestbauern, welche den Unterthaneneid zu leisten haben. Die Vögte werden von dem ältesten Landherrn, einem Mitglied des Rats, erwählt und von ihm in Eid genommen. Der Landvogt von Billwerder empfängt als Zeichen seiner Würde von dem Landherrn einen Degen mit silbernem Griff, welcher mit dem Hamburger Wappen geziert war. Die Geschworenen werden dagegen von der Gemeinde auf ein Jahr gewählt. Der Vogt hegt das Landgericht unter dem Vorsitz der beiden Landherren und die Geschworenen finden das Urteil. Nachdem alle Streitsachen erledigt sind, werden die Erben, Gehöfte und Posten (Hypotheken) verlassen, und wenn kein Einspruch erfolgt, von dem Vogt dem neuen Besitzer übergeben. Ein Fremder kann kein Eigentum erwerben, und wenn der neue Besitzer kein Bürger ist, muß er erst vor dem Landherrn den Bürgereid schwören, bevor er in sein Eigentum eingesetzt wird. Jeder Eigentümer muß bei Strafe im Landgericht erscheinen. Der Marschhof ist weder mit Hof= und Herrendiensten noch mit sonstigen Lasten beschwert. Der Geestbauer darf ohne Einwilligung der Herrschaft, des Patrons oder des Landherrn seinen Hof weder vergrößern noch verkleinern, er darf ihn weder verkaufen oder verpfänden, noch seinen Erben überlassen, oder Häuslinge (Mieter) einnehmen, wenn er nicht vorher die Genehmigung seines Herrn eingeholt hat. Der Geestbauer muß Kontribution (Zins) bezahlen und Hand=, Spann= und Hofdienste leisten. Die Geestbauern befinden sich also im 18. Jahrhundert noch in ähnlicher Lage, wie die hörigen Handwerker im 12. und 13. Jahrhundert. Der wirkliche, echte Besitzer des Landes ist der Herr (das geistliche Stift oder der Rat als Vertreter der Stadt), der Bauer aber ist nur der Nutznießer, er muß daher dem Herrn Zins bezahlen und ist auch in der Benutzung durch den Willen des Herrn beschränkt. Der Marschbauer ist dagegen schon im 12. Jahrhundert in seinem Eigentum unbeschränkt, er kann seinen Hof verkaufen, verpfänden, vererben, verpachten ꝛc., wann und wie es ihm beliebt, ohne den Herrn zu fragen, er besitzt also echtes, freies Grundeigentum und bezahlt daher auch keinen Zins, sondern nur Schoß und Vorschoß, wie die freien Bürger. Nur durch die Deichpflicht ist sein Hof belastet, dies ist aber keine Verpflichtung gegen den Herrn, sondern gegen die Gemeinde.

Die Erzbischöfe haben nicht mit dem einzelnen, sondern mit der Gemeinde ihre Verträge abge= schlossen, der Gemeinde wurde das Land überwiesen und ihr wurde die Verteilung überlassen. Das überwiesene Land wurde nun in so viele gleich große Stücke geteilt, als die Gemeinde Mitglieder zählte, und diese Stücke durch parallele Gräben von den Nachbar=Grundstücken getrennt; bei schmäleren Dorffeldern, z. B. in Neuengamm, Reitbrok ꝛc. durchschneiden diese Gräben die ganze Breite des Landes, bei breiteren Dorffeldern, wie z. B. in Billwerder, Ochsenwerder, Kirchwerder, reichen sie nur bis zur Mitte. In derselben Gemeinde hätten die Stücke, die Hufen, ursprünglich gleichen Flächeninhalt, doch war die Breite von der Länge abhängig, aber in den Marschlanden überhaupt schwankt die Größe zwischen 25 und 40 Morgen. Die Hufe bezeichnete überhaupt keine festbestimmte Größe, es war ein Stück Land, auf welchem eine Familie sich ernähren konnte, und je nach der Güte des Bodens und der zufälligen Zahl der Ansiedler wurden die Hufen bald etwas größer, bald etwas kleiner aus= gemessen. Hier tritt ein charakteristischer Unterschied zwischen den Geest= und Marschdörfern hervor. Die Art und Weise, wie die Geestdörfer ursprünglich gegründet worden sind, entzieht sich unserer Kenntnis, aber etwa gleichzeitig mit den Marschkolonien wurden auf den Allodien der Fürsten und geistlichen Stifte durch Rodung in der Waldung Neudörfer, auch in den unterworfenen slawischen Ländern deutsche Dörfer gegründet. Der Herr bestimmte den Platz für die Anlage der Höfe, das eigentliche Dorf, aus dem Land schied er eine Anzahl von Stücken (Kamp, Koppel, Zelg ꝛc.) als schweres oder leichtes Ackerland und Wiesenland aus, das Übrige verblieb als Allmende (als Wald= und Weideland) der ganzen Dorfschaft zu gemeinsamer Benutzung. Aus anderen Dörfern wurden nun so viele hörige Bauern (oder von einem Hofe so viele Knechte) hierher versetzt, als das neue Dorf

Hufen hatte, und den Hufnern blieb die weitere Einteilung der Koppeln in Äcker überlassen. Die Benutzung der Waldung, des Weidelandes, der Heiden und Moore war gemeinschaftlich, jeder Hufner durfte eine bestimmte Zahl Rinder, Pferde, Ziegen 2c. auf die Weide schicken, empfing aus der Waldung das nötige Brenn-, Bau- und Werkholz, und durfte im Herbst ebenfalls eine bestimmte Anzahl Schweine zur Mast in die Eichen- und Buchenwaldung schicken. In der Marsch fehlten in der Regel die Waldungen, Moore und Heiden, auch Gemeindeweiden kommen selten vor, nur wo ein größeres Außenland vorhanden ist, z. B. die Billwerderinsel, die Hohe 2c., wird dasselbe gemeinschaftlich von allen Hufnern benutzt, die kleineren Streifen von Außenland sind meistens dem betreffenden Hof zugeteilt. Alles Binnenland ist bei der Kolonisation aufgeteilt. Bei der Gründung des Geestdorfes war also der Wille des einzelnen, des Herrn, maßgebend, bei den Marschdörfern jedoch der Wille der Gemeinde. Die Grenzgräben der einzelnen Hufen stammen mit wenigen Ausnahmen aus der Zeit der Gründung, also aus dem 12. und 13. Jahrhundert, sie sind aber so schnurgerade, so genau parallel angelegt, daß ein Geometer trotz seiner verbesserten Instrumente, trotz vieler sonstiger Hilfsmittel jetzt die Einteilung des Landes nicht besser und richtiger beschaffen könnte.

Wir haben oben gesehen, daß der Erzbischof oder der Fürst den Einwanderern ein Stück Land zur Kultur anwies, aber die innere Verwaltung der Genossenschaft der Gemeinde überließ und selbst im Gerichtswesen sich nur die Oberaufsicht, den Vorsitz im Gericht, vorbehielt. Den wichtigsten Zweig der inneren Verwaltung bildete unstreitig das Deichwesen, denn von der Sicherheit des Deiches war das Wohlbefinden, das Gedeihen der ganzen Gemeinde abhängig, die geringste Nachlässigkeit eines einzelnen in der Unterhaltung des Deiches konnte den Wohlstand der Gemeinde auf viele Jahre untergraben. Die Deichgesetze sind daher in allen Marschgemeinden äußerst strenge, sie gipfeln in dem Grundsatz „Wer nicht kann deichen, der muß weichen", und rücksichtslos werden alle Eigentümer zur Erfüllung ihrer Deichpflicht herangezogen. Der Deich ist ursprünglich von der Gemeinde gemeinschaftlich errichtet, und ebenso wird bei Deichbrüchen der Schaden auf gemeinschaftliche Kosten aller Eigentümer wieder ausgebessert, aber zum Zweck der Unterhaltung ist der Deich in so viele Stücke geteilt, als die Gemeinde oder die zu dem Deichverband gehörenden Gemeinden Hufner zählen und jedem derselben ein Stück, sogenannte Deichstrecke, zugewiesen. Jeder Hufner hat seinen Deich selbst zu unterhalten, aber die Aufsicht darüber steht der ganzen Gemeinde zu oder den Vertretern derselben, dem Vogt und den Deichgeschworenen. Von diesen werden alljährlich mehrere Besichtigungen, Deichschauungen, abgehalten. Auch über diese Frage erhalten wir durch den Hamburger Deich-Rezeß vom 14. Januar 1612 Auskunft, denn wenn auch andere Deichordnungen in diesem oder jenem Punkte abweichen, so sind diese Abweichungen doch nicht prinzipieller Natur. Nach dem Deich-Rezeß finden im Jahre drei Schauungen statt. Die erste oder die Vorschauung wird im Mai oder Juni von dem Vogt und den Deichgeschworenen abgehalten, der Vogt notiert die schadhaften Stellen und läßt dem Besitzer der Deichstrecke schriftlich (in früherer Zeit natürlich nur mündlich) bei Strafe ansagen, daß der Deich bei der Hauptschauung oder mindestens 14 Tage später in schaufreiem Zustande sein müsse. Die zweite oder Hauptschauung wird kurz nach Michaelis von den beiden Landherren angesetzt und von denselben in Begleitung des Vogtes und der Deichgeschworenen vorgenommen, welche zuvor über die Vorschauung berichten müssen. Hat nun ein Hufner seinen Deich noch nicht ausgebessert, auch mit der Arbeit noch nicht den Anfang gemacht, so wird die angedrohte Strafe sofort eingezogen; kann aber einer aus Not die Ausbesserung nicht aus seinen eigenen Mitteln beschaffen, so wird jetzt die Arbeit auf Kosten der Gemeinde ausgeführt und der Betrag durch Pfändung aus den Gütern des Betreffenden beigetrieben, oder, wenn sich kein Pfandobjekt vorfindet, der Hof verkauft. Die dritte oder Nachschauung findet um Martini statt, wieder durch Vogt und

Deichgeschworene; hat jemand auch dann noch nicht seine Ausbesserung vollendet, so wird er abermals in Strafe genommen und diese sofort beigetrieben. Auch in betreff der Entwässerung sind die Gesetze sehr strenge, denn das Gedeihen der Landschaft ist davon abhängig, daß das überflüssige Wasser rechtzeitig abgelassen werden kann. Von der Geest ist die Marsch durch einen breiten Graben, die Geest-Wetterung, getrennt, welcher bestimmt ist, die herabfließenden Niederschläge von den Feldern der Marsch fernzuhalten; aus demselben Grunde ist ein ähnlicher Graben, die Deich-Wetterung, an der Innenseite des Deichs entlang geführt, um die vom Deich abfließenden Niederschläge aufzufangen. Die eigentliche Entwässerung des Landes wird aber durch die Mittel-Wetterung beschafft. Dies ist ein breiter Graben, der auf beiden Seiten von einem 1 bis 1,5 m hohen Damm eingefaßt und vermittelst eines Sieles aus starken Eichenbohlen unter dem Deich hindurchgeführt ist. Das Siel ist an der Außenseite mit starken Schleusenthüren versehen, welche sich selbständig nach außen öffnen, sobald das Wasser in der Wetterung höher ist als in der Elbe, damit das Binnenwasser abfließen kann. Die Scheidegräben reichen sämtlich bis zur Mittel-Wetterung und stehen unter dem Damm mittelst eines Sieles, meist ein durchbohrter Baumstamm, mit der Wetterung in Verbindung. Auch diese Siele sind in der Wetterung durch einen Holzpflock geschlossen, damit das Wasser aus der Wetterung nicht in die Gräben zurückfließen kann, denn nur während einer anhaltenden Dürre werden die Gräben aus der Wetterung mit Wasser gefüllt. Indessen genügt die Entwässerung des Landes durch die Wetterung in den niedrig gelegenen Landschaften nicht, sondern man muß zu einer künstlichen Entwässerung seine Zuflucht nehmen, um in der nassen Jahreszeit das Wasser aus den Gräben in die Wetterung überzuheben. Welche Mittel man in der älteren Zeit angewandt hat, ist nicht bekannt; seit Erfindung der Windmühlen benutzt man diese, um mittelst Schaufelräder, seit Anfang dieses Jahrhunderts mittelst Schrauben, sogenannte Wasserschnecken, das Wasser in die Wetterung abfließen zu lassen. In der Billwerder Deichordnung von 1639 werden diese Mühlen zuerst erwähnt, doch sind sie wohl schon ein Jahrhundert früher im Gebrauch gewesen. Gewöhnlich besitzt jeder Hof seine eigene Mühle, oder es vereinigen sich mehrere Höfe zu einem größeren Mühlenverbande. In Billwerder, Ochsenwerder, Tatenberg und Spadenland sind diese Mühlen allgemein gebräuchlich und verleihen der Landschaft ein charakteristisches Ansehen, außerdem finden sie sich in größerer oder geringerer Zahl in Kirchwerder, Neuengamm, Curslak, Reitbrok, Lauenbruch und Moorburg. Manche Landschaften haben bis jetzt dieses Mittel noch nicht zur Anwendung gebracht, dagegen hat man neuerdings für einen Teil von Neuland eine Dampfpumpe in Gebrauch genommen, um in der nassen Jahreszeit das Wasser über die Krone des Deiches in die Elbe überzuheben. Wie der Deich, so steht auch die Entwässerung unter der Aufsicht des Vogtes und der Deichgeschworenen, denn es ist notwendig, daß die Gräben und die Wetterungen von Unkraut rein gehalten und genügend ausgetieft werden, damit das Wasser leicht und schnell abfließen kann. Die Wetterungen sind daher ebenfalls in Strecken abgeteilt, und jeder Hufner hat eine Strecke mit den dazu gehörigen Dämmen in Ordnung zu halten; auch finden jährlich mehrere (2 bis 3) Schauungen der Gräben und Wetterungen statt. Doch der Deich fordert von den Marschbewohnern auch noch persönliche Opfer und Anstrengungen. Wenn bei Sturmfluten, Eisgang, hohem Oberwasser ꝛc. dem Deich Gefahr droht, dann müssen alle männlichen Bewohner der Landschaft auf dem Deich erscheinen, die Deichgeschworenen und deren Stellvertreter haben die nötigen Arbeiten zu leiten, und jeder muß ihren Anordnungen unbedingt Folge leisten. Doch bedarf es in der Regel keines Befehles, denn jeder kämpft für seinen Besitz, für das Leben seiner Familie, alle beseelt ein edler Wetteifer, niemand will sich von dem Genossen an Mut, Ausdauer, Umsicht und Entschlossenheit übertreffen lassen. Wie der pflichttreue Kapitän das sinkende Schiff erst im letzten Augenblick verläßt, so weicht auch der Marschbauer von der ihm anvertrauten Deichstrecke nicht, bis sie unter ihm zusammenbricht. Die Geschichte der Marschlande ist reich an Beispielen solcher heroischer Charaktere, welche in der Verteidigung des Deiches für die Gemeinde ihr Leben geopfert haben. Und wahrlich, es erfordert einen unbeugsamen Charakter, einen starken Willen, um in finsterer Nacht, bei heulendem Sturm, im strömenden Regen Auge und Ohr offen zu halten, um jede Gefahr zu entdecken und zur Abwendung derselben das rechte Mittel zu ergreifen. Nur wer von Jugend auf an solche Strapazen gewöhnt ist, vermag in solchen Nächten den Elementen zu trotzen, aber die glücklich überstandene Deichgefahr bildet oft noch jahrelang das Unterhaltungsthema der Gemeinde, und eine kühne That zur Rettung des Deiches wird von allen hoch gepriesen. Der Schaden, welcher einer Gemeinde durch den Deichbruch erwächst, ist oft ein unberechenbarer, es bedarf einer jahrelangen, angestrengten Arbeit, um den Feldern ihre frühere Fruchtbarkeit wiederzugeben, denn das Land bleibt wochen=, ja monatelang vom Wasser überschwemmt, und alles, was auf dem Felde steht, wird vernichtet. Die Häuser geraten bis zum Dach unter Wasser, und selten bleibt den Bewohnern Zeit, auch nur das Wertvollste zu retten, denn zunächst muß das Vieh auf dem Deich in Sicherheit gebracht werden, Mobilien, Betten, Vorräte ꝛc. sind dem Verderben preisgegeben, und bleibt die Landschaft längere Zeit überschwemmt, so werden auch die Häuser so beschädigt, daß ein Neubau erforderlich wird. Menschen und Vieh sind ohne Obdach und werden durch Seuchen fortgerafft, so daß oft erst nach Jahrzehnten der frühere Wohlstand wieder zurückkehrt.

Obgleich der Marschbauer stets von Gefahren für Leben und Eigentum bedroht ist, so hängt er doch mit inniger Liebe an seiner Heimat. Schönheiten bietet das Land sehr wenige, aber fruchtbar ist der Boden, und wenn man von der sandigen, mageren Geest auf die wogenden Getreidefelder, auf die prächtigen Obstgärten herabblickt, dann erkennt man, welche Kraft dem Marschboden innewohnt; er ist stellenweise so schwer, daß kaum vier Pferde den Pflug hindurchbringen können. Bei geordneter Wirtschaft gelangt der Marschbauer auch bald zu Wohlstand und kann sich das Leben behaglich einrichten, während der benachbarte Geestbauer sich zeitlebens abquälen muß. Diesen Wohlstand liebt der Marschbauer auch in seinem Äußeren zu zeigen. Seine Kleider sind mit großen, silbernen Knöpfen reich beladen, die Schuhe mit breiten silbernen Schnallen verziert, die Frauen schmücken sich mit Goldgeschmeide und Edelsteinen, namentlich besitzt das Brautkleid einen großen Wert, oft selbst von mehreren tausend Mark. Nur der beste und teuerste Stoff ist ihm gut genug, und die Staatskleider erbten früher auf Kind und Kindeskinder. Das ist auch wohl ein Grund, daß die Marschbewohner in ihrer Kleidertracht sehr konservativ sind, Neuerungen nur sehr langsam Eingang finden, und in manchen Gemeinden dieselbe Kleidertracht jahrhundertelang sich erhalten hat. Weltbekannt sind in dieser Hinsicht die Vierländer und Altenländer, aber es ist ein Irrtum, wenn man annimmt, die Einwanderer hätten diese Trachten schon aus der Heimat mitgebracht; die jetzigen Formen stammen aus dem 16., höchstens aus dem 15. Jahrhundert, also nachdem die Kolonisten hier schon Jahrhunderte gewohnt hatten, und der hohe Hut der Männer kann erst im vorigen Jahrhundert Eingang gefunden haben. Wie in der Kleidung, so sucht der Marschbauer auch in seinem Hause seine Wohlhabenheit zu zeigen. Das Haus ist groß und stattlich, etwa doppelt so lang als breit, in Fachwerk erbaut und mit einem hohen Strohdach gedeckt. An der Vorderseite, der dem Deich zugekehrten Schmalseite, liegen die Wohn= und Prunkgemächer, der Eingang befindet sich an der Seite des Hauses und besteht aus zwei Halbthüren, von denen die obere fast den ganzen Tag geöffnet ist. Die Schlafräume waren früher meist in der Weise mit der Wohnstube (Dörnse, Döns, Türnitze) verbunden, daß in einer Vertiefung der Hinterwand, gleichsam einer Art Wandschrank, das Bett für die Herrschaft (Kuthsbett) hergerichtet war. Ringsum an den Wänden sind schwere, feste Holzbänke angebracht, vor denselben stehen mehrere schwere

Holztische, einige schwere Holzstühle mit hohen Rückenlehnen vervollständigen das Mobiliar; die Lehnen der Bänke und Stühle, sowie die Füße der Tische sind nicht selten durch kunstvolle Schnitzereien verziert. Zur Aufbewahrung der Eß= und Trinkgeschirre ist an der Wand ein kleiner Schrank befestigt, Wäsche und Kleider werden in einem großen hölzernen Kasten (Truhe, Lade), welcher ebenfalls mit Schnitzereien, eingelegter Arbeit ꝛc. reich verziert ist, aufbewahrt, denn die Lade gehört zu den geschätzten Erbstücken der Familie, besonders diejenige für die Leinenwäsche. Wie man nach und nach die alten schweren Holzmobilien durch moderne Polstermobilien ersetzt hat, so werden auch allmählich in dem Giebelraum über den Wohnräumen luftige und gesündere Schlafzimmer eingerichtet. Die neben diesen Schlafzimmern übrig bleibenden Dachkammern dienen zur Aufbewahrung des Obstes, unter der Wohnstube ist ein kleiner Keller ausgegraben zur Aufbewahrung der Wintervorräte. Hinter den Wohnzimmern liegt der Herd, welcher zuweilen durch eine Wand von der Diele abgetrennt ist und eine Art Küche bildet. Der Schornstein war früher ein unbekannter Luxus, der Rauch mußte durch die geöffneten Thüren sich selbst einen Weg ins Freie suchen. Auf beiden Seiten des Hauses neben der Eingangsthür liegen die Kammern für das Gesinde, die größere, hintere Hälfte des Hauses, etwa zwei Drittel der Grundfläche, nehmen die Viehställe ein, auf der einen Seite für die Pferde, auf der andern für die Kühe, der zwischen denselben übrig bleibende Raum ist die eigentliche Diele (die Lehmdiele); der Boden ist mit Lehm fest ausgeschlagen, hier wird gedroschen, Häcksel geschnitten ꝛc., bei großen Familienfesten dient sie auch als Tanzplatz. An der Hinterfront des Hauses befindet sich das große Hofthor, welches so breit und so hoch sein muß, daß der beladene Erntewagen einfahren kann. Der Raum über den Viehställen und der Diele dient zur Scheuer, hier wird das eingefahrene Getreide und das ausgedroschene Stroh aufbewahrt. Der Giebel des Hauses ist meistens mit gegen einander gekehrten Pferdeköpfen verziert, doch werden dieselben, z. B. in den Vierlanden, so mit Schnörkeln umgeben, daß die Pferdeköpfe kaum noch zu erkennen sind. Im Altenlande sind sie fast allgemein in Vögelköpfe umgeändert, und hat man daraus auf eine verschiedene Abstammung der Bewohner geschlossen. In früherer Zeit stand auf dem Hofe in einiger Entfernung von dem Hause der sogenannte Berghof oder Heuberg. Derselbe besteht aus 5 oder 6 etwa 9 m hohen aufrecht stehenden Balken, die ein Rohrdach von etwa 7 m Durchmesser tragen, welches sich höher oder niedriger schrauben läßt. Etwa 2 m von dem Erdboden ist ein Bretterboden angebracht, auf welchem das eingefahrene Heu gelagert wird und durch das Dach gegen Regen geschützt ist. Der Raum unter dem Boden wird zur Unterbringung der Ackerwagen, Pflüge, Eggen und sonstiger Geräte benutzt, um diese gegen die Witterung zu schützen. In neuerer Zeit werden solche Heuberge durch ordentliche Gebäude, durch Scheunen ersetzt. Alles Holzwerk an der Außenseite des Hauses, besonders die Fensterrahmen und die Thüren, werden sorgfältig unter Farbe gehalten, und selbst der arme Tagelöhner unterläßt es nicht, seine Fenster und Thüren alljährlich neu anzustreichen (zu malen). Sehr beliebt ist in den meisten Gegenden die grüne Farbe, wodurch die Häuser ein freundliches Ansehen erhalten. Charakteristisch für die Marsch ist die außerordentliche Reinlichkeit und Sauberkeit, welche überall im und am Hause herrschen; die Fensterscheiben müssen stets spiegelblank sein, ebenso alle Mobilien in der Stube, alle Geschirre am Herd ꝛc. Der Fußboden in den Zimmern ist nicht mit Farbe gestrichen, auch nicht geölt, aber er wird jeden Tag gescheuert und dann mit weißem Sand bestreut. Vor dem Hause ist häufig ein kleiner Blumengarten angelegt, der ebenfalls sauber und ordentlich gehalten und sorgsam gepflegt wird, aber viel Geschmack in der Form der Blumenbeete und Verteilung der Blumen nach ihrer Farbe, Größe und Form ist nicht darin entwickelt, die Marsch ist nicht geeignet, um den Farben= und Formensinn der Bewohner zu wecken. Der Garten ist in kleine, regelmäßige Beete abgeteilt, welche durch schmale, mit weißem

Sand ausgelegte Stiege getrennt sind. Sitzplätze und Lauben sind hier fast nie angebracht, eine hölzerne Bank steht an der Seite des Hauses unter dem vorspringenden Strohdach, und zu Spaziergängen benutzt der Marschbewohner den von hohen Bäumen beschatteten Deich oder die Feldwege. Der größte Stolz des reichen Marschbauern sind seine Pferde und Kühe, das Vieh überhaupt muß stark, kräftig, ausdauernd und wohl genährt sein, und mancher Marschbauer ist weit berühmt wegen seiner vorzüglichen Pferdezucht. Die Marschbewohner sind ein großes, kühnes, stolzes Geschlecht; auf seinem Hof ist der Bauer Herr und König, alles muß sich seinem Willen fügen, Furcht kennt er nicht, jeder Gefahr tritt er unerschrocken entgegen, und mancher besitzt riesenhafte Körperkräfte; man findet Männer, welche einen starken, eisernen Nagel wie einen Draht leicht um den Finger wickeln. Im allgemeinen ist er wortkarg, er spricht wenig, aber in der Gemeindeversammlung weiß er in kurzen, bestimmten Worten seine Ansicht zu entwickeln und seine Hörer für seine Meinung zu gewinnen, und noch im 14. Jahrhundert waren die Dithmarschen durch ihre vortrefflichen Redner weit über die Grenzen des Deutschen Reiches berühmt. Dem Fremden gegenüber ist er kalt, zurückhaltend und in gewisser Hinsicht mißtrauisch, hat er aber Vertrauen gewonnen, dann ist er offen und freimütig. Der Marschbauer ist stolz auf seine Freiheit, verächtlich blickt er auf den hörigen Geestbauer herab, den er nicht als ebenbürtig betrachtet, und deshalb auch eine nähere Verbindung mit demselben vermeidet. Die Marschbauern heirateten meist nur unter einander, und die Mitglieder einer Gemeinde waren größtenteils verwandt, sie bildeten gleichsam eine große Familie. Fremde wurden nur als Dienstleute zugelassen, als Knechte, Mägde oder Tagelöhner, aber niederlassen durften sie sich in der Gemeinde nicht, und noch im 16. Jahrhundert sollen in Altengamm keine Käthner geduldet worden sein. Aber allmählich sind die konservativen Bauern auch in dieser Hinsicht vom Zeitgeist bezwungen worden. Zunächst waren es manche Handwerker, die sie nicht mehr entbehren konnten, da die Knechte den erhöhten Anforderungen nicht gewachsen waren. Sollte aber ein Handwerker sich in einer Gemeinde niederlassen, so mußte einer der Bauern ihm eine Kathe bauen und sie ihm vermieten. Zum Bau der Kathe wählte der Bauer anfangs in der Regel eine von seinem Hof entfernt liegende Deichstrecke, denn er hatte dadurch den Vorteil, daß der Käthner die Beaufsichtigung des Deiches übernahm und ihn zeitig auf jede Beschädigung aufmerksam machte. Auf diese Weise siedelten sich in den Hamburger Marschgemeinden nach und nach Bäcker, Schlächter, Müller, Schuster, Schmiede, Küper (Böttiger), Riemer ꝛc. an, allmählich traten zwei zahlreichere Gruppen von Käthnern hinzu, nämlich die Milchleute und Grünhöker.

In dem Maße wie die Einwohnerzahl von Hamburg sich vergrößerte, mehrte sich auch die Nachfrage nach den täglichen Lebensbedürfnissen, man war gezwungen, hauptsächlich Milch und Gemüse aus größeren Entfernungen herbeizuschaffen, die Wasserwege boten aber in älterer Zeit die bequemsten Beförderungsmittel, und bei der Güte der Ware wurden Milch und Gemüse aus den Marschen bald in Hamburg gesucht, und nachdem die Bahn einmal gebrochen war, entschlossen sich mehr und mehr Hufner dazu, auf ihrer Deichstrecke eine Kathe zu erbauen, um an den Vorteilen dieser neuen Einrichtung für ihre Wirtschaft teilzunehmen. Die Düngerfrage hat für den Marschbauer keine große Bedeutung, er hält daher einen geringeren Viehstand als der Geestbauer, auf der Hufe 8 bis 10 Kühe, aber doch noch mehr, als daß er die Milch in seiner Wirtschaft verwenden könnte. Für die überflüssige Milch bot jetzt die Stadt ein vorteilhaftes Absatzgebiet. Einer der Bauern erbaut auf seiner Deichstrecke eine Kathe, welche er dem Milchmann vermietet, dieser holt täglich von mehreren Bauern, mit denen er sich über den Preis verständigt hat, die überflüssige Milch zusammen und bringt sie in die Stadt zum Verkauf. Die benachbarten Milchleute vereinigten sich zu einer Genossenschaft, kauften sich ein Schiff, Milchewer, um die tägliche Fahrt gemeinsam zu machen. Der erfahrenste Schiffer wird zum Steuermann erwählt, und dieser führt an Bord das Kommando; namentlich bei schlimmem Wetter, bei Sturm und Eisgang, müssen seine Befehle pünktlich befolgt werden; er bestimmt die Stunde der Abfahrt und Rückfahrt, namentlich auch, ob überhaupt die Fahrt bei Sturm, Eisgang oder Nebel unternommen werden soll. Die Milchleute sind ein kühnes, waghalsiges Geschlecht, der tägliche Umgang mit der Gefahr macht sie unempfindlich gegen alle Schrecken, sie sind vorzügliche Schiffer, kennen alle Launen des Fahrwassers, alle Tücken des Sturmes, jeder Gefahr wissen sie sicher zu begegnen, und es muß ein sehr schlimmes Wetter sein, wenn der Milchmann seine Kunden vergebens warten läßt. Aber diese Sicherheit in der Führung des Schiffes macht sie auch häufig tollkühn und verwegen, kein Schiffer darf es ihnen zuvorthun wollen, ob der Ewer sich halb mit Wasser füllt, ob alle bis auf die Haut durchnäßt werden, das kümmert sie nicht, wird nur der Rivale überholt; dann lohnt lauter Jubel den erkämpften Sieg, und lachend wird der Gegner verhöhnt, daher ist auch ein schnellsegelnder Ewer ihr ganzer Stolz. Solange alle nüchtern sind, kann man sich auch bei schlimmem Wetter ruhig ihrer Führung anvertrauen, leider verführt aber die müßige Zeit, welche sie zuweilen im Wirtshaus bis zur Rück= fahrt warten müssen, manchen tüchtigen Milchmann zum Trunk, namentlich bei schwerem Sturm glaubt er sich erst gehörig stärken zu müssen, und doch genügt oftmals ein geringes Versehen, um allen Tod und Verderben zu bringen. Früher verging selten ein Jahr, daß nicht eine größere oder geringere Zahl von Milchleuten von den Wellen begraben wurde, aber fast ohne Ausnahme war Trunkenheit die nachweisliche Ursache solcher Unglücksfälle. Weht ein mäßiger, günstiger Wind, dann überlassen sich alle der sorglosen Ruhe, ein Mann am Steuer und ein Mann am Focksegel, Vorder= segel, genügen, die Fahrt zu leiten, schläft der Wind aber ganz ein, wie der Schiffer sagt, das heißt, wird es windstill, dann beginnt wieder schwere Arbeit für die Mannschaft, sie müssen zu den Rudern greifen und kommen trotzdem oft erst einige Stunden später als gewöhnlich nach Hause. Neue Gefahren drohen den Milchleuten, wenn im Winter der Strom sich mit Eis bedeckt. Können sie mit dem großen Ewer nicht mehr zwischen den Eisschollen hindurch kommen, dann bedienen sie sich der Eiskähne, halb Schlitten, halb Boot, mit denen sie sich bald zwischen schwimmenden Eisschollen hindurch arbeiten, bald über größere Eisschollen hinwegschieben. Es ist leicht zu begreifen, daß diese Arbeit sehr anstrengend und ermüdend ist, aber sie bringt auch viele Gefahren mit sich: durch einen unglücklichen Sprung gerät mancher Milchmann in Lebensgefahr, nicht ganz selten wird aber das Boot von den Eisschollen zerdrückt und die Besatzung geht zu Grunde. Ist das Eis zum Stehen gekommen, d. h. haben die schwimmenden Eisschollen sich zu einer festen Eisdecke vereinigt, dann wird der Eiskahn mit dem Handschlitten vertauscht. Jeder Milchmann hat seine Milch in kleinen Tonnen verpackt vor sich auf dem Schlitten verladen, den er jetzt mit seiner eigenen Kraft fortschieben muß. In einer langen Reihe setzt sich der Zug der benachbarten Milchleute in Bewegung, ein mit einer langen Stange versehener Mann geht voraus und sucht den sicheren Weg, die übrigen folgen vorsichtig und langsam nach, ihre langjährige Erfahrung hilft ihnen auch über diese Gefahren hinweg, und selten kommen hierbei Unglücksfälle vor. Hat nun endlich das Eis eine solche Stärke erreicht, daß es mit Pferden befahren werden kann, dann beginnt eine bequeme Zeit für die Milchleute, das schnelle Pferd bringt sie mit ihrer Ware viel rascher zur Stadt, und ohne Ermüdung können sie ihre Wanderung durch die Straßen beginnen, und wenn sie alsdann ihre Ware verkauft haben, brauchen sie nicht erst auf den Eintritt der Ebbe oder Flut zu warten, sondern können sofort die Rückreise antreten. Auch die Schlitten der Milchleute bilden eine charakteristische Erscheinung auf dem Eise, denn die Pferde sind mit eigenartigen Schellen versehen, aber auch jetzt geht es selten ohne Wettkämpfe ab. Jeder will das schnellste Pferd haben oder den andern in der geschickten Leitung des Schlittens übertreffen, besonders auf der Rückfahrt, wenn der Schlitten nicht mehr mit der Milch beschwert ist, beginnt oft ein tolles Wettjagen, bei dem nicht selten schlimme Unglücksfälle vorkommen. Der Milchmann hat einen anstrengenden Beruf. Des Morgens früh um 3 oder 4 Uhr muß er sich schon auf den Weg machen, um die Morgenmilch von den Höfen zusammenzuholen und rechtzeitig an der Abfahrtstelle sich einzufinden. Ist er dann nach mühsamer Fahrt glücklich in der Stadt angelangt, so beginnt er seine Wanderung; mit zwei großen, schweren Eimern voll Milch, an die noch zwei oder mehrere kleine Eimer mit Rahm, Buttermilch, Dickmilch, Butter, Käse durch eiserne Haken angehängt sind, welche mit einer sogenannten Tracht von den Schultern getragen werden, besucht er seine Kunden, um seine Ware zu verkaufen. Trotz Schnee oder strömendem Regen, trotz Sturm oder Sonnenbrand setzt er unverdrossen seinen Weg fort, denn er darf seine Kunden nicht warten lassen. Hat er seine Wanderung nach 3 oder 4 Stunden vollendet und die Milch verkauft, dann mag er sich im Wirtshaus noch eine kurze Zeit ausruhen und erfrischen, bis die Kameraden versammelt sind und die Heimfahrt beginnen kann. Ist er nun aber endlich glücklich zu Hause angelangt, so darf er sich noch nicht zur Ruhe begeben. Alle Milchgefäße müssen erst sorgfältig gereinigt, die Abendmilch von den Höfen zusammengeholt und im Milchkeller untergebracht werden; erst dann ist sein Tagewerk beendet, doch ist es dann auch meistens Zeit zu Bett zu gehen, damit er am nächsten Morgen zur rechten Zeit wieder am Platze ist. Gewiß ist es ein beschwerlicher Beruf, und es gehört eine kräftige Natur dazu, alle Anstrengungen zu ertragen, aber der reichliche Verdienst lockt stets wieder Männer heran, das Geschäft zu ergreifen. In der Gemeinde stehen die Milchleute wegen ihres Mutes und ihrer Ausdauer in Ansehen, denn wenn ein Mensch aus Feuersgefahr oder aus der Gefahr des Ertrinkens gerettet wird, so geschieht dies in der Regel durch die Kühnheit eines Milchmannes. Seitdem die Dampfschiffe verbessert und vereinfacht worden sind, haben nach und nach sich mehrere Ewergenossenschaften, z. B. von Moorburg, Altenwerder, Finkenwerder, Billwerder vereinigt und ein Dampfschiff erworben; sie bringen jetzt ihre Milch viel rascher und bequemer zur Stadt und die Gefahren bei Sturm und Eisgang sind verschwunden. Auch haben die meisten Milchleute die schwere Tracht beiseite gelegt, sie bedienen sich der Karren und können auf diese Weise mehr Milch und mit weniger Mühe fortschaffen, aber das Gewerbe verliert seine Romantik, und die charakteristische Erscheinung des Milchmannes mit seinem Ausruf „Melk, frische Melik" verschwindet mehr und mehr von den Straßen.

Schon in den ältesten Zeiten befanden sich in der nächsten Umgebung von Hamburg viele Gemüsegärten, sogenannte Kohlgärten, und die Straße „Kohlhöfen" verdankt einem solchen Kohlgarten ihren Namen. Wie die Milch mußte auch das Gemüse allmählich aus größerer Entfernung der Stadt zugeführt werden, und als die Marschbauern erkannten, daß es vorteilhafter war, ein Feld zum Gemüsebau zu verpachten als mit Getreide zu bestellen, gewährten die Marschgemeinden den Gemüsegärtnern Aufnahme. Die Grünhöker bilden seitdem einen charakteristischen Teil der Marschbevölkerung, sie haben sich in Sitten und Gebräuchen den Gemeinden mehr angeschlossen als die Milchleute, da sie häufiger und länger mit den Bauern in Verkehr kommen. Der Grünhöker bewohnt ebenfalls eine Kathe, pachtet von dem Bauern ein Stück Feld, bebaut es mit Gemüse und bringt dieses in die Stadt zum Verkauf. Die Grünhöker bilden ebenfalls Ewergenossenschaften, aber ihre Fahrzeuge sind größer und schwerer, da das Gemüse mehr Raum beansprucht, als Milch von gleichem Wert. Die Grünhöker fahren aber wöchentlich nur zwei- bis dreimal zur Stadt, im Winter meistens nur einmal oder längere Zeit gar nicht; es fehlt ihnen daher die reiche Erfahrung der Milchleute, und sie besitzen nicht die Sicherheit und Gewandtheit in der Führung des Schiffes, auch lassen sie sich viel leichter durch Unwetter von der Fahrt zurückhalten, aber trotzdem kommen bei ihnen häufig Unglücksfälle vor, wenn sie unterwegs von Gewitter oder Sturm überrascht werden. Die Grünhöker fahren meistens erst nach Mittag vom Hause weg, damit sie gegen Abend in die Stadt kommen, um ihre Waren noch an den Markt bringen zu können, und übernachten in der Stadt. Auch beim Verkauf ihrer Waren haben sie es viel bequemer als die Milchleute, denn sie bleiben auf dem Markt und warten, bis die Käufer zu ihnen kommen. Ist der Markt geschlossen und sind die Waren verkauft, so begibt der Grünhöker sich wieder auf die Rückfahrt und kommt also zeitig wieder nach Haus. Während der Milchmann größtenteils in stockfinsterer Nacht vom Hause abfährt und wenigstens im Herbst und Winter erst im Dunkeln zurückkehrt, kann der Grünhöker fast ohne Ausnahme seine Fahrt am hellen Tage beenden. Im allgemeinen hat also der Grünhöker kein so gefährliches Gewerbe wie der Milchmann, aber schwere Arbeit ist auch sein Los. Mit dem Morgengrauen muß er aufs Feld hinaus zum Arbeiten, um bis zur Abfahrt alles fertig zu haben, er ist vom Wind und Wetter abhängig, nicht selten zerstört ihm ein Nachtfrost die Früchte wochenlanger Arbeit, und ähnliches Unheil richtet ein Hagelschauer, ein Platzregen oder ein sonstiges Unwetter an. Gedeiht ihm aber alles nach Wunsch, dann sind oft die Preise so niedrig, daß kaum die Arbeit des Pflückens bezahlt wird. Sein Verdienst ist daher im allgemeinen viel geringer und unsicherer als der des Milchmannes, falls er aber nicht gerade vom Unglück verfolgt wird, so kann er ebenso wie der Milchmann, wenn auch langsamer, sich zu einem behaglichen Wohlstand emporarbeiten. Der Grünhöker ist eine mehr ruhige, friedfertige Natur, nicht so leicht zur Rauferei geneigt, aber da es ihm meistens an Mut und Kühnheit gebricht, so wird es ihm schwerer, plötzliche Gefahren zu besiegen. Obgleich nun bei den Grünhökern das Bedürfnis nicht so dringend war, wie bei den Milchleuten, so haben doch schon manche Ewergenossenschaften sich ebenfalls zur Anschaffung eines Dampfschiffes vereinigt, oder sie benutzen das Schiff der Milchleute, nachdem diese von der Stadt zurückgekehrt sind, und so ist auch für sie der Transport ihrer Waren gefahrloser geworden. In manchen Marschgemeinden bildet der Obstbau eine wichtige Erwerbsquelle, wie z. B. im Altenlande, in den Vierlanden, in Tatenberg ꝛc., aber ein Obstgarten kann nicht auf gepachtetem Grund und Boden angelegt werden, denn er bringt erst nach Jahren ergiebige Ernten. Der Obstgarten ist daher Eigentum des Bauern, aber das Ernten und den Verkauf des Obstes überläßt er häufig dem Grünhöker. Wie die eigentümliche Kleidertracht der Marschbewohner täglich mehr verschwindet, da die jüngere Generation sich größtenteils schon modisch kleidet, wie in vielen Häusern die alten schweren Holzmobilien von den leichten und weichen Samtmobilien verdrängt werden, wie die alten Rechte und Ordnungen durch die moderne Gesetzgebung aufgehoben werden, so dürften auch die Sitten und Gewohnheiten bald eine andere Gestalt annehmen. Seitdem der Dampf und die Elektrizität hier Eingang gefunden haben, wird auch das Althergebrachte, die Eigentümlichkeit und Besonderheit der Bevölkerung der alles nivellierenden Kultur zum Opfer fallen, und es mag daher an der Zeit sein, daß alles, was für die Kenntnis von Land und Leuten der Marsch von Interesse ist, in allen Gegenden sorgfältig gesammelt wird.

Adolf III.,

Graf von Holstein, Stormarn und Wagrien, 1164—1201.

Seit einiger Zeit ist die Ostseite der Trostbrücke mit dem Standbilde geschmückt, welches dem Erzbischof Ansgar als Stifter des Erzbistums und als Gründer von Alt-Hamburg errichtet worden ist, ihm gegenüber steht Graf Adolf III., beide von Engelbert Peiffer ausgeführt, siehe die Abbildungen auf Seite 13 und 76. Mancher hat sich vielleicht gefragt, welche große Thaten dieser Adolf vollbracht, insbesondere was er für Hamburg gethan hat, daß ihm ein so schönes Standbild errichtet worden ist, während Graf Adolf IV., der doch durch die Schlacht bei Bornhöved Hamburg von der dänischen Herrschaft befreit und das Marien-Magdalenen-Kloster in Hamburg gestiftet hat, nur durch ein einfaches Monument, dem Marien-Magdalenen-Kloster gegenüber, geehrt worden ist. Die Geschichte der schauenburger Grafen ist in vielen Punkten noch unklar und durch Sagen verwirrt, sie harrt noch einer wissenschaftlichen Bearbeitung, namentlich aber sind die wechselvollen Schicksale Adolfs III., eines der bedeutendsten und hervorragendsten Mitglieder dieses Geschlechts, völlig in Dunkel gehüllt, ja manche Nachrichten über ihn stehen miteinander in direktem Widerspruch. Wann und wo Adolf III. geboren, ist gänzlich unbekannt. Als sein Vater Adolf II. in der Schlacht bei Verchem, in der Nähe von Demmin an der Peene, am 6. Juli 1164 gefallen war, befand er sich noch im zarten Kindesalter (adhuc tenellus), und die Annahme seines Geburtsjahres schwankt zwischen 1157 und 1161. Auf die Entwickelung seines Charakters kann also der Vater keinen Einfluß ausgeübt haben, desto größer aber war der seiner Mutter Mechtildis, einer Tochter Burchards, des Dynasten von Querfurt. Es war eine tüchtige, umsichtige und tapfere Frau, welche sich in den verschiedensten Lebenslagen trefflich bewährt und dem Charakter des Grafen wohl seine große Festigkeit und Entschiedenheit gegeben hat. Nach des Vaters Tode führte zunächst die Mutter die Vormundschaft für den Sohn und die Verwaltung des Landes, doch ernannte im nächsten Jahre Herzog Heinrich der Löwe den Grafen Heinrich aus Thüringen zum Vormund des Kindes und zum Verwalter der Grafschaft. Als zweiter Vormund erscheint der Landesälteste Marcrad, als Vertreter des holsteinischen Adels, er wurde 1175 aus der Vormundschaft entlassen, und dies scheint dafür zu sprechen, daß Adolf 1159 geboren ist. Auch erscheint Adolf 1175 als Zeuge in einer Urkunde Heinrich des Löwen, welcher damals eine Kapelle in Lübeck gründete. Über die Erziehung des Knaben und seine Jugendschicksale wissen wir gar nichts, vermutlich erfolgte seine Wehrhaftmachung 1178. Heinrich heiratete später (1166) die Witwe Adolfs II., wurde also der Stiefvater Adolfs III. und führte die Regierung des Landes bis zu seinem Tode. Als aber Heinrich 1178 starb, wurde der Mutter Mechtildis die Verwaltung des Landes für kurze Zeit wieder allein übertragen, da nur wenig an der Volljährigkeit des jungen Grafen fehlte. Wann Adolf III. die Regierung persönlich übernommen hat, ist ebensowenig bekannt, jedenfalls trifft das selbständige Auftreten Adolfs mit dem Sturz Heinrichs des Löwen zusammen. Bereits 1179 beteiligte er sich in hervorragender Weise an dem Kampf gegen die verbündeten Feinde des Herzogs in Westfalen. Nachdem auf dem Reichstage zu Gelnhausen der Kaiser das Herzogtum Heinrich dem Löwen genommen und Westfalen dem Erzbischof von Köln zugesprochen hatte, nahm hier die Zahl der Gegner sehr rasch zu. Die Grafen von Ravensberg, von Altena, von Arensberg, von Schwalem=

Adolf III., Graf von Schauenburg.

berg u. a., selbst der Graf von Tecklenburg verließen die Partei des Herzogs, besetzten das ganze Land und begannen die Belagerung von Osnabrück, welches allein dem Herzog treu geblieben war. Gegen diese aufrührerischen Vasallen sandte Heinrich der Löwe ein Heer aus den nördlichen Grafschaften, unter Führung des Grafen Adolf III., Bernhard von Ratzeburg, Gunzelin von Schwerin ꝛc., welches am 1. August bei Halrefeld, in der Nähe von Osnabrück, auf die Westfalen traf und sie vollständig schlug. Eine große Anzahl von Gefangenen fiel den Siegern in die Hände, darunter auch Graf Simon von Tecklenburg; doch der Herzog verzieh ihm, ließ ihn ohne Lösegeld frei und gewann dadurch einen Bundesgenossen, der ihm bis zum letzten Augenblick treu geblieben ist. Durch seine Heftigkeit und Rücksichtslosigkeit schadete der Herzog aber sich selber mehr, als dieser Sieg ihm ein= brachte. Obgleich er nicht einmal persönlich den Feldzug mit= gemacht hatte, verlangte er alle Kriegsgefangenen für sich, was in Rücksicht auf die zu erwartenden hohen Lösegelder von Wichtigkeit war. Gunzelin und einige Führer fügten sich und lieferten ihre Gefangenen ab, die meisten Führer aber und besonders Adolf III. weigerten sich, dem Ansinnen folge zu leisten. Darüber kam es bald zu ernsten Streitigkeiten, Gunzelin verdächtigte Adolfs Gesinnung, und wenn Heinrich der Löwe auch gegen Adolfs Treue keinen Verdacht hegte, so beharrte er doch auf seiner Forderung, denn schon des Beispiels halber dürfe Adolf dem Wunsch des Herzogs nicht entgegen sein. Adolf aber blieb bei seiner Weigerung, er habe in diesem Feldzuge seine Mittel erschöpft, er könne daher das Lösegeld für die Gefangenen nicht entbehren, wenn er sich nicht gänzlich zu Grunde richten wolle, und bei seinen Freunden beklagte er sich bitter über die ihm zugefügte Kränkung. Da er jedoch das wachsende Mißtrauen und den steigenden Unwillen des Herzogs bemerkte, erbat er sich einen Urlaub und begab sich auf seine Stammburg Schauenburg. Mit ihm verließen noch

mehrere Anhänger die Partei Heinrichs des Löwen. Um sich in dem bevorstehenden Kampf gegen den Kaiser den Rücken zu decken und wenigstens Adolf unschädlich zu machen, suchte der Herzog dessen Land in Besitz zu bekommen. Er ging über die Elbe, eroberte schnell die Feste Ploen und stellte den Landesältesten Marcrad, einen beständigen Gegner der Schauenburger, an die Spitze der Holsten. Nur noch die Hauptfeste des Landes, Sigeberg, welche die Mutter des Grafen ebenso tapfer als umsichtig verteidigte, widerstand allen Angriffen des Herzogs, und erst, nachdem alle Brunnen versiegt waren, übergab sie die Feste an Bernhard von Ratzeburg unter der Bedingung des freien Abzugs für sich und ihre Leute. Heinrich der Löwe ernannte den Baiern Leupold zum Befehlshaber von Sigeberg; dieser aber brach die Kapitulation und behielt die Besatzung als Gefangene zurück; Mechtild gelang es indessen, glücklich nach Schauenburg zu entkommen. Nachdem nun die Würfel gefallen waren, ging auch Adolf zum Angriff über und zerstörte die von dem Grafen Konrad von Roden, einem Anhänger des Herzogs, auf dem linken Ufer der Weser, der Schauenburg gegenüber, erbaute Burg Hohenrode und begab sich alsdann mit seinem Oheim, dem Grafen Adolf I. von Dassel, zum Kaiser im Halberstädtischen; laut Urkunden befand er sich am 18. August, 16. November und 30. November in Begleitung des Kaisers. Auf dem letzten, Ende Juni 1181, eröffneten Feldzuge gegen Heinrich den Löwen leistete er Friedrich I. wesentliche Dienste. Als nun der Herzog sich dem Kaiser unterworfen hatte, empfing Adolf III. 1182 alle seine Länder und Schlösser zurück, außerdem belehnte der Kaiser ihn mit der Hälfte der Reichseinkünfte von Lübeck, und die Grafschaft Holstein erhielt jetzt eine von dem neuen Herzogtum Sachsen fast unabhängige Stellung.

Während aber der neue Sachsenherzog Bernhard sehr bald zeigte, daß er nicht der Mann war, die einflußreiche Stelle des Löwen einzunehmen, benutzte der junge Graf Adolf III. jede Gelegenheit, um seine Macht und seinen Einfluß zu erweitern. 1183 vermählte er sich mit Adelheid, einer Tochter des Grafen von Assel und Nichte des mächtigen Erzbischofs Philipp von Köln, wodurch er dessen Unterstützung gewann. Er benutzte diesen Einfluß sofort dazu, um die unruhigen und feindseligen Elemente, namentlich den Landesältesten Marcrad und dessen Anhänger aus Holstein zu entfernen, er bemächtigte sich ferner der Grafschaft Dithmarschen, und als der Bruder des Erzbischofs Siegfried von Bremen ihm dieselbe als erzbischöfliches Lehen entreißen wollte, vertrieb er ihn mit Waffengewalt; dem Herzog Bernhard gegenüber aber nahm er eine fast unabhängige Stellung ein. Als auch Gunzelin von Schwerin und Bernhard von Ratzeburg mit dem Herzog sich entzweiten, kam ihnen Adolf III. zu Hilfe und die Verbündeten eroberten und zerstörten Lauenburg und Ilow. Die wachsende Macht des dänischen Königs Knut, welcher fast das ganze Wendenland seiner Herrschaft allmählich unterworfen hatte und sich bereits König der Dänen und Slawen nannte, lenkte die Aufmerksamkeit des Kaisers auf diese Zwistigkeiten und es gelang ihm, zwischen den Reichsfürsten die Eintracht wieder herzustellen, Adolf III., Gunzelin und Bernhard mußten dem Herzog Bernhard eine ziemlich bedeutende Summe bezahlen und erlangten dagegen völlige Reichsfreiheit für ihr Gebiet. Auch in einem andern Streit blieb Adolf Sieger. Nach dem Tode des Bischofs Heinrich von Lübeck hatte der Kaiser seinen gelehrten und staatsklugen Kaplan Konrad zu dessen Nachfolger ernannt. Konrad hatte sich der Verbesserung seiner Diözese mit Eifer gewidmet, aber er geriet mit Adolf in Differenzen, und aus Furcht vor dem gewaltigen Grafen packte er seine besten Sachen ein, reiste zu dem Erzbischof Siegfried von Bremen und verzichtete hier auf sein Bistum. Erst nach dem Tode Siegfrieds wurde nach langen Unterhandlungen zwischen dem Erzbischof Hartwich II., Adolf III. und dem Kaiser der Propst Dietrich von Sigeberg zum Bischof von Lübeck eingesetzt. Ende 1184 war der Erzbischof Siegfried von Bremen gestorben und zu dessen Nachfolger Hartwich II., früher Notar Heinrich des Löwen, erwählt worden. Er forderte alsbald die Grafschaft Dithmarschen als erzbischöfliches Lehen von Adolf III. zurück. Dieser wollte es nicht auf eine richterliche Entscheidung ankommen lassen, besonders aber fürchtete er eine Einmischung des mächtigen Dänenkönigs Knut und gab daher lieber freiwillig Dithmarschen an das Erzbistum zurück, wogegen Hartwich ihn durch ein jährliches Einkommen von 200 Maß Hafer entschädigte. — Nach dem Tode seiner jungen Gemahlin, Weihnacht 1185, gründete Adolf das Cistercienser Mönchskloster Reinfeld, 1189 wurden die Grenzen der Besitzungen festgestellt, im folgenden Jahre hielten die Mönche ihren Einzug. —

Auch mit Lübeck geriet der Graf in sehr ernste Differenzen. Durch die kaiserlichen Privilegien geschützt, war die Stadt den beständigen Streitigkeiten, Kämpfen und Verwickelungen in Nordalbingien glücklich entzogen, und durch ihren immer mehr aufblühenden Handel hatte das Gemeinwesen sich rasch entwickelt. Allerdings besaß Adolf die Hälfte der Reichseinkünfte von der Stadt, aber ähnlich wie früher Heinrich der Löwe wollte er die Stadt entweder seiner Herrschaft wieder unterwerfen oder ihren Handel nach einer seiner eigenen Städte lenken. Schon 1182 hatte er die Elbfähre von Artlenberg nach Lauenburg verlegt, weil dies den Lübeckern unbequem war, aber auf Klage der Lübecker hatte der Kaiser ihm die Herstellung des früheren Zustandes befohlen. 1187 ergriff er ein anderes Mittel. An der Mündung der Trave hatte Adolf II. früher ein Kastell erbaut zum Schutze Lübecks gegen slawische Seeräuber. Dieses war 1181 bei der Belagerung Lübecks durch Kaiser Friedrich I. zerstört worden. Adolf III. baute jetzt Travemünde wieder auf, angeblich zum Schutz des lübeckschen Handels; als aber der Bau vollendet war, verlangte er von allen ein- und ausgehenden Schiffen einen Zoll. Die Lübecker verweigerten jedoch die Zahlung, weil die Abgabe ihren Handel beeinträchtigen würde, der Graf dagegen behauptete, daß bereits Heinrich der Löwe den Zoll erhoben habe und daher auch ihm rechtmäßig zustehe, wogegen die Lübecker sich darauf beriefen, daß sie dem Herzog nur zeitweise die Erhebung des Zolles zugestanden hätten, um daraus die Baukosten der Feste zu decken. Da die Unterhandlungen ihn nicht schnell genug zum Ziele führten, griff Adolf zu Gewaltmaßregeln, er hinderte die Lübecker an der Benutzung der von Heinrich dem Löwen ihnen verliehenen und von dem Kaiser bestätigten Fluß-, Weide- und Waldgerechtigkeiten, setzte die in seinen Landen angetroffenen Lübecker Kaufleute gefangen und belegte ihre Güter mit Beschlag, als Pfand für den verweigerten Zoll. Lübeck wandte sich jetzt wegen Beeinträchtigung ihres Handels an den Kaiser, und dieser vermittelte nach langen Unterhandlungen die Sache endlich dahin, daß die Stadt dem Grafen 300 Mark Silber bezahlte, wogegen sie auf ewig von dem Zoll befreit sein sollte, und ferner 200 Mark für die Weidegerechtigkeit, wofür die Bürger das Recht erlangten, vom Meere bis nach Oldeslohe alle Flüsse, Weiden und Wälder zu benutzen, sofern sie nicht dem Kloster Reinfeld gehörten. Unter dem 19. September 1188 bestätigte der Kaiser den Lübeckern diese Rechte in einem großen Privilegium. Es wird um diese Zeit gewesen sein, als Adolf III. die Gründung von Neu-Hamburg beschloß und den bekannten Freibrief für Wirad von Boitzenburg ausstellte[21]); denn das Beispiel Lübecks hatte es hinreichend bewiesen, daß ein Markt schnell aufblühte, wenn er an dem rechten Platz angelegt und den Bewohnern die nötige Freiheit der Bewegung verstattet wurde. Um dieselbe Zeit wird sich auch der Graf zum zweitenmale verheiratet haben und zwar mit Adelheid, einer Tochter Burchards (vermutlich des III.), Dynasten von Querfurt, also einer nahen Verwandten seiner Mutter. Das Jahr der Vermählung ist ebenfalls unbekannt, doch muß dieselbe vor 1189 stattgefunden haben, denn Adolf ließ seine junge Frau in der Obhut seiner Mutter zurück, als er sich dem Kreuzzuge Friedrichs I. anschloß.

Heinrich der Löwe hatte nach seiner Unterwerfung 1182 auf drei Jahre nach England gehen müssen und kehrte gegen Ende des Jahres 1185 mit Erlaubnis des Kaisers aus der Verbannung zurück. Da er sich aber nicht entschließen konnte, den Kaiser auf dem Kreuzzuge zu begleiten, mußte er während dessen Abwesenheit im Frühjahr 1189 wieder nach England in die Verbannung gehen. Allerdings hatte der Kaiser ihm das feste Versprechen gegeben, die Besitzungen des Herzogs durch seinen Sohn, den jungen König Heinrich VI. gegen alle Feinde schützen zu lassen; allein dieser dachte nicht daran, das Versprechen seines Vaters zu halten, er war überhaupt den Welfen sehr feindlich gesonnen und ließ es ruhig geschehen, daß die Nachbaren Heinrich des Löwen wieder größere oder kleinere Stücke von seinem Besitztum an sich rissen, besonders seitdem die in Deutschland zurückgebliebene

Herzogin Mathilde im Juni gestorben war. Heinrich den Löwen empörte diese Wortbrüchigkeit aufs heftigste, er beschloß trotz seines Eides sofort nach Deutschland zurückzukehren, um sein Eigentum persönlich zu schützen. Große Hoffnungen setzte er diesmal auf Unterstützung seines Schwiegersohnes, des dänischen Königs Knut, doch dieser hielt sich vorsichtig und kühl zurück, desto besser aber gestaltete sich sein Verhältnis zu dem Erzbischof von Bremen. Hartwich kam dem Herzog freundlichst entgegen, schloß mit ihm ein Bündnis und gab ihm die Grafschaft Stade zu Lehen. Dies war für Heinrich von der größten Bedeutung, denn sofort schlossen sich ihm viele Grafen und Herren in Sachsen an, viel bedeutender aber war die Hilfe, welche ihm aus Nordalbingien entgegengebracht wurde. Die Holsten und Stormarn waren noch immer den fremden Herrschern, den Schauenburgern, wenig geneigt, besonders aber waren sie auf Adolf III. erbittert, da er nach dem Sturze Heinrichs des Löwen so scharf gegen die Hauptführer des Volkes verfahren war. Als sie nun sahen, daß der zurückgekehrte Herzog einen so raschen Erfolg hatte, sandten sie einige Vertrauensmänner an ihn nach Stade und ließen ihm freien Eingang in ihr Land anbieten. Der Herzog war hocherfreut über diese Wendung der Dinge und machte den Gesandten die größten Versprechungen, wenn ihre Landsleute sich für ihn erheben würden. Als die Boten diesen Bescheid zurückbrachten, griffen alle freudig zu den Waffen, ganz Holstein, Stormarn und Wagrien erhob sich für den alten Herzog, und in wenigen Tagen war das ganze Gebiet zwischen Elbe und Eider in den Händen der Aufständischen, Hamburg, Itzehoe und Ploen von ihnen besetzt und alle Leute des Grafen aus dem Lande vertrieben, nur das feste Sigeburg widerstand noch. Graf Adolf I. von Dassel, den Adolf III. als Statthalter eingesetzt hatte, wagte es nicht, der Volksbewegung entgegenzutreten, sondern flüchtete mit Mathilde und Adelheid nach Lübeck und suchte hinter dessen starken Mauern Schutz gegen die Holsten und den Herzog. Heinrich der Löwe bemühte sich die Gunst seiner neuen Unterthanen durch Verleihungen und Schenkungen noch mehr zu gewinnen, so z. B. verlieh er Hamburg viele Freiheiten, Zollfreiheit für die Stadt und Zollermäßigung für die Bewohner an allen herzoglichen Zollstätten, auch bestätigte er die Wald-, Weide- und Flußgerechtigkeit, sowie das soester und lübsche Stadtrecht.

Bevor Heinrich der Löwe seine Siegesbahn in Nordalbingien weiter verfolgte, vollzog er erst einen Akt der persönlichen Rache gegen Bardowik. Als nämlich der geächtete Herzog 1182 auf seiner Flucht nach England in diese Gegend kam, verwehrte die Stadt ihm den Eingang, obgleich sie ihm zu großem Dank verpflichtet war, der Herzog schwur damals der Stadt grimmige Rache. Da auch jetzt die Stadt keinen Versuch machte, den Herzog zu versöhnen, glaubte er den Zeitpunkt gekommen, den Racheschwur ausführen zu müssen. Die Bürger setzten sich tapfer zur Wehre, aber der überlegenen Kriegsmacht des Herzogs waren sie nicht gewachsen. Am 28. Oktober 1189 wurde die Stadt erstürmt, ausgeraubt und niedergebrannt. Die vornehmsten Bürger ließ der Herzog im Lager an Bäume aufknüpfen, die übrigen als Knechte verkaufen, nur wenige Bürger retteten sich nach Lüneburg. Die Steine der Stadtmauer wurden zur Erweiterung und Verstärkung der Mauern von Lüneburg verwandt[22]). Vor Bardowik hatten sich außer andern Graf Bernhard von Ratzeburg und Helmold von Schwerin, der Sohn Gunzelins, dem Herzog angeschlossen, wodurch seine Macht erheblich verstärkt worden war. Aber der greise Herzog ließ den Gegnern keine Zeit aufzuatmen, mit jugendlicher Rüstigkeit brach er von Bardowik gegen Lübeck auf, und der Schrecken ging vor ihm her. Als er sich der Stadt näherte, sandten die Lübecker ihm Boten entgegen, welche für die Gemahlin, die Mutter und den Oheim Adolfs mit allen ihren Mannen und mit ihrem gesamten Hab und Gut freien Abzug begehrten, wogegen die Stadt dem Herzog sofort die Thore öffnen wollte. Der Herzog gewährte diese Bedingung sehr gern, da er somit ohne Schwertschlag ganz Nordalbingien seiner

Herrschaft unterworfen hatte, nur das feste Sigeberg wurde von Adolfs Leuten noch gehalten. Die Belagerung dieses Platzes überließ Heinrich der Löwe den Holsten, er selbst wandte sich jetzt gegen das feste Lauenburg, welches für ihn als sicherer Elbübergang eine größere Bedeutung hatte.

Wir übergehen die Kämpfe Heinrichs des Löwen mit seinen übrigen Gegnern, da uns hier nur die Folgen für Adolf III. interessieren. Der Winter schon brachte einen bedeutenden Umschwung in die Stellung des Herzogs, der bisher nur von Siegen und Erfolgen begleitet gewesen war. Die mit der Belagerung von Sigeberg beauftragten Holsten und Stormarn kamen plötzlich zu der Erkenntnis, daß sie eigentlich gar keine Ursache hätten, sich für die Sache des Herzogs zu opfern, und da sie auch wohl nicht die Vorteile gefunden, welche sie von dem Herzog erwartet hatten, kehrten viele nach Hause zurück. Die kleine Schar der Zurückgebliebenen aber wurde von den Gräflichen unter Eggo von Sture angegriffen und zerstreut, ihr Führer, Walter von Baldensile, gefangen nach Sigeberg gebracht, und dieser kleine Erfolg genügte, daß ganz Nordalbingien ebenso schnell wieder die Sache des Herzogs verließ, wie es dessen Partei ergriffen hatte. Adolf von Dassel kehrte mit der Mutter und Gemahlin seines Neffen zurück und wußte sich bald wieder volle Autorität zu verschaffen, nur Lübeck blieb dem Herzog treu. Endlich war die Kunde von dem Übergang Nordalbingiens an Heinrich den Löwen zu Adolf III. gelangt, als er mit dem Kreuzheer vor Thyrus lag. Adolf hatte sich in den Kämpfen durch Umsicht und Tapferkeit vielfach ausgezeichnet und war zu hohem Ansehen gelangt, er wird zu den Stiftern des Ordens der deutschen Ritter gezählt, an dessen Spitze der Herzog Friedrich von Schwaben stand, nach andern soll Adolf selbst der Stifter gewesen sein. Er beriet sich nun zunächst mit den Geistlichen, ob es ihm unter diesen Umständen gestattet sei, die Pilgerfahrt zu unterbrechen und in sein bedrohtes Land zurückzukehren, und da seine geistlichen Ratgeber dies bejahten, erbat er sich Urlaub und begab sich sofort auf die Heimreise. Adolf kam im Frühjahr 1190 nach Deutschland zurück und begab sich zunächst nach seiner Stammburg Schauenburg; als er hier seine Familie nicht traf, suchte er nach Holstein zu kommen, allein Stade, Lauenburg und Boitzenburg verwehrten ihm den Elbübergang, und im Süden versperrten ihm Helmold von Schwerin und Bernhard von Ratzeburg den Weg, da wandte er sich an den Herzog Bernhard und dessen Bruder Otto von Brandenburg. Diese waren gern bereit, Adolf gegen ihren gemeinsamen Feind zu unterstützen und führten ihn mit starker Macht nach Artlenburg, wohin Adolf von Dassel, Mechthild und Adelheid ihnen mit einer Schar Holsteiner entgegengekommen waren und ihn glücklich in seine Grafschaft zurückführten. Durch das Erscheinen Adolfs III. auf dem Kriegsschauplatz wurde sofort die Lage gänzlich verändert. Der alte Graf Bernhard I. von Ratzeburg hatte sich zu Heinrich dem Löwen nach Braunschweig begeben und die Regierung des Landes seinem Sohne, Bernhard II., überlassen. Dieser aber verließ jetzt die Partei des Herzogs, schloß sich Adolf III. an, und beide vereinigten sich mit dem Herzog Bernhard und Otto von Brandenburg gegen die Welfen.

Auf dem Reichstage zu Fulda, im Mai 1190, war Heinrich dem Löwen das ihm 1182 verbliebene Erbgut abermals zugesichert worden und der König hatte ihm außerdem die andere Hälfte der Reichseinkünfte von Lübeck geschenkt, dagegen sollte Adolf III. seine Grafschaft als unmittelbares Reichslehen besitzen, auch die Hälfte der Reichseinkünfte von Lübeck behalten. Aber wie überhaupt Heinrich der Löwe wenig geneigt war, den Frieden von Fulda auszuführen, so dachte er noch weniger daran, dem Holsteiner die Hälfte von Lübeck auszuliefern. Den Verbündeten war es sehr unbequem, das feste Lübeck in den Händen des Welfen zu sehen, da er ihnen von hieraus fortwährend in den Rücken fallen konnte. Im April 1190 hatte er noch eine starke Heeresabteilung unter dem Bernhard I. von Ratzeburg, Helmold und seinem Truchseß Jordan von Lübeck aus einen Einfall in Holstein machen lassen, um Nordalbingien wieder seiner Herrschaft zu unterwerfen. Der Landsturm der Holsteiner hatte damals allerdings diesen Überfall glänzend zurückgewiesen, die Herzoglichen wurden in die Trave getrieben oder fielen den Siegern in die Hände, Helmold und Jordan wurden gefangen nach Sigeberg gebracht, nur Bernhard entkam mit einem geringen Rest der Mannschaft nach Lübeck. Aber der Versuch konnte von dem Löwen jederzeit wieder erneuert werden, es war daher Adolfs III. erste Sorge, Lübeck in seine Gewalt zu bekommen, um sich den Rücken zu decken. Ein ebenso großes Interesse hatte Bernhard II. von Ratzeburg, der nach seinem Abfall den Zorn des Löwen fürchten mußte. Beide vereinigten sich daher zu einem Angriff auf Lübeck, aber die Bürger sowohl, wie die herzogliche Besatzung setzten ihnen einen einmütigen Widerstand entgegen, und die Grafen mußten daher zu einer ordentlichen Belagerung schreiten. Während Adolf III. von der holsteinischen Seite und Bernhard II. von der ratzeburger Seite mit ihren Werken die Stadt immer enger einschlossen, konnten die Lübecker sich doch tapfer verteidigen, da ihnen auf der Trave fortwährend Lebensmittel und Verstärkungen zugeführt wurden. Um ihnen diese Hilfe abzuschneiden, ließ Adolf in dem Bett der Trave Pfähle einrammen, befestigte daran Balken und machte auf diese Weise den Fluß unfahrbar. Jetzt entstand in der Stadt große Not und die Belagerer konnten jeden Augenblick die Übergabe der Stadt erwarten.

Diesen Zeitpunkt benutzte Adolf, um sich zu seinem Kampf gegen Heinrich den Löwen weitere Hilfe zu sichern, und begab sich zu König Knut VI. von Dänemark. Dieser hatte nämlich 1188 seinem ehrgeizigen Vetter, dem Bischof Waldemar von Schleswig, die Statthalterschaft von Südjütland genommen und seinem Bruder Waldemar übergeben; beide hatten dann im folgenden Jahre, nachdem Adolf mit dem Kreuzheere das Reich verlassen, einen Einfall in Holstein gemacht und den Grafen Dassel zu dem Versprechen gezwungen, gegen die Dithmarschen, welche sich der dänischen Herrschaft unterworfen hatten, nichts zu unternehmen. Es gelang Adolf leicht, von dem Dänenkönig das Versprechen zu erhalten, daß dieser seinem Schwiegervater, Heinrich dem Löwen, keine Hilfe leiste, falls Adolf weiter gegen ihn vorgehen würde; denn er wünschte vor allen Dingen nicht, den mächtigen Herzog zum Nachbar zu haben. Adolf III. kehrte krank aus Schleswig zurück. Die Belagerung von Lübeck hatte inzwischen keine so rasche Fortschritte gemacht, als erwartet war, Adolf konnte jedoch die Leitung nicht wieder übernehmen, und mußte wegen seiner Erkrankung sich nach Sigeberg begeben. Aber auch für Heinrich den Löwen war der Besitz von Lübeck von Wichtigkeit, er berief daher am 6. Juni alle seine Freunde nach Braunschweig, um mit ihnen zu beraten, wie der bedrängten Stadt Hilfe gebracht werden könne. Infolgedessen rüstete der Herzog ein Heer aus und sandte dasselbe unter Führung Konrads von Roden und Bernhards I. von Ratzeburg zum Entsatz von Lübeck über die Elbe. Unter dem Schutze der Feste Lauenburg überschritten sie heimlich die Elbe, und rückten jetzt rasch, Ratzeburg nicht berührend, auf Lübeck vor. Die Leute Bernhards II. wurden völlig überrascht, und da sie fürchteten, zwischen dem Entsatzheer und der Stadt eingeschlossen zu werden, zogen sie sich eiligst nach Ratzeburg zurück und ließen das Lager mit allen Vorräten im Stich. Die Lübecker strömten jetzt scharenweise in das feindliche Lager, thaten sich gütlich an den vorhandenen Nahrungsmitteln und schleppten alles Wertvolle und alle Vorräte in die Stadt, mit ihnen hielt das Entsatzheer seinen Einzug. Aber die Freude war von kurzer Dauer. Am nächsten Morgen rückten die Herzoglichen wieder aus, um die Feinde im eigenen Lande zu vernichten, aber Bernhard II. hatte seine Leute wieder gesammelt und erwartete an der Furt des Flusses Schwartau die Gegner. Nach hartem Kampf wurden die Herzoglichen zurückgeschlagen und wieder in die Stadt gedrängt. Da Graf Adolf noch krank in Sigeberg lag, sammelten sich viele Holsten und Stormarn unter Bernhards II. Fahnen, und da Konrad von Roden sah, daß er den vereinigten Scharen nicht gewachsen war, suchte er mit seinen Leuten heimlich nach Braunschweig zu entkommen. Er verließ die Stadt durch ein Thor auf der Nordseite in einer dunkeln Nacht und rückte in Eilmärschen am Ufer der Wackenitz auf Boitzenburg zu. Aber die Ratzeburger hatten gute Wacht gehalten, sobald die Flucht der Herzoglichen bemerkt war, eilte Bernhard II. ihnen mit einer auserlesenen Schar nach, welche sich unterwegs durch Zuzüge fortwährend verstärkte; erst in der Nähe von Boitzenburg konnte er die Flüchtigen erreichen und zur Annahme einer Schlacht zwingen. Viele wurden erschlagen, die übrigen gefangen genommen, und nur wenigen gelang es, mit Konrad über die Elbe zu entkommen. Konrad von Roden besaß die Grafschaft Stade in Afterlehen von Heinrich dem Löwen, und unter den Gefangenen befanden sich daher viele Bürger von Stade. Bald darauf erschien Adolf III., von seiner Krankheit genesen, wieder auf dem Schauplatz. Er kaufte alle bei Boitzenburg gefangenen Stader und entließ sie ungekränkt in ihre Heimat. Dann sammelte er ein neues Heer und rückte gegen Hamburg vor, welches noch immer der Partei des Herzogs anhing. Mit den Bewohnern des Gorrieswerder schloß er ein Schutz= und Trutzbündnis, und jetzt wagten die Hamburger keinen Widerstand zu leisten, sondern öffneten ihm die Thore, nachdem er ihnen alle Privilegien zu bestätigen versprochen hatte. Dann sammelte Adolf alle Schiffe, welche er hier auftreiben konnte, und fuhr mit seinem ganzen Heer die Elbe hinunter nach Stade. Hier entstand eine große Aufregung, die Bürger zeigten keine Lust sich für den Herzog aufzuopfern, und unter diesen Umständen hielt Konrad von Roden es für besser, seine Person in Sicherheit zu bringen. Unter dem Vorwand, einen Spazierritt machen zu wollen, bestieg er sein Pferd und verließ die Stadt, um nicht wiederzukehren. Die Bürger öffneten dem Grafen, dessen Güte die freigelassenen Gefangenen in der ganzen Stadt verkündet hatten, die Thore der Stadt, und mit leichter Mühe unterwarf jetzt Adolf III. die ganze Grafschaft seiner Herrschaft. Der Gräfin von Roden und ihren Frauen gestattete er mit ihrem Eigentum die Stadt frei zu verlassen; dies benutzten sie dazu, die Schätze des Herzogs in Säcken verpackt auf die Saumtiere zu laden und in Sicherheit zu bringen. Um Weihnachten finden wir Adolf III. wieder in Hamburg, am 24. Dezember 1190 bestätigte er den Hamburgern das Privilegium Friedrichs I. Nach dem Falle von Stade wandte sich Adolf wieder gegen Lübeck, schloß die Stadt enger ein, und da er der herzoglichen Besatzung freien Abzug gewährte, öffneten endlich im August 1191 die Lübecker ihm die Thore.

Heinrich VI. kehrte im November 1191 aus Italien nach Deutschland zurück, und als Adolf III. bei ihm erschien, billigte er sein Verfahren gegen Heinrich den Löwen und schenkte ihm jetzt alle Reichseinkünfte aus Lübeck, doch sollte die Stadt reichsfrei bleiben. Als Adolf III. so große Erfolge errungen hatte, hoffte der Herzog Bernhard auch Macht und Ehre zu erlangen, wenn er an dem Kampf gegen Heinrich den Löwen persönlich teilnahm. Er verbündete sich mit Adolf III. und Bernhard II. von Ratzeburg zur Eroberung von Lauenburg, welches der Löwe dem Friedensvertrage von Fulda gemäß hatte schleifen sollen, und bevor noch die westfälischen Fürsten und der Kaiser im Felde erschienen, wurde von ihnen der feste Platz Ende Februar 1192 eingeschlossen. Aber die Besatzung verteidigte sich tapfer, und die Belagerung zog sich in die Länge. Adolf III. mußte wegen Verwickelungen mit Dänemark nach Holstein zurückkehren, und Graf Bernhard II. hatte inzwischen die Belagerung von Barsich begonnen, denn seine Anwesenheit vor Lauenburg schien nicht mehr notwendig zu sein, da die Übergabe der Feste täglich erwartet wurde. Unterdessen hatte Graf Helmold von Schwerin ein Heer gesammelt, um Lauenburg zu entsetzen oder der Besatzung wenigstens Lebensmittel zuzuführen. Es gelang ihm, unbemerkt über die Elbe zu kommen und mit den Belagerten in Verbindung zu treten, und als nun Herzog Bernhard von Helmold angegriffen wurde, fielen ihm die Belagerten in den Rücken. Das ganze Heer mußte sich ergeben, nur dem Herzog gelang es, mit genauer Not der Gefangenschaft zu entkommen, die Herzogin aber mit allen Kostbarkeiten, die

Belagerungsgerätschaften und das ganze Lager fielen den Siegern in die Hände, welche triumphierend in die gerettete Festung einzogen.

Während dieser Zeit war die Thätigkeit und Aufmerksamkeit Adolfs III. nach einer ganz anderen Seite in Anspruch genommen worden. Der Bischof Waldemar war sehr erbittert, daß König Knut ihm die Statthalterschaft von Südjütland genommen hatte, außerdem aber entdeckte er, daß der kinderlose König den Plan hegte, seinem Bruder Waldemar den Thron von Dänemark zu hinterlassen, worauf er doch viel nähere Anrechte zu besitzen glaubte. Da nun der Schwiegervater Knuts von allen Seiten bedrängt war, hielt Waldemar den Zeitpunkt für günstig, Dänemark für sich zu erwerben, und nachdem es ihm gelungen war, die Könige von Norwegen und von Schweden für seine Pläne zu gewinnen, wandte er sich an die hohenstaufische Partei in Deutschland, und Adolf III., Bernhard II. von Ratzeburg und Otto von Brandenburg waren leicht geneigt, dem Bündnis beizutreten, da Knut VI. ihnen ein sehr unbequemer und gefährlicher Nachbar war. Während Waldemar mit 35 Schiffen aus Norwegen in Jütland einfiel, rückte Adolf mit starker Macht über die Eider gegen Schleswig vor. Hier erhielt er aber die Nachricht, daß Waldemar (am 26. September), von falschen Freunden verlockt, in die Gefangenschaft des Königs geraten war, weshalb Adolf, mit reicher Beute beladen, schleunigst über die Eider zurückging. Da zu erwarten war, das Knut diesen Angriff der Holsteiner nicht unbeantwortet lassen würde, Adolf aber sich der ganzen dänischen Macht nicht gewachsen fühlte, rief er seinen Bundesgenossen Otto von Brandenburg zur Unterstützung herbei. Als Knut im Frühjahr 1193 eine so bedeutende Macht an der Eider zusammengezogen fand, verhielt er sich ganz ruhig, die Verbündeten glaubten daher diese Gefahr beseitigt, und Otto kehrte in seine Staaten zurück. Jetzt aber fiel Knut mit starker Macht verheerend in Holstein ein, Adolf trat mit ihm in Unterhandlung, zahlte 1400 Mark Pfennige als Entschädigung für den Raubzug in Schleswig, worauf Knut über die Eider zurückging, und der Friede wiederhergestellt war, zur großen Enttäuschung Heinrich des Löwen, welcher gehofft hatte, daß Adolf durch die dänischen Händel dauernd beschäftigt werden würde.

Im März 1194 hatte Heinrich der Löwe sich endlich mit Heinrich VI. ausgesöhnt und das Herzogtum Sachsen den langentbehrten Frieden wiedererlangt, doch wurde Adolf III. bald wieder in einen neuen Streit verwickelt. Wir haben gesehen, daß der Erzbischof Hartwich II. 1189 Heinrich den Löwen mit offenen Armen aufnahm, als aber im folgenden Frühling die Lage des Herzogs eine schlimme Wendung zu nehmen schien, hielt er es für geraten, seine Person in Sicherheit zu bringen, er ging nach England, und auf Verfügung des Königs Heinrich VI. wurden seine Einnahmen mit Sequester belegt. Als Hartwich nach einem Jahre zurückkehrte, nahmen die Bremer ihn nicht auf, er ging daher zu Heinrich dem Löwen nach Lüneburg und versuchte mit dessen Unterstützung die Grafschaft Stade wieder zu gewinnen, doch wurden auch diese Versuche von Adolf III. mit den Waffen zurückgewiesen. Da eine Aussöhnung des geächteten Erzbischofs mit dem Kaiser nicht zu stande kam, wählten die Bremer mit Zustimmung des Kaisers den Bischof Waldemar, der damals der kaiserlichen Partei sich angeschlossen hatte, zum Erzbischof, und trotzdem derselbe kurz darauf dem dänischen König Knut in die Hände fiel und seitdem von ihm in harter Gefangenschaft gehalten wurde, führten die Bremer seinen Namen und sein Siegel. Nachdem nun Heinrich der Löwe sich mit dem Kaiser ausgesöhnt hatte, kehrte auch Hartwich nach Bremen zurück und gab vor, von Heinrich VI. dazu ermächtigt zu sein, was Adolf, Erzbischof von Köln, bestätigte. Die Bremer aber glaubten den beiden Erzbischöfen nicht und verlangten bestimmte Beweise, bevor sie Hartwich zur Amtsführung zulassen wollten. Seit der Gefangennahme Waldemars hatte Adolf III. sich wiederholt für die Rückkehr Hartwichs beim Kaiser verwandt, und er kam jetzt nach Bremen, weil er glaubte sich den Dank des Erzbischofs verdient zu haben. Als er aber sah, daß die kaiserliche Erlaubnis fehlte, beschloß er mit den Bürgern, daß die mit dem Sequester belegten Einkünfte bis zur Entscheidung des Kaisers dem Erzbischof vorenthalten bleiben sollten. Darüber brauste Hartwich auf und nannte Adolf einen Kirchenräuber, dieser aber beschwerte sich in Rom, und darüber geriet der Erzbischof noch mehr in Zorn, daß er seine ganze Diözese mit dem Interdikt belegte und Adolf, sowie die Bremer Bürger exkommunizierte. Obgleich nun viele Geistliche dem ungerechten Spruche des Erzbischofs keine Folge gaben, sondern ruhig die Sakramente erteilten, und wo die Kirchen verschlossen waren, unter freiem Himmel den Gottesdienst abhielten, so entstand doch in Bremen und in manchen anderen Orten eine große Aufregung; da viele Leichen unbeerdigt blieben, brachen in Bremen verheerende Seuchen aus, und die Bremer vertrieben die Domherren aus ihren Wohnungen. Trotzdem der Papst für den Erzbischof Partei ergriff und Adolf III. auch mit der Exkommunikation bedrohte, falls er der Bremer Kirche keine Genugthuung gebe, hörten die Zwistigkeiten nicht auf, bis der Kaiser aus Italien (April 1195) zurückkehrte und auf dem Reichstage zu Gelnhausen dieselben ausglich. Hartwich wurde in seine Rechte wieder eingesetzt, mußte aber 600 Mark Buße zahlen, und Adolf III. erhielt die Graffschaft Stade und den dritten Teil der erzbischöflichen Einkünfte (50 Talente) zu Lehen. In diesem Jahre wurden auch die Streitigkeiten mit dem Hamburger Domkapitel ausgeglichen, indem Adolf alle seine Rechte an die Nikolaikapelle dem Domkapitel verlieh.

1197 eroberte Adolf III. auch die Lauenburg und wandte sich dann gegen die unruhigen Dithmarschen, da aber die Dänen wieder Miene machten, die Dithmarschen zu unterstützen, rückten Adolf III., Bernhard II. von Ratzeburg, Otto von Brandenburg und Erzbischof Hartwich II. mit ihrer gesamten Macht an die Eider, aber es kam zu keinem Kampf, beide Heere gingen wieder auseinander. Nachdem Adolf die Grenzen seines Landes gesichert hatte, nahm er die 1190 unterbrochene Pilgerfahrt wieder auf, schloß sich dem Kreuzzuge an und segelte am 1. September 1197 von Messina ab. Auch auf diesem Zuge trat Adolf wieder rühmlichst hervor, (er soll z. B. die Schlacht zwischen Tyrus und Sidon entschieden haben, indem er den Emir Assamah mit einer Lanze durchbohrte, auch soll er sich bei der Belagerung von Toron ausgezeichnet haben) und kehrte im folgenden Jahre nach Deutschland zurück. 1199 unternahm er mit Otto von Brandenburg einen Beutezug durch das von den Dänen unterworfene Wendenland. Knut rückte infolgedessen mit starker Macht an die holsteinische Grenze, fand dieselbe aber so gut verwahrt, daß er keinen Versuch machte, dieselbe zu überschreiten. Um diese Zeit mag auch die Stiftung des Hospitals St. Georg bei Hamburg erfolgt sein; dasselbe wird zwar erst 1220 erwähnt, doch war es damals schon vorhanden und die Sage nennt Adolf III. als Stifter.

Im Januar 1200 finden wir Adolf III. bei König Philipp und hier wurde er von dem Pfalzgrafen Heinrich, Sohn Heinrich des Löwen, mit Gamme (Altengamme) belehnt. Dem Herzog Waldemar von Schleswig gelang es jedoch, die von Adolf III. auf einer Eiderinsel erbaute Reinoldsburg (jetzt Rendsburg) zu überrumpeln, er gewann dadurch einen sicheren Übergangspunkt über die Eider, knüpfte wieder Verbindungen mit den Dithmarschen an, und diese begaben sich aufs neue in dänischen Schutz; zu gleicher Zeit hatte er auch unzufriedene Holsten und Stormarn an sich herangezogen. Die Nordalbingier waren ein rauher, wilder, tapferer Volksstamm, der sich nur unwillig dem Herrscher und den Gesetzen fügte. In dem jahrhundertelangen Rassen- und Glaubenskrieg mit den Slawen und Dänen großgezogen, achteten sie Tod und Gefahr gering, bei den unaufhörlichen Überfällen und Raubzügen mußte jeder stets bereit sein, die Waffen zu ergreifen, um sein Eigentum zu verteidigen und Gleiches mit Gleichem zu vergelten. Aber die Verhältnisse erforderten es, daß der einzelne nach eigenem Ermessen handelte, er durfte nicht warten, bis die

Führer sich beraten, ihre Befehle erteilt hatten, und so ging durch das ganze Volk ein Zug der Selbständigkeit; die Unterordnung unter den Willen anderer war ihnen verhaßt. Krieg und Plünderung war ihre Lust, und solange Adolf III. sie zu Sieg und Beute führte, waren sie ihm willig gefolgt. Als er aber verlangte, daß sie das Erworbene ruhig genießen sollten, als er die Friedensbrecher hart bestrafte, da war es mit der Freundschaft vorbei, und sie liehen den Verlockungen Waldemars ein williges Ohr. Adolf hatte diesem Treiben des Dänen wenig Aufmerksamkeit geschenkt, er hatte den Namen der Holsten im ganzen Reich zu hohem Ansehen gebracht, er hatte sie zu Sieg und Ruhm geführt und glaubte, ihrer Treue sicher zu sein; aber dies Vertrauen sollte er hart büßen. Im Frühjahr 1201 kamen die Grafen Adolf III. und Bernhard II. mit Erzbischof Hartwich II. auf einer Synode in Hamburg zusammen. Als Adolf jetzt aber die Dithmarschen wieder unterwerfen wollte, fiel Herzog Waldemar mit großer Heeresmacht in Holstein ein, schlug Adolf am 14. September bei Stilnow (Stellau), in der Nähe von Itzehoe, und eroberte in raschem Fluge Itzehoe, Ploen und Hamburg. Adolf war nach Stade entkommen, hatte hier neue Mannschaft gesammelt, mit denen er Hamburg wieder eroberte. Während er aber hier mit Plänen für den Krieg im nächsten Frühling beschäftigt war, rückte Waldemar um Weihnacht plötzlich auf Hamburg heran, infolge des Frostes gelang es ihm, über das Eis der Alster in die Stadt einzudringen und Adolf selber gefangen zu nehmen. Nur Sigeberg und Lauenburg widerstanden den dänischen Angriffen, und da die Führer die Übergabe verweigerten, wurde Adolf in Ketten nach Seeburg auf Seeland gebracht. Erst 1203, nachdem er auf Nordalbingien verzichtet und Lauenburg sich den Dänen ergeben hatte, wurde er aus der Gefangenschaft entlassen. Adolf zog sich auf seine Stammburg, Schauenburg, zurück und hat sich nicht mehr am politischen Leben beteiligt. In Urkunden kommt sein Name noch bis 1224 vor, aber wie seine Geburt, so ist auch sein Todesjahr unbekannt. Er ist am 3. Januar gestorben, doch schwanken die Annahmen des Jahres zwischen 1225 und 1232. Er hinterließ drei Söhne. Der älteste, Konrad, erhielt Schauenburg und ist 1237 oder 1238 kinderlos gestorben, der zweite, Adolf IV., seit 1225 wieder Graf von Holstein, ist 1261 und der jüngste, Bruno, der berühmte Bischof von Olmütz, am 18. Februar 1281 gestorben.

Wie unter dem Erzbischof Adalbert das Erzbistum Hamburg seine höchste Blüte erreichte, so hat Graf Adolf III. die Grafschaft zu einer vor und nach ihm nicht wieder erlangten Macht und Ausdehnung erhoben, und beiden Männern verdankte Hamburg eine rasche Entwickelung. Auch darin sind sich beide ähnlich, daß ihre Namen in ganz Europa angesehen und hochgeachtet waren, aber auch beiden ist das Glück nicht bis zum Ende ihrer Tage treu geblieben, weshalb sie von der Mit- und Nachwelt vielfach verkannt worden sind. Als Adolf in dänische Gefangenschaft geraten war, rührte sich keine Hand für ihn, wir hören nicht, daß von seinen Freunden und Bundesgenossen zu seiner Befreiung irgend etwas unternommen worden ist, trotzdem er ihnen doch manchen großen Dienst geleistet hat. Dies mag auch ein Grund gewesen sein, daß er ganz der öffentlichen Laufbahn entsagte, obgleich er noch in der Vollkraft der Mannesjahre stand, als er aus der dänischen Gefangenschaft zurückkehrte; vielleicht hat ihm auch das Beispiel Heinrich des Löwen eine Lehre gegeben, dem er in vielen Stücken ähnlich war. Anerkennen aber muß man es, daß er in der Zeit des Wortbruchs und des Eidbruchs seinem Worte treu blieb, und allen Verlockungen und Versuchungen widerstand, die verlorene Grafschaft wieder zu erobern. Darum Ehre seinem Andenken!

Neu-Hamburg, das Nikolaikirchspiel.

Als die Deutschen im 12. Jahrhundert wieder siegreich gegen die Slawen vordrangen, suchten sie die eroberten Gebiete durch Germanisierung der Bewohner in dauernde Besitzungen umzuwandeln. Eines dieser Mittel war die Gründung von Städten durch deutsche Kolonisten. Zu diesem Zweck überwies der Besitzer einem seiner Getreuen ein Stück Land, und dieser übernahm es, als Lokator, die Ansiedler herbeizuziehen. So entstanden auf slawischem Boden viele deutsche Städte, welche von den in den alten deutschen Landesteilen langsam ausgebildeten Stadtgemeinden wesentlich verschieden waren. Insbesondere fehlte ihnen der Ständeunterschied. Da Hörige und Knechte an die Scholle gebunden waren, konnten nur Freie dem Rufe des Lokators folgen, die Einwohner dieser Städte waren also sämtlich Freie. Um das Aufblühen zu befördern, erhielten die meisten dieser Städte das Privilegium, daß alle Unfreien, welche sich längere Zeit (Jahr und Tag) innerhalb der Mauern aufgehalten hatten, ohne von dem Herrn angesprochen zu sein, persönlich frei sein sollten, und so konnte es hier zuzeiten auch unfreie Bewohner geben, aber in der Stadt galten auch diese als Freie.[23]) Ferner mußten den Einwanderern hier größere Vorteile gewährt werden, um sie zum Aufgeben der Heimat zu veranlassen, daher wird diesen Städten schon bei der Gründung ein gewisses Recht der Selbstverwaltung zugesichert, bei den südlichen Städten meist das Magdeburger Recht, bei den nördlichen das Soester Recht. Für den Schutz sorgte der Landesfürst, er umgab die Stadt mit Mauern und Thoren, erteilte besondere Markt= und Zollfreiheiten, nahm die Kaufleute für den Verkehr im Lande in seinen besonderen Schutz und wirkte für sie in befreundeten Staaten ebenfalls Schutz= und Verkehrsfreiheiten aus.

Als nun diese Städte rasch aufblühten und nicht nur der Umgegend, sondern auch den Landes= fürsten große Vorteile brachten, da ergriffen einsichtsvolle Fürsten dasselbe Mittel, um sich und ihren alten deutschen Stammesländern ähnliche Vorteile zu schaffen, indem sie von ihren umfangreichen Allodien geeignete Flächen Landes zur Gründung von Städten unentgeltlich hergaben. Schon Adolf II. von Holstein hatte versucht, durch den Wiederaufbau des zerstörten slawischen Lübecks eine ähnliche Kolonie zu gründen, war aber durch seine Differenz mit Heinrich dem Löwen gezwungen worden, seine Gründung 1158 diesem abzutreten. Etwa 30 Jahre später machte Adolf III. einen ähnlichen Versuch mit Hamburg, indem er neben der erzbischöflichen eine neue Stadt am jenseitigen Ufer der Alster gründete.

Bei der Gründung von Lübeck war Adolf II. selbst als Lokator aufgetreten, indem er einer Gesellschaft von Ansiedlern den für die Stadt bestimmten Bezirk gegen Grundzins überließ; Adolf III. aber griff wieder zu dem in den slawischen Ländern gebräuchlichen Verfahren. Er übertrug nämlich Wirad von Boizenburg erblich das Land, welches an die Alster grenzt, bis zur Mitte der Alster, unter Marktrecht, um hier einen Hafen anzulegen. „Der Graf gestattete ihm, auf dem Platz der Burg nebst dem angrenzenden Brok und dem Alsterwärder freie Bauplätze nach der Gerechtsame Lübecks anzulegen. Verbrechen sollen die Anbauer nach Lübecker Recht büßen. Von den Bußen fallen an Wirad und dessen Erben $^1/_3$, die übrigen $^2/_3$ an die Stadt". Durch das Privilegium Friedrich Barbarossas vom 7. Mai 1189 werden einige Punkte näher beleuchtet. „Die Hamburger dürfen die Weiden so weit benutzen, als das Vieh, wenn es morgens ausgetrieben wird, abends wieder heimgeführt werden kann. Sie sollen Macht haben, Holz zu fällen und den Ertrag der Waldungen wie bisher frei genießen. Von den Bußen für unrichtiges Maß bei Bier, Brot und Fleisch fallen $^1/_3$ dem Vogt, $^2/_3$ der Stadt zu. Will jemand in der Stadt Geld wechseln, so darf er es an jedem Ort thun, nur nicht vor der Münze, auch sollen die Hamburger Macht haben, die Pfennige nach

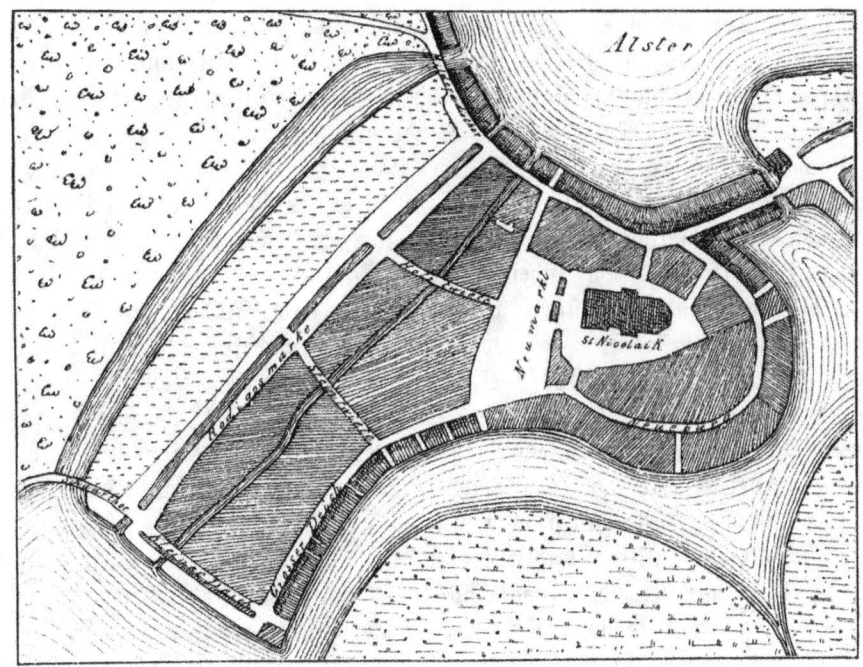

Plan von Neu-Hamburg.

ihrem Gewicht und ihrer Echtheit zu wardeien, d. h. zu untersuchen." Der von Wirad angelegte Hafen war das Fleet zwischen Neueburg, Hopfenmarkt, Deichstraße und Cremon, Katharinenstraße und Grimm. Schwieriger wird es jedoch, den Umfang der neuen Stadt zu bestimmen. Zunächst gehört hierher der Platz der neuen Burg, diese war von Herzog Ordulf erbaut, 1072 von den Wenden unter Kruko zerstört und seitdem nicht wieder hergestellt worden; als Nachfolger oder als Lehnsträger der sächsischen Herzöge waren die Grafen von Schauenburg die rechtmäßigen Herren des Bodens und konnten denselben also zum Bebauen ausweisen; ferner erhält Wirad den Alsterwärder. Da die Niedermühle bereits vorhanden und die Alster schon aufgestaut war, so kann hier von einem Alsterwärder nördlich von dem großen Burstah keine Rede sein, denn das Alsterbassin erstreckte sich auf beiden Seiten bis an den Fuß der Geest; wir müssen also die Umgegend des Rödingsmarkts, zwischen den beiden Fleten, als den Alsterwärder ansehen, welches auch stets zum Nikolai=Kirchspiel gehört hat. Fraglich bleibt es, was unter „angrenzenden Brok" zu verstehen ist. Man wird versucht, an die Insel zu denken, welche jetzt von der Katharinenstraße, Cremon und Mühren besetzt ist, diese Gegend ist schon früh, wohl noch im 12. Jahrhundert, jedenfalls im Anfang des 13. Jahrhunderts bebaut, allein sie hat niemals zum Nikolai=Kirchspiel gehört, und befand sich aller Wahrscheinlichkeit nach damals im Besitz des Domkapitels, denn noch im 13. Jahrhundert stand der Hosterbrook (Gras= brok) unter dem erzbischöflichen Schulzen. Wahrscheinlich ist die Gegend zwischen der Neuenburg und dem Deichstraßenflet darunter verstanden, und wir werden demnach den Umfang der neuen Stadt durch den großen Burstah, Bohnenstraße, Neueburg, Hopfenmarkt, Deichstraße, Kajen und Rödings= markt bezeichnen müssen.

Die alten deutschen Volksrechte reichten für den Handelsverkehr nicht aus, es wurden dadurch Verhältnisse ins Leben gerufen, welche den alten Deutschen unbekannt waren, und die sie daher in ihrer Gesetzgebung nicht hatten berücksichtigen können. In allen Städten herrschte daher das Bestreben, aus dem Bann der öffentlichen Gerichte befreit zu werden, also die Immunität zu erlangen, um die Rechtsfälle nach anderen, nach neueren Rechtsanschauungen entscheiden zu können. Diesem Bedürfnis entsprach Graf Adolf bei der Gründung Hamburgs durch das Privilegium, daß alle Verbrechen nach Lübecker Recht entschieden werden sollten, die neue Stadt also Immunität erhielt. Es war dies hier zwar kein Novum, schon Otto II. verlieh dem Erzbischof den Blutbann, das alte erzbischöfliche Hamburg besaß also volle Immunität; aber in der neuen Stadt sollte nicht nach Sachsenrecht, dem Sachsenspiegel, oder nach erzbischöflichem Recht, sondern nach Lübecker Recht entschieden werden, und das war ein wichtiger Unterschied. Da indessen die Dokumente der älteren Hamburger Geschichte größtenteils verloren gegangen sind, so müssen wir uns in anderen Städten umsehen, wenn wir uns ein Bild der damaligen Verhältnisse entwerfen wollen. Von besonderer Wichtigkeit für diesen Zweck ist Lübeck. Solange Lübeck im Besitz Adolfs II. war, blieb es dem Gaugericht untergeordnet; an der Spitze des Gerichts stand der Bürgermeister, welcher über kleine Vergehen nach Sachsenrecht entschied, alle schweren Verbrechen gehörten vor das Gaugericht. Lübeck bildete also nur eine Dorf= gemeinde, welche aus Kaufleuten bestand, aber keine Stadt. Erst durch den Übergang an Heinrich den Löwen, und zwar durch das Privilegium von 1163, erlangte Lübeck Stadtrecht, es schied aus dem Gauverband aus, erhielt Immunität, und ein von dem Herzog ernannter Vogt hielt das gebotene und ungebotene (echte) Ding und entschied nach Soester Recht. Das Gericht wurde auf öffentlichem Markt gehalten. Das ungebotene (echte) Ding, zu welchem jeder selbständige Mann, der eigenen Herd hatte, bei Strafe erscheinen mußte, fand dreimal im Jahre statt, das gebotene Ding, so oft es nötig war, doch bei diesem erschien nur, wer beteiligt war. Der Vogt besaß den Königsbann, nur er konnte Strafen an Leib und Leben verhängen. Auch erhob er die königlichen Gefälle. Vor das echte Ding gehörten alle Klagen in Erbschaftssachen und Grundeigentum, die Übertragung von Grund= stücken ꝛc., auch wurden Maßregeln zum Schutz der Stadt hier beraten. Zwar wurde den Lübeckern die Willküre nicht verliehen, „damit sie des Landes Richter sein Recht nicht kränken möchten", allein bei der raschen Entwickelung jener Zeit traten viele neue Verhältnisse auf, denen auch in dem Soester Recht noch nicht vorgesehen war, und die zu neuen Rechtssätzen nötigten. In dem Privilegium Friedrich Barbarossas von 1188 wurde daher den Lübeckern gestattet, das innerhalb ihrer Stadt geltende Recht so viel zu bessern, als ihnen nötig erschien, nur die den Beamten des Kaisers zustehenden Rechte durften sie nicht schmälern. Das aus dem Soester Recht durch Veränderungen und Zusätze entstandene neue Recht hieß nun das Lübecker Recht, welches Hamburg durch Adolf III. verliehen wurde. Obgleich wir keine Nachricht über das Hamburger Gerichtsverfahren besitzen, so dürfen wir ohne Zweifel annehmen, daß es dem Lübecker analog war, und von dem Vogt auf dem Markt, dem jetzigen Hopfenmarkt, Gericht gehalten wurde. Notwendig war es natürlich, daß auch der

Bezirk des Gerichts bestimmt wurde. In dem Privilegium von 1188 war den Lübeckern, wie den Hamburgern in dem Privilegium von 1189 gestattet worden, Wald und Weide der Umgegend so weit zu benutzen, als die Bürger früh morgens das Vieh aus der Stadt treiben und abends wieder zurückführen konnten, und so weit mußte auch ihr Recht, ihr Weichbild, reichen. Wenn dasselbe für Hamburg nun auch erst 1256 genauer begrenzt wurde, so ist doch im allgemeinen der Umfang wohl schon bei der Gründung der Stadt ausgesprochen worden, auch war derselbe eigentlich schon durch die Dorfschaften Ottensen, Eimsbüttel und Odersfelde (Harvestehude) gegeben; denn diese waren zur Zeit der Gründung von Neu-Hamburg ohne Zweifel schon vorhanden, obgleich sie erst später erwähnt werden.

War es nun auch das Hauptbestreben der Handelsstädte, gutes und schnelles Recht zu finden, so war doch die Aufrechthaltung des Friedens von ebenso großer Wichtigkeit für sie. Hier trat ihnen aber der deutsche Volkscharakter entgegen. Das deutsche Volk kannte nur den Mann in Waffen, überall, in der Volksversammlung, bei Gericht, beim Gottesdienst, bei Tanz und Spiel, bei Festmählern und Trinkgelagen erschien der freie Mann mit dem Schwert umgürtet, und da es nur von den Freien getragen werden durfte, war es das Kennzeichen des freien Mannes. Wenn auch der Kaufmann jener Zeit mit der Führung der Waffen vertraut sein mußte, so bildeten die Waffen doch stets eine Gefahr für den Frieden; es lag daher nahe, daß die Städte im Interesse des Friedens und der persönlichen Sicherheit das Tragen der Waffen innerhalb ihrer Mauern verboten, aber aus diesem Grunde mußte jeder Bruch des Friedens doppelt strenge bestraft werden. Dasselbe war der Fall in betreff der Ordnung auf dem Markte, und da nur den Kaufleuten die Bedürfnisse vollständig bekannt waren, so ist es sehr begreiflich, daß die Städte sich bemühten, die Selbstverwaltung zu erlangen, zu welchem Zweck ein Kollegium aus den angesehensten Einwohnern niedergesetzt wurde. In den aus den Fronhöfen oder Dörfern entstandenen Städten entstand dieser Rat aus den Beisitzern der Hofgerichte (den Schöffen oder Schaffern), in den aus den Bischofsitzen entstandenen Städten aus Ministerialen, Dienstmännern und Burgensen, in den Kolonialstädten waren aber diese Elemente nicht vorhanden, und die Bildung des Rates mußte in anderer Weise erfolgen. Unzweifelhaft hat Neu-Hamburg gleich anfangs einen Rat gehabt, da aber keine Urkunden die Zusammensetzung desselben erwähnen, so müssen wir unsern Blick wieder nach Lübeck wenden.

Unter Adolf II. hatte Lübeck keinen Rat, erst durch das Privilegium Heinrichs des Löwen wurde neben dem Vogt der Rat als Vertreter der Bürger eingesetzt, und „de stad vore to stande" sagt Dittmar. Der Herzog ernannte die ersten 6 Ratmänner aus den angesehensten Bewohnern, Bürgern der Stadt, und diese wählten noch 12 andere hinzu. Der Rat bestand also aus 18 Mitgliedern. Der Gewählte mußte 2 Jahre an allen Geschäften des Rats teilnehmen, das dritte Jahr war er frei und wurde nur bei sehr wichtigen Angelegenheiten zu den Sitzungen hinzugezogen. Die Mitglieder zerfielen also in thätige, welche den sitzenden oder neuen, und in ruhende, welche den alten Rat bildeten. Die Ratmänner mußten im vollen Besitze ihres Rechtes und ihrer Ehre sich befinden, in ihrem Eide unbescholten und von ehelicher, rechtmäßiger Geburt sein, von freiem Stande und als Freie geboren. Der Ratmann durfte in keinem Hörigkeitsverhältnis zu einem Herrn stehen, und die Stellung eines Beamten einer Herrschaft war mit der Würde unvereinbar, auch mußte er freies Grundeigentum besitzen. Hörige, welche erst durch ihren Aufenthalt in Lübeck frei geworden, und Handwerker wurden zum Rat nicht zugelassen, sondern nur Kaufleute. An der Spitze des Rats standen 2 Bürgermeister, welche jedoch bei ihrem Austritt aus dem Amte erst nach 6 Jahren wieder wählbar waren. Die Zahl der Ratsmitglieder war nicht fest bestimmt, sondern nach Bedürfnis bald kleiner, bald größer. Da Hamburg das Lübecker Recht verliehen wurde, so ist wohl anzunehmen, daß der Rat in Hamburg ähnlich organisiert wurde, und da der Graf die Stadt gründete, auch die ersten Ratmänner von ihm ernannt worden sind. Es ist das überhaupt ein charakteristischer Zug jener Periode, daß nicht die Bürger die Mitglieder des Rats erwählten, sondern der Rat von Anfang her sich selbst ergänzte, konsequenterweise mußten daher auch die ersten Ratmänner von einer höheren Macht ernannt werden. Im Altertum hatte die Gauversammlung die Fürsten, die Herzöge, selbst die Könige erwählt, während der Völkerwanderung und der nachfolgenden Zeit war der Einfluß des Volks immer mehr in den Hintergrund gedrängt und der Einfluß der Großen an dessen Stelle getreten; es war daher eine natürliche Folge, daß in den aus Höfen hervorgegangenen Städten die Großen, also die Ministerialen und Benefizialen, den Einfluß und die Macht ihren Kreisen zu erhalten suchten, aber auffallend ist es, daß die neugebildeten Städte mit einer gleichartigen, nur aus Freien bestehenden Bevölkerung sich derselben Richtung anschlossen, während doch sonst in den freien Städten manche urdeutsche Sitte wieder auflebte. Wie in Lübeck, standen auch in Hamburg 2 Bürgermeister an der Spitze des Rats, auch sind sie wohl erst nach 6 Jahren wieder wählbar gewesen, denn Wirard erscheint 1188 an der Spitze des Rats, dann aber erst 1195 wieder, während er 1190 die dritte Stelle einnimmt. (Die Urkunde, durch welche Adolf III. das Privilegium Friedrichs den Hamburgern bestätigt, ist von den Hamburger Ratmännern: Bromold, Esicus, Wirard, Standard und dessen Bruder Siegfried als Zeugen unterzeichnet.) Auch in dem Stadtrecht von 1270 ist bestimmt, daß ein Bürgermeister erst nach 6 Jahren wieder wählbar sein soll, aber 1276 wurde ein Bürgermeister schon nach 3 Jahren wieder gewählt, und in dem Stadtrecht von 1292 wird die Wiederwahl nach 3 Jahren gesetzlich gestattet.

In betreff der Wählbarkeit der Ratmänner haben in Hamburg wohl dieselben Grundsätze Geltung gehabt wie in Lübeck. § 3 des Stadtrechts von 1270 schreibt vor: "Weder Vogt, noch Münzmeister, Zöllner, Müller, noch Amtmann, noch einer, der an Stücken unseres Herrn teil hat, soll im Rate sein" und so sind auch Unfreie, unehelich Geborene, Handwerker und wer kein Erbe und Eigen in der Stadt hatte, von der Ratswahl ausgeschlossen. Dagegen scheint es in Hamburg nicht bestimmt, ob Vater und Sohn, oder zwei Brüder im Rat sitzen dürfen. 1190 finden wir zwei Brüder als Zeugen in der Urkunde Adolfs III. und in dem Stadtrecht von 1270 wird bestimmt, daß auch ein Bruder des Bürgermeisters erst nach 6 Jahren wieder gewählt werden kann, dagegen wird im Stadtrecht von 1292 festgesetzt, daß Vater und Sohn oder zwei Brüder nicht gleichzeitig im Rat sitzen sollen.

Es mag hier müßig erscheinen, auf die Frage einzugehen, ob, wie in Lübeck, alljährlich ⅓ der Ratmänner austrat oder nicht; auf die Entwickelung der Verfassung muß es indessen von Einfluß gewesen sein. J. M. Lappenberg sagt: "Es ist sehr beachtungswürdig, daß unsere ältesten Nachrichten eine jährliche gänzliche Erneuerung oder ein wirkliches Austreten eines Drittteils desselben, wodurch seine Mitglieder nur Jahresverwalter einer demokratischen Stadt geworden wären, nicht kennen." In Hamburger Dokumenten begegnen wir allerdings nirgends einer so bestimmten Vorschrift, wie in dem Privilegium Heinrichs des Löwen für Lübeck: "des dridden jares scall he wesen vry van deme rade", aber das Stadtrecht von 1292 schreibt ausdrücklich vor: "Vor St. Peterstag sollen die Ratmannen zusammengehen, alte und neue, und sollen übereinkommen, welche neue Ratmannen sie haben wollen, ob sie 6 oder 4 oder 2 wählen wollen" und „Am St. Peterstage sollen die Ratmänner, welche das Jahr im Rat gewesen sind, 14 alte Ratmänner wählen", es geht hieraus unzweifelhaft hervor, daß 1292 in Hamburg nur ein Teil der Ratmänner zur Zeit im Rate saß, daß diese alljährlich erneuert wurden, und daß es also ebenso wie in Lübeck hier einen alten und neuen Rat gab. Es ist daher wohl nicht zu bezweifeln, daß diese Einrichtung schon von Anfang an in Hamburg eingeführt war, aber es läßt sich nicht nachweisen, ob jedes Jahr ein Drittel der

Ratsmitglieder ausschied. Wie in Lübeck ist auch in Hamburg die Zahl der Ratsmitglieder nicht fest bestimmt, sondern von dem Bedürfnis abhängig, der Rat mußte alljährlich vor dem St. Petritag (22. Februar) erst darüber Beschluß fassen.

Eine eigentümlich hamburgische Institution war das Kollegium der Wittigsten, oder, wie sie einmal 1288 genannt werden, der Weisesten, welche neben dem Rat gesetzgebende Gewalt hatten. Das Stadtrecht von 1270 bestimmt: „Es soll kein Ritter in der Stadt wohnen, wenn die Wittigsten es nicht erlaubt haben" und in dem Eingang des Stadtrechts von 1292 heißt es: „thut der Rat und die Wittigsten von Hamburg wißlich allen denen kund", und in § VIII: „Es soll kein Ritter in dem Weichbild wohnen, das haben die Wittigsten erlaubt und gewillküret bei ihrem Eide." Allein es ist bis jetzt nicht nachzuweisen, aus welchen Personen das Kollegium der Wittigsten bestand. Man ist daher auf Vermutungen angewiesen; einige haben an die abgetretenen Ratmänner gedacht, andere an Kirchengeschworene, Älterleute der Handwerker ꝛc. In Lübeck und in ähnlichen Städten finden wir auch keinen Aufschluß, dagegen begegnen wir in Köln, Bremen, Stade ꝛc. einem Witziggeding, d. h. einem Gerichte, welches an Stelle des Gaugerichtes getreten war, und die Wittigsten würden demnach die Beisitzer, die Urteiler dieses Gerichtes sein, es dürfte Neu-Hamburg diese Einrichtung aus der erzbischöflichen Stadt herübergenommen haben. Wie in allen Städten bildete auch in Hamburg der Rat die eigentliche Obrigkeit der Stadt, er hatte die Aufsicht über den inneren Frieden, über die im Handel gebrauchten Maße und Gewichte und das Strafrecht über alle diejenigen, welche die bestehenden Vorschriften übertreten hatten; ferner hatte er die Verwaltung des städtischen Gutes und die Anstellung aller Beamten und Dienstleute, die Sorge für die Verteidigung der Stadt und die Verhandlung mit anderen Städten und Staaten, die Führung der Stadtsiegel und die Aufbewahrung der Stadtprivilegien, die Aufsicht über die Handwerker und die Wirte, daher wurde auch die Brottaxe von dem Rat bestimmt. Die Gesetzgebung ging allmählich ganz in die Hand des Rates über, und ebenso die Führung der Stadterbebücher. In dem Privilegium Adolfs III. findet sich keine Vorschrift über die Bewohner, welche die neue Stadt aufnehmen soll, es lag aber schon in der Natur der ständischen Verhältnisse, daß nur Freie in einer solchen Stadt sich ansiedeln konnten. In der Bestimmung des Privilegiums Heinrichs des Löwen für Lübeck, daß Hörige, welche Jahr und Tag unangesprochen dort gewohnt hatten, frei sein sollen, liegt indirekt wohl die Bestimmung, daß in Lübeck nur Freie wohnen konnten. Für Hamburg ist ein solches Recht nicht besonders erwähnt, doch mußte bei den neu aufgenommenen Bürgern der Bürge die Gewähr leisten, daß derselbe kein Leibeigener und kein Wende sei. Auch in Lübeck wurden Wenden zum Bürgerrecht nicht zugelassen, sie durften in der Stadt wohnen, aber mußten für den Schutz einen Leibzoll bezahlen. Es ist daher vorauszusetzen, daß auch in Hamburg von Anfang her nur freie Männer, oder solche, die sich den Anschein der persönlichen Freiheit gaben, zugelassen wurden. Wie wir oben schon gesehen haben, wurde 1270 und 1292 bestimmt, daß in der Stadt kein Ritter wohnen dürfe, und hierin unterschied sich die neue Stadt wesentlich von der benachbarten erzbischöflichen, vielleicht, daß gerade die dortigen Verhältnisse die Bürger veranlaßten, durch eine solche Vorschrift das Aufkommen der Geschlechter und ein Übergewicht derselben zu verhindern. Wie sehr aber die Hamburger bemüht waren, die Unabhängigkeit der Bürger zu sichern, geht aus der Vorschrift des Stadtrechtes von 1270 hervor: „Kein Bürger soll Herrengut kaufen oder in Pfand nehmen, weder die Mühle, den Zoll oder sonst ein Gut." Sie kennzeichnet die in Neu-Hamburg herrschende Richtung. Ebenso bezeichnend ist es auch, daß wahrscheinlich in der Stadt keine Leibeigene als dienende Klasse geduldet worden sind; während in den älteren Städten selbst die hörigen Handwerker leibeigene Knechte und Mägde hatten, schreibt das Hamburger Recht vor: „Wenn jemand seinen Knecht vor der rechten Zeit aus seinem Dienst vertreibt, soll er ihm seinen vollen

Lohn geben. Verläßt der Knecht seinen Herrn aus Mutwillen, soll er seinem Herrn wieder auskehren, was er ihm gegeben hat. Dasselbe soll sein zwischen Frauen und Mägden." Der Knecht ist also dem Herrn gleichberechtigt, ja er kann sogar vor Gericht für seinen Herrn Zeugnis ablegen, und der Totschlag eines Knechtes wird bestraft, wie der eines Bürgers. Wenn auch in der ersten Hälfte des 13. Jahrhunderts in Italien und in Südfrankreich die Freilassung aller Sklaven von einsichtsvollen Männern befürwortet wurde, und manche Städte ihren Sklaven die Freiheit schenkten, so dauerte der Sklavenhandel doch ungeschwächt fort, nicht nur Venedig und Genua, sondern auch die süddeutschen Städte, namentlich Wien und Regensburg, trieben einen gewinnbringenden Sklavenhandel nach dem Orient, und selbst 1333 verkaufte Konrad, der Truchseß von Urach, zwei Frauen an das Kloster Lorch für drei Pfund Heller. Wenn also etwa ein Jahrhundert später selbst ein Kloster noch Sklavenhandel betrieb, so muß die Stellung, welche die Hamburger der dienenden Klasse bewilligten, in einem um so schöneren Licht erscheinen. Eine andere Frage tritt uns allerdings hier entgegen, nämlich die, woher die Hamburger ihre Dienstboten nahmen? Sind es Kinder von Freien, sind es entlaufene Sklaven oder von dem Herrn freigekaufte Sklaven? Auf diese Frage werden wir schwerlich Antwort erhalten, aber die den Dienern eingeräumte Stellung beweist, mit welcher Konsequenz die Hamburger den Grundsatz festhielten und ausführten, die Stadt solle nur eine Gemeinde von Freien sein.

Über die Erwerbsquellen der Hamburger Bürger geben uns die Urkunden nur wenig Auskunft. Vorzugsweise waren es Kaufleute, denn nur aus diesen durften die Ratmänner erwählt werden, hauptsächlich werden sie Fluß- und Seehandel betrieben haben. Die Anlage des Hafens wies die Bürger der Neustadt auf den Seehandel hin. Und mit welcher Einsicht sie denselben betrieben, beweist unser Schiffrecht. Die ältesten Handschriften stammen zwar erst aus der Zeit von 1292 bis 1306, doch ist es jedenfalls älter als das Stadtrecht von 1270, denn 1256 waren, wie aus einem Schreiben des Hamburger Rats hervorgeht, Lübecker Ratmannen nach Hamburg gekommen, um sich über mehrere Punkte der Schipseghelinghe zu beschweren, namentlich über Berglohn, Ansegeln, Ersatz der geworfenen Güter ꝛc. Eine Einigung der Städte erfolgte damals nicht, erst später wurden die Hamburger Grundsätze von Lübeck und dann von den übrigen Städten angenommen. Durch Urkunden ist der Handel Hamburgs nach England seit 1224, nach Flandern seit 1236, Holland 1243, Utrecht 1244 und nach Norwegen seit 1264 nachgewiesen. Eigentümlich muß es demnach erscheinen, daß in dem Privilegium Friedrichs I. den Hamburgern die Viehtrifft und die Benutzung der Waldungen, d. h. also der Eichelmast zugesichert wird, und man müßte demnach erwarten, daß wenigstens ein Teil der Bürger damals Viehwirtschaft betrieben habe. Von Ackerwirtschaft kann zwar bei dem geringen Umfang des Weichbildes keine Rede gewesen sein, aber wollte man aus dieser Bestimmung des Privilegiums schließen, daß die Viehzucht ein Erwerbzweig der Hamburger Bürger gewesen sei, so würde das ebenso ein Fehlschluß sein, wie der mancher Chronisten, welche erzählen, Hamburg sei ein Fischerdorf gewesen, weil in dem Privilegium ihnen die Fischerei in der Elbe zwei Meilen oberhalb und unterhalb der Stadt und in der Bille eine Meile freigegeben wurde. Ohne Zweifel werden neben den Kaufleuten sehr bald sich auch Handwerker in der neuen Stadt niedergelassen haben, aber diese nahmen eine ganz andere Stellung ein, als in der alten Stadt. Sie waren nicht zu Innungen vereinigt, in denen das Handwerk erblich war, ihnen war von der Herrschaft keine besondere Straße zum Wohnen und für ihre Werkstätten, keine besondere Gebäude für den Verkauf ihrer Produkte, Fleischschrangen, Brotschrangen angewiesen, sondern sie wohnten und arbeiteten, wo sich ein ihnen passendes Gebäude fand, daher hat die Neustadt auch keine Schuster-, Schmiede-, Gerber-, Filter- ꝛc. Straße aufzuweisen. Später traten allerdings auch hier die Handwerker zu Zünften zusammen, um sich gegen die Übermacht der reich gewordenen Kaufleute zu schützen, allein die Zünfte sind ganz wesentlich verschieden von den Innungen der hörigen Handwerker.

Ursprünglich besaßen die Bürger in dem echten Ding einen nicht unbedeutenden politischen Einfluß. Unter dem Vorsitz des Vogtes hatten sie über Krieg und Frieden, über die Verteidigung der Stadt, über Veränderungen der Gesetze und im Grundeigentum ꝛc. zu entscheiden. Zwar waren nur die erbgesessenen Bürger zum Erscheinen in dem echten Ding berechtigt und verpflichtet, wenn man aber bedenkt, daß in jener Zeit das Vermieten einer Wohnung zu den Ausnahmen gehörte, daß die Häuser nur einstöckig waren, also geringen Bauwert hatten, so müssen fast alle Bürger, welche ein selbständiges Geschäft betrieben, ein eigenes Grundstück im Besitz gehabt haben, also erbgesessen gewesen sein. Gegen das echte Ding machten sich aber zwei Einflüsse geltend. Den großen Kaufleuten, welche oft längere Zeit von Hamburg abwesend waren, wurde die Pflicht sehr lästig, dreimal jährlich in dem echten Ding zu erscheinen; kamen sie aber nicht, so erlangten die Handwerker das Übergewicht, und es ist daher begreiflich, daß sie die Bedeutung des echten Ding einzuschränken suchten. Der Rat hatte dagegen das Bestreben, den Vogt zu beseitigen oder seinen Einfluß wenigstens abzuschwächen, und er suchte daher ebenfalls, das echte Ding durch andere Einrichtungen zu ersetzen. Endlich waren auch die Handwerker mit der Beseitigung einverstanden, damit sie die Zeit, welche sie im echten Ding zubringen mußten, in ihrem Geschäft verwerten konnten. Die Hauptveranlassung gaben aber die Vögte selbst. Der vom Grafen ernannte Vogt wechselte sehr oft, er brachte keine oder nur sehr geringe Kenntnisse der hiesigen Verhältnisse mit und hatte meistens nur das Interesse, die Gerichtsbußen zu erheben. Es war ganz natürlich, daß die beiden Ratmänner, welche als Beisitzer auf der Dingbank saßen und ursprünglich nur die Aufgabe hatten, die gezahlten Bußen zu kontrollieren und den städtischen Anteil in Empfang zu nehmen, allmählich einen größeren Einfluß auf den Rechtsgang erlangten und die Person des Vogtes immermehr in den Hintergrund drängten. Da der Rat eine bessere Kenntnis des Hamburger Rechtes besaß als der Vogt, und bei dem Rat die Entscheidung viel schneller und sicherer erfolgte, so unterwarfen die Parteien sehr oft sich lieber dem Urteile des Rats, und die ganze Rechtspflege gelangte allmählich in dessen Hände. Das Grundeigentum hat in dem politischen Leben der Deutschen stets eine große Bedeutung gehabt, und da auch in den Städten der Grundbesitz politische Rechte gewährte, so hatten die Bürger ein Interesse daran, daß es nicht in unrechte Hände gelangte. Das Hamburger Stadtrecht schrieb daher vor, daß jeder Bürger, welcher sein Erbe verkaufen wollte, es erst seinen Nachbarn anbieten müsse. Solange der Grundbesitz den eigentlichen Wertmesser bildete, genügte es, daß der Besitzer eines Grundstücks auf dem echten Ding vor vielen Zeugen als solcher anerkannt wurde; nachdem aber das Metallgeld sich vermehrte und im Verkehr zu einer größeren Bedeutung gelangte, seitdem man Grundeigentum als Pfand für ein geliehenes Kapital annahm, wurden die Verhältnisse bald so verwickelt, daß sie nicht mehr vor dem echten Ding ordnungsmäßig verhandelt werden konnten, und diese Einrichtung manche Übelstände und Unsicherheiten im Gefolge hatten. Es lag daher nahe, daß der Rat dahin strebte, auch die Aufsicht über alle Veränderungen im Grundeigentum zu erlangen, um die Rechte aller Bürger zu schützen. Nach und nach wurde es gebräuchlich, daß alle Veränderungen im Grundbesitz durch Verkauf, Verpfändung, Vererbung ꝛc. vor zwei Ratmännern vollzogen werden mußten, infolgedessen sich aber ein neues Bedürfnis geltend machte.

Bisher mußte der Besitz eines Grundstücks durch zwei Zeugen nachgewiesen werden, und solange dem echten Ding die Aufsicht über das Grundeigentum oblag, war es leicht Zeugen zu stellen, welche bei der Zuerkennung des Besitzes gegenwärtig gewesen waren. Dies wurde jetzt anders, die beiden Ratmänner konnten sterben, die Stadt verlassen oder zur Zeit auf Reisen sein, und dann wurde es dem Besitzer oft sehr schwer, vielleicht ganz unmöglich, zwei gute Zeugen beizubringen. Ferner hatten bei Verpfändungen die Parteien ein großes Interesse daran, daß die Zahlen sicherer aufbewahrt wurden als dies durch das Gedächtnis möglich war. So entstand das Stadterbebuch, in welchem alle Veränderungen im Grundeigentum verzeichnet werden mußten, es wurde demselben das vollgültige Zeugnis vor Gericht zuerteilt, und die Eintragung einer Schuld gewährte das Pfandrecht an das Erbe. Das 1248 in Hamburg eröffnete Stadterbebuch ist eine wichtige Quelle für die Geschichte des Grundeigentums geworden. In den Händen des Rats vereinigte sich demnach die ganze Gewalt, während der Einfluß der Bürger mehr und mehr in den Hintergrund trat, daraus entwickelten sich aber wieder neue Verhältnisse. Nachdem das echte Ding sein Ansehen verloren hatte und endlich ganz aufgehoben wurde, berief bei wichtigen Angelegenheiten der Rat zu seinen Versammlungen angesehene Bürger, die Kirchengeschworenen, die Älterleute der Handwerker ⁊c. (die Wittigsten sapientiores?), um mit ihnen zu beraten. Obgleich diese Körperschaft keine bestimmbare Grenzen und keine gesetzliche Grundlage hatte, so hat sie doch in vielen Städten über ein Jahrhundert vortreffliche Dienste geleistet, namentlich für die Erhaltung des inneren Friedens.

Graf Adolf III. schenkte der neuen Stadt viele Begünstigungen, welche in dem Privilegium Friedrichs I. vom 7. Mai 1189 zusammengefaßt sind. Den Hamburgern wird die freie Fahrt auf der Elbe bis zum Meere mit ihren Schiffen, Waren und Leuten gewährleistet; von fremden Gütern, welche sie einführen, sollen sie Zoll entrichten, doch haben sie nur einen Boten nach Stade zu senden, um nach ihrer eidlichen Erklärung den Zoll dort zu bezahlen. Heinrich der Löwe hatte den Lübeckern Zollfreiheit im ganzen Herzogtum Sachsen verliehen, dies konnte der Graf den Hamburgern 1189 nicht auswirken, aber in seinen Landen, in Holstein, Stormarn und Wagrien, erteilte er ihnen ebenfalls Zollfreiheit. Von großer Wichtigkeit war es, daß in der Grafschaft niemand Waren oder sonstige Güter, welche ein Hamburger erworben hatte, anhalten durfte, sie mochten zu Wagen oder zu Schiff verführt werden, es sei denn, er könne durch Zeugen beweisen, daß der Hamburger nach Erwerb der Ware noch etwas verbrochen habe. Wie die Lübecker waren auch die Hamburger vom Kriegsdienst ganz befreit, selbst von der Verteidigung des Landes. Wer zu jener Zeit in Deutschland wegen seiner Freiheit angesprochen wurde, konnte dieselbe nur durch zwei gute Zeugen vor Gericht erweisen. Lübeck hatte 1188 das Recht erworben, daß jeder Bürger im ganzen deutschen Reich durch einen Eid seine Freiheit beweisen konnte, wenn aber ein Holsteiner einen Lübecker in der Stadt ansprach, dann brauchte er nur nachzuweisen, daß er Jahr und Tag in Lübeck gewohnt hatte, ohne angesprochen zu sein. Diese für jene Zeit sehr wichtige Bestimmung fehlt in dem Hamburger Privilegium, doch haben die Hamburger dieses Recht später häufig in Anspruch genommen, auch sind ähnliche Bestimmungen in dem Stadtrecht von 1270 aufgenommen worden.

Die mancherlei wichtigen Vorteile, welche den Ansiedlern geboten wurden, haben unzweifelhaft ein rasches Aufblühen der neuen Stadt zur Folge gehabt, indessen dürfen wir uns keine zu große Vorstellung von dem Ort machen. Die Häuser waren von Holz und einstöckig, die Straßen ungepflastert und so schmal, daß nur an einigen Stellen zwei Wagen einander ausweichen konnten, und bis zum großen Brande von 1842 hatten noch manche dieser Straßen, wie z. B. der große Burstah, die Bohnenstraße, die Görttwiete, Steintwiete ⁊c. eine geringe Breite. Wagen kamen selten in die Stadt, und die Waren wurden nicht auf Wagen, sondern auf sogenannten Schleifen, eine Art Holzschlitten, meistens aber zu Wasser befördert, da die Warenlager fast ausschließlich am Wasser lagen. Ansehnliche öffentliche Gebäude hatte die Stadt wohl nicht aufzuweisen. Außer der Kirche werden ein Rathaus, ein Ratsweinkeller, die Salzkanne, d. h. ein Lagerhaus für Salz[24]), das Büttelhaus, wo Verbrecher und Landstreicher eingesperrt wurden, und die Münze erwähnt, aber wir erfahren nicht, in welchem Stil und aus welchem Material sie erbaut waren, oft nicht einmal in welcher Straße diese Gebäude gelegen haben. Vermutlich werden sie von Holz erbaut gewesen sein, weshalb auch nicht einmal zu erwarten ist, daß bei Aufgrabungen vielleicht die Fundamente noch aufgefunden werden könnten. Alle Straßen waren übrigens damals bedeutend niedriger als jetzt und auf dem kleinen Burstah hat man z. B. bei tieferen Aufgrabungen drei übereinander liegende Straßenpflaster entdeckt, mithin muß die Straße im Laufe der Jahrhunderte dreimal erhöht worden sein. Das verliehene Recht wurde in Hamburg allmählich verändert und durch neue Artikel vermehrt. Dieses sogenannte Hamburger Recht wurde wieder anderen Städten verliehen, z. B. 1235 Oldenburg in Wagrien, 1236 Plön, 1242 Kiel, 1244 Neustadt in Wagrien ꝛc., auch Riga nahm 1270 das Hamburger Recht an. Unter allen Stadtrechten war das Hamburger das erste, welches bei der Zusammenstellung der Artikel eine systematische Ordnung einführte, andere Stadtrechte folgten erst später dem gegebenen Beispiel. In Hamburg lagen also, ähnlich wie z. B. heute noch Altona und Ottensen, zwei städtische Gemeinden unmittelbar nebeneinander nicht nur mit getrennter Verwaltung, sondern auch nach ganz verschiedenen Rechtsgrundsätzen geordnet. Der tägliche Verkehr der Bewohner miteinander mußte jedoch eine Vermittelung dieser Unterschiede wünschenswert machen, was hier nicht mit so großen Schwierigkeiten verbunden war, da Alt=Hamburg eigentlich keine alte Stadt war. Die althergebrachten Anschauungen hatten in den Familien keine so starke Wurzeln geschlagen und beherrschten nicht so tief das Fühlen und Denken der Menschen als in vielen anderen Bischofstädten, welche sich allmählich und ohne wesentliche Störungen entwickelt hatten.

Als der Erzbischof 1111 beschloß, Hamburg wieder aufzubauen, mußten auch die Bewohner erst herbeigezogen werden. Nordalbingien war durch die Raubzüge der Slawen während der letzten 40 Jahre entvölkert, aus der Umgegend von Hamburg durfte man also auf keinen Zuzug rechnen. Ministeriale, hörige Handwerker und Knechte konnte der Erzbischof von den erzbischöflichen Höfen im Bremer Stift nach Hamburg versetzen, aber die Kaufleute konnte er nur dadurch veranlassen, ihren bisherigen Wohnort aufzugeben, wenn er ihnen in Hamburg bessere Bedingungen gewährte. Das Stadterbebuch beweist noch Mitte des 13. Jahrhunderts durch viele Familiennamen, daß eine Einwanderung aus anderen Städten stattgefunden haben muß, wir finden z. B. von Gröningen, von Boizenburg, von Magdeburg, von Lüneburg, von Brema, von Stade ꝛc. Als später Nordalbingien wieder besser bevölkert war, werden allerdings auch aus der Umgegend manche Familien nach Hamburg gezogen sein, denn im Stadterbebuch finden sich z. B. von Barenvelt, von Berger=thorp, von Borstolde, von Eppendorp ꝛc., doch mögen diese sich vorzugsweise in Neu=Hamburg niedergelassen haben. Für die freiere Entwickelung der Verfassung von Alt=Hamburg wurde es von großer Bedeutung, daß die Erzbischöfe nicht mehr in Hamburg residierten, dem Dompropsten gegenüber konnten die Bürger neue Forderungen leichter durchsetzen und die erlangten Rechte und Freiheiten besser behaupten. Über die Rechte und Freiheiten von Alt=Hamburg giebt uns keine einzige Urkunde Aufschluß, wir müssen uns daher in anderen Städten umschauen.

Der Rat war zu dieser Zeit in den Bischofstädten sehr verschieden organisiert und mit sehr verschiedenen Rechten ausgestattet, überhaupt war das Institut noch in der Bildung begriffen. Die Zahl der Mitglieder schwankt zwischen 12 und 40, die Mitglieder verwalten ihr Amt ein oder mehrere Jahre oder lebenslänglich, sie werden vom Bischof ernannt, oder der Rat ergänzt sich selbst, oder die Wahl geschieht gemeinschaftlich, überall besteht der Rat aus Ministerialen und Burgensen. In Hamburg wird der Rat sich selbst ergänzt und die Mitglieder ihr Amt lebenslänglich verwaltet haben, da beides stets als selbstverständlich angesehen wurde, auch werden wahrscheinlich schon Bürger=meister an der Spitze des Rates gestanden haben.

In den meisten Städten fanden die Ratsversammlungen im Bischofshof statt, die Bischöfe wachten zum Teil ängstlich darüber, daß hierin keine Änderung geschah, ja wenn der Rat während der Abwesenheit des vertriebenen Bischofs ein besonderes Rathaus erbaut hatte, setzte der Bischof nach seiner Rückkehr alle Mittel in Bewegung, bis der Rat sich wieder im Bischofshof versammelte, wie z. B. in Worms; der Rat hatte ein prachtvolles Rathaus erbaut, das schönste Gebäude am Rhein, aber der Bischof ruhte nicht, bis dasselbe am 2. Mai 1232 zerstört wurde. Da der Erzbischof in Hamburg nicht residierte, war auch kein Grund vorhanden, die erzbischöfliche Pfalz, die Wideburg, wieder zu erbauen, der Rat wird daher schon sehr bald ein eigenes Rathaus erbaut haben, im Stadterbebuch werden manche Grundstücke bezeichnet (sitam apud Domum Consulum in antiqua civitate), doch ist nicht bekannt, in welcher Straße dasselbe gelegen hat.

Auch über die Gerichtsverfassung sind wir nicht unterrichtet. Ein erzbischöflicher Vogt oder Schultheiß wird nirgends erwähnt, und doch ist es sehr unwahrscheinlich, daß dem Rat schon Anfang des 12. Jahrhunderts die Verwaltung des Gerichts übertragen worden sei, denn die rheinischen Städte erlangten erst gegen Ende des Jahrhunderts das Recht, den Vogt zu ernennen. Möglich wäre es zwar, daß Erzbischof Friedrich IV. dem Grafen von Schauenburg die Gerichtsvogtei von Hamburg verliehen habe, und der von dem Grafen ernannte Vogt dem Gericht in Alt- und Neu-Hamburg vorstand; gegen Ende des 13. Jahrhunderts scheint in Hamburg nur ein Vogt gewesen zu sein, denn das Stadtrecht von 1270 bestimmt in Art. 3: „Weder Vogt, noch Münzmeister, Zöllner, Müller noch Amtmann soll im Rate sein." In den Bischofstädten wurden die Ratmänner meliores, potiores oder prudentissimi z. B. in Speier 1226, in Regensburg 1233, genannt und 1259 kommt zuerst in Köln die Bezeichnung Consules vor, während in Hamburg nur die letztere gebräuchlich war, was auch wohl auf eine wesentliche andere Stellung des Rats in Hamburg hindeutet. Von einem bedeutenden Einfluß auf die Entwickelung der Verfassung von Alt-Hamburg mag die dänische Herrschaft von 1201—1225 gewesen sein. Waldemar II. hatte Hamburg 1201 erobert, aber er wird sich in seinem rücksichtslosen Vorgehen wenig darum bekümmert haben, daß Alt-Hamburg nicht dem Grafen Adolf, sondern dem Erzbischof gehört hatte, er behandelte die Stadt einfach als seine Eroberung, daher als seine Stadt, und bekümmerte sich noch weniger um die Rechte des Erzbistums, nachdem die Bremer 1207 abermals den Bischof Waldemar, seinen Gefangenen, zum Erzbischof erwählt hatten. Und ebensowenig wird sein Stellvertreter, Graf Albrecht von Orlamünde, als Statthalter von Nordalbingien geneigt gewesen sein, sich in der Verwaltung von Hamburg durch den Erzbischof beschränken zu lassen, er wird alle Einrichtungen geschaffen haben, welche nach seiner Überzeugung das Aufblühen Hamburgs befördern möchten. Vermutlich wird sich in Hamburg jetzt ein ähnlicher Vorgang vollzogen haben, wie in Prag, Albrecht wird Alt-Hamburg die wichtigsten Rechte verliehen haben, welche das Aufblühen von Neu-Hamburg so sehr befördert hatten, und dadurch die Verfassungen beider Städte einander mehr genähert haben, doch werden wir bei der Vereinigung beider Städte auf diesen Punkt zurückkommen.

Die Hauptstraße der Neustadt war der Burstah, doch scheint sie in jener Zeit noch keinen besonderen Namen geführt zu haben, die Häuser wurden teils durch „Bei der Mühlenbrücke", teils „Bei der Nikolaikirche" oder „Vor dem Mildendor" bezeichnet, der Name „Burstade" oder „Burstat" kommt erst seit 1332 vor. Die Nordseite war unbebaut und diente den auf der Alster herabkommenden Schiffen als Landungsplatz. Der Marktplatz der Neustadt wurde zur Unterscheidung von dem Markt in Alt-Hamburg „der neue Markt", seit 1346 gewöhnlich der Hopfenmarkt genannt. An demselben lagen die Hauptgebäude der Stadt. Im Osten die Nikolaikirche, auf der Westseite das Rathaus, 1294 das steinerne Rathaus genannt, südlich davon die Salzkanne, nördlich, vielleicht schon am kleinen Burstah, das Weinhaus oder der Weinkeller. In der Nähe der Holzbrücke stand der Brotschrangen, in der Mitte des Marktes der Fleischschrangen und das Büttelhaus, nur das Hallhaus der Schuster fehlte. Vom Hopfenmarkt nach dem Burstah führte die Schmiedestraße, welche erst später den Namen „kleiner Burstah" erhielt. Die Neueburg führte in einem Bogen von der Mühlenbrücke bis zum Hopfenmarkt um die Kirche herum, der Name „Bohnenstraße" für den nördlichen Teil kommt erst seit 1442 vor. Zwischen der Neuenburg und dem Grimm war der Hafen der Neustadt, und zwischen den Häusern führten schmale Wege zu einem Landungsplatz, welche wahrscheinlich besondere Namen hatten, z. B. Löwenstade. Von der Neuenburg führten zwei kurze Straßen nach dem Nikolaikirchhof, der Mühlenbrücke gegenüber der Nikolai-Stegel, später Hahntrapp genannt, und etwas weiter östlich die Brotlosetwiete, später die Brotlose- oder Korbmachertwiete genannt. In der Nähe der Brotlosentwiete lag die Halle, das Verkaufshaus der Schuster in der Neustadt. Es soll dies das einzige Gebäude sein, welches der Sage nach bei dem großen Brande von 1284 verschont blieb. Wie im Norden durch den Burstah, so war der niedrige Teil der Stadt auch im Süden durch einen Deich gegen Überschwemmungen geschützt. Die Strecke längs der Deichstraße hieß der große Deich und der übrige Teil bis zum Rödingsmarkt der kleine Deich. Die Häuser in der Deichstraße wurden als „Beim Deich" bezeichnet, doch kommt schon 1304 der Name Deichstraße vor. Die Häuser auf den Kajen wurden anfangs als „Hinter dem Deiche" bezeichnet, später kommt der Name „kleine Deichstraße" und seit 1465 erst Kajen vor. Zur Verbindung des Hopfenmarktes mit dem Rödingsmarkt diente die Holztwiete, holtene Twiete, später Gruttetwiete, endlich Görttwiete oder Grütztwiete genannt, und von der Deichstraße führte die Steintwiete nach dem Rödingsmarkt, anfänglich „die Twiete beim Deich", später „Steinweg" oder „Deichtwiete" genannt, doch kommt schon 1271 der Name „Steintwiete" vor. Der Rödingsmarkt, welcher sich wegen seiner eigentümlichen Bebauung von den übrigen Teilen der Stadt unterschied, bildete noch bis 1563 eine besondere Abteilung des Stadterbebuches²⁵), welche durch das Deichstraßenflet, ursprünglich nur ein Entwässerungsgraben, begrenzt war. Das Flet in der Mitte der Straße ist wohl schon bald nach der Gründung von Neu-Hamburg hergestellt worden, auch werden die beiden Brücken schon früh erwähnt. Die Benennung „Markt" ist sehr späten Ursprungs, der ursprüngliche Name war Rodigesmarke, Rodersmarke, Rodinghesmarke ꝛc., also „Marke", d. h. Grenze, später kommt Rödingsmarkede vor, welches endlich in Rödingsmarkt überging. Westlich vom Rödingsmarkt am Flet hinter der Herrlichkeit war die Stadt durch eine Mauer, anfangs eine Holzwand, Palisaden, geschützt und durch einen früheren Alsterarm von der gegenüberliegenden Geest getrennt. Am Ende des Burstah bildete das „Milderadisthor" oder Milderdor den Haupteingang zur Stadt. Neben dem Milderthor in der Alster lag das Küterhaus der Neustadt, und bald nach Gründung des Marien-Magdalenen-Klosters wurde von den Franziskanern am Rödingsmarkt neben dem Thor das Heilige Geist-Hospital erbaut. Am Südende der Mauer bildete das Scharthor, Scordor, einen zweiten Zugang zur Stadt, doch scheint die Brücke über das Flet ursprünglich nur für Fußgänger bestimmt gewesen zu sein.

Das Hospital St. Georg.

Durch die aus dem gelobten Lande zurückgekehrten Kreuzfahrer war der Aussatz (Lepra) im Abendland eingeschleppt worden und hatte infolge der leichten Ansteckung eine rasche Verbreitung gefunden. Da die Krankheit durch keine ärztliche Mittel Heilung fand, steigerte sich die Aufregung der Bevölkerung, und die Seuche richtete immer ärgere Verheerungen an. Die von der Krankheit Ergriffenen, die Aussätzigen oder Leprosen, wurden zuerst durch ein höllisches Feuer in den Eingeweiden gepeinigt, welches allmählich eine Erschlaffung und Lähmung aller Glieder verursachte, dann verwandelte sich, zuerst im Gesicht, die Haut des Kranken in eine spröde, hornartige Schorfdecke, in deren Rissen Geschwüre und Eiterbeulen entstanden, die furchtbare Schmerzen verursachten, und wenn dann ein Körperteil nach dem andern zerfressen war, endete ein schleichendes Fieber oft erst nach jahrelangem Leiden das Leben der Unglücklichen. Die Furcht vor der Verbreitung der entsetzlichen, unheilbaren Krankheit verhärtete das Gemüt der Gesunden. Da die Erkrankten nicht zu retten waren, mußte man versuchen, die übrigen Menschen gegen Ansteckung zu schützen und ergriff dasselbe Mittel wie im Orient, nur daß infolge des Klimas die Unglücklichen im Abendland von dieser Maßregel viel härter betroffen wurden. Wer vom Richter und Arzt als aussätzig bezeichnet war, durfte keine Art des Verkehrs mit den Gesunden unterhalten, über sein Eigentum und seine Familie hatte er alle Rechte verloren, er konnte weder etwas verschenken, noch verkaufen, verpfänden ec., er wurde feierlich für tot erklärt und durfte nur aus der Ferne von den Seinigen Abschied nehmen. An einem Altar auf freiem Felde ermahnte ihn ein Priester, das ihm von Gott auferlegte Schicksal mit Geduld zu ertragen und den für die Aussätzigen erlassenen Vorschriften Gehorsam zu leisten. Nachdem er alsdann seine eigene Totenmesse angehört hatte, mußte er seine Kleider ausziehen, dieselben sofort verbrennen und das für die Aussätzigen bestimmte Gewand, einen grauleinenen, langen Kittel, den Kopf mit einem Tuch umwunden, anlegen, um allen als unrein leicht kenntlich zu sein.

Da die Zahl der Ausgestoßenen sich furchtbar vergrößerte und manche Landstraßen unsicher wurden, mußte bald jede Gemeinde ihre Aussätzigen selber unterbringen und erhalten. Nach Lage und sonstigen Verhältnissen traf man verschiedene Einrichtungen. Kleinere Ortschaften, besonders Dörfer, wo also schon wegen der kleineren Einwohnerzahl nur wenige Erkrankungen zu erwarten waren, wiesen ein Stück Feld oder Wald entfernt von dem Ort und der Landstraße den Aussätzigen zum Aufenthalt an. Dasselbe wurde mit einem Zaun eingehegt und durch Tafeln oder sonstige Zeichen als unrein für jedermann kenntlich gemacht. Leichte Hütten aus Baumrinde oder dünnen Brettern wurden für die Kranken errichtet, und an jedem Tage brachte ein Wärter die notwendigen Lebensmittel hinaus. Hier konnte der Unglückliche die freie Luft genießen, mit anderen Menschen aus der Ferne sich unterhalten, doch mußte er sich dann gegen den Wind stellen, denn schon der Atem galt für ansteckend, er durfte sein Feldstück zeitweilig verlassen, aber mußte allen, die ihm begegneten, ausweichen, durfte keine menschliche Wohnung und keine Kirche betreten, nur vor einem Kruzifix am Wege konnte er beten, in keiner Quelle, in keinem Bach durfte er sich waschen, denn was er berührte, wurde unrein und konnte die Krankheit übertragen. Hatte der Tod ihn endlich von seinen Leiden erlöst, dann wurde die Hütte mit allem, was darin war, verbrannt und die Asche mit Erde bedeckt, der Platz aber noch lange von den Menschen gemieden. Befanden sich andere Aussätzige in der Nähe, dann ließ man wohl die Leiche von diesen einscharren. In eine weit schlimmere Lage gerieten diejenigen, welche in einer größeren Ortschaft von der Krankheit ergriffen wurden. Städte besaßen selten in ihrer Umgegend genügend freien und unbenutzten Raum, um für die oft zahlreichen Aussätzigen hinreichend Plätze abstecken zu können, in der Regel wurde hier den Aussätzigen ein altes, verfallenes Haus zum Aufenthalt angewiesen. Damit Vorübergehende durch den Anblick der entstellten Kranken nicht erschreckt werden sollten, wurden die nach der Straße gehenden Fenster mit Brettern vernagelt, alle Thüren verrammelt, nur eine schmale Pforte konnte geöffnet werden, um neue Kranke einzulassen. Ein Wächter hielt die Pforte verschlossen, und niemand wurde wieder herausgelassen. Durch eine ebenfalls nur von außen zu öffnende Klappe wurden den Bewohnern täglich Nahrungsmittel hineingeschoben. In diesen sogenannten Leprosenhäusern war alles bunt durcheinander gemischt; wie es der Zufall fügte, wurden Männer und Weiber, Kinder und Greise, hoch und niedrig, arm und reich hineingestoßen, zum Nimmerwiederkehren. Alle standen außerhalb der Gesetze, und der Arm der strafenden Gerechtigkeit reichte nicht hierher. Alle Bewohner des Hauses waren durch ihr Verhängnis und durch die außen lebende Menschheit zur lebenslänglichen Haft verurteilt, alle hatten einen baldigen schmerzhaften Tod vor Augen, aber noch durften sie ungestraft ihren bestialischen Gelüsten frönen. Die abscheulichsten Verbrechen wurden hier verübt, ohne daß eine Hand sich wider sie erhob; der draußen stehende Wächter hatte nur dafür zu sorgen, daß niemand aus dem Hause entkam, was drinnen geschah, darum quälte er sich nicht, und wahrlich, die Leprosenhäuser waren nicht selten eine Hölle auf Erden. Wehe dem Fremdling, der unwissend der Grenze eines Leprosenhauses zu nahe kam, er war unrettbar dem Elend verfallen, durch die Berührung eines Aussätzigen wurde er von der Gesellschaft der Gesunden ausgeschlossen und ohne Barmherzigkeit in die Hölle hineingezogen. Noch schlimmer und demoralisierender wirkten diese Leprosenhäuser oft nach außen. Listige und verschlagene Menschen benutzten wohl die Aufregung des Pöbels, um sich von einem zu beerbenden reichen Verwandten, von einem unbequemen Rivalen im Geschäft, von einem politischen Gegner zu befreien, indem sie den Verdacht verbreiteten, daß die betreffende Person vom Aussatz befallen sei. Traf nun ein Pöbelhaufen einen solchen verdächtigen Menschen, dann wurde er nicht selten ohne Richter, ohne Arzt in ein Leprosenhaus getrieben, und mochte er auch kerngesund gewesen sein, jetzt war er nicht mehr zu retten. Welchen Umfang aber dieses Unwesen erreicht hat, ist daraus abzunehmen, daß die Zahl der Leprosenhäuser im ganzen Abendland auf 20000 geschätzt wird.

Im nördlichen Deutschland hat die Krankheit wohl niemals die große Verbreitung gefunden, auch nicht so furchtbare Verheerungen angerichtet, als in den südlichen Ländern, und das ist wohl auch der Grund, daß hier die Menschen weniger hartherzig mit den armen Elenden, (Verbannten, Exules) verfuhren und manches Menschenherz in Mitleid und Barmherzigkeit sich ihnen öffnete. Vor allen ragen die Geistlichen hervor, in selbstverleugnender Hingebung widmen sie sich der barmherzigen Krankenpflege. Allerdings war auch hier nicht selten „Undank der Welt Lohn", die Hartherzigkeit, die Furcht vor Ansteckung gewann die Oberhand, zum Dank für ihre Aufopferung wurden sie von unwissenden, aufgereizten Volkshaufen ebenfalls ausgestoßen, ausgezählt, und mußten heimat- und obdachlos in Wäldern und Heiden umherirren, wie z. B. das Schicksal des Barfüßer Mönches zeigt, von dem die Limburger Chronik in dem Jahr 1374 sagt: „Zu dieser Zeit, fünf oder sechs Jahre davor, war an dem Mainstrom ein Barfüßer, aussätziger Mönch, der war von den Leuten verweiset, daß er nicht reine war, der machte die besten Diktamien und Lieder mit Reimen, dergleichen keiner am Rheinstrome oder in diesen Landen machen konnte, und was er machte, das pfiffen und sangen die Meister gern nach." Und diesem besten Dichter und Sänger seiner Zeit wies man die Thür, wenn er zu nahe kam, man duldete ihn nur von fern und ließ auf öder Heide einsam und allein sein warmes Dichterherz brechen, weil er mitleidig der Aussätzigen sich erbarmt hatte. Auch selbst diejenigen, welche er gepflegt und geheilt hatte, zeigten ihn hartherzig fort, darum sang er in seiner Klage: „Die Untreu hat mit mir gespielt. Ach wehe, ich bin ausgezählet, Man weist mich Armen vor die Thür. Zu aller Zeit ich Untreu spür', So mir zumeist das Herze quälet." — Wie stets in schweren Zeiten das weibliche Gemüt sich zu einer bewunderungswürdigen Größe entfaltet, so wird es auch jetzt in der Pflege der Erkrankten den Geistlichen nicht nachgestanden haben. Die aufopfernde Pflege des kranken Ritters durch eine junge Meierstochter, welche Hartmann von der Aue in seinem Gedicht von dem armen Heinrich in so anziehender Weise schildert, ist wohl nur ein Beispiel von vielen ähnlichen Fällen der Selbstverleugnung. Wenn man auch in Norddeutschland die einzelnen Fälle, der Genesung von der Krankheit einem Wunder und der göttlichen Gnade zuschrieb, so zählte man die Angesteckten doch nicht wie im Süden sofort zu den Toten, sondern man versuchte durch verschiedene Mittel die Schmerzen der Kranken zu mildern, die Heilung zu befördern, oder wenigstens die Gesunden vor Ansteckung zu schützen. Als das beste Schutzmittel betrachtete man die Reinlichkeit, besonders warme Bäder. Die meisten Klöster richteten Badestuben und Krankensäle ein, auch der Rat der Städte ließ Badehäuser (Staven) erbauen, Hamburg hatte mindestens 4 solcher Badestuben und es entstand damals wohl die Badezunft. Wohlthätige Bürger vermachten den Klöstern reiche Geschenke zu Errichtung oder Vermehrung der Badestuben, und da sie zum Seelenheil der Geber beitragen sollten, nannte man sie Seelbäder. Auch wird es die Furcht vor Ansteckung gewesen sein, welche in dieser Zeit die Vertauschung der wollenen mit leinenen Hemden und der wollenen Decken mit leinenen Betttüchern veranlaßte, die alten Deutschen trugen die wollenen Kleidungsstücke auf dem bloßen Leibe und benutzten die Leinwand wegen der blendenden weißen Farbe zu Oberkleidern und zum Schmuck, zu Kragen, Schleiern ꝛc. Obgleich man auch in Norddeutschland das Absperrungsystem befolgte, so beruhte doch die Einrichtung der Siechenhäuser auf ganz anderen, auf milderen Grund= sätzen, durch leibliche und geistige Pflege suchte man die Leiden der Kranken zu mildern, sie fanden Beistand und Teilnahme, und frommer Zuspruch richtete die Verzweifelnden wieder auf. Eine ähnliche Stiftung war das Hospital St. Georg, dat hus up dem stege, dat Seekenhus.

  Das Jakobikirchspiel war im Anfang des 13. Jahrhunderts noch fast unbebaut, auf dieser Seite war Hamburg durch den heidnischen Wall begrenzt, welcher sich in einem Bogen vom Speersort bis zur Alster hinunterzog, etwa der Richtung der Westseite des Pferdemarkts folgend, außerhalb der Stadt war freies Feld, der Rövekamp, oder dichter Wald. In dieser Waldung, in ziemlicher Entfernung von der Stadt und von der belebten Landstraße, dem Besenbinderhof, lag das Hospital, etwa auf der Stelle, wo jetzt die Kirche St. Georg steht. Das festgebaute Haus bot den Kranken Schutz gegen alle Unbilden der Witterung, bei gutem Wetter konnten sie sich in dem Schatten der hohen Eichen und Buchen ergehen, und vom Hause aus genossen sie die prächtige Aussicht auf das schöne Alsterbecken, nur eine dichte Hecke trennte sie von der Außenwelt. Ein Priester sorgte für das Seelenheil, tröstete die Unglücklichen, wenn sie, von den Schmerzen überwältigt, verzweifeln wollten. Zu dem Zwecke war zugleich mit dem Hospital neben demselben eine Kapelle errichtet, welche dem

St. Georg in Hamburg im 17. Jahrhundert.

Ritter St. Georg (St. Jürgen), dem Schutzpatron der Kreuzfahrer, geweiht war, weshalb auch sehr bald der Name Hospital St. Georg in Gebrauch kam. Für die Pflege der Kranken, für die Ökonomie in der Anstalt und für den Verkehr mit der Außenwelt sorgten barmherzige Brüder und Schwestern, welche aus christlicher Liebe sich diesem schweren Berufe gewidmet und dadurch allem Verkehr mit ihrer Familie und überhaupt mit den Menschen entsagt hatten. Diese „guden Lüde" waren aber nach der Ordnung des Siechenhauses, welche 1296 Rat und Domkapitel vereinbart hatten, strengen Regeln unterworfen, damit nicht durch irgend eine Unvorsichtigkeit die Krankheit in der Stadt verbreitet werden möchte. Die Oberleitung der Krankenpflege und der Ökonomie hatte eine der Schwestern, vermutlich „unserer lieben Frauen Magd" genannt, welche später auch für die Reinigung und Erleuchtung der Kapelle sorgte. Die „Korf oder Kiepenträger" sammelten in der Stadt zweimal wöchentlich Almosen ein, Lebensmittel, besonders Brot. Die Sache hatte Anfang des 15. Jahrhunderts noch so große Wichtigkeit, daß sogar der Rezeß von 1410 sich mit ihnen beschäftigt und besondere Vorschriften zu Gunsten „der armen Seeken up dem stege to St. Jürgen" enthält.

Wann und von wem das Hospital gegründet worden, ist nicht bekannt. Von den Chronisten ist vielfach Adolf IV. diese Ehre zugewiesen worden. Wenn er auch seinen Namen durch die Gründung mancher kirchlichen und wohlthätigen Stiftungen verewigt hat, so muß doch das Seekenhus einen anderen Stifter gehabt haben, denn es war 1220 bereits vorhanden, während Adolf IV. erst 1225 in Holstein die Herrschaft erwarb. Vermutlich ist das Hospital St. Georg von Adolf III. gestiftet worden, nachdem er 1198 zum zweiten Mal glücklich aus dem Kreuzzuge zurückgekehrt war. Er hatte im Morgenlande die schrecklichen Leiden der Aussätzigen aus eigener Anschauung kennen gelernt und auf seinen Reisen die entsetzlichen Zustände in den Leprosenhäusern in süddeutschen und italienischen Städten gesehen. Als er jetzt, nach Sitte jener Zeit, seine glückliche Rückkehr durch irgend eine fromme Stiftung feiern wollte, wird ihm die Gründung eines Hospitals für Aussätzige nahegelegen haben. Es scheint daher auch nicht wahrscheinlich, daß das Hospital früher, etwa 1195, wie von manchen angenommen wird, gegründet worden ist, denn einmal hatte Adolf III. damals sein Gelübde der Kreuzfahrt noch nicht völlig erfüllt, anderseits war er 1195 durch den Zwist mit Erzbischof Hartwich II. sehr stark in Anspruch genommen. Adolf III. hat sich allerdings nicht lange seiner Schöpfung freuen können, da ihm schon 1201 seine Herrschaft durch den Dänenkönig entrissen wurde. Allein sein Nachfolger, der von Waldemar II. als Statthalter von Nordalbingien eingesetzte Graf Albrecht von Orlamünde, wandte dem Stift seine Fürsorge zu und schenkte demselben 1220 drei Äcker, welche sich von der Heerstraße bis zur Alster erstreckten und sich an den Hof des Hospitals anschlossen, zum Nutzen des Priesters an der St. Georgs-Kapelle, vermutlich die Gegend zwischen der Alster und der Langenreihe in St. Georg. Auch Adolf IV. wird der Schöpfung seines Vaters manche Schenkungen zugewiesen haben, da er, wie ein Chronist sagt, einen fast fanatischen Hang zur Unterstützung kirchlicher Stifte hatte. Auf seine Anordnung schenkten die Söhne, Johann und Gerhard, 1251 dem Hospital eine Kornrente von 14 Scheffeln aus Winterhude, wozu noch einige Morgen Landes in Billwärder kamen; später fügten die beiden Grafen Fischereirechte in der Alster hinzu, und ihr Freund, der Ritter Heinrich von Hamm, verlieh dem Hospital eine jährliche Rente. 1288 schenkte der Rat von Hamburg dem Stift den außerhalb der Stadtmauer liegenden Teil des Rövekamps. So mehrten sich allmählich die Schenkungen und Erwerbungen des Stifts so sehr, daß es gegen Ende des 14. Jahrhunderts außer vielen Zinsen, Renten und Zehnten die Dörfer Langenhorn, Kleinborstel und Berne[26] besaß. Der zweite und dritte Bürgermeister standen dem Stifte als Patrone vor und regierten dessen Land und Leute. In Langenhorn war für sie ein Herrenhaus. Als erster Beamter fungierte später der Hofemeister, der mit seiner Frau die Ökonomie des Siechenhauses verwaltete. Auch die Bürger beschäftigten sich mit dem Hospital und in dem ältesten Rezeß von 1410 wurde sogar die Vorschrift aufgenommen: „Die Armen und Elenden up dem steege to sunte Jürgen müssen besser verpflegt werden." Diese Bestimmung wirft ein eigenes Streiflicht auf die Verwaltung, denn bei dem großen Reichtum mußte das Stift zur Verpflegung der Kranken reichliche Mittel besitzen. Da jedoch die Hamburger Ratmänner in den letzten Jahren durch die äußeren Angelegenheiten, die Vernichtung der Vitaliner in der Nordsee, die Kämpfe in Friesland, die Eroberung von Ritzebüttel 2c. so sehr in Anspruch genommen wurden, mögen die beiden Bürgermeister die Verwaltung des Hospitals größtenteils den Beamten überlassen, und infolgedessen werden verschiedene Unregelmäßigkeiten sich eingeschlichen haben, welche die Bürger bewogen, die Aufnahme dieser Bestimmung in den Rezeß zu verlangen. — Der Fußsteig durch den Wald, welcher nach dem Siechenhaus führte, erhielt davon den Namen „Spitalerstraße", und das an dem Ende der Straße erbaute Thor den Namen „Spitalerthor". Das an der Ecke der kurzen Mühren in der Spitalerstraße belegene und kürzlich abgebrochene Hiobs-Hospital ist erst viel später, 1509, gegründet, als Straße und Thor längst ihren Namen führten. Die Kapelle wurde von allen durchziehenden Kriegsleuten, Rittern und ritterbürtigen Männern besucht, auch verfehlten sie nicht in den Opferblock am Heerwege zu Ehren ihres Schutzpatrons milde Gaben zu legen. Reiche Männer, wie 1443 der Ratmann Erich von Tzeven, stifteten Altäre und dotierten sie mit Vikarien und Kommenden.

Nachdem die Krankheit ihren bösartigen Charakter verloren hatte und die Siechen nicht mehr so strenge abgesondert wurden, fanden sich in der Kapelle auch manche Ansiedler aus der Umgegend zur Andacht ein, weshalb die Kapelle mehrfach vergrößert und erweitert werden mußte. Die erste Erweiterung fand 1452 und 53 statt, die Kapelle wurde gänzlich repariert, vergrößert und mit Schiefer gedeckt, der neben der Kapelle stehende Glockenturm erhielt eine Uhr, und auf dem Kirchhof wurde ein Leichenhaus errichtet. Die Kosten suchte man durch freiwillige Schenkungen und milde Gaben aufzubringen; wahrscheinlich flossen diese aber nicht so reichlich, wie es wünschenswert erschien, weshalb sich die Verwaltung nach einer anderen Hilfe umsah, und nach mancherlei Bemühungen erlangte sie ein in damaliger Zeit noch sehr wirksames Mittel. Am 6. Oktober 1485 erteilte Papst Innocenz VIII. dem Hospital St. Georg einen besonderen Ablaßbrief, bestätigt von 6 Kardinälen, durch den allen reuigen und gläubigen Besuchern und Wohlthätern der St. Georgs-Kapelle ein Ablaß von 100 Bußtagen gewährt wurde. Es ist nicht aufgezeichnet, wie groß die Summe gewesen, welche dem Hospital durch den Ablaß zugeflossen ist, aber sie muß wohl genügt haben, denn wir hören nicht mehr von Bitten um milde Gaben zur Unterstützung des Kapellenbaues. Die armen Seeken hatten in der Kapelle ihr eigen Gestühlt mit besonderem Eingang, wohin kein Gesunder kommen durfte; auch hatten sie einen besonderen Altar aus behauenen Steinen, mit einem großen Kreuz verziert, hier durften sie knieen und beten, auch empfingen sie hier aus zinnernen Gefäßen das heilige Abendmahl. Noch 1722, nachdem die Seuche längst verschwunden war, wurde den Bewohnern des Hospitals, den armen Siechen, das Abendmahl aus jenen alten Gefäßen gereicht. Im 17. Jahrhundert mußte das Gotteshaus wieder mehrere Male erweitert werden, um Raum für die Andächtigen zu schaffen, 1634 nach Norden, 1648 nach Westen. Statt des neben der Kirche stehenden hölzernen Turmes legte man den Grund zu einem neuen Turm, der mit der Kirche verbunden, jedoch erst 1661 vollendet wurde. Es ist ein kleiner hübscher Turm, wie ihn unsere Abbildung zeigt.

Neben der Kirche lag auch der Begräbnisplatz mit einem Beinhaus, welches die Inschrift trug:

„Hie ward gelohnt na Rechte,   Een Jeder tred' herby,
Hie ligt de Herr bym Knechte,   Seh' welk de Beste sy."

Ursprünglich wurden hier nur die Aussätzigen beerdigt, später wurden auch andere Leichen zugelassen, namentlich die der armen Sünder, welche man nach ihrer Hinrichtung mit der Einscharrung auf dem Galgenfeld verschonen und zu einem stillen Begräbnis begnadigen wollte.

Das Innere der Kirche war durch manche Altäre und sonstigen Kirchenschmuck verziert, namentlich war das Bild des St. Georg häufig vertreten. 1463 wurde eine kleine Reiterstatue mit dem Lindwurm aus getriebenem Silber, von einem Bischof geweiht, unter einem kunstvoll in Holz geschnitzten Tabernakel aufgestellt, und noch kurz vor der Reformation wurden 1519 freiwillige Gaben gesammelt für ein Standbild in Lebensgröße aus Holz, reich vermalt und vergoldet, welches 1522 aufgestellt und vom Bischof geweiht wurde. Es stellte den Ritter Georg geharnischt mit offenem Visier hoch zu Roß dar, wie er dem Lindwurm seine Lanze in den geöffneten Rachen stößt, vor dem Pferde kniet die errettete Königstochter, deren Gürtel den Namen Maria trägt, unter dem Pferde steht ein Lamm. Die Legende erzählt, der Heilige habe den Drachen erlegt und dadurch eine Königstochter errettet, die von dem Drachen gefressen werden sollte, nachdem nicht mehr Schafe vorhanden waren, um das Ungeheuer zu sättigen. In der letzten blutigen Christenverfolgung unter Kaiser Diokletian im 4. Jahrhundert n. Chr. wurde der Ritter Georg enthauptet, nachdem alle von den Heiden ersonnenen Marterqualen ihm keinen Schaden gethan hatten. Später ist er als Märtyrer heilig gesprochen worden. Diese Legende ist wohl der Anlaß geworden zu der Sage von dem Johanniter-Ritter Dieudonné de Gozon, der 1352 als Großmeister des Ordens starb, und von Schiller in dem „Kampf mit dem Drachen" verewigt worden ist. Als man später in den Mythen und Legenden Allegorien zu entdecken suchte, betrachtete man den Drachen als das Bild des Höllengeistes, welcher von der streitbaren Kirche in der Person des Ritters Georg vernichtet wird. Dann wäre allerdings der St. Georg nur eine Umgestaltung von dem Siege des Erzengels Michael über das Tier im 17. und 19. Kapitel der Offenbarung St. Johannis, weshalb auch unsere Michaeliskirche das Bild des Erzengels Michael im Kampf mit dem Drachen vielfach ziert. Die nüchternen Kritiker, welche uns alle schönen, poetischen Sagen vernichten möchten, erklären allerdings, daß Georg im Griechischen einfach Bauer bedeute, vermutlich habe einmal ein Bauer eine große Schlange oder sonst ein schädliches Tier getötet, und daraus habe dann die Phantasie des Mittelalters einen streitbaren Reitersmann gemacht. Allein der Künstler der Reiterstatue in der St. Georgs-Kapelle ist offenbar der allegorischen Auffassung gefolgt, indem er die Königstochter als Jungfrau Maria bezeichnet, um die von dem Teufel bedrängte Kirche darzustellen und durch das Lamm unter dem Rosse auf den errettenden Messias hinzudeuten. Als Hempel 1720 sein Buch vom Ritter St. Georg schrieb, war die Statue noch vorhanden, nach dem Abbruch der alten Kirche ist sie aber spurlos verschwunden. Auch das Gestühl der reitenden Diener war mit dem Bild des heiligen Georg geschmückt. Die reitenden Diener sind zwar als Kreuzfahrer nicht bekannt geworden, trotzdem hatten sie den streitbaren Ritter St. Georg zu ihrem Schutzpatron gewählt; sie besaßen in der Johanniskirche ein Begräbnis. Der Grabstein, ebenfalls den heiligen Georg mit dem Drachen darstellend, befindet sich in unserem Altertums-Museum. Zur kirchlichen Andacht hatten sie die Kapelle ihres Schutzpatrons gewählt.

Als im Anfang des 17. Jahrhunderts durch die neue Befestigung die Umgegend strenger von der Stadt abgeschlossen worden war, erhob man 1629 die St. Georgs-Kapelle zu einer Pfarrkirche für die bisher zur Jakobikirche eingepfarrten Ortschaften. Das neue Kirchspiel umfaßte die Gegend vor dem Steinthor von der Alster bis zur Elbe, Borgfelde, Hohenfelde, Barmbek, Eilbek, einige Elbinseln und bis 1693 auch Hamm, Horn und den Hammerbrok. Die Kirche erhielt jetzt einen Taufstein, und am 9. Januar 1630 wurde zum ersten Mal hier ein Kind getauft, welches zu Ehren des Schutzpatrons den Namen Jürgen und als erster getaufter Mensch der Gemeinde den Namen

Adam erhielt. Als aber die alte Kirche allmählich sehr baufällig geworden war, mußte man sich gegen die Mitte des 18. Jahrhunderts zu einem Neubau entschließen. Die Leitung des Baues erhielt der Zimmermeister J. L. Prey, der den Plan entworfen hatte und später mit Sonnin die große Michaeliskirche erbaute. Da man während des Neubaues die alte Kirche nicht entbehren wollte, wurde für die neue Kirche der Bauplatz östlich von der alten verlegt, infolgedessen war der Raum beschränkt, man konnte deshalb dem Gebäude nicht die gebräuchliche Richtung von Ost nach West, sondern von Nordost nach Südwest geben. Am 24. September 1743 wurde der Grundstein gelegt, schon am 31. Oktober 1744 konnte man das Dach der Kirche richten und am 8. November 1746 Knopf und Flügel des Turmes aufsetzen, worauf am 26. Oktober 1747 das ganze Gebäude geweiht wurde. Die Kirche ist 50 m lang, 17 m breit und der Turm 64 m hoch; sie erhielt den Namen „Heilige Dreifaltigkeitskirche", doch ist bis auf den heutigen Tag der alte Name „St. Georgskirche" in Ehren geblieben.

Auf dem Platz zwischen der Kirche und dem Siechenhause steht unter schattigen Bäumen ein Kunstwerk aus der katholischen Vorzeit, die Kreuzigung Jesu auf Golgatha, welches wegen seiner künstlerischen Vollendung von Wert ist. Es ist erst 1831 hierher versetzt und stand bis dahin in der Kirchenallee, etwa der Koppel gegenüber, wo jetzt die Ernst Merckstraße in die Kirchenallee mündet. Die Figuren und Kreuze sind aus Metall, 0,5 bis 1 m hoch, und stehen auf steinernen Sockeln. Das mittlere, höchste Kreuz stellt den gekreuzigten Heiland dar, zu seinen Füßen trägt das Postament die Standbilder der Mutter Maria und des Evangelisten Johannes. Maria ist in ein langes Gewand gehüllt und blickt trauernd auf das Thränentuch in ihrer Hand, Johannes aber sieht zu seinem Herrn empor und hält einen Beutel in seiner Hand, ist also abweichend von den jetzt gebräuchlichen Symbolen dargestellt. Rechts und links hängen die beiden Schächer, nach altrömischer Weise gekreuzigt, über dem Haupte des ersteren ist ein schwebender Engel angebracht, der bereit zu sein scheint, die Seele ins Paradies zu führen, über dem Haupt des anderen soll früher eine Teufels= kralle angebracht gewesen sein, um sein Los anzudeuten, doch war dieselbe schon 1710 nicht mehr vorhanden, wie Hempel berichtet. Alle Figuren sind sehr schön ausgeführt und verraten eine tüchtige Künstlerhand. Abgesehen von dem künstlerischen haben die drei Kreuze einen historischen Wert, denn sie erinnern an eine kirchliche Feier des Mittelalters zum Andenken an den Leidensweg des Heilandes von Pilatus bis zur Richtstätte. Fromme Pilger hatten in Jerusalem die Entfernungen mit ihren Schritten abgemessen, um daheim den Betgang nachzubilden, auch Hamburg war in der glücklichen Lage, hierin nicht hinter anderen Städten zurückstehen zu müssen. Ob bei uns die Ent= fernungen die richtigen gewesen sind, erscheint zwar etwas zweifelhaft, indessen mag dies den gläubigen Gemütern nicht von Bedeutung gewesen sein. Wie überall waren auch hier drei Stationen, denn dreimal soll Jesus mit dem Kreuze geruht haben. Die Wallfahrt begann an der Mauer der Domkirche, der Papentwiete gegenüber, wo ein steinernes Christusbild angebracht war, dasselbe ist jedoch beim Abbruch des Domes spurlos verschwunden. Die Prozession bewegte sich über den Speers= ort durch das Schulthor und wandte sich hier nach dem Pferdemarkt, wo die erste Station gewesen sein soll. Ob dieselbe durch ein Kreuz oder ein Gebethäuschen bezeichnet war, ist nicht bekannt. Der Weg führte von hier zwischen Gärten hindurch in den Wald, an dem wüsten Begräbnisplatz vorüber, wo die armen Elenden und Vertriebenen ihre letzte Ruhestätte fanden und später die St. Gertrud= Kapelle erbaut wurde, durch die jetzige Spitalerstraße. Die zweite Station soll am Spitalerthor gewesen sein, doch ist ebensowenig bekannt, wodurch dieselbe bezeichnet war. Vom Spitalerthor ging der Weg links über die St. Georgs=Weide (jetzt Glockengießerwall, Stadtgraben, die Begräbnisplätze und die Kirchenallee), wo neben dem Fußweg auf einer hohen viereckigen Steinsäule ein metallenes

Kreuz stand, wie es unsere Abbildung zeigt. Auf der einen Seite war ein Reliefbild, Maria mit dem Christuskinde, auf der anderen Seite Christus am Kreuze dargestellt. Dieses Kreuz soll die dritte Station bezeichnet haben. Gegen Ende des vorigen Jahrhunderts befand es sich noch auf dieser Stelle, wo es seitdem verblieben, ist ebenfalls nicht bekannt. Von hier begaben sich die Wallfahrer nach der Kreuzigungsgruppe auf Golgatha, verrichteten unter dem hohen, hölzernen Schutzdach ihre Andacht und ruhten unter den schattigen Linden aus. Unsere Abbildung (Ritter St. Georg von Joh. Balth. Hempel, 1722) zeigt die drei Kreuze unter dem Schirmdach und die umgebenden hohen Bäume. Der Sage nach soll Adolf IV. oder ein Graf Heinrich aus dem schauenburgischen Geschlecht dem Hospital für die Unterhaltung der Kreuzigungsgruppe 700 Mark und für das Kreuz auf der Weide 300 Mark vermacht haben, indessen meinen Kunstverständige, daß die Kreuzigungsgruppe erst aus dem 15., höchstens aus dem 14. Jahrhundert stamme, es kann daher weder Heinrich der Eiserne, noch Adolf IV. der Schenker gewesen sein.

Im Mittelalter wurde Anfang des Sommers zu St. Georg auch das Kirchweihfest mit besonderem Glanz gefeiert. Die Kirche, der Kirchhof und die ganze Umgegend wurden dazu festlich geschmückt. Das Hochamt wurde in der Kirche unter Orgelbegleitung, verstärkt durch Posaunen und Trompeten, abgehalten, dann folgte eine Prozession um die Kirche und das Stift, und mit einer Messe an einem tragbaren Altar unter freiem Himmel, mit Predigt und Gesang schloß die gottesdienstliche Feier. Darauf folgte das eigentliche Volksfest. Unter den schattigen Bäumen waren Marktbuden und Zelte aufgeschlagen, in welchen Eßwaren und Getränke feilgeboten wurden, oder man die Menge durch Schaustellungen oder sonstige Unterhaltung anzulocken suchte. So entstand hier ein buntes, fröhliches Treiben, die schöne Jahreszeit lockte die Städter aus ihren dumpfen Arbeiterräumen und engen Wohnungen ins Freie hinaus. Verwandte und befreundete Familien lustwandelten unter den prachtvollen Bäumen am Ufer der Alster, andere zechten und schmausten in den Zelten, und so suchte jeder nach seiner besonderen Neigung die Vergnügungen des Tages bestmöglichst zu genießen. Am Abend versammelten sich alle Gäste auf dem Rasenplatz vor dem Stift, die Ratsmusikanten trugen heitere Weisen auf und sehr bald entwickelte sich ein allgemeines Tanzvergnügen, welches bis spät in die Nacht dauerte und den Schluß des Festes bildete. Das Kirchweihfest ist längst vergessen, aber das Volksfest, Lämmermarkt, hat sich erhalten und liefert wieder den Beweis, wie treu die deutsche Bevölkerung an hergebrachten Sitten und Gebräuchen festhält. Auch das Kirchweihfest ist wohl aus dem altheidnischen Frühlingsfest hervorgegangen, denn die städtische Bevölkerung läßt es sich auch jetzt noch nicht nehmen, zum Pfingstfest das Haus mit Maien festlich zu schmücken. Zwar hat der Marktplatz sich im Laufe der Zeit immer mehr von der Kirche entfernt, aber auch hier folgt die Sitte nur dem alten Brauch, das Maifest in der freien Natur zu feiern. Unter der alten, großen Linde vor dem Stift pflegten in alter Zeit die armen Siechen zu sitzen, die Verwaltung hatte daher hier Ruhebänke setzen und durch ein Schirmdach gegen die Unbilden des Wetters schützen lassen, bei strenger Winterkälte erhielten die Siechen auch wärmende Kohlenpfannen. Nachdem die Krankheit längst verschwunden war, hielten die Bewohner des Siechenhauses die Sitte bei; obgleich sie jetzt gehen konnten, wohin sie wollten, verging selten ein Tag, daß Sieche hier zusammen kamen, um sich zu unterhalten. Weiterhin an dem Wege nach dem Strohhause stand in alter Zeit ebenfalls ein Wetterdach und darunter der Seekenpfahl, hier hatte abwechselnd einer der Seeken seinen Posten; in der Tracht der Aussätzigen, im weißgrauen bis auf die Füße herabreichenden Kittel, das Haupt mit dem Sorgentüchlein umwunden, wartete er auf milde Gaben. Den langen Stab mit dem ledernen Beutel, den sogenannten Siechenstab, hielt er den Vorübergehenden entgegen und bat mit den Worten: „gevet doch den armen Seeken wat" um ein Almosen.

Die Nikolaikirche.

Unter der kraftvollen Regierung Heinrichs des Löwen waren in Nordalbingien gegen Ende des 12. Jahrhunderts die letzten Reste des Heidentums verschwunden und die Verhältnisse der christlichen Kirche überall fest geordnet. Man errichtete daher auch nicht mehr kleine provisorische Holzkapellen, sondern erbaute, der Bedeutung und den Bedürfnissen einer neuen Gemeinde entsprechend, steinerne Kirchen, wie z. B. den Dom zu Ratzeburg, den Dom zu Lübeck. Aber diese umfangreichen Bauten konnten nicht so rasch aufgeführt werden als die hölzernen Wohn- und Wirtschaftsgebäude; auch lehrt die Geschichte fast aller Kirchenbauten in jener Zeit, daß sie nicht selten auf längere oder kürzere Zeit unterbrochen wurden. Der spätere Baumeister folgte im allgemeinen zwar dem ursprünglichen Bauplan, aber im einzelnen suchte er oft dem herrschenden Baustil gerecht zu werden, weshalb viele Kirchen in ihren einzelnen Teilen verschiedene Baustile aufweisen. Durch den Bau des Braunschweiger Domes (1172—1194) wurde in Norddeutschland der Übergangsstil angebahnt, Fenster, Portal, Arkaden 2c. sind noch streng im romanischen Rundbogenstil ausgeführt, aber bei den Gewölben fand der Spitzbogen bereits Eingang, indessen währte es noch länger als ein Jahrhundert, bis hier im Norden spitzbogige Fenster mit Maßwerk und spitzbogige Kreuzgewölbe mit Quergurten allgemein in Gebrauch kamen. Über den Bau der Nikolaikirche besitzen wir keine schriftlichen Nachrichten. Ohne Zweifel wird sie gleichzeitig mit Neu-Hamburg 1188 gegründet worden sein[27]), denn nach der Anschauung jener Zeit war eine städtische Gemeinde ohne Kirche nicht denkbar. Als Pfarrkirche der neuen Hafenstadt wurde sie dem heiligen Nikolaus, dem Schutzpatron der Seefahrer, geweiht. Obgleich die ältesten Urkunden nur von einer St. Nikolai-Kapelle reden, so muß die Kirche wohl ursprünglich in dem Umfang angelegt sein, wie wir sie bis 1842 gekannt haben, denn es findet sich keine Nachricht über eine spätere Erweiterung und Vergrößerung wie beim Dom, der Petri- und Jakobikirche, ebensowenig hören wir, daß die Kirche bei irgend einer Gelegenheit zerstört oder wegen Baufälligkeit umgebaut worden ist, jedoch muß der Bau mehrfach und wohl auf längere Zeit unterbrochen worden sein. Dies geht aus den 1844 aufgenommenen Fundamenten hervor. Für den Chor waren kurze Pfeiler aus rohen, unbehauenen Granitblöcken in den Erdboden eingesenkt, diese durch Gewölbe aus Ziegelsteinen miteinander verbunden und die Zwischenräume mit Konkret aus Segeberger Kalk ausgefüllt, so daß das ganze Fundament des Chores eine feste zusammenhängende Masse bildete, auf welcher die Säulen und Umfassungsmauern des Chores errichtet waren. Für die drei Säulenpaare des Langschiffes waren je drei Schichten kurzer roher Baumstämme wagerecht quer übereinander gelegt, auf diesen unbehauene Granitblöcke gemauert und darauf die Säulen errichtet. Bei zwei Säulen fehlte die Holzunterlage, und bei einer von diesen Säulen fand man unter den Steinen noch Reste des früher hier gewachsenen Heidekrauts; der Fußboden der Kirche lag also 12 bis 15 Fuß höher als der ursprüngliche Erdboden. Für die Turmmauer und die Umfassungsmauern der Kirche war ein Pfahlrost eingerammt, auf welchem eine Schicht wagerechter Baumstämme und dann drei Schichten unbehauener Granitblöcke lagen, worauf dann die Mauer aus Ziegelsteinen begann. Nach den Fundamenten zu urteilen, könnte man also 3 Bauperioden unterscheiden, aber auch in den einzelnen Teilen, an den Säulen, Fenstern, Kapitälen ꝛc. machten sich viele Unterschiede bemerkbar, daß wohl noch weitere Unterbrechungen des Baues stattgefunden haben müssen. Wie in der Regel wird auch bei der Nikolaikirche zuerst nur der Chor ausgeführt worden, und dieser Teil der Kirche mag 1195 vollendet gewesen sein. Als derselbe geweiht und dem Gottesdienst übergeben werden sollte, wird das Verhältnis der Kirche zum Domkapitel zur Sprache gekommen sein. Infolgedessen übertrug Graf Adolf III. die Kirche dem Domkapitel. (Hamb. Urk. Nr. 310 und 311, Schlesw., Holst., Lauenb. Regesten und Urk. Nr. 195 und 196.) Wenn in den Urkunden die Kirche nur Kapelle genannt wird, so hatte das wohl darin seinen Grund, daß bis dahin nur der Chor ausgebaut war, unzweifelhaft diente sie aber, wie die Petrikirche für Alt=Hamburg, als Parochialkirche für Neu=Hamburg. Erst 1265 erfahren wir wieder von der Nikolaikirche bei Gelegenheit des Streites mit den Dominikanern. Eine Frau Wendelmud hatte gewünscht auf dem St. Johannis=Kirchhof beerdigt zu werden, nach ihrem Tode war nun die Leiche nach der Nikolaikirche gebracht worden, die Mönche aber holten im Einverständnis mit den Verwandten die Leiche aus der Kirche und beerdigten sie auf ihrem Kirchhof. In dem daraus entstandenen Streit wird zwar nur der Pfarrer von St. Nikolai, keine Juraten erwähnt, aber in der Entscheidung des Kardinals Guido vom 26. Dezember 1265 wird den Dominikanern ausdrücklich aufgetragen, daß sie ohne Erlaubnis des Pfarrherrn nicht lehren und ermahnen sollen, damit die Pfarrkinder an Sonn= und Festtagen in die Pfarrkirchen gehen und opfern können. Es geht also daraus hervor, daß damals die Nikolaikirche bereits als Parochial= kirche angesehen wurde. Anerkannt war sie jedenfalls 1281, als die Juraten der Nikolaikirche sich wegen Errichtung einer Schule an den Erzbischof Giselbert und darauf an den Papst Martin IV. gewandt hatten, welcher in der Bulle vom 7. Juli 1281 (Hamb. Urk. Nr. 794) den Juraten der Nikolaikirche das Recht verlieh, die Lehrer der Schule zu wählen und abzusetzen. Nachdem Graf Adolf III. die Nikolaikirche an das Domkapitel abgetreten hatte, scheint der Bau ganz ins Stocken geraten zu sein und wird auch unter der dänischen Herrschaft geruht haben. Unter dem frommen Grafen Adolf IV, der hier mehrere kirchliche Stifte gründete, scheint das Domkapitel den Ausbau der Nikolaikirche in Angriff genommen zu haben, denn in der Urkunde vom 21. Juli 1238 (Hamb. Urk. 509, Schlesw., Holst., Lauenb. Reg. 571), worin der Graf Adolf IV. dem Domkapitel den Besitz der Nikolai=Kapelle bestätigte, bestimmt er, daß die drei Wispel Weizen, welche sein Vater zum Bau der Kirche verliehen habe, zum Nutzen der Geistlichen verwendet werden sollten, wenn der Bau der Kirche unter Gottes Beistand vollendet sein würde. In dieser Zeit werden die Fundamente zu den Säulen des Langschiffes gelegt worden sein, aber vollendet wurde der Bau nicht, denn runde Pfeiler mit Halbsäulen verziert, Kreuzgewölbe mit Quergurten, Umgang zum Chor mit polygoner Absis fanden erst Anfang des 14. Jahrhunderts in Norddeutschland Eingang. Hier kommt auch noch die Feuersbrunst von 1284 in Betracht, denn wenn, wie die Chronisten berichten, das „Helle Haus" in der Bohnenstraße das einzige Haus gewesen ist, welches von dem Feuer verschont blieb, dann wäre auch die Nikolaikirche abgebrannt, falls sie schon vollendet war. Zwar besitzen wir auch über den Dom und die Petrikirche keine schriftlichen Nachrichten, ob sie durch den Brand zerstört worden sind, aber bei der Nikolaikirche fand sich keine Spur von einer früheren Zerstörung durch Feuer, weshalb es wahrscheinlich wird, daß die Kirche 1284 zwar im Bau war und die Baugerüste und einzelne Teile des Baues durch den Brand zerstört wurden, aber der ganze Bau von seiner Vollendung noch weit entfernt gewesen sein muß. Im Anfang des 14. Jahrhunderts wird der Bau mit neuem Eifer begonnen und rasch gefördert sein, denn 1353 unterhielt der Rat einen Wächter auf dem Nikolaiturm, und die Kirche muß daher damals vollendet gewesen sein; wann ihre Einweihung stattgefunden hat, ist ebenfalls nicht bekannt. Dieser Turm scheint indessen bald baufällig geworden zu sein, denn 1384 wurde der erste Stein zu einem neuen Turm gelegt, der übrigens erst 1443 eine Spitze erhielt. Die Kirche war eine der größten in Hamburg, 265 Fuß lang und 118 Fuß breit, sie hatte drei Schiffe, das Mittelschiff war 45 Fuß, die Seitenschiffe 30 Fuß breit, der Chor 75 Fuß lang und 48 Fuß breit, das Gewölbe des Mittelschiffes war 70 Fuß hoch, die schlanken Pfeiler waren wie beim Dom nicht regelmäßig gestellt, trotzdem machte das Innere der Kirche einen sehr schönen Eindruck. Bis zur Reformation waren die Gewölbe nicht mit Stuck bedeckt und die Wände nicht mit Kalk getüncht, sondern die Sandsteine in den unteren Teilen der Wände und der Säulen, sowie die Ziegelsteine zeigten ihre natürliche Farbe. Die letzteren scheinen bräunlich gelb gewesen zu sein und haben wahrscheinlich auf den größeren Wandflächen verschiedenfarbige Felder durch eingesetzte schwarz glasierte Ziegel gebildet. Auch die hölzernen Querbalken, welche die Gewölbe auseinander hielten und den Eindruck des hohen Gewölbes störten, sind erst nach der Reformation, wahrscheinlich 1568, eingesetzt. Ebenso fehlten an den Seitenwänden die Emporen und Logen, welche das Gebäude verunzierten, die zu große Helle war durch Glasmalereien gedämpft, erst nach der Reformation hatte man die Fenster teilweise wegen der vielfachen Anbauten vermauert. Die Kirche lag auf einem freien Platze, die kleinen Häuser und Anbauten, welche das Gebäude der Kirche äußerlich fast ganz verdeckten, sind erst nach der Reformation allmählich erbaut worden. An der Nordseite fand sich ein Anbau, der als Sakristei oder Garbekammer diente, auf der Südseite seit dem 15. Jahrhundert die Ilsaben-Kapelle. Der Raum im Innern war durch Errichtung einer Menge von Nebenaltären immermehr beschränkt worden, gegen Ende des 15. Jahrhunderts zählte die Kirche mehr als 20 solcher Nebenaltäre, die an den Wänden der Seitenschiffe oder zwischen den Säulen, welche das Mittelschiff von den Seitenschiffen trennten, aufgestellt waren, so daß für die Hörer der Predigt nur das Mittelschiff übrig blieb. Diese Nebenaltäre wurden teils von einzelnen Personen, meistens von Brüderschaften gestiftet, welche dafür der Kirche eine gewisse Summe bezahlten, außerdem aber noch die Verpflichtung übernahmen, ein Fenster zu unterhalten oder für einen anderen Teil der Kirche zu sorgen. An den Altären wurden Messen gelesen, teils für Verstorbene, teils zur Feier besonderer Feste, besonders der Heiligen, deren Andenken der Altar geweiht war. Am glänzendsten wurde in der Nikolaikirche das Hieronymus-Fest gefeiert, weil die Kirche eine Reliquie dieses Heiligen besaß. Durch ein Legat des Bürgermeisters Heinrich Meuermeister vom Jahre 1481 war es noch bedeutend glänzender geworden. Der jüngste Ratmann lud die Mitglieder des Rats und die Rats-Sekretäre ein, welche im Kirchspiel wohnten, dem Hochamte beizuwohnen. Zu der Messe erschienen der Rektor, die Kaplane, die Vikare, die Kommendisten, der Küster, der Schullehrer und die Schüler; der Organist begleitete den Gesang. Der Lektor am Dom, der Doktor der Theologie, ward ersucht, die Predigt zu halten. Dreißig arme Schüler der Nikolaischule wurden mit drei Gerichten, $1/2$ Tonne Bier, und mit Weißbrot gespeist. Die Herren des Rats, welche dem Gottesdienst beigewohnt, hatten hernach eine große Mahlzeit, zu welcher, „damit die Gesellschaft desto lustiger sei", der ehrwürdige Lector primarius und der Pfarrer eingeladen wurden. Bei solchen Festen wurden gewöhnlich Almosen an die Armen verteilt, doch war der Hauptzweck, der die Brüderschaften verband, den Mitgliedern ein ehrenvolles Begräbnis und eine Seelenmesse zu sichern und die Sorge für das Alter und für die Witwen und Waisen zu erleichtern. Staphorst zählt bei der Nikolaikirche 15 Brüderschaften auf (Staphorst, T. I, 3 p. 89): 1) der hillige Lichnam, 2) dat Loff Mariae, 3) de 12 Apostel, 4) unser leven Vrouwen der söven Freuden, 5) St. Fabian und Sebastian, 6) St. Mauritius, 7) de shiplude tho der ersten Missen, 8) des hilligen Lichnams Swaren, 9) unser leven Vrouwen thor Losinghe, 10) der eluen Dusent Junckfrouwen, 11) St. Jacobi, 12) unser leven Vrouwen der nigen Kroninge, 13) des hilligen Cruces, 14) unser leuen Vrouwen der Barmhertigkeit, 15) der Tegeler. Dies waren übrigens nur diejenigen Brüderschaften, welche ein eigenes Rentebuch besaßen, außerdem hatten aber noch manche andere ihren Sitz in der Nikolaikirche. Ein bedeutendes Ansehen genoß die Brot-Brüderschaft. 1431 traten die Vikare von St. Nikolai zusammen, um jeden Sonntag zwei Weizenbröte verteilen zu können, 1469 schenkte der Bürgermeister Johannes Ghermer ihnen drei Mark Rente, um dafür zu gewissen Zeiten Weizenbrot zu verteilen. Infolgedessen verpflichteten sich die Vikare zu einem jährlichen Beitrag, um für sich selbst weißes Brot zu beschaffen, und errichteten ein eigenes Backhaus, welches bald ein solches Ansehen erlangte, daß die reichsten und vornehmsten Bewohner des Kirchspiels sich bemühten, von dem hier gebackenen Brot, Pröven, einen Anteil zu empfangen. So bestimmte z. B. der Bürgermeister Meuermeister 1481 in seinem Testament ein Legat, wodurch das älteste, im Kirchspiel wohnende Mitglied des Rats (Bürgermeister oder Ratmann) das Recht erhielt, an den Pröven teilzunehmen. Die angesehenste Brüderschaft war die des Heiligen Leichnams oder die der Sakrament-Brüder. Sie wurde erst 1439 gestiftet zur Ausschmückung (Lappenberg, Progr. 52 und 19, Staph. I, 2 p. 52) des Altars am Fronleichnamsfest, erlangte aber bald Kapitalien und Grundstücke, so daß sie allmählich für die Verschönerung der ganzen Kirche sorgen konnte. Die Geschäfte verwalteten zwei Geschworene (Leichnamsgeschworene), welche aus den Kirchengeschworenen auf Lebenszeit gewählt und besonders in Eid genommen wurden. Diese gewannen rasch hohes Ansehen und galten schon 1458 als Vorsteher der Gemeinde. Die einzige größere Veränderung, welche das Kirchengebäude im Laufe der Jahrhunderte erlitten hat, ist wohl der 1484 auf dem Dach der Kirche errichtete kleine Turm gewesen, um eine Uhr anzubringen. Diese Uhr wurde für Rechnung der Stadt hergestellt, Arnde Andersen empfing für Anfertigung der Uhr 646 Talente 10 Schilling und Jakob Keit später für Vollendung des Werkes noch 180 Talente 12 Schilling. Diese Uhr ist wohl die erste Turmuhr in der Stadt gewesen, später diente sie als Normaluhr, denn den Küstern der übrigen Kirchen wurde 1577 anbefohlen, die Uhren ihrer Kirchtürme dreimal täglich nach der Nikolaiuhr zu stellen. Der Küster von St. Nikolai empfing jährlich eine Vergütung von 30 Mark von der Stadt, damit er darauf achte, daß die Uhr stets richtig gehe. Die Spitze des 1384 erbauten Turmes mußte 1500 oder 1515 abgebrochen werden, weil sie wahrscheinlich baufällig geworden war. Da nun der Zimmermeister Hinrich Berndes für den Turm der Petrikirche eine so schöne Spitze erbaut hatte, beschloß die Nikolai-Gemeinde durch Berndes auch für ihre Kirche eine neue Spitze errichten zu lassen, aber der Turm sollte noch schöner und höher werden als der Petriturm. Auf der alten Grundmauer des Turmes wurde daher ein achteckiger, etwa 40 Fuß hoher Aufbau errichtet, worauf dann Berndes die 300 Fuß hohe achteckige hölzerne Spitze erbaute, so daß der ganze Turm eine Höhe von etwa 470 Fuß hatte, während der Petriturm nur 445 Fuß hoch war. Er war aber nicht nur der höchste, sondern auch der schönste Turm in Hamburg, Fremde und Einheimische betrachteten ihn mit Staunen und Bewunderung, weit und breit wurde sein Ruhm verbreitet. Heinrich Berndes empfing von der Gemeinde für die Erbauung des Turmes 550 Mark lüb. Pfennige, eine freie Wohnung, solange er arbeitete, 12 Ellen Laken oder 12 Gulden, zwei Wispel Malz, zwei Wispel Roggen und 15 Tonnen Bier. Nachdem 1540 der Petriturm eine Uhr erhalten hatte, ließen die Juraten von Nikolai 1551 ihre Uhr von dem kleinen Turm auf den großen Turm schaffen und auf der Ost-, West- und Südseite ein Zifferblatt anbringen, auch wurde die Sturmglocke jetzt zur Betglocke bestimmt. Die viel bewunderte Turmspitze hat indessen nicht lange die Kirche geziert. Schon 1551 wurde sie von einem

Blitzstrahl beschädigt, in der Nacht vom 16. auf den 17. Juli 1589 bei einem schweren Gewitter aber gänzlich zerstört. Das Unglück erregte in der Stadt allgemeine Teilnahme, und schon in den nächsten Tagen genehmigte der Rat auf Antrag der Geschworenen eine allgemeine Sammlung in der ganzen Stadt, welche einen recht erheblichen Ertrag lieferte, so daß nach zwei Jahren, 1591, der Neubau des Turmes begonnen werden konnte. Auf dem achteckigen Aufbau erhob sich die hölzerne, aus mehreren Aufsätzen mit glockenförmigen Dächern bestehende Spitze, welche einem Amsterdamer Turm nachgebildet sein und 20639 Mark 14 Schilling gekostet haben soll. Als Baumeister wird meistens Jan Andresen genannt, wahrscheinlich war aber sein Name Harmen Petersen. Die Kammer weigerte sich anfangs, die Kosten der Uhr zu bezahlen, endlich bewilligte sie 966 Mark 9 Schilling, welche der Uhrmacher Martin Spirmann für Anfertigung der Uhr zu fordern hatte, und 26 Mark 2 Schilling für das Tau zu den Glocken; die Kosten für die Glocken und Scheiben, welche von den Juraten ohne Einwilligung des Rats angeschafft und nach Meinung der Kammer zu teuer waren, wurden nur zum Teil ersetzt. Auch 1627 weigerten sich die Kämmereibürger wieder, die Kosten für die Reparatur der Uhr zu bezahlen, doch mußten sie schließlich nachgeben, und 1680 bewilligte die Kammer 160 Mark für die Reparatur der Uhr, ohne erst Widerspruch zu erheben. 1624 wurde eine neue große Glocke auf den Turm gebracht, welche über 4000 Pfund wog. Einige Jahre darauf zeigte das Mauerwerk des Turmes einen bedenklichen Riß, und es verbreitete sich in der Stadt das Gerücht, daß der Turm umzustürzen drohe. 1628 und 1630 vorgenommene Lotungen zeigten zwar, daß keine ernste Gefahr vorhanden sei, doch verstärkte man den Turm durch starke eichene Pfähle und eiserne Klammern und Anker. 1632 wurde eine noch größere Glocke, welche fast 10000 Pfund schwer war, auf den Turm gebracht, und als diese bald darauf einen Sprung erhielt, wurde sie 1639 durch eine andere Glocke ersetzt, welche 9000 Pfund wog. Es mag sein, daß infolge dieser bedeutenden Belastung der Riß in der Turmmauer sich vergrößerte, jedenfalls trat die Furcht, daß der Turm einzustürzen drohe, aufs neue hervor, und die Forderung, daß die Spitze herabgenommen werden müsse, wurde immer lauter. Als die Juraten nun erklärten, daß die Kirchenkasse durch die Ausgaben der letzten Jahre gänzlich erschöpft sei und die Abbruchkosten nicht tragen könne, wurde der Vorschlag gemacht, dieselben mittelst Sammlungen durch die ganze Stadt aufzubringen, was 1643 von Rat und Bürgerschaft bewilligt wurde. Am 14. Februar 1644 stellten sämtliche Juraten des Nikolai=Kirchspiels die Sammlung an, welche 2825 Mark einbrachte und der Kammer eingeliefert wurde. Am 13. Mai begann der Bleidecker Schriever den Flügel, den Knopf und die Kupferbedeckung abzunehmen, wozu er fast den ganzen Sommer gebrauchte. Am 3. September begannen dann die Zimmerleute mit dem Abbruch des Holzwerks, den sie im Dezember beendigt hatten, und den Mauerleuten die Fortsetzung des Abbruchs überließen. In der Nacht auf den 12. Dezember aber riß ein heftiger Sturm eine Ecke des Turmes herab. Ein großes Stück der Mauer fiel auf das Kirchendach, zertrümmerte das Gewölbe und richtete im Innern der Kirche arge Verwüstungen an, unter anderem wurde eine kostbare Uhr, ähnlich der astronomischen Uhr in der Marienkirche in Lübeck, welche den Lauf der Gestirne, die Tage der Woche, des Monats ꝛc. anzeigte, zerstört, die Giebelmauer des Gewölbes fiel auf den Hopfenmarkt, und der ganze Markt war mit Schutt bedeckt. Leider kam bei dem Unglück ein Mann ums Leben, der in einer kleinen Bude auf dem Hopfenmarkt die Gerätschaften der Maurer bewachte. Durch die Erweiterung der Stadt infolge der 1620—26 erbauten Festungswerke war allerdings die Seelenzahl der Nikolai=Gemeinde sehr bedeutend vergrößert, aber in der Neustadt wohnte größtenteils nur eine ärmere Bevölkerung, weshalb die Einnahmen der Kirche nur wenig, die Ausgaben aber erheblich vermehrt worden waren; die Kirchenkasse befand sich daher in den letzten Jahren schon fortwährend in Verlegenheit und konnte kaum die regelmäßigen notwendigen Ausgaben decken.

Als dies neue Unglück über die Gemeinde hereinbrach, waren die Juraten nicht im stande, den entstandenen Schaden ausbessern zu lassen. Der Turm und das zertrümmerte Seitengewölbe blieben das ganze nächste Jahr offen liegen, auch dann wurden sie nur durch ein provisorisches Schutzdach geschlossen, und erst ein unerwartetes Ereignis veranlaßte endlich eine gründliche Reparatur der Kirche. Am Neujahrstage 1649 brach während der Hauptpredigt eine bedeutende Feuersbrunst am Rödingsmarkt aus, ein starker Südwestwind trieb den Rauch dem Hopfenmarkt zu, und durch das ungenügend verschlossene Gewölbe drang derselbe in die Kirche. Unter den Andächtigen entstand die Meinung, daß auf dem Kirchenboden Feuer ausgebrochen sei. Alle suchten sich zu retten und drängten den Ausgängen zu. Wegen des starken Andranges konnten die Thüren nicht geöffnet werden, und so entstand ein wildes Schreien und Toben, Bänke und Stühle wurden zertrümmert, aber Hilfe wurde nicht gebracht. Da kletterten einige Bootsleute zu den Fenstern hinauf, schlugen sie ein und sprangen hinaus. Als sie sahen, wo das Feuer war, kamen sie zurück und teilten den Eingeschlossenen mit, daß sie in der Kirche ohne Gefahr seien. Da beruhigten sich endlich die Gemüter, der Andrang hörte auf und die Thüren konnten geöffnet werden. Dieser Vorfall bewirkte, daß endlich das Kirchenkollegium die Ausbesserung der Schäden nochmals in Beratung nahm. Als sich bei einer genaueren Untersuchung zeigte, daß die Turmmauer nicht so schadhaft sei, wie allgemein geglaubt wurde, so begann man am 9. Juli 1649 die Mauer von der Stelle an, wo der Bruch und der frühere Riß endigte, neu aufzuführen, und im Oktober wurde der Turm mit einem spitzen hölzernen, mit Kupfer belegten Dach geschlossen. Doch dauerte es noch 6 Jahre, bis man den Aufbau einer neuen Turmspitze ausführen konnte.

Die Verhältnisse der Nikolai-Gemeinde hatten sich allerdings etwas günstiger gestaltet, seitdem 1647 die Neustadt als eigenes Kirchspiel abgetrennt worden war, und sie die Michaeliskirche nebst den dazu gehörigen Gebäuden für 25000 Mark an die neue Gemeinde abtrat, welche das Kapital mit 4% jährlich verzinsen sollte. Da das Michaelis-Kirchspiel noch nicht als selbständige Gemeinde anerkannt war, verblieb dem Gotteskasten der Nikolai-Gemeinde noch die Sorge für die Armen der Neustadt, was bis 1677 noch eine Ausgabe von über 130000 Mark verursachte, weshalb die Nikolai-Gemeinde noch immer in ihren Mitteln sehr beschränkt blieb. Am 15. Februar 1648 war die Spitze des Turmes der Katharinenkirche während eines Sturmes herabgestürzt, die Gemeinde war jedoch glücklicher situiert, als die Nikolai-Gemeinde, die Verwaltung konnte den Neubau des Turmes bald wieder in Beratung nehmen und berief zu dem Zweck Peter Marquard aus Plauen im Voigtlande hierher. Jetzt erwachte auch in der Nikolai-Gemeinde ein neuer Eifer für Herstellung des Turmes, sie wollte sich von dem Katharinen-Kirchspiel nicht überflügeln lassen, und die Juraten traten mit Peter Marquard gleichfalls in Unterhandlung. Inzwischen mußte man versuchen, das Baukapital aufzubringen, entbehrliche Grundstücke wurden verkauft, lösliche Kapitalien gekündigt, unlösliche verpfändet, und zugleich richteten die Juraten an Rat und Bürgerschaft das Gesuch, daß der Gemeinde gestattet werden möge, durch die ganze Stadt Sammlungen zum Besten des Turmbaues veranstalten zu dürfen. Im Jahre 1655 wurden alle Vorbereitungen für den Bau getroffen, Mauersteine angefahren, das Holzwerk für den Turm gezimmert, eiserne Klammern und Anker geschmiedet, Werksteine behauen ꝛc. und am 10. Mai 1656 mit dem wirklichen Bau begonnen. Nachdem das alte Mauerwerk ausgebessert und vom Grund auf verstärkt worden war, begann man im August mit dem Aufrichten der Pyramide, und die Arbeit ging so rasch und glücklich von statten, daß am 24. Dezember der Turm gerichtet werden konnte. Im nächsten Jahre wurde das Innere ausgebaut, die Glocken hineingebracht, das Uhrwerk eingerichtet und der ganze Bau am 21. Oktober 1657 feierlich geweiht. Der Turm erhielt eine dem Katharinenturm ähnliche Form, die obere Spitze ruhte auf acht vergoldeten Kugeln von 7 Zoll Durchmesser; die ganze Höhe betrug 425 Fuß, von denen 241 Fuß auf die Pyramide kamen (siehe nebenstehende Abbildung). Die drei Sammlungen in der Stadt brachten nicht ganz 48000 Mark, da sich aber die gesamten Baukosten auf 165760 Mark beliefen, so mußte die Gemeinde aus eigenen Mitteln über 117000 Mark aufbringen; es war ihr daher recht unbequem, daß sie noch bis 1677 auf Zahlung der 25000 Mark von dem Michaelis-Kirchspiel warten mußte, zumal sie während dieser Zeit nachträglich noch manche Unkosten von dem Turmbau hatte. Am 12. Mai 1658 fiel z. B. ein Zeiger der Uhr im Gewicht von 400 Pfund herunter und schlug durch das Dach und das Gewölbe in die Kirche, am 16. November 1660 warf ein heftiger Sturmwind den Flügel und das Kreuz herab, und die Helmstange wurde ganz krumm gebogen. Trotz dieser Unglücksfälle blieb das Interesse für den neuen Turm in der Gemeinde rege, und wenn es galt, für denselben eine Zierde oder Auszeichnung zu erwerben, fanden sich immer bereitwillige Hände. Auf dem Katharinenturm hatte man ein kleines Glockenspiel angebracht, weil es für denselben aber zu schwer schien, mußte man sich nach einem andern Platz umsehen, da fand sich denn die Nikolai-Gemeinde bereit, dasselbe für ihren Turm zu erwerben; im Juni 1663 wurde das Glockenspiel, das sogenannte holländische Glockenspiel, auf den Nikolaiturm gebracht. Im Jahre 1665 fand sich eine Gelegenheit, ein größeres Glockenspiel preiswürdig für 10000 Mark zu erwerben, und sofort traten mehrere Männer zusammen, um die Summe durch freiwillige Beiträge aufzubringen. Die 20 Sammelbücher wurden noch lange in der Kirche aufbewahrt, sind später aber verloren gegangen. Nachdem 4000 Mark eingegangen und bezahlt waren, wurde das Glockenspiel am 15. Mai auf den Turm gebracht, und die Sammlung hatte jetzt einen so guten Erfolg, daß man am 15. Juni zur Ergänzung des Spieles noch 25 Glocken hinzukaufen konnte. Am 5. Juli wurde das Glockenspiel zum erstenmal von Hinrich Smit gespielt. Später wurde ein besonderer Glockenspieler angestellt, welcher jeden Mittag eine halbe Stunde und während der Sommermonate auch morgens eine halbe Stunde spielen mußte. Als am 10. März 1750 die große Michaeliskirche durch einen Blitzstrahl eingeäschert worden war, verordnete der Rat eine Revision der Löschanstalten bei den übrigen Kirchen. In der Nikolaikirche waren damals zwei

Nikolaikirche in Hamburg.

kupferne Wasserbehälter vorhanden, einer auf dem Kirchenboden, der andere auf dem Turm, welche beständig voll Wasser sein sollten. Bei jedem Behälter befanden sich 12 lederne Eimer, 3 kleine hölzerne Handspritzen und wollene Decken. Außerdem lag im Spritzenhaus hinter dem Turme eine große Spritze mit 4 ledernen Schlangen und 16 Feuereimern, in dem Spritzenhaus auf dem Hafenmoor lag eine Spritze mit 2 Schlangen, welche zu zwei Dritteilen von der Kirche, zu einem Drittteil von der Kompanie auf der Neuenburg unterhalten wurde. Diese Sicherheitsmaßregeln scheinen damals als genügend betrachtet worden zu sein, indessen hielt man es 1781 doch für ratsam, eine besondere Spritze für den Glockenboden anzuschaffen. Manche andere Vorschläge, wie z. B. kupferne Röhren, durch welche das Wasser von unten auf den Turm geleitet werden sollte, kamen zwar zur Beratung, auch zum Beschluß, aber nicht zur Ausführung, dagegen wurde ein zweiter großer Wasserbehälter über dem Glockenspiele angelegt. Nach dem Brande der Michaeliskirche kam man auf den schon oft gemachten Vorschlag zurück, die Kirchendächer mit Kupfer zu belegen, da die Ziegeldächer sehr häufige und kostspielige Reparaturen erforderten. Die Verwaltung zog Sonnin zu Rate, bei den Unterhandlungen kam es aber gleichzeitig zur Sprache, daß die obere Spitze des Turmes 11 Zoll ausgewichen war. Das Kollegium beschloß, daß zuerst für die Sicherheit des Turmes gesorgt werden solle, Sonnin erhielt den Auftrag, die notwendigen Reparaturen auszuführen. Um die schadhaften Holzteile herauszunehmen und durch neue zu ersetzen, hob Sonnin mit seinen Maschinen die ganze Turmspitze in die Höhe, richtete sie gerade und ließ sie dann senkrecht auf die neuen Holzstücke wieder herab. Trotz des Verbotes hatten einige Arbeiter geschwatzt, und die umwohnenden Bürger wurden von Angst und Schrecken ergriffen, viele bestürmten die Mitglieder des Kirchenkollegiums und verlangten, daß ein solches waghalsiges und gefährliches Unternehmen nicht erlaubt werden dürfe. Einige furchtsame Juraten konnten es nicht unterlassen, die Bewohner der Neuenburg und des Hopfenmarktes zu warnen und den Baumeister über das Unternehmen zur Rede zu stellen. Sonnin konnte lächelnd die Zaghaften beruhigen, da die ganze Arbeit bereits vollendet und die Turmspitze wieder fest verbunden war. Die ganze Reparatur des Turmes kostete 26395 Mark. Am 6. August 1767 zog ein schweres Gewitter über die Stadt und $10^3/_4$ Uhr abends wurde der Nikolaiturm von einem heftigen Blitzstrahl getroffen, welcher nicht allein am Turm, sondern auch in der Kirche vielen Schaden anrichtete, jedoch nirgends zündete. Dieser Vorfall veranlaßte den Professor Reimarus, eine Abhandlung über die Ursachen des Einschlagens der Blitze zu schreiben, infolgedessen das Kollegium der Jakobikirche ihren Turm 1769 mit einem Blitzableiter versehen ließ, allein das Kollegium der Nikolaikirche konnte sich nicht zu dieser Neuerung entschließen. Im nächsten Jahre, am 16. Februar 1770, wurde nachmittags 2 Uhr während der Nachmittagspredigt der Turm abermals vom Blitz getroffen, glücklicherweise wieder ohne zu zünden. Am nächsten Tage ließ man Kirche und Turm gründlich untersuchen, zwar fand sich nirgends eine bedeutende Beschädigung, doch wurde der erneute Unglücksfall die Veranlassung, daß das Kirchenkollegium die Anlage eines Blitzableiters in ernste Beratung nahm und am 12. April 1771 beschloß, vom Ende der Kupferbedeckung, an der Turmmauer, einen Ableitungsstreifen bis zur Erde anzubringen. Professor Reimarus riet, denselben aus 8 Zoll breiten, fest aneinander gelöteten Kupferstreifen herzustellen; aus Sparsamkeitsrücksichten ließ das Kollegium aber nur 4 Zoll breite Streifen nehmen und dieselben nicht fest vernieten, sondern nur durch Umbiegen des Randes aneinander hängen. 30 Jahre blieb der Turm verschont, am 19. Mai 1801 gegen 10 Uhr abends wurde der Turm wieder von einem heftigen Blitzstrahl getroffen und der unvollkommene Blitzableiter von demselben zerrissen. Der Blitz richtete auf den von ihm gesuchten Nebenwegen manche Zerstörungen an, doch zündete er glücklicherweise nicht. Jetzt wurde ein besserer Blitzableiter hergestellt; später ist der Turm noch wiederholt vom Blitz getroffen worden, doch nie hat derselbe Schaden angerichtet.

  Um der Kirche feste und dauernde Einnahmen zu sichern, begann man, bald nach der Reformation, an die Kirchenmauern Wohnhäuser und andere Gebäude anzubauen, so daß das eigentliche Kirchengebäude bald ganz davon umgeben und äußerlich kaum zu erkennen war. Diese Anbauten wurden entweder an Kirchenbeamte vergeben und ihnen als Teil ihres Gehaltes angerechnet, oder an andere Bürger gegen eine billige Entschädigung vermietet. Das älteste Haus mag wohl das Schulhaus gewesen sein, welches schon 1573 erwähnt wird, nahe dabei lag das Haus der Lehrmutter, welches noch im 17. Jahrhundert immer an eine Frau, die eine Mädchenschule hielt, für eine geringe Entschädigung vermietet war. Der Kirchensaal wird schon 1568 erwähnt, er wurde 1726 abgerissen und an dessen Stelle zwei neue Wohnhäuser erbaut. 1627 wurde das Leichenhaus vermietet und zu einem Buchladen eingerichtet. 1577 hatte de bockförer Zacharias von Cöllen seine Wohnung beim Beinhause höher und weiter gebaut als verabredet war, und mußte daher mehr Miete bezahlen. 1726 wurden die Häuser an der Südseite bei der Beichtkapelle umgebaut und sogar über der Sakristei eine Wohnung eingerichtet. Diese Anbauten machten es anderseits notwendig, die Portale der Kirchenthüren weiter hinaus zu verlegen. So wurde 1652 das Portal an der Nordseite versetzt, als das Leichenhaus hier erbaut war, und 1657 das Portal am Turm neu aufgebaut. Auch das Innere der Kirche erlitt durch die Anbauten manche Beeinträchtigung. Fenster wurden ganz oder teilweise vermauert, an anderen Stellen die Mauern durchbrochen, um neue Sitzplätze für Zuhörer zu gewinnen ꝛc., überhaupt scheint damals das Gefühl für Kunst und Schönheit gänzlich verschwunden zu sein, die Verwaltung der Kirche war nur darauf bedacht, die Einnahmen zu erhöhen und die Ausgaben zu verringern. Die zerbrochenen oder bei irgend einer Gelegenheit zerstörten Glasmalereien der Fenster wurden einfach durch gewöhnliche Glasscheiben ersetzt, so daß schließlich nur ganz vereinzelte bunte Scheiben übrig geblieben waren. Die Gewölbe sind nach dem Turmbrand von 1589 gänzlich repariert und wahrscheinlich mit Stuck überworfen, gegen Ende des 17. Jahrhunderts, 1682, mag diese weiße Decke nicht mehr dem Geschmack entsprochen haben, und vermutlich sind damals die Gewölbe mit Engeln und biblischen Figuren bemalt worden. 1755 wurde diese Malerei restauriert, 1819 aber wieder mit Kalk übertüncht. Durch Umbauten im Innern der Kirche hatten auch die Pfeiler manche Veränderungen erlitten. 1730 mußte der untere Teil des Pfeilers hinter dem Ratsstuhl, weil er baufällig geworden war, abgenommen und der obere Teil abgestützt werden, doch wurde der schwierige Bau ohne Unfall ausgeführt. 1787 bemerkte man in einem Pfeiler an der Nordseite bei der Orgel einen Riß, der sich allmählich in bedenklicher Weise erweiterte, weshalb man das Gewölbe über demselben durch eiserne Stangen abzufangen suchte. Das Gewölbe an der Nordseite hatte früher zur Taufkapelle gedient, 1664 schenkte die Witwe Lucas von Spreckelsen der Kirche einen neuen Taufstein, als derselbe aber 1678 schon wieder baufällig geworden war, wählte man das Gewölbe an der Südseite zur Taufkapelle. Vielleicht war dies die Ursache, daß in der Gemeinde die Verschönerung der Kirche angeregt wurde. Am 9. Januar 1682 beschlossen die Juraten unter sich und bei ihren Freunden eine Sammlung zu veranstalten, um eine neue Kanzel und eine bessere Orgel anzuschaffen und die Kirche im Innern neu malen zu lassen. Diese Sammlung brachte ungefähr 10000 Mark ein. Die Kirche hatte damals zwei Orgeln. Die kleinere stand über dem südlichen Lektor und diente bei hohen Festtagen zur Begleitung der Musik sowie bei dem Freitags-Gottesdienst. Als sie im Anfang dieses Jahrhunderts durch Vernachlässigung unbrauchbar geworden war, wurde sie 1819 für 500 Mark verkauft. Die Reparatur der größeren Orgel hatte erst 1630 gegen 3600 Mark gekostet, sie war aber für die Kirche zu klein. Um dieselbe vergrößern zu können, mußte der Bogen in der Turmmauer erweitert werden. Die neue Orgel wurde von dem berühmten Orgelbauer Arp Schnittger erbaut. Es war die größte Orgel, welche derselbe gebaut hat, auch blieb sie bis 1842 die größte in der Stadt. Sie wurde im Laufe der Zeit fortwährend verbessert, 1755 erhielt sie eine große Verbesserung durch den Orgelbauer J. J. Lehmann, 1787 kostete die Reparatur 1500 Mark und 1827 wurde wieder eine gründliche Reparatur vorgenommen, 1831 schenkte J. V. Hildebrandt der Orgel ein Glockenspiel. Ein großer Übelstand für die Orgel war die Schadhaftigkeit des Daches, wiederholt drang das Regenwasser in die Orgelpfeifen und verursachte dadurch kostspielige Reparaturen.

Die Orgel hatte 80 Register mit 67 Stimmen, während die Orgel der Michaeliskirche nur 74 Register mit 64 Stimmen besitzt. Die neue Kanzel wurde am 3. Februar 1683 eingeweiht, die alte Kanzel kam nach der neuen St. Paulikirche auf den Hamburger Berg. Die Familie des 1659 verstorbenen Ratsherrn von Spreckelsen schenkte der Kirche einen neuen Altar, welcher am 2. November 1664 eingeweiht wurde. Derselbe war im Geschmack jener Zeit kunstvoll aus Holz geschnitzt, an der Vorderseite war die Einsetzung des heiligen Abendmahls dargestellt, auf der Rückseite der Stammbaum des Heilandes von Adam ab mit der Chronologie. Obgleich von der Familie außerdem ein Kapital von 1000 Mark zur Unterhaltung des Altars ausgesetzt worden war, erlitten die Reliefs im Laufe der Zeit doch manche Beschädigungen, namentlich während der französischen Zeit, weshalb man sich 1827 entschloß, dieselben durch Ölgemälde zu ersetzen. Die Reliefbilder wurden mit anderen Schnitzarbeiten 1832 für einen Spottpreis nach England verkauft. 1715 schenkte Jobst von Overbeck für den Altar zwei große silberne Leuchter, welche 1842 gerettet wurden, und fünf Jahre später eine Altardecke von Samt mit goldenen Fransen. Als dieselbe später abgenutzt war, verehrte 1758 Bogislaus Carstens eine neue Altardecke und eine Kanzeldecke, beide von Sammt. Für Anschaffung des Weines, welcher bei der Kommunion gebraucht wurde, überwies Johann Lorentz Meyer der Kirche am 9. Oktober 1771 einen Kammerbrief von 3000 Mark. Zur Ausschmückung des Chores hatte die Familie von Spreckelsen einen großen messingenen Kronleuchter geschenkt, da derselbe aber für das Gewölbe zu schwer war, wurde er 1797 mit einem leichteren vertauscht. Jobst von Overbeck ließ 1714 auf beiden Seiten des Altars zwei Epitaphien an der Kirchenmauer errichten. Das eine stellte die Geburt, das andere die Auferstehung Jesu dar. Die Kirche empfing außerdem von dem Geber einen Kammerbrief von 1000 Thaler, aus den Zinsen sollte der Pastor und der Kirchenknecht 15 Mark erhalten, um die Aufsicht über die Epitaphien zu führen, das übrige sollte zur Unterhaltung der Bilder verwandt werden. Außerdem besaß die Kirche noch viele andere Epitaphien, doch nur wenige von historischem oder künstlerischem Wert. Das interessanteste war wohl das Denkmal für Simon von Utrecht in der Ilsaben-Kapelle, auch das Denkmal der Familie von Wetken aus dem Jahre 1564 war nicht ohne Kunstwert. Zwischen der Ilsaben-Kapelle und dem Altar stand über einer Treppenthür an der Sakristei ein Christus am Kreuz mit Maria und Johannes zu beiden Seiten. Die feine und streng stilisierte Arbeit dürfte wohl dem 14. oder 15. Jahrhundert angehören. Auch der heilige Sebastian, an einen Feigenbaum gebunden, in Lebensgröße, welcher sich an dem südlichen Lektor befand, mag aus derselben Zeit stammen, ein schönes rein gotisches Gitter trug die Jahreszahl 1540. Von vorzüglicher Arbeit war auch der Gotteskasten, welcher im nördlichen Gange neben dem Stuhl der Sechziger stand. Auf dem Deckel lag ein armer Bettler mit übergeschlagenen Beinen, die Hand an einer Schüssel, durch welche eine Spalte in den unteren Kasten führte. Der Kasten, ein Geschenk des Ratsherrn Cord Vegesack, war von einem starken, eisernen Gehege umgeben. Der Chor war durch messingene Pfeiler abgeschlossen, von denen mehrere recht schöne Ornamente trugen, welche wohl aus dem 16. Jahrhundert stammten, andere minder wertvolle waren erst im 17. Jahrhundert angebracht, darunter zwei von den beiden Töchtern des Juraten Hieronymus Snitger. Unter den Gemälden, welche das Innere der Kirche schmückten, hatten wenige einen größeren Kunstwert. Eine Abbildung der Stadt im Anfang des 16. Jahrhunderts, von dem Staphorst einen Kupferstich aufgenommen hat, war schon im 18. Jahrhundert nicht mehr vorhanden (Staphorst I, 2 p. XXXIX; das Bild trug in der Unterschrift die Jahreszahl 1522), andere sind von den Kollegien in schweren Zeiten zum Besten der Kirche verkauft worden, oder nur aus der Kirche entfernt, um an deren Stelle Sitzplätze einzurichten. So wurde z. B. 1740 das jüngste Gericht, ein recht schönes Bild, über dem nördlichen Lektor so hoch und so unvorteilhaft aufgehängt, daß kaum etwas zu erkennen war, um an dem früheren Platz ein Gestühl anbringen zu können. Während der katholischen Zeit waren in der Kirche wenige Sitzplätze vorhanden, denn die Predigt war ja allmählich Nebensache des Gottesdienstes geworden. In der ersten Zeit nach Einführung der Reformation brachten manche Zuhörer hölzerne Stühle oder Böcke mit, um während der Predigt sitzen zu können. Nach und nach schaffte das Kirchenkollegium leichte Stühle an, welche von den Kirchendienern gegen ein Geringes vermietet werden durften, und als dies Geschäft einträglich wurde, erhielten der Organist, der Kirchenvogt, der Küster ꝛc. besondere Plätze in der Kirche angewiesen, wo sie die Sitze vermieten durften; später wurden größere Räume zu dem Zweck an andere Personen verpachtet. Erst 1564 wird der Herrenstuhl erwähnt, ob dieser die Sitzplätze für die Ratmänner oder die Juraten enthielt, läßt sich aus der Notiz nicht erkennen, im Laufe der Zeit wurde indes der Ratsstuhl immer mehr ausgezeichnet, 1792 vereinigten sich einige Freunde der Kirche und veranstalteten eine Sammlung zur Ausschmückung des Ratsstuhles. Sehr bald entstand auch bei anderen Bürgern der Wunsch, bestimmte Plätze in der Kirche zu haben, zuerst wurden solche geschlossene Gestühle unter dem Turme errichtet, welche schon 1581 erwähnt werden, 1616 wurden im Mittelschiff und bald darauf auch auf den Lektoren Reihensitze angelegt. Bei Begräbnissen in dem Kirchengewölbe mußten die Gestühle entfernt werden, um das Grabgewölbe öffnen zu können, infolgedessen wurde es Gebrauch, daß jeder Besitzer des Begräbnisses für die Unterhaltung der Sitze sorgen mußte. 1771 beschloß das Kirchenkollegium, die Sitzreihen in der Kirche neu einzuteilen und gleichmäßig einzurichten, da aber hier viele Privatinteressen in Frage kamen, so wurden lange Verhandlungen und selbst Prozesse nötig, um den Plan ausführen zu können, indessen blieb die alte Einrichtung beibehalten, daß in den Gängen vermietete Stühle aufgestellt wurden. Die Vermietung und Verpachtung der Sitzplätze bildete trotz aller Übelstände eine wesentliche Einnahme für die Kirche, die allerdings sehr verschieden war, denn es kommen Jahre vor, wo sie über 7000 Mark, aber auch Jahre, wo sie kaum 900 Mark betrug. Wenn beliebte Prediger und tüchtige Kanzelredner angestellt waren, genügten die Sitzplätze nicht, die Verwaltung suchte daher, dieselben zu vermehren. 1714 durchbrach man an einigen Stellen die Kirchenmauer, um in den Häusern kleine Lektore einzurichten, ähnlich verfuhr man 1758, und noch in diesem Jahrhundert, 1819, wurden in dem sogenannten Kirchensaal neue Sitzplätze eingerichtet. Die Treppen, welche zu den Emporkirchen hinaufführten, waren durch Statuetten verziert, von denen manche eine vortreffliche Arbeit zeigten und größtenteils noch aus der katholischen Zeit stammten. Nachdem die Grabgewölbe nicht mehr zu Begräbnissen benutzt werden durften, wurde 1816 und 1817 der Fußboden mit Brettern belegt. Während der französischen Okkupation erlitt auch die Verwaltung der Kirche manche bedeutende Veränderungen. Am 25. Juni 1811 versammelten sich die Juraten zwar auf dem Kirchensaal, aber die abtretenden Verwaltungsherren wurden ersucht, die Rechnungen fortzuführen, damit das Kollegium durch neue Wahlen nicht in Verlegenheiten gerate. Allein schon am 5. September übersandte der Maire Abendroth eine vertrauliche Mitteilung, ohne seine Vermittelung bei den betreffenden Behörden keine Bauten vorzunehmen oder Kapitalien zu kündigen; später wurde den Juraten verboten, ohne Erlaubnis des Präfekten keinen Mieter der Kirchengebäude wegen rückständiger Miete einzuklagen. Am 21. Dezember riet der Maire Abendroth den Juraten, keine Neuwahlen vorzunehmen, da eine neue Organisation der Kirchenverwaltung eingeführt werden solle. Am 30. Januar 1812 forderte der Munizipalrat eine Aufgabe über das Vermögen der Kirche, Ende März der Kultusminister Rechenschaft über die Ausgaben, welche während der letzten 6 Monate die Bestreitung des Gottesdienstes verursacht habe, und am 6. April ermahnte der Maire, keine Bauten vorzunehmen und Vorschläge zu Ersparungen zu machen. Dies Vorgehen gegen die Verwaltung erregte den Verdacht, daß die Franzosen beabsichtigten, die Kirche ganz eingehen zu lassen. Am 19. September fragte der Maire Abendroth unter der Hand an, ob die Juraten bis Michaelis alle Ausgaben bestreiten könnten, es sei dies das einzige Mittel, die Kirche unabhängig im Besitz ihrer Güter zu erhalten. Glücklicherweise empfing die Kirche um diese Zeit das Legat der Witwe Reiners von 5000 Mark Banko ausgezahlt, wodurch die Hauptschwierigkeit überwunden wurde. Wegen Einführung der Zivilstandesregister war schon am 21. März dem Oberküster verboten worden, Tauf=, Heimats= und Totenscheine auszustellen für diejenigen, welche nach dem 30. August 1811 geboren, verheiratet oder gestorben waren, wodurch die Einnahmen der Kirche noch mehr beschränkt wurden. Nachdem am 7. Oktober von dem Präfekten das Gesetz publiziert worden war, daß nach dem 1. Januar 1813 keine Leichen in der Stadt beerdigt werden durften, beschlossen die Juraten, den Besitzern der Kirchengräber ein Sandgrab unentgeltlich auf dem Begräbnisplatz vor dem Damm= thor anzuweisen.

Nach der Schlacht bei Leipzig, am 18. Oktober 1813, begann die schwere Zeit für Hamburg, denn die Verbündeten, unter dem Befehl des Kronprinzen von Schweden, zogen sich immer enger um Hamburg zusammen. Da die Franzosen Hamburg nicht aufgeben wollten, mußten Räume für die Unterbringung der Soldaten und Pferde, für Magazine und Lazarette geschaffen werden, und nachdem schon fünf Nebenkirchen zu diesem Zwecke hergegeben waren, erhielten am 5. Dezember die Juraten der Katharinen=, Jakobi= und Nikolaikirche den Befehl, unverzüglich die Kirchen zu räumen, um für 2200 Pferde ein Unterkommen zu schaffen. Man mußte sich daher beeilen, alle Wertgegenstände in Sicherheit zu bringen. Unter Aufsicht und Leitung des Kirchenbeamten Boje wurden die Gestühle teils ins Leichenhaus, teils in die Sakristei, teils auf den Kirchenboden, die messingenen Pfeiler in den Keller des Pastorathauses, die samtenen Decken und Polster auf den kleinen Kirchensaal, die silbernen Leuchter und die heiligen Geräte in ein Grab unter der Sakristei gebracht und so gut verwahrt, daß nach der Restauration nicht ein Stück fehlte. Am 15. Dezember 1813 berieten sich die Prediger mit der Beede über den ferneren Gottesdienst. Herr von Hostrup hatte sich erboten, den oberen Saal der Börsenhalle für den Gottesdienst einzuräumen, dem der Maire seine Zustimmung gab, Herr Harras lieh eine Orgel für den Betsaal, die Altargeräte das Heiligen=Geist=Hospital, am ersten Weihnachtstage wurde zum ersten Male der Gottesdienst in der Börsenhalle gehalten. So behalf man sich bis zum 5. Juni 1814, und am 3. Juli konnte das Dankfest für die Rückkehr der hanseatischen Legion wieder in der Kirche gefeiert werden.

Am 5. Mai 1842, am Himmelfahrtstage, hatte der Frühgottesdienst und die Hauptpredigt noch ungestört stattgefunden, doch während der Mittagspredigt eilten viele Leute auf den Turm und erregten unter den Zuhörern Unruhe. Die in der Nacht in der Deichstraße ausgebrochene Feuersbrunst hatte im Laufe des Vormittags sich immer weiter ausgedehnt, der Südwestwind die Hitze und das Flugfeuer dem Turme zugetrieben, welcher gegen 1 Uhr mittags nahe der Spitze Feuer fing. Zwar wurde der Brand rasch wieder gelöscht, aber es zeigte sich jetzt, in welcher Gefahr der Turm schwebte. Alle Neugierigen wurden daher vom Turm weggewiesen, dagegen begaben sich alle auf den Turm, deren Beruf es war, für die Erhaltung der Kirche zu sorgen. Unter Leitung der Juraten wurden die Anstalten so gut als möglich getroffen. Der Spritzenmeister und andere Sachverständige eilten ebenfalls auf den Turm, doch fanden sie die Löschgeräte ungenügend, ohne jedoch bei der Kürze der Zeit Verbesserungen anbringen zu können. Inzwischen wurde die Hitze immer unerträglicher im Turm, das Blei schmolz und fiel in glühenden Tropfen auf die Arbeiter herab. Gegen 3 Uhr zeigte sich eine Flamme über einer der Kugeln, diesmal waren die Löschversuche vergeblich, die Spritzen reichten nicht bis hierher, auch konnte man der Brandstelle nicht nahe genug kommen, um das Feuer mit Eimern zu löschen. So breitete sich die Flamme rasch aus, ergriff den

Boden über dem Glockenspiel und füllte den oberen Teil mit Rauch und Dampf, aber auch in den unteren Räumen konnten die Arbeiter nicht mehr aushalten, es regneten glühende Kohlen auf sie herab, und bald nach 3 Uhr mußte der Turm verlassen werden. Um 4 Uhr brach die Spitze ab und fiel mit dem Knopf und der Wetterfahne auf den Kirchhof in die Erde. Der Anblick des brennenden Turmes war furchtbar schön, wie aus einem Krater stieg eine vielfarbige Feuersäule zum Himmel empor, das geschmolzene glühende Metall floß grünlich, rötlich, bläulich am Turm herunter; noch großartiger wurde das Schauspiel, als etwa nach 1½ Stunden auch der untere Teil der hölzernen Turmspitze herabstürzte und aus dem dicken Gemäuer die Feuersäule über 100 Fuß hoch emporstieg. Inzwischen war das Feuer immer näher herangerückt, zwar waren die Häuser am Hopfenmarkt noch nicht ergriffen, aber die Hitze war hier unerträglich und als der hölzerne Fleischschrangen in Brand geriet, war an die Rettung der Kirche nicht mehr zu denken. Das ganze Gebäude brannte aus, die Gewölbe stürzten teilweise zusammen, und nur die Säulen und Umfassungsmauern ragten aus dem Schutt hervor.

Da die Fundamente nicht fest genug befunden wurden, die Pfeiler und Umfassungsmauern vielfach von der Lotlinie abwichen, so wurde nach längeren Beratungen von Rat- und Bürgerschaft beschlossen, für die Kirche einen neuen Bauplatz anzuweisen und die Ruinen abbrechen zu lassen. Mit dem Abbruch wurde am 16. November 1842 begonnen und am 16. Januar 1844 vollendet, ohne daß von circa 40 Arbeitern irgend einer zu Schaden gekommen wäre. Hierauf begann man die Wegräumung der Fundamente, was am 3. August beendigt wurde; mit dem Bau der neuen Kirche konnte jedoch erst im folgenden Jahre begonnen werden. Wegen des sumpfigen Grundes mußte der Bauplatz 28 Fuß tief ausgehoben (der erste Spatenstich erfolgte am 5. Oktober 1845) und eine 12 Fuß dicke Betonschicht eingeschüttet werden, worauf am 24. September 1846 der Grundstein gelegt wurde. Der Bau schritt nur langsam vorwärts, am 18. Oktober 1859 wurde das Dach gerichtet und am 24. September 1863 die Kirche eingeweiht. Der Bau hatte also 17 Jahre erfordert, doch wurde der Turm erst 1876 ganz vollendet.

Adolf IV.

war der Sohn Adolfs III., von seiner Jugend ist ebensowenig bekannt, wie von der seines Vaters, wir wissen nicht, wann und wo er geboren ist, noch wo er seine Jugend verlebt hat. Allerdings erzählen die Chronisten:

„Die neue Herrschaft der Dänen (in Nordalbingien) war indessen nicht geeignet, das Vertrauen derer zu erwecken, welche ihnen selbst den Weg gebahnt hatten, noch weniger die Unzufriedenheit derjenigen zu versöhnen, welche in den Ausländern nur rohe Unterdrücker erwartet hatten. Die Dänen verfuhren überall wie übermütige Eroberer, und die Bedrückungen wurden durch den Hohn, womit sie die Hilfesuchenden verspotteten, doppelt schwer empfunden. Hauptsächlich wurden die Nordalbingier dadurch gekränkt, daß ihr uraltes sächsisches Recht und Herkommen aufgehoben und durch das dänische Recht ersetzt wurde. Argwohn und Mißmut wuchs bei jeder neuen Veranlassung. Die Angesehensten unter den Gleichgesinnten hielten zu einander und versammelten sich heimlich in der Wilstermarsch, um zu beraten, wie dem Übel abzuhelfen sei. Aber es fehlte ein Haupt, ein thätiger Führer, wie es in gefahrvollen Zeiten oft geschieht, wo viele das Bessere wünschen, aber jeder sich scheut, zur Ausführung an die Spitze zu treten. Adolf III. saß ruhig auf seiner Schauenburg und war nicht geneigt, neue Hoffnungen auf die unsichere Entscheidung der Waffen zu setzen. Auch hatte niemand den Mut, ihn aufs neue in den Kampf zurückzurufen, da die meisten durch ihre Treulosigkeit selbst die Not herbeigeführt und das Vertrauen des Grafen mit Verrat erwidert hatten. Als die Männer mutlos und unentschlossen waren, trat eine adelige Frau statt ihrer auf, die Frau von Deest aus Kellingdorp in der Kremper Marsch, welche die Unterdrückung des Vaterlandes mit Unwillen erfüllte und schon lange darüber nachgesonnen hatte, wie der Angelegenheit zum Vorteil der nordalbingischen Lande eine günstigere Wendung gegeben werden könne. Jetzt reiste sie nach der Schauenburg und wandte alle Beredsamkeit auf, Adolf zu bewegen, sich selbst wieder an die Spitze zu stellen und das Land von der schweren Unterdrückung zu befreien. Allein der Graf widerstand allen Lockungen, er schützte die Heiligkeit des Eides, den Untergang der Geißeln, die große Übermacht Waldemars und andere Gründe vor. Als aber die hochherzige Frau auf alles zu antworten wußte, „des Königs Macht sei nicht zu fürchten, wenn sie der Freiheitsliebe der Nordalbingier gegenüber stehe, so groß sei ihr Mut, und so ihre Lage, daß sie alles ertragen würden, wenn ihr rechtmäßiger Herr zurückgekehrt sein würde, die Geißeln werde man in Sicherheit bringen, bevor etwas unternommen werde, er selbst solle nicht thätig handeln, sondern in Ruhe bleiben, unter der Führung seines Sohnes solle alles geschehen und die Unverbrüchlichkeit des Eides nicht verletzt werden," da ließ endlich der Graf, überwunden durch die dringenden Bitten, seinen jüngeren Sohn Adolf mit der Frau von Deest ziehen, die ihn nach ihrem Wohnsitz brachte und mit Rat und Beistand der holsteinischen Edlen zu seiner künftigen Bestimmung erzog. Der Mut der Großen schien schon durch die Ankunft ihres künftigen Oberhauptes an Stärke zu gewinnen und regte sich an manchen Orten durch kräftige Äußerungen. Einige begaben sich zu dem Hauptmann in Segeberg und beklagten sich, oder „begunnton unter Ogen to knurren", wie eine alte Chronik sagt, daß er ihnen ein ander Recht auflege, als ihr eigenes gewöhnliches Recht, dessen Gewährung ihnen vom Könige selbst, wie er als Herzog Segeberg in Besitz genommen, zugesagt worden sei. Der Hauptmann erwiderte trotzig: „Weiset mir euer Recht und ich will mich darnach richten. Ihr wißt euer Recht aus eurem Kopfe, unser dänisches Recht ist geschrieben, nach der Schrift kann ich euch und mich regieren; aber euer Recht weiß ich nicht, denn geschrieben ist es nicht und erraten kann ich's nicht. Ich müßte einen Hund herbringen, der euch euer Recht vorbellte." Später erschienen sie wieder, aber gerüstet und besser vorbereitet, und als sie abermals gefragt wurden: „wo und was das Recht sei, das sie verlangten, in welchem Buch es geschrieben stehe, in welcher Ordnung es gestellt sei," da zogen die Ältesten und Edelsten die Schwerter und schüttelten sie und sprachen mit lauter Stimme: „Siehe hier unser gewöhnliches Recht, das wollen wir behalten und mit dem Schwerte verteidigen." Der Hauptmann sah die wohl bedachte, ungewohnte Kühnheit und ergriff erschrocken die Flucht, aber sie eilten dem Fliehenden nach und töteten ihn mit dem Schwerte. Der Aufstand verbreitete sich nun rasch, die Holsten befestigten mehrere Plätze, um sie gegen die Gewalt der Dänen zu verteidigen und um Itzehoe zogen sie einen breiten Graben. Als der königliche Befehlshaber ein Heer gegen sie führte, würden sie wohl von der Übermacht erdrückt worden sein, wenn nicht durch das zweimalige Anschwellen der Stör die Brücke, welche die Feinde erbaut hatten, zerstört und durch die Überschwemmung das ganze Heer zum Rückzuge gezwungen worden wäre".

Allerdings werden die Nordalbingier sehr bald erkannt haben, daß sie durch ihre Verschwörung mit Waldemar dem Lande nur Nachteil und sich selbst keinen Vorteil gebracht hatten. Ohne Zweifel werden die neuen Zustände eine allgemeine Unzufriedenheit erregt, auch wohl manche Aufstände hervorgerufen haben, allein die Erzählung der Chronisten trägt unverkennbar den Charakter der Sage, welche erst viel später erdichtet worden ist, als man das altdeutsche Gerichtsverfahren nicht mehr kannte und vergessen hatte, daß der Sachsenspiegel schon viel früher aufgeschrieben war. Insbesondere wird die Erzählung, soweit sie Adolf IV. betrifft, Dichtung sein.

Als Adolf III. durch die Übergabe der Feste Lauenburg seine Freiheit wiedererlangte, mußte er auf sein Land und dessen Wiedereroberung eidlich verzichten und zur Sicherheit für den Vertrag zwei Söhne und 10 angesehene holsteinische Edle auf 10 Jahre als Geißeln stellen. Brun, der jüngste von Adolfs III. Söhnen, der spätere berühmte Bischof von Olmütz, befand sich noch in einem zu jugendlichen Alter, daß er als Geißel gestellt werden konnte. Es bleiben demnach nur die beiden älteren Söhne Konrad und Adolf übrig. Befand sich aber Adolf, als die Frau von Deest mit Adolf III. unterhandelte, bei König Waldemar in Dänemark, so konnte er nicht mit ihr nach der Kremper Marsch reisen und von ihr nach Landessitte erzogen werden. Wahrscheinlich ist also Adolf IV. bis 1213 in Dänemark geblieben und dann zu seinem Vater nach der Schauenburg zurückgekehrt. Selbst wenn Adolf wirklich eine Reihe von Jahren sich in der Kremper Marsch aufgehalten hätte, so ist dieser Aufenthalt doch ganz ohne Folge geblieben; denn 1214 bestätigte Kaiser Friedrich II. für den Beistand gegen Otto IV. dem Dänenkönig seine Eroberungen in Nordalbingien und Wendenland, und als Otto IV. im nächsten Jahre in Nordalbingien einfiel, um die Dänen zu vertreiben, unternahmen die Schauenburger keinen Schritt, um ihre Rechte geltend zu machen, auch als die Hamburger dem zurückgekehrten Dänenkönig furchtlos die Thore schlossen und während einer sechsmonatlichen Belagerung alle Angriffe tapfer zurückwiesen, machten die Schauenburger keinen Versuch, der bedrängten Stadt Hilfe zu bringen. Hamburg mußte seine Treue gegen Kaiser und Reich schwer büßen, als es 1216 Waldemar die Thore öffnete. In Nordalbingien regierte jetzt Graf Albrecht von Orlamünde als dänischer Vasall und in Dithmarschen Graf Schack. Erst später, infolge eines unerwarteten Ereignisses, trat Adolf IV. in die Öffentlichkeit und griff handelnd in die Ereignisse ein.

Graf Heinrich von Schwerin und dessen Bruder Gunzel hatten einen Adeligen, Johann Gans auf Grabow, wegen Unfug aus dem Lande gejagt. Dieser hatte sich nach Dänemark geflüchtet, und es war ihm gelungen, Waldemar für sich gegen die Schweriner zu gewinnen. Der König beauftragte den Grafen Albrecht von Orlamünde, das Gebiet Heinrichs von Schwerin zu verheeren, auch zerstörte dieser das Schloß Boizenburg, den Grafen Heinrich aber forderte er nach Dänemark und legte ihm sehr harte Bedingungen auf. Heinrich hegte außerdem noch einen persönlichen Groll gegen Waldemar, da dieser seine Gemahlin schwer gekränkt hatte, und als er jetzt sah, daß er auf keine Weise zu seinem Rechte gelangen konnte, faßte er den kühnen Plan, sich der Person des Königs zu bemächtigen, und brachte denselben sehr glücklich zur Ausführung. Waldemar begab sich im Anfang Mai 1223 mit seinen Söhnen und begleitet von nur wenigen Hofleuten nach der kleinen Insel Lyöe, südlich von Fühnen, um sich mit der Jagd und mancherlei ritterlichen Spielen zu unterhalten. Nachdem sie sich am Tage durch die Jagd ermüdet hatten, wurde der Abend und ein Teil der Nacht beim kreisenden Becher durchschwärmt, bis der Schlaf die Trunkenen übermannte. Heinrich, der die Gewohnheiten des dänischen Hofes genau kannte, hatte diese Gelegenheit zu seinem Wagnis ausersehen. Als alle im festen Schlafe lagen, drang er am 11. Mai 1223 mit seinen Vertrauten in das Lager, bemächtigte sich der Person des Königs und dessen ältesten Sohnes, verstopfte ihnen den Mund und brachte sie in das bereit gehaltene Schiff, auf welchem eiligst der deutschen Küste zugesteuert wurde. Heinrich brachte seine Gefangenen erst nach Dannenberg, dann nach Lenzen und endlich nach Schwerin in einen festen Turm. Die dänischen Großen beriefen unverzüglich Albrecht von Orlamünde zum Reichsverweser, dieser wandte sich zunächst an den Kaiser und auch an den Papst, um die Gefangenen aus ihrer Haft zu befreien. Allein Kaiser Friedrich II. machte nur den Versuch, Heinrich von Schwerin zu veranlassen, die Gefangenen ihm auszuliefern, um die Vorteile der Freilassung für sich zu erlangen, aber der Kaiser hatte kein Interesse daran, die Freilassung Waldemars zu beeilen. Der Papst Honorius III. unterließ zwar nicht durch schriftliche Ermahnungen und Drohungen, durch Vermittelung des Erzbischofs von Köln und der Bischöfe von Lübeck und Verden, die Befreiung Waldemars zu betreiben, allein Heinrich blieb allen diesen Einwirkungen gegenüber taub und behielt seine Gefangenen in sicherem Verwahrsam. Indessen suchte er durch direkte Unterhandlungen mit dem Könige bessere und sichere Bedingungen für die Freilassung zu erlangen. Allerdings war die Gefangennahme des Königs ein Akt der persönlichen Rache gewesen, aber Heinrich war klug genug, um sich durch die Bedingungen einflußreiche Bundesgenossen gegen den mächtigen König nach seiner Freilassung zu sichern. Um seine Freiheit wieder zu erlangen, willigte Waldemar endlich in die gestellten Forderungen, er gelobte, einen Kreuzzug nach Palästina zu unternehmen, allen Ansprüchen auf Nordalbingien und die wendischen Lande für sich und seine Söhne zu entsagen, Dänemark vom Kaiser zu Lehen zu nehmen und Heinrich ein Lösegeld von 40000 Mark Silber zu zahlen. Dieser Vertrag wurde am 4. Juli 1224 von dem Reichstage zu Bardowik genehmigt, allein von Albrecht von Orlamünde und dem dänischen Reichsrat verworfen, und somit blieb der König in der Gefangenschaft Schwerins. Da Albrecht von Orlamünde erkannte, daß er durch Unterhandlungen nicht zum Ziele gelangte, beschloß er, Waldemar durch Waffengewalt zu befreien, und sah sich daher nach Bundesgenossen um, doch fand sich unter den deutschen Fürsten nur der Herzog Otto von Lüneburg zur Unterstützung bereit. Die Chronisten erzählen, „daß Albrecht sich an Hamburg wandte, um Geld zur Führung des Krieges zu erhalten. Er unterhandelte mit den Einwohnern der Stadt, für die Summe von 1500 Mark Silber sprach er

sie los von aller Unterwürfigkeit und trat alle Ansprüche und Rechte, welche er durch den Ankauf
der Stadt von Waldemar über dieselbe erlangt hatte, feierlichst an die Stadt ab. Das war der
erste Anfang einer freien Gemeinde in Hamburg". Offenbar ist auch diese Erzählung eine spätere
Sage und wird durch keine Urkunde bestätigt. Vielleicht ist dieselbe dadurch entstanden, daß Albrecht
von Orlamünde am 24. Dezember 1224 der Stadt Hamburg die ihr von Herzog Heinrich und
Graf Adolf verliehenen Rechte bestätigte, sie insbesondere vom Ungeld befreite, und ihnen freien
Holzhieb und die alten Freiheiten an Weide und Wasser gewährte. Vielleicht mögen die Hamburger
zum Dank dafür ihm eine Summe Geldes geschenkt haben, doch in der Urkunde wird dieselbe nicht
erwähnt. Aber auch Heinrich von Schwerin sah sich nach Bundesgenossen um. Die Fürsten in
den wendischen Landen hatten natürlich ein großes Interesse daran, ihre Länder von dem dänischen
Druck zu befreien, und der mecklenburgische Fürst Heinrich Burwin war sofort zu einem Bündnis
bereit, ebenso wünschte auch der Erzbischof Gerhard von Bremen, Nordalbingien von der dänischen
Herrschaft zu befreien, und schloß sich daher dem Bündnis an. Dieser brachte noch einen dritten und
sehr wichtigen Bundesgenossen mit, und das war Adolf, der zweite Sohn Adolfs III. von Schauen=
burg. Er mochte wohl den Charakter Adolfs richtig erkannt und ihm vor dem älteren Bruder
Konrad den Vorzug gegeben haben, weil er von seiner Frömmigkeit eine bessere Beförderung der
kirchlichen Interessen erwartete. Obgleich das Land schon über 20 Jahre von den Dänen beherrscht
war und wohl nur noch wenige von den Zeitgenossen Adolfs III. lebten, so stand doch die schauen=
burgische Herrschaft in guter Erinnerung bei der Bevölkerung, im Vergleich mit dem dänischen Druck
mochte sie wohl als das goldene Zeitalter, als die gute alte Zeit zurückgesehnt werden, als der
Erzbischof den vertrauten Freunden im Lande den jungen Grafen zuführte, da schlugen ihm bald alle
Herzen entgegen, und als er sich in der Schlacht bei Mölln, im Januar 1224, durch Mut und
Kriegstüchtigkeit hervorthat, hat wohl seine Gegenwart zu dem Ausfall des Kampfes wesentlich
beigetragen, denn die Nordalbingier im Heere Albrechts von Orlamünde fühlten keine große
Neigung, sich für dänische Interessen aufzuopfern, da sie den Schauenburger im gegnerischen Lager
wußten, und wer nur Gelegenheit dazu fand, suchte dorthin zu entkommen, um für die Befreiung des
Landes mitzuwirken. Das dänische Heer wurde gänzlich geschlagen, Albrecht von Orlamünde geriet
selbst in Gefangenschaft und Otto von Lüneburg konnte sich nur durch eilige Flucht retten.
Heinrich von Schwerin brachte Albrecht nach Schwerin und sperrte ihn in denselben Turm, wo
schon Waldemar gefangen saß.

  Adolf IV. erwarb jetzt leicht und ohne Kampf alle Güter und Lehen, welche seinem Vater
entrissen worden waren, nur Hamburg hielt sich noch zurück, denn die Burgen im Eichholz und an der
Bille waren noch von dänischen Reisigen besetzt. Als Graf Adolf nun mit seinen Mannen heranzog,
wollten sie sich anfangs verteidigen, sie erkannten jedoch bald, daß ihr Widerstand aussichtslos sei
und ergaben sich der Gnade des Siegers. Da der Graf aber die Gesinnung der Hamburger nicht
kannte, so zerstörte er die Burgen nicht, sondern legte eine neue Besatzung hinein. Die Hamburger
sandten jetzt eine Gesandtschaft an den Grafen, erklärten sich bereit, ihm freien Einzug in ihre Stadt
zu gewähren, ihm schuldigen Gehorsam und alle Ehren zu erweisen, soweit dieses geschehen könne
unbeschadet ihrer Freiheit und ihrer Privilegien, welche ihnen von dem Kaiser Friedrich I., dem
Grafen Adolf III. und anderen Herren verliehen worden wären. Würden ihnen dies aber ver=
weigert, so wollten sie lieber untergehen, als die Schmälerung ihrer Gerechtsame dulden. Adolf IV.
zog einen gütlichen Vergleich vor, bewilligte der Stadt alle Freiheiten und Rechte, und hielt
am 27. Dezember 1225 seinen Einzug in die Stadt, von den Bürgern freudig und festlich em=
pfangen. Dem kaiserlichen Privilegium von 1189 gemäß, daß innerhalb 2 Meilen um Hamburg

16*

kein festes Schloß errichtet werden solle, ließ er alsbald die beiden, 1216 von Waldemar erbauten Burgen zerstören.

Als Waldemar II. erkannte, daß er von anderer Seite keine Befreiung zu erwarten hatte, fand er sich zu ernsten Unterhandlungen mit Heinrich von Schwerin geneigter, und schon am 17. November 1225 erklärte er sich bereit, auf die slawischen Länder und Nordalbingien zu verzichten, auch ein großes Lösegeld an Heinrich von Schwerin zu zahlen. Die Verhandlungen zogen sich jedoch noch längere Zeit hin, bis endlich folgender Vertrag abgeschlossen wurde: „Waldemar sollte dem Grafen Heinrich 45000 Mark Silber bezahlen, ihm alle Kleinodien der Königin, die Krone ausgenommen, 300 Zimmer Pelzwerk und 1000 Ellen flanderisches Scharlach zur Bekleidung von 100 Rittern überliefern; alle südlich der Eider und östlich der Elbe gelegenen, zum Reich gehörigen Länder, das Gebiet des Heinrich von Burwin und alle slawischen Länder, außer Rügen, an das deutsche Reich abtreten; 10 Tage nach seiner Befreiung die Feste Rendsburg dem Grafen Adolf übergeben; die Lübecker, Hamburger und die übrigen Kaufleute dieser Gegenden sollten dieselben Rechte und Freiheiten fernerhin genießen, die ihnen vor der Gefangennahme des Königs verliehen worden waren." Diesen Vertrag mußte der König und seine Söhne, die Bischöfe und Magnaten des Königreichs beschwören und mit ihrem Siegel unterzeichnen, und endlich mußte Waldemar noch schwören, sich nicht zu rächen, auch seine Freunde und Bundesgenossen von aller Rache abzuhalten. Zur Sicherung des Vertrages und der geleisteten Eide mußte er seine Söhne als Geißeln stellen. Waldemar war jedoch keineswegs geneigt, diese harten Bedingungen zu erfüllen; sobald er seine Freiheit erlangt hatte, war es sein erster Schritt, daß er sich durch den Papst von seinem Eid entbinden ließ. Nachdem auf solche Weise in den Augen der Welt sein Eidbruch gerechtfertigt erschien, schickte er sich an, die erlittene Schmach durch Eroberung des Verlorenen zu rächen. Er verbündete sich mit seinem Schwestersohn, dem Herzog Otto von Lüneburg, fiel zunächst in Dithmarschen ein, welches er nach tapferer Gegenwehr unterwarf und rückte dann in Holstein ein. Der Kampf schwankte hier lange hin und her, Adolf rief seine Bundesgenossen zu Hilfe, da er allein der Macht des Königs nicht gewachsen war, doch diese trafen nur sehr langsam mit ihren Mannschaften ein, und die erste Hälfte des Jahres 1227 verstrich mit Hin- und Herziehen der feindlichen Heere. Zwar gelang es dem Könige, Rendsburg und Itzehoe wegzunehmen, aber entscheidende Treffen wurden von beiden Seiten vermieden, jeder suchte sich durch Heranziehen weiterer Hilfskräfte zu verstärken, und erst als die Lübecker als Bundesgenossen des Grafen im Felde erschienen, nahm der Krieg eine bessere Wendung.

Lübeck hatte sich nämlich selbst von der dänischen Herrschaft befreit, aber die Bürger suchten zugleich ihre Freiheit und Unabhängigkeit zu sichern, damit sie nicht wieder unter die Herrschaft der Schauenburger oder eines anderen Fürsten kommen möchten, nachdem sie sich ihre Unabhängigkeit erkämpft hatten. Nach der Schlacht bei Mölln sandten sie daher geheime Boten an den Kaiser Friedrich II. in Italien. Im Mai 1226 bestätigte derselbe zu Parma den Lübeckern das ihnen am 19. September 1188 von Friedrich I. verliehene Privilegium und im Juni bewilligte er zu Bongo S. Donnino, daß Lübeck immer eine freie Stadt des römischen Reiches bleiben solle. Inzwischen hatten aber die Lübecker bereits eine günstige Gelegenheit benutzt und das dänische Joch abgeworfen. Während die umliegenden Länder von den Dänen schon befreit waren, hatten die Lübecker sich noch immer ruhig verhalten, mit der dänischen Besatzung scheinbar gute Freundschaft gepflogen, und der Befehlshaber war sehr oft bei den vornehmen Bürgern zu Gaste. Nachdem sich aber eine Anzahl Bürger verschworen hatten, die Stadt am 1. Mai, dem Maifest, zu befreien, veranlaßten sie es, daß der dänische Befehlshaber zum Maigrafen erwählt wurde, welcher auch im Vertrauen auf die Treue der Lübecker die Wahl dankend annahm. Während nun die große Mehrzahl der

Bürger und unter ihnen alle dänischen Führer zum Feste hinausgezogen waren, den Maigrafen hereinzuholen, begaben sich mehrere junge Lübecker, als Mägde verkleidet, aber mit unter den Kleidern verborgenen Waffen in die Burg, um mit der Besatzung den Maitag zu feiern und fanden bereitwillig Einlaß. Als das Fest im besten Gange war, holten die Lübecker die verborgenen Waffen hervor, zwangen die überraschten Dänen, sich zu ergeben, und die in der Nähe bereit stehenden verschworenen Bürger drangen jetzt in die Burg ein, welche von ihnen rasch zerstört wurde, während sich die Dänen unter Zurücklassung ihrer Waffen entfernen durften. Sobald die glückliche Überrumpelung auf dem Festplatze bekannt geworden war, änderte sich hier plötzlich die Lage, die Lübecker nahmen den dänischen Befehlshaber gefangen und führten ihn in die Stadt zurück, doch schützten sie ihn gegen Beleidigungen des Volkes, die übrigen Dänen ließen sie entfliehen. Nachdem der Befehlshaber den Lübeckern Urfehde geschworen hatte, durfte auch er nach seiner Heimat zurückkehren. Die Lübecker erkannten sehr richtig, daß auch ihnen das kaiserliche Privilegium wenig nützen würde, wenn Waldemar Nordalbingien wieder erobern würde. Als daher die Verbündeten, Adolf von Schauenburg und Heinrich von Schwerin die Lübecker zur Unterstützung aufforderten, waren die Bürger gern bereit, zur Bekämpfung des Dänenkönigs ins Feld zu ziehen, zumal der Kaiser Friedrich II. die Grafen Adolf von Schauenburg, Heinrich von Schwerin, den Herzog Albrecht I. von Sachsen und Erzbischof Gerhard II. von Bremen beauftragt hatte, die Lübecker gegen die Dänen zu beschützen. In Lübeck kam auch endlich das Bündnis der Deutschen gegen Waldemar zu stande zwischen Adolf von Schauenburg, Heinrich von Schwerin, Gerhard II. von Bremen, Burvin von Mecklenburg und dem Herzog von Sachsen, mit dem letzteren allerdings erst, nachdem die Verbündeten versprochen hatten, ihm Lauenburg abzutreten. Auch die Hamburger sandten dem Grafen eine Abteilung zu Hilfe, zu deren Ausrüstung die Stadt 1200 Mark verwendete, nachdem sie schon im vorigen Jahre den Grafen mit 500 Mark unterstützt hatten. Jetzt versammelten sich in der Nähe von Lübeck die Streitkräfte der Verbündeten, um mit einem kräftigen Schlage dem verderblichen Treiben des Dänenkönigs ein Ende zu machen; doch als dieser sah, daß es den Verbündeten Ernst war, zog er ebenfalls seine Streitkräfte zusammen, um den Deutschen die Stirn zu bieten, und wählte die Heide in der Nähe von Bornhöved zum Schlachtfeld. Otto von Lüneburg, welcher bisher sich darauf beschränkt hatte, die Elbmarschen, namentlich den Gorrieswärder [28]) mit Raub und Brand zu verheeren, vereinigte jetzt seine Mannen mit dem königlichen Heere. Waldemar aber zog seinen Sohn Abel, den Herzog von Schleswig, mit den Schleswigern und Friesen an sich und zwang die Dithmarschen zur Heeresfolge. Bereits am 20. Juli hatte das Heer der Verbündeten sich auf dem Schlachtfelde zusammengezogen, aber der Hauptkampf begann erst am 22. Juli, am Marien-Magdalenentag. Den Oberbefehl über das dänische Heer führte natürlich der König Waldemar, der Sieger genannt, weil er, wie seine Lobredner berichten, bis dahin nicht eine Schlacht verloren hatte. Auf dem rechten Flügel stand Herzog Otto von Lüneburg, auf dem linken Flügel Abel, später Herzog von Schleswig, das Hintertreffen bildeten die Dithmarschen, auf deren Treue der König sich nicht recht verließ. Den Oberbefehl über das deutsche Heer führte Graf Adolf IV. von Schauenburg. Das Mitteltreffen bildeten die kriegstüchtigen Holsten mit einer von dem Kaiser zur Unterstützung gesandten Schar von 300 auserwählten Kriegern. Auf dem rechten Flügel, also dem Herzog Abel gegenüber, stand Graf Heinrich von Schwerin, unterstützt von den Lübeckern unter ihrem Bürgermeister[29]), auf dem linken Flügel, also Herzog Otto gegenüber, stand der Herzog Albert von Sachsen, das Hintertreffen bildeten der Erzbischof Gerhard von Bremen und der mecklenburgische Fürst Burwin mit ihren Hilfsvölkern. Der Kampf begann am frühen Morgen, aber es war ein heißer Tag, je höher die Sonne stieg, desto schlimmer wurde die Lage der Deutschen, denn da sie auf der Nordseite standen, wurden

sie nicht nur von den Sonnenstrahlen geblendet, sondern auch der heiße Südwind trieb ihnen die Staubwolken entgegen. Von der Hitze ermattet wichen sie allmählich zurück und einzelne Heeres=
abteilungen begannen sich in Flucht aufzulösen. Adolf eilte von einem Ende der Schlacht zum anderen, die Verzagten zu ermutigen, die Zerstreuten zu sammeln und wieder in die Kampflinie zu führen. Er warf sich mitten auf dem Schlachtfelde auf die Knie, flehte zu der Maria Magdalena um Hilfe und gelobte ihr zu Ehren in Hamburg ein Kloster zu gründen, wenn sie ihm heute den Sieg[30] verleihe. Alsbald zogen schwere Wolken herauf, verhüllten die Sonne, der Wind änderte sich, und die Deutschen, welche Adolfs Gelübde gehört hatten, stürzten sich im Vertrauen auf die Hilfe der Maria Magdalena mit neuem Mut auf den Feind, der jetzt überall zu weichen begann. Aber eine noch viel wirksamere Unterstützung erhielten sie durch die Dithmarschen. Adolf hatte im Geheimen sich mit denselben verständigt und ihnen ihre Freiheit zugesichert, wenn sie während der Schlacht zu ihm übergehen würden. Auf das verabredete Zeichen griffen die Dithmarschen jetzt die Dänen im Rücken an, welche überall in Verwirrung gerieten, so daß der Rückzug alsbald in wilde Flucht ausartete. 4000 Dänen bedeckten das Schlachtfeld, Herzog Otto und 3 Bischöfe gerieten in die Gefangenschaft, Waldemar selbst verlor ein Auge und entkam nur durch die Hilfe eines deutschen Ritters der Gefangenschaft, der ihn nach Kiel brachte. Wie die Sage berichtet, war Adolf IV. selbst der rettende Ritter. Der Sieg der Deutschen wurde überall durch Dankfeste gefeiert, und noch lange vom Volk in Sage und Lied verherrlicht, in denen allerdings die Maria Magdalena mit ihrem Wolkenschleier eine Hauptrolle spielte, wie auch an vielen Orten geistliche Stiftungen zu Ehren der Maria Magdalena und zum Andenken an den glorreichen Tag gegründet wurden. Adolf IV. hatte durch den Sieg seine Herrschaft aufs neue gesichert, die Dänen waren überall aus dem Lande geflüchtet, und in seinem frommen Sinn beeilte er sich, sein Gelübde zu erfüllen, indem er in Hamburg sofort den Bau des Marien=Magdalenen=Klosters beginnen ließ und dasselbe den Minoriten überwies. Auch die Lübecker suchten nach Sitte der Zeit den errungenen Sieg durch eine fromme Stiftung zu verherrlichen, sie schleiften die dänische Burg und gründeten hier ebenfalls ein Kloster, welches sie den Dominikanern übergaben. Ratzeburg, Mölln und Lauenburg befanden sich noch in Händen der Dänen, diese wurden nach der Schlacht bei Bornhöved von dem Herzog Albrecht von Sachsen belagert, und die beiden ersten sehr bald genommen, Lauenburg jedoch leistete energischen Widerstand, und nur unter der Bedingung, daß Heinrich von Schwerin den Grafen Albrecht von Orlamünde aus der Gefangenschaft entlassen werde, übergab die Besatzung die Festung. Herzog Albrecht erlangte dadurch eine abgerundete Herrschaft, welche er jetzt zum Herzogtum Sachsen=Lauenburg erhob. König Waldemar II. konnte allerdings die Niederlage und die Schmach der verlorenen Schlacht nicht so schnell verschmerzen und versuchte im folgenden Jahre noch einmal, die Herrschaft in Nordalbingien wiederzugewinnen. Aber sein Kriegsruhm, der Ruf seiner Unbesieg=
lichkeit waren für immer vernichtet, seine Eid= und Wortbrüchigkeit hatten ihm auch das Vertrauen der Leichtgläubigsten geraubt, und seine Lockungen und Versprechungen fanden nirgends Gehör, die dänische Zwingherrschaft stand bei den Deutschen noch in so frischer Erinnerung, daß niemand dieselbe zurückwünschte. Überall sowohl mit Drohungen, wie mit seinen Verlockungen abgewiesen, versuchte er doch noch einmal Rendsburg durch Überrumpelung zu nehmen, aber die Holsten waren diesmal besser auf ihrer Hut, ja sie überlisteten sogar den schlauen König, setzten über einen Sumpf, fielen den Dänen in den Rücken und zwangen Waldemar zum schimpflichen Rückzug. Jetzt erst bequemte er sich zum Frieden mit dem Grafen Adolf und erkannte dessen Herrschaft über Holstein, Stormarn und Wagrien an. In den nächsten Jahren hören wir wenig von Graf Adolf IV. Sein Vater, Adolf III., hatte meistens in Segeberg gewohnt, Adolf IV. scheint aber größere Vorliebe für

Hamburg gehabt zu haben, 1231 soll er hier für sich ein Schloß an der Elbe erbaut haben, aber wo es gestanden hat, ist unbekannt, doch ist sein häufiger Aufenthalt in Hamburg nicht zu bezweifeln. Er verkehrte hier viel mit seinem Bruder, dem Dompropsten Brun; auch erzählt der Ratmann Hartwig von Erteneburg, daß er 1235 mit den Dominikanern, Bruder Borchard und Otto, mehrfach zu dem Grafen Adolf IV. gegangen sei, woraus auf einen dauernden Aufenthalt desselben in Hamburg zu schließen ist.

Nach dem Tode des Grafen Heinrich von Schwerin wurde das Verhältnis Adolfs zum dänischen Hofe immer vertraulicher, dem auch der Erzbischof Gerhard sich anschloß, was zu einem Schutz- und Trutzbündnis zwischen Waldemar II., Adolf IV. und Gerhard II. führte. Zur Befestigung desselben verlobte Adolf seine Tochter Mechthildis mit dem Sohne des Königs, dem Herzog Abel von Schleswig, und unternahm dann im Jahre 1232 eine Reise nach Italien zum Kaiser Friedrich II. Diese Reise hat für Hamburg insofern eine große Bedeutung, indem der Kaiser das lübsche Recht, die Zollfreiheit in der Grafschaft und das Recht, zweimal im Jahr einen Markt halten zu dürfen, nicht nur für Neu-Hamburg, sondern auf Wunsch des Grafen auch für Alt-Hamburg bestätigte (Hamburg. Urk. 249 und 250, Schlesw., Holst., Lauenbg. Urk. 498 und 499). Es ist überraschend, daß der Graf der erzbischöflichen Stadt, Alt-Hamburg, ein anderes Recht, überhaupt ein Privilegium verleiht und dasselbe vom Kaiser bestätigen läßt. Offenbar muß eine Nachricht verloren gegangen sein, was auch dadurch bestätigt wird, daß der Papst Innocenz 1259 versuchte, Alt-Hamburg dem Erzbischof Hildebold wieder unterzuordnen, nachdem Erzbischof Gerhard II. die Stadt an den Schauenburger Grafen verkauft hatte, was aber Hildebold nicht anerkennen wollte, auch 1282 protestierte noch das Hamburger Domkapitel gegen diesen Verkauf. Es geht also hieraus hervor, daß Erzbischof Gerhard II. Alt-Hamburg an Adolf IV. und zwar vor 1232 abgetreten haben muß, wovon wir keine Nachricht haben, und wenn man bedenkt, daß seit der dänischen Herrschaft zwischen dem Bremer und Hamburger Domkapitel ein gespanntes Verhältnis obwaltete, daß aber Erzbischof Gerhard II. mit Adolf IV. eng befreundet und Brun zu der Zeit Dompropst in Hamburg war, so scheint es sehr wahrscheinlich, daß der Erzbischof leicht zu bewegen war, die Stadt dem Grafen zu überlassen, da er für das ihm feindlich gesinnte Hamburger Domkapitel nur geringes Interesse empfand. War aber der Graf Adolf IV. im Besitz von Alt-Hamburg, dann erscheint es nicht mehr auffallend, wenn er der Stadt Privilegien verlieh. Die Freundschaft mit dem dänischen Hof verleitete Adolf IV. nach seiner Rückkehr aus Italien zu einem höchst unpolitischen Schritt[81]), zu einem Angriff auf Lübeck.

Bei der günstigen Lage der Stadt und ihren guten Mauern konnten die Lübecker die Belagerung ruhig ansehen, solange ihnen nur die Verbindung mit dem Meere offen blieb, die Belagerer hatten daher ihr Hauptaugenmerk darauf zu richten, ihnen diese Verbindung abzuschneiden und die Stadt durch Hunger zur Übergabe zu zwingen. Adolf und Waldemar erbauten auf beiden Seiten der Travemündung einen Turm, um den Schiffen das Einlaufen zu verwehren, aber bei der Breite des Wassers fuhren diese ungehindert zwischen den Türmen hindurch. Vor 40 Jahren hatte Adolf III. einen Pfahldamm in der Trave einrammen lassen und Lübeck dadurch zur Übergabe gezwungen, Waldemar glaubte dieses nun durch ein leichteres Mittel erreichen zu können und ließ eine starke eiserne Kette von einem Turm zum andern über die Trave ziehen, aber die aus Livland heimkehrenden Schiffe fuhren bei günstigem Winde mit vollen Segeln gegen die Kette, welche durch den Stoß gesprengt wurde. Darauf ließ Waldemar an einer schmalen Stelle des Fahrwassers der Trave ein großes altes Schiff mit Steinen beschwert versenken, so daß die Schiffahrt gänzlich unterbrochen war. Die Lübecker verloren jedoch nicht den Mut, im Schutze der Nacht sandten sie Arbeiter nach der bedrohten Stelle; diese gruben dem Fluß ein neues Bett, und am folgenden Morgen war ihre Arbeit vollendet. Der Strom selbst setzte die Arbeit fort, und in einigen Tagen war das Bett so vertieft und so verbreitert, daß die größten Schiffe den neuen Arm benutzen und ohne Gefahr die See erreichen konnten.[32]) Trotz ihrer bisherigen Erfolge hatten die Lübecker sich doch nach Verbündeten gegen ihre übermächtigen Feinde umgesehen, und es war ihnen zunächst gelungen, die Mecklenburger zur Unterstützung zu gewinnen. Als Waldemar von dem Bündnis Kunde erhielt, ließ er seine Flotte an der mecklenburgischen Küste kreuzen, damit die Schiffe von Rostock und Wismar sich nicht mit den Lübeckern vereinigen sollten. Kaum aber hatten die Lübecker hiervon Nachricht erhalten, so rüsteten sie sofort ihre Schiffe aus und sandten sie der dänischen Flotte nach, welche sie vor der Warne trafen. Trotz der feindlichen Übermacht griffen sie sofort die dänischen Schiffe an, der Kampf war hart, und der Sieg schwankte lange hin und her, aber nach einem bedeutenden Verlust an Schiffen und Mannschaft mußten gegen Abend die Dänen den Kampfplatz räumen, der Rest der dänischen Flotte entkam im Schutze der Dunkelheit, die Lübecker führten das größte dänische Schiff mit 400 Gefangenen im Triumph nach Lübeck zurück. Die verlorene Seeschlacht bestimmte den König mit seinen Landtruppen nach Dänemark zurückzukehren, und dies nötigte auch Adolf die Belagerung gänzlich aufzuheben. Der Streit zwischen Adolf und Lübeck wurde im nächsten Jahre von Kaiser Friedrich II. auf dem Reichstage zu Worms geschlichtet. Der Graf hatte als Grund seines Angriffes auf Lübeck die von Kaiser Heinrich VI. seinem Vater Adolf III. verliehenen Reichseinkünfte von Lübeck vorgegeben. Obgleich der Stadt kein Recht über die Verleihung dieser Reichsabgabe zustand, entschloß sich Friedrich II., den Grafen durch 5000 Mark Silber für die Reichseinkünfte zu entschädigen, wogegen dieser allen Ansprüchen auf die Stadt und ihr Gebiet feierlich entsagen mußte, alle bisherigen Privilegien, besonders die Unmittelbarkeit und die Reichsfreiheit der Stadt wurden abermals vom Kaiser bestätigt. In diesem ersten Seekriege hatten die Lübecker ihre Kraft kennen gelernt, und das infolge ihres Sieges erlangte Ansehen gereichte der Entwickelung ihres Seehandels zum größten Vorteil.

Wie schon oben (S. 127) erwähnt, finden wir Graf Adolf in demselben Jahre wieder in Hamburg, wo er sich für die Zulassung der Dominikaner in Hamburg bei dem Domkapitel verwendete. Nachdem der Streit mit Lübeck beigelegt war, verlieh er mehreren Städten seines Landes das lübsche Recht, so z. B. unterm 24. August 1235 der Stadt Oldenburg, unter dem 21. Oktober 1236 der Stadt Plön, 1238 der Stadt Itzehoe, namentlich aber bedachte er Klöster und andere kirchliche Stifte mit reichen Schenkungen. Ein besonderes Interesse hat Adolf IV. stets für Hamburg bewahrt, nach der Schlacht bei Bornhöved hielt er einen feierlichen Einzug in Hamburg, und wohl noch in demselben Jahre wird er einen Teil des Alsterwärders, westlich von der Langenbrückenstraße, für das in der Schlacht gelobte Marien-Magdalenen-Kloster angewiesen und den Bau selbst begonnen haben, das Kloster verlieh er den Minoriten oder Franziskanern. Später (1235) hat er auch den Dominikanern einen Platz überlassen, und 1233 schenkte er einen Teil seines Obstgartens an der Steinstraße den Beguinen (blauen Schwestern) zum Bau einer Wohnung, des sogenannten Konvents. Die Vorliebe Adolfs für Hamburg hatte allerdings einen sehr guten Grund, denn die Hamburger zeigten sich ihm jederzeit hilfebereit, und zur Unterstützung der gräflichen Pläne öffneten sie sehr oft ihre Kassen. Obgleich sie durch das kaiserliche Privilegium von aller Kriegspflicht entbunden waren, hatten sie zum Kriege gegen Waldemar eine Heeresabteilung dem Grafen zu Hilfe gesandt und leisteten einen erheblichen Beitrag zu den Kriegskosten. Als 1237 der Herzog Abel von Schleswig Mechthildis, die Tochter Adolfs IV, heiratete, verehrten sie nicht nur der Braut ein reiches Hochzeitsgeschenk, 400 Mark Pfennige, sondern lösten auch den, an Eckbert von Wolfenbüttel verpfändeten Oldesloer Zoll für 200 Mark Silber ein und schenkten denselben Adolf IV.

Im folgenden Jahre unternahm Adolf in Begleitung seiner Gemahlin Heilwig einen Kreuzzug nach Livland und übertrug während seiner Abwesenheit die Verwaltung von Nordalbingien seinem Schwiegersohn, dem Herzog Abel von Schleswig. Nach seiner Rückkehr im nächsten Jahre brachte er den bereits auf dem Schlachtfelde von Bornhöved gefaßten Entschluß zur Ausführung und trat am 13. August 1239 als Mönch in das Marien-Magdalenen-Kloster in Hamburg ein. Die Vormundschaft über seine minderjährigen Söhne, Johann und Gerhard (der dritte Sohn Ludolf war zum Geistlichen bestimmt), und bis zu deren Volljährigkeit die Regentschaft in Holstein, Stormarn und Wagrien übertrug er dem Herzog Abel von Schleswig. Adolf hatte zwar ein sehr frommes Gemüt, aber es war ein ungewöhnlicher Entschluß, daß er in Hamburg, wo er bisher als Herr und Gebieter hochverehrt worden war, in das Franziskaner-Kloster eintrat und als Novize barfuß in grober Kutte mit dem Bettelsack auf dem Rücken durch die Straßen wanderte, um bei den Bürgern Almosen für sein Kloster einzusammeln. Für seine Familie und für sein Land war der Schritt höchst unpolitisch und gefährlich. Sein älterer Bruder Konrad war kinderlos gestorben, der jüngere Bruder Brun war Geistlicher, also ruhte die Erhaltung der Familie auf Adolf; sein ältester Sohn Johann war kaum 14 Jahre alt, und sein Land erst 14 Jahre von der dänischen Herrschaft befreit, Adolf muß also entweder ein unbegrenztes Vertrauen in die Rechtlichkeit und Gewissenhaftigkeit seines Schwiegersohnes gesetzt haben, obgleich dieser ein dänischer Prinz war, oder er hat das Wohl seiner Familie ganz vergessen und nur daran gedacht, seinem Gott zu dienen, um sich die ewige Seligkeit zu erwerben. Die holsteinischen Ritter waren indessen einsichtsvoller als der Graf, ihre Unzufriedenheit nötigte schon

Adolf IV.,
Wandgemälde im Audienz-Saale des Marien-Magdalenen-Klosters.

1241 den Herzog Abel, die Vormundschaft und Regentschaft niederzulegen und am 8. November an Erzbischof Gerhard II. abzutreten, worauf die beiden jungen Grafen am 10. November in Hamburg festlich einzogen. Hier verlobte Johann sich mit der Tochter des Herzogs Albrecht von Sachsen, und 1244 begaben sich beide Brüder zu ihrer weiteren Ausbildung nach Paris. — Nachdem Graf Adolf in dem Hamburger Kloster genügend vorbereitet war, begab er sich 1243 auf eine Wallfahrt nach Rom, um von dem Papst Absolution von der Blutschuld zu erhalten. Am 22. April 1244 wurde er vom Papst Innocenz IV. dispensiert und darauf zum Diakon geweiht. Adolf kehrte in die Heimat zurück, gegen Ende des Jahres war er in Lübeck, wo er am 18. Dezember von dem Bischof Johann zum Priester geweiht wurde. Er reformierte darauf am 2. Januar 1245 in Gemeinschaft mit dem Bischof und dem Prior des Dominikaner-(Johannis-)Klosters in Hamburg und des Dominikaner-Klosters in Lübeck. Am 15. Januar las er seine erste Messe in der Kapelle auf dem Schlachtfelde von Bornhöved, welche die Minoriten hier errichtet hatten, und kehrte endlich nach Hamburg zurück. Hier las er am 12. März seine zweite Messe in der Marien-Magdalenen-Kirche, weihte seinen Sohn Ludolf zum Geistlichen und widmete sich jetzt wieder zeitweilig weltlichen Geschäften, indem er gemeinschaftlich mit dem Overboden in Holstein das Land seiner Söhne verwaltete. In dieser Eigenschaft verlieh er dem Hamburger Domkapitel den Zehnten aus dem Lande Oldenburg zum Neubau des Schlafsaales und des Kreuzganges. Auch vermittelte er im Namen seiner Söhne einen Vergleich mit dem Domkapitel wegen des Schadens, den es durch die Zerstörung der Mühle am Tarpenbeck und durch Erbauung der neuen Mühle in Hamburg erlitten hatte. Im nächsten Jahre bedrohte der König Erich Plogpenning die nordalbingischen Lande mit Krieg, infolgedessen die jungen Grafen Johann und Gerhard eiligst aus Paris zurückgerufen wurden. Am 11. Oktober 1246 trafen sie in Hamburg ein und wurden von der Stadt festlich empfangen, was derselben eine Ausgabe von 100 Mark Pfennige verursachte. Die drohende Kriegsgefahr hatte auch die Hamburger für die Sicherheit der Stadt besorgt gemacht, denn in der kleinen Alster war zwischen dem Marien-Magdalenen-Kloster und dem Thore der heiligen Milderadis am Ende des Burstah eine Insel entstanden, welche bei einer feindlichen Belagerung zur Eroberung der Stadt benutzt werden konnte. Auf Wunsch der Bürger überließen die Grafen den Bürgern von Neu-Hamburg das Wasser von den Minoriten bis zum Milderdor, um daselbst eine Befestigung zu errichten, jedoch unter der Bedingung, daß daraus der Mühle kein Schaden entstehe, und ihre Frau Mutter Heilwig Macht habe, ihren Küchengarten bis an die Befestigung zu erweitern.[33]) Die von den Hamburgern errichtete Mauer wird eine Palisadenwand gewesen sein, denn in dem Vertrag von 1314 wird hier eine hölzerne Mauer erwähnt.[34]) Nach Rückkehr seiner Söhne scheint Adolf sich nicht mehr in die Verwaltung der Grafschaft gemischt zu haben, denn sein Name wird nicht mehr erwähnt. Später siedelte er nach dem, in Kiel von ihm gegründeten Marien-Magdalenen-Kloster über, wo er am 8. Juli 1261 gestorben und im Chor der Klosterkirche begraben ist. Bald nach seinem Tode sollen der Hamburger Marien-Magdalenen-Kirche zwei Bilder von ihm in Lebensgröße geschenkt worden sein, das eine stellte den Grafen dar als Mönch im Sarge liegend, das andere als Krieger in voller Rüstung. Die Inschrift auf diesem Bilde lautet: „Durch seine Siege gegen Dänemark 1224—1227 Nordalbingiens Deutschheit bewahrend, mit weiser Einsicht und großherziger Entsagung die Selbständigkeit unseres Freistaates gründend, galt er seinen Zeitgenossen, wie allen Zeiten, groß als Fürst und Held, größer noch als Christ und Mensch, in seltener Selbstüberwindung und frommer Gottergebenheit."

Das Marien-Magdalenen-Kloster.

In der Schlacht bei Bornhöved am 22. Juli 1227, am Marien-Magdalenentage, gelobte Adolf IV., er wolle der Maria Magdalena in Hamburg ein Kloster gründen, wenn sie ihm den Sieg verleihe. Es wird uns zwar nicht berichtet, wann der Bau begonnen und vollendet worden ist, aber bei dem frommen Eifer des Grafen darf man wohl vermuten, daß er noch in dem Jahre 1227 dem Bettelorden der Franziskaner[35]) den Bau des Klosters übertragen hat. Der Graf wies den Mönchen zum Bau des Klosters den südlichen Teil des Wärders an, der sich in der kleinen Alster nahe dem Ufer der Altstadt gebildet hatte. Aber dieser muß erheblich kleiner gewesen sein, als man gewöhnlich annimmt, was schon aus dem Bauplan hervorgeht. Die Kirche lag nicht an der Nordseite des Kreuzganges, weil hier die Insel zu schmal war, und die Kirche zu klein geworden wäre, oder nicht die richtige Lage von Ost nach West erhalten hätte. Der Kreuzgang war nicht rechtwinkelig mit der Kirche verbunden, weil man sonst an der Westseite desselben kein Gebäude hätte errichten können. Um den Grund gegen die Alster zu schützen, waren hier Vorsetzen aus starken Bohlen errichtet, welche im Jahre 1884 beim Börsenanbau wieder aufgefunden worden sind. Auch war der Haupteingang mit dem Portal nicht an der Westseite, sondern an der Südseite, weil das Westende der Kirche hart am Ufer der Alster lag, der Chor war nur sehr klein, weil das Gerberstraßenfleet damals noch erheblich breiter war. Die Kirche war ursprünglich dreischiffig, 57 m lang und 24 m breit, das Mittelschiff 20,5 m, die Seitenschiffe 13½ m hoch, das Gewölbe wurde von acht fast 2 m dicken Säulen getragen. An welchen Seiten des Kreuzganges die anderen Hauptgebäude: der Kapitelsaal, der Speisesaal und der Schlafsaal gestanden haben, ist nicht bekannt und jetzt nicht mehr zu ermitteln, da dieselben schon früh, der Schlafsaal 1314 und später auch der Speisesaal und der Kapitelsaal verlegt worden sind. Die Nebengebäude: die Küche, das Brauhaus, das Gasthaus ꝛc. hatten keine bestimmten Plätze auf dem Klosterhof.

Durch die beim Klosterbau errichteten Vorsetzen wurde der Mühlstrom weiter nach Westen abgelenkt, und es entstand westlich vom Klosterhof durch die Anschwemmung der Alster ein Vorland, wodurch die Sicherheit der Stadt von dieser Seite beeinträchtigt wurde. Die Grafen Johann und Gerhard überließen 1246 dem Rat von Neu-Hamburg den Wärder zwischen der Mühle und dem Millernthor, um hier eine hölzerne Befestigung anzulegen (der spätere Mönkedamm), und 1314 schloß der Rat von Hamburg, nach Vereinigung beider Städte, mit dem Maria-Magdalenen- und dem Johannis-Kloster einen Vertrag ab, demzufolge die Klöster längs der Alster eine 40 Fuß hohe, unten 3½ Fuß, oben 2 Fuß dicke Mauer aufführen sollten, wogegen sie ihren Hof bis an dieselbe erweitern durften. Die Minoriten erbauten die Mauer von der hölzernen Befestigung anfangend bis zu dem Gange bei den Gerbern, wo ihr Hof endigte, und lehnten an dieselbe ihr Schlafhaus, Gasthaus, Krankenhaus und die Küche; doch mußten die Fenster 19 Fuß über dem Erdboden liegen und mit eisernen Stangen versehen sein, auch wurde ihnen verstattet, in der Mauer eine Pforte nach dem Wasser anzulegen und von der Alster eine Wasserleitung in das Haus der Ökonomie zu führen. Der Rat gab zu dem Bau 400 Mark Pfennige, die Klöster verpflichteten sich die Mauer in drei Jahren herzustellen.[86])

Wie an der Alster der Wärder durch Anschlemmung vergrößert wurde, so wird um diese Zeit auch durch die Versandung des Gerberstraßenflets eine Vergrößerung des Wärders an der Ostseite stattgefunden haben, denn 1351 begannen die Mönche den Neubau des Chors der Kirche unter der Leitung des Bauherrn Hinrich Hoep, der selbst bedeutende Schenkungen dazu machte. Der Rat schenkte 90 Mark und 30000 Ziegelsteine. Der Chor war ursprünglich nur klein, wurde jetzt aber 90 Fuß lang erbaut, die Sitze für die Mönche erhielten ihren Platz vor dem Hochaltar. Auch an der Südseite vergrößerte sich die Insel, so daß die Mönche hier einen Begräbnisplatz anlegen konnten. 1382 schenkte der Rat aus Gnade den Minoriten 10 Mark, als Beihilfe zum Bau der Vorsetzen ihres Kirchhofes bei der Mühle, auf dem jetzigen Adolfsplatz. Gegen Ende des 14. oder Anfang des 15. Jahrhunderts muß eine abermalige Erweiterung des Klosterhofes und ein Neubau mehrerer Klostergebäude stattgefunden haben.[87]) In den Berichten des Klosters finden sich keine Mitteilungen über die Zeit und die Ursachen dieser Neubauten, ob die Festungsmauer baufällig geworden, ob die Klostergebäude durch eine Feuersbrunst zerstört waren oder sonst eine Ursache einen Neubau erforderlich gemacht hatte. Wir müssen uns daher nach anderen Quellen umsehen. Die in Rede stehende Mauer stimmt in ihrer Bauart genau mit der Festungsmauer auf der Südseite der Stadt überein, welche sich vom Winserbaum bis zum Rödingsmarkt erstreckte und von der gegenwärtig noch einige Reste am Katharinenkirchhof und bei den Mühren übrig sind. Auch hier liegen hinter den Granitquadern kleine gelbe Klinker und dann große rote Mauersteine, in beiden Mauern sind zur größeren Befestigung der Quader X förmige Anker verwandt. Diese Stadtmauer ist Ende des 14. Jahrhunderts erbaut, und es wird daher wahrscheinlich, daß auch diese Klostermauer um dieselbe Zeit aufgeführt worden ist, zumal die Mönche damals noch mit anderen Bauten beschäftigt waren und, wie oben erwähnt, 1382 von dem Rat 10 Mark als Beihilfe für die Vorsetzen ihres Kirchhofes bei der Mühle empfingen. Hiermit stimmt noch eine andere Nachricht überein. Als 1410 der Rat den Heine Brandt ohne Richterspruch nach dem Winserbaum hatte bringen lassen, trotz seiner vor 6 Jahren gegebenen feierlichen Zusicherung: "keinen Bürger verhaften zu lassen, es sei denn, daß er auf frischer That ergriffen würde", versammelten sich viele Bürger sofort, nachdem die Verhaftung bekannt geworden war, im Schafferhause am Neß, und da dieser Raum zu klein war, beriefen die Versammelten zum nächsten Morgen alle Bürger nach dem Reventer des Marien-Magdalenen-Klosters. Es wird nicht erzählt, wie viele Bürger zusammenkamen, aber sie wählten aus ihrer Mitte 60 Männer, 15 aus jedem Kirchspiel, um mit dem Rat die Sache zu verhandeln. Die Versammlung muß also jedenfalls recht zahlreich gewesen sein. Die 1314 aufgeführten Gebäude hatten nur eine Breite von höchstens 7 m, hier gab es demnach keine Räume, worin sich mehrere hundert Bürger hätten versammeln können, und ebensowenig ist zu erwarten, daß der bei der Gründung des Klosters erbaute Speisesaal, Reventer, geräumig genug gewesen sein sollte. Nach dem Grundriß von 1753 besaß das Kloster später aber in dem Saal zur Klosterküche einen Raum von 80 Fuß Länge und 32 Fuß Breite, der für diesen Zweck vollständig genügte, dann aber muß das Gebäude vor 1410 erbaut worden sein. Endlich kommt noch ein Gesichtspunkt hier in Betracht. Infolge der bedeutenden Vermehrung der Mönche im 14. Jahrhundert wurde eine Erweiterung der Klosterräume ein immer bringenderes Bedürfnis. Von 1335 bis 1355 befand sich die Stadt fast unausgesetzt im Bann, das

Domkapitel und sämtliche Geistlichen hatten die Stadt verlassen, aber die Franziskaner blieben, versahen alle gottesdienstlichen Handlungen und ermöglichten daher den Bürgern, in dem Kampf auszuharren. Auch in der zweiten Hälfte des 14. Jahrhunderts wiederholten sich die Streitigkeiten der Bürger mit der Geistlichkeit, fast ohne Ausnahme finden wir die Minoriten auf seiten der Bürger, weshalb wohl die Zahl der Mönche bedeutend vergrößert worden ist. Die Erweiterung der Gebäude hatte also hohen Wert für das Kloster, und da Rat und Bürger den Mönchen zu großem Dank verpflichtet waren, wurde ihnen das Land hinter dem Kloster, welches für die Stadt nur geringen Wert hatte, zur Erweiterung ihres Hofes überlassen, unter der Bedingung, daß die Sicherheit der Stadt nicht darunter leiden dürfe. Das Kloster mußte also für die Strecke eine neue Stadtmauer aufführen und zwar ähnlich derjenigen, welche der Rat 1383 an der Südseite der Stadt erbaut hatte. Im übrigen ist wohl der Vertrag von 1314 (Staphorst I. 2, S. 686) zur Grundlage genommen, und daher die Pforte nach dem Wasser, die Wasserleitung aus der Alster, die Fenster mit Eisengittern 2c. dem Kloster wieder verstattet worden. (S. nebenstehende Ansicht.) Die erheblichen Baukosten mögen durch freiwillige Gaben der Bürger aufgebracht worden sein, denn über eine Beisteuer des Rats berichten die Kämmereirechnungen in dieser Zeit nicht.[38])

Das Marien-Magdalenen-Kloster von der Seite der Staven-Pforte. 1837.

Die Benediktiner verstanden es vortrefflich, für ihre Niederlassungen die schönsten Punkte auszuwählen und ihre Gebäude so zu gruppieren, daß sie die Umgebung schmückten. Die Bettelmönche suchten dagegen in dicht bewohnten Gegenden, besonders in den Städten, ihre Niederlassungen zu gründen. Da gab es allerdings selten malerische Punkte auszuwählen, wenn sich aber solche darboten, unterließen auch sie es nicht, durch den Blick in eine schöne Gegend ihre Brüder für die Entsagung der Welt zu entschädigen. In dieser Beziehung besaßen das Marien=Magdalenen=Kloster und das Johannis=Kloster in Hamburg einen großen Vorzug, denn bis gegen Ende des 15. Jahrhunderts lagen beide unmittelbar am Ufer der kleinen Alster. Wenn die Mönche sich zu stillen frommen Betrachtungen in ihre Zellen zurückgezogen, blickten sie auf die ruhige weite Wasserfläche hinaus, welche gleich einem kleinen Gebirgssee vor ihnen ausgebreitet lag, da das gegenüberliegende hohe Ufer an den hohen Bleichen und am Gänsemarkt mit schönen großen Bäumen bewachsen war. Auch die Ansicht der Stadt von der Nordwestseite wurde durch die Klöster sehr gehoben, amphitheatralisch stiegen die Häuser von dem Ufer der Alster empor, gekrönt von dem hohen Dom und der Petrikirche, im Vordergrunde bildeten die beiden Klöster den Rahmen des Bildes. Welchen Wert die Aussicht auf die Alster für das Kloster hatte, erhellt daraus, daß der Rat auf Wunsch der Mönche in der Mauer die Anlage von Fenstern nach der Alster gestattete, obgleich die schmalen Gebäude von dem Klosterhof Licht genug erhalten konnten. Auch die Erlaubnis, eine Pforte aus der Mauer nach dem Wasser anzulegen, mögen die Mönche sich deshalb ausbedungen haben, um an schönen mondhellen Sommerabenden auf der Alster umher rudern zu können. Als gegen Ende des 15. Jahrhunderts der alte Wall errichtet wurde, da war es mit der Herrlichkeit vorbei, der hohe Wall versperrte jede Aussicht auf die Alster und die Mönche mußten sich mit ihrem Klosterhof begnügen; seit dieser Zeit begannen die Bürger den Kreuzgang durch schöne Fenster ꝛc. zu schmücken.

Die Barfüßer standen in dem Ruf, große Bierliebhaber zu sein. Die Sage erzählt, daß die Mönche gar oft heimlich aus dem Kloster über den Mönkedamm nach dem Ködingsmarkt geschlichen seien, um in einer Brauerei ein gutes Glas Bier zu trinken und mit den Bürgern ein Stündchen zu verplaudern, und daß der Mönkedamm, sowie die schmale Brücke vom Mönkedamm nach dem Ködingsmarkt, der Schliekut, dieser Gewohnheit seinen Namen verdanke. Indessen verachteten sie keineswegs ein gutes reines Trinkwasser. Obgleich ihnen 1314 verstattet wurde, eine Wasserleitung von der Alster in ihre Küche und in das Haus der Ökonomie zu führen, suchten sie gelegentlich noch besseres Trinkwasser zu erhalten, 1420 schloß das Kloster einen Vertrag mit den Vorstehern der Brunnenleitung jenseits der Alster, um eine Wasserleitung von dem Eckhause der großen Johannisstraße zu erlangen, welche das Kloster auf seine Kosten legen und unterhalten mußte. Die Vorsteher konnten das Rohr verkleinern oder erweitern, das Kloster aber durfte das Wasser nur in eine „Kumme oder einen Pfeiler" zum eigenen Verbrauch leiten, nicht in die Küche, in das Backhaus oder eine Stube. Wenn das Kloster gegen diesen Vertrag verstieß, konnten die Vorsteher ohne Einrede die Wasserleitung wieder aufheben.

Als sich im Laufe des 15. Jahrhunderts das Vermögen des Klosters durch Vermächtnisse und sonstige Geschenke vergrößerte, erwachte auch bei den Mönchen die Neigung, ihre Gebäude auszuschmücken. 1465 ließ der Guardian Arnold von Vechta den Kapitelsaal mit einem Turm verzieren, auch die Kirche erhielt ein kleines spitzes Türmchen, wie nebenstehende Abbildung zeigt. Außerdem ließ er für die Bibliothek ein eigenes Gebäude erbauen. Da für die Bestreitung dieser Baukosten die regelmäßigen Einnahmen nicht ausreichten, so suchten die Mönche durch Ablaß und Geschenke von wohlhabenden Bürgern zu diesem Zwecke außerordentliche Einnahmen herbeizuschaffen, welche im Anfang des 16. Jahrhunderts reichlich flossen, so daß größere Bauten unternommen werden konnten. Eine bedeutende Vergrößerung erhielt die Kirche. Die Minoriten strebten danach, stets volkstümliche Prediger zu haben, weshalb die Kirche von den Bürgern fleißig besucht wurde. Im 15. Jahrhundert aber bildeten sich besondere Gesellschaften, Brüderschaften, um für das Seelenheil ihrer verstorbenen Mitglieder Messen lesen zu lassen, und errichteten zu diesem Zwecke in einer Kirche einen besonderen Altar. Das Messelesen wurde nun eine wichtige Einnahmequelle für die Geistlichen. Außerdem mußten die Brüderschaften für die Kirche besondere Verpflichtungen übernehmen, wie z. B. die Unterhaltung und Ausschmückung eines Fensters und dergleichen, so daß diese Nebenaltäre für die Geistlichen, wie für die Kirche eine immer größere Bedeutung erlangten. Es entstand namentlich unter den reicheren Brüderschaften ein reger Wetteifer in der Ausschmückung und Dotierung ihrer Altäre sowohl, als auch in der Ausführung ihrer Verpflichtungen gegen die Kirche. Jede Kirche suchte daher die Zahl der Nebenaltäre so viel als möglich zu vermehren, und wie wir bereits (S. 30 und 56) gesehen haben, war dies ein Hauptgrund, daß die Domkirche und die Petrikirche durch Nebenschiffe im 15. Jahrhundert erweitert wurden. Allerdings kamen für die Errichtung solcher Nebenaltäre die Klosterkirchen weniger in Betracht, doch durften die Vorsteher im Interesse der Kirche derartige Gesuche nicht zurückweisen, und so besaß die Marien-Magdalenen-Kirche im Anfang des 16. Jahrhunderts 6 Nebenaltäre, wodurch der Raum für die Hörer der Predigt immer mehr beschränkt wurde. Um neuen Raum zu schaffen, beschlossen die Vorsteher 1510, an der Südseite ein viertes Schiff zu erbauen, wie unsere Abbildung zeigt. Obgleich jetzt an der Westseite für den Weg Raum genug vorhanden war, so blieb der Haupteingang für die Kirchenbesucher auf der Südseite, allerdings ein recht bescheidenes Pförtchen, denn im allgemeinen blieben die Franziskaner ihren Grundsätzen treu und suchten nicht durch äußerlichen Glanz sich auszuzeichnen. Auch im Innern der Kirche herrschte Einfachheit, wenn auch die frühere Dürftigkeit allmählich verschwunden war. Der Chor war durch einen Lettner, auf welchem die kleine Orgel stand, von dem Hauptschiff getrennt. Hier wurden die Memorien für die Verstorbenen verlesen. Die große Orgel, für welche der 1417 verstorbene Ratsherr Nic. Bissing ein

Legat vermachte, befand sich dem Eingang gegenüber an der Nordwand der Kirche. Außer dem Hochaltar befanden sich zu Anfang des 16. Jahrhunderts in der Kirche der Altar der heiligen Jungfrau, des heiligen Franziskus, der heiligen Maria Magdalena, der heiligen Martha, der heiligen Anna und des heiligen Kreuzes. Die beiden letzteren wurden 1510 in das neue vierte Schiff verlegt. Für die Unterhaltung der Altäre und einzelner Teile der Kirche sorgten 15 Brüderschaften (Staphorst I. 1, S. 226, 227, 231, 237 2c.), namentlich war mit den Altären meistens die Unterhaltung der über oder bei denselben liegenden Fenster verbunden. So hatte die Marien=Brüderschaft (der Kannen=, Grapen= und Apengeter) einige kostbare Glasfenster im Kreuzgange hinter der Garbekammer gestiftet und deren Unterhaltung übernommen. Als mit der Einführung der Reformation die Brüderschaft aufgelöst wurde, erwarb

das Amt der Kannen= und Grapengießer ein neues Grab in der Kirche und versetzte die drei Glas=
fenster mit dem Amtswappen an die Nordseite der Kirche nahe bei dem Chore. Auch die Schonen=
fahrer hatten die Unterhaltung eines Fensters im Kreuzgange übernommen und ließen dasselbe 1445
mit schönen Glasmalereien versehen, welche ihr Wappen, das des deutschen Ritterordens in Preußen
und das der Königin von Dänemark enthielten. Die Küter und Köche unterhielten ein Glasfenster
im Osten der Kirche und die Leinenweber (die Brüderschaft der heiligen fünf Wunden) hatten ebenfalls
ein Fenster des Kreuzganges mit Glasmalereien und ihrem Amtswappen geschmückt. Noch im
18. Jahrhundert hießen drei Fenster an der Nordseite die Schonenfahrerfenster, ein Fenster an der
Südseite das Leinenweberfenster, das daneben liegende das Schifferfenster und zwei Fenster an der
Südostecke die Brauerfenster. Das Fenster im Chor hinter dem Hochaltar hieß das Ratsfenster.
1476 zahlte die Stadtkasse dem Glaser Schening 20 Mark für das große Fenster im Chor. Der
Kreuzgang wurde von den Mönchen hauptsächlich bei schlechtem Wetter zu Spaziergängen, aber auch
zu stillen andächtigen Betrachtungen benutzt, und die Ausschmücknng des Kreuzganges war vielen
Bürgern eine Herzenssache. Sie wollten den Mönchen den Aufenthalt hier angenehm machen und
ihnen auf diese Weise für ihr gefälliges Benehmen und die Unterstützung gegen die Weltgeistlichkeit
eine Anerkennung und Verehrung erweisen. Aber auch das Innere der Kirche erhielt mit der Zeit
manche wertvolle Ausschmückung, und auch in diesen Bildern offenbarte sich nicht selten das Verhältnis
der Minoriten zu der Weltgeistlichkeit, denn Satiren und Verspottung der Geistlichen abseiten der
Künstler wurden von ihnen nicht zurückgewiesen. Den Hauptschmuck der Kirche bildete der Hochaltar.
Der Altarschrein war reich vergoldet und schön geschnitzt, die innere Rückwand stellte das Weltgericht
dar. Mitten in der Hölle stand der Papst mit der dreifachen Krone, und der Teufel, hocherfreut über
den wichtigen Zuwachs seines Reiches, hatte seinen Arm um dessen Leib gelegt und schien ihn durch
einen Kuß bewillkommnen zu wollen. Der Name und die Person des Künstlers sind nicht bekannt,
aber mag auch keiner der Klosterbrüder das Kunstwerk geschaffen haben, so bezeichnet doch die Zulassung
des Bildes das Verhältnis des Ordens zu der römischen Geistlichkeit. Die Flügelthüren hatten
12 Abteilungen. Auf der inneren Seite waren die 12 Apostel, auf der äußeren Seite Engel und
Heilige dargestellt. Das erste Paar Flügelthüren war durch ein zweites Paar bedeckt, deren innere
Seite ebenfalls mit geschnitzten Figuren, deren äußere Seite aber nur mit Gemälden geschmückt war.
Unter dem Schrein standen in Nischen die 12 Apostel. Alle Personen waren hochrelief vortrefflich
geschnitzt uud stark vorgoldet. Namentlich wurden sehr bewundert die Darstellungen „wie Christus
zur Hölle fährt"; „der heilige Franziskus, welcher auf einem Wagen ohne Pferde gen Himmel fährt,
während die Mönche ihm sehnsüchtig nachblicken"; „wie Franziskus den Teufel zur Hölle treibt" ɔc.
Auch die übrigen Altäre waren zum Teil reich verziert, doch besitzen wir darüber keine eingehenden
Beschreibungen. Außen am Chor befand sich der Beichtstuhl, und an der südlichen Wand zwei schöne
Epitaphien, an der nördlichen eine bildgeschnitzte Tafel. Am ersten Pfeiler vor dem Chor hing ein
geschnitztes Dankgerüst, auf welchem ein altes Kirchenbild gemalt war. Gleich am Eingang der Kirche
hing noch im vorigen Jahrhundert ein sehr schönes Gemälde von der Hölle, auf welchem die Leiden=
schaften in den Gesichtern vortrefflich dargestellt waren. Die Verdammten wurden von Drachen und
Schlangen gemartert; ein großer Drache hatte den Kopf eines Menschen im Maul und biß, daß das
Blut herabfloß; ein schönes Frauenzimmer wurde von einer Schlange gebissen und hielt ihre mit
Edelsteinen gezierte Hand vor das Gesicht. Auch die Farben waren sehr richtig gewählt und namentlich
das Feuer und das herabfließende Blut vortrefflich dargestellt. An einem Pfeiler hing der Ausgang
Lots aus Sodom, ebenfalls ein vorzügliches Gemälde. Ein sehenswertes Bild war auch die Ein=
setzung des Abendmahles, doch hielt auf demselben Jesus ein Hamburger Rundstück in der Hand

und segnet dasselbe. An der westlichen Wand hingen zwei Bilder des Grafen Adolfs IV. von Schauenburg. Das obere stellte den Grafen in Mantel und Federbarett mit Schwert und Lanze dar, von dem wir auf S. 129 eine Abbildung gebracht haben. Nach dem Abbruch der Kirche kam das Bild in den Audienzsaal des Klosters und siedelte später in das neue Klostergebäude am Glockengießerwall über. Auf dem unteren Gemälde war der Graf als Franziskaner-Mönch im Sarge gezeichnet, ein Engel hielt Wappen und Helm, und zwei andere Engel schwenkten Rauchfässer. Dieses Bild fand nach dem Abbruch der Kirche einen Platz im Schwesternsaal, nach Abbruch des alten Klosters aber kam es in das Altertumsmuseum. Im Anfang des 16. Jahrhunderts besaß also die Kirche eine Reihe von mehr oder minder schönen Gemälden und Schnitzarbeiten und stand in dieser Hinsicht anderen Kirchen nicht nach. Mögen nur in den selteneren Fällen die Franziskaner-Mönche diese Kunstwerke geschaffen haben, und waren es hauptsächlich die Freunde der Mönche, welche aus Dankbarkeit und Verehrung wetteiferten, Kirche und Kreuzgang zu verschönern, so muß doch in den Grundsätzen und den Anschauungen des Ordens ein wesentlicher Umschwung stattgefunden haben, denn in der ersten Zeit ihres Bestehens verachteten sie allen äußeren Schmuck in ihrer Kleidung wie in den Gebäuden, sie traten fast feindlich gegen die Kunst auf und würden derartige Geschenke gewiß zurückgewiesen haben.[39])

Über die innere Entwickelung des Klosters besitzen wir nur sehr spärliche Nachrichten. Wie groß die Zahl der Brüder war, womit die Mönche sich beschäftigten, wie sie lebten ꝛc., darüber belehrt uns keine Zeile. Aus der Zeit des fast 300jährigen Bestehens sind keine dreißig Namen bekannt. An der Spitze stand ein Guardian, außerdem werden zuzeiten Kustoden, Vice-Guardiane und Lesemeister erwähnt, aber ihre Stellung im Kloster läßt sich nur erraten. Die Weltgeistlichen betrachteten die Bettelmönche überall als Eindringlinge, als eine lästige Konkurrenz, durch welche ihre Einnahmen geschmälert wurden. Das Verhältnis der Franziskaner zu dem Domkapitel war daher im Allgemeinen auch in Hamburg kein sehr freundliches, obschon von so heftigen Kämpfen, wie mit den Dominikanern, nichts berichtet wird. Doch schon im 13. Jahrhundert herrschte auch zwischen den Franziskanern und dem Domkapitel lange ein Streit über die Beerdigungen, welcher indes 1289 beigelegt wurde. Mit den Bürgern standen die Franziskaner dagegen stets in einem freundlichen Verhältnis. Bei den fast ununterbrochenen Streitigkeiten zwischen dem Rat und dem Domkapitel finden wir die Minoriten ausnahmslos auf seiten der Bürger, namentlich waren sie es, welche es der Stadt möglich machten, einen zwanzigjährigen Bann von 1335 bis 1356 ohne großen Nachteil zu ertragen, da sie in der Stadt blieben und alle geistlichen Handlungen verrichteten. Wir haben oben schon gesehen, wie die Bürger wetteiferten, durch Verschönerung und Ausschmückung der Kirche und des Kreuzganges ihre Dankbarkeit und Verehrung zu bezeugen. Auch der Rat wandte ihnen bei besonderen Gelegenheiten seine Unterstützung zu. 1351 erhielten sie fünf Mark, 1353 sechs Mark, 1354 drei Mark acht Schillinge, 1386 sogar vierzig Mark als Beihilfe zu den Kosten für die Abhaltung des General-Kapitels, außer häufigen Beträgen für Bittmessen.

Für die Kultur des deutschen Volkes waren die Bettelmönche überhaupt nach zwei Seiten von hervorragender Bedeutung. Die Minnesänger hatten im 12. und 13. Jahrhundert die deutsche Sprache für die Poesie zu einer ungeahnten Höhe erhoben, und ihr eine Feinheit und Zartheit des Ausdrucks verliehen, welche später kaum wieder erreicht worden ist. Für die Prosa, für rein wissenschaftliche Gegenstände sowohl, als auch für die Aufzeichnung von Gesetzen, Verträgen, sowie für öffentliche Schriftstücke aller Art blieb die lateinische Sprache ausschließlich in Gebrauch. Nach Meinung der römischen Geistlichkeit war einzig und allein die lateinische Sprache würdig, beim christlichen Gottesdienst Verwendung zu finden, alle Gesänge, Litaneien, Messen ꝛc. waren lateinisch.

Wenn die Geistlichen dem Volke predigten, mußten sie sich allerdings der deutschen Sprache bedienen, aber diese Predigten waren ursprünglich lateinisch abgefaßt und nur zu diesem Zweck übersetzt, so daß sie wohl ausnahmslos noch das Gepräge des lateinischen Stiles an sich trugen und deshalb dem Volke nur halb verständlich waren. Ganz anders verfuhren die Bettelmönche. Sie waren aus dem Volke hervorgegangen, ihr Beruf führte sie mehr als andere Geistliche mit dem Volke zusammen; wollten sie aber mit dem Volke leben, so mußten sie dessen Sprache reden, also die Sprache des Volkes zum Vorbild nehmen. Infolgedessen gewann die rhetorische Prosa einen volkstümlichen Charakter, der sich allmählich immer entschiedener entwickelte. Von hervorragender Bedeutung waren namentlich der Franziskaner David[40]) von Augsburg und dessen Schüler, Bruder Berchthold[41]) von Regensburg und der Dominikaner Heinrich Eckehard[42]). Ihnen gelang es, die deutsche Sprache auch für die Prosa so auszubilden, daß sie nicht nur für Predigten und sonstige Reden, sondern auch für wissenschaftliche Abhandlungen benutzt werden konnte, und das Volk war so gelehrig, daß z. B. im 14. Jahrhundert die Dithmarschen durch ihre Volksredner im ganzen Reich, ja weit über die Grenzen desselben berühmt waren. Die Minoriten suchten dem Bruder Berchthold nachzueifern und hatten in manchen Städten vorzügliche Kanzelredner. Unzweifelhaft werden sie im 14. Jahrhundert auch hervorragende Talente nach Hamburg gesandt haben, da diese während der Zeit des Bannes hier so vielfache Gelegenheit zu Predigten fanden. Allein es wird uns kein Name genannt, und gerade aus der Zeit von 1335 bis 1356 fehlen alle Nachrichten über die inneren Angelegenheiten des Klosters. Ebensowenig wird uns von der Lehrthätigkeit der Franziskaner in den Hamburger Schulen berichtet. Überall in Deutschland, wo der Orden Eingang fand, suchten die Bettelmönche selbst Schulen zu gründen, oder, falls ihnen dies nicht gestattet wurde, den Unterricht in den Schulen der Weltgeistlichen in ihre Hand zu bekommen. Im 13. und 14. Jahrhundert bildete in Hamburg die Schule fast unaufhörlich den Gegenstand des Streites zwischen den Bürgern und dem Domkapitel, und die Minoriten würden daher bei den Bürgern eine lebhafte Unterstützung ihrer Bestrebungen gefunden haben. Trotzdem verlautet nicht das Geringste darüber, ob sie versucht haben, eine eigene Schule zu gründen, oder ob sie in der Domschule und in der Nikolaischule unterrichtet haben. Erst in der Reformationszeit trat unter den Franziskanern in Hamburg Stephan Kempe hervor. In Angelegenheiten des Ordens kam er 1523 nach Hamburg und predigte hier einige Male mit großem Beifall in der Marien=Magdalenen= Kirche. Als er bald darauf nach Rostock zurückberufen wurde, suchten die Bürger ihn zu bewegen, in Hamburg zu bleiben und seine Predigten fortzusetzen, worauf sie in den Guardian Ellerhof drangen, daß er sich für die Versetzung Kempes nach Hamburg verwandte. Auf Kempes Wirksamkeit und seine Bedeutung für den Sieg der Reformation in Hamburg werden wir an anderer Stelle zurückkommen. Stephan Kempe wurde 1527 zum Prediger an der St. Katharinen=Kirche erwählt.

Nachdem 1529 die Aufhebung des St. Johannis= und des Marien=Magdalenen=Klosters von Rat und Bürgerschaft beschlossen war, stellte man den Mönchen frei, ob sie mit einem Reisegeld von zehn Gulden Hamburg verlassen, oder als Privatleute hier bleiben und zeitlebens versorgt werden wollten. Die Dominikaner widersetzten sich diesem Beschluß und wollten nur der Gewalt weichen, die Franziskaner aber überlieferten am 22. Juli 1529 dem Rat das Marien=Magdalenen=Kloster. Viele Mönche zogen ihre Kutten aus und traten in den Dienst der Stadt, nur einige der älteren blieben im Kloster und nahmen die Unterhaltung von der Stadt an. Die Sorge für den Unterhalt der Zurückgebliebenen wurde den Oberalten als Vorsteher des Gotteskastens überwiesen. Es zeigte sich jedoch bald, daß die Verpflegung der wenigen Mönche in den weitläufigen Klostergebäuden der Stadt sehr kostspielig wurde, die Oberalten suchten daher dieselbe zweckmäßiger einzurichten. Am 8. August 1531 schlossen sie mit dem Guardian Dr. Ellerhof einen Vertrag ab, demzufolge jedem im Kloster verbliebenen Bruder eine lebenslängliche Rente von 5 Mark vierteljährlich zugesagt wurde, für die erste Einrichtung erhielt jeder außerdem ein einmaliges Geschenk von 5 Mark. Wer mit 20 Mark jährlich nicht auskommen konnte, dem ward es frei gestellt, in das Hospital zum „Heiligen Geist" einzutreten und sich dort gleich anderen Prövenern verpflegen zu lassen. Der Guardian Ellerhof empfing eine Leibrente von 50 Mark Pfennige, auch sollte er seinen Teil am Roggengelde und Zollgelde nach wie vor beziehen. Nach Einführung der Reformation hatte Ellerhof sich verheiratet, er bewohnte jetzt ein kleines Haus hinter der Kirche vor dem Thorwege, welches seine Frau Gretke auf ihre Lebenszeit von dem Kloster gekauft hatte. Am 24. August 1534 erhielt Ellerhof das Versprechen, daß nach seinem Tode seine Frau unter die Schwestern des Marien-Magdalenen-Klosters aufgenommen werden sollte, wogegen die beiden Eheleute in ihrem Testament alle ihre Güter dem Gotteskasten vermachten. Ellerhof starb am 5. Mai 1536, seine Frau am 5. Mai 1546.

Nach Abschluß des Vertrages von 1531 überlieferte der Guardian Ellerhof das Klostersiegel den Oberalten. Dasselbe zeigte Christus am Kreuze, an dessen Seiten Maria und Maria Magdalena und unter demselben einen Engel. (Lappenberg, Programm zur dritten Säkularfeier, S. 67.)

Nachdem das Kloster von den Mönchen geräumt war, wurde das Ilsabeenstift hierher verlegt, und dieses erhielt allmählich den Namen Hospital St. Marien Magdalenen oder Marien-Magdalenen-Kloster.

Das Johanniskloster.

Im Mittelalter waren die Geistlichen die alleinigen Schriftsteller; man sollte daher erwarten, daß wir über alle kirchlichen Stifte sehr gut unterrichtet wären und namentlich die Mönche über alle wichtigen Vorgänge in ihrem Kloster uns genaue Aufzeichnungen hinterlassen hätten. Allein im allgemeinen ist die Geschichte der Klöster ebenso lückenhaft wie die Geschichte des Mittelalters überhaupt, sei es, daß zur Zeit kein kundiger Berichterstatter vorhanden war, sei es, daß die Berichte später absichtlich oder zufällig zerstört worden sind. Wir dürfen uns daher nicht wundern, daß in den Archiven der beiden Hamburger Klöster fast gar keine Nachrichten über die Entwickelung derselben aufgefunden worden sind, man hat die historischen Notizen an ganz anderen Orten aufsuchen müssen. Bei dem Mangel an wirklich historischen Berichten haben die Chronisten sich stets mit Sagen begnügt, und so ist auch die Gründung des Johannisklosters mit Sagen umkleidet. Die Chronisten erzählen nämlich: „Adolf IV. habe nach der Schlacht bei Bornhöved das Marien=Magdalenen=Kloster und auch das Johanniskloster in Hamburg gegründet, allein das Domkapitel habe die Dominikaner nicht zulassen wollen, weil die Geistlichen eine Schmälerung ihrer Einkünfte durch die Mönche befürchtet hätten, weshalb das Kloster mehrere Jahre unbenutzt geblieben sei. Da habe eines Tages der frühere Eigentümer des Platzes, namens Redder, vor die Klosterpforte Erde vom Himmel herabfallen sehen, welche außen schwarz, inwendig aber weiß mit goldenen Streifen versehen gewesen sei, und das habe man als ein redendes Zeichen angesehen, daß das Kloster mit Dominikanern besetzt werden solle. Die schwarze und weiße Erde deute auf die Farbe der Ordenstracht und die goldenen Streifen auf die reine goldene Lehre, welche die heiligen Ordensbrüder verkündeten. Da also der Himmel durch dieses Wunder die Zulassung der Dominikaner gefordert, habe das Domkapitel seinen Widerspruch aufgeben müssen." Die Erzählung muß schon auf den ersten Blick als unhistorisch, als Sage bezeichnet werden, und nach neueren Untersuchungen hängt die Sache ganz anders zusammen. Die beiden Bettelorden stimmten in manchen Fragen miteinander überein, sowohl in dem Gelübde der Armut, als auch in dem Bestreben die Kirche und ihre Glieder zu reformieren, weshalb sie sich häufig besonders in der ersten Zeit gegenseitig unterstützten. Gleichzeitig regte sich aber auch ein Wetteifer, eine Eifersucht unter ihnen, daß der eine Orden den anderen nicht überflügeln möge, und wenn es dem einen gelungen war, in einer Stadt eine Niederlassung zu gründen, so suchte der andere dort ebenfalls festen Fuß zu fassen. Als nun die Minoriten von Adolf IV. nach Hamburg berufen waren, säumten die Dominikaner[43]) nicht, hier ebenfalls die Erlaubnis zu einer Niederlassung zu erlangen. Sie sandten 1234 oder 1235 die Ordensbrüder Borchard und Otto nach Hamburg, welche bei dem Ratmann Hartwich von Erteneborg gastliche Aufnahme und Unterstützung ihrer Bestrebungen fanden. Das Domkapitel war jedoch nicht geneigt, die Dominikaner zuzulassen und ihnen zu gestatten, hier eine eigene Wohnung zu erbauen. Wie Herr Hartwich selbst erzählt, hatte er im Interesse der Brüder viele vergebliche Unterhandlungen mit dem Domkapitel geführt, und erst, nachdem das Gesuch von dem Grafen Adolf IV., zu dem Herr Hartwich die beiden Ordensbrüder mehrmals begleitete, und von dem Hamburger Rat unterstützt wurde, gestattete das Domkapitel, vermutlich 1236, die Gründung eines Dominikaner-Klosters; also nicht, weil schwarze und weiße Erde vom Himmel gefallen war.[44]) Der Platz, auf welchem das Johanniskloster erbaut wurde, soll einem Redder oder Reder gehört haben; doch ist dies ebenfalls wohl nur Sage, denn es lag auf demselben Alsterwerder, auf dessen westlichem Ende das Marien-Magdalenen-Kloster erbaut war, welcher unzweifelhaft Eigentum der Schauenburger Grafen gewesen ist.[45]) Es wird also Graf Adolf IV. den Dominikanern den Platz zum Bau des Klosters überwiesen haben, möglicherweise hatte ein Hamburger Redder oder Reder diesen Teil der Insel vom Grafen Adolf damals gepachtet, vielleicht auch hatte der Graf die Verwaltung des Werders einem Ritter überwiesen, was von der Sage verwischt worden ist. Wann der Bau des Klosters begonnen wurde und wie die Gebäude verteilt waren, ist von dem Johannis-kloster ebensowenig bekannt wie von dem Marien-Magdalenen-Kloster. Nur die Kirche wird bei allen Um- und Neubauten ihren ursprünglichen, den geweihten Platz behalten haben, aber wir begegnen hier wieder einer Ausnahme von der Regel, daß nämlich die Kirche nicht an der Nordseite sondern an der Südseite des Kreuzganges lag. Hier ist allerdings der Grund in die Augen springend, denn die Dominikaner suchten vielleicht noch mehr als die Franziskaner, die Bewohner der Stadt zu ihren Predigten heranzuziehen, und an der Nordseite des Kreuzganges hätten sie schwerlich einen bequemen Zugang zur Kirche anlegen können.

Mit den Weltgeistlichen gerieten die Dominikaner sehr bald in heftige Differenzen. Die Bettelmönche predigten in der Landessprache, oft in schwungvoller Rede, und die Laien besuchten deshalb lieber die Klosterkirchen als die Pfarrkirchen, wo ihnen unverständliche, aus dem Lateinischen übersetzte, monotone Predigten vorgetragen wurden, auch gingen sie lieber bei den frommen Mönchen zur Beichte, als bei den hochmütigen Pfarrgeistlichen. Dadurch wurden aber deren Einkünfte erheblich geschmälert, und die Domkapitel klagten unaufhörlich in Rom über die Eingriffe der Bettelmönche. Infolgedessen bestimmte Papst Innocenz IV. (unter dem 21. November 1254): „Die Klostergeistlichen sollen ohne Genehmigung des Priesters an Sonn- und Festtagen die Pfarrkinder nicht zur Beichte zulassen, auch zur Zeit der Messe keine Predigt halten, damit die Laien dadurch von dem Besuch der Pfarrkirche nicht abgehalten werden, auch sollen die Klosterbrüder in fremden Kirchen nicht ohne Erlaubnis der Pfarrherren predigen." Das Verhältnis zwischen den Parteien muß ein sehr gespanntes gewesen sein, und die Mönche werden wohl ziemlich rücksichtslos gegen die Pfarrgeistlichkeit aufgetreten sein, wenn der Papst zu einer solchen Verordnung veranlaßt werden konnte. Indessen scheint die Bulle nur auf Klage des Domkapitels und ohne eine sorgfältige Untersuchung erlassen zu sein, denn sie wurde bereits im nächsten Monat von Papst Alexander IV. wieder zurückgezogen. In Hamburg gerieten die Dominikaner mit den Pfarrgeistlichen über eine andere Frage in einen heftigen Streit. Eine Frau Windelmud hatte verfügt, daß sie im Johanniskloster beerdigt sein wolle, trotzdem wurde die Leiche in der Nikolaikirche beigesetzt. Die Dominikaner holten aber ohne langes Besinnen, unter Zustimmung der Verwandten, die Leiche aus der Nikolaikirche weg und brachten sie nach dem Johannis-kloster, obgleich der Pfarrherr Einsprache erhoben und die Fortführung der Leiche verboten hatte. Der Pfarrherr klagte beim Dompropsten, und dieser exkommunizierte die Mönche und die Verwandten. Die Dominikaner appellierten dagegen an den Papst. Der Kardinal-Legat Guido, welcher bald darauf in einer anderen Angelegenheit nach Hamburg kam, veranlaßte zunächst beide Parteien zu dem Versprechen, daß sie sich seiner Entscheidung unterwerfen wollten, und nachdem er die Zeugen gehört hatte, gab er am 26. Dezember 1265 seine Entscheidung dahin ab, daß die Dominikaner künftig nicht mehr als 7 Fremde und 2 Bürger mit ihren Ehefrauen beerdigen sollten; würde aber diese Zahl überschritten, dann sollten sie die Leichen und die Begräbniskosten an die Pfarrkirchen herausgeben. Ferner sollten sie ohne Erlaubnis des Pfarrherrn keine Beichte hören, nicht lehren und ermahnen, damit die Pfarrkinder an Sonn- und Festtagen in die Pfarrkirche kommen und hier opfern möchten. Über das Begräbnis der Frau Windelmud sollten das Domkapitel und die Geistlichen der Nikolaikirche sich beruhigen, die Dominikaner sollten künftig die Kirchen und Geistlichen nicht wieder beleidigen, und beide Parteien auf der Kanzel erklären, daß die gegenseitigen Beleidigungen in Übereilung geschehen seien. Die Streitigkeiten zwischen den Bettelmönchen und den Weltgeistlichen hörten auch im 14. und 15. Jahrhundert nicht auf. In der Bulle vom 19. Februar 1300 verfügte Papst Bonifacius VIII.: „Die Dominikaner und Franziskaner dürfen in ihren Kirchen und auf öffentlichen Plätzen predigen, aber nicht in den Pfarrkirchen zu der Zeit, wenn andere Prälaten predigen oder predigen lassen. Beichte dürfen nur diejenigen Mönche hören, welche von ihren Obern dazu erwählt und den Prälaten vorgestellt worden sind. Das Begräbnisrecht ist frei, aber die Mönche sollen von den Opfern und Gaben den vierten Teil an die Pfarrgeistlichen abgeben." Die Bettelmönche widersetzten sich jedoch dieser Entscheidung, weshalb der Papst am 30. Juni noch einmal die Befolgung seiner Bulle vom 19. Februar forderte. Benedict XI. hob zu Gunsten der Mönche die Bulle am 17. Februar 1304 wieder auf, wogegen Klemens V. auf dem Konzil zu Vienne 1311 die Bulle erneuerte, ohne dadurch den Widerstand der Mönche zu brechen; denn 1332 befahl Papst Johannes XXII. dem Erzbischof von Bremen und dem Bischof von Lübeck auf die Befolgung der Bulle von 1300 zu achten, und am 8. Januar 1333 verbündete sich der Erzbischof von Bremen mit den Bischöfen von Lübeck, Ratzeburg und Schwerin und dem Domkapitel von Hamburg gegen die Übergriffe der Bettelmönche. Papst Klemens VI. verfügte 1349 noch einmal die strenge Befolgung der Bulle von 1300 für das Erzbistum Bremen ohne größeren Erfolg, die Bettelmönche aber gewannen immer mehr Einfluß, so daß sie es wagen durften, alle Verfügungen des Papstes und der Konzilien unbeachtet zu lassen.

Über die ältesten Klostergebäude besitzen wir keine Nachrichten, sie werden in der allgemein üblichen Weise angeordnet gewesen sein. Ursprünglich waren alle Gebäude einstöckig, und den Mittelpunkt der ganzen Anlage bildete der viereckige Klosterhof, welcher von dem Kreuzgang umschlossen war. Die vier Hauptgebäude: die Kirche, der Kapitelsaal, der Speisesaal und der Schlafsaal lehnten sich an den Kreuzgang. Die übrigen, die Nebengebäude, also die Küche, das Backhaus, das Brauhaus, das Krankenhaus, die Bibliothek, die Schreibstube ꝛc. waren je nach Form und Lage des Grundstücks beliebig verteilt. Nach den Untersuchungen von Martin Gensler bei dem Abbruch der Kirche ist es wahrscheinlich, daß das Gebäude dreimal erneuert worden ist. Der erste Bau muß von tüchtigen Werkleuten ausgeführt worden sein, denn die Bauteile sind kunstvoll gearbeitet und zeigen eine reiche Entwickelung der Form. Der zweite Bau war eilfertig aufgeführt, und manche Teile aus dem älteren Bau waren wieder benutzt, die neu hinzugekommenen, z. B. Gesimse, Kragsteine, Säulenkapitäle ꝛc. in Segeberger Kalk gegossen. Der dritte und letzte Bau ist 1829 abgebrochen, von dem hohen Kirchendach führte die Straße „Hinter dem breiten Giebel" ihren Namen. Die Kirche war mit einem kleinen Türmchen geschmückt, wie die Abbildung zeigt. Wann die Umbauten erfolgt sind, ist nicht ermittelt, und ebensowenig, ob gleichzeitig auch die übrigen Klostergebäude erneuert worden sind. Die ältesten Klostergebäude sind vermutlich bald nach 1236 erbaut worden, denn in dem ältesten Stadterbebuch (1248—55) wird die Lage einiger Grundstücke bezeichnet „juxta sanctum Johannem" „apud majores fratres" „apud predicatores" und 1269 wird eine platea s. Johannis erwähnt, also ein Beweis, daß damals Kloster und Kirche bereits vollendet waren. Am 8. August 1284, am Cyriakstage, wurde Hamburg von einer großen Feuersbrunst heimgesucht und fast die ganze Stadt eingeäschert, doch scheinen die beiden Klöster verschont geblieben zu sein, denn obwohl die Franziskaner berichten, daß der Ratmann Heinrich Bredewardi bei dem Feuer in seinem eigenen Hause ums Leben kam, erwähnen sie doch nicht, daß eines der Klöster eingeäschert worden sei.

Im Anfang des 14. Jahrhunderts hatte der Rat alle Ursache, seine ganze Aufmerksamkeit den Befestigungen der Stadt zuzuwenden, denn das rasche Aufblühen der norddeutschen Städte im 13. Jahrhundert hatte die Eifersucht der Fürsten erweckt, und sie benutzten die trostlose Lage der Reichsgewalt, um die Städte einzeln ihrer Herrschaft wieder zu unterwerfen. 1307 hatte Lübeck sich in den Schutz Dänemarks begeben, um nicht eine Beute der holsteinischen Grafen zu werden, 1311 hatte Wismar

sich dem Grafen von Schwerin ergeben, und 1312 hatte Rostock dem dänischen König Erich Menved die Thore öffnen müssen, also gewiß Grund genug für Hamburg, wachsam zu sein. Den Klöstern war es ziemlich gleichgültig, ob Hamburg unabhängig war, ob die holsteinischen Grafen hier die Herrschaft führten, oder der König von Dänemark. Der Rat mußte daher eine besondere Gelegenheit abwarten, um auch die Klöster für die Verteidigung der Stadt zu gewinnen. Im März 1308 wurden die alten Gebäude des Klosters Herwardeshude an der Elbe durch eine Feuersbrunst zerstört und im November auch die neuen Gebäude an der Alster durch den Blitz eingeäschert. Der Rat benutzte nun die Verlegenheiten des Klosters, um den Vertrag von 1310 abzuschließen, demzufolge das Kloster sich verpflichtete, keine Gebäude näher der Stadt aufzuführen, als Ottensen, Eimsbüttel und die Klostergebäude in Odersfelde (jetzt Harvestehude). Offenbar hatte der Rat diesen Vertrag abgeschlossen, damit im Falle eines Krieges solche Gebäude in der nächsten Umgegend der Stadt dem Feinde nicht als Stützpunkt dienen sollten. Ähnlich lag vermutlich die Sache mit dem Vertrage von 1314. Die Klöster übernahmen den Bau einer Festungsmauer längs der Alster, wogegen der Rat ihnen gestattete, ihren Hof bis an die Mauer auszudehnen, und diese als Hinterwand ihrer Gebäude zu benutzen. Wie wir oben (S. 131) gesehen haben, erbauten die Franziskaner die Mauer von der hölzernen Befestigung anfangend bis zum Gerbergang, die Dominikaner aber den übrigen Teil bis zu dem Wege zum Küterhause. Sie durften an der Mauer ihr Schlafhaus, Gasthaus, Krankenhaus, Badhaus, Brauhaus und ihre Küche erbauen. Dies bedeutet aber den Neubau fast aller Klostergebäude, und

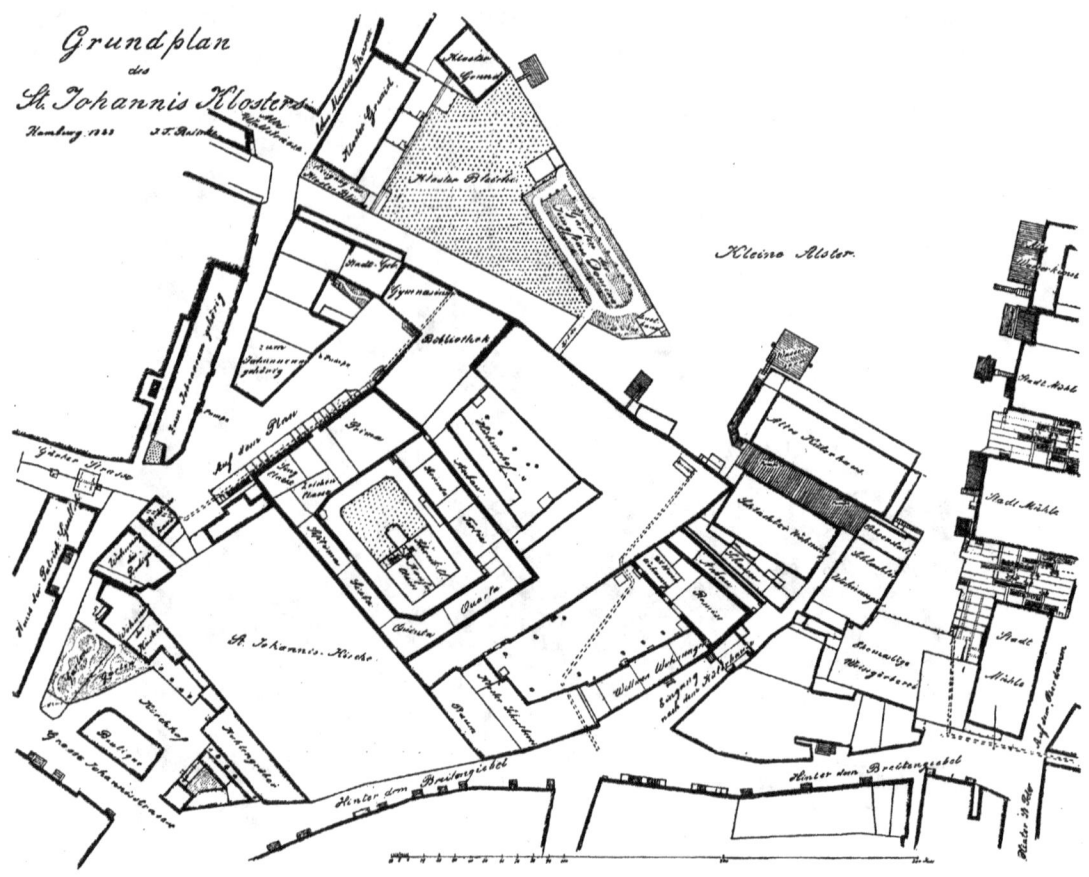

Das Johanniskloster mit Umgebung im Jahre 1823.

da die Mönche ein geringes Interesse für die Befestigung der Stadt hatten, so müssen andere Gründe sie zum Abschluß des Vertrags bewogen haben. Da die Bettelorden im Lauf des 13. Jahrhunderts so bedeutend an Einfluß und Ansehn gewonnen hatten und infolgedessen die Zahl ihrer Mönche so sehr vermehrt war, mußte ihnen eine Erweiterung ihres Hofs allerdings willkommen sein, aber fraglich erscheint es, daß dieser Vorteil sie zu dem Neubau fast aller Klostergebäude bewogen haben sollte. Im Gegenteil wird es wahrscheinlich, daß die Gebäude durch eine Feuersbrunst eingeäschert, oder durch eine Sturmflut, durch einen Orkan oder sonst ein Ereignis stark beschädigt waren und daher neu erbaut werden mußten, was den Rat veranlaßte, diese Verlegenheit der beiden Klöster zum Abschluß des Vertrages zu benutzen und die Lücke in der Befestigung Hamburgs auszufüllen.

Bei dieser Gelegenheit wird auch die Johanniskirche neu erbaut sein, denn Hermann von Lerbeke berichtet in seiner Chronik, daß Borchard Grelle, 1327—44 Erzbischof von Bremen, nicht nur die Domkirche, sondern auch die Johanniskirche am 18. Juni 1329 eingeweiht habe.[46] Die Marien-Magdalenenkirche wird nicht so stark beschädigt worden sein, denn 1351 wurde der Chor bedeutend vergrößert, was wohl nicht geschehen wäre, wenn die ganze Kirche erst vor 30 Jahren neu erbaut worden war.

Ebenso wie das 1838 abgebrochene Marien-Magdalenenkloster nicht auf der Stadtmauer von 1314 ruhte, haben auch die 1836 abgebrochenen Gebäude des Johannisklosters keine Beziehungen zu dieser Mauer gehabt. Da auf diesem Teil des Rathausmarktes bisher keine tiefe Aufgrabungen stattgefunden haben, so können wir die Lage der Stadtmauer hier nicht genau bestimmen, verlängern wir aber die Linie der Mauer, welche beim Rathausbau aufgefunden ist, so ergiebt sich unzweifelhaft, daß auch das Johanniskloster später erheblich weiter gegen die kleine Alster vorgerückt ist. Dieses wird auch dadurch bestätigt, daß das Schlachteramt (siehe die Schlachterwohnung auf nebenstehendem Plan) hier Grundbesitz hatte, und vermutlich wird die Stadtmauer zwischen dem Besitz der Schlachter und dem Witwenhaus des Klosters, also unter dem Eckhaus an der Hermannstraße und dem Rathausmarkt, gelegen haben. Unzweifelhaft müssen nach 1314 bedeutende Umbauten des Klosters stattgefunden haben, denn 1529, bei Aufhebung des Klosters, lagen an der Alster die Liberei, die Wohnung des Priors und die Küche, also ganz andere Gebäude, als 1314 an der Stadtmauer errichtet wurden. Wann diese Neubauten stattfanden, darüber geben die Papiere des Johannisklosters keinen Aufschluß, aber auch der Bau der Stadtmauer von 1314 wird weder in den Berichten des Marien-Magdalenen-Klosters noch des Johannisklosters erwähnt, und wenn nicht Staphorst den Vertrag von 1314 aufgehoben hätte, würden wir auch über den Bau dieser Mauer nicht unterrichtet sein. Indessen geht aus anderen Nachrichten hervor, daß im 15. Jahrhundert das Johanniskloster bedeutende Bauten ausgeführt haben muß. 1536 verlangt die Bürgerschaft, der Rat möge dafür sorgen, daß die Johanniskirche, welche ein neues Gebäude sei, nicht verfalle, sondern in Ehren gehalten werde. Die Bezeichnung „neues Gebäude" für eine Kirche ist allerdings eine relative, aber die Bürgerschaft würde dieselbe nicht gewählt haben, wenn sie die 1329 von Borchard Grelle geweihte Kirche darunter verstanden hätte. 1469 schenkte der Rat laut Kämmereirechnung für die Johanniskirche 20 Fenster, allerdings wird dadurch ein Neubau nicht bewiesen, denn 1476 schenkte der Rat auch der Marien-Magdalenen-kirche das große Fenster im Chor, welches das Ratsfenster hieß, ohne daß ein Neubau stattgefunden hatte. Wichtiger ist jedoch eine andere Nachricht. 1436 wird die Kapelle des heiligen Thomas von Kantelberg den Englandsfahrern überwiesen, weil sie dem Kloster 30 Mark geschenkt hatten, als es beim Bau der Kirche so großes Gut verbaut habe. Dieser Bau ist vermutlich 1424 vollendet worden; denn am 4. Dezember übertrugen die Flandererfahrer dem Meister Francke die Anfertigung einer Tafel für ihre Kapelle, wofür sie etwa 200 Mark verausgabt hatten. Dagegen schließt Martin Gensler aus dem Baustil, daß der letzte Bau 1470—80 aufgeführt worden ist. Wenn der Glockenturm auf der Kirche laut einer im Knopf gefundenen Schrift 1480 vollendet worden ist, so hat dies für das Alter der Kirche keine Bedeutung, denn wir wissen, daß auch der Guardian Arnold von Vechta die Marien-Magdalenenkirche 1465 mit einem Turm schmücken ließ, die Kirche aber viel älter ist. Vielleicht hat aber die Schrift dazu beigetragen, Gensler zu der Annahme der genannten Jahreszahl zu verleiten. Da manche ältere Bauteile, welche bei dem letzten Bau wieder verwendet wurden, z. B. Säulenkapitäle, Kragsteine ꝛc. deutliche Spuren von der Einwirkung des Feuers zeigten wie Martin Gensler berichtet, so ist es wahrscheinlich, daß s. Z. ein Teil des Klosters und die Kirche durch eine Feuersbrunst zerstört worden sind. Es scheint demnach, daß ursprünglich der Hof der Dominikaner nicht weit über den Kreuzgang hinaus reichte, und für das Hauptgebäude des Klosters an der Nordseite kaum Raum genug übrig war. Durch den Vertrag von 1314 wird das Kloster an der Nordseite auch nur eine geringe Erweiterung gewonnen, und die an der Stadt= mauer errichteten Gebäude werden wie beim Marien=Magdalenenkloster nur eine geringe Tiefe gehabt haben, wogegen aber die Seite des Kreuzganges, wo das Schlafhaus gestanden, frei wurde. Durch die zweite Vergrößerung, Ende des 14. oder Anfang des 15. Jahrhunderts erhielt aber das Kloster einen Zuwachs von etwa 660 qm und die Mönche konnten jetzt eine bessere Verteilung der Gebäude vornehmen. Interessant ist es, daß der Prior seine Wohnung in dem Gebäude an der Alster ein=

Die Küche des Johannis-Klosters in Hamburg.

einrichten ließ. Dies war, nach unserer Abbildung der Klosterküche zu schließen, ein schönes festes Gebäude.

Das Jahr 1424 war auch in anderer Hinsicht wichtig für die Bettelmönche, denn am 26. Sep= tember verglichen Bürgermeister und Rat die Streitigkeiten zwischen dem Domkapitel und den Bettel= orden wegen der Quarta dahin, daß die Mönche statt dessen eine jährliche Rente von 11 Mark an das Domkapitel zahlen sollten, nämlich die Dominikaner in Hamburg 4 Mark, die Franziskaner in Hamburg ebenfalls 4 Mark und die Dominikaner in Meldorf 3 Mark. Um dieselbe Zeit war ein Prozeß bei der römischen Kurie zu Gunsten des Domkapitels entschieden worden, und am 26. Februar 1429 befahl der Papst Martin V. dem Bischof von Adria, die Bettelmönche zur Zahlung der Kosten von 30 Goldgulden anzuhalten. Die Zwistigkeiten scheinen jetzt längere Zeit geruht zu haben, aber 1481 brachen sie mit neuer Heftigkeit wieder aus. Am 30. September beschwerte sich das

Domkapitel bei Heinrich von Schwarzenberg, Bischof von Münster, dem damaligen Administrator des Erzbistums Bremen, daß die Dominikaner und Franziskaner ihre Privilegien nur zum Verderben der Pfaffen benutzten. Heinrich von Schwarzenberg wandte sich zunächst an den Rat, und dieser machte den Klöstern von dem bischöflichen Schreiben Mitteilung. In ihrer Antwort behaupteten die Mönche, das Domkapitel habe dem Bischof nur Unwahrheiten hinterbracht, sie hätten von den Pfarrern stets nur Unrecht und Gewalt erlitten, und der Dechant habe offen erklärt, er wolle es sich 1000 Gulden kosten lassen, damit die beiden Klöster abgebrochen würden. Die Mönche hatten sich übrigens bereits nach Rom gewandt, am 28. November verfügte Papst Sixtus, daß die Bettelmönche in ihren Rechten zu schützen seien, und am 5. Juni 1483 erließ er den Befehl, daß das Domkapitel dem Schiedsspruch des Rates von 1424 Folge leisten solle. Offenbar muß also der Zwist schon länger geherrscht haben, er trat nur jetzt in seiner ganzen Heftigkeit an die Öffentlichkeit. Auch Rat und Bürgerschaft beschäftigten sich sogar mit der Frage, denn im Rezeß von 1483 bestimmt Art. 65: „Beide Parteien sollen sich der Entscheidung Roms fügen, bis dahin aber soll es jedem Bürger frei stehen, ein Begräbnis zu kaufen, wo er will." Doch wurde auch dadurch der Friede nicht wieder hergestellt, denn am 10. Januar 1486 fordert der Rat alle Kleriker der 5 Kirchen auf das Rathaus, um die Vermittelung eines Friedens zu versuchen, und in demselben Jahre reiste Nikolaus Bolde in dieser Angelegenheit auf Kosten der Stadt nach Bremen. Endlich erschienen am 7. November 1499 der Rat und viele Bürger vor dem Domkapitel und forderten die Besiegelung des Schiedspruchs von 1424, doch erst nach langer Unterhandlung versprachen die Pfaffen, dem Verlangen der Bürger nachzukommen und ihr Siegel dem Vertrag anzuhängen. Rat und Bürger standen in diesem Streit auf seiten der Bettelmönche, anderseits unterstützten diese wiederum den Rat nicht selten in seinen Kämpfen mit dem Domkapitel, so z. B. traten die Dominikaner am 11. September 1337, am 2. April 1338 und am 13. November 1340 als Zeugen für den Rat auf. Auch in manchen anderen Dingen waren sie dem Rat zu Diensten, sie beglaubigten Urkunden auswärtiger Fürsten, hielten Bittmessen bei Ratswahlen, begleiteten Hamburgische Gesandte an auswärtige Fürsten und unterstützten deren Aufträge; sie übernahmen nicht selten gelegentlich ihrer Reisen auf Veranlassung ihres Ordens auch Aufträge des Rats auszuführen, Briefe des Rats zu befördern ꝛc. In den Streitigkeiten zwischen Rat und Bürgern scheinen sie sich meistens neutral verhalten zu haben; die aufständischen Zünfte hatten allerdings am 7. März 1376 eine Versammlung im Johanniskloster, aber wir hören nicht, daß sie weiter von den Dominikanern unterstützt worden sind.

Wie die Pfarrkirchen haben wahrscheinlich auch die Klöster schon von altersher Laien als Vorsteher gehabt, welche ihre weltlichen Angelegenheiten zu besorgen hatten. 1275 verläßt z. B. der Bürgermeister Bertram ein Haus der Dominikaner als Tutor, 1433 soll ein Legat den Vorstehern (vorstenderen) ausgezahlt werden, und 1450 wird den Vorstehern gestattet, ein Legat, welches dem Kloster zum Bau der Kirche vermacht ist, anders zu verwenden. Wenn 1265 dem Kloster erlaubt wird, zwei Bürger und deren Ehefrauen zu beerdigen, so sind auch hier wohl die Vorsteher gemeint. Nach Hamburger Stadtrecht verloren die Mönche mit dem Eintritt ins Kloster Erb- und Lehnrecht, fiel ihnen aber durch Schenkung ꝛc. ein Grundstück zu, so sollte dasselbe verkauft und der Erlös in Renten angelegt werden. Diese Vorschrift ist jedoch oft umgangen worden. Am 10. August 1363 verlieh z. B. der Vogt Gottfried von Brockbergen in Stade den Dominikanern einen Teil seines Hofes für Seelmessen, und am 25. Januar 1396 verkauften die Brüder Johann und Hinrich Bleke ihnen einen unbebauten Platz neben ihrem Kloster. Trotz ihres Gelübdes der Armut haben die Dominikaner außerhalb der Stadt zeitweilig umfangreiche Ländereien in Besitz gehabt. Am 10. November 1325 verpfändete Graf Adolf von Holstein dem Priester Dietrich, dem Notar Albrecht

Uppenperde und Hermann Rike eine Hufe in Tinsdahl für 20 Mark Silber und verspricht, sie im Besitz dieser und einer anderen Hufe zu schützen. 1443 verpfändete Johann Voß, Ratmann in Hamburg, für 150 Mark Pfennige zwei Hufen in Tinsdahl (wie sie Graf Adolf an Dietrich, Albrecht von Uppenperde und Hermann Rike verpfändet hatte), auch seinen Hof in Dockenhuden mit einer Hufe in Hummelsbüttel und einer Hufe in Dockenhuden, einer Wiese im Blankenbrok und zwei Katenstellen an den Knappen Koler Meinerstorp, Amtmann und Vogt zu Pinneberg, welcher sie an das Johanniskloster weiter verpfändete. Am 20. März 1474 gab das Kloster den Grafen Adolf, Erich und Otto von Holstein die Güter in Tinsdahl zurück und trat ihnen drei Mark Einkünfte aus Dockenhuden ab, wogegen die Grafen den Hof des Klosters in Ottensen von allen Leistungen befreiten, auch ihnen die Mitbenutzung von Weide, Holz und Schlicht gleich den übrigen Hufnern gestattet. In den Häusern und Grundstücken der Stadt besaß das Kloster eine große Anzahl von Renten. Den 4. April 1430 schenkten z. B. Bürgermeister Heinrich Hoyer und dessen Bruder Albert dem Kloster eine Rente von 5½ Wispel Roggen und 2 Wispel Weizen in der Niedermühle. 1403 legiert Hermann Soltow der Nikolaikirche, der Katharinenkirche, den beiden Klöstern und dem Heiligen-Geist-Hospital 20 Mark Rente zu gleichen Teilen. 1448 verlassen die Geschworenen von St. Petri für 165 Mark, welche sie von Joh. Barenbeke und dessen Frau empfangen hatten, 7 Mark jährlicher Rente an Jac. Remstede für die Zeit seines Lebens; nach dessen Tode soll das Johanniskloster die Rente genießen für die Gebäude und für die Küche. 1450 legiert Hartwich Kruse dem Kloster 15 Mark zum Bau, 1459 legiert Gert von Bergen dem Kloster 2 Mark Rente für Seelmessen. 1468 verkauft der Schuster Thomas Rychstede für 120 Mark dem Kloster eine Rente von 6 Mark in seinem Erbe in der großen Johannisstraße. 1481 besaß Hinrich Knobbe, Dominikaner zu St. Johannes, 10 Mark Rente, welche nach seinem Tode dem Kloster verfallen sollen. Trotzdem war es mit der Kasse des Klosters zuweilen recht schlimm bestellt, so hatte z. B. der Prior Riemar 1370 von seinem Vorgänger 185 Mark Schulden übernommen und hinterließ seinem Nachfolger sogar eine Schuldenlast von 275 Mark, weshalb das Kloster an den Rat die Bitte richtete, ihnen 200 Mark zu erlassen. 1527 besaß das Kloster nur 184 Mark festes Einkommen gegen eine Ausgabe von 400 Mark an Präbenden und Renten. Die Verlegenheiten im 14. und 15. Jahrhundert waren vermutlich durch Bauten entstanden. Zu anderen Zeiten befanden sich die Finanzen in einem besseren Zustande. 1443 konnte das Kloster dem Amtmann zu Pinneberg 150 Mark Pfennige für die Güter in Tinsdahl und Dockenhuden bezahlen und 1451 dem Rat 400 Mark auf Rente geben. Auch in den Zeiten des Unglücks werden die Gaben reichlicher geflossen sein, denn nach den großen Bauten von 1314—18 konnte das Kloster dem Grafen Adolf 20 Mark Silber zahlen.

Das Johanniskloster in Hamburg gehörte bis 1303 zur Provinz Teutonia, seitdem zur Provinz Saxonia. An der Spitze des Klosters stand ein Prior, der jedoch nicht auf Lebenszeit erwählt wurde. Unter ihm stand der Subprior, dann der Lektor oder Lesemeister. 1462 kommt auch ein lector principalis und ein lector secundarius war. Die Zahl der Mönche ist wie bei dem Marien-Magdalenenkloster nicht bekannt und scheint auch im Johanniskloster sehr stark gewechselt zu haben. 1480 hatte z. B. das Kloster nur 22 Mönche und 7 Novizen, 1506 dagegen 41 Mönche und 13 Novizen. Es wurden fratres nativi und fratres incorporativi unterschieden. Die letzteren waren aus anderen Klöstern hierher gekommen, dazu gehörten z. B. Thomas van dem Ryne aus Rostock und Hermann Meyer aus Wismar, welche 1480 infolge der Reform dieser Klöster aus demselben versetzt wurden. In der Reformfrage der Klöster scheint der Rat keine Partei genommen zu haben, denn 1478 verwandte er sich für Thomas van dem Ryne bei dem Provinzial-Prior in Erfurt und bei dem

Ordensgeneral in Rom und 1485 schenkte er dem reformierten Kloster in Wismar neue Glasfenster. Wiederholt ist in Hamburg das Provinzialkapitel der Dominikaner abgehalten worden, 1376 wurde z. B. in Hamburg der Provinzialprior Henricus Halberti erwählt und der Rat schenkte dem Johanniskloster 40 Mark als Beihilfe zu den Kosten des Kapitels. 1480 bestand die Beihilfe zu dem Provinzialkapitel in 4 Ohm und 13 Stübchen Wein, was der Stadt 64 Mark 14 Schilling kostete.

Wie die Franziskaner predigten auch die Dominikaner für das Volk in der Landessprache und suchten durch die Beichte die Sittlichkeit der Bevölkerung zu heben. Welche Erfolge sie damit erzielten, sehen wir daraus, daß z. B. 1422 der Prior dem Rat 25 Mark 14 Schillinge 6 Pfennige überlieferte, welche ihm in der Beichte übergeben waren, desgleichen später 8 Mark 7 Schillinge und noch einmal 16 Mark 9 Schillinge; auch der Magister Schuddebudel lieferte 3 Schillinge ein. 1438 überbrachte der Dominikaner-Mönch Pinckenpank den Kämmereiherren 40 Mark, welche ihm von einem reuigen Sünder in der Beichte übergeben waren. Mit besonderer Feierlichkeit wurden von den Dominikanern die Beerdigungen veranstaltet. Die Mönche holten die Leiche in feierlicher Prozession aus dem Sterbehause ab und trugen sie durch die Pfarrkirche nach der Johanniskirche, weshalb die Begräbnisse bei den Bürgern sehr beliebt waren und den Pfarrgeistlichen manche Einnahmen entzogen wurden. Die Mönche hielten jährlich zwei Messen für die Flandererfahrer, zwei für die Englandsfahrer, zwei für die Islandsfahrer, zwei für die Brüderschaft zur ersten Messe und eine für die Brüderschaft des heiligen Thomas von Aquino. Auch finden wir die Dominikaner in einem fast ununterbrochenen Kampf mit dem Hamburger Domkapitel, und ebenfalls waren sie wie die Franziskaner bestrebt, die Bürger für sich zu gewinnen. Um so mehr muß daher die Stellung überraschen, welche sie in der Reformation einnahmen. Während die Franziskaner sich sehr bald der lutherischen Reformation zuneigten, standen die Dominikaner in dieser Frage entschieden auf Seiten des Domkapitels. Infolgedessen hatte schon 1526 die Bürgerschaft die Ausweisung der Dominikaner beschlossen, aber erst nachdem Rensborch am 9. April 1528 gegen die Austeilung des Abendmahls so heftig gepredigt hatte und ihm deshalb die Kanzel verboten wurde, traten die Dominikaner in der Bekämpfung der Evangelischen mehr in den Vordergrund. Am 23. April versammelten sich im Johanniskloster 48 Bürger, um Mittel und Wege zu beraten, wie die Ketzer in Hamburg auszurotten seien, und wählten acht Deputierte, welche mit dem Rat verhandeln sollten. Über diese heimlichen Zusammenkünfte im Johanniskloster verbreiteten sich die abenteuerlichsten Gerüchte in der Stadt, welche eine große Aufregung hervorriefen. Auf Wunsch der Evangelischen berief der Rat zum 28. April eine Versammlung sämtlicher Geistlichen auf das Rathaus, um die streitigen Fragen zu vermitteln. Das Resultat der Verhandlungen war ein vollständiger Sieg der evangelischen Lehre. Die hauptsächlichsten Gegner der Reformation wurden aus der Stadt verwiesen, die übrigen verließen meistens freiwillig die Stadt, und Rat und Bürgerschaft konnten jetzt die Durchführung der Reformation energisch in die Hand nehmen. Es wurde die Aufhebung der beiden Klöster, des Johannis- und Marien-Magdalenen-Klosters beschlossen, und ihre Einkünfte zur Errichtung und Unterhaltung öffentlicher Schulen bestimmt, außerdem sollte im Johanniskloster eine lateinische Schule eingerichtet werden. Die Franziskaner unterwarfen sich dem Beschluß und räumten freiwillig ihr Kloster, die Dominikaner aber wollten nur der Gewalt weichen. Rat und Bürgerschaft mußten sich daher über die zu ergreifenden Maßregeln beraten, es wurde beschlossen, daß diejenigen Mönche, welche nach einem anderen Dominikanerkloster übersiedeln wollten, 10 Gulden Reisegeld empfangen sollten, diejenigen, welche aber in Hamburg bleiben wollten, sollten nach dem Marien-Magdalenen-Kloster übersiedeln und dort unter Aufsicht des Guardian bis an ihr Lebensende auf Kosten der Stadt verpflegt werden, und diejenigen, welche in das bürgerliche Leben zurücktreten wollten, bestmöglichst unterstützt werden. Als das Kloster auch diese Beschlüsse zurückwies, erschienen am 20. Mai 1529 die Ratmänner von Sprekelsen und Dittmar Kohl als Abgeordnete des Rats im Johannisklofter und verlangten von dem Prior die Auslieferung der Schlüssel und der Klostersiegel; da derselbe sich auch jetzt noch nicht fügen wollte, wurde er von den beiden Ratmännern mit Gewalt aus dem Kloster entfernt. Er ging darauf nach Speier und strengte beim Reichskammergericht gegen die Stadt einen Prozeß an, wegen gewaltsamer Aufhebung des Klosters. Als die Mönche sahen, daß der Widerspruch unnütz war, zeigten sie sich zur Unterhandlung geneigt. Fünf von ihnen gingen ins Marien-Magdalenen-Kloster und nahmen die Verpflegung durch die Stadt, zwei traten zur evangelischen Kirche über, die übrigen empfingen 10 Gulden Reisegeld und suchten in einem anderen Dominikaner-Kloster Aufnahme. Nachdem am 23. Mai 1529 die Bugenhagen'sche Kirchenordnung von allen Kanzeln verlesen worden war, wurde am 24. Mai die Johannisschule von Bugenhagen eröffnet, und später der Kreuzgang zu Klassenräumen eingerichtet. 1531 wurde den Nonnen des Harvestehuder Klosters dies Klostergebäude an der kleinen Alster zur Wohnung überwiesen, und allmählich der Name Johannisklofter auf diese Stiftung übertragen.

Zur Orientierung über den auf Seite 144 befindlichen Plan des Johannisklosters mit Umgebung vom Jahre 1823 möge der nebenstehende Plan dienen. Die punktierten Linien bezeichnen die Umrisse des alten Plans, die ausgezogenen Linien die gegenwärtigen Straßenzüge.

Straßen und Gebäude auf dem Plan von 1823.

I. Alterwall.	VII. Gymnasium und Bibliothek.	XIII. Bergstraße.
II. Bei dem blauen Turm.	VIII. Johannisklofter.	XIV. Zuchthausstraße.
III. Klosterbleiche.	IX. Johanneum.	XV. Hinterm breiten Giebel.
IV. Klosterflet.	X. Johanniskirche.	XVI. Knochenhauerstraße.
V. Kleine Alster.	XI. Küterhaus.	XVII. Große Johannisstraße.
VI. Plan.	XII. Bei der Kunst.	XVIII. Kleine Johannisstraße.
	XIX. Gerberstraße.	

Neue Straßenzüge.

1. Alterwall.	6. Reesendamm.	11. Knochenhauerstraße.
2. Schleusenbrücke.	7. Plan.	12. Rathausstraße.
3. Kleine Alster.	8. Reesendammsbrücke.	13. Kleine Johannisstraße.
4. Das neue Rathaus.	9. Bergstraße.	14. Große Johannisstraße.
5. Rathausmarkt.	10. Hermannstraße.	

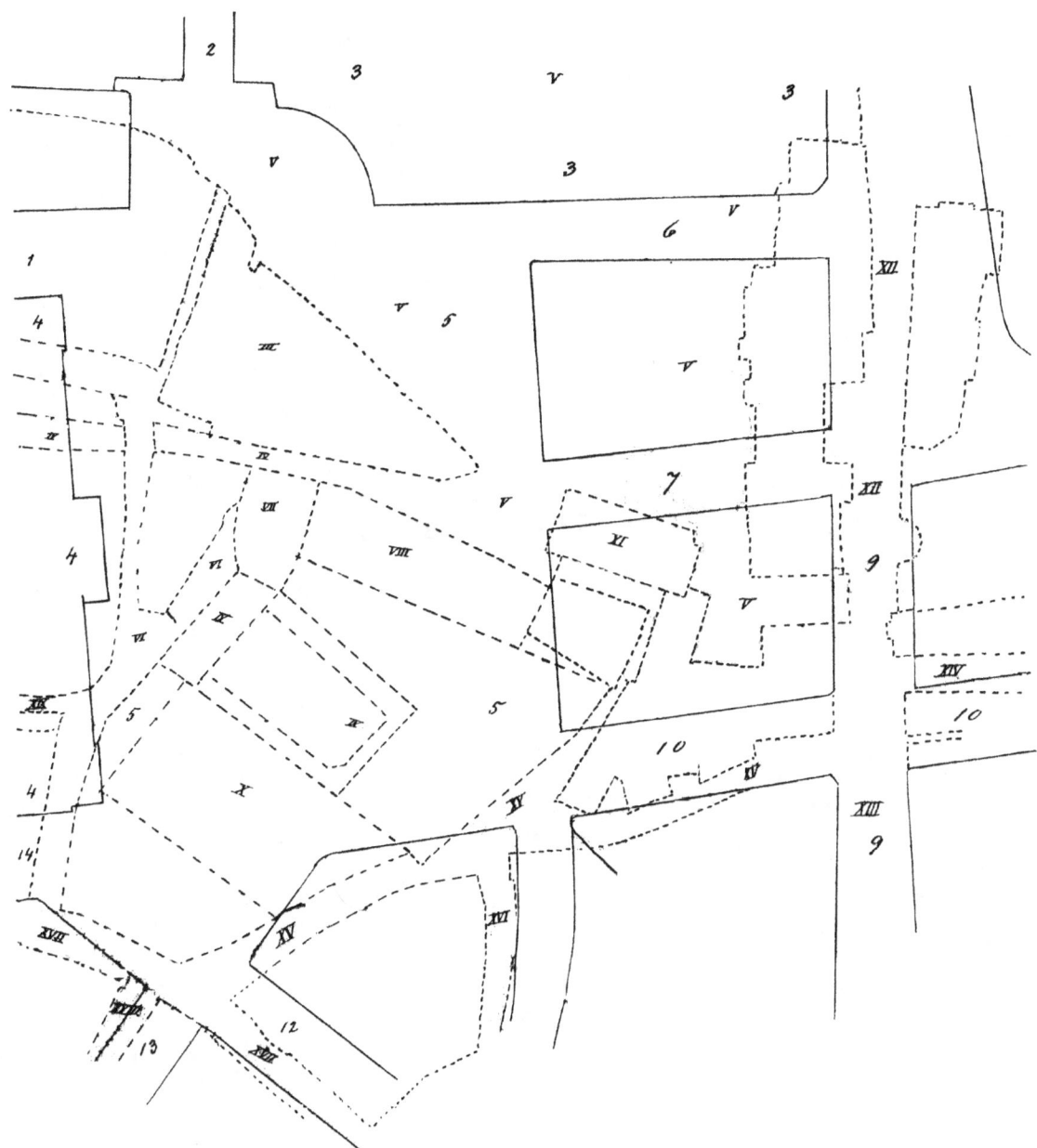

Plan des Johannisklosters mit Umgebung von 1823 und der Straßenzüge von 1887.

Die Entwickelung unserer Geestdörfer.

Es ist eine vielverbreitete Ansicht, daß die Verhältnisse auf dem Lande seit altersher sich nicht verändert haben, und es mag daher manchem befremdend erscheinen, wenn man noch jetzt die Verfassung der Dörfer im Mittelalter untersuchen will. Bei näherer Betrachtung zeigt es sich aber bald, daß die Verhältnisse in den Dörfern sich ebensowohl verändert haben wie in den Städten, nur daß die Entwickelung langsamer erfolgt ist. Erwägt man, daß die Dorf= und Stadtverfassungen aus derselben Quelle entsprungen sind und sich nur nach verschiedenen Richtungen entwickelt haben, so gewinnt diese Untersuchung ein doppeltes Interesse, denn auch hier tritt wieder die Eigentümlichkeit des deutschen Volksgeistes hervor, überall dem Bedürfnis Rechnung zu tragen und nicht nach gewissen Grundsätzen die Verwaltung und Gesetze zu ändern. Mögen diese dem Fremden dadurch verworren und unverständlich erscheinen, die Einheimischen haben sich dabei immer wohler befunden, als wenn ihnen von Fremden noch so klare, neue Gesetze aufgelegt wurden. Als in manchen Ortschaften Handel und Gewerbe sich mehr entwickelten, entstanden hier andere Bedürfnisse als in denen, wo die Landwirtschaft Haupterwerbsquelle blieb und infolgedessen mußten auch die Gesetze und Verwaltung abgeändert werden. Aber auch die Landwirtschaft entwickelte sich allmählich und erforderte gleichfalls Veränderungen in der Verfassung, um den neuen Verhältnissen Rechnung zu tragen.[47])

Die Gründung der ältesten Dörfer entzieht sich gänzlich unserer Kenntnis, denn als die Römer mit den Deutschen in Berührung traten, fanden sie bei ihnen schon Dörfer vor, und es mögen schon lange vor Einwanderung der Germanen in Europa solche vorhanden gewesen sein, denn fast alle germanischen Sprachen haben für Dorf eine andere Bezeichnung (ham, hameau, bye, torf oder ort[48]), und es ist bis jetzt nicht gelungen, für dieselben die germanische Abstammung nachzuweisen, wahrscheinlich werden dieselben aus der Sprache der unterworfenen Bevölkerung übernommen worden sein. Wir besitzen keine Nachrichten darüber, ob in der Völkerwanderung oder in der karolingischen Zeit neue Dörfer gegründet worden sind, erst als mit dem 10. Jahrhundert die Staaten eine festere Gestalt, Person und Eigentum der Bewohner eine größere Sicherheit erlangten, und infolgedessen die Bevölkerung sich mehrte, wurden neue Wohnsitze notwendig. Die Besitzer umfangreicher Alloden erkannten jetzt mehr oder weniger, daß es für sie vorteilhafter sei, passende Landstriche zur Anlage von neuen Dörfern herzugeben, anstatt sie als Weide, Heide oder Wald brach liegen zu lassen. Über solche Neugründungen besitzen wir einzelne zerstreute Nachrichten, und an der Hand derselben wird es möglich, uns ein annähernd klares Bild von der Anlage eines Dorfes zu schaffen.

Hatte der Herr für die Anlage des Dorfes einen Landstrich bestimmt, wählte man zunächst den für die Wohnungen geeigneten Platz aus, am Fuß eines Hügels, an einem Bach, an einer Quelle oder am Rande des Waldes, und teilte denselben in so viele Plätze, als Familien in dem Dorfe sich ernähren konnten. Diese Plätze wurden alsdann unter die, von dem Herrn für das neue Dorf ausgewählten Bauern oder Knechte verlost. Jeder Hof (hovestat, hubestat, hovereide, hoffrayt, worth oder toft mußte mit einer Hecke, einem Zaun oder einer Mauer von Feldsteinen umgeben werden, sowohl gegen den Dorfplatz und die Dorfstraßen, als auch gegen das Feld, so daß das ganze Dorf von einem Zaun, einer Hecke, einer Mauer (zun, tun, tuin, town, hain, hagen, heege) umschlossen war, woher noch manche Dorfnamen stammen, z. B. Wendhagen, Holzhagen, Wulfshagen. Die Dorfstraßen waren durch Fallthore (falter, falltore, valdor) wie man sie noch jetzt in Wildzäunen anwendet, geschlossen, weil das Vieh während der Sommermonate auf den Dorfstraßen übernachtete. Die Hofstelle war das Eigentum des Besitzers; er konnte dieselben nach seinem Belieben verwenden, d. h. bestimmen, welchen Teil er als Gemüse= und Obstgarten, als Hofplatz und für die Wohn= und Wirtschaftsgebäude benutzen wollte. Die Gebäude standen jedoch unter der Aufsicht der Dorfgemeinde und wurden von Zeit zu Zeit von den Ältermännern besichtigt, die angeordneten Ausbesserungen mußten aber von dem betreffenden Hofbesitzer ausgeführt werden.

Aus dem ganzen Gebiet des Dorfes (march, gemark, feldmark, dorfmark, dorfbann, dorffrede, dorfetter oder efaden) wurde dann das dem Dorfe zunächst liegende kulturfähige Land, soviel davon für die Ernährung der Bewohner erforderlich war, ausgeschieden und nach der Güte des Bodens (ob leichter, mittel oder schwerer Boden) in verschiedene Stücke (Feld, Kamp, Schlag, zelg, gewanne) abgeteilt. Diese Abschätzung war so richtig, daß nur sehr wenige Veränderungen nötig waren, als im vorigen Jahrhundert eine neue Aufteilung des Bodens vorgenommen wurde. Jeder Kamp wurde dann mit dem Seil (reep, repning) oder mit dem Hammerwurf in so viele schmale, lange Ackerstücke geteilt, als das Dorf Höfe hatte, und diese unter die Hofbesitzer verlost. Ferner wurde das zu Wiesen geeignete Land ausgeschieden, um von demselben das Heu für das Winterfutter zu gewinnen. Alles übrige Land, also die Wälder, Moore, Teiche, das nicht kultivierte Land, die Weide, Heide, Sand= und Lehmgruben, Kalk= und Steinbrüche, Salzquellen ꝛc. blieb gemeinsames Eigentum der Gemeinde und hieß almende, mene, gemeinwerk, menemark, Holzmark, Waldmark, Almeinde und die Benutzung derselben von den Dorfbewohnern wurde durch besondere Vorschriften und Gesetze geregelt. Das ganze Besitztum einer Familie, also der Hof, die Äcker, die Benutzung der Wiesen und der Almeinde hieß Hufe (hoba, huoba, oba, hopa, hegid, hid, hyde, bol, bool oder mansus)[49] auch Pflug oder Joch, weil das Gut mit einem Pflug und einem Pferd, oder einem Joch Ochsen bearbeitet wurde. Die Hufe enthielt meistens 30 Morgen Ackerland, doch kommen auch Hufen von 20, 40 und 60 Morgen vor; letztere wurden gewöhnlich Königshufen genannt. Ein Morgen war ein Stück Ackerland, welches ein Mann mit einem Pferd in einem Tage (Morgen) pflügen konnte, und wurde daher auch Tagwerk, Mannwerk, jugum, jurnalis, diurnalis genannt. Je nach der Güte des Bodens war in der älteren Zeit die Größe eines Morgens verschieden und wechselte zwischen 80 und 150 □ Ruten. Die Zahl der Hufen eines Dorfes war ebenfalls sehr verschieden; es finden sich Dörfer mit 3 bis 60 Hufen, meistens waren 6 bis 7 Hufen vorhanden.

Die meisten Ackerstücke grenzten nicht an einen Weg und waren nur über die angrenzenden Stücke zugänglich, der ganze Kamp mußte daher gleichzeitig gepflügt, geeggt und geschnitten werden, die Zeit für die Bestellung eines Kamps wurde in der Versammlung der Dorfgenossen bestimmt, und jeder Bauer mußte den Beschlüssen der Mehrheit unbedingt Folge leisten. Die Versammlung bestimmte auch, ob ein Feld mit Winter= oder Sommerkorn bestellt werden oder brach liegen sollte. Das brach liegende Land (Brache, Dreisch, dreesch) wurde wie die Almeinde als allgemeine Viehweide benutzt, die Ackerfurchen verschwanden also, und wenn das Feld wieder aufgebrochen, in Kultur genommen werden sollte, mußte es aufs neue geteilt und verlost werden. Die Äcker einer Hufe waren also nicht nur über das ganze Dorffeld zerstreut, sondern fanden sich auch alljährlich an einer andern Stelle, sie waren daher nur in gewisser Beziehung als Privateigentum zu bezeichnen. — Die Wiesen waren ursprünglich nicht aufgeteilt und nur durch einen Zaun oder eine Hecke gegen das Vieh geschützt, sie wurden von den Dorfgenossen gemeinschaftlich gedüngt und gemäht. Das getrocknete Heu wurde alsdann in gleich große Haufen (Fuder, karabae) geteilt und unter die Hufner verlost. Oder man teilte zur Zeit der Heuernte die Wiese in gleich große Stücke (Tagmath, demath) und verloste sie unter die Hufner, worauf jeder nach seinem Belieben das Gras mähen und trocknen konnte. Nachdem das Heu eingefahren war, wurden auch die Wiesen als allgemeine Weide benutzt. In den meisten Dörfern wurden später die Wiesen aufgeteilt, und durch das Los den einzelnen Höfen als bleibendes Eigentum zugewiesen. Anger ist jedes durch eine Hecke oder einen Zaun gegen das Vieh geschützte Feld, ob Wiese oder Acker.

Das Recht an der Almeinde hieß were, echtwort oder dominatio und bestand darin, daß jeder Hufner eine bestimmte Zahl (ursprünglich soviel, als er besaß) Pferde, Rinder, Schafe, Ziegen, Schweine, Gänse ꝛc. auf die Weide treiben, aus den Waldungen das nötige Bau-, Brenn- und Nutzholz holen, im Herbst eine bestimmte Anzahl Schweine in die Eichen- und Buchenwaldungen (Eichelmast) treiben durfte, ferner in einem Anteil an dem Ertrag der Jagd, Fischerei, der Salzquellen und Erzgruben. Alle diese Nutzungen wurden in der Versammlung der Dorfgenossen alljährlich bestimmt, mithin galt die Almeinde unbedingt als gemeinschaftliches Eigentum aller Dorfgenossen.

Die Dorfbewohner waren ursprünglich gleich berechtigt, da jeder eine Hufe besaß, und in der Gemeindeversammlung, im Gericht und in der Nutzung von der Almeinde hatten alle dieselben Rechte, auch scheint ihre Geburt (ob sie Freie, Hörige oder Knechte waren) ohne Einfluß auf ihre Gemeinderechte gewesen zu sein, denn selbst Hörige und Knechte konnten wieder Knechte besitzen. Fremde durften sich in dem Dorf nur niederlassen, wenn die Gemeinde sie aufnahm, aber der Widerspruch eines Hufners genügte, um die Aufnahme zu verhindern; hatte jedoch ein Fremder ohne Widerspruch Jahr und Tag in der Gemeinde gewohnt, dann konnte er nicht mehr ausgetrieben werden. Als nun die Bevölkerung sich mehrte, schlug man verschiedene Wege ein, um für dieselbe Raum zu schaffen. Die Hufen wurden in 2, 3, 4, 6, 8, 12 und mehr Teile geteilt, und so entstanden in vielen Dörfern halbe, drittel, viertel Hufen. Oder der Grundherr (geistliche oder weltliche Fürsten) ließ ein Teil des Waldes ausroden und auf dem Platz ein neues Dorf anlegen, so entstanden die Dörfer auf rode und reut im Harz, in Thüringen, Schwaben ꝛc., wie z. B. Gernrode, Osterrode, Suderrode[50]), Gräfenroda, Friedrichroda. Von dem Hamburger Domkapitel wurden 1256—1259 die Dörfer Papendorf und Cronshorst auf ausgerodetem Waldboden angelegt, auch Poppenbüttel scheint eine Gründung des Hamburger Domkapitels zu sein. Oder ein Hufner überließ einem Einwanderer ein Stück seines Hofes zum Erbauen eines Wohnhauses, und die Gemeinde überwies demselben ein Stück der Almeinde zur Kultivierung. Diese Einwohner mußten dem Hufner für den Hausplatz Zins zahlen, hießen Beisassen, Brinksitzer, Köter, Kothsassen oder Soldner, hatten weder in der Gemeindeversammlung, noch im Gericht Stimmrecht und empfingen von der Almeinde nur denjenigen Teil, welchen die Gemeinde ihnen bewilligte. Zu den nicht vollberechtigten Leuten gehörten auch die Tagelöhner und Handwerker. Sie besaßen kein Land und wohnten in einem von einem Hufner erbauten Hause, wofür sie demselben Miete zahlen mußten, weshalb sie Mietlinge, Häuerlinge, Häuslinge, Hausgenossen, Hintersassen oder Einlieger genannt wurden. Ursprünglich gab es in den Dörfern keine Handwerker, jeder Hufner verfertigte seine Geräte selbst oder ließ sie durch seine Knechte herstellen. Als später der eine oder der andere Knecht in der Anfertigung einiger Geräte eine besondere Geschicklichkeit erlangte, und die andern Hufner solche bessere Geräte zu haben wünschten, gestattete die Gemeinde diesen Knechten, daß sie sich als Handwerker im Dorfe niederließen, um für alle Bewohner des Dorfes zu arbeiten. Am frühesten findet sich in vielen Dörfern der Schmied, doch mußte er sich außerhalb des Dorfes anbauen, weil sein Gewerbe für das Dorf feuergefährlich war. Das Material für ihre Arbeiten empfingen die Handwerker aus der Almeinde, z. B. Zimmerleute, Tischler, Wagner das Holz aus den Waldungen, Töpfer den Thon aus den Lehmgruben 2c., wofür sie an die Gemeinde einen Zins bezahlen mußten. Ihre Erzeugnisse durften sie an Fremde verkaufen, doch erst, wenn sie dieselben den Dorfgenossen angeboten hatten. Im allgemeinen waren die Dorfgemeinden nicht sehr geneigt, Handwerker aufzunehmen, auch durften dieselben keine Gehilfen (Gesellen) halten, sondern mußten alle Arbeiten allein ausführen. Da die Beisassen und Mietlinge einen gewissen Anteil an der Almeinde hatten, z. B. Brennholz, Torf, Heidekraut 2c. empfingen, so durfte kein Hufner solche Leute ohne Zustimmung der Gemeinde aufnehmen. Der Hofbesitzer hieß im Gegensatz zu den nicht vollberechtigten Bewohnern des Dorfes Bauer, Nachbauer, Nachbar, Bürger, bur, gebur, nabur, nahkibur, civis, vicinus, auch Hufner, Hübener, Großgütter, Gemeindemann. Nur die Hufenbesitzer bildeten die Gemeinde, hatten Sitz und Stimme in der Gemeindeversammlung, wo über alle Angelegenheiten des Dorfes, über die Bestellung der Felder und Nutzung der Almeinde entschieden wurde; nur sie erschienen im Dorfgericht und mußten ihre Hintersassen vertreten. Pfarrer und Schullehrer waren Ehrenmitglieder der Gemeinde, sie hatten nicht volle Rechte, aber auch nicht volle Pflichten. Wer seinen Hof nicht selbst verwaltete, sondern ihn einem Pächter oder seinen Erben überlassen hatte, verlor sein Stimmrecht in der Gemeinde und sein Anrecht an der Almeinde, auch wenn er im Dorfe wohnen blieb. Dafür trat aber der Nachfolger in seine Rechte ein. Witwen und Unmündige mußten in der Gemeindeversammlung und im Gericht durch einen Hufner sich vertreten lassen. — Ob die Dorfbewohner ursprünglich Freie oder Hörige gewesen sind, ist eine unentschiedene Frage.[51]) Im Mittelalter wohnten in demselben Dorfe nicht selten Freie, Hörige und Knechte als Hofbesitzer nebeneinander, und noch gegen Ende des Mittelalters waren nach von Senckenberg[52]) über hundert Reichsdörfer in Deutschland, welche gegen alle Angriffe weltlicher und geistlicher Herren ihre Freiheit glücklich behauptet hatten, aber bei weitem die meisten Dörfer waren nur von hörigen Bauern bewohnt.

Über diese Verhältnisse in den Dörfern unserer Nachbarschaft besitzen wir nur sehr unbestimmte Nachrichten, doch scheinen im 13. Jahrhundert noch manche Hufen im Besitz von Freien gewesen zu sein. Wenn in Hamburg manche Bürger mit der Bezeichnung z. B. von Barenvelde, von Eppendorf, von Bernebeke 2c. vorkommen, so beweist dies allerdings noch nicht, daß es eingewanderte Freie waren, es können auch Freigelassene oder entlaufene Hörige gewesen sein, welche man nach ihrem Geburtsort benannte. Wenn aber einzelne Hufen verkauft oder verschenkt wurden, so müssen sie im Besitz von Freien gewesen sein. 1275 verkaufen z. B. die Brüder Heinrich und Meinrich von Heynebroke, Ministeriale der Bremer Kirche, dem Kloster Herwardeshude 15 Hufen in 9 Dörfern, darunter eine Hufe in Mellingstedt, (Hambg. Ur. 759). Man könnte nun annehmen, daß diese Dörfer damals im Besitz der Edlen von Heynebroke gewesen seien, allein 1276 verkaufen Lambert und Theodor von Haghene und deren Brüder dem Kloster Herwardeshude zwei Hufen in Mellingstedt (Hambg. Ur. 763). Dieser Verkauf wurde zwar von den Brüdern Heynebroke bestätigt, und sie scheinen also die Herren des Dorfes gewesen zu sein, aber die beiden Hufen müssen doch Privatbesitz der Herrn von Haghene gewesen sein, denn sonst hätten sie dieselben nicht verkaufen können. Ebenso verkauft der Ritter Heinrich von Borch 1303 dem Kloster Herwardeshude 24 Morgen Ackerland in Halstenvlete, welche er von seinem Schwiegervater Daniel von Bliederstorp geerbt hatte, und 1315 verkaufen die Brüder Heinrich, Daniel, Ywan, Ludwig und Gottfried von Borch dem Kloster 6 Morgen Landes in Halstenbhlete, also ein Beweis, daß es auch in diesem Dorfe freie Hufen gab. Auch in Winterhude und Othmarschen müssen freie Hufen gewesen sein, denn 1317 vertauschte Friedrich von Brunswich, Vikar des Hamburger Domkapitels, dem Kloster Herwardeshude zwei Hufen in Winterhude gegen zwei Hufen in Othmarschen, doch erst 1365 verkaufen die Erben von Heyno mit dem Bogen dem Kloster das Dorf Winterhude. Ähnlich liegt es mit Eimsbüttel, 1275 verkaufen die Brüder Heynebroke dem Kloster eine Hufe in Eimsbüttel und 1339 erst erwirbt es das Dorf von dem Grafen Adolf. Die Dörfer scheinen meistens im Besitz eines Grundherrn, besonders der Schauenburger Grafen gewesen zu sein, denn diese werden im 14. Jahrhundert gewöhnlich als Verkäufer genannt. Beim Verkauf solcher Dörfer ist aber nicht daran zu denken, daß es sich nur um die Herrschaft, den Zehnten, das Gericht 2c. gehandelt habe, denn dem entspricht der Kaufpreis nicht. 1311 verkauft z. B. Graf Adolf dem Kloster Herwardeshude acht Hufen in Yresbeke für 200 Mark und 1332 das Dorf Langenhorn (acht Hufen) an Nicolaus von Berghe ebenfalls für 200 Mark. Es war also wie bei den einzelnen Hufen aller Grund und Boden, alle Gebäude 2c. eingeschlossen. Auch andere Adelige besaßen ganze Dörfer, z. B. Fuhlsbüttel gehört schon 1283 Johann und Heinrich von Berghe, Ohlstedt 1345 Marquard, genannt Raven Struz, und 1463 Hartwich von Hummersbüttel. Bei diesen Verkäufen wurden ohne Zweifel die hörigen Bauern mit verkauft, denn wären in diesen Dörfern freie Bauern ansässig gewesen, so würden sie in den Urkunden erwähnt worden sein. Als das Kloster Herwardeshude 1295 nach der Alster verlegt und daher das Dorf Odersfelde in ein Vorwerk verwandelt wurde, wird man die hörigen Bauern einfach verjagt oder in Tagelöhner verwandelt haben, denn selbst noch im 16. Jahrhundert ließen die Hamburger Landherrn die Bauern der Walddörfer vertreiben, wenn sie ihnen durch Streitigkeiten, durch Ungehorsam und Widersetzlichkeit zu viele Mühe machten, oder wenn sie ihren Grundzins nicht bezahlt hatten.[58]) Wenn weltliche oder geistliche Grundherren neue Dörfer anlegten, dann werden sie dieselben nur mit Hörigen und Knechten besetzt haben, und obgleich sie sonst die Verhältnisse in hergebrachter Weise ordneten, so behielten sie doch manche Nutzungen aus der Almeinde für sich, namentlich die Jagd und Fischerei, auch die Eichelmast der Schweine, überhaupt wurde den Bauern die Nutzung der Wälder nur in beschränktem Maß zugestanden, auch die Erzgruben, Salzquellen 2c. blieben im Besitz des Herrn, und endlich gehörte ihm auch der Übernutz, d. h. dasjenige, was die Gemeinde aus der Almeinde nicht gebrauchte.

Ursprünglich war die Nutzung der Almeinde unbeschränkt, d. h. jeder Hufner konnte im Walde so viele Bäume fällen, als er gebrauchte, so viel Vieh auf die Weide schicken, als er besaß; später aber wurde dieselbe mehr und mehr beschränkt. Die Gemeinde bestimmte, wieviel Brenn- und Nutzholz jeder Einwohner jährlich aus der Waldung holen, wieviel Vieh er auf die Weide schicken durfte, das Bauholz mußte für den betreffenden Fall erst von der Gemeinde bewilligt werden, und es durften nur diejenigen Bäume gefällt werden, welche der Förster angewiesen hatte, und wer einen Baum fällte, mußte wieder einen jungen Baum pflanzen. Als im vorigen Jahrhundert das Gehölz in Barmbeck sehr heruntergekommen war, wurde z. B. von den Oberalten verordnet, daß jeder Hufner jährlich 2 junge Eichen, jeder Käthner einen jungen Baum, jeder Sohn eines Hausmanns, wenn er sich befreite, 6 neue Bäume und ein Knecht 4 neue Bäume pflanzen und pflegen sollte; ging ein Baum aus, so mußte im nächsten Jahr ein neuer Baum gepflanzt werden. Trocknes Holz durfte an bestimmten Tagen der Woche im Walde gesammelt, aber nicht auf Wagen oder Karren abgefahren werden. Für die Hütung des Viehes waren Gemeindehirten angestellt, welche von jedem Bauern nur so viele Stücke Vieh auf die Weide treiben durften, als die Dorfgenossen bewilligt hatten, weshalb die Privathüter verboten waren. Die Gemeindebeamten: der Schultheiß, Förster, Flurschütz (Weibel) und die Hirten hatten besondere Nutzungsrechte, ebenfalls der Pfarrer und der Schullehrer. Die Witwe, welche den Hof für ihre minderjährigen Kinder verwaltete, hatte in der Gemeindeversammlung kein Stimmrecht, aber in Betreff der Nutzungen aus der Almeinde war sie den übrigen Hofbesitzern gleichberechtigt.

Wie jeder Dorfgenosse Nutzungsrechte hatte, so mußte er auch gewisse Lasten tragen. Beisassen und Mietlinge waren steuer- und dienstfrei, später auch häufig die freien Grundbesitzer, doch nicht deren Pächter, da sie Anteil an den Nutzungen aus der Almeinde hatten. Die Lasten waren besonders Dienste für die Gemeinde, für den Grundherrn und für den Landesherrn (Frondienste). Zu den Gemeindefronen oder Scharwerken gehörten: Anlage und Unterhaltung der Wege und Stege; Anlage, Unterhaltung und Reinigung der Dorfgräben, Teiche, Bäche, Brunnen und der Flüsse zum Holzflößen; die Anlage von Wehren und die Unterhaltung der Uferbefestigungen, auch die Erbauung und Unterhaltung der Gemeindehäuser: Schulhaus, Hirten- und Försterwohnung und Mühlen. Alle diese Arbeiten wurden von der Gemeindeversammlung beschlossen, angeordnet und verteilt und von den Ältermännern beaufsichtigt. Die Dorfgenossen waren verpflichtet, sich gegenseitig zu unterstützen, bei der Verfolgung und Verhaftung eines Verbrechers, beim Retten des Viehes, als Zeugen und Eideshelfer vor Gericht, als Testamentzeugen ꝛc. Für den erkrankten Nachbarn mußte jeder einen halben Tag umsonst ackern, auf der Reise ihn einen halben Tag begleiten. Ähnliche Bestimmungen finden sich später in manchen Innungsgesetzen. Für die verarmten Dorfgenossen hatte zunächst die Familie zu sorgen, und erst wenn diese unfähig war, mußte die Gemeinde eintreten. Zur Zeit Karls des Großen mußte jeder Grundherr für seine Armen sorgen, später wurde die Armenpflege von der Kirche übernommen, und infolgedessen fielen derselben viele Schenkungen und Vermächtnisse zu. Außerdem hatte die Gemeinde an Schäfer, Hirten, Förster, Flurschützen ꝛc. manche Naturalien zu liefern, für die Beherbergung und Verpflegung der Herrschaft und ihrer Diener auf Reisen zu sorgen und die Requisitionen der Kriegsheere zu liefern. Alle diese Lasten wurden nach Verhältnis unter die Genossen verteilt. Für Steuern und Grundzins haftete die ganze Gemeinde, auch mußte sie für den säumigen Zahler eintreten. Die Steuern wurden entweder zu gleichen Teilen, oder nach dem Verhältnis des Grundbesitzes oder des Vermögens unter die Genossen verteilt. Außerdem mußte jeder Dorfbewohner, der einen eigenen Haushalt, eigenen Herd, also eigenen Rauch hatte, dem Grundherrn, als Zeichen seiner Abhängigkeit, das Rauchhuhn liefern. Der Betrag der Steuern und Grundzinsen war sehr verschieden. In den Dörfern des Johannisklosters mußten z. B. die Eingesessenen als Rekognition für den Nutzen und Gebrauch des Hofes Schoß geben, welcher nach dem Wert des Hofes angesetzt war. Häuslinge bezahlten Mitte des vorigen Jahrhunderts jährlich drei Mark und einen Schilling Schoß. Jeder Eingesessene mußte das Rauchhuhn liefern. Die Bauleute (Bauern) und die Käthner mußten Hand- und Hovedienste leisten, und beim Wegzug in ein anderes Gebiet den zehnten Pfennig abgeben. In den Ländereien des Heiligen-Geist-Hospitals und des St. Georg Hospitals hatten die Eingesessenen das Rauchhuhn zu liefern, Geld- und Kornzinsen zu zahlen, Hand- und Hofdienste zu leisten und beim Wegzug den zehnten Pfennig abzugeben. Die Bewohner von Hamm und Horn hatten nur das Rauchhuhn zu liefern und Frondienste für die Gemeinde zu leisten, sie mußten des Nachts Wachen und Patrouillen stellen, um das Dorf gegen Bettler und Landstreicher zu schützen. Die Einwohner der Walddörfer wurden noch Mitte des vorigen Jahrhunderts als Hörige (coloni) behandelt, sie mußten das Rauchhuhn liefern, Grundsteuer zahlen und Frondienste leisten. Die Jagd in den Waldungen wie auf den

Feldern und Fluren und die Fischerei waren im ganzen Hamburger Geestgebiet regale der Grundherrn, also der Klosterherren, der Oberalten und der Landherren.

Das Dorfrecht stimmte schon im Mittelalter nicht mehr mit dem allgemeinen Volksrecht überein. Die farnis, d. h. die bewegliche Habe, erbten Brüder und Schwestern zu gleichen Teilen, die Hufe aber fiel an die Söhne, meistens an den ältesten Sohn, in manchen Gegenden an den jüngsten Sohn oder an den jüngsten mündigen Sohn. Hinterließ der Hufner keine Kinder, so fällt das Land an die männlichen Verwandten, also an die Brüder des Verstorbenen. (Lex sal. tit. 59). Bei den Ripuariern, Schwaben, Burgundern, Longobarden und Sachsen erbten die Schwestern des Verstorbenen die Hufe, wenn keine Brüder vorhanden waren (Lex rip. tit. 56), bei den Thüringern aber erst, wenn keine männliche Blutsverwandte des Verstorbenen bis zum fünften Gliede vorhanden waren, während bei den übrigen Stämmen die übrigen männlichen Verwandten erst eintraten, wenn keine Schwester vorhanden war. Die Witwe verwaltete den Hof für die unmündigen Kinder, mußte ihn aber dem Sohn abtreten, sobald er mündig wurde. Ohne Zustimmung der Erben durfte der Hufner seinen Hof nicht verkaufen oder verschenken; nur wenn der Verkauf aus Not geschah, blieb der Einspruch der Kinder und Erben vom Gericht unberücksichtigt. In manchen Gegenden hatten bei Veräußerung einer Hufe die Dorfgenossen das Vorkaufsrecht. Wenn ein Hufner seinen Acker mehrere Jahre nicht bestellte, und das Gestrüpp eine solche Höhe erreicht hatte, daß zwei Ochsen sich in demselben verbergen konnten, dann wurde ihm der Acker von der Gemeinde genommen und zur Almeinde gezogen, daher das Sprichwort: „Reicht der Busch dem Reiter an die Sporen, hat der Unterthan sein Recht verloren."

Die Dorfgemeinde hatte also alle inneren Angelegenheiten selbst zu verwalten, alles war von dem Willen der Mehrheit abhängig, und die Gemeinde besaß auch die Macht, ihren Beschlüssen Nachdruck zu geben. Jeder Genosse mußte sich der Mehrheit fügen. Wer nach dreimaliger Aufforderung der Versammlung sich nicht stellte, wer seine Verpflichtungen gegen die Gemeinde nicht erfüllte, wer die verhängten Bußen und den Grundzins nicht bezahlte, der wurde von der Gemeinde ausgeschlossen, und zum Zeichen des Ausschlusses ihm das Feuer auf dem Herd ausgelöscht, der Backofen eingestoßen und der Eimer über dem Brunnen abgehauen, das Hofthor durch Pfähle versperrt und ein Graben vor demselben aufgeworfen, und der Hirte durfte dessen Vieh nicht auf die Weide führen, bis er seine Verbindlichkeiten gegen die Gemeinde erfüllt hatte. Auf seinem Grund und Boden war er frei, und auf seinem Hof konnte auch die Gemeinde ihm nichts anhaben, aber außerhalb desselben war er vogelfrei.

Die Gemeinde versammelte sich unter freiem Himmel auf dem Dorfplatz, der forta, meistens im Schatten einer alten Linde. Die forta war ein freier Platz in der Mitte des Dorfes, wo die Dorfstraßen zusammentrafen. Hier waren der Dorfbrunnen und die Tränken für das Vieh, hier sammelte sich das Vieh, wenn es des Morgens auf die Weide getrieben wurde, hier wurden alle Gemeindeversammlungen und Gerichtssitzungen abgehalten und alle gemeinsamen Feste der Dorfgenossen gefeiert. Der Bauermeister (Burmeister oder Bürgermeister) leitete die Beratungen der Gemeindeversammlung und zwei Ältermänner, in größern Gemeinden auch drei oder vier, unterstützten ihn. Der Dekan in den Königsdörfern und in den Dörfern größerer Grundherren war nur Beamter und hatte ursprünglich mit der Verwaltung des Dorfes nichts zu thun; er hatte nur die Steuern und den Grundzins zu erheben und an den König abzuliefern, die Eingesessenen in dem Gebrauch der Waffen auszubilden, überhaupt für ihre Kriegstüchtigkeit zu sorgen und und war im Kriege ihr Führer. Später, als die Selbstverwaltung der Dorfgemeinden mehr und mehr eingeschränkt wurde, mußte er für den Dorffrieden sorgen, auch führte er den Vorsitz in den Versammlungen und im Gericht. — Die regelmäßigen Versammlungen der Gemeinde fanden im Frühling, Sommer und Herbst statt, um die

Feldarbeiten anzuordnen; außerordentliche Versammlungen wurden berufen, sobald die Not es erforderte. Jeder Hufner war bei Strafe verpflichtet, in der Versammlung zu erscheinen, nur Krankheit oder Abwesenheit entschuldigte. Das Gericht wurde ebenfalls auf dem Dorfplatz abgehalten und als Zeichen lag hier der Dingstein (Gerichtsstein), ein großer erratischer Granitblock, wie z. B. der durch viele Sagen bekannte Lügenstein in Sasel. Im Gericht führte auch der Bauermeister den Vorsitz, und hier traten ihm die Schöffen zur Seite. Wie der Gau hatte auch das Dorf drei ungebotene, echte Gerichtssitzungen (Ding oder Thing), in welchen auch, nachdem die Klage- und Streitsachen erledigt waren, alle Veränderungen im Grundbesitz bestätigt und die neuen Genossen aufgenommen und beeidigt wurden. Jeder Hufner, der eigenen Rauch hatte, also im Dorfe wohnte, mußte zu den drei ungebotenen Dingen erscheinen, auch durfte er das Schöffenamt nicht ablehnen. Außerdem wurde eine außerordentliche Gerichtssitzung, ein gebotenes Ding, abgehalten, sobald es nötig war; doch zum Erscheinen vor dem gebotenen Ding waren nur diejenigen verpflichtet, welche hier zu thun hatten. Vor die Dorfgerichte gehörten alle Streitigkeiten zwischen den Dorfbewohnern, Raufereien und Prügelein, bei denen kein Blut geflossen, Feldfrevel und kleine Diebstähle, und das Gericht konnte auf körperliche Züchtigung, Brandmal, Prangerstehn rc. erkennen, daher haut und haar richten. Alle schweren Kriminalfälle Mord, Totschlag, Brandstiftung und Raub gehörten vor das Gaugericht, welches über Hals und Hand richtete.

Ob im Mittelalter die Dorfgemeinden eigene Gerichtsbarkeit hatten, ist zwar nicht allgemein anerkannt, wenn aber z. B. die Dörfer Hamm und Horn und Barmbeck noch im vorigen Jahrhundert ihr besonderes Landrecht hatten und jedes Jahr das Landgericht hegten, so ist ihnen dieses Recht gewiß nicht in späterer Zeit verliehen, sondern sie werden es von altersher besessen haben. Die Landleute fanden das Recht, der vorsitzende Senator, der Landherr, sprach das Urteil und die Vögte vollstreckten dasselbe. Im vorigen Jahrhundert beschäftigten sich die Landgerichte meistens nur noch mit den Veränderungen im Grundeigentum und mit den Hypotheken, selten kamen noch Klagesachen zur Verhandlung, denn die Parteien benutzten lieber die Dielen-Audienzen, bei denen sie eine raschere Erledigung der Klagesachen fanden. In den übrigen Hamburger Dörfern war bereits jede Spur einer eigenen Gerichtsbarkeit verschwunden. Die Dörfer des Johannisklosters standen unter der Jurisdiktion der beiden ältesten Bürgermeister, die des Hospitals St. Georg unter den beiden mittleren Bürgermeistern, die des Heiligen-Geist-Hospitals unter den Oberalten, denen für die Rechtspflege jedoch zwei Senatoren zur Seite traten, Hamm und Horn und Fuhlsbüttel unter dem zweiten Senator und die Walddörfer unter dem vierten und fünften Senator. Die erste Instanz bildeten die sogenannten Dielen-Audienzen. Um Streitsachen in Güte zu vermitteln oder leichte Vergehungen durch Rechtsspruch zu entscheiden, gaben die Patrone des Klosters, des Hospitals St. Georg und die Landherren in ihren Wohnhäusern alle 14 Tage, meistens am Sonnabend, Audienz, und die streitenden Parteien mußten zum Termin von ihren Dörfern zur Stadt kommen, um ihre Sachen vorzutragen. Vor den Dielen-Audienzen wurden erledigt 1) Ehesachen, Proklamationen, Scheidung von Tisch und Bett, 2) Vormundschaftssachen und 3) Errichtung von Testamenten. In allen Kriminalsachen hatten sie die erste Untersuchung und auch die Entscheidung, wenn die Sache durch Geld oder Gefängnisstrafe erledigt werden konnte. Alle schwereren Fälle, welche Leib- und Lebensstrafen erforderten, wurden an die städtischen Gerichte verwiesen. Die Landdielen-Audienzen waren also wie die städtischen Dielen-Audienzen eigentlich Friedensgerichte, wie sie in den Städten allmählich eingeführt waren, um die Rechtspflege dem bischöflichen oder landesherrlichen Vogt zu entziehen. Appellationen von den Dielen-Audienzen gingen entweder direkt an den Senat, als das Obergericht, oder erst an das Niedergericht. Außerdem wurden einfache Sachen, z. B. Balgereien, Beschimpfungen, kleine

Schuldforderungen 2c. durch die Vögte erledigt. — Die Gemeindeversammlungen in den Dörfern unserer Nachbarschaft blieben in Kraft, solange die Feldgemeinschaft bestand. Die Bauern von Eppendorf versammelten sich z. B. in der Mühle, die Barmbecker auf dem Bauerberg. Die betreffenden Behörden aber betrachteten sich als die eigentlichen Besitzer von Grund und Boden. In den Hospitalländereien durfte z. B. niemand seinen Hof verkaufen, verpfänden oder Hypotheken in denselben aufnehmen ohne Zustimmung der Oberalten, selbst Ehezärten, Testamente oder ähnliche Verträge hatten ohne Konsens der Oberalten keine Gültigkeit.

Die Dreifelderwirtschaft wurde gegen Ende des vorigen Jahrhunderts nach und nach in den Hamburger Geestdörfern aufgehoben, das Land neu aufgeteilt und den einzelnen Hufen zugewiesen, z. B. Ohlsdorf und Fuhlsbüttel 1790, Barmbeck 1796 2c. Eine Ausnahme bildet in dieser Hinsicht Eimsbüttel, wo schon im 17. Jahrhundert die Almeinde ganz verschwunden war, obgleich um diese Zeit noch ein Kuhhirt gehalten wurde, selbst das Eimsbütteler Gehölz war Privateigentum und die einzelnen Felder waren den Höfen zugewiesen. Auch von einer Gemeindeversammlung findet sich im 17. Jahrhundert keine Spur, doch ist ein Vogt vorhanden. Eigentümlich ist es, daß 1718 einem Bauernhof (Hufe) die Schmiedegerechtigkeit und einem Käthner die Bäckerei verliehen wurde, während man sonst die Handwerker auf den Dörfern nur als Mietlinge zuließ. Vielleicht war hier durch das Eindringen städtischer Besitzer die Verfassung des Dorfes beeinflußt und verändert worden. Ähnliche Ursachen mögen auch in Ottensen bereits im 17. Jahrhundert die Aufhebung der Feldgemeinschaft veranlaßt haben, denn als 1664 ein großer Teil von Ottensen zur Stadt Altona gezogen wurde, befanden sich die Felder im Privateigentum der Höfe, also war von einer Feldgemeinschaft keine Rede, auch auf diesem Teil von Ottensen eine Almeinde ganz unbekannt.

Der Bauernhof war ein Fronhof im Kleinen und bestand aus dem eigentlichen Wohnhause, den Ställen, Scheunen, Speicher und sonstigen Gebäuden, welche sämtlich von Holz erbaut waren. Ursprünglich hatten alle Gebäude nur ein Stockwerk[54]) und waren mit einem hohen Dach bedeckt, welches im Innern von hohen Säulen getragen wurde. Später aber vereinigte man alle Räume zu einem Gebäude, und so entstand das altsächsische Bauernhaus, das Bauernhaus in den Alpen 2c. Es ist dies ein langes, viereckiges Gebäude, etwa doppelt so lang als breit.[55]) Ungefähr ein Drittel des Gebäudes wird zur Wohnung der Herrschaft, das übrige zu Wirtschaftszwecken benutzt. Die etwa zwei Meter hohe Umfassungsmauer besteht aus Fachwerk, das Dach ist hoch und meistens mit Stroh oder Schilf, seltener mit Schindeln oder Ziegeln bedeckt. Den Haupteingang bildet das große Hofthor, welches so breit und hoch ist, daß der beladene Erntewagen ungehindert einfahren kann. In den Geestdörfern liegt das Hofthor stets dem Dorfplatz oder der Straße zugekehrt, weil die Äcker des Hofes über das ganze Dorffeld zerstreut liegen, und die Ernte nur über die Dorfstraßen eingefahren werden kann. In den Marschdörfern findet die umgekehrte Lage statt. Das Hofthor führt auf die große Lehmdiele, Dreschdiele oder Scheunendiele. Der Boden derselben besteht aus festgestampftem Lehm, welcher, solange er trocken bleibt, so hart ist, daß die schwersten Wagen darüber fahren können ohne Eindrücke zu hinterlassen. Auf dieser Diele werden alle landwirtschaftlichen Geschäfte verrichtet, namentlich im Winter das Getreide gedroschen, Häcksel geschnitten, Wagen und Pferde und alle Geräte gereinigt. Hier finden alle Festlichkeiten des Hauses statt, Hochzeiten, Festmahle, Tanzbelustigungen 2c., zu welchem Zweck dieselbe alsdann mit Tannenzweigen, Blumenkränzen und Fahnen geschmückt wird. Zu beiden Seiten der Lehmdiele liegen die Ställe, auf der einen Seite gewöhnlich für die Kühe, auf der andern Seite für die Pferde. Jede der beiden Stallungen hat noch eine besondere Thür (Ausgang) nach dem Hof. Von der Diele sind die Ställe meistens durch eine niedrige Bretterwand getrennt, worauf die Krippen angebracht sind, so daß das Vieh von der Diele aus gefüttert werden kann. Der ganze Raum über der Diele und den Ställen wird zur Lagerung des eingefahrenen Getreides, des Heues ꝛc. benutzt und heißt daher Korn-, Heu- oder Hausboden. Er ruht auf sehr starken Balken, auf welche ungehobelte Bretter genagelt sind. In der Mitte sind Lücken gelassen, damit beim Einfahren des Heues oder Getreides dasselbe direkt vom Wagen auf den Boden geschafft werden kann. Über den Ställen liegt unter dem Boden noch ein offener Raum, die „Hille" oder „Bühne" genannt, welcher zum Aufbewahren des für das Vieh bestimmten Strohes, der Ackergerätschaften ꝛc. benutzt wird. Am Ende der Diele sind von den Ställen in der Regel einige Kammern abgeteilt, welche als Geschirrkammer, Milch- und Speisekammer, Schlafkammer für die Dienstmädchen ꝛc. dienen, die Knechte haben meistens ihre Betten auf der Diele, damit sie während der Nacht das Vieh überwachen können. — Hinter der Lehmdiele liegt der Hausflur oder die Hausdiele, welche die ganze Breite des Hauses einnimmt; hier befindet sich der offene Herd. Früher war die Lehmdiele von dem Hausflur nicht getrennt, jetzt ist hier meistens eine dünne Bretterwand mit großen Glasthüren angebracht, um die Feuersgefahr zu vermindern. Auch der Herd ist jetzt gewöhnlich durch eine Bretterwand von der Diele abgetrennt, wodurch eine Art Küche gebildet wird. Auf dem Herd brennt offenes Feuer und ein Rauchfang oder Schornstein war in früherer Zeit ein unbekannter Luxus, der Rauch mußte sich selbst einen Weg ins Freie suchen, teils durch die im Dach angebrachten Öffnungen, teils durch die Hofthüren der Diele. Die Hausdiele hat nämlich auf jeder Seite des Hauses eine Thür, welche nach dem Hofe führt und aus zwei Teilen besteht, die obere Thür steht gewöhnlich den ganzen Tag offen, um dem Rauch freien Abzug zu gestatten. Durch diese Einrichtung wurde auch die Rauchkammer gespart, Speck, Schinken, Würste wurden über dem Herd aufgehängt und hier sehr gut geräuchert. — Der nun noch übrige Teil des Hauses dient zur Wohnung der Familie. Die ganze Breite des Hauses ist in drei Räume geteilt. Zu den beiden Seiten liegen etwas größere Zimmer, von denen das eine als Wohnzimmer (Dörnse, Döns, Türnitze ꝛc.), das andere als Prunkzimmer (mit besseren Mobilien) benutzt wird. In dem Wohnzimmer sind in einer Art Wandschrank die Betten für die Herrschaft. Ringsum an den Wänden sind schwere Holzbänke angebracht, unter denen sich nicht selten Laden oder Kasten befinden, in denen verschiedene Gegenstände aufbewahrt werden. Ferner finden sich hier drei schwere Holztische, deren Beine oft kunstvoll geschnitzt sind, und einige schwere Holzstühle, deren Rücklehne und Beine ebenfalls Schnitzereien aufweisen. Endlich ist an einer Wand gewöhnlich ein kleiner Schrank befestigt, in welchem die Tischgerätschaften, Messer, Gabeln, Löffel auch die täglich gebrauchten Tassen, Kaffeekanne, Theetopf, Milchtopf ꝛc. aufbewahrt werden. Neben der Thür nach der Diele ist ein kleines Fenster, „das Spiekerfenster," angebracht, mittels welches der Hausherr die Scheunendiele übersehen und das Gesinde überwachen kann. Der Raum hinter dem Herd und zwischen den beiden Stuben liegt etwas erhöht, weil unter demselben der Keller angebracht ist; von den beiden Zimmern führt daher eine kleine Treppe hinauf. In diesem Mittelzimmer stehen die großen Laden, gewöhnlich Erbstücke der Familie, in denen das Leinenzeug und die Staatskleider aufbewahrt werden. Wie das schöne Leinenzeug den Stolz der reichen Bäuerin bildet, so ist auch die Lade das geschätzte Erbstück der Familie und daher meistens sehr kunstvoll gearbeitet und reich geschmückt. In diesem Mittelzimmer stehen auch die Betten der Kinder. — Der Raum über den Zimmern war früher durch eine Holzwand abgetrennt und durch Holzwände in mehrere Kammern abgeteilt, welche zur Aufbewahrung von Obst, Flachs, Wolle ꝛc., zuweilen auch als Schlafkammern für die Dienstmädchen benutzt werden. In neuerer Zeit aber hat man an dieser Seite die Giebelmauer ganz hinauf geführt, damit man bei einer Feuersbrunst hier einen freien Ausgang hat, und über den Wohnzimmern dann helle und luftige Schlafzimmer für die Familie eingerichtet, während die übrigbleibenden schrägen Dachkammern zum Aufbewahren von Obst, Flachs ꝛc. dienen. Während

Das sogenannte Fideikommiß-Haus in Billwärder an der Bille.
Mit der Inschrift: Paridom Daniel Kern Andenken.

in dem Hause des Marschbauern die Wohnzimmer an der dem Deiche oder der Straße zugewandten Seite des Hauses liegen, sehen in dem Geesthause die Wohnzimmer nach dem Garten hinaus. Siehe die 3 Abbildungen auf Seite 163 und 164.

Für die Unterbringung der Wagen und mancher landwirtschaftlicher Geräte, wie Pflug oder Egge wurden auch früher schon auf manchen Bauernhöfen besondere Scheunen von sehr einfacher Bauart errichtet. Das ganze Gebäude bestand aus einem Fachwerk von Balken und die Fächer waren mit einem Flechtwerk von Weiden=, Pappel= oder Erlenzweigen ausgefüllt; um dem Hause mehr Festigkeit

Rikenkathen bei Wandsbeck.

zu geben, wurde das Flechtwerk zuweilen außen mit Lehm beworfen. Dergleichen Scheunen finden sich noch jetzt in abgelegenen Geestdörfern, die neueren werden indes, wie auch die Wohnhäuser, ganz massiv gebaut.

Die Hamburg zunächst liegenden Dörfer Eimsbüttel, Eppendorf, Winterhude, Barmbeck, Eilbeck, Hamm und Horn haben in den letzten Jahren ihren landwirtschaftlichen Charakter gänzlich verloren, sie sind Vororte der Stadt geworden und fast ausschließlich mit städtischen Häusern bebaut. Sie kommen bei der vorliegenden Frage nicht mehr in Betracht. Aber auch die entfernteren Dorfschaften Gr. Borstel, Fuhlsbüttel, Langenhorn, Alsterdorf, Ohlsdorf und Kl. Borstel beginnen schon ihr rein landwirtschaftliches Aussehen zu verlieren, denn Fabrikanlagen, städtische Gartenwohnungen dringen immer mehr ein, und schon die große Einwohnerzahl beweist, daß Ackerbau und Viehzucht nicht mehr die alleinige Erwerbsquelle bilden. Seit Einführung der Landgemeinde=Ordnung von 1871 sind nur diese Geestdörfer und die sogenannten Walddörfer unter der Verwaltung der Landherrenschaft verblieben. — Diese Landgemeinde=Ordnung beweist aber wieder, wie konservativ die Landleute sind, und wie langsam sich die Verhältnisse entwickeln. Trotzdem die Beratung des Gesetzes jahrelang ge= dauert hat, sind nur geringe Neuerungen eingeführt. Wie im frühen Mittelalter ist jede Gemeinde selbständig, verwaltet ihr Vermögen, wählt ihre Vertreter, Vorsteher und Beamten, kann beliebige Gemeindesteuern auflegen und ihre Verordnungen unter Androhung von Geld- und Haftstrafen erlassen (allerdings nur bis zur Höhe von 18 Mark oder 3 Tage Haft), sie verwaltet die Flur-, Orts- und Gassenpolizei, sorgt für ihre Armen und Hülfsbedürftigen und führt die Aufsicht über die Schule, über die Gemeindegrenze und über die Wege und Wasserläufe. Nach Aufhebung der Feldgemeinschaft hat das neue Gesetz nur eine Erweiterung des Stimmrechtes gebracht. Im Mittelalter hatten nur die Bauern Stimmrecht in der Gemeinde, die Brinksitzer, Käthner, Handwerker und Tagelöhner, auch die städtischen Gartenbewohner mußten sich den Beschlüssen und Anordnungen der Bauern fügen. Jetzt besitzt jeder das Stimmrecht, welcher einen eigenen Haushalt hat und zu den Gemeindelasten beiträgt. Jedoch haben in manchen Gemeinden die Großgrundbesitzer, also die Besitzer eines Bauernhofes, einen Vorzug vor den übrigen Mitgliedern der Gemeinde gerettet, indem sie in der Gemeindeversammlung doppeltes Stimmrecht haben, oder in der gewählten Versammlung zahlreicher vertreten sind, oder ein persönliches Stimmrecht besitzen, während die übrigen Gemeindemitglieder nur ihre Vertreter zu wählen haben. In kleineren Gemeinden besteht die Gemeindeversammlung aus allen stimmberechtigten Gemeindeangehörigen, in größeren Gemeinden aus gewählten Abgeordneten. Der Gemeindevorstand besteht mindestens aus drei Mitgliedern, welcher alle Gemeindeangelegenheiten verwaltet und aus seiner Mitte den Vorsitzenden erwählt. Der Vorsitzende hat im allgemeinen dieselben Rechte und Pflichten und dieselbe Stellung, wie im Mittelalter der Burmeister oder Bürgermeister. Die Stellung der Dorfbewohner außerhalb der Gemeinde hat sich allerdings gänzlich geändert, doch ist dies nicht durch die Gemeindeverfassung geschehen.

Das bedeutendste Dorf ist Groß Borstel, es hat (nach der Volkszählung von 1885) 112 bebaute Grundstücke mit 275 Wohnungen und 1261 Einwohnern. Schon diese große Zahl zeigt, daß die Landwirtschaft nicht mehr die hauptsächlichste Erwerbsquelle bildet; manche Fabrikanlagen beschäftigen viele Arbeiter und außerdem haben viele Städter sich hier Gartenwohnungen erbaut. Groß Borstel liegt am Tarpenbek, welcher in vielfachen Windungen vom Ochsenzoll bis Groß Borstel das Hamburger Gebiet gegen Holstein begrenzt. Unterhalb von Groß Borstel erweitert er sich zum Mühlenteich, welcher seiner Zeit für die Eppendorfer Mühle angelegt worden ist, jetzt nur zur Verschönerung der Gegend dient. Das südwestlich von Groß Borstel liegende Moor, das Eppendorfer Moor, ist in den letzten Jahrzehnten größtenteils durch Drainage kultiviert. Die noch übrige kleinere Hälfte ist zur Anlage der Militär-Schießbahn benutzt, die Gewinnung von Torf hat fast ganz aufgehört. Ein kleineres, das sogenannte Borsteler Moor, liegt nördlich vom Dorf. Groß Borstel gehört zu den ältesten Dorfschaften der Umgegend, es wird schon im 11. Jahrhundert erwähnt. Damals besaß das Erzbistum hier einen Hof, welcher dem Dompropsten zur Sommerwohnung diente, und 1184 empfing die Domschule Renten aus demselben (Hambg. Urk. Nr. 264). Der erzbischöfliche Hof wurde 1275 an Ludolf von Buxtehude verpfändet und 1388 an Bertram Scholdenflet verkauft. Das Dorf (Burstolde, Borstelde, kahle Borstelt, Calebostel oder Bostel) wurde 1325 vom Grafen Adolf von Holstein mit allen Rechten an das Kloster zum Jungfrauenthal (Herwardeshude) verkauft. Das Dorf war von einem großen Eichengehölz umgeben, aus welchem dies Kloster noch 1692 eine Einnahme für die Eichelmast bezog und in welchem 1641 die Dänen 1506 Eichen fällten. Später ist aber der Wald ausgerottet, und nur noch wenige alte Eichen in den Hecken sind Zeugen der verschwundenen Pracht. Das Gehölz des Borsteler Jäger ist erst gegen Ende des vorigen Jahrhunderts angepflanzt. Außer diesem Gasthause gehört noch der Alsterkrug an der Chaussee nach Fuhlsbüttel mit einigen Wohnungen zu Groß Borstel.

Fuhlsbüttel hat 65 bebaute Grundstücke mit 215 Wohnungen und 601 Einwohnern, also ein Beweis, daß auch hier schon andere Erwerbsquellen eingedrungen sind. Das Dorf liegt an der Alster, welche hier zum Treiben einer Wassermühle benutzt wird; sie war ursprünglich zu einer Kornmühle eingerichtet, fand aber in den letzten Jahrzehnten als Sägemühle, Schleifmühle und zu verschiedenen Fabrikanlagen Verwendung. Das Gebäude, 1873 durch Feuer zerstört, ist nachdem schöner und zweckmäßiger wieder aufgebaut. Über die Alster führen hier zwei Brücken. Das Dorf ist sehr alt, 1283 verkaufte das Kloster Reinfeld dasselbe an Johann und Heinrich vom Berghe, deren Vater es schon früher besessen hatte, später kam es in den Besitz der Stadt, welche es von den Mühlenherren, den beiden ältesten Ratsherren, verwalten ließ. Neben der Mühle findet sich für die Schiffahrt eine zweite Schleuse, welche 1487 angelegt und 1863 in eine Kastenschleuse umgebaut worden ist. Die Feldmarke des Dorfes liegt auf dem rechten Alsterufer und erstreckt sich bis zum Tarpenbek. Zu Fuhlsbüttel gehören mehrere Abbaue. Alsterkamp besteht aus einigen Häusern an der Chaussee nach Alsterkrug; Gnadenberg ist ein einzelnes Gehöft auf einer Anhöhe an dem Wege nach Hummelsbüttel, mit einer hübschen Aussicht auf das Alsterthal; Puse ein Gehöft an der Chaussee, nahe der Grenze von Langenhorn; endlich noch Alsterberg ein Gehöft an der Chaussee nach Langenhorn. 1865 hat der Staat eine Hufe angekauft, um die Felder zur Errichtung der Gefängnisse zu benutzen. 1869 wurde bei Alsterberg zunächst eine Filiale des Werk- und Armenhauses erbaut, um die arbeitsfähigen Insassen mit ländlichen Arbeiten zu beschäftigen. Auf der Höhe westlich von der Chaussee wurde von dem Werk- und Armenhause auch eine Ziegelei angelegt, doch erwies sich der Thon zur Ziegelbereitung ungeeignet, weshalb die Anlage bald wieder einging. 1877—79 wurden hier die Gefängnisse erbaut, welche 1885 in der Volkszählung mit 1241 Bewohnern aufgeführt sind. Im Mittelalter war das Dorf ebenfalls mit einer schönen Eichenwaldung umgeben. An der Chaussee nach Langenhorn führen einige Felder noch den Namen Hornkoppel und Hornkamp. Als die Dänen 1641 beim Dorfe ein befestigtes Lager aufschlugen, wurden von ihnen 3000 Eichen in der Waldung gefällt.

Langenhorn hat 118 bebaute Grundstücke mit 189 Wohnungen und 883 Einwohnern. Es ist ein ausgedehntes Dorf, aber auch hier bildet die Landwirtschaft nicht mehr ausschließlich die Erwerbsquelle. Ein großer Teil der Feldmark ist wenig ertragfähig und ausgedehnte Strecken sind noch mit Moor, Heide und mit einem großen Nadelholz (Tannenkoppel) bedeckt. Das Dorf wird 1283 zuerst erwähnt, 1332 von dem Grafen Adolf von Holstein für 200 Mark Pfennige an Nicolaus vom Berghe verkauft und gelangte später in den Besitz des Hospitals St. Georg. Am Born, welcher die Tannenkoppel durchfließt und in den Tarpenbek mündet, soll in alter Zeit eine Mühle gelegen haben. Eine Abbauerstelle an der nordöstlichen Grenze heißt Am Born. Ein Gehöft an der Chaussee nach Segeberg, nahe der Grenze, heißt Beim Ochsenzoll von einem Zollhaus, welches früher auf holsteinischem Gebiet lag. Ein in der Nähe an der Chaussee liegendes Wirtshaus heißt Hungriger Wolf. Vor Anlage der Eisenbahn nach Lübeck war die Chaussee als Poststraße sehr belebt, nach und nach aber hat der Verkehr andere Wege eingeschlagen.

Am linken Alsterufer liegt zunächst Alsterdorf, welches 24 bebaute Grundstücke enthält, mit 64 Wohnungen und 239 Einwohnern, außerdem befinden sich hier noch die sogenannten Alsterdorfer Anstalten mit 14 Häusern und 450 Bewohnern. Das Dorf wird 1219 zuerst erwähnt, als der Erzbischof Gerhard dem Domkapitel den Zehnten von Alsterdorf bestätigte. Sonst sind die älteren Nachrichten sehr unklar, weil wahrscheinlich Alsterdorf und Ohlsdorf in Urkunden häufig verwechselt worden sind. 1750 wurde es von Holstein an Hamburg verpfändet, fiel aber 1768 an Holstein zurück, 1803 aber wurde es von dem Johannskloster gegen das Dorf Bilsen eingetauscht und seitdem erst gehört es zu Hamburg. Die Alsterdorfer Anstalten bestehen aus dem St. Nikolaistift (eine Besserungsanstalt für verwahrloste Kinder), welches 1850 in Moorflet gegründet und 1860 nach Alsterdorf verlegt wurde, dem 1863 eröffneten Asyl für blödsinnige Kinder und dem 1870 errichteten Pensionat für schwachsinnige Kinder aus höheren Ständen.

Ohlsdorf besitzt 42 bebaute Grundstücke mit 77 Wohnungen und 493 Einwohnern. Das Dorf wird 1268 Oslevestorp, 1275 Oselvestorph, 1303 Odelvestorpe, 1325 Olsterdorf und 1347 Alstertorpe extra Alstriam genannt. Die Annahme, daß Ohlsdorf altes Dorf bedeute und also eines der ältesten dieser Gegend sei, wird dadurch hinfällig. 1325 wurde es von dem Junker Adolf mit Groß Borstel an das Kloster zum Jungfrauenthal übertragen, doch wird diese Nachricht fraglich, da es erst 1366 von Johann von Holdenstede und seinem Bruder Markward in Gegenwart des Kapitels an das Kloster Herwardeshude verkauft wurde. Seitdem ist es im Besitz des Klosters verblieben. Die 1258 in Alsterthorpe erwähnte Mühle hat wahrscheinlich in Ohlsdorf neben der Fuhlsbütteler Mühle gelegen, da im Gebiet von Alsterdorf nirgends eine Spur von einer Mühlenanlage aufzufinden ist. 1584 lag auf dem linken Alsterufer eine Kupfermühle auf Klostergrund. Auch Ohlsdorf war von einer Eichenwaldung umgeben, in welcher 1642 die

Alte Kirche in Steinbeck.

Dänen 1000 große und kleine Eichen und viele Buchen und Erlen fällten, wodurch vermutlich der ganze Waldbestand vernichtet worden ist. 1874 kaufte der Staat zwei Bauernhöfe in Ohlsdorf und einige andere Ländereien zur Anlage eines Zentral-Begräbnisplatzes, welcher 1875 und 1876 hergestellt wurde. Durch diese Anlage ist der Charakter des Dorfes wesentlich verändert. Es ist jetzt durch eine gute Landstraße und eine Pferdebahn mit der Stadt verbunden, die Zahl der Bewohner hat sich bedeutend vergrößert, 1867 hatte es 194 Einwohner, 1885 aber schon 493. Zu Ohlsdorf gehört noch das an der Landstraße nach Winterhude allein liegende Gehöft Ihland.

Klein Borstel bildet mit Struckholt jetzt eine Gemeinde, ersteres besitzt 14 bebaute Grundstücke mit 30 Wohnungen und 127 Einwohnern, letzteres 6 bebaute Grundstücke mit 15 Wohnungen und 51 Einwohnern. Die Landwirtschaft bildet hier noch die hauptsächlichste Erwerbsquelle. Das Dorf wird im Mittelalter Borsteede, Lambertborstel, Averborstel und Querborstel genannt, 1304 verkaufte Graf Adolf von Holstein dasselbe an Johann vom Berghe, später kam es mit Langenhorn an das Hospital St. Georg. Die kleinen Anbauerstellen bei der Fuhlsbütteler Brücke sind im vorigen Jahrhundert entstanden, der Name Struckholt kommt zuerst 1791 vor.

Neue Kirche in Steinbeck.

Von den benachbarten holsteinischen Dörfern wollen wir nur noch Schiffbeck und Steinbeck erwähnen, da sie mehrfach mit Hamburg in näherer Berührung gestanden haben. Beide liegen am Geestabhang östlich von Horn und werden beide 1212 zuerst erwähnt. Schiffbeck (Skipbeke) gehörte bis 1265 zum Jakobikirchspiel in Hamburg und wurde dann zur Kirche in Steinbeck eingepfarrt. Seit alter Zeit ist das Dorf bei den Hamburgern als Sommeraufenthalt beliebt gewesen, und manche reiche Hamburger Familien haben hier Gartenhäuser in Besitz gehabt. Pfarrer Stemmel an der Katharinenkirche, welcher 1521 durch die papistische Geistlichkeit gezwungen wurde, seinen Abschied zu nehmen, weil er im Lutherischen Geiste gegen den Ablaß predigte, verlebte seine letzten Lebensjahre in Schiffbeck. Auch Pastor Horbius zog sich nach Schiffbeck zurück, um den Angriffen und Verketzerungen der Partei des Pastor Mayer zu entgehen. Zu Schiffbeck gehört Schlems mit mehreren Wassermühlen, welche schon 1256 erwähnt werden. Kirch=Steinbeck (Steenbeke, Kercstenbeke) besaß schon 1239 eine Kirche, welche dem Kloster Reinbeck untergeordnet war. Dieselbe wurde 1646 durch Blitz eingeäschert, aber noch in demselben Jahre wieder aufgebaut, der Grundstein zu dem hübschen, weit sichtbaren Turm aber erst 1703 gelegt. Der Turm soll 192 Fuß hoch gewesen sein. Neuerdings ist auch diese Kirche durch Feuer zerstört, aber durch einen sehr geschmackvollen gotischen Bau wieder ersetzt worden. Siehe die beiden Abbildungen auf Seite 167 und 168.

Die Entwickelung unseres Grundeigentums.

In der Urzeit waren persönliche Freiheit und freier Grundbesitz zwei Begriffe, welche sich gegenseitig ergänzten, denn nur der Freie konnte Grundeigentum erwerben, und ohne Grundbesitz war keine persönliche Freiheit denkbar. Die erste Veränderung erlitt dieser Begriff durch Einführung des Christentums. Karl der Große überwies in dem unterworfenen Sachsen nicht nur alles Land, welches bisher für Zwecke des heidnischen Gottesdienstes benutzt war, den christlichen Kirchen, sondern die Sachsen mußten auch von je 120 Hufen eine Hufe mit einem Knecht und einer Magd an die Kirche abtreten. Es gelangte auf diese Weise also echtes, freies Grundeigentum in den Besitz von Unfreien. Zu diesem ersten unfreiwilligen Geschenk empfing die Kirche allmählich immer mehr freiwillige Geschenke von Grundeigentum, und dieses gewann einen solchen Umfang, daß es zu Anfang der Kreuzzüge schien, als ob in dem christlichen Abendland aller Grund und Boden in den Besitz der Kirche gelangen sollte. Glücklicher Weise schuf der Vorgang auch das Heilmittel; denn infolge der großen Reichtümer entarteten die Geistlichen immer mehr, sie lebten ihrem Vergnügen und ihren Leidenschaften, die Verwaltung ihrer Ämter und der Kirchengüter aber überließen sie den Dienern. Um die Laien an ihre Person und an den Dienst der Kirche zu fesseln, verliehen die Kirchenfürsten, (die Bischöfe und Äbte) ihnen einen größern oder geringern Teil der Kirchengüter zur Nutznießung, zwar nicht als freies Eigentum, doch verwandelte sich derselbe sehr bald in erblichen Besitz. Als Zeichen ihrer Abhängigkeit mußten die Inhaber solcher Güter der Kirche Grundzins zahlen oder gewisse Dienste, besonders Kriegsdienste, leisten. So bildete sich ein neuer Stand, die Ritter oder miles, der zwischen Freie und Hörige trat, und eine neue Art von Grundbesitz, ein nur geliehener, der aber doch erblich war. — In demselben Maße, wie das Grundeigentum der kirchlichen Stifte sich mehrte, mußten auch die Höfe der Kirchenfürsten an Umfang gewinnen, denn für die Verwaltung der Güter wurde eine immer größere Zahl von Beamten und Dienern nötig, außerdem erforderte die Pracht des Gottesdienstes und der Geistlichen eine große Zahl von Handwerkern, um die Bedürfnisse der Kirche zu befriedigen, und endlich bot der Fremdenverkehr den Kaufleuten vielfach Gelegenheit zum Ein= und Verkauf von Waren, weshalb sie vorzugsweise die Bischofshöfe zum Wohnsitz wählten.

Die Handwerker waren ursprünglich Knechte. Unter der milden geistlichen Herrschaft, unter dem Krummstab, rückten sie bald zu Hörigen empor, doch hatte die Herrschaft für Wohnung und Unterhalt derselben zu sorgen. Auf den größeren Höfen waren die Handwerker zu Innungen unter Aufsicht eines Meisters vereinigt und hatten gemeinschaftliche Wohn= und Arbeitshäuser. Durch die Vermehrung der Handwerker erwuchs aber der Herrschaft eine große Last, und das Interesse beider Teile begegnete sich daher in dem Bestreben, diese Verhältnisse umzugestalten[56]. Die Häuser waren von Holz erbaut. Dieses war in der nahen Waldung genügend vorhanden, und mit Hülfe seiner Genossen wurde dem Handwerker der Bau eines Hauses nicht schwer. Allein dazu bedurfte er eines Platzes, und aller Grund und Boden gehörte dem Herrn. Es bildeten sich nun neue Verhältnisse. Der Grundherr

(Bischof, Abt ꝛc.) verlieh dem Handwerker einen Platz für Haus und Garten erblich gegen Grundzins und ließ ihm in der Waldung Holz zum Bau des Hauses anweisen; der Handwerker trat mithin zu seinem Herrn in ein neues Verhältnis, welches sich allmählich rechtlich entwickelte (Erbrecht, jus hereditarium). Der Handwerker war nur bedingungsweise Besitzer von Haus und Platz, d. h. so lange er den Grundzins pünktlich bezahlte; geschah dies nicht, so konnte der Grundherr ihn ohne weiteres aussetzen, von Haus und Hof vertreiben.[57]) — Gleichzeitig mußte jedoch noch eine Veränderung in der Lage des Handwerkers eintreten, damit er den Grundzins bezahlen konnte; es mußte ihm die Möglichkeit eines Verdienstes gegeben werden. Um der Sorge für die Ernährung des Handwerkers überhoben zu sein, gestattete ihm der Hofherr für Fremde gegen Zahlung zu arbeiten. Der Dienst für die Herrschaft (Frondienst) wurde nach und nach auf einige Wochentage, auf einige Tage im Jahre oder auf die Lieferung bestimmter Erzeugnisse beschränkt, und der fleißige und sparsame Arbeiter konnte jetzt eigenes Vermögen erwerben.

Je mehr Handel und Verkehr sich belebten, desto mehr wuchs die Zahl der Bewohner in den größeren Bischofsitzen, denn manche kleine Landbesitzer ließen sich des leichteren und rascheren Erwerbs wegen hier nieder. Durch diese neuen Einwanderer bildeten sich wieder neue Verhältnisse. Sie hatten hier keine Freunde und Berufsgenossen, deren Hülfe sie für den Bau eines Hauses beanspruchen konnten, sie waren mit den Verhältnissen wenig vertraut, und es war ihnen daher bequemer, wenn sie ein fertiges Haus erwerben konnten. Aber auch sie waren selten in der Lage, ein Haus kaufen zu können, da sie ihren Landbesitz nicht verkaufen konnten, sondern ihn durch einen Knecht verwalten lassen oder gegen Grundzins an andere verleihen mußten. Sie konnten sich also auch nur zur Zahlung eines Zinses verpflichten; dieser neue Zins wurde Rente genannt. Der neue Besitzer hatte also außer dem Grundzins auch die Rente zu zahlen und gelangte dadurch in den erblichen Besitz von Haus und Hof.[58]) Der Verkäufer des Hauses erhielt dem neuen Besitzer gegenüber dasselbe Recht wie der Grundherr, d. h. bezahlte der Hausbesitzer die Rente nicht pünktlich, so konnte er wie der Grundherr ihn aussetzen. — Wenn der neue Besitzer das Haus verbesserte oder vergrößerte, so konnte er es gegen eine neue Rente weiter verkaufen und trat dann in die Rechte des Rentenbesitzers ein, aber gegen den Besitzer der älteren Rente zurück, indem zuerst die Ansprüche des Grundherrn, dann die des älteren und dann erst die des jüngeren Rentenbesitzers befriedigt werden mußten. Hieraus entwickelten sich nun weitere Rechte. Wollte der Besitzer sein Haus weiter verleihen, so mußte er es erst dem Grundherrn anbieten, in manchen Städten bedurfte es überhaupt der Einwilligung des Grundherrn zu dem Verkauf, und dasselbe Recht erlangte auch der Rentenbesitzer, so daß überall das Recht des früheren Besitzers anerkannt wurde. — Aber die Kirche war nicht der alleinige Grundbesitzer. Neben ihr saß der königliche Schirmvogt, der Burggraf, dem von dem Könige ein Hof verliehen war. Außerdem fanden sich nicht selten noch Freie, welche eigene Höfe hatten, oder Ministeriale, welche von der Kirche verliehene Höfe besaßen. Diese hatten sich zwar allmählich dem bischöflichen Hofrecht unterworfen, aber sie waren im Besitz des Landes geblieben, und als die Verhältnisse sich entwickelten, fanden auch diese Hofbesitzer es vorteilhaft, Hausplätze gegen Grundzins in Erbrecht zu verleihen.

Als infolge des gesteigerten Verkehrs Kaufleute und Handwerker einen größern Erwerb fanden und in ihren Händen sich Kapitalien ansammelten, für welche sie in ihrem Geschäfte keine Verwendung fanden, suchten sie dieselben anderweitig nutzbringend anzulegen, und die Rente bot sich ihnen als sichere Kapitalanlage dar. Anderseits wurde von andern zu einem Unternehmen Kapital gesucht, und als Sicherheit dafür boten sie Rente oder Grundzins. So entwickelte sich allmählich der Rentenkauf, und Zins und Rente gingen vielfach von Hand zu Hand.[59]) Dadurch kam das Grundeigentum in eine neue Lage. Der Rentenkäufer erwarb mit dem Kauf nicht ein dingliches Recht, wenigstens wollten die Inhaber der Erben es ihnen nicht mehr einräumen. Hatte der Hausbesitzer den Grundzins oder die Rente nicht bezahlt, so konnte der Renteninhaber ihn nicht ohne weiteres aussetzen, sondern er mußte sich wie bei jeder andern Forderung an das Gericht wenden, und nur dieses konnte die Aussetzung des säumigen Zahlers verfügen. Auch rücksichtlich der Stellung des Hausbesitzers zum Grundherrn trat eine wesentliche Veränderung ein. War früher der Hausbesitzer gezwungen, sein Erbe erst dem Grundherrn anzubieten, wenn er verkaufen wollte, so mußte jetzt der Grundherr erst dem Hausbesitzer die Rente anbieten, wenn er verkaufen wollte. Kaufte der Hausbesitzer den Grundzins[60], so wurde er dadurch freier Besitzer des Grundstücks[61], und daher stammt die noch heute gebräuchliche Bezeichnung „erb und eigen". (Irrig ist die Ansicht, daß das Erbe ein durch Erbschaft erworbenes Grundstück sei, dies ist ein Allode; ein Erbe ist dagegen ein solches Grundstück, welches man mit dem Recht erworben hat, dasselbe nach dem Erbrecht weiter vergeben zu können.) Da immer mehr Hausbesitzer in die Lage kamen, den Grundzins zu kaufen und dadurch ihren Grundbesitz frei zu machen, und also die Zahl der echten Grundbesitzer sich mehrte, so bildeten sich allmählich bestimmte Rechtsgrundsätze aus, nach welchen Grundzins und Rente abgelöst werden konnten. — Indessen haben diese drei Entwickelungsperioden sich nicht plötzlich, sondern ganz allmählich vollzogen, in einer Gegend früher, in der andern später; auch bestanden alle drei Formen neben einander, und es hing von dem freien Willen der Parteien ab, welche Form dem Geschäft zu Grunde gelegt wurde. Im allgemeinen hat das Grundeigentum in den Städten einen Zeitraum von drei bis vier Jahrhunderten (vom 11. bis 15. Jahrhundert) zu seiner Entwickelung gebraucht. Ein Irrtum ist es übrigens auch, die Rente als Zinse für ein geliehenes Kapital zu bezeichnen. Das war sie ursprünglich keineswegs, wenn man will, kann man sie als Miete für das Haus, den Grundzins als Pacht für den Bauplatz ansehen. Die Bedeutung von Zins erlangte die Rente erst, als man anfing sie zu verkaufen, und also einen Kapitalwert dafür berechnen mußte. In allen älteren Urkunden wird daher niemals von dem Kapital der Rente gesprochen, das konnte unmöglich geschehen, weil niemand Kapitalien besaß. — Ursprünglich war der Grundzins in Naturalien bestimmt, aber allmählich hat die Umsetzung desselben in Geld immer mehr Eingang gefunden, nur in einzelnen Fällen ist die alte Form beibehalten worden, namentlich die Entrichtung von Wein, Weizen, Hühnern ꝛc. Indessen hat die Beigabe von Wein, Brot, Hühnern, Fischen ꝛc. zur Geldzahlung eine andere Ursache. Der beliehene Hausbesitzer war nämlich verpflichtet, das Haus stets in gutem baulichen Stand zu halten, und der Grundherr war berechtigt, durch eine Besichtigung sich alljährlich zu überzeugen, ob dieser Pflicht Genüge geleistet werde. Bei dieser Besichtigung mag anfangs dem Grundherrn freiwillig ein Imbiß gereicht worden sein, der später vielleicht von manchen Herren gefordert, von manchen Hausbesitzern verweigert wurde, so daß daraus Differenzen entstanden; infolgedessen wurde das Verhältnis entweder gesetzlich oder von den Parteien durch Vertrag geregelt. Auf diese Weise entstand eine neue Abgabe für die Erben, die sogenannte Weisung für die Besichtigung, welche in Brot (Ringe,) Wein, Hühnern ꝛc., zuweilen auch in Geld (einige Pfennige) entrichtet wurde.

Die vollständige Entwicklung dieser Verhältnisse läßt sich in einer einzelnen Stadt, und besonders in Hamburg nicht nachweisen, da die ältesten Urkunden meistens verloren gegangen sind, auch wird anfangs selten ein solcher Vertrag schriftlich abgefaßt worden sein. Für Hamburg kommen hierbei noch einige wesentliche Punkte in Betracht. In Neu-Hamburg erhielten die Einwanderer die Bauplätze als echtes freies Eigentum[62], Alt-Hamburg aber war Bischofssitz, und hier müssen sich also die Verhältnisse wie in andern geistlichen Stiftshöfen entwickelt haben. Neben dem erzbischöflichen Hof hatte der Burggraf seinen Hof, außerdem mögen auch andere Freie oder Miniteriale hier Höfe gehabt haben. Noch im 14. Jahrhundert finden wir im Osten der Jakobikirche einen Hof „zu dem Berge", im Besitz der Familie vom Berge, am Pferdemarkt hieß 1406 ein Grundstück die Kapenburg, auch das Kloster Reinfeld besaß noch 1341 einen Hof am Pferdemarkt, und 1310 finden wir hier einen Hof im Besitz des Ritters Otto Weckerbart. Doch über diese Verhältnisse besitzen wir keine genauere Kenntnis, da die älteren Urkunden sämtlich verloren gegangen sind, und Hamburg wiederholt, zuletzt 1072 von den Wenden unter Kruko gänzlich zerstört worden ist. — Als im Anfang des 12. Jahrhunderts der Erzbischof Hamburg wieder aufbaute, konnte er natürlich hier keinen Hof mit hörigen Handwerkern nach den Formen des 9. und 10. Jahrhunderts einrichten, sondern mußte den Forderungen der Zeit Rechnung tragen und den neuen Bewohnern dieselben Rechte bewilligen, welche in andern Bischofstädten bereits Geltung erlangt hatten. Die Freien und Ministerialen, welche vor der Zerstörung hier Höfe gehabt hatten, waren schon nach dem ersten Überfall oder den folgenden Raub- und Beutezügen der Wenden erschlagen oder vertrieben worden, auf die Entwicklung unseres Grundeigentums konnten sie also keinen Einfluß ausüben. — Wenn nun auch alle älteren Urkunden über das Hamburger Grundeigentum verschwunden sind, so besitzen wir doch in dem Stadterbebuch ein überaus wertvolles Dokument für das Studium der damaligen Verhältnisse, und es zeigt sich, daß bereits im 13. Jahrhundert in Hamburg alle drei Formen nebeneinander bestanden. Da aber das Stadterbebuch keinen Unterschied zwischen Alt- und Neu-Hamburg macht, so läßt sich nicht nachweisen, ob im Nikolai-Kirchspiel (Neu-Hamburg) neben dem echten, freien Grundbesitz die älteren Formen mit Zins und Rente Eingang gefunden haben. Auffallend ist es, daß sehr selten, nur 3 bis 4 mal, ein Grundzins für das Domkapitel eingetragen ist, während doch der Sachlage nach der Grundzins sich fast ausschließlich in Händen des Domkapitels befinden mußte. Indessen sind im Stadterbebuch weder alle Grundstücke, noch alle darauf haftenden Lasten eingetragen, sondern nur diejenigen, bei denen eine Veränderung eintrat, oder wo der Besitzer die Eintragung wünschte. Vielleicht werden daher viele Grundstücke dem Domkapitel Grundzins entrichtet, auch manche Häuser demselben gehört haben, ohne daß darüber im Stadterbebuch eine Eintragung erfolgt ist.[68]) Auch ist es nicht unwahrscheinlich, daß das Domkapitel in der ersten Zeit den freien Einwanderern freie Bauplätze überwies, um schneller neue Einwohner herbeizuziehen. Seit Mitte des 13. Jahrhunderts wird das Domkapitel keine neuen Bauplätze ausgewiesen haben, denn sonst würde eine Eintragung in das Stadterbebuch erfolgt sein.

Es finden sich im 13. Jahrhundert nicht allein bei vielen Erben Grundzinsen eingetragen, sondern neue Bauplätze werden noch gegen Zins verkauft. Selbst der Rat gab 1262 zehn Bauplätze ab an Gyseco und dessen Bruder Stephan, an Lutbert Stedinc, Marquard Slede, an Wolderich und dessen Sohn Johannis von Thitmarcia, an Werner von Erteneborg, Herward von Sasle, Friedrich von Erteneborg und Volper, und von jedem Platz mußte jährlich eine Mark Pfennige nach Erbrecht bezahlt werden. Es geht aus der Eintragung nicht hervor, daß mit dem Zins das dingliche Recht verbunden war, und es ist sehr unwahrscheinlich, daß dasselbe im 13. Jahrhundert von dem Rat noch beansprucht werden konnte, aber es zeigt doch, daß die alte Form sich auch in Hamburg erhalten hatte. Da unter den Käufern auch die reichen Werner und Friedrich von Erteneborg sich befanden, so geht übrigens daraus hervor, daß damals in Hamburg noch nicht viele überflüssige Kapitalien gesammelt waren. Auch Private teilten in jener Zeit größere Grundstücke ein und verkauften die Bauplätze in Erbpacht z. B. Volquin, Jacobs Sohn, teilt einen Platz in Bauplätze ab und giebt diese an Werner, Gerlag, Johannes, Friedrich von Hetling, Meyner, Merebod und Lambert, und von jedem Bauplatz erhält er jährlich acht Schillinge. Auch werden noch häufig Häuser und Bauplätze gegen Grundzins verkauft. 1258 verläßt z. B. Hartwich von Erteneborg einen Bauplatz an Thiderich Holländer für eine Mark nach Erbrecht, und die Söhne von Friedrich von Dessickendorp verlassen an Basthard und dessen Söhne einen Bauplatz für jährlich eine Mark nach Erbrecht. Noch 1273 findet sich ein Grundzins eingetragen. Der Brauer Johannes verkauft an den Böttcher Johannes ein halbes Erbe und einen halben Uferplatz; aus diesem Erbe empfängt Godschalk Alheidis jährlich eine Mark Silber. — Häuser und Erben werden sehr oft gegen Rente verkauft, z. B. 1258 überläßt Johannes, Helpards Sohn, ein Haus an Johannes Riemenschneider für drei Mark jährlich, und 1262 verkauft Leo zwei neue Häuser an Laurenz für sieben Mark Pfennige jährlich. Auch wird bemerkt, daß außerdem von dem Bauplatz noch ein Gundzins zu zahlen ist, z. B. 1259 überläßt Marquard, der Sohn des Herrn Ode, an Berthold covot sein Haus, von dem Bauplatz muß er jährlich an Hermann bradenhekit eine Mark Pfennige geben. Ebenso wird das Näherrecht des Renteninhabers besonders bemerkt, z. B. 1258 verläßt Rudolf von Ilstede ein Haus an Johannes Rambalk für jährlich zwei Mark nach Erbrecht, unter der Bedingung, daß niemand das Haus kaufen kann, wenn es ihm nicht vorher angeboten ist. Unter derselben Bedingung verkauft Rudolf von Ilstede 1260 ein Haus im Grimm für zwei Mark nach Erbrecht an Johannes von Rambalk. 1265 verkauft der Sohn von Basthard ein Haus mit Bauplatz an Werner von Lüneburg. Von dem Haus mußte er jährlich an Friedrich von Erteneburg drei Mark Pfennige nach Erbrecht bezahlen. Werner kann das Erbe verkaufen oder verpfänden, wenn es ihm gefällt, doch muß er es vorher dem Herrn Friedrich anbieten. Ebenso ist 1265 eingetragen: Das Erbe, welches der Müller Johannes besitzt, gehört seiner Frau und seinen Söhnen, er kann es weder verkaufen noch verpfänden ohne Zustimmung des Herrn Friedrich von Erteneburg, des Herrn Heinrich, Verdewards Sohn, und des Herrn Hartwich, Bertrams Sohn. Die häufigen Eintragungen solcher Bedingungen beweisen, daß das Näherrecht des Renteninhabers nicht mehr als selbstverständlich angesehen wurde, und daher das Vorkaufsrecht ausdrücklich ausbedungen werden mußte, wenn der Zinsen- oder Renteninhaber davon Gebrauch machen wollte. — Auch Rentenverkäufe sind im Stadterbebuch eingetragen. 1258 verkauft z. B. Johannes Vredebern an Johannes von Hussenflet zwei Talente jährlicher Rente nach Erbrecht in dem Hause des einäugigen Rener. 1259 verkaufen Hartwich von Erteneburg und seine Söhne an Rener von Lübeck zwei Talente Pfennige, welche er von seinem Hause, in dem er wohnt, jährlich bezahlen muß. Der Holländer Tiderich verkauft 1261 an Werner und Konrad eine Mark, welche sie jährlich nach Erbrecht bezahlen müssen. Der reiche Tiderich und der Kürschner Johannes kaufen drei Mark jährlicher Rente in dem Hause von Alver. 1262 verkaufen Helmich und sein Sohn an Heinrich zwei Mark erblicher Rente von dem Hause, welches sie von Willekin nach Erbrecht besitzen. Sie können diese zwei Mark bis zum Tage der Empfängnis Mariä wieder zurückkaufen. — Endlich kommen häufig Verkäufe von ganz freien Grundstücken vor. 1248 kauft Johannes stedhing ein Haus von Johannes von Traiectus. Johannes stedhing kauft einen Bauplatz von Friedrich von Crimun. Johannes von der Insel verkauft ein Haus im Rödingsmarkt an Thiderich, ohne daß eine Bedingung eingetragen ist, es werden also freie Grundbesitze gewesen sein. Im Nikolai-Kirchspiel, also auch im Rödingsmarkt, gab es nach dem Privilegium von 1189 nur freie Bauplätze, wo aber die vorher bemerkten Erben lagen, ist im Stadterbebuch nicht eingetragen. Auch Handwerker kaufen freie Grundstücke. 1256 kauft der Bäcker Radward z. B. die Bäckerei des Magisters Rudolf für 28 Mark Silber unter der Bedingung, daß die Summe innerhalb dreier Jahre bezahlt wird. Der Müller Heler verkauft sein Haus an den Kürschner Wulfard ꝛc. Wir sehen also, daß bereits Mitte des 13. Jahrhunderts rücksichtlich des Grundeigentums die Handwerker in Hamburg den übrigen Bürgern gleichgestellt waren. Allein das freie echte Grundeigentum kann noch nicht allgemein zur Regel geworden sein, denn z. B. 1265 lassen viele Besitzer ihre Erben im Stadterbebuch eintragen nur aus dem Grunde, um den Nachweis zu haben, daß es freie Grundbesitzungen sind, und unter diesen finden wir eine größere Zahl von Handwerkern z. B. den Schneider Bernhard, den Drechsler Stephan, den Riemenschneider Konrad, den Schmied Ritzeke 2c. — Das dingliche Recht, das Recht des Aussetzens, scheint in Hamburg schon ganz verschwunden, im Stadterbebuch sind wenigstens derartige Fälle nicht verzeichnet. Dagegen finden sich mehrere Fälle, wo von den Gerichten dem Inhaber des Grundzinses, der Rente 2c. ein Erbe zuerkannt wird. 1258 empfängt z. B. Heinrich Bodo's Sohn, ein Haus im Gericht, und 1273 überweisen der Rat und die Advokaten der Stadt, Konrad stading und Elingbern, einen Bauplatz und ein Haus, welches von der Tochter des Werner wegher bewohnt wurde, an Godescalc, Alheidis Sohn, für den Zins, welchen er in demselben hatte. In dem letzteren Fall ist der Grund des gerichtlichen Verfahrens deutlich erkennbar, und die unterbliebene Zahlung des Grundzinses wird die Ursache gewesen sein, daß dem Gottschalk das Haus zuerkannt wurde, was bei andern Eintragungen nicht so klar hervortritt; doch ist wohl der gerichtliche Schutz des Hausbesitzers bereits allgemein eingeführt gewesen.

Die Kapitalwirtschaft war in Hamburg schon viel weiter entwickelt, als zu jener Zeit in den rheinischen und süddeutschen Städten. Die Rente erlangt immer mehr den Charakter eines Zinses für geliehenes Kapital, wenn der Betrag desselben auch nur selten eingetragen ist, und das Grundstück dient nur als Pfand für die Sicherheit des Kapitals, denn oft wird eine Rente in mehrere Grundstücke eingetragen. 1260 resigniert z. B. Johannes von Hussenflet dem Renekin von Lübek 16 Mark jährlich nach Erbrecht in allen seinen Erben, und Rithard resigniert dem Lambert Wulfhagen und dessen Brüdern in allen seinen Häusern jährlich zehn Mark nach Erbrecht. 1261 läßt der einäugige Hermann dem Nikolaus Butenschön in seinem Hause jährlich zwei Mark, und Basthard dem Friedrich von Erteneburg jährlich drei Mark nach Erbrecht eintragen, ohne daß hier von einem Verkauf des Hauses die Rede ist. Noch klarer tritt das Verhältnis in der folgenden Eintragung hervor. „Die Frau Alheid Thider mit ihrem Vormund, Herrn Godek Alheidis, läßt den Rembern in ihrem Erbe zwei Mark Pfennige jährlich nach Erbrecht für 25 Mark zuschreiben. Wenn sie will, kann sie dieselben zurückkaufen, ist sie dazu aber nicht im stande, dann hat Rembern die Freiheit, mit den zwei Mark zu thun, was er will." Und die folgende Eintragung zeigt, daß das Haus nur noch als Pfand, als Sicherheit für das geliehene Kapital angesehen wurde. „Hartwich, der Sohn Agnes, und seine Brüder lassen 1260 dem Geistlichen Rudolf auf 5 Jahre sechs Mark Pfennige in ihrem Hause einschreiben für 54 Mark Pfennige Kapital, falls das Haus abbrennen sollte, sind die sechs Mark von dem Bauplatz zu bezahlen". — Wenn bei dem Verkauf eines Erbes der Rückkauf ausbedungen, oder das Grundstück nur auf einige Jahre verkauft wird, dann ist das Geschäft auch nur als eine Verpfändung zu betrachten. Z. B. 1248 verpfändet Johannes von Hetligne sein Haus an Ecbert vom Berge auf vier Jahre für 29 Mark Silber. Heinrich von Heslinge verkauft sein Haus an Johannes, Ecberts Sohn, er kann es innerhalb 6 Jahre zurückkaufen. Johannes von der langen Brücke verkauft sein Haus an Tiderichs Sohn für zwanzig Mark, innerhalb zweier Jahre kann er es zurückkaufen. 1263 verkauft Werner seinem Oheim Friedrich sein Haus unter der Bedingung, daß er es innerhalb zehn Jahre zurückkaufen kann. 1273 überlassen Wuner und Frau den dritten Teil ihres Hauses an Luder unter der Bedingung, daß sie es in Jahr und Tag wieder kaufen können. Zuweilen wurde die Verpfändung ausdrücklich eingetragen; konnte das Erbe zur Verfallzeit nicht wieder eingelöst werden, dann erfolgte die Übertragung, z. B. Tiderich von Grove überläßt Heinrich crupe den vierten Teil seines Hauses, welcher demselben verpfändet war. In allen diesen Fällen war man also der Eintragung von Hypothekposten sehr nahe gekommen, doch hat es noch lange Zeit gedauert, bis sich diese Verhältnisse im praktischen Leben durch die Notwendigkeit entwickelten, worauf sie endlich gesetzlich geregelt und eingeführt wurden.

Trotzdem in Hamburg die Geldverhältnisse schon sehr entwickelt waren, so hatte sich die Zinsvergütung in Naturalien noch vielfach aus alter Zeit erhalten, und wurde gleichfalls im Stadterbebuch eingetragen, z. B. Johannes von Thicstede verkauft 1259 Luder bolcan und seinen Erben einen Bauplatz am Fischmarkt für 21 Schillinge und ein Sechstel Wein nach Erbrecht. 1261 verkauft Heinrich an Eve 28 Fuß für jährlich 28 Schillinge und zu Weihnacht jedes Jahr ein Stübchen Wein. 1262 verkaufen Bredeward und Frau Lisbe ein Haus an Eler für jährlich drei Mark Silber und ein Stübchen Wein. 1266 erwirbt Werndag einen Bauplatz von Godescalc, genannt Ratmar, und Herrn Johannes und Frau Modike für zehn Schillinge und zwei Hechte, welche zwei Schillinge wert sind. 1265 kauft der Sohn des Vasthard von Wernher von Lüneburg ein Haus, wofür derselbe dem Herrn Nikolaus jährlich zwei Hühner und fünf Schillinge bezahlen muß. Auch kann er es nicht verkaufen oder verpfänden, wenn er es vorher nicht Herrn Nikolaus angeboten hat. Es kommen also noch Wein, Hechte, Hühner ꝛc. als Zins vor, doch scheint man schon an die Ablösung dieser Lieferung gedacht zu haben, da 1266 der Wert der Hechte angegeben ist.

Der Grundzins, welcher in Alt=Hamburg noch vielfach aus älterer Zeit stammte, war also wirklicher Grundzins, der Hausbesitzer mußte denselben natürlich bezahlen, aber in der Unterhaltung seines Hauses war er nicht mehr der Aufsicht des Grundherrn unterworfen. Der Grundherr verkaufte auch nicht selten dem Hausbesitzer den Grundzins, wodurch das Erbe also gänzlich frei wurde, z. B. verkaufen 1259 Hartwich von Erteneburg und seine Söhne an Rener von Lübek zwei Talente Pfennige, die er von dem Hause, in welchem er wohnt, bezahlen mußte. Der Besitzer des Hauses konnte also den Grundzins kaufen, aber der Grundherr konnte ihn nicht zwingen, den Grundzins abzulösen. Der Grundzins hatte also sein dingliches Recht im 13. Jahrhundert bereits gänzlich verloren, und wenn trotzdem noch Bauplätze gegen Zins verkauft werden, so muß dies mehr als Erleichterung des Geschäftes betrachtet werden, da auch in Hamburg das Kapital noch nicht sehr reichlich vorhanden war. Wir sehen daher auch, daß reiche Bürger und große Grundbesitzer wie z. B. Erteneburg von dieser Erleichterung Gebrauch machten. Der Begriff des geteilten Besitzes, wo dem einen der Platz, dem andern das Haus gehört, wie es noch jetzt in England häufig vorkommt, war in Hamburg gänzlich verschwunden. Auch die bei uns noch zuweilen gebräuchliche Form der Verpachtung eines Platzes auf eine Reihe von Jahren, bei dem so genanten Kammergrund, z. B. der Aktienbrauerei auf St. Pauli, wo der Pächter verpflichtet ist, nach Ablauf der Pacht alle Gebäude in gutem baulichen Zustande abzuliefern, hat nur äußerlich eine Ähnlichkeit mit dem geteilten Besitz im Mittelalter.

Die Katharinenkirche.

Über die Gründungszeit des Nikolaikirchspiels[64] schwanken die Angaben zwischen 1164 und 1189, noch viel mehr weichen aber die Ansichten über die Bebauung des Katharinenkirchspiels voneinander ab. Dieses bildet einen Teil des Broks, des späteren Grasbroks, und bestand zuerst aus den beiden Wärdern, Cremon und Grimm, welche durch schmale Wasserläufe von dem übrigen Brok getrennt waren. Es ist allerdings mit großer Wahrscheinlichkeit anzunehmen, daß einzelne Ansiedler sich Anfang des 13. Jahrhunderts auf dem gegenüberliegenden Brok anbauten, als Ende des 12. Jahrhunderts Hamburg so außerordentlich emporblühte, da die Gegend materiell dieselben Vorteile bot als Neu=Hamburg, und Brauer, Kaufleute und Schiffer ihr Gewerbe hier ebenso bequem betreiben konnten als im Nikolaikirchspiel. Soweit aus dem Stadterbebuch sich ersehen läßt, war die Gegend Mitte des 13. Jahrhunderts schon stark angebaut, auch die Kirche schon vorhanden. Indessen muß die Gegend schon früher bebaut gewesen sein, denn unter der Kirche führt ein aus großen Felsblöcken zusammengesetztes Siel hindurch, welches nach Erbauung der Kirche nicht erst angelegt sein kann, von dessen Vorhandensein man aber zur Zeit des Baues keine Kenntnis gehabt haben wird, denn sonst würde man dasselbe verlegt haben; auch ist es nicht erklärlich, zu welchem Zweck das Siel damals oder später angelegt worden sein sollte.[65] Als im 12. Jahrhundert Hamburg wieder aufgebaut wurde, reichte der ursprüngliche erzbischöfliche Teil aus, um die neuen Bewohner aufzunehmen, denn Nordalbingien war so verarmt und entvölkert, daß auch Hamburg sich nur langsam erholen konnte. Nachdem jedoch im 13. Jahrhundert, besonders unter der 20jährigen dänischen Herrschaft, sich der Wohlstand des Landes entwickelte, und infolgedessen auch Hamburg einen raschen Aufschwung nahm, wurde die Bebauung des Broks wieder aufgenommen, dessen Gestalt im Laufe des verflossenen Jahrhunderts durch Sturmfluten und Eisgang sich wesentlich verändert haben mag. Dem Stadterbebuch zufolge müssen aber die beiden Hauptstraßen, der Grimm (jetzt Hüxter, Gröningerstraße und Grimm) und Cremon (jetzt Katharinenstraße und Cremon) Mitte des 13. Jahrhunderts fast ganz bebaut gewesen sein.

Die ersten Ansiedler scheinen sich nach dem Vorbild des Nikolaikirchspiels eingerichtet und die beiden Wärder mit einem niedrigen Deich (Sommerdeich, in der Höhe von 7 m über Null) umgeben zu haben. Auf der Cremoninsel ging derselbe längs der jetzigen Straßen: Bei den Mühren, Steckelhörn, Katharinenstraße und Cremon. Mitten durch die Insel führte eine Wetterung (seit 1519 in ein Flet verwandelt) hindurch, welche zugleich die Grundstücke auf der Süd= und Nordseite der Insel voneinander trennte. Die Innenseite des Deiches wurde mit Häusern bebaut, während die Außenseite mit dem Vorland unbebaut blieb und zu Lagerplätzen ꝛc. benutzt wurde. Die Hauptstraße war der Deich auf der Nordseite vom Steckelhörn bis zur Hohenbrücke, welche bis Mitte des 14. Jahrhunderts Cremon[66]) hieß, seitdem erst kam für die östliche Hälfte der Name Katharinenstraße in Gebrauch. Die Verbindung der beiden Hauptstraßen am Ostende der Insel wird schon 1305 Steckel=

hörn genannt.⁶⁷) Die Südseite der Insel war durch eine Mauer geschützt, welche an der Außenseite des Deichs entlang führte. Ob diese Befestigung ursprünglich aus Holz bestand, also eine Palissadenwand, oder ein Erdwall, oder eine aus Steinen aufgeführte Mauer war, ist nicht mehr nachzuweisen. 1285 wird die Straße „bei der Mauer" oder „bei den Mühren" (domus juxta murum in Crimun) genannt, doch kommt auch die Bezeichnung „bis zum Walle" vor. Ende des 14. Jahrhunderts wurde auch hier eine wirkliche Mauer aufgeführt, deren Fundamente bei den Freihafenbauten wieder aufgedeckt worden sind. Auf einem starken Pfahlrost lagerten an der Wasserseite Granitquadern, hinter denen zunächst kleine gelbe Klinker und dann große rote Ziegelsteine vermauert waren. Die Granitquadern, durch Xförmige Anker befestigt, waren etwa bis zur Straßenhöhe hinaufgeführt, von da ab bestand die ganze Mauer aus Ziegelsteinen. Von einzelnen Teilen dieser Mauer besitzen wir noch Abbildungen aus dem 16. Jahrhundert. Nachdem aber Mitte des 15. Jahrhunderts der Wall auf der Südseite der Stadt, von der Poggenmühle bis zum Ende des Kehrwieders errichtet war, wurde die alte Stadtmauer allmählich abgebrochen und an deren Stelle Wohnhäuser erbaut. (Siehe nebenstehende Abbildung.) Am westlichen Ende lag außerhalb der Mauer ein schmaler Landungsplatz (Quai), auf welchem schon Mitte des 14. Jahrhunderts ein Krahn, der neue Krahn, errichtet war.

Die Insel wurde von zwei Querstraßen durchschnitten. Die Reimerstwiete wird zwar erst 1323 genannt, doch ist sie wahrscheinlich schon im 13. Jahrhundert als Verbindungsweg seit der Anlage des Stadtteils vorhanden gewesen, und mag erst im 14. Jahrhundert

Bei den Mühren in Hamburg.

mit Wohnhäusern bebaut worden sein. Dasselbe gilt von der Mattentwiete, welche 1299 als Salighentwiete⁶⁸) erwähnt wird, 1352 hieß sie Harentwiete, später Haartwiete, auch Mattentwiete und 1419 Broktwiete, worauf endlich der Name Mattentwiete bleibend wurde. Die Cremoninsel war mit der Grimminsel durch die Katharinenbrücke verbunden, welche 1269 zuerst genannt wird, mit dem Nikolaikirchspiel durch die Reimersbrücke, 1285 Reynersbrücke genannt, durch die Holzbrücke, 1266 genannt, und die Hohebrücke, 1260 genannt. Später wurde zu beiden Seiten der letzteren Brücke ein Turm errichtet, zur Verteidigung der Einfahrt in die Stadt. Der westliche Turm wird 1390 erwähnt. (Unsere Abbildung „Hohe Brücke" zeigt allerdings die Brücke aus neuerer Zeit, doch giebt sie ein hübsches Bild von den alten Häusern in der Deichstraße.) Der Mattentwiete gegenüber lag ein Thor, welches nach dem Brok führte und 1274 Scaldor, seit 1380 aber Brokthor genannt wurde.

In ähnlicher Weise wurde die Grimminsel bebaut. Auch hier lag die Hauptstraße an der Nordseite der Insel und führte ursprünglich den Namen Grimm. Der Name Gröningerstraße

Die Hohe Brücke in Hamburg.

kommt 1300, der Name Hürter erst später vor. Im Osten war die Insel durch einen Graben begrenzt, welcher im 14. Jahrhundert das „Doveflet" genannt wurde; später erhielt die Straße den Namen „Lemkentwiete", im vorigen Jahrhundert hieß sie auch Schweinetwiete. Die Straße auf der Südseite der Insel, längs der Befestigung, hieß ursprünglich ebenfalls „bei den Mühren", der Name „bei dem Zippelhause" fand erst im 16. Jahrhundert Eingang. Als 1535 die Börse beim Rathaus eingerichtet wurde, mußten die Bardowieker den Platz räumen, wo sie bis dahin ihren Verkaufsplatz für Wurzeln und Zwiebeln gehabt hatten. Zum Ersatz dafür ließ der Rat zwischen dem Bauthor und der Katharinenkirche für sie einen Schuppen erbauen, welcher im Volksmunde den Namen Zippelhaus erhielt und der Straße später den Namen gegeben hat. Es war ein einfaches, unschönes Gebäude, wie unsere Abbildung zeigt und hat jetzt wieder den Zollanschlußbauten weichen müssen. Diese Insel hatte nur eine Querstraße, welche 1268 die Twiete des Herrn Volzekonis, 1327 die Twiete des Herrn Brand und 1333 Brandstwiete genannt wird, also lange vor Heine Brand, welchem der Sage nach die Straße ihren Namen verdanken soll. Die neue Gröningerstraße war ursprünglich durch die Grundstücke in der alten Gröningerstraße bebaut, und ein Durchgang nach der Katharinenkirche nicht vorhanden. Nachdem im 16. Jahrhundert die englische Handelsgesellschaft der Aventurier verschiedene Versuche gemacht hatte, in Hamburg eine feste Niederlassung zu gründen, aber durch die Hansa und den Kaiser wieder vertrieben worden war, bot der Hamburger Rat den Aventuriern am 17. März 1564 abermals freien Aufenthalt und einige Begünstigungen an, und nach längerer Unterhandlung wurde am 19. Juli 1567 durch Bevollmächtigte mit dem Rat ein zehnjähriger Kontrakt abgeschlossen. Die Aventurier erlangten dadurch gegen einen geringen Zoll freie Ein- und Ausfuhr und eine privilegierte Residenz, einen Court mit einem Courtmeister. 1568 kamen versuchsweise die vier ersten Schiffe nach Hamburg, aber im nächsten Jahre folgten schon 28 Schiffe mit Wolle und Tuche im Wert von 700 000 Thalern, und da die Waren einen guten und schnellen Absatz fanden, noch weitere 25 Schiffe, so daß die Gesamteinfuhr dieses Jahres die Summe von 2½ Millionen Thaler erreichte. Infolgedessen kaufte der Rat 1570 ein

Das Zippelhaus in Hamburg.

nach dem Katharinenkirchhof durchgehendes Grundstück in der Gröningerstraße für 10 500 Mark und räumte es den Aventuriern ein, welche darin auch ihren Gottesdienst halten durften. Es wurde gewöhnlich das englische Haus oder der englische Court genannt. Die Aventurier haben bis 1806 hier ihre Niederlassung gehabt, bis sie vor den einrückenden Franzosen fliehen mußten. Nach der Restauration sind die Engländer als Handelsgesellschaft nicht wieder zurückgekehrt, weshalb das Grundstück 1815 an die Stadt zurückfiel. Das durch einen reich geschmückten gotischen Giebel ausgezeichnete Haus wurde 1819 abgebrochen; wir geben S. 180 eine Abbildung von einer vor dem Abbruch aufgenommenen Zeichnung. — Mit Alt-Hamburg war die Grimminsel durch die Brücke beim Hadelerthor verbunden, welche 1291 die Brücke bei der Wage, 1324 die Krahnbrücke und seit 1355 die Zollenbrücke hieß. Das Hadelerthor wird noch 1317 genannt und wurde wahrscheinlich erst so spät abgebrochen, weil das Thorgebäude bewohnt war. Die zweite Brücke, welche nach der Reichenstraße und dem Fischmarkt führte, scheint ein Privatweg gewesen zu sein, denn noch 1340 heißt die Straße „die Twiete des Herrn Otto von Twedorpe" und die Brücke 1307 „die Brücke des Herrn Twedorpe", 1383 „die Brücke des Herrn Militis", erst 1383 kommt der Name „Brandsbrücke" vor. Der Brandstwiete gegenüber lag ein Thor, welches nach dem Brok führte und 1351 das Stripedepapenthor, 1386 Brokthor und 1444 Bauthor genannt wurde. Ein zweites Thor fand sich am Ostende der Insel beim Hürter, welches 1312 das Lewenbergerthor genannt wird, vermutlich nach einem Beamten des Rats, Löwenberg, welcher in dem Thorhause seine Wohnung hatte. Offenbar ist auch dieser Stadtteil nach einem bestimmten Plan angelegt und in Bauplätze abgeteilt worden, aber ob das Domkapitel die beiden Inseln einem Lokator übergeben oder selbst die Gründung der Stadt und den Verkauf der Bauplätze besorgt hat, entzieht sich unserer Kenntnis, und ebensowenig wissen wir, ob diesem Stadtteil ein besonderes Recht verliehen worden ist. Augenscheinlich hat man sich bei dieser Anlage Neu=Hamburg (das Nikolaikirchspiel) zum Muster genommen. Wie im Nikolaikirchspiel wurden auch hier die Plätze an der Außenseite des Deichs erst im 14. Jahrhundert bebaut, als die

Das englische Haus in der Gröningerstraße in Hamburg.

Einwohner von Hamburg sich so bedeutend vermehrten. Zunächst errichteten die Besitzer der großen Kaufmannshäuser und Brauereien auf den ihnen gegenüberliegenden Plätzen leichte Wohnhäuser für ihre Gehülfen, Buchhalter, Schreiber, Küper 2c. und später wurden diese in Mietshäuser verwandelt. — Wie bei allen städtischen Gründungen im 12. und 13. Jahrhundert wird man auch hier bei der Einteilung der Bauplätze einen Platz für die Kirche zurückbehalten und den Bau des Gotteshauses sehr bald begonnen haben. Allerdings wird das Kirchengebäude erst 1289 erwähnt, als das Domkapitel in einer Urkunde die Dotation eines Altars in der Katharinenkirche[69]) mit 14 Morgen im Gorries= wärder und 10 Mark Rente aus einem Hause im Cremon durch Walpurgis Boterclot bestätigte, doch kommt schon 1251 bis 1256 im Stadterbebuch die Bezeichnung juxta Sanctam Katerinam ꝛc. vor. Auch wird die Kirche schon bei der Gründung ihren jetzigen Umfang erhalten haben, und die im vorigen Jahrhundert viel verbreitete Meinung, welche Hauptpastor Götze in seiner Gedächtnis= predigt von 1750 erwähnt, daß das Pastorat anfänglich die Kapelle für die Gemeinde gewesen und die Kirche erst später entstanden sei, beruht jedenfalls auf Irrtum. Über den Bau der Kirche fehlen bis jetzt alle Nachrichten. Die älteste Urkunde über den Bau datiert aus dem Jahre 1425, sie befindet sich in der Commerz=Bibliothek und ist von H. H. Wendt, Geschichte des Turmes der Katharinenkirche mitgeteilt.[70]) Manche haben aus dieser Urkunde geschlossen, daß die Kirche erst im Anfang des 15. Jahrhunderts erbaut worden sei, was aber auch ein Irrtum ist, denn 1350 war die Kirche schon mit einem Turm verziert, man benutzte denselben, um die Lage einiger Häuser zu bestimmen (contra turrim sancte Katharina). Ebenfalls unrichtig ist daher auch die Nachricht von Tratziger: „In diesem Jahre (1433) ward der Turm zu St. Katharinen angefangen und das Fundament dazu angeleget, bei 90 Ellen hoch." Auch über diesen Turm fehlen alle übrigen Berichte, vermutlich hatte er die Form einer einfachen Pyramide, ähnlich dem Domturm und Petriturm. Im 15. Jahrhundert ist aber ein größerer Umbau vorgenommen worden, und darauf bezieht sich die Urkunde von 1425 und 1426. Die Fundamente der Mauern und Pfeiler wurden durch große Fels= blöcke verstärkt, das Mittelschiff wurde gewölbt und mit einem neuen Dach versehen. Noch größere Bauten werden gegen Ende des Jahrhunderts stattgefunden haben, denn 1486 empfing die Kirche einen Ablaßbrief für alle diejenigen, welche zu dem Bau und zur Ausschmückung der Kirche beitragen würden. Vermutlich wurden in dieser Zeit die Fenster mit dem schönen Maßwerk geschmückt, während die Strebepfeiler schon 1425 und 1426 erbaut sein müssen, als das Mittelschiff ein Gewölbe erhielt. Auch wird das Dach mit dem kleinen Turm verziert worden sein, wie ihn alle Abbildungen von Hamburg aus dem 16. Jahrhundert zeigen; dem Turm fehlte jedoch die Spitze. Nachdem die Petri= kirche und die Nikolaikirche im Anfang des 16. Jahrhunderts mit einer neuen Turmspitze geschmückt worden waren, entstand auch in der Gemeinde der Katharinenkirche der Wunsch, ihrer Kirche gleich= falls solchen Schmuck zu verleihen. Bevor man jedoch an die Erbauung einer Turmspitze denken konnte, mußte zunächst das Mauerwerk gründlich ausgebessert werden. 1565 beschloß endlich das Kolle= gium, diesen Bau vornehmen zu lassen. Besonders schadhaft zeigte sich die westliche Mauer, und diese wurde von Grund aus im Renaissancestil neu aufgeführt, während die anderen Seiten die gotischen Fenster behielten und hier nur die schadhaften Stellen ausgebessert wurden. Erst 1600 wurde das Mauerwerk durch einen achteckigen Aufsatz erhöht, und auf diesem 1603 die hölzerne, pyramidenförmige Spitze, ähnlich dem Petriturm errichtet. Allein diesem Turm war nur eine kurze Dauer beschieden, am 15. Febr. 1648 wurde er durch einen heftigen Sturm umgeworfen[71]). Nachts 3 Uhr weckte ein entsetzliches Krachen die benachbarten Bewohner aus dem Schlafe, die Turmspitze wurde nach Südosten geschleudert. Im Fallen trennte sich das obere Ende in zwei Teile, die eine Hälfte fiel bei der Brücke nach dem kleinen Jungfernstieg ins Flet, die andere mit dem Knopf auf Schnocks Färberplatz, ohne jemand zu treffen. Das untere Ende stürzte auf das Kirchendach, welches samt dem Gewölbe teilweise zerstört wurde. Ein großer Balken fiel auf das Haus des Prokurators Barsenius und durchbohrte das Dach und sämtliche Fußböden bis in den Keller. In einem Schlafzimmer stürzte er dicht neben dem Bette vorbei, worin die Amme mit dem Kinde im Arm lag, doch blieben beide unversehrt. Von dem Rat wurden für dieses Jahr 4 Buß= und Bettage angeordnet, welche zur Sühne des Unglücks besonders streng gefeiert werden sollten: „Ein E. Rat hat die Verordnung gethan, daß während des Gottesdienstes die Stadtthore geschlossen bleiben, kein Spiel oder Freudenzeichen bei jemand verspüret, auch in Wirtschaften und allen andern Häusern des Abends nicht gespeiset werde, sondern zur Ehre Gottes, zur Haltung besserer Andacht und zum Zeichen christlicher Demut in dieser Stadt und dem Gebiet von allen, welche es ihrer Gesundheit wegen vermögen, gefastet und gebetet, und keinerlei Arbeit verrichtet werde, auch Mühlen, Pferde und Wagen in stiller Ruhe bleiben, auch keine Leichen begraben, und keine Läden geöffnet werden." In der Kirche wurde eine Gedenktafel neben dem Haupteingange unter der Orgel errichtet. — Nachdem die erste Aufregung über das Unglück sich wieder einigermaßen gelegt hatte, wurde von den Behörden die Wiederherstellung des Turmes in Beratung genommen, und um die Mittel zum Bau herbeizuschaffen, noch im Jahre 1648 eine Kollekte in der ganzen Stadt angestellt, welche 13316 Mark 4 Schillinge einbrachte. Allein man konnte nicht sofort mit dem Turmbau beginnen, denn die Ausbesserung des Kirchendaches, überhaupt die Wiederherstellung der Kirche war viel dringender und erforderte mehrere Jahre; auch dann mußte man erst den achteckigen Maueraufsatz neu aufführen, weil derselbe beim Umsturz des Turmes zu stark beschädigt worden war. Erst jetzt, im Jahre 1656, konnte man über die Errichtung der Spitze in Unterhandlung treten. Das Kirchenkollegium übertrug den Bau dem Baumeister Peter Marquardt aus Plauen im Voigtlande, welcher auch gleichzeitig den Nikolaiturm und einige Jahre später die Michaeliskirche erbaut hat. Der Vertrag wurde im August 1656 mit Marquardt abgeschlossen. Er empfing für den Bau des Turmes 1300 Thaler, die Zimmergesellen erhielten im Sommer 19 Schillinge und im Winter 16 Schillinge Lohn. Während des Winters ließ Marquardt das Holz herbeischaffen und bearbeiten, und am 20. März 1657 begann er mit dem Aufrichten. Die Arbeit ging so rasch von statten, daß schon am 9. Oktbr. desselben Jahres Knopf und Flügel aufgesetzt werden konnten. In den Knopf wurde eine Bibel, eine Denkschrift von Hauptpastor Corfinius und verschiedene andere Dokumente gelegt. Die Vollendung des Turmes erforderte noch längere Zeit und erst am 3. Febr. 1659 konnte das Dankfest gehalten werden. Die vergoldete Krone[72]) unter der Spitze, von dem Juraten Hermann Rentzel, dem späteren Oberalten, geschenkt, wurde am 26. April 1658 aufgesetzt. Sie besteht aus 4 größeren und 4 kleineren Blättern, die größeren sind 3,63 m, die kleineren 2,96 m hoch, die ganze Krone hat unten einen Umfang von 9,74 m und wiegt 1336 Pfd. Die große Stundenglocke, welche 7453 Pfd. wiegt, wurde am 10. Novbr. 1658 aufgehängt. Der Turm hat von der Schwelle gerechnet eine Höhe von 111,76 m (390 Fuß). 1661 wurde das sogenannte holländische Glockenspiel auf den Turm gebracht, da es aber zu schwer schien, im Jahr 1663 nach dem Nikolaiturm versetzt, zumal es von hier aus besser in der ganzen Stadt zu hören sein würde. Im Jahre 1684 war der Turm von einer sehr großen Gefahr bedroht. Am 23. Juni kam nachmittags 3 Uhr auf dem Schiffbauerbrok eine Feuersbrunst zum Ausbruch, welche bei der vorhergegangenen Dürre und dem reichen Material mit einer außerordentlichen Schnelligkeit um sich griff, so daß in kurzer Zeit die ganze Gegend vom Ende des Kehrwieders bis zu den Pickhuben in Flammen stand. Die furchtbare Glut wälzte sich gegen den Katharinenkirchturm, und es entstand hier eine solche Hitze, daß das Kupfer zischte, wenn es mit Wasser besprengt wurde; doch gelang es, den Turm zu retten und dadurch größeres Unheil von der Stadt abzuwenden. Am Mittag des Johannistages wurde man Herr des Feuers, und dadurch war die Gefahr für Kirche und Turm beseitigt.

Weil bei Sturmfluten zuweilen das Wasser in die Kirche drang, wodurch nicht nur der Gottesdienst unterbrochen, sondern auch manche Zerstörung im Innern der Kirche angerichtet wurde, hat man 1625 den Fußboden um 5 Quartier erhöht, doch sind dadurch die Verhältnisse der Kirche beeinträchtigt worden. 1633 wurde über dem Begräbnis der Familie von Uffeln eine Kapelle errichtet und 1670 an der Südseite ein Kirchensaal angebaut. (Wir bringen eine hübsche Ansicht der Kirche aus dem 17. Jahrhundert von Peter Schenk in Amsterdam, welche jedoch einige Fehler enthält. Zwischen den Pfeilern sind 2 Fenster gezeichnet, mit gerade hinaufreichenden Säulen, es waren aber 4 Fenster vorhanden, mit reichem Maßwerk verziert. Ebenfalls ist die Seitenmauer des Turmes unrichtig gezeichnet. Die hier gegebene Ansicht giebt die Westfront, das Portal der Kirche, welche 1565 im Renaissancestil aufgeführt worden war, die Seitenmauern des Turmes blieben damals unverändert und besitzen noch heute die alte, die ursprüngliche Form, nämlich 2 nebeneinander liegende Spitzbogenfenster.) Auch im Innern erhielt die Kirche manche Verschönerungen. Der Bürgermeister Barthold schenkte einen schönen Taufstein und die Erben der Frau von Uffeln ließen in Italien für die Kirche eine prächtige Kanzel aus schwarzem Marmor anfertigen, welche der letzte Prediger aus dieser Familie, Jodocus Capelle, am 15. November 1633 feierlich einweihte. Nebenher wurden aber noch manche kostspielige Bauten notwendig. 1659 zeigte der Pfeiler hinter dem Ratsstuhl Senkungen und Risse, und als man denselben untersuchte, fand es sich, daß er nur auswendig gemauert, das Innere aber mit Schutt ausgefüllt war, weshalb man sich genötigt sah, den Pfeiler von Grund aus neu aufzuführen. Dieselbe kostspielige und schwierige Arbeit mußte man im nächsten Jahre mit zwei anderen Pfeilern an derselben Seite vornehmen. 1670 erhielt die Kirche eine neue Orgel, deren Bau vier Jahre erforderte. 1728 bemerkte man, daß die westliche Turmmauer ziemlich erheblich ausgewichen war, außerdem hatten auch die Sandsteinverzierungen von Wind und Wetter stark gelitten, sie waren mürbe und brüchig geworden, und nicht selten fielen kleinere oder größere Stücke herab. 1731 brachte der Jurat Richter diesen Zustand der Turmmauer im Kollegium zur Sprache, welches beschloß, zur genaueren Untersuchung desselben ein Gerüst aufführen zu lassen. Es wurden viele Sachverständige zu Rate gezogen, und nach vielen Beratungen gelangte das Kollegium zu dem Beschluß, daß von Grund auf eine neue Mauer senkrecht aufgeführt und mit den beiden Seitenmauern fest verbunden werden sollte. Die Ausführung wurde dem Baumeister Kuhn übertragen, welcher glaubte, den Bau in 3 Jahren fertigstellen zu können. Allein es fanden sich so viele unvorhergesehene Hindernisse, daß erst 1737 am 3. November das Dankfest für die glückliche Vollendung des Baues gefeiert werden konnte. Infolge der Verzögerungen hatte auch der Bau über 110000 Mark gekostet, statt der veranschlagten Summe von 58000 Mark. Kuhn hat sich trotzdem durch die Ausführung des Baues ein großes Verdienst erworben, die Mauer hat bis heute allen Angriffen der Witterung Widerstand geleistet, und das Werk ist von allen Bauverständigen, von Sonnin 2c. lobend anerkannt worden. Die Verzierungen sind nach dem Geschmack jener Zeit im Zopfstil ausgeführt. — In der Nacht vom 12. auf den 13. Dezember 1747 wurde Hamburg von einem sehr heftigen Sturm heimgesucht, welcher in der Stadt und in der Umgegend vielen Schaden anrichtete. Vielfach hatte man abermals einen Umsturz des Turmes befürchtet, doch diesmal wankte er nicht. Trotzdem verbreitete sich 20 Jahre später das Gerücht, der Katharinenturm habe sich gesenkt und drohe umzustürzen, ängstliche Gemüter vermieden es, bei der Kirche vorüberzugehen. Infolgedessen sah sich der Patron der Kirche, der Bürgermeister Greve, veranlaßt, bei dem Kirchenkollegium eine sorgfältige Untersuchung des Turmes zu beantragen. Das Kollegium forderte ein Gutachten von dem Zimmermeister der Kirche Pietz ein. Dieser fand eine Versenkung von 4 Fuß 9 Zoll, welche aber für die Sicherheit des Turmes ohne Gefahr sei. Zur größeren Beruhigung ersuchte das Kollegium auch die Bauhofinspektoren um ein Gutachten, welche ebenfalls die Senkung des Turmes für nicht bedenklich erklärten, jedoch zugleich Vorschläge zur Abhilfe machten. Da die Unruhe in der Bevölkerung sich vergrößerte, kam die Sache auch in der Ratsversammlung zur Sprache und am 31. Mai 1769 erließ der Rat ein Konklusum an die Kirchspielsherren, worin ein schriftliches Gutachten von Bauverständigen, namentlich von Sonin verlangt wurde. Dieser nahm nun eine genaue Untersuchung vor und fand, daß in der oberen Laterne ein Hauptträger gänzlich verfault war, auch mehrere Balkenenden von der Feuchtigkeit stark gelitten hatten, da das Kupfer an mehreren Stellen undicht gewesen war. Auf

Templum S. Catharinae exstructum anno 1565, cui turris est addita anno 1657.

De Kerk van St. Katharine, volbout in 't Iaar 1565, en versiert met den tegenwoordigen Toren in 't Iaar 1657.

Pet Schenk exc Amstelod: c P.

Grund seines Berichtes beschloß das Kollegium am 28. März 1770, die schadhaften Balken durch neue ersetzen und die Spitze des Turmes gerade richten zu lassen, und beauftragte Sonnin mit der Ausführung des Baues. Am 6. Juli setzte Sonnin einen neuen, 53 Fuß langen und 18 Zoll dicken Balken ein; nachdem alle verfaulten Holzteile durch neue ersetzt und befestigt waren, hob er mit seinen Maschinen am 3. Septbr. die Spitze 12—14 Zoll in die Höhe und nach 3 Tagen war sie wieder befestigt und lotrecht eingesetzt. Hierauf wurden Knopf und Krone herabgenommen, neu vergoldet und am 3. Novbr. wieder aufgesetzt. Die bei dieser Gelegenheit von Hauptpastor Götze verfaßte Denkschrift wurde nebst anderen Dokumenten in den Knopf gelegt. Diese Denkschrift ist mit einer kleinen sehr hübschen Ansicht der Kirche von F. N. Rolffson geziert, welche sich durch große Treue, auch in den Einzelheiten, auszeichnet, weshalb wir uns nicht versagen konnten, das Bild aufzunehmen. — In der Nacht vom 18. auf den 19. Dezbr. 1792 wurde Hamburg wieder von einem heftigen Sturmwind heimgesucht. Die Helmstange geriet in Bewegung und wurde krumm gebogen, so daß die Bewohner des Kirchhofs in Angst und Schrecken gerieten und jeden Augenblick den Sturz des Turmes befürchteten. Die Gefahr ging indessen glücklich vorüber. Nachdem das Wetter sich wieder beruhigt hatte, wurden der Knopf und die Helmstange herabgenommen, und jetzt zeigte es sich, daß die Spindel, worauf die Stange ruhte, schadhaft geworden und zerbrochen war, weshalb die Stange ihren Halt verloren hatte. Nachdem der Schaden ausgebessert war, konnte man am 7. Juni Knopf und Flügel neu vergoldet wieder aufsetzen. Hauptpastor Götze war inzwischen gestorben, und die Denkschrift wurde diesmal vom Hauptpastor G. H. Berkhahn abgefaßt. — Als die Franzosen im Mai 1813 die Stadt von der Veddel aus beschossen, nahmen sie den Katharinenturm als Zielscheibe. In der Nacht vom 22. auf den 23. Mai wurden der Turm und das Kirchendach von mehreren Kugeln getroffen, welche zwar einige Beschädigungen anrichteten, aber nicht zündeten. Es folgte nun die traurige Belagerungszeit. Am 5. Dezbr. erhielt das Kollegium von dem Maire den schriftlichen Befehl, die Kirche innerhalb zweimal 24 Stunden zu räumen, da die Militärbehörde dieselbe zu einem Pferdestall einrichten wolle. Die Juraten erlangten nach vielen Bitten eine etwas längere Frist, um alle beweglichen Gegenstände fortzuschaffen. Für den Gottesdienst der Gemeinde wurde ein Haus im Steckelhörn eingerichtet und dort vom ersten Weihnachtstage 1813 bis

Die Katharinenkirche in Hamburg.

zum 25. Septbr. 1814 gepredigt, denn die Soldaten hatten in der Kirche so entsetzlich gehaust, daß dieselbe nicht früher wieder instandgesetzt werden konnte. Nachdem Hamburg von den Folgen der französischen Herrschaft sich ganz allmählich erholt hatte, der frühere Wohlstand nach und nach zurückgekehrt war, erwachte auch wieder das Interesse für Kunst- und Wissenschaft. 1830 beschloß die Katharinenkirche für ihre Schule ein neues Haus zu bauen. Da aber in der Umgebung der Kirche kein freier Platz vorhanden war, wurde der unglückliche Vorschlag genehmigt, das Schulhaus an der Südseite der Kirche zwischen den beiden Eingangskapellen anzubauen, und die Schule erhielt somit ein Gebäude, worin, wie man sagte: „die Schüler im Winter geräuchert und im Sommer gebraten würden." Bei der geringen Tiefe des Gebäudes war an der Rückseite keine Lüftung angebracht, wegen der Höhe des Kirchengebäudes hatten die Schornsteine geringen Luftzug, weshalb die Öfen schlecht heizten, und im Sommer waren alle Klassen den ganzen Tag dem Sonnenbrande ausgesetzt. Allerdings wurde das Gebäude nach dem Entwurf des Architekten Burmester im gotischen Stil aufgeführt und dadurch einigermaßen mit dem Gebäude der Kirche in Einklang gebracht.

In großer Gefahr schwebten Kirche und Turm im Mai 1842, denn nachdem die Speicher auf der Neuenburg von den Flammen ergriffen worden waren, hing das Schicksal des Katharinenkirchspiels einzig und allein von der Richtung des Windes ab. Beim Ausbruch des Brandes war der Wind Südsüdwest, am Nachmittag des 5. Mai, als der Nikolaiturm in Flammen stand, wurde der Wind ganz West und trieb also Hitze und Flugfeuer der Katharinenkirche zu. In der Nacht aber auf den 6. Mai, als die Gefahr am höchsten gestiegen war und die Speicher auf der Neuenburg eine ungeheure Glut entwickelten, ging der Wind nach Südwest zurück und wälzte das Flammenmeer der Bäckerstraße und dem Petrikirchspiel zu. Allerdings waren einige Häuser in der Katharinenstraße und im Grimm durch Flugfeuer in Brand geraten, doch gelang es nach Änderung des Windes, diese Brände im Keim zu ersticken. Zur Rettung des Katharinenturms kamen am Donnerstag Mittag der Zimmermeister Fetterlein und der Maurermeister Breckelbaum mit ihren Leuten herbei. Der Turm war vor kurzer Zeit mit einer Wasserleitung versehen worden, außerdem waren zwei Spritzen vorhanden, eine bei der großen Turmthür, welche bis zum Ende der Turmmauer hinaufreichte, und die zweite war unter der ersten Laterne aufgestellt, durch welche der Wasserstrahl bis unter den Knopf hinaufgetrieben werden konnte. Außerdem wurden die Leute mit Feuereimern, Handspritzen, Decken und Laternen versehen, um jeden ausbrechenden Brand sofort ersticken zu können. Um Mitternacht geriet das Geländer der zweiten Laterne durch Flugfeuer in Brand, der hier angestellte Zimmermann hieb aber mit seiner Axt die brennenden Stücke herab. Obgleich am Morgen die Gefahr größtenteils geschwunden war, behielten die beiden Meister noch den ganzen Freitag die Bewachung des Turmes und lösten sich mit ihren Leuten gegenseitig ab. Nach dem Brande wurden die Löschanstalten auf dem Turm bedeutend verbessert, namentlich wurde 1848 ein vierzölliges (10 cm) Steigerohr der Stadtwasserkunst in den Turm hineingelegt, wodurch ein in der Höhe von 50,29 m (172 Fuß) angelegtes Reservoir von 290 Liter (40 Oxhoft) gefüllt werden kann. Außerdem wurde 1852 die Kupferbedeckung des Turmes gründlich ausgebessert, der Knopf, sowie Flügel und Krone wurden neu vergoldet und im Juli wieder aufgesetzt. — Seitdem die Petrikirche in dem alten, einfachen Baustil wieder hergestellt worden ist, namentlich aber seit Vollendung der neuen Nikolaikirche, hat man immer mehr erkannt, daß durch die Anbauten in späterer Zeit unsere alten Kirchen sehr verunziert worden sind, weshalb die Entfernung derselben immer lebhafter gewünscht wurde. Auch die Verwaltung der Katharinenkirche konnte sich dieser Forderung nicht entziehen, und hat 1866 mit dem Abbruch einiger Anbauten an der Nordwestseite den Anfang gemacht. Gegenwärtig werden alle übrigen Anbauten entfernt, bis auf das zuletzt angebaute Schulhaus, und bald wird die Kirche in ihrer alten Schönheit wieder hergestellt sein. Das Innere der Kirche hat zwar durch die Erhöhung des Fußbodens in den Verhältnissen einige Einbuße erlitten, aber auch in dieser Hinsicht gehört die Katharinenkirche noch jetzt zu den schönsten Gebäuden der Stadt, namentlich wird die Schönheit der Gewölbe von allen Bauverständigen bewundert. Die Verwaltung der Kirche sowohl, als auch die wohlhabenden Mitglieder der Gemeinde sind bis in die neueste Zeit bemüht gewesen, das Innere der Kirche immer mehr auszuschmücken[78]). 1856 wurde ein neuer Altar errichtet, 1866 ein neuer Singlektor vor der Orgel erbaut und die Kirche mit einer Heizanlage versehen. Von großer Schönheit sind die Altarfenster.

Die Jakobikirche.

Das Jakobikirchspiel war schon Mitte des 13. Jahrhunderts von der Stadtmauer eingeschlossen, aber es bildete noch lange einen besondern Stadtteil. 1269 hieß die Steinstraße Platea lapidea foris civitatem, ebenso wird die Niedernstraße als Submissa platea foris civitatem bezeichnet, 1286 werden die östlich vom Schulthor liegenden Häuser am Speersort „vor dem großen Thor" (foris portam magnam), 1327 „außerhalb des Schulthores" (extra porta sculdor) genannt, und 1380 war das Schulthor noch vorhanden, denn die Kammer bezahlte für einen neuen Schornstein auf demselben 2 Pfund. Gegen Ende des 14. Jahrhunderts war also das Jakobikirchspiel noch durch den heidnischen Wall von der innern Stadt getrennt und bildete eine Art Vorstadt; ob aber auch die Verwaltung des Bezirks von der städtischen getrennt war, und ob besondere Verordnungen und Gesetze hier Geltung hatten, wissen wir nicht. Die Bebauung war Ende des 13. Jahrhunderts eine wesentlich andere als im Innern der Stadt, namentlich im nordöstlichen Teil fanden sich große Gärten und Felder, und der Rövekamp wurde erst um diese Zeit von der Stadt aufgeteilt und zu Bauplätzen verkauft. Noch im 14. Jahrhundert werden in dieser Gegend größere Höfe erwähnt. Östlich der Jakobikirche lag der Hof „zu dem Berge", welcher 1358 dem Bürgermeister Heinrich vom Berghe gehörte und von der Breitenstraße bis zur Steinstraße reichte. An der Westseite des Pferdemarktes besaß das Kloster Reinfeld 1341 einen Hof, welcher bis zum Wallgraben reichte. Einen andern Hof am Pferdemarkt hatte 1310 der Ritter Otto Weckerbart in Besitz, und 1406 hieß ein Grundstück in der Nähe der Jakobitwiete die Kopenburg. Die Südseite der Steinstraße von dem Kattrepel bis zur Springeltwiete gehörte den Schauenburger Grafen und wurde 1332 der Kunzenhof, 1334 der Hof der Grafen, später gewöhnlich der Schauenburgerhof genannt. — Diese Verteilung des Grundbesitzes beweist, daß die Verhältnisse im Jakobikirchspiel ganz andere gewesen sein müssen, als in der übrigen Stadt. Das Petrikirchspiel war ursprünglich im Besitz des Erzbistums, also des Domkapitels, die Verteilung der Grundstücke und die Richtung der Straßen wurden von dem Erzbischof oder dem Dompropsten angeordnet; im Nikolaikirchspiel war die Anlage der Straßen und Bauplätze von dem Willen des Grafen Adolf III. abhängig, und auch das Katharinenkirchspiel läßt in seiner ganzen Anlage einen einheitlichen Plan erkennen, der wahrscheinlich auf Veranlassung des Dompropsten entworfen wurde. Im Jakobikirchspiel deutet nichts auf einen einheitlichen Besitz hin. Dem Domkapitel gehörte diese Gegend nicht, ebensowenig den Schauenburger Grafen; auch fehlen alle Nachrichten über das Vorhandensein irgend einer Ortschaft, welcher die Gegend vom heidnischen Wall bis zu den Feldmarken von Hamm und Eilbeck gehört haben dürfte. Es scheint vielmehr ein gewisses neutrales Gebiet gewesen zu sein, auf welchem nach Gründung der Kirche einzelne Freie ihre Höfe errichteten, um ähnlich wie in Basel, Worms, Speier, Straßburg ꝛc. in der Nähe und im Schutz der Kirche zu wohnen. Die noch übrigen Strecken werden dann von den Herzögen in Besitz genommen worden sein, als deren Erben später die Schauenburger

Grafen erscheinen. Bei welcher Gelegenheit aber z. B. der Rövekamp, der Borgesch und andere Landstrecken in den Besitz der Stadt gelangt sind, entzieht sich unserer Kenntnis.

Den Haupteinfluß auf die Entwicklung dieser Gegend übte die Steinstraße, denn es war die Landstraße, durch welche Hamburg mit dem Binnenlande in Verbindung stand, und fast alle Waren, welche zu Lande in die Stadt gebracht wurden, ob von Lübeck und den Ostseestädten, oder von Magdeburg und Leipzig, oder von Braunschweig und Lüneburg, benutzten diesen Weg, wie auch fast sämtliche Reisenden. Da die Thore der Stadt mit Sonnenuntergang geschlossen und erst mit Sonnenaufgang wieder geöffnet wurden, da ferner die großen schweren Frachtwagen wegen der engen Straßen nicht in die Stadt hineinfahren konnten, so mußte sowohl für die Fuhrknechte mit ihren Wagen und

Das alte Steinthor in Hamburg, 1570 erbaut, 1738 abgebrochen.

Pferden, als auch für die Reisenden, welche nach Sonnenuntergang eintrafen, vor den Thoren der Stadt ein Unterkommen geschaffen werden; infolgedessen werden schon früh in der Steinstraße verschiedene Gasthäuser entstanden sein, welche dann wieder andere Bewohner heranzogen. Die Steinstraße bildete daher die Hauptstraße des Kirchspiels. Am östlichen Ende der Straße lag das Steinthor, welches schon 1266 das neue Steinthor, seit 1326 häufig das Lübeckerthor genannt wird. Es ist möglich, daß dieses Thor das erste aus Steinen erbaute Thor war und diesem Umstand seinen Namen verdankte, daher auch die Straße ihren Namen erhielt. Allein der Ausdruck platea lapidea scheint doch mehr darauf hinzudeuten, daß die Steinstraße als Hauptlandstraße gepflastert war, und sie deshalb ihren Namen erhielt, der dann auch auf das Thor überging. 1483 wurde ein neues Steinthor nach dem Vorbilde des Lübecker Holstenthores von Johann Holthusen und Johann Gherdes erbaut, außerdem aber war noch ein zweites Steinthor vorhanden, welches 1570 erbaut und 1738 abgebrochen wurde. (Siehe die nebenstehende Abbildung.) An der Steinstraße schenkte 1233 Graf Adolf IV. den Beguinen ein Stück Land von seinem Hof zur Erbauung einer Wohnung, des Konvents, und seine Söhne, die Grafen Johann und Gerhard, fügten 1255 noch einen

Teil ihres Apfelgartens hinzu. Die zweite Hauptstraße bildete die Niedernstraße, welche 1256 erwähnt wird. 1394 kommt eine alte und neue Niedernstraße vor. Am Ende der Straße lag ebenfalls ein Thor, welches 1321 das Niedernthor, 1435 das Dovethor genannt wurde. Zwischen diesen beiden Hauptstraßen waren im 13. Jahrhundert schon mehrere Verbindungswege vorhanden. Der Kattrepel führte längs des (Heidnischen) Walles von der Steinstraße zur Niedernstraße hinab. Obgleich die Straße erst 1275 erwähnt wird, so ist sie wahrscheinlich doch schon vor dem 11. Jahrhundert vorhanden gewesen und hat damals als Verbindungsweg zwischen der Wiedeburg und dem Dom gedient; es gewinnt daher einige Wahrscheinlichkeit, daß der Name der Straße, wie vielfach angenommen wird, aus Kathedraltreppe entstanden ist. Doch muß diese Bedeutung des Wortes im 13. Jahrhundert nicht mehr bekannt gewesen sein, denn es wird im Stadterbebuch Katrepel geschrieben. Durch den Schauenburgerhof führte ein zweiter schmaler Verbindungsweg zur Niedernstraße hinab, ähnlich wie noch heute von der Flottbecker Chaussee durch die Gärten mehrere schmale Wege nach Neumühlen hinabführen. Dieser Weg wird 1306 Drecktwiete (twita lutificum), 1326 Voghedestwita, 1349 Grafentwiete und seit 1381 Fuhlentwiete genannt. Östlich von der Fuhlentwiete, am Ende des Schauenburgerhofes, fand sich der dritte Verbindungsweg, welcher 1323 die Töpfertwiete, 1337 die Gröpertwiete hieß. In dieser Straße besaß das Domkapitel ein Grundstück mit Schmiedegerechtigkeit, welches Joh. Sprinken 1384 kaufte, und nach ihm wurde 1392 die Straße Sprinkentwiete genannt, woraus allmählich Springeltwiete entstanden ist. Der vierte Verbindungsweg, die Neustraße, ist wahrscheinlich erst später entstanden, nachweislich war sie erst im 15. Jahrhundert vorhanden und kommt hier also noch nicht in Betracht. Hierher wurde der Schützenhof verlegt, der Stadtgraben diente als Schießbahn, weshalb später der Weg durch das Dovethor geschlossen wurde, denn der Kugelfang genügte nicht, um die Vorübergehenden gegen Gefahren zu schützen. Wir geben das charakteristische alte Gebäude in nebenstehender Abbildung. Dem Schützenhof verdankt die Schützenstraße und Schützenpforte ihren Namen.

Dem Kattrepel gegenüber zweigte sich die dritte Hauptstraße des Kirchspiels ab, welche am Pferdemarkt entlang durch die Breitestraße und Spitalerstraße nach dem Spitalerthor führte. Der Pferdemarkt wird schon 1266 (forum equorum) genannt. Doch ist derselbe vermutlich schon vor dem 13. Jahrhundert, also vor Bebauung des Kirchspiels zur Abhaltung des

Das alte Schützenhaus und der Steinthorturm in Hamburg. 1830 abgebrochen.

Marktes benutzt worden. Sehr interessant ist es, daß gleichzeitig im 13. Jahrhundert die Benennung horsemarkete vorkommt. Nimmt man hinzu, daß um diese Zeit nicht so ganz selten z. B. im Stadterbebuch 2c. Geldsummen in englischer Münze, in Pfund Sterling benannt werden, so beweist dies wohl, welcher lebhafte Verkehr schon damals mit England bestand. Die Breitestraße wird 1287 als lata platea erwähnt, sie muß sich also damals schon durch ihre Breite ausgezeichnet haben. Die Spitalerstraße wird 1274 die Straße zum Hospital, 1288 die Hospitalstraße, 1305 die St. Georgstraße, später die Spitalerstraße genannt. Das Spitalerthor wird 1268 gleichzeitig mit dem Steinthor genannt, weshalb auch die Breitestraße und Spitalerstraße schon früher vorhanden gewesen sein müssen, doch befanden sich in der Spitalerstraße noch im 14. Jahrhundert meistens nur Gartenwohnungen. Auf diesen langen und schmalen Grundstücken wurden im 16. und 17. Jahrhundert die sogenannten Gotteswohnungen errichtet. Die nördlich liegende Gegend bis zur Alster war unbebaut, wurde 1264 der Rövekamp, 1268 das Feld bei St. Jacobi genannt, und die Rosenstraße wird erst 1326 als platea rosarum genannt, aber noch 1373 heißt der Gertruden Kirchhof der wüste Kirchhof und die Lilienstraße 1385 die Straße der Vertriebenen. Vom Pferdemarkt führte ein Weg durch das Alsterthor zur Alster. Es ist allerdings sehr zweifelhaft, ob schon im 13. Jahrhundert hier ein Landungsplatz angelegt war, auch wird das Alsterthor erst 1346 erwähnt, aber der Turm neben dem Thor war schon 1274 vorhanden. Die Stadtmauer erstreckte sich in einem Bogen von dem Alsterthor nach dem Spitalerthor, und von hier bis zum Steinthor in gerader Linie. Hinter diesem Teil der Mauer führte ein Weg von der Spitalerstraße bis zur Steinstraße, welcher 1314 „bei der Mauer" hieß, der Name „Langemühren" entstand erst im 16. Jahrhundert. Auch vom Steinthor bis zum Niedernthor war die Mauer geradlinig angelegt, von dort aber bis zum Winserthor in einem flachen Bogen. Der Weg zwischen Steinstraße und Niedernstraße hinter der Stadtmauer erhielt erst im 15. Jahrhundert den Namen „Neustraße", vermutlich wird dieselbe erst in dieser Zeit bebaut worden sein. Dasselbe ist der Fall mit der Straße „bei den Pumpen", welche 1451 „bei der Mauer zwischen Winserturm und Dovethor" genannt wird. Auch die Straßen südlich der Niedernstraße, z. B. Depenau, Klingberg, Fischertwiete, Brauerstraße 2c. waren im 13. Jahrhundert noch unbebaut, sie werden erst im 14. oder 15. Jahrhundert erwähnt, doch war das Winserthor wohl schon vorhanden. Es wird 1264 das nach Lüneburg führende Thor, später die Deichpforte genannt. Ebenfalls ist auch der Hopfensack als Fortsetzung der Reichenstraße schon bebaut und kommt unter dem Namen Wiedeburg oder „bei den Planken" vor.

Obgleich demnach im 13. Jahrhundert nur ein kleiner Teil des Jakobikirchspiels bebaut war, und dasselbe also auch nur eine geringe Einwohnerzahl hatte, so wurde doch den Anschauungen jener Zeit gemäß der Bau einer Kirche unternommen, sobald man das Kirchspiel mit einer Mauer umgab, also demselben einen städtischen Charakter verlieh. Spätere Chronisten sprechen zwar von einer Jakobikapelle, wie bei der Nikolai= und Katharinenkirche, allein in einer Urkunde von 1255 (H. U. Nr. 589) wird das Gotteshaus schon Kirche genannt (pomeria, contra ecclesiam S. Jacobi sita). Allerdings wird auch die Jakobikirche wie die Nikolai= und die Katharinenkirche nicht in einer Periode vollendet worden sein, sondern wahrscheinlich hat man nach Vollendung des Chores diesen Teil zum Gottesdienst eingerichtet und darauf zum Weiterbau aufs neue Gelder gesammelt. Insofern ist es vielleicht erklärlich, wenn die Chronisten von einer Jakobikapelle sprechen. Allein das Gebäude selbst beweist, daß es nach einem einheitlichen, ursprünglichen Plan aufgeführt und nicht allmählich vergrößert worden ist, selbst wenn bis zur Vollendung des Baues ein ganzes Jahrhundert verflossen ist. Über den ältesten Bau besitzen wir gar keine zuverlässigen Nachrichten. Die Chronisten feiern die Familie vom Berghe als Stifter und Erbauer der Kirche, ohne dafür bestimmte Anhaltspunkte zu geben. Die Familie mag die Gründung der Kirche angeregt und den Bau unterstützt haben, aber im 13. Jahrhundert wurden die Kirchen von den Geistlichen und den Gemeinden erbaut, und nur wenn die Familie vom Berghe Besitzer des ganzen Kirchspiels gewesen wäre, könnte man ihr diese Ehre zuschreiben. Ursprünglich war die Jakobikirche eine dreischiffige Hallenkirche, etwa 220 Fuß lang und 96 Fuß breit. In der Mitte des 14. Jahrhunderts wurde sie durch ein viertes Schiff an der Südseite erweitert, um zur Errichtung von Nebenaltären Platz zu gewinnen, sie erhielt dadurch eine Breite von 120 Fuß. Auf Wunsch des Bürgermeisters Heinrich vom Berghe erteilte der Papst Innocenz VI. am 18. Juli 1354 der Jakobikirche einen Ablaßbrief[74]) für alle diejenigen, welche den Bau der Kirche unterstützen würden. Die Chronisten haben aus diesem Ablaßbrief geschlossen, daß der Bau der Kirche erst 1354 begonnen worden sei, dem widerspricht aber schon der Baustil, denn Mitte des 14. Jahrhunderts hätte man die Kirche in einem andern Stil erbaut, auch würde für den Anbau des vierten Schiffes kein Zeitpunkt aufzufinden sein. Infolge des Anbaues werden aber weitere Bauten notwendig geworden sein, denn der päpstliche Ablaßbrief wurde mehrfach wiederholt, und es scheint, daß der ganze Bau erst 1391 vollendet worden ist. Von dem Turm wurde jedoch nur das Mauerwerk bis zur Höhe des Kirchendaches aufgeführt. Für die Glocke zum Einläuten des Gottesdienstes hatte die Kirche einen kleinen alleinstehenden Glockenturm an der Ostseite der Kirche. Nachdem die übrigen Kirchen schon lange mit hohen Turmspitzen geschmückt waren, entschloß sich der Kirchenvorstand endlich gegen Ende des 16. Jahrhunderts, ihrer Kirche ebenfalls einen solchen Schmuck zu verleihen. 1582 wurde der viereckige Unterbau mit einem schweren Geländer aus Sandstein umgeben, auf der Plattform errichtete man alsdann einen achteckigen Aufbau aus Mauerwerk, und auf dieser Grundlage wurde die hölzerne Turmspitze erbaut. Diese bestand aus einer Kuppel, einer Bischofsmütze ähnlich, aus welcher sich eine schlanke Spitze erhob. (Siehe nebenstehende Abbildung.) Der ganze Turm, welcher am 18. Juni 1592 eingeweiht wurde, hatte jetzt eine Höhe von 370 Fuß (106 m) und war also niedriger als die Türme der übrigen Hauptkirchen. Der Turm wurde 1659 gänzlich ausgebessert, 1738 aber zeigte sich, daß die Turmmauer an der Südwestecke sich gesenkt hatte. Nach einer gründlichen Untersuchung stellte es sich heraus, daß die westliche Turmmauer von Grund aus neu erbaut werden mußte. Da dieser Bau aber die Kräfte der Gemeinde überstieg, wurde am 9. Febr. 1739 in allen Kirchen eine Kollekte veranstaltet, welche 13713 Mark 7 Schilling 3 Pfennig einbrachte, und da diese Summe noch nicht hinreichte, fand den 14. Mai 1741 eine zweite Sammlung statt, welche 5976 Mark 11 Schillinge 3 Pfennig ergab. Da die steinerne Einfassung der Galerie durch die Senkung der Mauer und durch den Neubau der Westseite schadhaft geworden war, und sich jetzt viele Stimmen dahin äußerten, daß dieselbe für

Geometrischer Abriß der Kirche St. Jacobi in Hamburg. 1675 nach Hier. von Bensbergen.

die Mauer zu schwer sei, wurde sie durch ein eisernes Geländer ersetzt. Wie schon S. 114 erwähnt, wurde 1769 auf Anraten des Professors Reimarus der Turm mit einem Blitzableiter versehen, und die Gemeinde hat die Ehre, den ersten Blitzableiter auf dem Festlande von Europa angelegt zu haben. Da sich bei dieser Gelegenheit gezeigt hatte, daß die Spitze des Turmes schadhaft war, wurde im nächsten Jahr am 30. Aug. ein neuer Knopf und Flügel aufgesetzt. Die 1659 in den Knopf gelegte Bibel fand sich gut erhalten, aber die symbolischen Bücher und die Festschrift waren sehr beschädigt. In den neuen Knopf wurden hineingelegt: eine Bibel, die Augsburgische Konfession, der große und kleine Katechismus, eine auf Pergament geschriebene Denkschrift und von sämtlichen Hamburger Münzsorten ein Exemplar. 1810 bedurfte der Turm abermals einer bedeutenden Reparatur, und da das

Kirchenkollegium keine Möglichkeit sah, in jener trüben Zeit die dazu erforderlichen Gelder aufzubringen, mußte man sich zum Abbruch der hölzernen Spitze entschließen. Das Mauerwerk des Turmes wurde alsdann mit einem hölzernen Schirmdach bedeckt. Nachdem die Stadt sich allmählich von den Drangsalen der Fremdherrschaft erholt hatte, erwachte auch der Wunsch, die Kirche wieder mit einer Turmspitze zu schmücken, und als 1823 eine allgemeine Sammlung in der Stadt einen günstigen Erfolg hatte, erwählte das Kirchenkollegium eine Baukommission und übertrug derselben den Neubau der Turmspitze. Die Kommission wählte unter den eingereichten Bauplänen den des Professors Herm. Jersenfeldt und übertrug diesem auch die Ausführung des Baues. Da infolge der mangelhaften Bedeckung der obere Teil der Mauern schadhaft geworden war, wurden diese bis zur Höhe von 145 Fuß abgetragen. An den vier Ecken wurden kleine Türme aufgesetzt, und zwischen diesen wurde die achteckige, 211 Fuß hohe Spitze errichtet, so daß der ganze Turm eine Höhe von 356 Fuß (102,02 m) erhielt. Unter den Türmen der fünf Hauptkirchen hat also der Jakobiturm abermals die geringste Höhe. Der Bau wurde ohne Unfall am 2. Aug. 1827 durch Aufsetzung der Kugel und des Flügels glücklich vollendet.

Bis Ende des vorigen Jahrhunderts diente auch der Jakobikirchhof als Begräbnisplatz und war ursprünglich von der Steinstraße durch eine Mauer getrennt. An dem westlichen Ende derselben war die mit einem Mauerbogen überspannte Auffahrt zum Kirchhof, der sogenannte Schwibbogen, und etwa in der Mitte der Mauer führte eine Treppe (Stegel) für die Fußgänger von der Steinstraße zum Kirchhof hinauf. Später ließ das Kirchenkollegium anstatt der Mauer eine Reihe kleiner Buden an der Steinstraße errichten, die sogenannte Lübsche Reihe, welche zu Läden, auch zu Arbeitsräumen für Schuster, Uhrmacher ꝛc. vermietet wurden. Diese Läden waren jedoch für den Verkehr in der Steinstraße sehr hinderlich, und nach langen Verhandlungen zwischen der Stadt und dem Kirchenkollegium ist endlich der Abbruch derselben ermöglicht worden, wodurch nicht nur der Verkehr in der Steinstraße erleichtert worden ist, sondern auch die Ansicht der Jakobikirche außerordentlich gewonnen hat. 1793 wurde auf dem Glacis vor dem Steinthor ein Begräbnisplatz für die Jakobigemeinde angelegt und 1800 auf demselben eine Leichenkapelle erbaut. Die Beerdigungen auf dem Kirchhof in der Stadt wurden 1811 von den Franzosen ganz verboten. Da die Vorstadt St. Georg mehr und mehr einen städtischen Charakter erhielt, wurde der Jakobibegräbnisplatz 1847 nach dem Peterskamp an der Wandsbecker Chaussee verlegt.

Auch das Innere der Kirche ist im Laufe der Jahrhunderte mehrfach verziert und ausgeschmückt worden.[75]) 1610 erhielt die Kirche eine neue Kanzel und 1651 von den aufwärts fahrenden Schiffern den großen messingenen Kronleuchter. In dem folgenden Jahre schenkte diese Gesellschaft auch den neuen Taufstein, welcher von dem Hauptpastor Dr. Schuppius geweiht wurde. Unter dem alten Taufstein fand man einen unverwesten Leichnam, in einer Mönchskutte und mit einem Strick um den Leib, der schon Jahrhunderte dort gelegen haben mußte. Auf den Rat von Dr. Schuppius wurde die Leiche wieder an den Ort gelegt, wo man sie gefunden hatte, und der neue Taufstein darüber gebaut. 1689 wurde eine neue Orgel erbaut und am 25. April 1690 von dem Hauptpastor Dr. Mayer geweiht. 1717 schenkte der Ratsherr Wilkens einen neuen Altar. 1792 wurde das Innere der Kirche restauriert und erhielt neue Sitzplätze. Im Dezember 1813 mußte die Jakobikirche wie die drei andern Hauptkirchen geräumt werden. Davoust ließ sie zu einem Pferdestall für die Küraffiere einrichten. Bei der Kürze der Zeit konnte man nicht alle beweglichen Gegenstände in Sicherheit bringen, infolgedessen sind manche Kostbarkeiten, Altertümer ꝛc. verloren gegangen, sogar einige Pfeifen der Orgel und viele silberne Verzierungen an den Särgen in den Grabgewölben sind geraubt worden. Wegen der argen Verwüstungen dauerte es auch sehr lange, bis die Kirche (am 23. Oktbr. 1814) aufs neue geweiht werden konnte. 1842 blieb die Kirche von den Flammen glücklich verschont, und seitdem, besonders in den letzten Jahrzehnten, ist die Verwaltung immer mehr bemüht gewesen, die Kirche im Innern und Äußern zu verschönern. 1859 erhielt die Kirche ein neues Schieferdach, in den folgenden Jahren wurden mehrere Anbauten entfernt und die Heizung

Jakobi-Kirchhof in Hamburg nach einer Handzeichnung von Frau Zacharias.

angelegt, 1869 die Eingangskapelle an der Südseite abgebrochen und in dem alten Stil sehr hübsch wieder aufgeführt. Durch den Abbruch der Buden an der Steinstraße haben Kirche und Kirchhof von dieser Seite ein freundliches Ansehen erhalten. Allerdings ist dadurch manches charakteristische Bauwerk verloren gegangen, wie die westliche Hälfte des Kirchhofes mit dem Schwibbogen, von dem wir die vorstehende Abbildung bringen.

Die St. Gertrud-Kapelle

ist seit altersher eine Filiale der St. Jakobikirche gewesen. Der Sage nach ist dieselbe von einer reichen Jungfrau Gertrud gegründet worden, doch ist dies historisch nicht beglaubigt, und aus verschiedenen Gründen sehr unwahrscheinlich. Vermutlich ist sie 1391 erbaut, denn sie kommt 1392 als Capelle Sancte Gertrudis im Stadterbebuch vor. Der Kirchhof wird aber schon 1352 als „neuer Begräbnisplatz" (novum cimiterium) genannt, 1373 heißt er der wüste Kirchhof, 1380 der St. Gertruden-Kirchhof, 1384 der Kirchhof der Vertriebenen. Es scheint daher, daß auf dem Begräbnisplatz die kleine Kapelle errichtet wurde, damit bei Beerdigungen in derselben die gottesdienstlichen Handlungen stattfinden und bei ungünstiger Witterung die Leidtragenden hier ein Unterkommen finden konnten, um ihre Andacht zu verrichten. Diesem entspricht auch ihr Umfang und ihr Bauplan. Die Kapelle bildete ursprünglich ein Achteck von 25 Fuß Seitenlänge mit Strebepfeilern im Innern, so daß hier kleine Kapellen entstanden, in welchen gleichzeitig verschiedene Leichengefolge ungestört ihre Andacht abhalten konnten. Später wurde die Kapelle durch Anbauten an der Nord- und Südseite und einen Chor an der Ostseite vergrößert, wodurch sie eine Länge von 98 Fuß und eine Breite von 94 Fuß erhielt. Der Kirchhof war mit einer Mauer umgeben, und von der Straße führte ein Stegel (eine Treppe) zu demselben hinauf, welche 1395 erwähnt wird. In der Stiftungsurkunde war bestimmt worden, daß von den Einkünften der Kapelle: ein Drittel das Domkapitel, ein Drittel der Rat für die Überlassung des Platzes erhalten, und das letzte Drittel halb für die Unterhaltung der Kapelle, halb zum Bau der Jakobikirche verwendet werden sollte. Später wurde in der Kapelle ein regelmäßiger Gottesdienst eingerichtet und dieser den Predigermönchen übertragen. Nach der Reformation wurde die Kapelle geschlossen und erst 1580, nachdem sie im Innern gänzlich reno-

Die St. Gertrud-Kapelle.

viert war, zum Gottesdienst wieder geöffnet. Sie erhielt die Leichnamsgeschworenen von St. Jakobi als Vorsteher. Im Anfang des 17. Jahrhunderts war sie aber sehr baufällig geworden und mußte einer gründlichen Ausbesserung unterzogen werden, worauf am 16. April 1607 abermals die Einweihung stattfand. 1675 erhielt sie eine neue Orgel, 1742 einen neuen Altar und 1755 ein neues Portal. Bis 1813 fand in der Kapelle ein regelmäßiger Gottesdienst statt, aber schon am 6. August wurde sie von den Franzosen mit Beschlag belegt und in ein Fourage-Magazin verwandelt. Nach der Befreiung Hamburgs wurde sie verschönert wieder hergestellt und am 23. April 1816 wieder eingeweiht. Nach Wiederherstellung der Kapelle wurde 1816 bestimmt, daß für die Verwaltung zwei Bürger eingesetzt werden sollten, von denen der Überlebende jedesmal seinen Kollegen zu erwählen berechtigt sei. Obgleich die Wahl unbeschränkt war, so sind doch stets nur Mitglieder des Kirchenkollegiums von St. Jakobi zu dem Amt erwählt worden. Patron der Kirche war der älteste Bürgermeister, welcher jedoch von den Vorstehern der Kapelle dazu gebeten wurde. Früher hatte die Kapelle ihren eigenen Prediger, doch schon im vorigen Jahrhundert blieb die Stelle unbesetzt, und die Vorsteher ersuchten den neuerwählten Diakon der St. Jakobikirche, das Amt so lange zu verwalten, bis man wieder einen eigenen Prediger wählen könne. Seit 1793 fand am Dienstag jeder Woche Gottesdienst statt, und alle 14 Tage wurde auch das Abendmahl ausgeteilt, nur wenn in der Woche ein Festtag war, fiel der Gottesdienst aus. Mit der Kapelle war eine Stiftung an den kurzen Mühren verbunden, worin 17 arme Frauen freie Wohnung und außerdem ärztliche Hilfe und Medizin, sowie Kohlen und etwas bares Geld erhielten. Am 7. Mai 1842 wurde auch dies Gebäude ein Raub der Flammen, und somit sank eine der schönsten Kirchen in Schutt und Asche, doch erregten noch die Ruinen die Bewunderung der Zeitgenossen, manche Stimmen wünschten sogar die Erhaltung derselben als Zierde der dortigen Gegend. Da die Hauptkirchen dem kirchlichen Bedürfnis der Einwohner Hamburgs genügten, wurde schon 1814 die Wiederherstellung der Kapelle nur genehmigt, weil dieselbe aus dem eigenen Vermögen beschafft werden konnte, 1842 der Wiederaufbau aber abgelehnt und beschlossen, den Kirchhof als freien Platz zu erhalten und mit Anlagen zu bepflanzen.

Der Rödingsmarkt.

„Das Alte stürzt, es ändert sich die Zeit, und neues Leben blüht aus den Ruinen," singt unser Dichter, und unwillkürlich wird man an dies geflügelte Wort erinnert, wenn man jetzt die Straße des Rödingsmarktes betrachtet, denn nach der Zuschüttung des Flets ist sie eine der schönsten Straßen Hamburgs geworden. Mancher wird es vielleicht bedauern, daß infolgedessen wieder eine Hamburger Eigentümlichkeit verloren gegangen ist, und daß eine altehrwürdige Gesellschaft, welche so manche Stürme überdauert, sich aufgelöst hat. Es mag sich deshalb rechtfertigen, wenn wir an der Hand der nachgelassenen Papiere versuchen, eine Geschichte der Straße und der Interessenten des Rödingsmarkter Fletes, Schüttes und Sieles zu entwerfen.

Der Rödingsmarkt in Hamburg.

Schon der Name der Straße ist eine Eigentümlichkeit, denn der Rödingsmarkt ist nie zur Abhaltung eines Marktes benutzt worden, ist nie ein Marktplatz gewesen. Die älteste Bezeichnung im Stadterbebuch (Liber actorum) von 1248 ist Rodiges- oder Rodersmarka, welche 1263 in Rodiegeres-, Rodingeres- und Rodinghesmarcka oder marcha übergeht. Seit dem 16. Jahrhundert kommt Rodingsmarckede allgemein in Gebrauch, und erst in der zweiten Hälfte des 18. Jahrhunderts wurde Rödingsmarkt herrschend, doch anfangs noch mit dem weiblichen Artikel, man schrieb „in der Rödingsmarkt" statt „im Rödingsmarkt." — Marco, marka bedeutet im Gotischen und Althochdeutschen „Grenze", was noch heute in Markgraf und Markgrafschaft erhalten ist. Später bezeichnet „Mark" ein begrenztes Stück Land, der Gau zerfällt in mehrere Marken, das Gebiet eines Dorfes bildet die Dorfmark, auch wird nicht selten der Gemeindewald durch Mark bezeichnet. Indessen führt diese Bedeutung des Wortes für die Erklärung des Namens wenig weiter, denn wenn auch der Rödingsmarkt Jahrhunderte hindurch die Grenze von Hamburg bildete, so hat man doch die Stadtgrenze niemals als Mark bezeichnet, und die Grenze eines Gaues oder irgend eines Landesteils ist der Rödingsmarkt nie gewesen. Auch wird diese Gegend schwerlich vor Gründung der Stadt mit Wald bedeckt gewesen sein, da der Rödingsmarkt ganz auf Marschboden liegt, weshalb auch die Ableitung von ausgerodetem Wald (Mark) hinfällig wird. Mehr Wahrscheinlichkeit hätte allerdings die Bedeutung für begrenztes Stück Land, denn in alter Zeit war der Rödingsmarkt ein eigener Stadtteil, und im Stadterbebuch bildete derselbe noch bis 1562 eine besondere Abteilung. Da nun in dem alten Hamburg nicht selten Straßen, Brücken, Thore ꝛc. nach Personen benannt wurden, z. B. der Reesendamm nach dem Müller Heinrich Reese, die Trostbrücke nach einem Bürger Trostes, welcher neben der Brücke ein Haus besaß, das Lewenbergerthor nach einem Beamten des Rats, welcher in dem Thor wohnte, so könnte auch der Rödingsmarkt nach einem Reder oder Roder benannt worden sein, und wirklich begegnen wir in dem ältesten Stadterbebuch mehrfach dem Namen Reder, z. B. Fol. LVI, LXI, LXIV., doch wird auch diese Erklärung zweifelhaft, wenn wir auf die Gründung von Neu-Hamburg zurückgehen.

Als Graf Adolf III. die Gründung einer neuen Stadt Hamburg beschlossen hatte, überwies er bekanntlich 1188 dem Wirad von Boizenburg das Land westlich der Alster unter Marktrecht, um hier einen Hafen anzulegen, und gestattete ihm, auf dem Platz der Neuenburg, dem angrenzenden Brok und dem Alsterwärder freie Bauplätze nach der Gerechtsame Lübecks anzulegen. Der Platz der Neuenburg ist bekannt, der angrenzende Brok wird vermutlich den kleinen Burstah, Hopfenmarkt, Deichstraße ꝛc. bis zum sogenannten Deichstraßenflet umfaßt haben, und für den Alsterwärder bleibt dann der Rödingsmarkt übrig, d. h. die Gegend zwischen dem Deichstraßenflet und dem Flet der Admiralitätstraße. Würde jedoch dieser Wärder 1188 einem Reder oder Rodiges gehört, oder den Namen Rodersmarke gehabt haben, dann hätte wohl diese Bezeichnung auch in dem Privileg Aufnahme gefunden. Anderseits läßt sich nicht erwarten, daß Wirad von Boizenburg mehr als ein Drittel des ihm verliehenen Platzes an einen Einwanderer verkauft und deshalb dieser Teil den Namen Rodesmarke erhalten habe. Es kommt allerdings in allen Koloniestädten, wie Lübeck, Rostock, Wismar, Stralsund, Greifswald, Stettin ꝛc. vor, daß bei dem Wachsen der Bevölkerung die ursprünglichen Hausplätze in 2, 3 oder mehr Plätze geteilt wurden, aber es ist uns kein Fall bekannt, daß der Lokator einem Einwanderer einen sehr großen Teil der zu gründenden Stadt verkauft und demselben dadurch einen überwiegenden Einfluß eingeräumt hätte; im Gegenteil scheint man wie bei den Marschgemeinden auch in den Koloniestädten vorzugsweise die Bauplätze von gleichem Umfang abgeteilt zu haben.[76] Für die Erklärung des Namens wäre also eine genauere Kenntnis der Entwickelung dieser Gegend von 1188—1248 wünschenswert, und bis irgend ein Zufall noch ein Schriftstück aus jener Zeit ans Licht bringt, müssen wir uns wohl über die Bedeutung des Namens beruhigen. — Zur Zeit der Einrichtung des Stadterbebuches, also 60 Jahre nach der Gründung von Neu-Hamburg, scheint der Rödingsmarkt schon fast ganz bebaut gewesen zu sein, denn von den in den Jahren von 1248 bis 1273 im Stadterbebuch eingetragenen 59 Grundstücken finden sich nur 10 Bauplätze (area), auch nur bis 1264 erwähnt, dagegen kommt schon auf Seite XXV ein Viertel-Bauplatz (quartam partem aree) vor. Nach Sitte damaliger Zeit wurde im Stadterbebuch selten die Straße bemerkt, wo das resignierte Grundstück lag, es war ja den Beteiligten bekannt, und daher begnügte man sich in der Regel mit der Bezeichnung „wo es gelegen ist" (sicut sita est). Wenn aber im Rödingsmarkt 59 Grundstücke eingetragen sind, so spricht dies allerdings für die eigentümliche Stellung, denn keine andere Straße wird so häufig erwähnt, andererseits ist es aber kein Beweis, daß von den übrigen im Stadterbebuch eingetragenen Grundstücken nicht noch einige andere ebenfalls im Rödingsmarkt lagen. Es spricht allerdings nicht für die Bedeutung dieser Gegend, daß im Rödingsmarkt nur ein steinernes Haus (domus lapidea) vorkommt, dagegen wird fünfmal ein granarium, Speicher, Kornspeicher, erwähnt, was also beweisen würde, daß schon damals manche Bewohner des Rödingsmarktes Kaufleute waren, falls nicht, wie andere meinen, granarium Scheune bedeutet und demnach einige Bewohner Landwirtschaft betrieben hätten. — Andere durch die Eintragungen im Stadterbebuch angeregte Fragen wollen wir hier übergehen, da die Geschichte des Rödingsmarktes nicht speziell davon berührt wird, nur einen Fall möchten wir erwähnen, Seite LXXIV assigniert nämlich im Jahre 1264 der Schmied Wiebern dem Schmied Tiderich ein Haus neben dem Heiligen-Geist-Hospital. Feuergefährliche Anlagen, wie Bäckereien, Brauereien, Schmieden 2c., durften auf einem Grundstück nur mit Genehmigung des Rats und der Nachbarn eingerichtet werden, durch die Erlaubnis wurde die Anlage eine Gerechtsame für das Grundstück. In Alt-Hamburg waren gewerbliche Anlagen überhaupt auf bestimmte Straßen beschränkt, welche davon ihre Namen führen, wie z. B. die Bäcker- und Schmiedestraße. In Neu-Hamburg bestand diese Beschränkung nicht, nur die Schmiede scheinen ursprünglich nach dem kleinen Burstah verwiesen worden zu sein, weshalb die Straße anfangs die Schmiedestraße genannt wurde. Wenn aber 1264 ein Schmied einem andern ein Haus verkauft, so wird dies vermutlich ein Haus mit einer Schmiedegerechtigkeit gewesen sein, und also beweisen, daß die Anlage von Schmieden schon 1264 nicht mehr auf den kleinen Burstah beschränkt war. Als später die Schmieden nicht mehr als besonders feuergefährlich angesehen wurden und daher überall angelegt werden konnten, verlor eine Schmiedegerechtigkeit ihre Bedeutung, infolgedessen mag auch die Schmiedegerechtigkeit im Rödingsmarkt in Vergessenheit geraten sein, aber noch Ende des vorigen Jahrhunderts besaß ein Schmied ein Erbe neben dem Heiligen Geist.

Der Rödingsmarkt bildete zwar im 15. Jahrhundert die Grenze der Stadt, aber das Rödingsmarktflet war nicht der Stadtgraben, wie F. H. Neddermeyer (Topogr. I S. 29 und 291) annimmt, sondern das Flet hinter der Herrlichkeit. Neddermeyer ist durch einige fehlerhafte Auszüge aus dem alten Stadterbebuch bei Staphorst zu diesem Irrtum verleitet worden.[77]) Das betreffende Grundstück lag nicht am Nordende, sondern am Südende des Rödingsmarkts, und der Ausdruck „extra murum" bezieht sich daher nicht auf die westliche, sondern auf die südliche Stadtmauer. Das Stadterbebuch enthält auch noch einige andere Nachweise, daß das Flet hinter der Herrlichkeit den Stadtgraben bildete. 1268 erwirbt Alheidis, die Frau des Müllers Eler, die Schleuse im Rödingsmarkt, diese müßte aber dem Rat gehört haben, wenn das Flet der Stadtgraben gewesen wäre. 1270 wurde ein Haus bei der Schleuse vor dem Müllernthor verkauft, folglich muß das Thor zwischen dem Rödingsmarkt und dem Flet hinter der Herrlichkeit gelegen haben und dieses der Stadtgraben gewesen sein. Unrichtig ist auch die Bemerkung bei Neddermeyer (S. 291) und einigen andern Topographen, daß die Westseite des Rödingsmarktes erst zwischen 1455 und 1500 bebaut worden sei. Im Stadterbebuch von 1248 bis 1273 finden wir 59 Grundstücke im Rödingsmarkt eingetragen, unter diesen mögen einige doppelt verzeichnet sein, dagegen werden noch manche Grundstücke im Stadterbebuch fehlen, außerdem kommt es einige Male vor, daß ein Haus mit Bauplatz, ein Bauplatz mit Speicher, ein Viertel Bauplatz 2c. verlassen wird. Anfang des 17. Jahrhunderts finden wir im Rödingsmarkt 81 Grundstücke verzeichnet, seit dem 18. Jahrhundert wohnen von den 67 Interessenten 37 auf der

Ostseite, 30 auf der Westseite, es ist daher ganz unmöglich, daß die im 13. Jahrhundert eingetragenen Grundstücke sämtlich auf der Ostseite gelegen haben, mithin muß schon damals die Westseite bebaut gewesen sein. — Bei dieser Gelegenheit möchten wir noch einen Augenblick bei dem Namen „Herrlichkeit" verweilen. Die Sage berichtet bekanntlich, daß an der Westseite des Rödingsmarktes, die Stadt durch einen hohen Wall geschützt gewesen sei. In Friedenszeiten hätten die Herren des Rates auf diesem Wall ihre Gärten gehabt, auch ehrbare Bürger durften an Tagen, wenn die Stadtthore geschlossen waren, den Wall zu Spaziergängen benutzen, und daher habe diese Gegend den Namen Herrlichkeit erhalten. Betrachten wir nun eine Ansicht von Hamburg aus dem 16. Jahrhundert, so sehen wir an der Westseite der Herrlichkeit die Stadtmauer mit zahlreichen Türmen, und nur die Ostseite mit kleinen Häusern bebaut, also war damals keine Spur von Wall vorhanden. Die Städte überhaupt, also auch ebenfalls Hamburg, begannen erst im 15. Jahrhundert nach Erfindung des Schießpulvers und Einführung der Feuerwaffen ihre Mauern durch Wälle zu ersetzen, weshalb man die Errichtung des Walles an der Herrlichkeit etwa gleichzeitig mit der Anlegung des Altenwalles (1475 bis 1481) ansetzen müßte. Es ist aber doch ganz undenkbar, daß die Hamburger nach der Erbauung des Baumwalles (jetzt Admiralitätstraße) gegen Ende des 15. Jahrhunderts, im 16. Jahrhundert den Wall an der Herrlichkeit wieder durch eine Stadtmauer ersetzt haben sollten, wie die Stadtpläne aus dem 16. Jahrhundert zeigen. Wir müssen daher wohl die Nachricht von dem Wall an der Herrlichkeit in das Gebiet der Sage verweisen, welche entstanden ist, um den Namen der Straße, welcher übrigens erst im 16. Jahrhundert vorkommt, zu begründen. Höchst wahrscheinlich ist die Benennung durch den Hamburger Volkswitz entstanden, ein Spottname, wie z. B. die Rosen- und Lilienstraße. Da in den engen dunklen Straßen längs der Stadtmauer sich vorzugsweise Leute ansiedelten, welche nicht gern mit den Behörden in Berührung kamen und deren Erwerbsquellen nicht selten das Licht des Tages scheuten, so bildete auch das Äußere dieser Straße oft einen Gegensatz zu den von den wohlhabenden Bürgern bewohnten Straßen. Dieser Zustand der Herrlichkeit mag im Vergleich mit dem benachbarten Rödingsmarkt sehr in die Augen springend gewesen sein und zu dem Spottnamen veranlaßt haben. Ebenso werden auch die Namen: Kaakstwiete und Slamatjenbrücke als Spottnamen entstanden sein.

Wenn den oben entwickelten Gründen zufolge das Rödingsmarktflet niemals ein Stadtgraben gewesen sein kann, so werden wir uns nach einer andern Ursache seiner Entstehung umsehen müssen. Die Lage des Flets in der Mitte der Straße ist eine Eigentümlichkeit, welche nur noch einmal in kleinerem Maßstab beim Kleinenflet und in etwas veränderter Form beim Holländischen Brok und bei der Holländischen Reihe vorkam. In der Regel liegen in Hamburg die Flete zwischen den Straßen, so daß die Häuser mit ihrer Hinterfront an das Flet grenzten. Die Straße beim Kleinenflet ist entstanden, indem die Anlieger zu beiden Seiten des Grabens hinter ihren Gärten schmale Fußwege anlegten, und als man nach und nach in den Hintergärten kleine Wohnhäuser erbaute, wurden die Fußwege durch Vorrücken der Vorsetzen allmählich verbreitert bis man sie als Fahrwege benutzen konnte. Auf ähnliche Weise kann der Rödingsmarkt nicht entstanden sein, denn es war die Hauptstraße, und die Grundstücke haben von Anfang an ihre Vorderfront der Straße zugekehrt. Auch muß die Straße schon bei Gründung der Stadt mit dem Flet in der Mitte, also im niederländischen Charakter angelegt worden sein. Ohne Zweifel sind bei der Gründung von Neu-Hamburg der Einladung Wirad's von Boizenburg manche Niederländer gefolgt, wir finden im Stadterbebuch einen Albertus hollandus, Heinricus frisones, Thidercus de Swolle, Johannes und Reimarus de Stovria oder Stovern, Gerardus, Otto, Heinricus, Elwardus, Lutbertus, Hildebrandus, Lumbertus, Alardus, Gereboldus de Groningen 2c., aber im Rödingsmarkt finden wir nur Thidericus de Swolle, wogegen die meisten Besitzer aus der nächsten Umgegend

eingewandert zu sein scheinen. Da aber die Marschen erst im Laufe des 12. Jahrhunderts von ein=
gewanderten Friesen und Holländern bevölkert worden sind, so ist es nicht unmöglich, daß die aus
diesen Gegenden kommenden Einwanderer ihre Vorliebe für niederländische Bauart mitgebracht haben,
und diese Gruppe ist im Rödingsmarkt ziemlich stark vertreten. Wir finden hier z. B. Walther de
Marsen, Johannes de Insula, Odekinus stedingus, Giselbertus de Yorke, Helmicus de
Hadelen, Henricus de Stadis, Ludicus de Bockestehude, Johannes de Vinkenwerdere,
Bernhardus stadingus, Fredericus de Gamme, Thidericus de Hadelaria c. Indessen wird
der Hauptgrund für die Anlage des Flets in der Beschäftigung der Bewohner zu suchen sein. Das
Stadterbebuch giebt uns darüber wenig Aufschluß, denn nur ausnahmsweise wird das Geschäft der
Verkäufer angegeben. Im Rödingsmarkt finden wir außer dem bereits erwähnten Schmied nur noch
einen Kistenmacher, einen Schwertfeger und einen Glockengießer aufgeführt. Da aber die Haupt=
erwerbszweige in Neu=Hamburg Handel und Schifffahrt und Bierbrauerei waren, wenn unter 81
Grundstücken im Rödingsmarkt sich 77 Brauerben fanden, wenn überhaupt der Rödingsmarkt von
allen Straßen Hamburgs die meisten Brauerben besaß, so darf man wohl mit Recht annehmen, daß
schon im 13. Jahrhundert die Eigentümer im Rödingsmarkt hauptsächlich Brauer waren, und für
diese war das Flet von großer Wichtigkeit. Zur Zeit, als Neu=Hamburg gegründet wurde, werden
das Flet hinter der Herrlichkeit, das Rödingsmarktflet und das Deichstraßenflet dazu gedient haben,
um bei Hochwasser in der Alster, also bei Sturzregen, Schneeschmelzen c., dieselbe zu entlasten, das
überflüssige Wasser abzulassen, damit es den Damm nicht zerstörte. Es werden daher schmale und
flache Gräben gewesen sein. Nachdem aber die Stadt angelegt war, wurde hauptsächlich das Flet
hinter der Herrlichkeit als Abzugsgraben benutzt, da es zugleich als Stadtgraben vertieft und verbrei=
tert worden war, während das Deichstraßenflet und das Rödingsmarktflet nur in der Not noch zum
Abfluß dienten und daher mehr und mehr verschlämmten. Den Brauern im Rödingsmarkt war es
aber wichtig, daß sie stets genügend Wasser zum Brauen hatten, was beim wechselnden Wasserstand
der Elbe nicht immer der Fall war, und ferner, daß sie ihr Bier zu Wasser versenden und Getreide
und Brennholz zu Wasser wieder aufnehmen konnten. Sie vereinigten sich daher, um den Abzug=
graben in ein ordentliches Flet zu verwandeln, schlossen das Flet mit einer Schleuse gegen die Elbe,
damit auch bei der Ebbe im Flet genügend Wasser zurückblieb, und verbanden das Flet durch ein
großes Siel mit der Alster, damit sie von dorther stets reines gutes Wasser erhalten konnten. Dies
wird durch verschiedene Thatsachen bestätigt. Wir haben aber bereits erwähnt, daß Frau Alheidis die
Unterhaltung der Schleuse, wodurch das Siel gegen die Alster geschlossen war, unter gewissen Bedin=
gungen 1268 übernahm. Würde das Flet und Siel aber von der Stadt erbaut worden sein, dann
hätte der Rat (Consules) die Schleuse verlassen, davon ist hier jedoch nicht die Rede. Für den
Müller war es von Wichtigkeit, daß in der trockenen Jahreszeit der Alster nicht zu viel Wasser ent=
zogen wurde, die Schleuse also in gutem Zustande war, und die Rödingsmarkter nicht überflüssiger
Weise ihr Flet mit Wasser füllten. Ferner mußte das Siel, welches aus großen Felsblöcken erbaut
war, von den Rödingsmarktern unterhalten werden, wogegen die Unterhaltung des Sieldeckels, weil
die öffentliche Straße darüber führte, Sache des Rats war. Die Schleuse beim alten Waisenhause
(das Schütt) wurde von den Interessenten unterhalten, der Jahrverwalter verwahrte den Schlüssel,
und nur mit seiner Bewilligung konnten Schiffe ein= und ausgelassen werden. Ebenfalls war die
Brücke neben der Schleuse Angelegenheit der Rödingsmarkter, sie mußten dieselben reparieren und
wenn nötig, neu bauen. Offenbar hatten sie dieselbe zur besseren Verbindung der Ost= und Westseite
erbaut, bevor das Schaarthor angelegt war. Die beiden Brücken gegenüber der Steintwiete und
Görttwiete sind zwar schon 1286 und 1288 vorhanden (C. F. Gaedechens, Hist. Topogr. S. 36),

dienten später aber hauptsächlich dem öffentlichen Verkehr, (zur Verbindung mit der Neustadt) und mußten daher von dem Rat unterhalten werden. Dasselbe ist der Fall mit den Brücken in der Steintwiete und Görttwiete, doch die Vorsetzen mußten die Eigentümer unterhalten. Die Unterhaltung der Vorsetzen war allerdings immer Sache der anliegenden Grundbesitzer; aber hier am Rödingsmarkt tritt doch wieder der Unterschied auf, daß dieselbe sämtlichen Eigentümern auf beiden Seiten der Straße oblag. Anders lag die Sache bei den Brücken auf den Kajen. Die Brücke an den Buten=Kajen diente weniger dem öffentlichen Verkehr und mußte daher von den Bürgern unterhalten werden; die Brücke an den Binnen=Kajen war allerdings eine öffentliche Verkehrsbrücke, aber sie wurde nur zur Hälfte vom Rat unterhalten, und dies hatte einen besonderen Grund. Als im 16. Jahrhundert die Bauplätze in der Stadt für die Einwohnerzahl nicht mehr ausreichten, begann man auch die Seiten mancher Brücken zu bebauen, im Jahre 1577 kaufte Hans Becker von dem Rat das Recht, die beiden Seiten der Brücke auf den Binnen=Kajen zu bebauen; dagegen übernahm er die Verpflichtung, die Vorsetzen und die halbe Brücke auf seine Kosten zu unterhalten. Endlich kommt auch noch hinzu, daß die Interessenten einzelne Plätze am Flet zur Erbauung kleiner Verkaufsbuden ꝛc. vermieteten, ohne daß dieses Recht ihnen jemals von den Behörden streitig gemacht wurde. Aus dem Vorstehenden ergiebt sich also, daß wohl unzweifelhaft das Flet von den Bewohnern des Rödingsmarkts angelegt und unterhalten worden ist, und die Gesellschaft der Interessenten des Rödingsmarkt=Flets, Schüttes und Sieles daher so alt ist wie das Flet. Von der Gesellschaft ist dies stets behauptet worden, und in ihren Ordnungen wird schon seit dem 16. Jahrhundert stets darauf hingewiesen, daß sie in uralter Zeit, vor undenklichen Jahren das Flet, Siel und Schütt auf ihre Kosten erbaut und seitdem unterhalten haben; auch weist die Organisation der Gesellschaft auf ein hohes Alter hin. — An der Spitze standen zwei Alte (Oberalte oder Älterleute), von beiden Seiten des Rödingsmarkts je einer auf Lebenszeit erwählt, welche abwechselnd ein Jahr lang die Verwaltung führten. Der verwaltende Alte präsidierte in den Versammlungen der Interessenten, vertrat die Gesellschaft nach außen, verhandelte mit den Behörden und hatte die Ausführung der Beschlüsse zu überwachen. Den Alten zur Seite standen die beiden Adjunkten und die beiden Jahrverwalter, von jeder Seite der Straße je einer auf je 2 Jahre durch Stimmenmehrheit erwählt, so daß der verwaltende Vorstand jedes Jahr aus drei Personen, aus einem Alten, einem Adjunkten und einem Jahrverwalter bestand. Der Jahrverwalter hatte alle Einnahmen und Ausgaben zu besorgen, die Bücher und das Protokoll zu führen und war also Rechnungs= und Schriftführer der Gesellschaft. Außerdem kommen in älterer Zeit noch Fletgeschworene vor, welche insbesondere die Ordnung im Flet zu überwachen hatten.

Die älteste schriftliche Nachricht, welche uns von der Wirksamkeit der Gesellschaft berichtet, datiert aus dem Jahre 1514. Ludwig Pruse, der Besitzer des Hauses am Burstah neben dem Siel, hatte an seinem Hause eine Dachrinne über dem Siel anbringen lassen, von seinem Keller ein Privet über dem Siel angelegt und durch einen steinernen Ort den Eingang zum Siel verengt. In der Jahresversammlung der Interessenten, am Montag nach Lätare, verpflichtete sich Ludwig Pruse durch Handschlag, sobald die Interessenten es verlangen, die Dachrinne, da sie nur vergünstigt sei, wegzunehmen und den Tropfenfall nicht länger in das Siel fallen zu lassen, und bis künftigen Ostern, sowohl den Ort an der Alster, als auch das Privet wegräumen und die Thür von dem Keller in Tafelwerk vermauern zu lassen, auch soll das Siel an der Straße unbebaut bleiben, damit man jederzeit hineinsehen kann. Die Gesellschaft ist also schon vollständig organisiert, sie hält ihre regelmäßigen Versammlungen und weiß die Interessen ihrer Mitglieder zu vertreten. Doch unsere Vorfahren waren keine Freunde von vielen Schreibereien, und was allen bekannt war, brauchte nicht erst aufgezeichnet zu werden. Verkäufe und Verträge aller Art wurden mündlich vor Zeugen abgeschlossen, und damit war die Sache erledigt; erst wenn Differenzen entstanden und durch Vergleiche geordnet wurden, hielt man eine schriftliche Aufzeichnung für nötig. Es kann daher nicht Wunder nehmen, daß über die Gründung der Interessenten des Rödingsmarktflets, über ihre Gesetze und Ordnungen aus älterer Zeit keine Nachrichten vorhanden sind. So lange die Bierbrauerei blühte, hatte die übergroße Mehrzahl der Erbgesessenen im Rödingsmarkt ein reges Interesse für die Instandhaltung des Flets; es entstanden nur selten Differenzen, welche leicht ausgeglichen werden konnten, die Verwaltung war eine sehr einfache, und nachdem sie einmal eingerichtet war, konnte sie Jahrhunderte lang fortgeführt werden, ohne daß ernstliche Störungen vorkamen und schriftliche Aufzeichnungen nötig wurden. Als aber die Ausfuhr von Hamburger Bier zurückging (1376 brauten in Hamburg 125 Brauereien nur für Amsterdam und 55, größtenteils im Rödingsmarkt, für Stavoren in Holland) und gegen Ende des 15. Jahrhunderts die Ausfuhr nach den Niederlanden fast ganz aufgehört hatte, da wandten auch manche Besitzer von Brauerben im Rödingsmarkt sich andern Erwerbsquellen zu, die Interessen der Erbgesessenen wurden infolgedessen geteilt, die frühere Einhelligkeit verschwand, es entstanden häufiger Differenzen, und eine schriftliche Aufzeichnung der Ordnungen (Gesetze) machte sich fühlbar. In der Jahresversammlung 1526 am Dienstage nach Mitfasten in der Scharkapelle (in der Kapellen unser Leven Frouwen Thom Schare) wurden 7 Artikel bestimmt und darauf in der folgenden Versammlung am Tage Lätare genehmigt. Es wurde ferner ein Protokoll angelegt, worin die Beschlüsse der Jahresversammlung und von dem Rechnungsführer alle aus= und eingehenden Gelder eingetragen werden sollten. Im Laufe der Zeit ist die Zahl der Artikel allmählich vermehrt worden und war Ende des vorigen Jahrhunderts schon auf 43 angewachsen, aber die Grundsätze der Verwaltung sind unverändert geblieben. — Auch die Zahl der Interessenten war nicht immer dieselbe, seitdem in vielen Grundstücken die Brauerei aufgehört hatte. In guten Jahren, wenn die Genossenschaft an ihre Mitglieder Einnahmen verteilen konnte, nahmen alle Erbgesessenen gern Teil, wenn aber große Ausgaben bevorstanden und die Mitglieder außerordentliche Beisteuern leisten mußten[78]), dann suchten manche die ihnen nutzlos scheinende Ausgabe zu vermeiden und ließen sich von der Liste streichen. So finden wir z. B. 1602 noch 81 Mitglieder, welche Ende des Jahrhunderts auf 67 gesunken waren. In guten Zeiten suchte Mancher allerdings wieder einzutreten, so wurde z. B. 1674 Benjamin Wiese gegen Zahlung von 100 Mark Courant von den Interessenten wieder aufgenommen. — Viele Ausgaben und Verdrießlichkeiten verursachte der Verwaltung die Schleuse beim alten Waisenhause, das Schütt, weil sie in der Regel geschlossen war. Kamen nun fremde Schiffer, um einzufahren, und hatten die Empfänger der Waren nicht rechtzeitig für Öffnung der Schleuse gesorgt, dann versuchten sie nicht selten, dieselbe mit Gewalt zu erbrechen, und richteten dadurch allerlei Schaden an, was der Gesellschaft große Unkosten verursachte. Außerdem kam es auch vor, daß einer der Interessenten den Schlüssel holen ließ, aber nicht zurück lieferte, die Schleuse nicht wieder schloß oder den Schlüssel in seinem Hause behielt, was ebenfalls mancherlei Verdrießlichkeiten zur Folge hatte. Es wurde deshalb schon 1526 beschlossen: „Wer das Schütt vorsätzlich mit Gewalt aufbricht, der soll es mit 20 Mark Courant büßen", und „Wer den Schlüssel holt, der soll ein Pfand geben (einen Thaler oder einen silbernen Löffel), und wer den Schlüssel vor Nacht nicht wieder zur Stelle bringt, der soll es mit 8 Schilling büßen." Auch das Siel verursachte nicht allein manche Verdrießlichkeiten, wie wir bereits 1514 gesehen haben, sondern auch zuweilen recht erhebliche Kosten. 1555 mußte dasselbe ganz neu erbaut werden, und die Rödingsmarkter ließen es aus behauenen Felsen (6 Quaddor hoch) herstellen, wozu jedes Brauhaus 2 Mark und ein Wohnhaus 4 Schillinge beitragen mußte. Ebenfalls verlangte die Mauer und die Brücke bei dem Schütt häufige Reparaturen. 1553 war die Mauer so verfallen, daß ein Ewer weder hineinfahren noch ausgehen konnte, und auf Befehl des Rats mußte der Jahresverwalter Paul Vaget, da der verwaltende Jochim Crull verreist war, die Mauern neu aufführen lassen.

So lange fast sämtliche Bewohner des Rödingsmarkts das Brauergewerbe betrieben, hatten alle ein gleiches Interesse daran, daß das Flet stets rein und voll Wasser gehalten wurde. Später aber war dies vielen sehr gleichgültig, sie benutzten das Flet wohl zum Aufnehmen und Absetzen von Waren, ob aber das Wasser rein oder schmutzig war, kümmerte sie nicht und es war ihnen lästig, daß sie jedesmal die Schleuse erst öffnen und schließen mußten. Noch andere benutzten das Flet gar nicht, und sie glaubten daher, wie überall in Hamburg, das Flet zur Entfernung von allerlei Unrat benutzen zu können. Namentlich war es die Anlage von Priveten, welche die Interessenten wiederholt beschäftigte. Wie schon 1514 die Rödingsmarkter nicht erlauben wollten, daß in dem Siel von der Alster ein Privet angelegt werden durfte, so wurde auch in einer Versammlung am 20. Septbr. 1556 in der Scharkirche in Gegenwart der Ratmänner Nicolaus Hartiges und Laurentz Neybur dem Heinrich Ebelinck verboten, in dem Eingang zum Flet von der Elbe ein Privet anzulegen. Indessen mag es manchen Bewohnern unbegreiflich gewesen sein, warum ihnen nicht erlaubt sein sollte, was überall in Hamburg nicht verboten war. Es war eine allgemeine, noch bis in die erste Hälfte dieses Jahrhunderts herrschende Unsitte, an allen Fleten öffentliche und geheime Abtritte anzulegen, Stubenkehricht, Küchenabfälle, überhaupt allen Unrat des Hauses und der Straße ins Flet zu werfen, und in welchem Umfange diese Unsitte herrschte, beweist wohl am besten, daß eine besondere Gattung von Lumpensammlern, die sogenannten Fletenkieker, die Flete zur Ebbezeit durchsuchten, ob in dem weggeworfenen Unrat noch brauchbare Gegenstände zu finden seien. Bei reichlichem Wasser in der Elbe sorgten Flut und Ebbe einigermaßen für die Reinigung, aber wenn im Winter bei anhaltender Kälte die Flete mit Eis bedeckt waren oder im Sommer bei anhaltender Dürre selbst bei Hochwasser fast trocken blieben, boten sie nicht nur einen widerlichen Anblick, sondern die schlimmen Ausdünstungen mögen nicht selten verderbliche Seuchen hervorgerufen haben. Trotzdem haben manche Eigentümer im Rödingsmarkt versucht, ähnliche Zustände im Rödingsmarktflet einzuführen, und es bedurfte wiederholter, energischer Anstrengungen der Vorsteher, um dieses zu verhindern. Als im Anfang des 17. Jahrhunderts die Zahl der geheimen Privete sich wieder sehr vergrößert hatte, versammelten sich viele Erbgesessene des Rödingsmarkts in der Maria Magdalenen Kirche und beschlossen, dahin zu wirken, daß alle Privete weggeschafft werden sollten, und in der Jahresversammlung am 24. April 1610 im Nikolai Kirchensaal wurde die Aufnahme eines neuen Artikels "Im Rödingsmarktflet soll kein Privet geduldet werden" einstimmig genehmigt, aber noch wiederholt mußten die Vorsteher und die Jahresversammlung sich mit der Frage beschäftigen. Auch die Düpe des Flets war Sache der Interessenten. Hatte das Flet nicht mehr die ordnungsmäßige Tiefe, so ließen die Geschworenen, später der Jahrverwalter ausbaggern und die Kosten wurden nach der Länge ihrer Fletfronten auf die Interessenten verteilt, hatten sich aber nur einzelne erhöhte Stellen gebildet, dann mußten diese von den betreffenden Eigentümern entfernt werden. Unrat durfte nicht ins Flet geworfen werden, doch konnte jeder Eigentümer vor seinem Hause eine verdeckte Mistkiste von 4 Fuß Höhe aufstellen, um darin Haus= und Straßenkehricht aufzuheben und denselben von Zeit zu Zeit abfahren zu lassen. Mit dem Bestreben der Interessenten, jede Verunreinigung des Flets zu verhindern, stimmt eine Erzählung der Chronisten sehr wenig überein. "In alter Zeit seien die Lachse im Rödingsmarktflet so häufig gewesen, daß man sie mit den Händen greifen und in Körben fangen konnte, und die Bewohner hätten nur nötig gehabt, die Treppe zum Flet hinabzusteigen, um sich ein Gericht schöner Lachse einzufangen. Die Fische hätten sich mit Begier in

26*

das Flet hineingedrängt, weil die Brauer ihre verbrauchte Maische in das Flet zu werfen pflegten." Selbst wenn die Brauer eine Verwendung der Maische als Viehfutter noch nicht kannten, so duldeten die gestrengen Herren Jahrverwalter und Fletgeschworenen es nicht, die gebrauchte Maische ins Flet zu werfen, da die Interessenten das Wasser zum Bierbrauen benutzten. Sie mußten dieselbe wie allen andern Unrat entweder in einem Schiffe nach der Elbe oder auf Wagen zum Thore hinausbringen lassen, außerdem würden die Lachse den Eingang zum Flet schwerlich gefunden haben, da das Schütt nur zum Ein- und Auslassen der Schiffe geöffnet wurde. So gern wir den Rödingsmarktern diesen Lachsreichtum gönnen wollten, müssen wir die Erzählung doch in das Reich der Fabel verweisen, wie es gleichfalls nur eine Sage ist, daß in Hamburg kein Bürger seinen Dienstboten mehr als zweimal in der Woche Lachs zu essen geben durfte. Bis jetzt ist das Gesetz nirgends aufgeschrieben gefunden, und beide Nachrichten stammen aus einer Zeit, wo in den Hamburger Fleten keine Lachse angetroffen wurden.

Auch die Ordnung auf der Straße beschäftigte nicht selten die Verwaltung. Die Vorsetzen mußten in gutem Stande gehalten werden und 4 Fuß höher als das Straßenpflaster sein, damit niemand in der Dunkelheit in das Flet stürzen möge, auch mußten deshalb die Treppen nach dem Flet des Abends mit Luken geschlossen werden. Die Mistkisten durften nicht höher als 4 Fuß sein, und niemand sollte seinen Platz vor dem Hause mit einer Bude oder dergleichen Gebäude besetzen. Auch werden zuweilen manche Eigentümer ermahnt, das Trottoir in gutem Stande zu erhalten, doch haben wir keine Nachricht darüber auffinden können, wer ursprünglich das Straßenpflaster der Fahrstraße zu unterhalten hatte. Die Hauptsorge der Verwaltung bildete aber das Flet und nicht nur die Reinhaltung des Wassers, sondern auch die Schiffahrt erforderte manche Verordnungen. 1527 beschloß die Jahresversammlung „Wenn das Magdeburger und märkische Korn kommt, und jemand im Rödingsmarkt davon gekauft hat und auftragen lassen will, dann soll er vorher seinen Prahm aus dem Flet legen lassen, damit das Kornschiff Raum habe, bei Strafe von 10 Schilling 4 Pfenning. Die Strafgelder sollen zum Besten des Schütts verwendet werden". Diese Verordnung beweist, daß vorher oftmals wegen der großen Kornschiffe Differenzen entstanden sein müssen, aber man kann nicht daraus schließen, daß damals viele Getreidehändler im Rödingsmarkt gewohnt haben, denn auch die Brauer gebrauchten zum Malz große Getreidevorräte. Später wurde auch beschlossen, daß keine breitere Schiffe in das Flet gebracht werden dürfen, als daß zwei von derselben Breite einander vorbeikommen können. Ebenfalls durfte kein Wrack ins Flet gebracht werden, und falls ein Schiff im Flet leck wurde, mußte der Eigentümer es innerhalb 24 Stunden hinausschaffen lassen. Wenn infolge einer Sturmflut oder sonst einer Ursache die Vorsetzen eines Grundstücks einstürzten, dann mußte der Eigentümer die Pfähle und Bohlen thunlichst bald wegräumen, damit die Schifffahrt durch dieselben nicht gehemmt wurde, auch die Vorsetzen in 6 bis höchstens 8 Wochen wieder gehörig in Stand setzen lassen. Endlich hatten die Geschworenen, später der Jahrverwalter auf die Breite des Flets zu achten. In Hamburg herrschte früher die Unsitte, daß jeder Eigentümer berechtigt zu sein glaubte, von dem neben seinem Grundstück fließenden Wasser gelegentlich sich kleinere oder größere Strecken aneignen zu dürfen. Bei jedem Neubau des Hauses oder der Vorsetzen wurden die Pfähle ein wenig weiter in das Flet vorgeschoben, so daß endlich an manchen Stellen kaum eine Schute hindurch kommen konnte. Namentlich beim Reichenstraßenflet und dem Kleinenflet sind drei und vier Fundamente von Vorsetzen hinter einander aufgefunden worden. Im Rödingsmarkt konnte jeder Neubau der Vorsetzen von den Nachbarn überwacht werden, dennoch wird es an ähnlichen Versuchen auch hier nicht gefehlt haben, und namentlich waren es die Pfähle, worauf die Winden ruhten, welche die Eigentümer weiter in das Flet vorzurücken suchten. 1653 hatten die Vorsteher eine Differenz mit Evert Rembart, der die Windepfähle vor seinen Vorsetzen eingesetzt hatte, 1665 mit den Provisoren des Waisenhauses wegen der Windepfähle ihres Hauses „Der blaue Engel", 1733 wieder mit Margarethe Stampelen Erben, weshalb beschlossen wurde, daß niemand seine Vorsetzen und Windepfähle weiter hinaussetzen dürfe, als die ursprüngliche Grundlage liege; auch wer eine steinerne Vorsetze habe, müsse die Winde auf den Vorsetzen befestigen lassen.

Die Gesellschaft besaß einige feste Einnahmen, z. B. aus zwei Buden, welche am Ende des Flets beim alten Waisenhause standen und für 120 bis 150 Mark Courant jährlich vermietet waren. Das wichtigste Besitztum bildete aber der sogenannte Knebelappen, der Platz zwischen dem Flet und den Kajen. Um 1560 hatte der Jahrverwalter Peter Lange den Platz außerhalb der Mauer, wo bis dahin die Witwe Collins gewohnt, von der Kammer gekauft, um hier ein neues Haus bauen zu lassen. Zu dem Zweck hatte er alsdann das Steinhaupt, welches hier das Ufer gegen das Eindringen der Elbe schützte, und die Mauer längs der Fleteinfahrt dreißig Fuß lang abbrechen lassen. Ob ihm nun die Gelder zum Bau fehlten, oder ob andere Gründe die Fortsetzung des Baues hinderten, er ließ den ganzen Sommer hindurch zum Verdruß der Rödingsmärkter den Platz wüste liegen. Inzwischen wurde es aber bekannt, daß Peter Lange beabsichtigte ein Haus mit Lauben und Priveten zu erbauen, weshalb die erbgesessenen Bürger des Rödingsmarkts auf beiden Seiten mit einander sich berieten, wie solcher Schaden und Verderb für den Rödingsmarkt abzuschaffen sei, und beschlossen einhellig, den Platz an sich zu bringen. Sie haben alsdann den Platz von der Kammer für 100 Thaler gekauft und bezahlt, auch haben die Kämmereiherren Jürgen Vilter und Hermann Schele den Platz vor dem Rat verlassen und am Freitag nach Francisci allen erbgesessenen Bürgern im Rödingsmarkt und ihren Nachkommen zuschreiben lassen. Zu der Kaufsumme mußte jedes Brauerbe 1 Thaler und 1 Ort beitragen. Der älteste Flet-Geschworene Simon von Dahlen wurde alsdann beauftragt, das von Peter Lange aufgebrochene Steinhaupt wieder herstellen zu lassen, was 107 Mark 5 Schilling 6 Pfennig kostete. Dies konnte die Kasse ohne eine außerordentliche Zulage bezahlen, da die Interessenten noch 100 Mark bei Paul Vaget stehen hatten. Der Platz war den Rödingsmarktern unter der Bedingung überlassen worden, daß er bis zu ewigen Zeiten frei, leer und unbebaut bleibe, selbst wenn auf den Kajen Häuser erbaut werden sollten. Es geht also daraus hervor, daß 1562 die Südseite der Binnen-Kajen noch nicht mit Häusern bebauet war, wie auch auf dem Plan von Hamburg von 1572 hier noch die Stadtmauer gezeichnet ist. Auffallend ist es aber, warum den Rödingsmarktern die Bebauung des Platzes verboten wird, da doch die Witwe Collins hier schon gewohnt, also ein Haus besessen hatte, auch Peter Lange den Platz zum Bebauen kaufte, die Stadt durch den Wall hinter dem Kehrwieder auf dieser Seite genügend geschützt und also die Mauer ganz überflüssig geworden war. Als nun gegen Ende des 16. Jahrhunderts die Kajen allmählich auch an der Südseite bebaut wurden, und Miethäuser in dieser Gegend sehr gesucht waren, beschlossen die Interessenten 1614, auch auf ihrem Platz ein Haus zu bauen (hier wird zuerst der Name Knebelappen gebraucht). Unser Bild (siehe Seite 206) zeigt zwar nicht die Straße aus dem Anfang des 17. Jahrhunderts, doch wird es dem Leser trotzdem willkommen sein, da die Gebäude jetzt fast sämtlich verschwunden sind. Aber die Provisoren des Waisenhauses erhoben Protest gegen die Bebauung. Nach längeren Verhandlungen müssen die Interessenten doch wohl diese Hindernisse aus dem Wege geräumt haben, denn sie nahmen 1620 zum Bau des Hauses eine Hypothek von 1300 Mark Courant von der Witwe Katharine von Holz gegen eine Rente von 78 Mark auf. Das Kapital wurde 1633 zurückgezahlt und der Posten am 29. Juni im Stadterbebuch getilgt. Es ist daher ein Irrtum, wenn in manchen Topographien angeführt wird, daß erst 1687 der Name Knebelappen erwähnt und der Platz bebaut worden sei, 1687 mußte das Haus neu gebaut werden und dies ist wohl die Veranlassung zu dem Irrtum geworden. Gleichzeitig wurde das Steinhaupt repariert, auch ist wohl das Haus über dem Flet neben der Brücke in dieser Zeit erbaut, denn seit 1691 finden sich Mietkontrakte für ein Haus bei dem Waisenhaus von 270 bis 320 Mark, während das Haus Knebelappen 700 bis 800 Mark Miete einbrachte. 1803 wurde der Knebelappen teilweise durch Feuer zerstört. Als nun die Interessenten einen Neubau ausführen und zu dem Zweck eine Hypothek aufnehmen wollten, wurden sie beim Stadterbebuche abgewiesen, da der Platz ihnen nicht zugeschrieben sei. Umsonst beriefen die Alten und Jahrverwalter in einer Supplik vom 23. Juni 1803 an den Senat sich darauf, daß sie bisher das Schoß- und Feuerkassen-Geld regelmäßig bezahlt hätten und baten E. E. Rat, er möge den Sekretär beauftragen, den betreffenden Platz in dem Stadterbebuch aufsuchen zu lassen. Als keine Antwort erfolgte, reichten sie am 24. August 1803 ein Gesuch um Beschleunigung der Sache ein, doch erst am 23. November 1803 dekretierte der Senat, daß die Sache vorgängig an die Kirchspielherren von Nikolai und an die Düpeherren zu verweisen sei. Auf Bericht des Referenten dekretierte der Senat am 8. Febr. 1804, daß der Supplikanten Gesuch, vorkommenden Umständen nach, angebrachtermaßen keine Statt habe. Auf eine neue, von allen Interessenten unterschriebene Supplik vom 18. Febr. um Bestellung eines Correferenten dekretierte der Senat

Kajen in Hamburg.

am 21. März, daß zum nochmaligen Versuch der Güte, commissia auf Ihre Wohlw. Herrn Abendroth Dr. und Herrn Gräpel zu verfügen sei. Auf eine erneute Supplik dekretierte der Senat am 13. Juni, daß die Sache an die bereits verfügte Kommission zu verweisen sei. Inzwischen war aber das Grundstück im Stadterbebuch aufgefunden, und von dem Protonotar Lt. Schlüter am 11. Mai ein Extract über die Zuschreibung des Platzes vom Jahr 1562, sowie von der Eintragung des Postens von 1300 Mark im Jahr 1620 und Tilgung desselben im Jahre 1633 ausgefertigt. Allein das genügte den Interessenten noch nicht, sie mußten auch den Nachweis haben, daß das Grundstück unbeschwert sei, und auf eine neue Supplik dekretierte der Senat am 9. November, daß Supplikanten ad Dms. Sekretarios zu verweisen, worauf die Interessenten am 26. Novbr. endlich von dem Protonotar Schlüter den Extrakt empfingen, daß der Platz im Stadterbebuch unbeschwert sei. Darüber waren den Interessenten 18 Monate nutzlos verloren gegangen, und man sieht also, daß es unter Umständen recht nachteilig sein kann, wenn man seine Schulden bezahlt und ein unbeschwertes Grundstück besitzt. Doch hätten die Vorsteher diese Mühe sparen können, wenn sie in ihren Papieren besser Bescheid gewußt hätten, denn später fand sich in der Lade sowohl ein von dem Sekretär Joh. Schröder ausgestellter Extrakt von 1562, als auch die getilgte Hypothek von 1620.

Während dieser Zeit hatte noch eine zweite Unterhandlung stattgefunden. Die Kammer wünschte bei Gelegenheit des Neubaues den Straßenzug zu verbessern und trat daher mit den Interessenten in Unterhandlung. Infolgedessen wurde am 31. Oktober 1804 zwischen den Alten, Adjunkten und Jahrverwaltern des Rödingsmarkts und den Verordneten löblicher Kämmerei unter Zustimmung der Commissarien des Senats ein Vertrag abgeschlossen, nach welchem die Interessenten die Front ihrer beiden Häuser so weit einziehen sollten, daß die Straße von dem alten Waisenhause bis zum Eingang der Kajen eine gerade Linie bildete, die beiden Buden am Flet, welche den Verkehr hinderten, spätestens bis Mai 1805 abbrechen und wegräumen, und in Zukunft die Unterhaltungskosten der verbreiterten Brücke allein tragen sollten, wogegen die Kammer ihnen die Summe von 4500 Mark Courant auszahlen wollte, falls das betreffende Haus den Interessenten im Stadterbebuch eigentümlich zugeschrieben sei. Es muß in jener Zeit also ein sehr langsamer Verkehr unter den Mitgliedern des Senats stattgefunden haben, wenn die Commissarien des Senats am 31. Oktbr. noch nicht davon unterrichtet waren, daß der Protonotar Schlüter die Extracte aus dem Stadterbebuch bereits am 11. Mai unterzeichnet hatte. Nachdem diese beiden Verhandlungen zum Abschluß gelangt waren, konnten die Vorsteher endlich den Neubau der beiden Häuser in die Hand nehmen. Es bot sich ihnen nun eine recht günstige Gelegenheit, indem der Vorsteher Pehmöller am 27. Mai 1805 den sogenannten Klevelappen für 2000 Mark Spezies-Banko und 400 Mark Courant immerwährender Rente kaufte, (die Kammer hatte für den Platz 4000 Mark geboten) den Neubau des Hauses über dem Flet für 16,500 Mark Courant übernahm und dasselbe auf 10 Jahre für 1200 Mark Courant mietete. Nach Abzug der jährlichen Unkosten ergaben also die beiden Erben einen Reinertrag von circa 1400 Mark Courant; obgleich sie die Miete von den beiden Buden verlor, hatte also die Gesellschaft ihre Einnahmen sehr verbessert. Zu den Baukosten waren etwa 10,000 Mark Courant vorhanden (die Feuerkasse hatte am 1. Aug. für den Brandschaden den Interessenten 1500 Mark Courant ausgezahlt), und da sie an dem Grundsatz festhielten, daß ihre Erben unbeschwert bleiben sollten, beschlossen die Interessenten, 6700 Mark in Aktien à 100 Mark unter sich aufzubringen, von denen jährlich 6 ausgelost und zurückbezahlt werden sollten, mithin das ganze Kapital innerhalb 10 Jahren getilgt sein würde. Die Aktien, welche mit 4% jährlich verzinst wurden, fanden bereitwillige Annahme, nur einer der Interessenten schloß sich aus, und dessen Aktie wurde sofort von einem andern Interessenten übernommen. Trotz der folgenden schweren Zeiten der französischen Besetzung und der Continentalsperre konnte die Gesellschaft ihre Verpflichtungen erfüllen und regelmäßig 6 Aktien auslosen. Während der Belagerung wurde 1814 die Jahresversammlung der Interessenten von den Franzosen verboten, auch sahen sich die Vorsteher genötigt, die Miete des Hauses von 1200 auf 800 Mark herabzusetzen. Nachdem die Aktien ausgelost waren, beschlossen die

Interessenten, nicht den ganzen Überschuß zu verteilen, sondern für außerordentliche Fälle einen Reservefond anzulegen. 1818 hatten sie einen Hausposten von 1000 Mark belegt und besaßen außerdem noch einige Staatspapiere. 1823 war aber wieder ein Neubau der Brücke beim Knebelappen notwendig geworden, und durch die Baukosten wurden alle Kapitalien der Interessenten verbraucht. Es zeigte sich jetzt, daß die Interessenten bei dem Abschluß des Vertrages vom 31. Oktober 1804 einen Fehler begangen hatten. Die Brücke hatte längst aufgehört, eine Verbindungsbrücke der beiden Seiten des Rödingsmarkts zu sein, der öffentliche Verkehr überragte bei weitem, daher hätten sie den Bau und die Unterhaltung der Brücke an die Stadt abtreten müssen, die ein viel größeres Interesse für den Zustand derselben hatte. Vielleicht war es diese Erfahrung, welche die Interessenten 1839 zu einem andern Vertrage veranlaßte. 1834 hatte der Besitzer des Hauses neben dem Siel, J. D. B. Engel, den Eingang zum Gewölbe über dem Siel durch eine Thür schließen lassen, aber auf Klage der Interessenten erkannte das Niedergericht am 17. Jan. 1835, daß Engel bei 5 Thaler Strafe innerhalb 8 Tagen die Thür wegzuräumen und die Kosten zu tragen habe. Engel wandte sich jetzt an die Polizeibehörde, und auf polizeilichen Befehl vom 21. Jan. 1836 mußten die Interessenten zu dem Gewölbe eine verschließbare Thür machen lassen. Nun hatte Ch. D. Fehlandt, der Besitzer des Nachbargrundstückes an der Ecke der Schliekuth-Brücke, das Engel'sche Grundstück gekauft und beabsichtigte, hier einen Neubau aufzuführen. Die Kammer wollte die Gelegenheit zur Verbreiterung des Einganges zur Schliekuthbrücke benutzen und trat daher mit Fehlandt über den Verkauf des Eckgrundstückes in Unterhandlung. Dieser aber hatte ein Interesse daran, daß das Siel unter dem Engel'schen Grundstück verlegt werde, daher mußte auch mit den Interessenten des Rödingsmarktes eine Unterhandlung angeknüpft werden, und diese wünschten, daß Fehlandt eine hölzerne Bude vor seinem Erbe an der Ecke der Görttwiete wegnehme und das Trottoir frei werde. Nach längerer Unterhandlung kam es endlich zu einer Verständigung und am 27. März 1839 genehmigte die Versammlung der Interessenten, daß das Siel auf Kosten der Kammer nach der Schliekuthbrücke verlegt und die Unterhaltung des Sieles und des Schosses künftig von der Kammer übernommen werde, wogegen Fehlandt sich verpflichtete, die hölzerne Bude an der Ecke der Görttwiete innerhalb 6 Jahren wegzunehmen und hier ein ordentliches Trottoir herzustellen. An der Unterhaltung des Sieles hatten offenbar nur die Rödingsmarkter ein Interesse, und daß sie dieselbe an die Kammer abtraten, war ein Fehler, aber seitdem die Bierbrauerei immer mehr zurückgegangen war, hatten sich die Verhältnisse im Rödingsmarkt wesentlich geändert. Für die Erhaltung des Flets interessierten sich nur wenige kaufmännische Geschäfte, welche dasselbe benutzten, um ihre Waren zu Wasser aufzunehmen und abzusetzen, ein Interesse aller Eigentümer im Rödingsmarkt hatte das Flet nur beim Ausbruch einer größern Feuersbrunst. Selbst wenn bei niedriger Ebbe das Flet trocken lag, so konnte in kurzer Zeit durch das Siel von der Alster genügend Wasser eingelassen werden, sobald die Schleuse beim alten Waisenhause geschlossen wurde, und den Spritzen konnte es niemals an Wasser fehlen. Als 1842 die teilweise Zuwerfung des Fletes in Frage kam, war daher die Stimmung der Rödingsmarkter eine sehr geteilte. Die zur Regulierung der Brandstätte eingesetzte Rat- und Bürgerdeputation machte den Vorschlag, das Flet bis 62 Fuß vom großen Burstah ab zuzuwerfen, und die Kammer wollte dies Stück expropriieren. Allein die Vorsteher erhoben hiergegen Einsprache, das Flet sei ein gemeinschaftlicher Besitz und es müßten daher sämtliche Interessenten zustimmen. Inzwischen baten 9 Grundbesitzer zwischen den großen Burstah und der Görttwiete um Zuschüttung des Flets bis zur Brücke und Errichtung eines öffentlichen Marktplatzes. Das kleine Kollegium der Interessenten betrat gegen die Rat- und Bürger-Deputation den Rechtsweg, weil das Rödingsmarktflet nicht zu deren Kompetenz gehöre. In ihrer Eingabe beriefen sie sich

darauf, daß das Flet von den Interessenten angelegt worden, daß die Behörden mit ihnen unter=
handelt hätten, und der Knebelappen den Alten und Jahrverwaltern zugeschrieben sei; zwar seien
ihre Dokumente verloren gegangen, doch hätten sie ihre Statuten stets dem Polizeiherrn eingereicht,
ohne daß jemals Einwendungen dagegen erhoben worden sein. Das Schätzungsgericht suchte zu vermitteln,
und in einer Generalversammlung erklärten sich 54 Interessenten für, 13 gegen die Zuwerfung des
Flets, weshalb der Antrag abgelehnt war. Um jedoch ihrerseits ein Entgegenkommen zu zeigen,
erklärten sich die Vorsteher, das kleine Kollegium, mit dem ersten Entwurf, die Zuschüttung des Flets
auf 62 Fuß, einverstanden. Doch jetzt forderte die Rat= und Bürger=Deputation die Zuschüttung des
Flets bis zur Görttwiete. In einer neuen Generalversammlung am 17. Oktober 1842 stimmten
52 Interessenten für den Antrag, 7 bedingungsweise, 6 lehnten ab und 2 enthielten sich der
Abstimmung. Diese Abstimmungen zeigen also, wie gering das Interesse für die Erhaltung des
Flets war, und dies erschwerte dem kleinen Kollegium die Verteidigung ihrer Rechte. Anstatt nun
aber das Hauptgewicht auf ihre wohlerworbenen Rechte zu legen, welche in Hamburg stets Berück=
sichtigung gefunden haben, wandten sie ihr Augenmerk auf ihre Einreden gegen die Kompetenz der
Rat= und Bürger=Deputation und wurden damit in allen Instanzen abgewiesen. Das Schätzungs=
gericht erkannte darauf am 16. Februar 1844 den Interessenten eine Entschädigung von 1000 Mark
Banko zu, suchte aber mit den einzelnen betroffenen Grundeigentümern sich abzufinden, und bewilligte
z. B. dem Bäcker Oldach eine Entschädigung von 2000 Mark Kurant. Die Interessenten erklärten
die Entschädigung von 1000 Mark Banko für ein Almosen und erhoben gegen die Zuwerfung Protest.
Aber auch dieser Protest fand nirgends Berücksichtigung. Die Rat= und Bürger=Deputation ließ im
Mai die Zuschüttung beginnen, und noch einmal versuchte das kleine Kollegium wegen der Siel=
mündung die Sache aufzuhalten. Als aber auch diese Bemühungen vergebens waren, beruhigten sich
allmählich die Gemüter. Am 21. Dezember überwies eine Versammlung der Interessenten die ihnen
zugesprochenen 1000 Mark Banko dem Nikolai=Kirchenbau, und am 30. Dezember beschlossen die
Interessenten, die Gesellschaft nicht aufzulösen, sondern bei den Statuten von 1795 zu verbleiben.

  In dem Prozeß war die Rechtsfrage kaum berührt worden. Dennoch war die allgemein
verbreitete Ansicht, daß die Rödingsmarkter Interessenten kein Besitzrecht hätten, sie würden es sonst
im Prozeß nachgewiesen haben. Allerdings war es ein Irrtum, wenn das kleine Kollegium behauptete,
der Knebelappen sei den Alten und Jahrverwaltern zugeschrieben, denn wie wir bereits oben gesehen
haben, war der Platz allen in der Rödingsmarke wohnenden Bürgern, welche auf beiden Seiten
daselbst Häuser und Erben eigentümlich besitzen (omnibus Civibus in Rödingsmarcke commorantibus
qui ab utraque latere domos et hereditates possident) zugeschrieben, es ist also weder von Alten
und Jahrverwaltern, noch von einer Gesellschaft der Grundeigentümer hier die Rede. Ebenso
verhandelten 1556 wegen des Baues von Heinrich Ebeling die Ratmänner mit allen erbgesessenen
Bürgern des Rödingsmarktes. „Zu wissen, daß im Jahre 1556 den 20. Septbr. die ehrbaren und
vorsichtigen Herren Nicolaus Hartiges und Laurentz Neybur, Ratmannen, mit samt den gemeinen
Bürgern der Rödingsmarkeren sind zusammen und bei einander gewesen in der Scharkercke ꝛc." Aber
1803 und 1804 verhandelte der Senat mit den Alten, Adjunkten und Jahrverwaltern wegen des
Knebelappen, ebenfalls hatten 1823 bis 25 wegen des Spritzenhauses Verhandlungen der Oberalten,
der Feuerkasse und des Senats mit den Interessenten stattgefunden, doch scheint zur Zeit niemand an
diese Papiere gedacht zu haben. Auch die Kammer hatte 1736 bei der Verpachtung der Mühle am
Graskeller die Bedingung in den Pachtkontrakt aufgenommen, daß im Fall einer Reparatur oder
wegen sonstiger Ursachen das Wasser der Alster abgelassen werden müsse, sei der Mühlenpächter ver=
pflichtet, den Rödingsmarktern rechtzeitig Anzeige zu machen, damit sie vorher ihr Flet voll Wasser

laufen lassen könnten. Selbst wenn die älteren Papiere verlegt oder verloren waren, so konnte also das Kollegium aus der jüngsten Zeit nachweisen, daß die Interessentschaft von allen Behörden anerkannt worden war. Wenn Pflichten zu erfüllen waren, erinnerte man sich stets der Gesellschaft. Wie wir oben bereits gesehen haben, mußte der Jahrverwalter Paul Vaget, aber nicht das anliegende Grundstück die Mauer zum Fleteingang auf Befehl des Rats wieder ausbessern lassen, weil dieselbe verfallen war. Als infolge der hohen Sturmflut 1602 das Steinhaupt eingestürzt war, wurde den Interessenten auferlegt, dasselbe wieder aufbauen zu lassen, ebenso auch 1620, als das Steinhaupt noch einmal durch eine Sturmflut zerstört worden war. Interessant ist es aber, daß der Inspektor Maack 1847 die Interessenten des Rödingsmarkts für allen Schaden verantwortlich macht, welcher den Kellerbewohnern am großen Burstah und Altenwall durch Nachlässigkeiten bei der Benutzung des Sieles entstehen würde, obgleich 1844 die Rechte der Gesellschaft nicht anerkannt worden waren. Allerdings interessiert uns hier nur die historische Seite der Frage, und wir haben oben schon bemerkt, daß mit dem Eingehen der Brauereien die Flet-Interessenschaft ihre Bedeutung verloren hatte, falls aber auch das Besitzrecht der Interessenten allgemein anerkannt worden wäre, hätten sie doch kaum einen Nutzen davon gehabt, denn das Recht, das zugeworfene Flet zu bebauen, würde ihnen schwerlich eingeräumt worden sein. Diese Auffassung gewann auch unter den Interessenten immer mehr Eingang, wie sie schon 1839 die Unterhaltung des Sieles an den Staat abgetreten hatten, so traten sie auch 1850 die Unterhaltung der Schleuse und der Brücke beim alten Waisenhause gegen eine einmalige Zahlung von 3000 Mark Kurant an den Staat ab. Damit hatte die Gesellschaft also alle Lasten auf den Staat übertragen, und nur ihr Besitzrecht zurückbehalten, die Zuschüttung des Flets war daher nur noch eine Frage der Zeit. Dieselbe ist zwar wiederholt angeregt worden, aber erst die Zollanschlußarbeiten brachten endlich die Verhandlungen zum Abschluß. Die Ordnung dieser Verhältnisse hat allerdings der Staatskasse nicht unerhebliche Opfer gekostet, doch sind dieselben gering im Vergleich mit den Summen, welche die Verbreiterung der Reichenstraßen, der Brandstwieten, der Mattentwiete ꝛc. gekostet hat. Wir haben hier eine Verbindungsstraße von durchschnittlich 40 m Breite und circa 400 m Länge erhalten, während die Brandstwieten noch nicht 20 m breit sind. Wir können daher unsern Vorfahren nicht dankbar genug für Anlage des Flets sein, denn andernfalls würden die Besitzer den Grund und Boden für ihre Erben benutzt, die Straße aber keine größere Breite als die Gröningerstraße, Katharinenstraße ꝛc. erhalten haben und die Verbreiterung hätte Millionen gekostet. — Die Papiere der Interessentschaft geben indessen noch Aufschluß über manche andere Fragen der Hamburgischen Geschichte. Wir haben oben gesehen, daß die Anwohner mancher Flete sich nach und nach kleinere oder größere Uferstrecken aneigneten und dadurch das Flet immer mehr verengten. Zuweilen kommt es aber auch vor, daß die Anlieger einen Wasserlauf auf ihre Kosten verbreitern und vertiefen, um ihn schiffbar zu machen, wie 1519 die Grundeigentümer der Katharinenstraße, des Cremons und der Mühren. In ähnlicher Weise wurde 1656 das Hasenmoor hinter der Deichstraße von den Grundeigentümern des Rödingsmarkts Ostseite, des Hopfenmarkts, der Deichstraße und des großen Burstah in ein Flet verwandelt und seitdem in ordnungsmäßigem, fahrbarem Zustand unterhalten. Wie das Rödingsmarktflet war es auch durch ein Siel mit der Alster verbunden, und an den Buten-Kajen mit einer Schleuse versehen. Alle 5 Jahre wurde in der Regel gebaggert, um die richtige Tiefe zu erhalten. Die Verwaltung führten 2 Alte und 5 Deputierte. Für die Schleuse an den Buten-Kajen und die Schleuse an dem Siel beim großen Burstah waren 4 Wärter angestellt, welche die Schleusen öffnen und schließen mußten, sobald es nötig war; namentlich mußten sie sofort zur Stelle sein, wenn in der Umgegend ein Feuer ausbrach. Sie hatten alsdann die Schleuse an den Kajen zu schließen und das Schoß am Burstah zu öffnen, bis das Flet mit Wasser gefüllt war, damit die Spritzen genügend Wasser zum Löschen hatten, weshalb auch weder Nachtwächter noch Feuerleute zu Schleusenwärtern gewählt werden durften. Würde man 1842 dieser Verordnung nachgekommen sein, dann hätten am 5. Mai die Spritzen genügend Wasser gehabt und das Feuer würde keine übermäßige Ausbreitung gewonnen haben. Die Interessenten mußten auch die Brücke an den Buten=Kajen auf ihre Kosten unterhalten.

Am Ende des Rödingsmarkts wurde 1372 im Süden der Stadtmauer eine 60 Fuß lange und 30 Fuß breite Kapelle erbaut, um darin das bisher in der Mauer befindliche Bild der Jungfrau Maria aufzustellen. Diese Kapelle wurde 1377 die Kapelle der Jungfrau Maria beim Schare, 1408 die Scharkerke genannt, und zwar von Schar, altdeutsch für Ufer, aber nicht nach dem Erzbischof Ansgar, wie manche Schriftsteller behauptet haben. Das Gebäude war nach dem Vertrage zwischen dem Dom=kapitel und dem Rat ursprünglich nicht geweiht und durfte daher nicht zum Messelesen benutzt werden. 1450 wurde die Kapelle jedoch der Jakobi=Brüderschaft zu Alnissen und zum Messelesen, überlassen. Nach der Reformation war sie als Gotteshaus überflüssig geworden, 1531 wurde sie zur Aufbewahrung kleiner Schiffsgeschütze eingerichtet und seit 1538 als Getreidespeicher benutzt (C. F. Gaedchens hist. Top. S. 97, J. G. Gallois Gesch. d. Stadt Hambg. II. S. 139). Das letztere erscheint aber nach den Papieren des Rödingsmarkts sehr zweifelhaft, wenigstens kann die Kapelle den oben genannten Zwecken nur kurze Zeit gedient haben, denn wenn in der Zeit von 1526 bis Ende des Jahrhunderts der Ort, wo die Versammlung der Interessenten stattgefunden, genannt wird, ist es immer die Kapelle unser lieben Frauen zum Schare, die Scharkerke ꝛc.; in einem Getreidespeicher würden sich die Interessenten nicht versammelt haben. Nach 1600 benutzten sie die heil. Geistkirche, die Marien=Magdalenen=Kirche und später hauptsächlich den Nikolai=Kirchensaal. In dem Bericht über die Gründung des Waisenhauses vom Jahr 1600 wird erzählt, der Rat habe die St. Anscharij=Kirche mit Raum und Kirchhaus zum Waisenhaus gegeben. Man sieht also, daß die Sage, die Kapelle sei dem Erzbischof Ansgar geweiht gewesen, schon recht alt ist und nicht nur die Gelehrten des 17. und 18. Jahrhunderts, sondern auch die des 16. Jahrhunderts es bereits verstanden, durch selbsterfundene Sagen ihre historische Unwissenheit zu verdecken. Interessant ist es auch, daß bis zum Ende des vorigen Jahrhunderts in allen Schriftstücken, in welchen von dem Siel die Rede ist, die Alster Aus=gang des Sieles genannt wird. Es ist leicht erklärlich, daß 1514, als der Neuewall und die großen Bleichen noch nicht vorhanden waren, die kleine Alster also noch ein recht großes Bassin bildete, Ludwig Pruse sich verpflichtete, den Steinord an der Alster wegzuräumen. Wenn es aber 1786 im Protokoll heißt: „No. 61 auf dem großen Burstade, worunter unser Wasserlauf von der kleinen Allster, so das Wasser durch unser Siel nach unserem Kanal führt", so beweist es, wie fest die rich=tigen Vorstellungen in der Bevölkerung hafteten, denn 1796 war von der kleinen Alster als Bassin nicht viel übrig geblieben.

Das Kloster Harvestehude.

Als Graf Adolf IV. von Schauenburg in das Marien-Magdalenen-Kloster eintrat, bestimmte er den Hof Herwardeshude seiner Gemahlin, der Gräfin Heilwig, zum Witwensitz. Nachdem aber Graf Adolf 1244 die Priesterweihe empfangen hatte und 1246 die Söhne, die Grafen Johann und Gerhard, mündig geworden waren, beschloß die Gräfin Heilwig, sich gleichfalls einem beschaulichen Leben zu widmen und in ein Kloster zu treten, und bestimmte daher ihren Hof Herwardeshude zur Gründung eines Cistercienser Nonnenklosters[79]). Bei der Gründung des Klosters begegnen wir jedoch manchen Widersprüchen. Auf Verwendung des Grafen Adolf IV. gestattete das Hamburger Domkapitel mit seinem Propsten Brun, dem jüngeren Bruder Adolfs, der bereits zum Bischof von Olmütz erwählt worden war, die Erbauung des Klosters in seiner Diözese unter der Bedingung, daß der Propst und die Abtissin desselben dem Bremer Erzbischof und dem Hamburger Kapitel Gehorsam leisten sollten (Hambg. Urkunden No. 533). Nach einer Urkunde vom 24. Feb. 1246 schenkten die Markgrafen von Brandenburg Otto III. und Johannes ihr Eigentum zu Herwehude bei Hamburg sowohl an Wasser, als auch an bebauten und unbebauten Äckern und die daselbst belegene Mühle dem von der Gräfin Heilwig gegründeten, der heiligen Maria geweihten Kloster, damit dort auch ihrer gedacht und ihre Memorien gefeiert würden (H. U. 536). Nachdem die Gründung des Klosters am 17. Aug. 1246 von Papst Innocenz IV. bestätigt worden war, verliehen der gräfliche Vogt, Ritter Georg von Hamburg, und seine Gemahlin Margareta ihren Hof Herwardeshude nebst der daselbst belegenen Mühle zur Gründung des Klosters unter Beistimmung ihrer Herren und Erben (H. U. 541). Die Lehnherren, die Grafen Johann und Gerhard, bestätigten die Schenkung erst später unter dem 5. Dezbr. 1248 (H. U. 548). Der Hof Herwardeshude nebst der Mühle wurde also den Urkunden zufolge dreimal und von drei verschiedenen Personen zur Gründung des Klosters geschenkt, und es sind bisher schon viele Versuche gemacht worden, diese Widersprüche zu heben. Man hat angenommen, Herwardeshude sei ein Dorf gewesen und habe etwa wie Eimsbüttel aus 3 Hufen bestanden, welche der Gräfin Heilwig, den Markgrafen von Brandenburg und dem Ritter Georg gehörten, die nacheinander ihr Eigentum dem neuen Kloster schenkten. Aber wenn dem so wäre, wo bleiben dann die Mühlen? Der Herwardeshuder Bach konnte kaum eine Mühle treiben, und doch wird bei allen drei Schenkungen eine Mühle erwähnt. Schon aus diesem Grunde muß es wahrscheinlich erscheinen, daß in allen drei Schenkungen auch nur ein und derselbe Hof Herwardeshude gemeint ist. — Von dem Gebiete der jetzigen Stadt Altona gehörte die große Elbstraße bis zum Sandberg zu Herwardeshude, und die Grenze erstreckte sich von hier zwischen der Langen- und Wilhelminenstraße über den Rathausmarkt, zwischen der Johannisstraße und der kleinen Freiheit bis zum Franschen Hof und von dort längs der Rosenstraße bis zum Hummelthor (Entstehung der Stadt Altona, Zeitschr. d. V. f. Hambg. Gesch. Bd. 7 Seite 89). Welcher Teil von St. Pauli damals zu Herwardeshude gehörte, läßt sich nicht mehr genau nachweisen, doch bedeutend kann derselbe nicht gewesen sein, da Adolf III. dieses Gebiet der neuen Stadt Hamburg als Viehweide anwies, auch der Nobiskrug gewiß nicht auf dem Felde eines Dorfes gelegen hat. Vermutlich gehörte zu Herwardeshude nur der Theil zwischen Langereihe, Silbersack, Bergstraße und Antonistraße bis zur Elbe. Vergleicht man aber den Umfang dieses Gebietes mit der Feldmarke eines der benachbarten Dörfer, z. B. mit Ottensen, Eimsbüttel, Eppendorf, Lockstedt, Niendorf, so erkennt man schon auf den ersten Blick, daß Herwardeshude kein Dorf, d. h. eine von Ackerbau lebende Gemeinde gewesen sein kann. Allerdings gehörte dem Ort noch eine große Strecke Marschland, aber dieses konnte bis zum 12. Jahrhundert nur zur Viehzucht benutzt werden und keine einzige Nachricht deutet darauf hin, daß das Marschland von Hamburg bis Blankenese jemals eingedeicht gewesen ist, auch im Blankenbrok werden nur Weiden, keine Äcker erwähnt. Wenn die Markgrafen von Brandenburg in ihrer Schenkungsurkunde von bebauten und unbebauten Äckern reden, so können diese nur auf St. Pauli gelegen haben, denn auch der zur Herwardeshuder Feldmarke gehörige Teil von Altona war damals sumpfig und quellenreich und konnte nicht zum Ackerbau benutzt werden.

Bis die Sachsen von den niederländischen Kolonisten den Bau der Deiche lernten, wurden die Marschen nur zur Viehzucht benutzt. Die Eigentümer erbauten ihren Hof mit dem Wohnhause und den Viehställen auf einem künstlichen Hügel, einer Wurth, um sich, ihr Eigentum und ihr Vieh gegen Überschwemmungen zu schützen (noch heute erinnern zahlreiche Ortschaften durch ihre Namen auf wörden, worth, wurth u. s. w. an diesen Ursprung) oder sie errichteten ihren Hof auf dem Rande der benachbarten Geest, bauten auf einem kleinen Raum das für den eigenen Bedarf nötige Getreide und ließen ihr Vieh auf dem vorliegenden Marschland weiden. An diesen Ursprung erinnern die Ortschaften auf „hude", wie Buxtehude, Dockenhuden, Winterhude, Heimichude, welche sämtlich am Rande der Geest liegen und seiner Zeit ein ausgedehntes Marschland besaßen. Ähnlich werden wir uns auch die Entstehung von Herwardeshude zu denken haben, das von einem Sachsen Herward gegründet sein mochte, um sein Vieh in der Marsch weiden zu lassen, der von der Geest aber nur so viel in Besitz nahm, als er zum Bau des Getreides für seinen Hausbedarf nötig hatte, also von der Elbe bis zur Langenreihe. Es wäre allerdings möglich, daß später noch ein zweiter und dritter Hof entstanden wäre, da wir aber den Umfang des Marschlandes von Herwardeshude nicht kennen, so können wir auch nicht entscheiden, ob dasselbe für den Viehbestand von 2 oder 3 Höfen ausreichte, aber sicher konnte der Bach nicht mehr als eine Mühle treiben und daher wird es wahrscheinlich, daß 1246 nur ein Hof Herwardeshude, wie nur eine Mühle vorhanden war, und mithin dreimal und von drei verschiedenen Personen dem Kloster verliehen wurde. Es bleibt also der späteren Forschung vorbehalten, diese Widersprüche in den Urkunden aufzuklären.

Der Bau des Klosters muß übrigens keine raschen Fortschritte gemacht haben, denn erst im folgenden Jahre bestätigte Erzbischof Gerhard II. von Bremen die Stiftung des St. Marien-Klosters, nachdem er den Gottesacker desselben geweiht hatte. Gleichzeitig verlieh er allen denen einen Ablaß von 20 Tagen, welche zur Vollendung des Klosters 8 Tage hilfreiche Hand leisten würden (H. U. 550). Wann der Bau vollendet worden, ist nicht bekannt, auch nicht genau die Stelle, wo die Gebäude gestanden haben; vermutlich lag der Klosterhof westlich von der St. Pauli-Kirche und der Klostergarten wird sich den Abhang hinab bis zum gegenwärtigen Ufer der Elbe erstreckt haben. Die junge Stiftung erwarb sich bald reiche und einflußreiche Freunde. Adelige Familien in Holstein und wohlhabende Bürger in Hamburg übergaben ihre Töchter dem Kloster zur Erziehung oder ließen sie als Nonnen eintreten. So hatte z. B. der Herr von Scarpenberch 1320 im Kloster zwei Töchter, um Sitte und Tugend zu lernen; auch finden wir hier Angehörige der Herren von Hamme, von Hummersbotle, von Wedel ꝛc. Als Entschädigung für die Aufnahme erfolgten Schenkungen von Zehnten, von Mühlen-, Salz- und anderen Renten, welche zwar während ihrer Lebenszeit zum Besten der betreffenden Nonnen verwandt wurden, nach dem Tode derselben aber an das Kloster fielen. Aus diesen Schenkungen sammelte sich das Kapital, welches später dem Kloster die Erwerbung eines so umfangreichen Grundbesitzes ermöglichte. Um den Eintritt unbemittelter Personen zu erleichtern, wurde schon 1307 von Hamburgern eine besondere Stiftung errichtet, aus welcher dieselben unterstützt werden sollten, und die Verwaltung derselben zwei Mitgliedern des Rats übertragen. Auch der Bischof von Verden war dem Kloster gefällig. Er bestätigte die Erwerbung eines Ackers im Gorrieswärder, welchen das Kloster von dem Stift St. Andreas in Verden gekauft hatte, und bestimmte, daß der Propst nur eine jährliche Grundmiete von zwei Schillingen Hamburger Pfennigen entrichten sollte (H. U. 554). Die Hauptförderer des Klosters waren zunächst die Grafen von Schauenburg. Die Gräfin Heilwig machte noch eine Schenkung, durch welche dem Kloster eine eigenartige Stellung gegenüber den Kirchen der Hamburger Parochie angewiesen wurde. Sie verlieh demselben nämlich eine Rente von 3 Wispel Roggen und Weizen, um dafür Oblaten und Wein anzuschaffen für die außerhalb der Stadt belegenen bedürftigen Kirchen der Hamburger Propstei. Der Propst von Herwardeshude sollte jedoch das Getreide in Empfang nehmen und dasselbe nach Bedarf an die Kirchen verteilen, welche dadurch also in eine gewisse Abhängigkeit von dem Kloster gerieten. 1258 schenkten die Grafen Johann und Gerhard 9½ Wispel Roggen und 6½ Wispel Weizen in der oberen Mühle, statt der früheren Einkünfte an Roggen, Butter und baarem Gelde, welche das Kloster seit mehreren Jahren als Unterpfand für eine Anleihe von 300 Mark gehabt hatte (Neddermeyer S. 109). 1263 schenkte Graf Gerhard dem Kloster eine Hufe in Oslevestorpe auf Bitte des Hamburger Bürgers Heinrich, Sohn des Hammo, der sie zu Lehen gehabt hatte (H. U. 729). 1275 war das Vermögen des Klosters schon so bedeutend geworden, daß es Grundeigentum erwerben konnte. Durch Vermittelung zweier Cistercienser Brüder, Verest und Lambert, aus dem Kloster Reinfeld kaufte das Kloster von den Herren Heinrich und Meinrich von Heynbroke, bremischen Edelleuten, 15 Hufen in 9 Dörfern, nämlich 2 in Oslevestorpe, 1 in Eimsbüttel (Schäferkamp?) 1 in Barmbek, 4½ in Bramfeld, 1 in Mellingstedt, 2½ in Lehmsal, 1 in Duvenstedt, 1 in Steinbek und 1 in Schiffbek, außerdem noch eine Geldrente und eine Abgabe an Fischen (H. U. 759). Im folgenden Jahre verkauften Lambert und Theodor von Haghene und deren Brüder, ebenfalls bremische Edelleute, dem Kloster noch 2 Hufen in Mellingstedt (H. U. 763). 1282 verpfändete Graf Gerhard dem Kloster 7½ Wispel Roggen in der neuen Mühle und 1 Wispel in der alten Mühle für 65 Mark bis zur Wiedereinlösung, und 1286 verkaufte er dem Kloster noch ein Stück Land im Gorrieswärder für 28 Mark Pfennige (H. U. 797 und 822). Auf diesem Lande erbaute sich der Propst von Herwardeshude ein Haus, der Gorrieswärder wird daher von dem Klosterlande nur durch einen schmalen Wasserarm (die Alster?) getrennt gewesen sein. Am Marien-Magdalenen-Tage (22. Juli) 1293 verkaufte Graf Heinrich, Gerhards I. Sohn, dem Kloster die bei dem Hofe Heimichude liegenden Felder, sowie die Äcker des Dorfes Odersfelde mit Gebüsch, Mooren, Wiesen, Weiden und Gewässern und allen Freiheiten, mit denen Hartwich, Bertrams Sohn, dieselben früher besessen hatte, auch befreite er das Kloster von allen Abgaben für diese Ländereien (H. U. 871).[81]) In demselben Jahre bestätigten die Grafen Heinrich, Gerhard II. und Adolf VI. die Befreiung von allen Lasten und Diensten, welche ihre Vorfahren den Ländereien des Hofes der Klosterfrauen in Herwardeshude verliehen hatten, und übertrugen die Freiheiten auch auf diejenigen Personen, welche diese Felder bebauen würden, falls die Nonnen nach ihrem und anderer Freunde Rat, auch ihres eigenen Vorteils wegen, sich an einem anderen Ort niederlassen würden (H. U. 870). In demselben Jahre erwarb das Kloster auch den Hof Heimichude (H. U. 872).[82]) Dem Kloster müssen in dieser Zeit recht viele reiche Geschenke zugefallen, und die Verwaltung des Klosters wird eine recht sparsame gewesen sein. Wahrscheinlich verdankt das Kloster diese günstigen Vermögensverhältnisse seinem damaligen Propsten, dem Priester Johann von

Nortorp, und dieser war es auch, der die Erwerbung des Dorfes Odersfelde benutzte, um das Kloster 1295 hierher zu verlegen. Die Gründe dieser Verlegung sind nicht angegeben und lassen sich nur erraten. 1258 war der Bach Herwardeshude als Grenze des Hamburger Weichbildes bestimmt worden, die Klostergebäude lagen demnach auf städtischem Gebiet, und es ist möglich, daß infolgedessen manche Grenzstreitigkeiten mit der Stadt entstanden sind, vielleicht hat aber auch der lebhaftere Schiffsverkehr auf der Elbe nach Hamburg die Nonnen beunruhigt. In einem Vertrage von 1314 wird als Grund angeführt, daß der Bach, welcher ihre Mühle trieb, versiegt sei, doch in dem Vertrage von 1310 machten die Nonnen ausdrücklich die Bedingung, daß ihnen erlaubt sein solle, die Mühle und das Haus des Müllers wieder aufzubauen. Welche Ursachen auch die wichtigsten gewesen sein mögen, so geschah die Verlegung des Klosters doch ganz im Geiste der Zeit, denn an der Alster lag es in einem sehr schönen Thal, umgeben von prachtvollen Eichen, entfernt von dem großen Weltverkehr und mit dem Blick auf

Eppendorf bei Hamburg.

den ruhigen, malerischen Alstersee. — Die Alster hat im Laufe der Jahrhunderte sich vielfach verändert, doch ist sie immer ein Schmuck von Hamburg gewesen, und wie heute ein Blick auf das schöne Wasserbecken unser Auge erfreut, so wird auch schon in jener Zeit ein Spaziergang im Klostergarten am Ufer der Alster den Nonnen für ihre Entsagung eine Entschädigung geboten haben. Wir geben hier zwei Ansichten von der Alster aus dem vorigen Jahrhundert, welche das oben Gesagte bestätigen werden. Das eine Bild (auf Seite 215) zeigt uns die Alster bei Eppendorf. Auf der linken Seite tritt die Kirche mit dem spitzen, kegelförmigen Turm hervor, darunter am Ufer liegt das Pfarrhaus. Über die Alster führt auf hohen, schlanken Pfählen die leichte Brücke für Fußgänger. Rechts ist das Ufer von Winterhude, welches noch als Viehweide benutzt wird. Zwei Böte deuten an, daß die Alster noch schiffbar ist. Das andere Bild (auf Seite 216) zeigt die Außenalster mit einem Blick auf Hamburg. Links sehen wir die Jakobikirche mit der 1582 erbauten und 1810 abgebrochenen Turmspitze, dann folgt die Petrikirche und dicht daneben die Katharinenkirche, die Domkirche aber fehlt schon, weshalb die Ansicht vermutlich zwischen 1807 und 1810 aufgenommen sein wird. Dann tritt die Johanniskirche mit dem hohen Dach hervor, teilweise verdeckt durch die Windmühle neben der Lombardsbrücke. Mit der Nikolaikirche schließt diese Ansicht von Hamburg, das weitere ist von Bäumen verdeckt, zwischen denen von der Michaeliskirche nur die äußerste Turmspitze hervortritt. Rechts im Vordergrunde liegt die Gartenwirtschaft zum Alten Raben mit dem langen Landungssteg. Auf der Alster sehen wir außer einigen Segelböten auch Ruderböte mit einem hohen Verdeck, einem Baldachin ähnlich, wie sie im vorigen Jahrhundert gebräuchlich waren, um Vergnügungsgäste vom

Vom alten Raben nach Hamburg. Nach einem Kupferstich von Wolf.

Jungfernstieg nach den verschiedenen Gartenwirtschaften an der Außenalster zu befördern. — Der neue Klosterhof erhielt den Namen Brouwendal (Frauenthal), doch erhielt sich auch der Name Herwardes= hude, während Odersfelde gänzlich verschwand. Das Dorf Odersfelde wurde übrigens niedergelegt und in ein Vorwerk verwandelt, welches das Kloster von einem Vogt bewirtschaften ließ. Der Umzug aus dem alten in das neue Kloster fand am 15. August 1295 statt, und da das Dorf Odersfelde erst 1293 erworben wurde, so muß der Bau sehr rasch gefördert worden sein. Es findet auch keine Ablaß= Erteilung für die Unterstützung des Baues statt, vermutlich weil das Kloster bei seinen guten Ver= mögensverhältnissen dieser Hilfe nicht bedurfte. Infolge der Verlegung scheint das Kloster die Gunst der wohlhabenden und einflußreichen Familien noch mehr erworben und seine Einnahmen bedeutend vermehrt zu haben, denn innerhalb der nächsten zehn Jahre konnte es den Grafen Adolf und Johann über 500 Mark leihen, oder, wie der Ausdruck lautet, sie verkauften dem Kloster für diese Summe Renten in den Mühlen, dem Zoll und der Münze mit dem Recht der Wiedereinlösung. Außerdem aber kaufte das Kloster noch den Zehnten in 13 Dörfern, dazu 3 Hufen und verschiedene Äcker und andere Ländereien, bei denen der Kaufpreis nicht angegeben ist.

Bisher war das Kloster stets vom Glück begünstigt gewesen, aber 1308 brach plötzlich das Unglück herein. Am 17. März wurden die alten Klostergebäude, der Hof und die Mühle durch eine Feuersbrunst zerstört, wobei auch der ganze Viehstand, 67 Pferde und andere Stücke Vieh, verbrannte. Da es zu jener Zeit keine Versicherungs-Gesellschaften gab, mußte bei einem Brandunglück jeder seinen Schaden selbst tragen, aber so empfindlich das Unglück für das Kloster auch sein möchte, so konnte es bei seiner Wohlhabenheit den Verlust wohl verschmerzen; dennoch scheint es, daß in diesem Jahre ein Wiederaufbau des eingeäscherten Hofes nicht unternommen worden ist. Wir wissen nicht, ob vielleicht die Veränderungen der Elbe und infolgedessen die Zerstörung eines großen Teils der Marsch=wiesen die Ursache waren, und daher die Klosterverwaltung sich über die Einrichtung des Hofes, ob mehr zur Ackerwirtschaft oder zur Viehwirtschaft, nicht einigen konnte, oder welche anderen Ursachen den Bau verzögerten. Da brach im Spätherbst das zweite, noch größere Unglück über das Kloster herein. In der Nacht vom 26. auf den 27. November fuhr ein Blitzstrahl in die neuen Klostergebäude in Odersfelde und legte sämtliche Gebäude bis auf die Kammer des Propsten in Asche und mit denselben verbrannten alle Kirchengeräte, Kelche, Bücher und aller Kirchenschmuck, ja sogar 2 Nonnen büßten bei dem Brande ihr Leben ein. Da war es wohl die Tüchtigkeit ihres Propsten, des Priesters Johann, welcher die Stiftung über diese Unglücksperiode hinüberführte. Mit unermüdlicher Thätigkeit griff er überall selbst ein und ließ sich durch keine Aufregung der Nonnen beirren. Nachdem er für ein provisorisches Unterkommen der Nonnen gesorgt hatte, schaffte er im Laufe des nächsten Jahres die Baumaterialien zur Stelle, entwarf den Bauplan zu den neuen Gebäuden und am 14. Januar 1310 konnte der Grundstein gelegt werden. Der Bau begann von der westlichen Seite her und in dem ersten Jahre wurde der Keller, der Kreuzgang, der Reventer (Speisesaal), die Privatkammern und die Hälfte des Schlafsaals vollendet. Wahrscheinlich erlebte der Priester Johann noch die gänzliche Vollendung des Baues, er starb am 17. Juli 1313.

Da die Klostergebäude bereits 1530 von den Bürgern niedergerissen worden sind, besitzen wir von denselben keine Ansichten, nur die Grundmauern sind später bei Anlage des Parkes teilweise wieder aufgedeckt und gezeichnet worden (siehe den umstehenden Plan), so daß man sich ein ungefähres Bild der Anlage entwerfen kann; auch kennen wir noch manche Ruinen von Cistercienser Bauten, z. B. vom Kloster Walkenried am Harz, 1290 vollendet, von denen wir einen Schluß auf unsere Abtei=Gebäude ziehen können. Der Geist des Ordens verlangte Einfachheit in der Kleidung und in den Gebäuden. Jedes Kloster besaß nur eine Glocke, daher war die Kirche nicht mit stattlichen Türmen verziert, sondern über dem Kreuz der Kirche erhob sich ein kleiner Turm zur Aufnahme der Glocke. Das Innere der Kirche durch Skulptur und Malerei zu schmücken war geradezu verboten, auch die Glasmalereien in den Fenstern galten als Luxus, doch um nicht ganz den Schmuck zu entbehren, wurden die kleinen in Blei gefaßten Scheiben so geschnitten, daß sie Ornamente bildeten. Meistens wählte der Orden kunstverständige Brüder zu Baumeistern, weshalb auch die Gebäude der Cistercienser trotz ihrer Einfachheit von großer Wirkung waren und noch als Ruinen einen Schmuck der Gegend bilden. Die Kirchen waren geräumig, um Gäste und Pilger aufzunehmen, und hier entwickelte sich der eigenartige Baustil des Ordens, welcher einen Übergang zur Gotik bildete. Die Kirchen hatten drei Schiffe; alle, auch das Mittelschiff, waren gewölbt, bei Fenstern und Thüren fand meistens der

Spitzbogen bereits Anwendung, doch hatte das Mittelschiff eine geringere Höhe als bei den gotischen Kirchen, die Pfeiler waren viereckig. Hauptsächlich unterschied sich der Baustil durch die Anlage des Chors. Der gerade Chorabschluß war beliebt, und der Chor wurde mit einem Kranz von Kapellen umgeben, welche für die Mönche oder Nonnen des Klosters bestimmt waren. Seit Mitte des 13. Jahrhunderts verschwand mehr und mehr der eigentümliche Baustil der Cistercienser, und sie gingen seit Anfang des 14. Jahrhunderts zur Gotik über. Wenn daher die erste Anlage an der Elbe noch in dem Stil der Cistercienser aufgeführt sein mag, so wird höchst wahrscheinlich der Propst Johann 1310 für den Neubau den gotischen Stil gewählt, und da die Mittel vorhanden waren, die Gebäude in vollendeter Schönheit aufgeführt haben, wie von den Zeitgenossen vielfach gerühmt wurde.[83]) Trotz des Brandunglücks im Jahre 1308 hatte das Vermögen des Klosters wenig gelitten, denn 1311 verkaufte Graf Adolf dem Kloster 3 Hufen in Yrekesbeke für 200 Mark und Graf Johann 4 Scheffel Weizen,

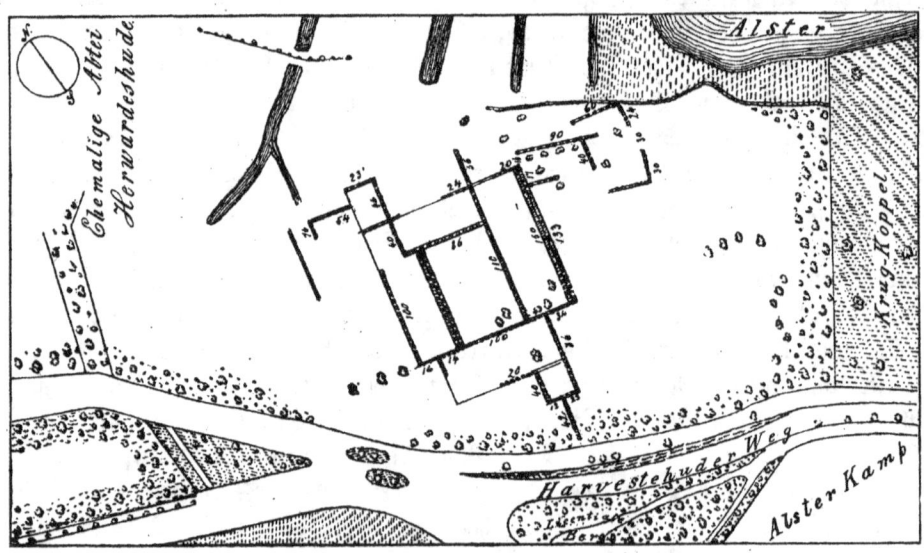

Plan von Herwardeshude bei Hamburg.

2½ Scheffel Roggen und ein Talent Rente in der neuen Mühle, 3¼ Scheffel Roggen in der alten Mühle und 5 Mark in der Vogtei von Hamburg für 600 Mark mit fünfjährigem Rückkaufsrecht. Und selbst in den nächsten Jahren, wo das Kloster mit dem Bau beschäftigt war, konnte es über 2000 Mark auf den Ankauf von neuen Erwerbungen verwenden. Indessen wurde das Brandunglück die äußere Veranlassung, daß der Rat 1310 einen Grenzvergleich mit dem Kloster abschloß. Die alten Klostergebäude in Herwardeshude an der Elbe lagen auf Hamburger Gebiet, da bereits 1258 der Herwardeshuderbek als Grenze des Hamburger Weichbildes anerkannt worden war, allein sie waren nicht Eigentum der Stadt, und der Rat hatte daher keine Verfügung über dieselben. Es mag dies Verhältnis mitunter zwischen dem Rat und dem Kloster zu Mißhelligkeiten Veranlassung gegeben haben und manche haben daher die Vermutung ausgesprochen, daß dies das Kloster veranlaßte, 1295 seinen Sitz nach Odersfelde an der Alster zu verlegen. Im Anfang des 14. Jahrhunderts machte die Sicherheit der Stadt dem Rat große Sorge und er suchte daher alle Gebäude von dem Weichbilde zu entfernen, damit sie im Falle eines Angriffs dem Feinde nicht als Stützpunkt dienen sollten. Das rasche Aufblühen der norddeutschen Städte im 13. Jahrhundert hatte die Fürsten lüstern gemacht, dieselben wieder unter ihre Herrschaft zurückzubringen und in eine reiche Einnahmequelle zu verwandeln.[84])

Der Rat von Hamburg hatte es zwar vermieden, den Fürsten einen Vorwand zu einem Angriff auf die Stadt zu geben; allein das Schicksal der wendischen Städte konnte sehr leicht auch Hamburg ereilen, daher ist es erklärlich, daß der Rat jede Gelegenheit benutzte, um die Sicherheit der Stadt zu erhöhen. Als die Klostergebäude in Herwardeshude abgebrannt waren, trat der Rat mit dem Kloster in Unterhandlung und schloß 1310 mit demselben einen Vertrag, demzufolge das Kloster sich verpflichtete, keine Gebäude näher der Stadt zu errichten, als Ottensen, Eimsbüttel und das Kloster in Odersfelde, ausgenommen die Mühle am Herwardeshuderbek und das Haus des Müllers. Um aber die Sicherheit der Stadt noch mehr zu erhöhen, schloß der Rat 1314 mit dem Marien-Magdalenen-Kloster und dem Johannis-Kloster einen Vertrag, demzufolge dieselben am Ufer der Alster eine 40 Fuß hohe Mauer errichten sollten.

In den Jahren 1303 bis 1313 wurden die Niederlande von verheerenden Sturmfluten heimgesucht, unter anderen das Dorf Terstreepe und sogar die Stadt Scharphout vom Meere verschlungen. Auch die Elbmarschen werden in jener Zeit durch die Sturmfluten stark gelitten und infolgedessen die Marschwiesen von Herwardeshude bedeutend an Wert verloren haben. Da aber die Bestellung der übrig gebliebenen Felder auf der Geest von Odersfelde oder von Eimsbüttel aus manche Unbequemlichkeit mit sich brachte, wandten sich die Nonnen an den Grafen Adolf mit der Bitte, ihnen den kleinen, wüsten Raum neben seinem Dorfe Ottensen zu schenken, um dort geeignete Häuser zum Anbau ihrer Äcker in Herwardeshude zu errichten. Der Graf überließ 1313 dem Kloster den kleinen Raum zwischen der Langenstraße, Breitenstraße, großen Mühlenstraße und großen Prinzenstraße in Altona, unter der Bedingung, daß das Kloster zur Verteidigung der Landwehr gehalten sein solle. (Samml. Hamb. Ges. u. Verf. Bd. X, S. 99.) Diese Schenkung des Grafen Adolf hat vermutlich zu einer Sage Anlaß gegeben, welche Thraziger in seiner Chronik von Hamburg erzählt. „Der Graf Otto von Schauenburg war ein gar feiner und lustiger Herr, und als er im Jahre 1428 in Pinneberg Hof hielt, pflegte er oft nach Hamburg zu reiten, um im Ratsweinkeller mit seinen Hamburger Freunden bei einem guten Glas Rheinwein einige Stunden zu verplaudern. Eines Tages aber ereignete es sich, daß bei der lustigen Unterhaltung die Zeit zu schnell verstrich, und als der Graf endlich an die Heimkehr nach Pinneberg dachte, waren die Thore der Stadt bereits geschlossen. Da kam der Herr Bürgermeister, welcher von dem Vorfall unterrichtet worden war, um den Grafen über sein Ungemach zu trösten, und bat ihn in seinem Hause mit einem Nachtlager vorlieb zu nehmen, er wohne im Rödingsmarkt nahe dem Millernthor, und der Herr Graf könne daher am nächsten Morgen ganz früh nach Pinneberg zurückreiten. Der Graf war es zufrieden und begab sich mit dem Bürgermeister nach dessen Wohnung. Hier erschienen nun alsbald einige Freunde des Bürgermeisters, Ratsherren und angesehene Bürger, auch ein Sekretär des Rats, um dem Herrn Grafen die Zeit zu vertreiben. Die Frau Bürgermeisterin aber ließ ein feines Mahl bereiten, bei dem auch ein gutes Glas Wein nicht fehlte, und nachdem man sich bei dem Mahl gar lustig unterhalten hatte, kam die Frau Bürgermeisterin mit ihrer lieblichen Tochter herein, um den Gästen einen Becher Wein zu kredenzen und den Herrn Grafen zu fragen, wie ihm das Essen geschmeckt habe. Der Graf wußte die Frauen angenehm und interessant zu unterhalten, und als die Frau Bürgermeisterin mit ihrer Tochter sich wieder zurückziehen wollte, fragte der Graf, ob sie nicht irgend einen Wunsch habe. Da meinte die Frau Bürgermeisterin, der Herr Graf mögen ihr „dat lütte Rümeken" vor dem Millernthor bis an den kleinen Bek, der in dem Thal der Elbe zufließe, schenken, damit sie dort ihre Wäsche trocknen könne (d. h. also das Stück Land von der Admiralitätstraße bis an die Grenze von Altona). Der Graf war es zufrieden, und erfüllte lachend die kleine Bitte der Frau Bürgermeisterin. Der Bürgermeister aber war ein gar vorsichtiger Mann, er ließ die Schenkung sofort von dem Sekretär des Rats

28*

schriftlich aufsetzen und von dem Grafen unterzeichnen, falls derselbe vielleicht am nächsten Morgen sein Wort wieder vergessen habe. Dies ist geschehen im November des Jahres 1428. Als nun am nächsten Tage einige Herren des Rats dem scheidenden Grafen das Geleit gaben, wunderte der Graf sich zwar über den Umfang des kleinen Raumes, allein als feiner adeliger Herr wollte er die in der Weinlaune gemachte Schenkung nicht wieder rückgängig machen, und so ist der Hamburger Berg an Hamburg gekommen. Auch ist der Graf künftig noch oft nach Hamburg geritten, da ihm der Rheinwein im Ratskeller gar köstlich mundete, doch hat er sich weislich gehütet, die Stunde des Thorschlusses wieder zu verplaudern, denn er fürchtete, die Hamburger möchten für ein gutes Abendessen sich noch andere kleine Räume schenken lassen". — Indessen wissen wir, daß Graf Adolf III. bereits 1188 der neu gegründeten Stadt dieses Gebiet als Weide angewiesen hatte, und daß die Grafen Johann und Gerhard 1258 den Herwardeshuderbek als Grenze des Hamburger Weichbildes bestimmten, Graf Otto konnte daher 1428 den Hamburgern nicht erst ein Stück Land schenken, welches ihnen schon seit Jahrhunderten gehörte. Aber darauf kommt es der Sage nicht an, wie sie überhaupt Wahres und Falsches vermischt, zumal hier, da die Erzählung tendenziöser Natur ist, und sogar später noch verderbliche Folgen für Hamburg hätte haben können. Die Bauern von Ottensen hatten vielleicht manche Teile des Hamburger Berges als Viehweide benutzt, ohne von den Hamburgern gestört zu werden, sie behaupteten aber, seit altersher hier das Weiderecht besessen zu haben. Als nun die Hamburger 1610 bei dem Reichskammergericht eine Klage gegen den Grafen Ernst von Schauenburg einreichten und auf Grund des Privilegs Friedrich Barbarossas den sofortigen Abbruch Altonas verlangten, reichte der Graf eine Gegenklage ein, und verlangte, daß die Hamburger alle Gebäude vor dem Millernthor und Dammthor abbrechen sollten, weil sie durch diese Bauten das seinen Unterthanen zustehende Weiderecht geschmälert hätten. Kaiser Rudolf II. war über das, den armen Bauern zugefügte Unrecht so erzürnt, daß er ohne weitere Untersuchung am 8. Juni den Hamburgern den Befehl zustellen ließ, innerhalb 30 Tagen alle Gebäude vor dem Dammthor und Millernthor niederreißen zu lassen. Indessen machten die Hamburger sich nicht viele Sorgen um Befehle, welche ihnen von Speier zugingen, und ließen nicht nur alle Gebäude ruhig stehen, sondern trieben auch die Ottensener Bauern mit ihrem Vieh von dem Hamburger Gebiet fort, sobald sie sich wieder sehen ließen. — Infolge der Veränderungen, welche der Landbesitz an der Elbe durch die Sturmfluten erlitt, scheint derselbe trotz der Schenkung des Grafen für das Kloster seinen Wert verloren zu haben und mag daher später von dem Kloster veräußert worden sein, denn als Eigentum des Klosters wird er nicht mehr erwähnt. Im 16. Jahrhundert finden wir die Ländereien am rechten Ufer des Baches im Besitz der Schauenburger Grafen. Wenn aber in der Schenkungsurkunde von 1313 gesagt wird, daß der Bach, welcher die Mühle trieb, versiegt sei, so ist dies wohl nicht wörtlich zu nehmen, denn 1375 war die Mühle (pepermole) noch in Betrieb (Dr. O. Rüdiger, Zunftrollen S. 61) und die für die Mühle angelegten Teiche, der Norder- und Süder-Nobisteich, wurden noch im 17. Jahrhundert von dem Rat zu Fischteichen benutzt, der Falkenteich an der Langenstraße war sogar noch im Anfang dieses Jahrhunderts vorhanden.

Die Nachfolger des Propsten Johannes waren ebenfalls gute Haushalter, welche das Vermögen des Klosters sorgsam verwalteten und vermehrten. Während aber Johannes darauf bedacht war, für das Kloster nutzbringende Erwerbungen, also Zehnten, Renten ꝛc. zu machen, suchten die Nachfolger einen zusammenhängenden Grundbesitz zu erwerben, um dadurch das Ansehen und den Einfluß des Klosters zu erhöhen, und der Erfolg zeigt, mit welcher Umsicht und Beharrlichkeit dieser Plan von dem Kloster Jahrzehnte hindurch verfolgt wurde. Das Kloster erwarb 1325 Groß-Borstel mit Alsterdorf, 1339 Eimsbüttel, 1343 Eppendorf, 1347 Bahrenfeld, 1348 Rissen, 1365 Winterhude, 1366 Ohlsdorf, 1371 und 1378 Otmarschen und Ottensen, 1383 Lockstedt und Niendorf und 1385 Bilsen.

Mit Ausnahme von Bilsen, welches weiter entfernt lag, bildeten diese Dörfer also einen zusammen=
hängenden abgerundeten Besitz, welcher den der Stadt Hamburg an Umfang und Wert weit überragte,
und vergleicht man die Zeit der Erwerbungen, so sieht man, daß das Kloster zwar jede Gelegenheit
zu Landkäufen benutzte, daß es aber zugleich bemüht war, die vorhandenen Lücken baldmöglichst aus=
zufüllen. Leider sind durch die schlechte Verwaltung im 15. Jahrhundert viele Besitzungen wieder
verloren gegangen. Die Ursachen, welche das Kloster zur Veräußerung mancher Besitzungen nötigten,
sind nicht bekannt, wir hören nicht von schweren Unglücksfällen, welche das Kloster heimgesucht
hätten, auch ist es ein Irrtum, wenn man behauptet hat, daß dieser Rückgang durch ein üppiges und
schwelgerisches Leben der Nonnen veranlaßt sei, denn die St. Johannis=Brüderschaft, welche 1461 ein
eigenes Rentebuch erhielt, war gestiftet, um die gemeinsamen Mahlzeiten der Nonnen mit den not=
wendigen Speisen zu versorgen. Diese Dörfer wurden von dem Klostervogt verwaltet, der durch die
Vermehrung des Landgebiets zu großem Ansehen und Einfluß gelangte, und es ist wohl möglich, daß
zu diesem Amte nicht immer die rechten Männer erwählt worden sind, und Propst und Abtissin die
Verwaltung des umfangreichen Gebiets nicht genügend beaufsichtigt haben. Die dadurch eingerissene
Unordnung im Kloster war es vermutlich auch, welche Heinrich von Schwarzburg, Administrator des
Bremer Erzbistums und Bischof von Münster, 1483 veranlaßte, eine Revision und Reformation des
Klosters anzuordnen. Er wandte sich in einem Schreiben vom 9. Dezember 1482 an den Rat von
Hamburg, worin er die Notwendigkeit einer Reformation auseinandersetzte und den Rat um dessen
Unterstützung ersuchte, falls die Nonnen sich widersetzen sollten. Diese Mitteilung wurde von dem
Rat mit Dank entgegengenommen, nicht aber von den Nonnen, welche darüber in eine große Auf=
regung gerieten, und diese war vielleicht die Ursache, daß die Abtissin Magarete Vermerssen zehn
Tage nach dem Eingang dieses Schreibens starb, weil sie sich in ihrer Ehre tief gekränkt fühlte. In
Hamburg herrschte infolge einer Hungersnot und ungünstiger Handelsverhältnisse unter den Bürgern
eine große Unzufriedenheit und Aufregung gerade zu der Zeit, als die erzbischöflichen Kommissarien,
einige Äbte und andere Prälaten, hier eintrafen. Am nächsten Morgen begaben sie sich in Begleitung
von zwei Ratsherren nach dem Kloster Harvestehude. Indessen sammelte sich ein Haufen Volks, folgte
den Abgeordneten und drang zum Teil mit ihnen in das Kloster ein, die übrigen tobten und lärmten
im Hofe und überschrieen den Vortrag der Kommissarien, auch die Versicherungen der beiden Rats=
herren, daß ohne Genehmigung von Rat und Bürgerschaft die Verhältnisse des Klosters nicht geändert
werden würden, hatten keinen Erfolg. Die beiden Ratsherren kehrten in die Stadt zurück und die
Prälaten blieben im Kloster. Allein die Nonnen widersetzten sich jeder Einmischung der Kommission,
nur der Abt von Reinfelde, dem ältesten Cistercienser Kloster in Holstein, sei zu einer Visitation
und Reformation des Klosters befugt. Auf den unruhigen Morgen folgte ein noch unruhigerer
Abend. Die aufgeregten Bürger versammelten sich abends in der Brauergesellschaft am Hopfenmarkt,
wo sich auch Verwandte und Freunde der Nonnen einfanden, als deren Sprecher Dietrich Mensen
auftrat. Das reichlich genossene Bier erhitzte die Gemüter noch mehr, es wurden wilde Drohungen
gegen die fremden Prälaten laut, welche sich in Angelegenheiten von Rat und Bürgerschaft einmischen
wollten; falls sie nicht am nächsten Morgen die Stadt verlassen würden, werde man ihnen die Hälse
brechen, Hamburger Bürger hätten nicht geringeren Mut, als die Hansischen Kaufleute in Bergen, welche
den dortigen Bischof erschlagen hätten. Angesichts dieser drohenden Haltung der Bürger kehrten die
Prälaten eiligst über die Elbe zurück, die Nonnen aber baten den Abt von Reinfelde um seinen
Besuch, dem sie mit Geschenken entgegenkamen und mit Ehrerbietung aufnahmen. Nachdem er sich
jedoch über den Gegenstand der Visitation unterrichtet hatte, kam er zu der Überzeugung, daß die
erzbischöfliche Kirche im Rechte gewesen sei, und lehnte es daher ab, das ihm zustehende Amt zu

übernehmen. Die Nonnen wurden über diesen Entschluß so erbittert, daß sie ihm die Erstattung der Reisekosten verweigerten. Von einer Reformation des Klosters scheint nicht weiter die Rede gewesen zu sein, aber in den Receß von 1483 wurde ein besonderer Artikel aufgenommen[85]), in welchem Rat und Bürger versprachen, das Kloster zu beschirmen, zwei Mitglieder des Rates und einige Bürger, welche die Abtissin zu Vorstehern erwählen würde, sollten für das Beste des Klosters sorgen. Mit dem Administrator scheint sich das Kloster auch bald ausgesöhnt zu haben, denn die neue Abtissin, Anna Kalen, wurde noch im Jahre 1483 von ihm eingeführt. Daß ein unsittlicher Lebenswandel der Nonnen nicht die Veranlassung zur Visitation gegeben hatte, geht auch wohl daraus hervor, daß wir die Schwester des Domdechanten Albert Crantz als Nonne im Kloster finden und die sittenstrengen Bürger sich nicht für unzüchtige Klosterschwestern ereifert haben würden. Ebenfalls hören wir in der Folge, selbst in der Reformationszeit keine Klagen über die Lebensweise der Nonnen in Harvestehude, so daß die Ursachen der versuchten Reformation wohl andere gewesen sind. Im 15. Jahrhundert gehörten die meisten Nonnen des Harvestehuder Klosters Hamburger Familien an. Wie in allen Hansestädten hatten auch die Bürger in Hamburg größeren Anteil an der Stadtverwaltung erlangt und den Einfluß des Rats allmählich eingeschränkt. Bei den nahen Beziehungen der Nonnen zu den Hamburger Familien ist es sehr wahrscheinlich, daß auch bei ihnen ein Streben nach größerer Unabhängigkeit geweckt wurde, und infolge der in andern Zweigen der Verwaltung eingerissenen Unordnungen Propst und Abtissin nicht den genügenden Einfluß besaßen, um diesem Streben gewachsen zu sein, weshalb allmählich die strengeren Ordensregeln nicht mehr beobachtet wurden und in Vergessenheit gerieten. Dies war in jener Zeit aber in den Augen der Kirche ein großes Vergehen, und als bei dem erzbischöflichen Stuhl die Übertretungen der Ordensregeln gemeldet wurden, glaubte der Administrator einschreiten zu müssen. Das wird auch von Heinrich von Schwarzburg im Eingang seines Schreibens an den Rat betont, es ist die Mißhaltung der Regeln und andere merkliche Übertretungen, welche ihn zu einer Visitation veranlaßt haben, und in dem Receß von 1483 wird ebenfalls gesagt, das Kloster sei auf eine beständige Regel gegründet und habe so lange damit bestanden, alle Nonnen seien auf Grund dieser Regel eingekleidet und darnach gelehret worden, daher wollen Rat und Bürgerschaft es schirmen. Alle Mitteilungen über den unsittlichen Lebenswandel der Nonnen scheinen daher nur in der Phantasie der Chronisten entstanden zu sein.

Das Interesse des holsteinischen Adels für die Abtei wurde allmählich geringer und im 15. Jahrhundert hören die Schenkungen fast ganz auf. 1436 machten allerdings verschiedene Bürger von Rendsburg dem Kloster noch ein bedeutendes Geschenk von 315 Mark zu einer jährlichen Gedächtnisfeier, wogegen sie in die Herwardeshuder Brüderschaft aufgenommen wurden, aber sonstige Schenkungen werden nicht mehr erwähnt. Infolgedessen verringerten sich die Einnahmen erheblich, und da alle Einrichtungen einen großartigen Zuschnitt hatten (wir finden z. B. 1436 außer dem Propsten noch drei Kapellane angestellt), so mögen auch dadurch manche Schwierigkeiten für die Kassenverwaltung entstanden sein. Auch fanden in dieser Zeit mehrere größere Bauten statt. 1455 mußten z. B. für die Mühle in Eppendorf neue Vorsetzen und das Haus in Ohlsdorf neu erbaut werden. 1457 und 1458 erhielt die Kirche ein neues Schieferdach, 1460 wurden das Brauhaus, der Reventer und die Küche neu erbaut, 1462 der Bau einer besonderen Küche für die Nonnen angeordnet ꝛc. Diese Bauten sind vielleicht die Veranlassung gewesen, daß das Kloster 1465 einige Ländereien in Griesenwärder und Tatenberg an den Hamburger Rat verkaufte, aber an wen und aus welchen Ursachen die größeren Besitzungen, wie z. B. Niendorf, Lockstedt, Ottensen ꝛc. veräußert wurden, darüber besitzen wir keine Nachrichten. Erst gegen Ende des Jahrhunderts werden wieder neue Erwerbungen erwähnt. 1472 kaufte das Kloster eine Wiese und Grasländereien bei Blankenese und 1507 in Billwärder an der Bille 35 Morgen und in Billwärder an der Elbe 12 Morgen, welche 1815 wieder verkauft worden sind.

Die Stellung des Klosters zur Reformation war eine eigentümliche. Als im September 1522 die Juraten der 4 Hauptkirchen sich zur Verbesserung der Kirchenzucht und der Schulen vereinigt hatten, stand der Probst von Harvestehude auf Seiten der Bürger und wurde am 30. Dezember 1523 mit den Hamburger Bürgern vom Papst exkommuniziert. Als aber 1528 die Nonnen zu Reinbeck, die Mönche des Marien-Magdalenen-Klosters und die Beguinen zu Hamburg ihre Ordenstracht abgelegt hatten, weigerten sich die Nonnen zu Harvestehude diesem Beispiel zu folgen. Doch veranlaßte die neue Lehre unter ihnen einen heftigen Zwiespalt und sie wandten sich zur Wiederherstellung des Friedens an den Rat und einige Bürger von Hamburg, welche das Schreiben den 144ern, den Vertrauensmännern der Bürgerschaft überwiesen. Diese sandten am folgenden Tage, am Sonnabend nach Johannis 1528, eine eindringliche, warme Erwiderung an die Abtissin und die Klostergemeinde, worin diese ermahnt wurden, die reine Lehre in Einigkeit anzunehmen, die Bürger würden ihnen einen guten Prediger senden, der ihnen das wahre Gotteswort lehren solle. Doch scheint weder die Ermahnung noch die Sendung eines evangelischen Predigers Erfolg gehabt zu haben, denn am 26. August beantragten die Bürger u. a., es möge dem Kloster Harvestehude ein frommer Bürger als Vorsteher bestellt werden, der dem Rat und den Vorstehern der vier Kirchspiele jährlich Bericht erstatten solle. Auch möge man für das Kloster einen guten Prediger oder Kapellan anstellen, damit papistische Priester dort keine Messe lesen sollten. Allein der Rat trug Bedenken, mit gewaltsamen Maßregeln gegen das Kloster vorzugehen, da er die Einmischung fremder geistlicher und weltlicher Herren zum Nachteil der Stadt fürchtete, auch der Zustimmung mancher Hamburger, welche durch Angehörige bei der Umgestaltung des Klosters interessiert waren, nicht ganz sicher war. Er suchte daher durch freundliche Unterhandlung zum Ziel zu gelangen, doch versäumte er nicht, vorbereitende Schritte zur Aufhebung des Klosters anzuordnen und ließ ein Verzeichnis der Dokumente und der Einkünfte des Klosters aufnehmen. Am 1. September 1528 genehmigte der Rat zwar, daß ein Bürger mit der Verwaltung des Klostervermögens beauftragt und ein evangelischer Prediger angestellt werde, aber im Februar 1529 wiederholten die Bürger in Art. 19 ihre früheren Forderungen, es müssen also die Beschlüsse noch nicht ausgeführt worden sein. Auch in der Bugenhagen'schen Kirchenordnung wird die Anstellung eines evangelischen Priesters für Harvestehude bestätigt und die Wahl desselben vier Ratsmitgliedern und den Oberalten übertragen. Dieser Priester solle aus dem Klostergut, aber nicht niedriger als andere Kapellane besoldet werden, auch könne er das Wort Gottes in Eppendorf predigen, falls man ihn daselbst leiden möge. Das Vermögen der Brüderschaft zu Harvestehude wurde dem fünften Armenkasten zugewiesen. In Artikel 42 der Kirchenordnung ist jedoch nur eingetragen: „Des klosters halven tho Hervestehude is bespraken und bevahlen", aber was beschlossen worden, fehlt. Offenbar hat man sich nicht einigen können, und die Bedenken des Rats werden abermals berücksichtigt worden sein. Die Aufhebung aller Nonnenklöster war ein Lieblingsgedanke Bugenhagens, und wenn trotzdem das Kloster Harvestehude während seiner Anwesenheit in Hamburg bestehen blieb, so müssen die Gründe des Rats wohl schwerwiegender Natur gewesen sein. Der Rat kam jedoch den Wünschen Bugenhagens entgegen, indem er den Nonnen von Harvestehude durch Zurückgabe des Erbrechtes das Austreten erleichterte, durch andere Vorschriften aber das Verbleiben im Kloster erschwerte. Manche Nonnen machten zwar von dieser Erleichterung Gebrauch, aber andere waren nicht zum Verlassen des Klosters zu bewegen, weil es ihnen dort besser ging, als sie es in der Außenwelt erwarten durften. Ihr Eigentum wurde nicht angetastet und gegen fremde Eingriffe, namentlich schauenburgischer Beamten geschützt, die Bürger wollten nur verhindern, daß die Einkünfte zu papistischen Zwecken benutzt werden sollten. Die Räte der schauenburgischen Herrschaft machten zwar einige vorsichtige Versuche, sich in die Angelegenheiten des Klosters einzumischen. Sie schrieben an den Rat, daß sie gehört hätten, die Bürger wollten freventlich und gewaltsam gegen das Kloster verfahren. Aber der Rat wies diese Einmischung entschieden zurück. Die Klosterjungfrauen seien durch Vorsteher und verwandte Freunde so gut vertreten, daß ihnen keine Unbill begegnen könne. Auch werde er gleich seinen Vorfahren dafür sorgen, daß das Kloster nicht unverbittet bleiben werde. (Lappenberg, Zeitschr. d. Verf. Hambg. Gesch. Bd. IV. S. 548. Jahrg. 1858.) Doch die Verhältnisse in Hamburg änderten sich bald so, daß auch der Rat gezwungen wurde, sein Zaudern und sein Vermitteln betreffs des Klosters aufzugeben. Mit dem Receß von 1529 und der Einführung der Bugenhagen'schen Kirchenordnung war das Reformationswerk vorläufig in Stillstand geraten, die Papisten schöpften neuen Mut und hofften, daß die Bürger bald zum alten Glauben zurückkehren würden. Im Dom war der katholische Gottesdienst beibehalten worden, und wenn man es auch noch nicht wagen durfte, in den übrigen Kirchen wieder Messe zu lesen, so bot doch die abgelegene Harvestehuder Kirche eine passende Gelegenheit, um durch einen prachtvollen Gottesdienst die unentschiedenen Bürger wieder zum alten Glauben zurückzuführen. Allein die evangelischen Geistlichen erkannten diese Gefahr sehr bald, sie boten daher ihren Einfluß auf, um die Reste des katholischen Gottesdienstes überall zu unterdrücken. So wurde vom 15. August bis 8. Dezember die Domkirche ganz geschlossen, damit durch den katholischen Gottesdienst in derselben den Bürgern kein Ärgernis bereitet werde. Trotzdem fand in Harvestehude heimlich noch fortwährend katholischer Gottesdienst statt, weshalb am 14. Januar 1530 von Rat und Bürgerschaft beschlossen wurde, das Kloster von Grund aus zu zerstören und mit der Ausführung eine Kommission beauftragt, welche aus den Oberalten Hans von Bargen und Michael Panning und den Bürgern Heinrich Rademaker, Joh. Rentzel, W. Warneken, M. Moers, Asmus von Minden und H. Dreves bestand. Auch jetzt noch ließ man den Klosterjungfrauen Zeit, sich eines Besseren zu besinnen; erst am 10. Februar begab sich die Kommission mit Arbeitern nach Harvestehude und ließ den Abbruch beginnen. Als die Nonnen sahen, daß es Ernst wurde und die Arbeiter ihnen das Haus über dem Kopf abzubrechen begannen, da war es mit ihrem Mut zu Ende, eiligst verließen sie das Kloster und suchten anderswo ein Unterkommen. Die herrlichen Gebäude aber wurden bis auf den Grund abgebrochen. Es ist allerdings ein sonderbares Verfahren, daß man die Gebäude zerstörte, um den Widerstand der Nonnen zu brechen, anstatt dieselben mit Gewalt zu entfernen, wie man bei dem Johanniskloster gethan hatte, allein das Verfahren ist nicht ohne Beispiel in der Geschichte, auch die Bremer zerstörten das Kloster St. Pauli in der Vorstadt, um die Reformation durchzuführen. Hatten die Nonnen beim Abbruch des Klosters auch sehr schnell ihren persönlichen Mut verloren, so erforderte es doch noch langwierige Unterhandlungen, bis sie ihren Widerstand aufgaben und sich dem Willen von Rat und Bürgerschaft fügten. In dem Receß von 1531 drohten noch Rat und Bürgerschaft[86]), das Vermögen und die Güter des Klosters zu einer andern wohlthätigen Stiftung zu verwenden, Rat und Bürger wollten den Nonnen das Johanniskloster als Wohnung einräumen, sonst sollten sie, wie die Minoriten und Dominikaner ein Reisegeld empfangen und Hamburg verlassen. Wann der Einzug erfolgte, ist nicht bekannt, doch ersuchten die Bürger am 10. Januar 1536 den Rat[87]), da die Nonnen des Harvestehuder Klosters im Johanniskloster aufgenommen worden seien, möge der Rat die Güter des Klosters zusammenhalten, damit Bürgerkinder, welche der Welt nicht dienen, für ein Mäßiges daselbst beköstigt werden könnten. Gleichfalls sollten auch Witwen, welche Kinder unterrichten könnten, sowie Bürgerstöchter als Schülerinnen für ein Geringes beköstigt werden. Mit der Übersiedelung verschwand allmählich der alte Name, und für die milde Stiftung kam der Name Johanniskloster in Aufnahme.

Der Jungfernstieg.

"Die Alster ist Hamburgs Perle", hört man oft sagen, und gewiß sind wenig Städte im Besitz einer Anlage, welche an Schönheit unserm Alsterbassin nahe kommt. Obgleich nur von geringem Umfang und ohne hohe Uferlandschaften bietet die Alster doch ein stets wechselndes Bild, welches zu jeder Tageszeit, wie zu jeder Jahreszeit den Blick fesselt. Ob an windstillen, sonnigen Tagen Dampfschiffe und Ruderböte die spiegelglatte Fläche durchfurchen, oder der Sturm das Wasser wild aufregt und die Segelböte pfeilschnell vor sich hertreibt, oder ob im Winter bei strenger Kälte das Wasser unter einer festen Eisdecke gefesselt ist, welche Tausenden von Menschen die Vergnügungen des Winters gestattet, ob man am Tage den Kranz der stattlichen Gebäude an den schattigen Spaziergängen betrachtet, oder am Abend der Schein von unzähligen Lichtern und Laternen von der sanft bewegten Wasserfläche zurückgeworfen unsern Blick fesselt, es ist immer ein entzückendes Bild, welches jeden Menschen erfreut, der Sinn für Naturschönheit hat. — Bis zum 12. Jahrhundert war das jetzige Alsterbassin eine sumpfige Niederung, welche von der Alster in vielen Windungen durchflossen wurde. Als aber der Fluß zum Treiben der Wassermühle (der alten Mühle oder Niedermühle am Adolfsplatz, auf dem Platz des Reichsbankgebäudes) benutzt werden sollte, mußte derselbe durch einen Damm (der große Burstah) aufgestaut werden. Infolgedessen wurde das Alsterthal in einen See oder Mühlenteich verwandelt, welcher sich von dem Burstah bis in die Gegend von Eppendorf und Winterhude erstreckte. Nachdem die erste Mühle als eine vorteilhafte Anlage sich bewährt hatte, entschlossen sich die Schauenburger Grafen im 13 Jahrhundert zur Anlage einer zweiten Alstermühle, und zu dem Zweck mußte ein Teil der Alster durch einen zweiten Damm noch höher aufgestaut werden. Dieser Damm wurde vom Gänsemarkt bis zur Bergstraße quer durch die Alster geführt und dadurch der bisher ungeteilte Mühlenteich in die kleine und große Alster geteilt. So entstand der Jungfernstieg. Es war ein einfacher Damm, der zwischen den beiden Mühlenteichen hindurch führte und für Fußgänger einen neuen Zugang zur Stadt bildete, weshalb am Ende des Dammes ein Thor, das Mühlenthor, errichtet wurde, welches 1265 erwähnt wird. Die neue Mühle, die Obermühle, lag außerhalb des Thores etwa zwischen dem jetzigen Reesendamm und Plan. (Siehe Plan S. 151). Die Mühle gelangte später in den Besitz der Stadt. Der Rat verpachtete am 9. August 1276 dieselbe an den Müller Heinrich Reese und gestattete ihm, den Damm zum Lagern von Holz und Steinen und dergleichen Materialien, welche in Alsterschiffen der Stadt zugeführt wurden, zu benutzen, weshalb der Damm vermutlich den Namen Reesendamm[88]) erhielt. Durch die Anlage des Reesendammes war die kleine Alster für die Alsterschifffahrt geschlossen, weil aber manche Bürger namentlich das auf der Alster herabgeflößte Bauholz am Burstah zu landen wünschten, so mußte Heinrich Reese eine Stelle des Dammes, den Overtucht, frei lassen, damit hier die langen Baumstämme hinübergezogen werden konnten. Über den Reesendamm führte zwar nur ein Fußsteig, doch konnte derselbe von Feinden zu einem nächtlichen Überfall benutzt werden, weshalb der Rat am Ende des Dammes, an der Ecke des alten und neuen

Jungfernstiegs, eine Bergfrede (einen Wartturm) errichten ließ und in demselben für Rechnung der Stadt einen Wächter unterhielt. Da jedoch für den Müller die Bewachung des Dammes ebenfalls einen großen Wert hatte, weil das auf dem Damm lagernde Holz, wie auch die Mühle gegen nächtliche Überfälle von Räubern und Dieben geschützt wurde, war Reese durch den Vertrag von 1276 verpflichtet, in der Bergfrede einen zweiten Wächter zu unterhalten.

An der Südwestseite lagerten sich jetzt aus dem Alsterwasser viele Sinkstoffe ab, so daß hier ein Vorland entstand, welches durch Auffahren von Erde noch weiter erhöht wurde. Reiche Familien mieteten Teile dieses Landes von dem Rat, um es in einen Garten zu verwandeln und ein leichtes Gartenhaus auf demselben zu errichten. Schon 1287 wird ein Garten am Damm erwähnt. Später lag hier der Apothekergarten, für welchen die Stadt eine Miete erhielt. 1473 übernahm der Rat den Apothekergarten mit der Apotheke von Kaspar de Gota gegen eine Leibrente. Als 1547 der Garten geräumt werden mußte, überwies der Rat dem Ratsapotheker Veit Scharp einen Platz an der Fuhlentwiete, östlich der jetzigen Amelungstraße, zur Anlage eines neuen Apothekergartens. Die wohlhabenden Familien in Hamburg haben von jeher eine Vorliebe für Gärten gehabt, und da innerhalb der Stadt kein Raum dafür vorhanden war, mußten sie außerhalb derselben passende Plätze suchen, welche von dem Rat für Rechnung der Stadt vermietet wurden. Schon in der zweiten Hälfte des 13. Jahrhunderts sind in den Stadtrechnungen Einnahmen für Gärten (in den späteren Straßen Brok und Kehrwieder) verzeichnet, und im 14. und 15. Jahrhundert finden sich viele Gärten in der nächsten Umgegend der Stadt, namentlich vor dem Millernthor, an der Michaelisstraße, am Steinweg, Fuhlentwiete, Hohe Bleichen ꝛc. Nach dem Gottesdienst ging der Hausherr mit seiner Familie und einigen vertrauten Freunden nach dem Garten hinaus, um hier, fern von dem Treiben der Stadt, einige Stunden der Ruhe und Erholung zu genießen und mit Sonnenuntergang, wenn die Thore geschlossen wurden, in die Stadtwohnung zurückzukehren. Die in der unmittelbaren Nähe der Stadt gelegenen Gärten waren daher am meisten begehrt. Außerdem aber suchte [man solche Plätze, wo man von dem Garten aus einen Blick auf die Stadt hatte, wie die Gärten vor dem Millernthor, oder wo man auf dem angrenzenden Wasser bei schönem Wetter Ruderfahrten unternehmen konnte, wie bei den Gärten auf dem Brok, welche bis an den breiten Graben hinanreichten, wodurch der bebaute Brok von dem Grasbrok getrennt war. Beide Vorteile boten die Plätze am Reesendamm, ein großer Teil der Stadt lag hier vor dem Blick ausgebreitet, auf der kleinen Alster konnte man bequeme Bootfahrten unternehmen, welche nicht durch die Strömung der Ebbe und Flut erschwert wurden, und wenn auch die Ostseite des Dammes noch als Lagerplatz benutzt wurde, so hatte man von hier aus den schönen weiten Blick über die große Alster bis nach Eppendorf, Winterhude und Barmbeck. Aus diesem Grunde werden also die Gärten am Reesendamm doppelt begehrt gewesen sein. Außerhalb der Stadt durften jedoch keine festen Wohn- und Lagerhäuser erbaut werden; der Rat gestattete es daher auch nur, daß auf den Gartenplätzen leichte Gebäude zum Schutz gegen plötzlichen Witterungswechsel errichtet wurden, die bei drohender Kriegsgefahr leicht und schnell entfernt werden konnten, damit sie dem Feinde bei einem Angriff auf die Stadt nicht als Stützpunkte dienen möchten. Am Reesendamm durften deshalb auch keine stattliche, schöne Häuser erbaut werden.

Durch die Errichtung des Altenwalles gegen Ende des 15. Jahrhunderts wurden die Verhältnisse am Reesendamm wenig betroffen, nur die Aussicht auf die Stadt wurde durch den hohen Wall teilweise beschränkt; als aber Mitte des 16. Jahrhunderts der Neuewall aufgeführt wurde, erlitt der Reesendamm eine wesentliche Veränderung. Der hohe Wall wurde bis zum Damm fortgeführt, weshalb hier mehrere Gärten geräumt werden mußten, darunter auch der Apothekergarten, der nach der Gegend der jetzigen Amelungstraße verlegt wurde. Durch die neue Festungslinie war das Mühlenthor überflüssig geworden, dasselbe wurde bis zum Ende des Walles vorgerückt und erhielt den Namen Dammthor, weil es auf der Mitte des Dammes erbaut war. Es war ein steinernes Thor mit starken, auf beiden Seiten bis in die Alster reichenden Mauern, und mit der vergoldeten Inschrift: „Roboris vinculum et Libertatis pignus Concordia. Tantum perge DEO fidere, salvus eris" (Die Eintracht bildet den Grund der Stärke und das Unterpfand der Treue. So lange Du fortfährst Gott zu vertrauen, wird es Dir wohlergehen) verziert. Ein Teil der großen Alster wurde durch eine doppelte Pfahlreihe abgeteilt, welche sich vom Dammthor bis zum Raboisenturm erstreckte, um hier eine Annäherung feindlicher Schiffe an die nicht befestigte Strecke zu verhindern. Dem Alsterthor gegenüber war eine Einfahrt freigelassen, welche des Nachts durch einen Schwimmbaum, den Alsterbaum, geschlossen wurde. — Auf der untenstehenden Abbildung sehen wir den breiten Reesendamm durch das Dammthor abgeschlossen, hinter demselben erhebt sich der Petriturm, rechts davon der Domturm mit den vier kleinen Ecktürmchen, noch weiter rechts das hohe Dach der Johanniskirche mit dem kleinen Glockenturme. Darunter liegt der Neuewall und im Vordergrund ein Teil der kleinen Alster. Der Weg über den Reesendamm ist auf dieser Seite durch ein Staket geschützt. Links vom Reesendamm ist die große Alster mit zwei Alsterschiffen gezeichnet, daneben steht ein Haufen Brennholz, die doppelte Pfahlreihe trennt den inneren Teil ab, der Alsterbaum ist durch zwei Ruderböte angedeutet. Hinter der Alster liegt die alte Festungsmauer mit

Reesendamm mit dem mittleren Dammthor 1587. Alsterthor, Binnen-Alster, das innere Dammthor, kleine Alster, Alsterwall.

mehreren Türmen und dem Alsterthor. Über derselben erhebt sich die Jakobikirche. Der Turm ist noch ohne Spitze, welche erst 1592 errichtet wurde, auch fehlt noch der achteckige Maueraufsatz, weshalb unser Bild vor 1582 aufgenommen sein muß. Links von dem Alsterthor liegt dann noch die Gertrudenkirche. Das Dammthor hatte kein langes, dunkles Gewölbe, wie die übrigen Thore, weil es nicht den Wall durchschnitt, doch war an der inneren Seite des Walles ein zweites Thor errichtet und mit einem kleinen Turm verziert, von dem wir die umstehende Abbildung bringen. Links ist der hohe Wall gezeichnet, an welchen das Thor sich anlehnt, rechts liegen Bausteine, welche wohl den Raum bis zur großen Alster ausfüllten. Auf dem Bilde des äußeren Dammthores ist das innere Thor nicht sichtbar. — Am Ende des Reesendammes war noch im 15. Jahrhundert statt der Bergfrede ein großer Turm erbaut worden. Den Platz kaufte der Rat von der Witwe des Johannes Fredebold für 44 Talente. Der Turm lag zwischen den Kolonnaden und dem Gänsemarkt, und bei dem Bau der Häuser in den Kolonnaden sind die Fundamente desselben teilweise wieder aufgedeckt. Der Bau des Turmes dauerte von 1488 bis 1498. Von dem mit Schiefer gedeckten Dach erhielt er den Namen Blauer Turm; wegen seiner starken Mauern hieß er im Volksmunde auch Isern Hinnerk. 1549 wurde der Turm durch ein halbkreisförmiges Außenwerk verstärkt, welches gegen die Alster steinerne Vorsetzen erhielt. Dieses Werk wurde 1562 vergrößert und durch Pallisadenwände verstärkt. Für den Bau dieses Außenwerks wurden noch einige Gärten von dem Rat eingezogen, und da die kleine Alster durch die Errichtung des neuen Walles sehr beschränkt worden war, so scheinen auch die Mieter der noch übrig gebliebenen Gärten darauf verzichtet zu haben, zumal der Aufenthalt zwischen den beiden Festungswerken manche Unbequemlichkeiten hatte.

Die Alsterschiffer gewöhnten sich allmählich, den Alsterbaum zu benutzen und ihre Waren beim Alsterthor zu löschen, doch behielt der Reesendamm als Lager- und Landungsplatz noch länger eine größere Bedeutung. — Als im 16. Jahrhundert viel Segeberger Kalk durch die Alsterschiffer nach Hamburg gebracht wurde, erwarben die vier Hauptkirchen am 5. Mai 1527 einen Platz am Gänsemarkt, der sich längs der Abcstraße bis zur Kaffemacherreihe erstreckt haben mag, und errichteten

Das alte Dammthor in Hamburg.

hier einen Kalkofen zum Brennen des Segeberger Kalks. Die Alsterschiffe landeten den Kalk am Reesendamm, von wo er dann nach dem Gänsemarkt geschafft wurde. Als die Hauptkirchen 1603 das Kalkbrennen am Gänsemarkt einstellten, 1616 der städtische Kalkhof vom Wandrahmen nach der Wiese vor dem Dammthor, an der jetzigen Dammthorstraße, verlegt wurde und die Stadt einen besonderen Kanal von der Alster bis zum Kalkhof, jetzt große Theaterstraße, erbauen ließ, da besuchten die Kalkschiffe den Reesendamm nicht mehr. Für das auf der Alster der Stadt zugeführte Bau- und Brennholz wurde aber derselbe nach wie vor als Lagerplatz benutzt.

Eine große Umwandlung erlitt die Umgebung der Alster durch die 1620—1626 ausgeführte neue Befestigung. Zur Verbindung der Festungswerke an der Ostseite und Nordwestseite von Hamburg wurde der hohe Wall durch die große Alster geführt, und diese dadurch in die Binnenalster und Außenalster geteilt. Für den Durchlaß der Alster blieb in dem Wall eine Lücke von etwa 30 m (100 Fuß) frei, welche später überbrückt wurde und den Namen Alsterbrücke oder Lombardsbrücke erhielt. Die Hamburger begannen sehr bald den neuen Wall in geeigneter Weise auszunutzen und errichteten in den hohen Bastionen Windmühlen. Auch zu beiden Seiten der Lombardsbrücke wurden 1640 und 1641 zwei Windmühlen erbaut, welche anfangs zum Walken eingerichtet waren, später aber in Lohmühlen und endlich in Kornmühlen umgewandelt wurden. Durch den Wall war die Binnenalster in ein geschlossenes Bassin verwandelt und bildete besonders mit der Lombardsbrücke eine Zierde Hamburgs, weshalb sie auch sehr oft abgebildet worden ist. Wir bringen eine Abbildung auf S. 229, welche von der Bastion Vincent aufgenommen worden und wenig bekannt ist. Nahe der Lombardsbrücke sehen wir ein großes Ruderboot, welches im vorigen Jahrhundert an Sonn- und Festtagen Vergnügungsgäste nach Eppendorf führte. Die Schönheit der Alster übte auf die Hamburger wieder ihre Anziehungskraft, und auf der Nordwestseite, wie auf der Südostseite ließen wohlhabende Bürger bald prächtige Gärten anlegen, wodurch die Schönheit der Gegend noch mehr erhöht wurde.

Durch die neue Befestigung waren die alten Wälle überflüssig geworden und das Material derselben wurde teilweise, z. B. an der Ostseite von den Raboisen bis zur Niedernstraße, zum Bau der neuen Wälle benutzt. Die übrigen Festungswerke blieben vorläufig noch unberührt, aber noch im Laufe des Jahrhunderts begann man allmählich mit der Abtragung derselben. Schon 1665 wurde am Nordostende des Neuenwalls ein Teil abgetragen, um hier Raum für eine Straße (Voglerswall) und Hausplätze zu gewinnen, und die abgetragene Erde benutzte man, um den Reesendamm zu erhöhen und zu verbreitern. Der Lagerplatz für Holz wurde nach der Nordostecke der Binnenalster verlegt, und dieser Platz erhielt den Namen Holzdamm. Durch die neue Festungslinie war der Reesendamm ebenfalls zur Stadt gezogen worden, infolgedessen war die Vorschrift, daß hier keine Wohnhäuser erbaut werden durften, aufgehoben. Die im vorigen Jahrhundert bei den Festungsbauten verschonten Gartengrundstücke waren allmählich in Privatbesitz übergegangen und

Die Alster von der Bastion Vincentius gesehen, Findorff 1763.

die Eigentümer werden sehr bald von der Aufhebung Gebrauch gemacht und hier Wohnhäuser erbaut haben, denn die umstehende Abbildung des Reesendammes aus dem Jahre 1665 weist schon eine ganze Reihe von Wohnhäusern auf. — Es ist ein recht interessantes Bild von einem Teil des alten Hamburg. Vom Reesendamme sind die Holzlager entfernt, rechts steht der Isern Hinnerk mit dem hohen, spitzen Schieferdach, links das kleine Dammthor. Hinter dem Reesendamm ist ein Teil der kleinen Alster sichtbar, längs derselben erstreckt sich links der noch vorhandene Neuewall, rechts breiten sich die Bleichen aus, von denen sich die Gärten an dem Abhang der Hohen Bleichen abzweigen. Links erhebt sich der neue, 1657 von Peter Marquard erbaute Nikolaiturm, dann

Der Reesendamm (Jungfernstieg) im Jahre 1665. Nach einem Kupferstich von Martin Winterstein (Zeichner und Kupferstecher).

folgt der kleine Turm der Heiligen-Geistkirche, der Turm des alten Millernthores und der kleine Michaeliskirche. Die 1648—1659 erbaute große Michaeliskirche ragt über alle andere Gebäude hervor, die 1664 und 1665 aufgeführten Grundmauern des Turmes sind bereits gezeichnet, aber die Turmspitze fehlt noch, denn sie wurde erst 1668 von Peter Marquard errichtet. Aus den übrigen Gebäuden heben sich außerdem noch die 1625 von der Mühlenstraße nach der Bastion Kasparus verlegte Windmühle und die 1636 auf Henrikus neu erbaute Windmühle hervor. Das Bild macht natürlich in der Zeichnung der einzelnen Häuser auf Genauigkeit keinen Anspruch. — Die Häuserseite des Reesendammes wurde jetzt gepflastert und zum Fahrweg eingerichtet, die andere etwa 7 m breite Hälfte an der Alster mit zwei Reihen Bäumen bepflanzt und in einen Promenadenweg verwandelt. Dieser mag hauptsächlich von Frauen benutzt worden sein und daher den Namen Jungfernstieg erhalten haben, welcher allmählich den Namen Reesendamm verdrängte. Eine weitere Verbesserung erhielt die Straße 1678 durch den Abbruch des Dammthores, denn jetzt wurde die Baumallee bis zur Mühle fortgeführt; doch erst im Anfang des vorigen Jahrhunderts begann eine größere Umwandlung. 1707 wurde der Neuewall abgetragen, in eine Fahrstraße verwandelt, und allmählich mit stattlichen Häusern bebaut. Gleichzeitig wurde die Wache des alten Dammthores und das Haus der Reitenden Diener abgebrochen, statt dessen aber eine neue Wache (Nilus) dem Neuenwall gegenüber in die Alster hineingebaut. Nachdem 1716 die Bleichen aufgehöht und hier neue Straßen, die großen und kleinen Bleichen, ausgelegt worden waren, wurden auch am Reesendamm Bauplätze bis zum Voglerswall abgesteckt und rasch bebaut. Die Bebauung der großen Bleichen folgte nicht so rasch, doch wurde 1725 ein Grundstück am Reesendamm von der Stadt angekauft, um für die Bleichen einen Eingang herzustellen. Der Jungfernstieg erwarb sich nun immer mehr die Gunst der Hamburger. 1790 wurde den Bleichen gegenüber der Alsterpavillon erbaut, und dieser lockte wiederum noch mehr Spaziergänger hierher, weshalb der Promenadenweg oft genug überfüllt war, und eine Verbreiterung desselben allgemein gewünscht wurde. Es bildete sich ein Komitee zur Sammlung freiwilliger Beiträge für diesen Zweck, wodurch 16800 Mark aufgebracht wurden. Nachdem der Jahrmarkt, welcher bisher unter den schattigen Bäumen abgehalten worden, 1795 nach dem Gänsemarkt verlegt worden war, wurde der Jungfernstieg durch Einschüttung in die Alster um etwa 8 m verbreitert, gegen die Alster und gegen den Fahrweg durch Steine mit eisernen Stangen abgegrenzt, mit 200 Linden bepflanzt und mit 40 Laternen erleuchtet. Dem Eingang des Neuenwalls gegenüber wurde 1801 an Stelle der abgebrochenen Wache ein zweiter Pavillon, der Schweizerpavillon, erbaut. In der folgenden Kriegszeit hat der Jungfernstieg oft genug eine Rolle gespielt, und namentlich ist der Einzug der Kosaken unter Tettenborn vielfach auf Bildern dargestellt worden.

Eine wesentliche Umgestaltung der Binnenalster brachte die Entfestigung Hamburgs 1820 bis 1826. Das durch Abtragung des Walles gewonnene Material wurde benutzt, um durch Einschüttung den neuen Jungfernstieg 1825 und 1826 herzustellen. Diese neue Straße wurde in wenigen Jahren

Lombardsbrücke 1846.

mit stattlichen Häusern bebaut. 1827 bis 1830 entstand auf dem Grunde des Walles die Esplanade, der Lombardswall aber blieb unbebaut, an der Seite des hochgelegenen Fahrdammes wurde eine Allee von italienischen Pappeln entlang geführt, welche der Gegend ein charakteristisches Ansehen verlieh. Die Lombardsbrücke, welche im 18. Jahrhundert dreimal erneuert worden war, wurde weiter nach Norden verlegt, allerdings wieder von Holz aufgebaut, doch erhielt sie äußerlich das Ansehen einer steinernen Brücke. Die Windmühle an der Nordseite der Brücke war schon 1773 abgebrochen worden, da niemand sie mieten oder kaufen wollte. Unterhalb der alten Brücke erhielt der Müller der andern Mühle sein Wohnhaus, welches später als Mühlenpavillon eine Zeit lang ein stark besuchtes Vergnügungslokal bildete. Die so umgebaute Lombardsbrücke mit der Windmühle bildete eine Zierde der Binnenalster und ist daher häufig gezeichnet worden; wir glaubten daher die obenstehende Abbildung hinzufügen zu sollen.

Das große Feuer von 1842 veränderte noch einmal die Anlage des Jungfernstieges. Am 6. Mai drang mittags der Brand bis hierher vor und in kurzer Zeit stand die ganze Häuserreihe in Flammen, und nicht nur die Häuser, sondern auch die Bäume des Jungfernstieges, selbst die

in der Alster am Ufer liegenden Schuten, worauf viele Familien ihre Mobilien zu retten gesucht hatten, wurden eine Beute des Feuers. Durch Sprengung des Hotels „Alte Stadt London" glückte es, dem weiteren Fortschreiten des Brandes auf dieser Seite Halt zu gebieten und den Gänsemarkt, den neuen Jungfernstieg und die benachbarten Straßen zu retten. Durch Zurücklegung der Häuser=
fronten wurde jetzt der Fahrweg verbreitert und bis zur Bergstraße in gerader Linie fortgeführt, die neue Reesendammsbrücke auf fünf gemauerten Bogen in der ganzen Breite der Straße ausgeführt, wodurch hier jede Verkehrsstörung vermieden wird. Die beiden Wassermühlen, sowie die Wasserkünste wurden nicht wieder aufgeführt, die Schleusen nach der neuen Schleusenbrücke zurückverlegt, und durch dieselben für die Schifffahrt eine Verbindung mit der Elbe wieder hergestellt. Die große Menge von Brandschutt verwandte man, um längs der Südostseite der Binnenalster einen neuen Straßendamm, den Alsterdamm, herzustellen und demnach sowohl den Promenadenweg, als auch den Fahrweg rund um die Binnenalster fortzuführen. Der Wall wurde bis zum Niveau des Alsterdammes abgetragen, der Fahrweg bis nach St. Georg fortgeführt, und die Ferdinandspforte in ein Fahrthor umgewandelt. Die letzte Veränderung erlitt die Gegend 1864 durch die Anlage der Verbindungsbahn, namentlich der Lombardswall. Die Lombardsbrücke wurde abermals verlegt und jetzt aus Steinen aufgeführt, die Windmühle wurde abgebrochen, die Wege vielfach verlegt, weshalb auch die Gartenanlagen ver=
ändert werden mußten. Allerdings wurde damals der Abbruch der Windmühle vielfach bedauert, weil dadurch der Hauptschmuck der Gegend verloren ging. Nachdem die Anlagen sich wieder entwickelt haben, werden jedoch selbst die Hauptgegner mit den Veränderungen sich ausgesöhnt haben. Durch alle diese Umwandlungen ist die Schönheit der Binnenalster wie des Jungfernstieges immer mehr erhöht worden, und auch die Privaten sind bemüht, durch Aufführung von Prachtbauten, wie z. B. der Hamburgerhof, die ganze Gegend noch mehr zur Zierde Hamburgs zu machen, und selten wird ein Fremder die Stadt verlassen, ohne die Schönheit des Jungfernstieges und der Binnen= und Außenalster bewundert zu haben.

Das Bullenhuser Schleusenhaus.

In einer Handelsstadt sind sowohl die Verkehrswege und Handelsartikel, als auch die für Handelszwecke benutzten Gebäude häufig dem Wechsel unterworfen. Selbst viele erst nach dem Brande von 1842 in Hamburg erbaute Häuser haben recht kostspielige Umbauten erfahren, oder selbst Neubauten Platz machen müssen, um den Anforderungen des Geschäftes entsprechend eingerichtet zu werden. Es ist daher leicht erklärlich, daß in Hamburg nur sehr wenige Häuser aus dem 16. Jahrhundert stammen, wie z. B. das Haus an der Ecke vom Dovenflet und der Lembkentwiete, welches die Jahreszahl 1529 trägt, oder noch so eingerichtet sind, daß man aus ihnen die frühere Bauweise erkennen kann. Doppelt interessant ist daher das Bullenhuser Schleusenhaus, weil es 1587 von dem Rat erbaut wurde, also ein öffentliches Gebäude war und seitdem nur geringe Veränderungen erlitten hat. Es stand neben der Billschleuse und war für den Vogt erbaut, welcher die Schleuse und die Straße bewachen sollte. Zu diesem Amte wurde von dem Rat ein Reitender Diener, Hans Bulle, erwählt, dem wahrscheinlich Schleuse und Haus ihren Namen verdanken. — Hans Bulle muß ein zuverlässiger und umsichtiger Beamter gewesen sein, denn er bezog ein ansehnliches Gehalt von vierteljährlich acht Pfund. Da sein Amt ihn an den Platz fesselte, wurde er gewöhnlich nicht wie die andern Reitenden Diener auf Kriegszügen und Reisen ausgesandt, nur bei besonders wichtigen Gelegenheiten, wo ein pflichttreuer und tüchtiger Diener erforderlich war, fand auch Bulle Verwendung. So wurde er z. B. 1535 mit einem besonderen Auftrage nach Lüneburg und später nach Segeberg geschickt; ein sehr schwieriges Unternehmen hatte er 1537 auszuführen, er mußte nämlich den Wagen, auf welchem der Geldbeitrag Hamburgs zum schmalkaldischen Bunde verpackt war, nach Celle und von da nach Braunschweig geleiten. Er muß allgemein in hohem Ansehen gestanden haben, denn selbst in den Ausgabe-Büchern des Rats wird das Schleusenhaus nach ihm benannt „ad domum Hans Bullen", „Bullen husz to beternde", „to Bullen des vagedes husz", „by Bullen husz" kommen häufig vor. — Die Geschichte des Hauses ist eng verknüpft mit den Veränderungen der umliegenden Gegend, wo im Laufe der Zeit häufig Land in Wasser und Wasser in Land verwandelt worden ist, weshalb sie wiederholt eine gänzliche Umgestaltung erfahren hat. Wir werden auf frühere Zeiten zurückgehen müssen, da jede neue Gestaltung aus der vorhergehenden sich entwickelt hat. Aus der älteren Zeit besitzen wir allerdings nur sagenhafte und unzuverlässige Nachrichten. Erst im 12. Jahrhundert, als von den eingewanderten Holländern und Friesen die Elbmarsch eingedeicht wurde, läßt sich einigermaßen wenigstens die Richtung des Hauptstromes der Elbe bestimmen, welcher zwischen Billwerder und Ochsenwerder, dann quer durch Wilhelmsburg und südlich von Altenwerder seinen Weg genommen haben wird. Der Billwerder muß sich damals viel weiter nach Westen erstreckt haben und in der Gegend des jetzigen Billwerder-Ausschlags dürfte das 1162 erwähnte Dorf Boycene zu suchen sein. Als aber gegen Ende des 12. Jahrhunderts der Hauptstrom der Elbe südlich von Kirchwerder und Ochsenwerder sich ein neues Bett gegraben und Moorwerder von Ochsenwerder getrennt hatte, suchte er hier weiter gegen

Norden vorzudringen, und gelegentlich einer hohen Sturmflut oder eines schweren Eisganges wird der westliche Teil von Billwerder verwüstet und von der Flut weggespült worden sein. Von dem damals entstandenen Elbstrom ist jetzt noch die sogenannte Billwerder=Elbe übrig. Verfolgen wir deren Richtung auf der Karte, so läßt sich leicht erkennen, daß derselbe sich bis zur Bille oberhalb der Grünenbrücke erstreckt haben wird. Hier wurde jedoch durch die Bille der Strom wieder nach Süd= westen abgelenkt, weshalb beide Flüsse ihren vereinigten Lauf zwischen der Veddel und dem kleinen Grasbrok fortsetzten. Das Dorf Boycene war mithin durch die Flut zerstört worden und von dem= selben nur der Boycenwerder übrig geblieben, welcher noch 1385 erwähnt wird. — Nachdem die Fluten ihr Zerstörungswerk beendet hatten, begannen sie aufs neue Land aufzubauen. Elbe und Bille lagerten in dieser Bucht ihre Sinkstoffe ab und errichteten zwischen sich einen niedrigen Damm, der allmählich breiter wurde, als Außenland, Uthslach, sich an Billwerder anlehnte und bereits 1330 erwähnt wird. 1375 hatte das Land sich schon so vergrößert, daß es eingedeicht werden konnte; Graf Adolf überließ dasselbe, „seinen Ausschlag am Ende von Billwerder", an zwei Hamburger Bürger und zwei Höfner in Billwerder gegen eine jährliche Abgabe von fünf Mark von jeder Hufe und einem Rauchhuhn von jedem Hause. Das Land sollte mit der sechzehnfüßigen Rute gemessen werden, während sonst in der Marsch die vierzehnfüßige Rute gebraucht wurde. Die Urkunde wird Privilegium des Hofes Friedeburg genannt, eines gräflichen Hofes, der im Ausschlag gelegen haben und dem der Grevenweg seinen Namen verdanken soll. Durch die Eindeichung des Ausschlags wurde die Billwerder Elbe noch weiter nach Süden gedrängt und gleichzeitig versandete auch der östliche Billarm zwischen dem Ausschlag und dem Billhorn immer mehr, während der westliche Arm der Hauptfluß wurde. Infolgedessen rückte der Billhorn dem Ausschlag immer näher und wurde von dem Hammerbrok immer weiter getrennt. Über das Eigentumsrecht an Billhorn entstand im 16. Jahrhundert ein jahrelanger Streit zwischen dem Hammerbrok und Billwerder, welcher schließlich zu Gunsten der letzteren Gemeinde entschieden wurde.

Der Hammer Deich war zunächst nur zum Schutz des Hammerbroks gegen die Bille aufgeworfen worden, aber seitdem die Elbe hier so weit gegen Norden vorgedrungen war, hatte derselbe bei Sturm= fluten auch den Druck der Elbe auszuhalten, und die vielen kurzen Krümmungen, sowie die zahlreichen Bracke sind die redenden Zeugen der häufigen Deichbrüche. Ebenso hatte auch der Billdeich in Bill= werder bei Sturmfluten schwer zu leiden, und es lag daher nahe, daß man daran dachte, die Bille gegen die Elbe durch eine Schleuse abzudämmen. Als die Hamburger 1395 den Billwerder von den Grafen Otto und Bernd kauften, ließen sie sich das Recht einräumen, die Bille überdeichen zu dürfen. Wann Hamburg den Ausschlag erworben hat, ist nicht genau bekannt, vermutlich ist es gleichzeitig mit der Erwerbung von Billwerder geschehen, denn das von dem Rat 1400 gegebene Billwerder Recht gilt laut Art. 1 für die Bewohner in Billwerder und im Ausschlag, auch wurde 1397 der Ausschlag mit dem Billwerder in einen Deichverband gebracht. Aber die Abdämmung der Bille muß unter= blieben sein, denn zur Verbindung des Ausschlags diente später noch eine Fähre. Erst nach der schweren Sturmflut, am 14. September 1491, wurde der Plan wieder ernstlich in Betracht gezogen. Namentlich muß Billwerder schwer gelitten haben, denn wiederholt wurden Kommissionen des Rats zu Besichtigungen hinausgesandt und drei Jahre nacheinander in der Stadt Sammlungen zum Besten der notleidenden Bewohner veranstaltet. Der Deich war auf weite Strecken gänzlich zerstört, das gemähte Korn auf den Feldern weggeschwemmt und fast sämtliches Vieh ertrunken. Große Summen waren für die Deich= und Schleusenbauten erforderlich; und da die Gemeinde das Geld nicht aufbringen konnte, mußte die Stadt erhebliche Beisteuern leisten. Vermutlich ist 1494 der Deich des Ausschlages bis an die Bille geführt und bei der jetzigen Grünenbrücke die Bille durch eine Schleuse gegen das Eindringen der Sturmfluten geschützt worden. — Infolge des Schleusenbaues wurde die Fähre überflüssig, denn hinter der Schleuse erbaute man eine Brücke über die Bille und gewann dadurch einen sicheren Zugang zum Billwerder. Vom Steinthor über St. Georg, Hamm und den Ausschlägerweg konnte man den Übergang jetzt bequem zu Wagen erreichen, zu Fuß auch über den Stadtdeich und Grünendeich, man brauchte nicht mehr auf die Fähre zu warten und bei stürmischer Witterung nicht zu fürchten, mit der Fähre in der starken Strömung umzukommen. Andererseits war für die Bewohner von Billwerder ein sicherer und bequemer Weg zur Stadt eröffnet. Die Brücke bildete daher einen wichtigen Knotenpunkt für den Verkehr, weshalb sie wie die Schleuse beaufsichtigt und geschützt werden mußte. Der Rat wählte zum Aufseher, zum Vogt der Schleuse, einen Reitenden Diener und ließ zur Wohnung für den Vogt und seine Knechte ein Haus neben der Brücke erbauen. — Das erste Schleusenhaus stand auf einer Wurt, d. h. auf einem künstlich aufgeworfenen Hügel, aber jenseits der Brücke im Ausschlag und wird wahrscheinlich um 1500 erbaut worden sein. Fraglich ist es, ob Hans Bulle der erste Vogt gewesen ist, obgleich das Haus 1523 nach ihm benannt wurde. Die Wurt mag nicht hoch genug gewesen sein, oder nicht an der rechten Stelle gelegen haben, denn das Haus hatte bei Überschwemmungen vielfach zu leiden, besonders durch die Sturmfluten in den Jahren 1532 und 1533, so daß es sehr baufällig wurde; die Ratmänner Dithmar Koel und Albert Oldehorst,

Bullenhuser Schleusenhaus, erbaut 1587.

die damaligen Landherren, ließen 1536 ein neues Haus erbauen. Das neue Gebäude wurde nach einer geschützteren Stelle an der Nordseite der Brücke im Hammerbrok verlegt, es erreichte jedoch kein viel höheres Alter. Im Jahre 1540 mag es von dem Hochwasser schwer zu leiden gehabt haben. Wie Bernd Gyseke in seiner Chronik berichtet, kam im Winter so grausam hohes Wasser die Elbe herunter, wie man seit Menschengedenken nicht erlebt hatte. Alle Lande kamen voll Wasser und am 8. Januar mußte man den Hammerdeich beim Fulenhorn, auf dem halben Wege nach Bullenhusen, durchstechen, damit das Wasser sich wieder verlaufen konnte. (Hambg. Chron. S. 173.) Allein das neue Haus fand nicht durch Wasser, sondern durch Feuer seinen Untergang. Im Januar 1587 wurde es von einer alten Frau Grete Stortekare angezündet und eingeäschert. Die Brandstifterin wurde später entdeckt und zur Strafe auf einem Scheiterhausen bei Schiffbeck verbrannt. Das neue Schleusenhaus (siehe die obenstehende Abbildung) ist noch in dem-

30*

selben Jahre wieder aufgebaut und, wie die Jahreszahl an demselben beweist, seitdem von einer Zerstörung durch Feuer und Wasser verschont geblieben.

Im 16. und 17. Jahrhundert suchten die Herzöge von Holstein und die Könige von Dänemark jede sich ihnen darbietende Gelegenheit zu benutzen, um Hamburg in ihre Gewalt zu bekommen, oder wenigstens Hamburgs Handel und Gewerbe auf ihr Gebiet herüberzuziehen, indem sie neue Städte gründeten oder vorhandenen Ortschaften besondere Privilegien erteilten. Als 1566 der Kaiser Maximilian II. bei Strafe von 50 Mark lötigen Goldes Hamburg verbot, dem Könige von Dänemark oder dem Herzoge von Holstein Huldigung zu leisten, versuchte der Herzog von Holstein 1568 beim Reichskammergericht den Nachweis zu liefern, daß Hamburg auf holsteinischem Grund und Boden liege, jedoch der Kaiser erteilte am 6. August der Stadt ein Privilegium, daß Fürsten und Herren die Güter der Gemeinde nicht mit Arresten und Repressalien belegen dürften, sondern Streitigkeiten mit Hamburg an die Reichsgerichte bringen sollten. Das Reichskammergericht hatte bereits am 15. Januar den Befehl erteilt, daß der Herzog von Holstein die Güter aus drei an der norwegischen Küste gescheiterten Schiffen innerhalb 6 Tagen zurückgeben solle, worauf der Herzog Adolf von Schleswig endlich in einem Schreiben vom 6. April 1573 sich bereit erklärte, auf besonderen kaiserlichen Befehl die Güter der gestrandeten Schiffe herauszugeben, und nach einigen weiteren Verhandlungen den Eigentümern 190 Mark 15 Schillinge auszahlen ließ. Inzwischen hatte er aber bereits einen andern Weg eingeschlagen, Hamburg zur Unterwerfung zu zwingen. Es war ihm gelungen, von dem Kaiser ein Privilegium zu erwirken, bei Horn einen Flecken oder ein Städtlein für Brauer und andere Kaufmannschaft treibende Leute zu gründen, welches den Namen Billenhusen erhalten sollte. Hamburg befürchtete die Anlage einer Festung und erhob beim Reichskammergericht Beschwerde auf Grund des Privilegiums von 1189, doch wurde der Plan später mit anderen Streitigkeiten wegen des Hammerbroks und Billwerders beseitigt. Wahrscheinlich zerfiel derselbe in sich selbst, denn der Herzog mag auf die damals in Hamburg herrschende Unzufriedenheit mancher Gewerke, namentlich der Brauer, gerechnet haben; doch diese zeigten keine Lust, den dänischen Verlockungen zu folgen, weshalb es bei dem Entwurf blieb. Man hat den Ort der beabsichtigten Stadt vielfach bei Bullenhusen gesucht. Lappenberg (Lor. Elbkarte S. 32) schreibt: „Es scheint, daß Herzog Adolf von Schleswig hier zur Zeit der Entwerfung dieser Karte (1568) Ansprüche auf dieses Bruchland (Billhorn) machte und die Anlegung eines östlichen Altonas, „einer Stadt zum Horne, Namens Billenhaussen" oder doch einer Zollstätte beabsichtigte." Neddermeyer (Topogr. S. 118) schreibt: „Daß Billenhusen eine neue Stadt bei Horn genannt wurde, beweist, wie noch damals das dem Hammerbrok gegenüberliegende Billufer von dem jetzigen verschieden war, indem Billhorn und Rothenburgsort erst 1625 eingedeicht sind." Auch Gallois (Gesch. d. St. Hamburg I S. 385) und andere Chronisten folgen dieser Anschauung. Neuerdings hat dagegen die Ansicht mehr Anklang gefunden, daß der Herzog wahrscheinlich die Bill-Niederung bei Schiffbeck, welche unbestritten holsteinischer Besitz war, zur Anlage der Stadt in Aussicht genommen hatte.

In den nächsten Jahrzehnten wurden der Hammerbrok und Billwerder von den Sturmfluten weniger heimgesucht, desto verhängnisvoller wurde die sogenannte Fastelabendflut am 26. Februar 1625. Zahlreiche Deichbrüche fanden statt und weite Strecken Marschland standen unter Wasser. Der Sturm trieb ein großes Schiff von 170, nach anderen Berichten von 80 Lasten, auf welchem nur ein kleiner Junge war, der es nicht zu regieren vermochte, über den Grasbrok und durch den Stadtdeich bei der Vogelstange (in der Nähe von Brandshof) in den Hammerbrok, wo es in der Nähe von Bullenhusen ans Land trieb. Als die nächste Flut abermals hohes Wasser brachte, gelang es, das Schiff auf demselben Wege durch den Deichbruch in das Fahrwasser zurückzubringen. — Die von dem Ausschlägerweg,

Bullerdeich und Grünendeich gebildete Bucht war dem Aufschlicken des Landes sehr günstig, da die gewöhnliche Flut hier lange ruhig stand, weshalb der Billhorn verhältnismäßig rascher erhöht wurde. Auf den Karten des 16. Jahrhunderts erscheint er als bewaldetes Bruchland, welches mit Erlen, Weiden, Eschen und anderen Sumpfbäumen bedeckt sein mochte, aber im 17. Jahrhundert konnte das Land schon teilweise zur Weide benutzt werden. Bei Sturmfluten dagegen hatten die Deiche einen viel stärkeren Druck auszuhalten, weil das Wasser alsdann in diese kleine Bucht hineingedrängt wurde. Es lag daher nahe, daß der Vorschlag allmählich Anklang fand, den Billhorn in den Deichverband hineinzuziehen und die Billschleuse weiter hinaus zu verlegen, denn man sparte dadurch eine lange Deichstrecke und erhielt einen Deich, der dem Andrang des Hochwassers weniger ausgesetzt, also leichter zu schützen war. Als durch die Sturmflut von 1625 der Billdeich bei Bullenhusen ebenfalls durchbrochen war, und die Wiederherstellung des Deiches viele Mühe und Kosten verursachte, wurde der Plan lebhaft erörtert, aber die allgemeine Not der Marschlande verhinderte noch einmal die Ausführung. Nachdem aber die Sturmflut von 1634 diese Deiche wieder gründlich zerstört hatte, entschloß man sich, den Billwerder Elbdeich von Rothenburgsort über den Billhorn und Grandeswerder fortzuführen und bei Brandshof mit dem Stadtdeich zu verbinden. Dieser neue Deich erhielt zunächst den Namen Billhörner Deich, später kam die Bezeichnung Billwerder Neuerdeich allgemein in Aufnahme. Die Billschleuse wurde nach Brandshof verlegt und daher die Bullenhuser Schleuse überflüssig, doch die Brücke (Grünebrücke) und das Schleusenhaus blieben. Der Ausschlägerdeich wurde abgetragen und in eine Fahrstraße, der Bullerdeich, sowie der Grünedeich in niedrige Billdeiche verwandelt. — Infolge dieser Veränderungen war allerdings das Bullenhuser Schleusenhaus überflüssig geworden, allein der Rat ließ es nicht abbrechen, auch behielt ein Reitender Diener die Wohnung, um ferner die Straße als Zugang zur Stadt zu überwachen. Das Amt war ein Ratslehen und wird im Receß von 1603 neben denen vom Hammerbaum und Lübschenbaum aufgeführt. Das Schleusenhaus diente außerdem zu verschiedenen öffentlichen Zwecken der Landherrnschaft von Bill- und Ochsenwerder. Gegen Ostern und Michaelis, also zweimal jährlich, wurde hier das Landgericht gehegt. Den Vorsitz führten die beiden Landherren, neben denselben saßen am Tische der Landvogt von Billwerder, der Ausschläger Vogt, die acht Höftleute von Billwerder und vier Beisitzer; der Stadt-Aktuar führte das Protokoll. Die Findungen (das Urteil) sprachen die geschworenen acht Höftleute und die vier Beisitzer, welche nach Schluß der Gerichtsverhandlung sich in ein besonderes Zimmer zurückzogen, um sich über den Spruch zu einigen. Von dem Landgerichte konnten die Parteien an den Rat, als Obergericht der Stadt, appellieren, doch ist von diesem Recht nur selten Gebrauch gemacht worden. Nachdem alle Streitsachen erledigt waren, wurden die in den Landbüchern eingetragenen Erben, Gehöfte und Hypothekposten verlassen und, falls kein Einspruch erfolgte, von dem Landvogte den neuen Besitzern übergeben. Allmählich verloren jedoch die Entscheidungen des Landgerichts ihre Bedeutung, auch die Landleute suchten bei den städtischen Gerichten eine raschere Rechtspflege, und dem Landgerichte verblieben endlich nur die Verlassungen, was nach Einführung der neuen Landgemeinde-Ordnung ebenfalls aufgehoben worden ist. Nicht immer ging es bei diesen Gerichtssitzungen friedlich her; wie Dr. O. Beneke berichtet, gerieten 1660 die beiden Landherren Rentzel und von der Fechte in einen so heftigen Streit, daß die Gerichtssitzung ein trübseliges Ende nahm und für beide üble Folgen hatte. Ein Raum im Keller des Hauses soll früher als Gefängnis benutzt worden sein, was man aus den eisernen Klammern in den Wänden und den eisernen Stangen vor den Fenstern geschlossen hat. Übrigens stand neben dem Hause ein Kaak oder Pranger mit Halseisen, welcher wohl nicht allein ein äußeres Zeichen des Gerichtshauses gewesen ist. Eigentümlich erscheint es, daß das Landgericht von Billwerder und Ochsenwerder in dem Bullenhuser Schleusenhaus seine Sitzungen hatte, obgleich dasselbe im Hammerbrok lag.

Durch die Überschwemmung von 1771 hatte natürlich Bullenhusen und Umgegend ebenfalls zu leiden. Infolge des hohen Oberwassers brach in der Nacht vom 8. auf den 9. Juli der Deich an der Langen Grove in Neuengamme, durch die breite Bruchstelle strömte das Wasser so mächtig herein, daß die ganze Landschaft in wenigen Stunden überschwemmt war, und schon in der folgenden Nacht trat das Wasser einerseits nach Kirchwerder, anderseits nach Altengamm und Kurslak über. Auch der Bergedorfer Schleusendeich war nicht stark genug, um der gewaltigen Wassermasse genügend Widerstand zu leisten, und so waren auch Billwerder und der Hammerbrok den Fluten preisgegeben. Am 14. Juli erreichte die Überschwemmung das Deichthor, und der Druck war hier so stark, daß man vor der Schleuse mit Steinen beschwerte Schuten versenken mußte, um einen Bruch derselben zu verhüten. Nur mit großer Mühe gelang es zu verhindern, daß die Flut in den Stadtgraben übertrat und dann durch die Alster ihren Weg in die Stadt nahm, um hier noch größeres Unheil anzurichten. Die Vierlande, Reitbrok, Ochsenwerder, Billwerder und der Hammerbrok waren von den Fluten bedeckt, und nicht etwa wie bei Sturmfluten auf einige Stunden oder Tage, sondern monatelang; erst im September hatte das Wasser sich soweit verlaufen, daß die Bewohner anfangen konnten ihre Häuser wieder instandzusetzen. Die Schleusen genügten nicht, und um den Abfluß des Wassers zu beschleunigen, mußte der Elbdeich an fünf Stellen durchstochen werden, trotzdem war im Winter noch so viel Wasser im Lande, daß man um Weihnacht Schlittenpartien vom Deichthor nach Bergedorf veranstalten konnte und die unübersehbare, spiegelglatte Eisfläche den Schlittschuhläufern ein seltenes Wintervergnügen gewährte. — Namenloses Elend war über die Marschlande hereingebrochen, die ganze Ernte war vernichtet und ein großer Teil des Viehes ertrunken, was sich auf den Deich gerettet hatte, litt Hunger, und in dem folgenden kalten Regenwetter brachen unter Menschen und Vieh, welche ohne Obdach allen Unbilden der Witterung preisgegeben waren, Krankheiten und Seuchen aus, welche viele Opfer forderten. Das Bullenhuser Schleusenhaus hatte von der Überschwemmung nicht viel gelitten, aber die Bewohner waren wochenlang von allem Verkehr abgeschnitten, da die Flut alle Wege überschwemmt hatte. Zur Erinnerung an diese Unglückstage wurde vor dem Deichthor ein Gedenkstein errichtet, eine Pyramide, an welcher eine Linie die Höhe der Flut anzeigte. Wegen Anlage des Berliner Bahnhofes mußte dieser Denkstein entfernt werden, derselbe ist später in der Nähe von Bullenhusen auf dem Hammerdeich in der richtigen Höhe wieder aufgestellt worden, so daß man sieht, wie hoch sogar dieser Deich noch vom Wasser bedeckt gewesen ist. — Hatte das Gebäude diese Gefahr der Zerstörung durch Wasserflut glücklich überstanden, so drohte ihm einige Jahre später der Untergang durch Kriegsgefahr. Als Davoust im Herbst 1813 von den Verbündeten auf Hamburg zurückgedrängt worden war, ließ er, um die von Bergedorf her vorrückenden Russen aufzuhalten, bei Rothenburgsort, vor dem Billwerder Steindamm, am Anfang des Billdeiches und vor der Blauen Brücke Schanzen aufwerfen, — auch das Schleusenhaus erhielt eine leichte Befestigung, — und um den vordringenden Feinden die Deckung zu nehmen, die ganze Umgegend der Stadt in einem weiten Umkreise einäschern. Nachdem am 2. Dezember Kosaken sich bei Steinbeck gezeigt hatten, begannen die Franzosen am 7. Dezember die Häuser in Hamm niederzubrennen und sämtliche Bäume zu fällen. Später folgten die Häuser am Billdeich und Elbdeich bis zur Moorfleter Kirche. Daß das Schleusenhaus diesem Schicksal entging, hatte es wohl nur dem Umstand zu danken, weil es von den Franzosen in das Bereich ihrer Außenwerke hineingezogen war. Im Januar 1814 besetzten die Russen Schiffbeck, Horn und Wandsbeck und am 26. Januar nahmen sie die Hammer Kirche weg, wobei 320 Franzosen zu Gefangenen gemacht wurden. Am 24. Februar wurde beim Tiefenstack und am Ausschlägerweg gekämpft, wobei die ausgewanderte Hamburger Bürgergarde sich auszeichnete, und am 5. März die Schanze bei Rothenburgsort nach tapferer Gegenwehr der Franzosen von den Russen erstürmt. Trotz aller dieser Kämpfe erlitt das Schleusenhaus nur geringe Beschädigungen. Nachdem Hamburg seine Freiheit und Unabhängigkeit wieder erlangt hatte, wurde auch das Schleusenhaus seiner früheren Bestimmung zurückgegeben. Seit Einführung der neuen Landgemeinde-Ordnung hat aber das Haus den Charakter eines öffentlichen Gebäudes verloren; es ist zwar Staatseigentum geblieben, aber zu einem Wirtshaus vermietet, welches wegen seiner anmutigen Lage und guten Bedienung von Einheimischen und Fremden viel besucht wird, und mithin in anderer Weise seinen öffentlichen Charakter bewahrt hat. Allein die städtische Bebauung rückt von allen Seiten immer näher heran, der Ausschlägerweg wird bereits reguliert, ringsumher folgen neue Straßenanlagen, und die Tage des ehrwürdigen, altersgrauen Hauses sind wohl bereits gezählt.

Die Walddörfer.

Es wird den Deutschen nicht selten der Vorwurf gemacht, daß sie von den Dingen um so besser unterrichtet seien, je weiter dieselben entfernt liegen. Gar mancher weiß in Afrika und in den Polarländern vortrefflich Bescheid, aber die nächsten Dörfer vor den Thoren seiner Vaterstadt kennt er kaum dem Namen nach. Unsere Schüler können die Vorgänge in der alten Geschichte an den Fingern herzählen, sie kennen die Schlachtpläne der alten Griechen und Römer so genau, als ob sie selbst mitgefochten hätten, aber fragt man sie nach den wichtigsten Ereignissen in der Entwickelung Hamburgs, so bleiben sie jede Antwort schuldig. Über die Alpen, die Kordilleren besitzen wir anziehend geschriebene Schilderungen, aus welchen Lehrer und Schüler sich gern unterrichten, aber über unsere Umgegend haben wir nur ein Namenverzeichnis mit Angabe des Flächeninhalts, der Einwohnerzahl 2c., welche für den Gelehrten von Wert sind, aber das allgemeine Interesse nicht zu erwecken vermögen. Dies gilt namentlich von unseren Walddörfern. Sie haben größtenteils eine reizende Lage, und manche kann man zu den schönsten Gegenden unseres Vaterlandes rechnen; trotzdem haben gar viele Hamburger niemals eins der Walddörfer besucht. Vor Anlage der Eisenbahnen bildeten die Dörfer im Alsterthal nicht selten das Ziel der Sommerausflüge für viele wohlhabende Familien. Schon wochenlang wurde mit Freunden und Bekannten der Tag verabredet, an welchem man sich in Wellingsbüttel, Poppenbüttel, Wohldorf, Volksdorf oder Schmalenbeck treffen wollte. Der Wirt wurde rechtzeitig benachrichtigt, damit er für den Empfang der zahlreichen Gesellschaft die nötigen Vorbereitungen treffen konnte. Die Hausfrau hatte mit ihren Töchtern alle Hände voll zu thun, denn das beste, was Küche und Keller zu bieten vermochte, wurde für die Ausfahrt hergerichtet, und niemand wollte hinter den übrigen Teilnehmern zurückstehen. Der Hausherr sorgte für Wein, Bier und sonstige Getränke. Die junge Welt verabredete gemeinschaftliche Spiele, auch wurden wohl manche Überraschungen geplant. Die Stuhlwagen wurden mit Speise und Trank beladen, auch Mäntel, Tücher, Regenschirme durften nicht fehlen, und fuhren früh am Morgen ab, um rechtzeitig am Festorte einzutreffen. Rüstige Fußgänger nahmen auch wohl den Stab in die Hand und wanderten durch das schöne Alsterthal dem Ziele zu, denn auf den ungepflasterten Sandwegen kamen die Wagen nur langsam vorwärts. Eine solche Ausfahrt bildete aber lange vorher und nachher den Gegenstand der Unterhaltung zwischen Freunden und Bekannten, und da sich solche Ausflüge alljährlich wiederholten, kannte jedes Kind die Schönheiten und Eigentümlichkeiten der Ortschaft, ja man wurde selbst mit manchen Bewohnern vertraut und interessierte sich für das Wohlergehen einzelner Familien. Das ist jetzt anders geworden, Dampfböte und Eisenbahnzüge führen die Vergnügungsgäste nach anderen Gegenden; das Alsterthal und die Walddörfer werden nur von wenigen besucht. Mit Windeseile fährt der Zug dahin, die Schönheiten der Gegend werden kaum beachtet; in der Umgebung vieler fremder Menschen wagt selten jemand, sich nach den einzelnen Ortschaften zu erkundigen, um seine Unwissenheit nicht kund werden zu lassen, und wenn es einmal jemand wagt, erhält er nicht selten eine wunderbare Auskunft, denn der Antwortende ist oft nicht klüger als der Fragende. Die Eisenbahnen und Dampfschiffe befördern nach beliebten Vergnügungsorten Tausende von Gästen, und das ganze Vergnügen besteht schließlich darin, daß man hier vielleicht einen Bekannten trifft, zu Mittag speist, seinen Kaffee trinkt, was man zu Hause viel besser und billiger hätte haben können; von der Gegend bekommt man aber kaum mehr zu sehen als das Gasthaus, in dem man sich niedergelassen, zu größeren Spaziergängen ist man nach der langweiligen Fahrt nicht aufgelegt. Die besseren Verkehrsmittel haben daher der Kenntnis von unserer Umgegend geringen Vorteil gebracht.

Die Walddörfer liegen auf dem Geestrücken, welcher zwischen Alster und Bille sich bis in die Stadt hineinzieht. Diese Gegend war im Altertum größtenteils mit Wald bedeckt, die Raubzüge feindlicher Nachbarn und die späteren Kriegszüge haben den Wald vielfach gelichtet, die verwüsteten Strecken hat das Heidekraut in Besitz genommen, und dadurch ist der Charakter dieser Gegenden wesentlich verändert worden. Im vorigen Jahrhundert waren unsere Walddörfer noch, was ihr Name besagt, sie waren von Wald umgeben, jetzt ist der Wald schon stark ausgerodet, und Farmsen z. B. ist ein Walddorf ohne Wald. Im Mittelalter war für die Stadt Hamburg die Erwerbung von Dorfschaften und Kulturboden Nebensache, großen Wert hatten dagegen Waldungen, um dort Bauholz zu fällen, und Mühlen, um die Bürger mit Mehl zu versorgen, weshalb auch die Verwaltung des Hamburger Landgebiets den beiden Mühlen= oder Waldherren übertragen war. Die Bewohner der Walddörfer waren, wie überhaupt die Bauern im Mittelalter, Leibeigene. Der Grund und Boden gehörte dem Staat, und die Bauern mußten für die Benutzung desselben Grundzins bezahlen; die Gebäude waren allerdings Eigentum der Bauern, aber nach den Rechtsbegriffen jener Zeit konnte der Herr seine Bauern aus irgend welchem Grunde von dem Hofe vertreiben, er mußte ihnen nur den Wert der Gebäude vergüten. Von diesem Rechte haben auch die gestrengen Waldherren nicht selten Gebrauch gemacht. Wenn die Bauern durch ihre Zänkereien untereinander, durch Jagd= und Waldfrevel, durch ihre Hartnäckigkeit in Verhandlungen c. ihnen zu viele Mühe und Verdruß verursachten, ließen sie die schuldigen oder auch nur verdächtigen Unterthanen austreiben, anstatt sich mit langen Untersuchungen abzuquälen. In den abgelegenen Walddörfern hat sich die Leibeigenschaft am längsten erhalten, erst Ende des vorigen Jahrhunderts sind hier die Bauern Eigentümer von Grund und Boden geworden, und seitdem hat die Kultur auch hier größere Fortschritte gemacht. — Der Boden in den Walddörfern ist im allgemeinen ein guter Mittelboden. Es wird Roggen, Hafer und Buchweizen, (wenig Weizen) und Kartoffeln, Klee und Steckrüben gebaut, letztere besonders als Viehfutter, da die Wiesenkultur noch mangelhaft ist, und daher die Heuernte meistens nicht ausreicht. Die Viehzucht umfaßt Rinder, Schafe und Schweine, die Pferdezucht ist unbedeutend. Die Landwirtschaft hat in den letzten Jahrzehnten große Fortschritte gemacht und namentlich die Milchwirtschaft einen bedeutenden Aufschwung genommen. — Die Gehölze bestehen aus Buchen und Fichten, weniger aus Eichen, Tannen und Kiefern, in den Niederungen aus Erlen und Eschen. Sie werden von Holzvögten verwaltet unter Aufsicht eines Försters, der in Volksdorf wohnt. Bei wichtigen Fragen der Forstverwaltung zieht der Hamburger Staat einen benachbarten Oberförster zu Rate. Die Jagd in den Staatsforsten wird von dem Förster oder Holzvogt ausgeübt. Auf den Gemeindeländereien und auf Privatgrund ist die Jagd verpachtet, die Jagdgelder werden entweder nach Verhältnis an die Gemeindemitglieder verteilt oder für Gemeindezwecke verwandt. Es finden sich Rehe, Hasen, Füchse, Enten, Hühner, Schnepfen, Krammetsvögel, Hirsche kommen nur vor, wenn sie sich aus benachbarten Gehegen hierher verirrt haben.

Die Walddörfer sind nicht gleichzeitig und einige erst nach und nach von Hamburg erworben worden. Berne wurde schon im 14. Jahrhundert von dem Hospital St. Georg angekauft, aber die

Erwerbung der eigentlichen Walddörfer erfolgte erst im fünfzehnten Jahrhundert. Dieselbe bildet einen recht interessanten Abschnitt der Hamburger Geschichte. Nachdem im vierzehnten Jahrhundert dieses oder jenes Dorf an einzelne Hamburger Bürger verkauft oder verpfändet worden war, verpflichteten sich 1370 Otto, Heinrich und Sievert Rantzau, die Güter, welche sie in den Dörfern Wohldorf, Hoyersbüttel und Schmalenbeck an etliche Hamburger Bürger verkauft hatten, dem Dominio des Grafen Aleph wieder einzuverleiben auf vorgängig eines Jahres Ankündigung. Diese Einlösung wird 1396 beendigt gewesen sein, denn Henneke Rantzau übertrug alle seine Güter zu Wohldorf, im halben Dorf Hoyersbüttel mit dem Hove Kamp 2c., ferner zum Schmalenbeck, Volkmersdorp (Volksdorf), Lotbek, Rockesberg und Harkenkrug an den Ritter Henneke Hummersbüttel. Durch Kauf oder Mitgift gelangten diese Güter in den Besitz der Familie der Ritter Heest und wurden von den Brüdern Sybert, Eggert und Dionysius, den Söhnen des Ritters Laurentius, ihrer Schwester Jutta als Leibgeding gegeben, als sie den Knapen Bruneke Alverslo, genannt Caden, heiratete. Dieser verpfändete 1437 sämtliche Güter mit Diensten, Holzungen, Weiden, Äckern, dem höchsten und niedern Gericht, allen Nutzungen und Zubehör, auch den Zoll für das durch Wohldorf geflößte Holz für 4000 Mark lübsche Pfennige an den Rat zu Hamburg, und Michaelis 1440 wurde der Verkauf des Bruneke von dessen Schwester Ida, deren Sohn und seinem Vetter Klaus von Caden bestätigt. Infolge von Seuchen oder Kriegen scheint Schmalenbeck später ausgestorben zu sein, denn bis Mitte des 16. Jahrhunderts wurden die Felder des Dorfes an verschiedene Leute, selbst an nicht Hamburger Unterthanen, z. B. aus Ahrensfelde, verpachtet. Als 1557 der Pächter des Vorwerks Wohldorf, Hans Minden, dort abziehen mußte, gestattete ihm der Rat, am großen Teich in Schmalenbeck ein neues Haus zu bauen und gab ihm das den Pächtern wieder abgenommene Land. Später ließen sich hier mit Erlaubnis des Rats noch andere Bauern nieder, und so entstand allmählich ein neues Dorf Schmalenbeck, aber an einer andern Stelle. Ein Feld nördlich von dem jetzigen Dorf heißt noch jetzt „Dörpstedt", und ältere Leute erzählen, daß in ihrer Jugend dort noch die Steine von Feuerherden gefunden worden seien. Auch Lottbeck war schon 1545 ausgestorben, denn der Hamburger Rat hatte die Felder verpachtet, und es wurden damals 9½ Fuder Heu geerntet. 1605 waren die Hausplätze des alten Dorfes noch zu sehen, und 1609 hatte der Hamburger Rat von der Hölzung auf der Lottbecker Feldmark eine Einnahme von 13 Mark 10 Schillinge. Schon 1642 entstand über einen Teil der wüsten Feldmark ein Rechtsstreit mit dem Gute Hoisbüttel, welcher damals unentschieden blieb. 1803 wurde Hoisbüttel eingetauscht und 1805 dem Amte Tremsbüttel einverleibt. Das Dorf Lottbeck soll durch die Pest ausgestorben sein, die Namen der ehemaligen Besitzer sind noch im Bergstedter Kirchenbuch verzeichnet. Die Anlage eines neuen Dorfes soll unterblieben sein, weil es an Wiesen mangelte, vielleicht auch, weil die Bauern fehlten. An den Namen des Dorfes erinnert noch der Lottbeckerkrug, welcher zum Gute Hoisbüttel gehört. Die hier über den Lottbeck führende steinerne Brücke wird von Holstein unterhalten. Auch das Dorf Rockesberg war 1591 bereits ausgestorben. 1296 erwarb das Kloster Herwardeshude den Zehnten in Rockesberge, und 1350 verpfändete Heinrich von Wedel dem Kloster Reinbeck eine Hufe des Dorfes. Auf der Grenze zwischen Farmsen, Berne und Bramfeld heißt noch jetzt eine Anhöhe Rocksberg, auf welcher vielleicht der alte Edelhof, nach welchem ein adeliges Geschlecht seinen Namen führte, gestanden hat. Die Umgegend dieser Anhöhe wird „in den Horsten" genannt. Von Harkenkrug, welches auf der Bergstedter Feldmark gelegen haben wird, ist nicht bekannt, wann es ausgestorben ist. Bedenkt man, daß das alte Schmalenbeck 8 Hufen, Lottbeck 5 Hufen hatte (von Rockesberg und Harkenkrug ist die Größe nicht bekannt), so muß Hamburg ein nicht unbedeutendes Gebiet in dieser Gegend verloren haben.

Dies erklärt sich vielleicht aus dem Umstand, daß die Dörfer und das kultivierte Land in den Augen der Hamburger geringen Wert hatten, die ausgestorbenen Dörfer oft jahrelang von den Waldherren nicht besucht, und die Grenzen der wüsten Ländereien von niemand besichtigt wurden, weshalb Unberechtigte bald hier bald dort Teile des Feldes sich aneignen konnten, ohne zur Verantwortung gezogen zu werden, bis endlich die ganze Feldmark verschwunden war. — Die Walddörfer wurden 1830 der Landherrschaft der Geestlande zugewiesen und den Hamburger Gerichten untergeordnet, aber sie blieben bei Holsteinischen Kirchen eingepfarrt. Sie müssen daher hier Kirchensteuern entrichten, und bis zur Einführung des Landschulgesetzes waren die Prediger dieser Kirchen auch die Schulinspektoren der betreffenden Dorfschulen. 1842 wurden die Walddörfer in die holsteinische Zolllinie hineingezogen, und vom Zollamt wurde der Ertrag des Zolles pro Kopf der Bevölkerung mit 5 Mark 8 Schilling Courant, für sämtliche Walddörfer mit 9317 Mark 8 Schilling an Hamburg zurückvergütet. Diese Zollgelder wurden von der Stadt zum Besten der Gemeinde, zur Unterstützung der Armenpflege verwandt, weshalb 1842 auch die Schulsteuer aufgehoben wurde. Über die weitere Verwendung des Restes der Zollgelder haben zwischen den Bauern und der Landherrschaft der Geestlande seit Anfang Differenzen bestanden. Bis 1866 gab es auch keine Armensteuer. Zur Unterstützung der Armen wurden freiwillige Beiträge in Armenbüchsen gesammelt, und von dem Vogt verwaltet und verteilt; wo der Ertrag nicht ausreichte, leistete der Staat einen Zuschuß aus den Zollgeldern. Seit Einführung der Landgemeinde-Ordnung vom 12. Juni 1871 hat sich auch hier manches geändert. — Die Walddörfer verteilen sich auf vier holsteinische Enklaven, von denen drei (Wohldorf, Volksdorf und Farmsen) einander benachbart sind, die vierte (Groß Hansdorf) aber durch einen breiteren Streifen holsteinischen Gebiets von den übrigen getrennt ist. — Die Enklave Groß Hansdorf mit Schmalenbeck und Beimoor wird von dem adeligen Gut Ahrensburg und den Dorfschaften Ahrensfelde, Siek, Hoisdorf, Ötjendorf und Todendorf begrenzt. Groß Hansdorf liegt an der Hansdorfer Au oder dem Ammersbeck, welcher in der Nähe des Dorfes Sprenge entspringt und hier Göllm heißt. Der Bach bildet die Grenze von Groß Hansdorf gegen Beimoor und weiterhin gegen Ahrensburg, wendet sich dann gegen Nordwest, treibt in Woldenhorn eine Wassermühle, fließt an Bünningstedt vorüber und erreicht Wohldorf, wo er in die Alster mündet. So weit der Bach die Grenze gegen Ahrensburg bildet, ist der Lauf infolge des Vertrags von 1865 reguliert und dadurch der Wert der anliegenden Wiesen bedeutend gehoben. Unterhalb des Dorfes Groß Hansdorf mündet in die Au ein kleiner Bach, welcher bei Siekerberg entspringt, den Abfluß des Hoisdorfer Teiches aufnimmt und dann die Grenze zwischen Groß Hansdorf und Schmalenbeck bildet. Weil er früher eine Wassermühle trieb, wird er auch Mühlenbeck genannt. Von Westen mündet in die Au der Hopfenbeck. Er entspringt in der Nähe von Stellmoor und bildet die Grenze zwischen Schmalenbeck und Ahrensburg. Auch dieser Bach ist reguliert, infolgedessen der Ahrensfelder Teich, eigentlich nur ein Moor und Bruchland, trocken gelegt und in Wiesen verwandelt werden konnte. Die Dorfschaft besteht aus 7 Vollhufnern, 2 Brinksitzern und 8 Anbauern, außerdem noch 7 Anbauer, welche ihr Land auf 99 Jahre gepachtet haben, und der Schulkathe. Nach der Volkszählung von 1885 enthält das Dorf 34 Grundstücke mit 60 Wohnungen und 262 Einwohnern, gegen 271 Einwohner im Jahre 1871. Die Wohnung des Holzvogtes lag früher weit ab vom Dorfe, an der südöstlichen Ecke der Enklave, da jedoch der Holzvogt das Land nicht selbst bewirtschaften konnte, so ist die Stelle jetzt vom Staat verpachtet, und der Holzvogt hat beim Mühlendamm ein neues Haus mitten in der Waldung erhalten. Nach Ahrensburg führt ein guter Fußweg. Die Geschichte des Dorfes ist sehr lückenhaft. Erwähnt wird es zuerst 1274. Leo von Erteneborch, Bürgermeister von Hamburg, überließ damals dem Hospital zum Heiligengeist drei Höfe in Johannsdorpe. Beimoor (palus qui dicitur Beimoresbrok) wurde 1300 als ein Grenzpunkt des von dem Hamburger Domkapitel veräußerten Dorfes Todendorp, genannt Hasselhorst, erwähnt. 1327 befand sich Beymohr unter den Ländern, welche Johann, Graf von Holstein, an das Kloster Rein= felde vertauschte. 1442 wurde Johannsdorp, welches die Herren Arndt und Hennig von Heest besessen hatten, von Herzog Adolf von Schleswig an den Bürgermeister Hoyer und seinen Bruder Albert für 1300 Mark verkauft. Dasselbe war ihnen schon seit 1421 verpfändet gewesen, und die Brüder überließen das Dorf dem Hamburger Rat für den Einkaufspreis.

Schmalenbeck bildet den südwestlichen Teil der Enklave und ist durch den Mühlenbeck von Groß Hansdorf getrennt. Die Dorfschaft besteht aus 1 Vollhufner, 2 Halbhufnern, 2 Brinksitzern und 5 Anbauern. Es enthält jetzt 16 Grundstücke mit 30 Wohnungen und 112 Einwohnern, gegen 146 Einwohner im Jahre 1871. Eine Brinksitzerstelle liegt nahe der Grenze an der Fahrstraße nach Ahrensburg und heißt Lurup oder Vierbergen. Eine Anbauerstelle an der Ahrensburger Grenze heißt Pieperhorst, eine andere im Gehölz, östlich von den Rauhen Bergen, heißt Kiekut. Ein Wirtshaus an der Grenze von Groß Hansdorf heißt Mühlendamm. 1640 legte Jasper Meyer hier eine Wassermühle an. Der Rat überließ ihm den Mühlenteich nebst dem Platz zu einem Wohnhause und die Mühle für 20 Thaler jährlicher Erbpacht. Als 1844 die Wassermühle wegen Wassermangel eingehen mußte, erbaute der Besitzer auf der Groß Hansdorfer Feldmarke eine Wind= mühle, welche aber zu Schmalenbeck gerechnet wird. Die Wassermühle wurde dann zu einem Gast= haus eingerichtet. Die Windmühle ist 1873 abgebrannt und nicht wieder aufgebaut worden. — Schmalenbeck wird zuerst 1314 und 1320 in einer Urkunde des Grafen Adolf von Holstein erwähnt, worin dieser seinem Bruder Johann die Einlösung des Dorfes überließ. 1331 kaufte Heinrich von Hamm, Thesaurarius des Hamburger Domkapitels, 16 Mark Einkünfte aus 8 Höfen des Dorfes Schmalenbeck für 200 Mark von den Knapen Otto und Hartwich, genannt Zabel, um eine 1330 von ihm gestiftete Vikarie damit zu dotieren, und 1344 wurde Schmalenbeck von dem Ritter Marquard Wolf von seinem Schlosse Namendorp im Kirchspiel Siek aus verwüstet, weil es zu einigen Vikarien des Hamburger Doms gehörte. Es ist oben bereits erzählt, wie Hamburg in den Besitz des Dorfes gelangte, daß es gegen Ende des 15. Jahrhunderts ausgestorben war, und daß 1557 Hans Minden vom Rat die Erlaubnis erhielt, am großen Teich sich ein neues Haus zu bauen. Die damals gegründete Landstelle ist die jetzige Vollhufe; sie wurde früher als Schmalen= becker Vorwerk bezeichnet, und im 17. Jahrhundert hatte der Rat hier noch ein sogenanntes Lusthaus oder Herrenhaus, wie in Wohldorf. Im 17. Jahrhundert entstanden zwei neue Kathenstellen, sie waren 1659 bereits vorhanden nnd durch allmähliche Vergrößerung haben sie sich in die jetzigen beiden Halbhufen verwandelt. Später sind dann noch die beiden Brinksitzer= und die Anbauerstellen hinzugekommen. Der Grundriß des Dorfes zeigt, daß wir eine Neuschöpfung vor Augen haben, denn die Höfe liegen zerstreut über das Dorffeld, während sie in den alten Dörfern einander benachbart, auf einem Fleck dicht zusammengedrängt sind. Die südliche Hälfte der Enklave gehört zu den höchsten Teilen der ganzen Gegend, einzelne Anhöhen erreichen eine Höhe von 68—71 m über Null, und in manchen Teilen sind die Höhenlagen so stark wechselnd, daß man sich in eine Gebirgswaldung versetzt glaubt. Namentlich ist dies in den sogenannten Vierbergen, wo man bei klarem Wetter eine schöne Aussicht bis nach Hamburg hat, in den Rauhen Bergen nnd in einigen Teilen der benachbarten Feldmarke von Hoisdorf und Ötjendorf der Fall. Daher ist seit Eröffnung der Lübecker Eisenbahn das Gasthaus am Mühlendamm sehr schnell in Aufnahme gekommen und sehr viel von Hamburger Sonntagsgästen besucht worden. Infolgedessen entstanden in der Waldung zwei neue Gasthäuser, Waldburg, an dem Fußweg nach Ahrensburg, und Hamburger Wald, in der Nähe von Vier=

bergen. Die Konkurrenz mag indessen eine zu große gewesen sein, denn als das letztgenannte Gasthaus niederbrannte, ist es nach dem Neubau nicht wieder zu einer Gastwirtschaft eingerichtet worden. Außer den beiden Dörfern enthält die Enklave noch Beimoor, welches die Nordostecke derselben bildet. Beimoor ist auf ewige Zeiten für 200 Mark Courant an das adelige Gut Ahrensburg verpachtet und mit einigen auf Ahrensburger Gebiet liegenden Ländereien zu einem Meierhof vereinigt. Die Enklave besitzt noch eine ziemlich bedeutende Waldung, welche aus mehreren Gehegen und Zuschlägen besteht und von einem Holzvogt verwaltet wird. — Groß Hansdorf und Schmalenbeck sind nach Siek eingepfarrt und haben dorthin auch die Kirchensteuer zu entrichten. Diese wird alljährlich von der Kirchenvisitation ausgeschrieben. Beide Dörfer haben eine gemeinschaftliche Schule in Groß Hansdorf, welche 1887 von 89 Kindern in zwei Klassen besucht wurde. Seit Einführung des neuen Landschulgesetzes steht die Schule unter Aufsicht der Oberschulbehörde in Hamburg, früher war der Landherr der Geestlande Patron der Schule, und der Prediger in Siek hatte die Inspektion zu führen. Seit Einführung der Landgemeinde-Ordnung bilden die beiden Dörfer eine Gemeinde.

Mellenburger Schleusenhaus bei Hamburg.

Die Enklave Wohldorf ist von dem adeligen Gut Wulksfelde, dem adeligen Gut Hoisbüttel, dem Kirchdorf Bergstädt und dem früheren Kanzleigut Tangstedt begrenzt. Wohldorf ist 1835 zu einer Dorfschaft erhoben, besteht aus einem Vollhufner, einem Halbhufner, 4 Brinksitzern und 2 Anbauern, und enthält 13 Grundstücke mit 61 Wohnungen und 318 Einwohnern gegen 228 Einwohner im Jahre 1871. Nachdem der Ammersbeck bei Rothenwegen das Hamburger Gebiet erreicht hat, wird er durch den Abfluß des Duvenstedter Broks verstärkt und bildet dann einen ziemlich bedeutenden Mühlenteich, an welchem 1622 eine Mühle zur Anfertigung von Messingdraht angelegt und später in eine Kupfermühle verwandelt wurde, weshalb das Anwesen noch jetzt Kupferhof heißt. Nachdem die Kupfermühle eingegangen war, wurde die Wasserkraft eine Zeitlang zum Aufkratzen von Wollen-Lumpen benutzt, welche als Shoddy nach England gingen. Jetzt ist auf dem Kupferhof eine Baumwollenweberei errichtet, deren Webstühle teils durch Wasser, teils durch Dampf bewegt werden. Weiter abwärts treibt der Ammersbeck, hier auch (Wohldorfer) Aue genannt, eine Wassermühle (Kornmühle), welche Eigentum der Stadt und an den Müller verpachtet ist. Der Bach mündet bei der Neuhäuser Schleuse in die Alster. Die Alster wird der Schiffahrt wegen aufgestaut, und die Schleuse, wie überhaupt alle Alsterschleusen, muß von Hamburg gebaut und unterhalten werden. Der Bau und die Unterhaltung der Brücke, welche oberhalb der

Schleuse über die Alster nach Duvenstedt führt, ist Sache des Gutes Tangstedt. Das obere Alsterthal von Wohldorf bis Fuhlsbüttel gehört zu den schönsten Partien unserer Umgebung, und sämtliche Alsterschleusen haben eine romantische Lage. Wir geben umstehend eine Abbildung des Mellenburger Schleusenhauses. Die Marschgegenden sind meistens einförmig und langweilig, daß aber mitunter auch ganz hübsche Partien vorkommen, mag die nebenstehende Abbildung eines Teiles von Waltershof beweisen, welche wir der Ansicht des Mellenburger Schleusenhauses folgen lassen, um den Unterschied zwischen Marsch und Geest zu erläutern. Die Fischerei auf der Alster hat der Schleusenmeister. — Auf einer kleinen Insel in der Aue, welche durch eine Brücke mit dem Lande verbunden ist, liegt das Herrenhaus. Es wurde 1487 erbaut, vermutlich auf dem Platze des

Waltershof.

alten Raubschlosses, in demselben hielten die Wald- und Mühlenherren 1584—1590 das Landgericht für die sogenannten Walddörfer. Das jetzige Gebäude ist 1712 errichtet und über dem Haupteingang mit dem Hamburger Wappen geschmückt, es macht mit seinen vielen kleinen Fenstern einen altertümlichen Eindruck, wie die nebenstehende Abbildung zeigt. Es dient jetzt den Mitgliedern der Finanzdeputation auf ihren Inspektionsreisen zum Absteigequartier, auch wird es gewöhnlich einige Monate im Jahr von einem Mitgliede des Senats zum Sommeraufenthalt benutzt. — Neben dem Herrenhaus liegt das Vorwerk, ein ehemaliges Kammergut mit Brauerei und Brennerei, gewöhnlich als „Wohldorfer Hof" bezeichnet. Der Hof wurde früher von der Kammer verpachtet. Wegen un-

Herrenhaus in Wohldorf.

aufhörlicher Streitigkeiten mit den Pächtern beschlossen Rat und Bürgerschaft 1806 den Hof zu verkaufen, und der damalige Erbpächter Küseler erwarb denselben für 20000 Mark Courant. 1835 wurde der Hof als Vollhufe zur Dorfschaft gezogen. Seit mehreren Jahren gehört er J. D. Koopmann, welcher östlich vom Kupferteich für sich und seine Familie ein prachtvolles Mausoleum erbaut hat. Der Hof ist von ihm in eine landwirtschaftliche Musteranstalt verwandelt, ähnlich dem Wellingsbütteler Hof von Jauch. Zu dem Wohldorfer Hof gehörte auch der Herrenstuhl in der Bergstedter Kirche, welcher von dem Pächter benutzt werden konnte, wenn der Landherr nicht zugegen war. Von dem Herrenhaus führt eine Allee von prachtvollen hohen Tannen mitten durch die Waldung nach dem Gasthaus von Wohldorf (Waldhaus). Dasselbe ist vor einigen Jahren niedergebrannt, aber von dem damaligen Besitzer, dem allbekannten Ludwig Hütscher, neu erbaut und zur Aufnahme von zahlreichen Sommergästen eingerichtet worden. Dem Waldhaus gegenüber an der Alster liegt die ehemalige Försterei, die Wohnung des Waldvogtes, welcher unmittelbar unter dem Landherrn stand und der höchste Beamte in den Walddörfern war. Als 1832 die Walddörfer an die Landherrnschaft der Geestlande übergingen, und die Waldvogtei aufgehoben wurde, ist die Försterei von der Stadt verkauft und 1835 als Halbhufe zur Dorfschaft gezogen worden. Für die Verwaltung und Beaufsichtigung der Waldung wurde ein Holzvogt eingesetzt, dessen Wohnung auf dem Bollberg liegt, von dem man eine ziemlich gute Aussicht hat. In der Nähe von Hamburg liegen zwei Dörfer mit Namen Wohldorf, weshalb bei den älteren Urkunden es oft schwer zu bestimmen ist, welches Dorf gemeint ist. Vermutlich wird Wohldorf an der Alster in der Urkunde vom 24. Juni 1306 erwähnt, worin die Hamburger und Lübecker ein Bündnis auf 10 Jahre schlossen, um die Abtragung der Burgen Ahrensfelde und Wohltorp zu erwirken. Ohne Zweifel muß sich aber die Urkunde von 1322 auf unser Wohldorf beziehen. In derselben verpfändet Graf Adolf zu Holstein und Schauenburg an den Grafen Johann zu Holstein und Stormann für 6500 Mark etliche Güter bei Hamburg, nämlich den Hof Waltorff im Kirchspiel Fuhlensiek und mehrere andere Güter. Nach mehreren vergeblichen Versuchen, den Raubrittern ihr Handwerk zu legen, vereinigten sich 1347 die Grafen von Holstein mit den Städten Hamburg und Lübeck gegen die Besitzer der Burgen Wohldorf und Stegen. Nach hartnäckiger Verteidigung wurden die beiden Burgen erobert und zerstört, seitdem ist der Handelsweg über die Alster nicht mehr von Raubrittern belästigt worden. Wie Wohldorf in Besitz Hamburgs gelangte, haben wir oben schon erzählt.

Ohlstedt bildet den südöstlichen Teil der Enklave. Die Dorfschaft besteht aus 3 Vollhufnern, 2 Halbhufnern, 8 Brinksitzern und 8 Anbauern, und enthält 29 Grundstücke mit 62 Wohnungen und 259 Einwohnern gegen 271 Bewohner im Jahre 1871. Durch die Ohlstedter Feldmark fließt der Bredenbeck, der Abfluß des Bredenbecker Teiches oder Wulfsdorfer Küchenteiches, welcher sich mit dem von Volksdorf kommenden Lottbeck vereinigt, die Grenze gegen Bergstedt bildet und in die Alster mündet. Für die Straße nach Bergstedt führt an der Grenze eine steinerne Brücke über den Bach, welche von Hamburg gebaut und unterhalten wird. In dem Gehölz Ellerbrok liegt noch ein Damm, an welchem früher eine Mühle gestanden haben soll. Ein ehemaliger Teich „Oldendiek" war schon 1642 ausgetrocknet und wird jetzt als Wiesenland benutzt. Das Dorf wird 1345 erwähnt. Markardt, genannt Raven Struz, verkauft dem Hamburger Ratmann Everhard zwei Wispel Roggen in vier Höfen seines Dorfes Oltsted. 1391 wurde das Dorf von Emeke und Marquard Struz an den Priester Joh. Tornau und den Hamburger Bürger C. Tornau verpfändet, und 1407 verkauften Marquard Struz (Johannis Sohn) und Emeke Struz (Markards Vetter) das Dorf Oldenstede mit den Gerichten für 210 Mark an den Hamburger Bürgermeister Hilmer Lopau unter der Bedingung der Einlösung nach fünf Jahren. 1442 erhob der Pfarrer zu Bergstedt Ansprüche an den Bürgermeister Heinrich Hoyer und dessen Bruder wegen zwei Stücke Ackerlandes, Ohlstedt wird also noch zu der Zeit im Besitz des Hamburger Bürgermeisters gewesen sein. Wann es von den Erben wieder eingelöst worden, ist nicht bekannt, aber 1463 wurde es von dem Knapen Hartwich Hummersbüttel für 280 Mark an den Hamburger Rat verkauft, unter Vorbehalt der Einlösung innerhalb 15 Jahren. Diese ist nicht erfolgt und das Dorf seitdem im Besitz Hamburgs verblieben. — Bei Aufteilung der Gemeindeweide wurden die herrschaftlichen Gehege zu Wohldorf geschlagen. Die städtische Waldung enthält noch viele schöne Buchen, aber die den Bauern zugefallenen Gehege sind größtenteils ausgerodet, es ist nur noch ein größeres Privatgehege, das sogenannte Timms Gehege, vorhanden. Die Jagd in der städtischen Waldung hat der Holzvogt, die Jagd auf den Gemeindeländereien wird verpachtet und der Ertrag zu Gemeindezwecken verwendet. Die Jagd auf der Vollhufe ist jedoch davon ausgeschlossen und wird von dem Besitzer ausgeübt. — Wohldorf und Ohlstedt sind nach Bergstedt eingepfarrt und haben hier Kirchensteuer zu entrichten. Die Schule ist für beide Dörfer gemeinschaftlich und wurde 1887 von 99 Kindern in zwei Klassen besucht. Das 1854 neu erbaute Schulhaus liegt auf der Grenze beider Dörfer, mitten in der Waldung. Bis zur Einführung des Landschulgesetzes stand die Schule unter Inspektion des Predigers in Bergstedt. Seit Einführung der Landgemeinde-Ordnung bilden beide Dörfer eine Gemeinde.

Die dritte Enklave, Volksdorf, wird von den Dörfern Meiendorf, Sasel, Bergstedt und den adeligen Gütern Hoisbüttel und Ahrensburg begrenzt. Das Dorf liegt etwa in der Mitte der Enklave, besteht aus 9 Vollhufnern, 3 Halbhufnern, 6 Brinksitzern und 13 Anbauern und enthält 53 bebaute Grundstücke mit 114 Wohnungen und 538 Einwohnern gegen 397 Einwohner im Jahre 1871. Der nördliche Teil der Volksdorfer Feldmarke, der Weensen Balken oder wendische Balken hat eine eigentümliche Stellung, denn er ist wie das Hansdorfer Beimoor an nicht Hamburger Unterthanen in Erbpacht vergeben. Vermutlich bildet er den Überrest der Lottbecker Feldmarke. Als im 16. Jahrhundert der weiten Entfernung wegen die Volksdorfer Bauern die wüsten Äcker nicht nehmen wollten, wurden dieselben von Hamburg an einige Bergstedter Bauern in Erbpacht überlassen gegen die kleine Grundmiete von jährlich einem Schilling Courant für den Scheffel, so daß die ganze Erbpacht jährlich 3 Mark 12 Schilling Courant beträgt. — Die Grenze gegen Wulfsdorf bildet der Moorbeck, welcher in der Nähe von Stellmoor entspringt, er durchfließt dann die Feldmark von Hoisbüttel, vom Lottbeckerkrug an heißt er Lottbeck, bildet dann die Grenze von Ohlstedt gegen Bergstedt, vereinigt sich mit dem Bredenbeck und mündet in die Alster. Auf der Nordwestseite des Dorfes liegen mehrere größere und kleinere Teiche, z. B. der große und der kleine Teich, die Gußau, die Hellereh, der Fletmannsteich, der Adelheitsgraben u. a., welche früher von der Stadt an die Amtsfischer als Fischteiche vermietet und hauptsächlich mit Karpfen besetzt waren. Neuerdings sind mehrere von diesen Teichen trocken gelegt und in Wiesen verwandelt. Aus den Abflüssen dieser Teiche entsteht der Saselbeck, welcher nach Nordwesten fließt und bei der Altenmühle in die Alster mündet. Eine Koppel am Abfluß des großen Teiches heißt noch Mühlenhof von einer früheren Mühle, welche 1320 von dem Ritter Albert Zabel an den Hamburger Ratmann Godeco verpfändet wurde. Bis wann sie benutzt wurde, ist nicht bekannt. — Volksdorf wird 1298 erwähnt. Die Grafen Adolf und Johann von Holstein bestätigten dem Kloster Brouwenthal (Harvestehude) den früher von ihren Vasallen Helerich und Johann von Wesenberghe zu Lehn getragenen großen und kleinen Zehnten in Volcwardesdorpe, Rokesberghe und in elf anderen Ortschaften. 1440 kam es mit Wohldorf und Schmalenbeck an Hamburg und ist seitdem in Hamburger Besitz verblieben. Volksdorf besitzt noch eine bedeutende Waldung, obgleich die bei Aufteilung der Gemeindeweide den Bauern zugefallenen Gehege größtenteils ausgerodet und in Ackerland verwandelt sind. Vor dem Dorfe, am Rande der Staatswaldung, wohnt der Förster, welcher zugleich die Aufsicht über sämtliche Hamburger Waldungen und Gehölze führt. Der Boden ist hügelig, kleine Höhenzüge, öfter von Querzügen durchbrochen, geben der ganzen Gegend ein malerisches Ansehen, weshalb Volksdorf auch wohl die Hamburger Schweiz genannt worden ist. Im allgemeinen liegt Volksdorf bedeutend höher als Wohldorf, doch wird es von Schmalenbeck überragt, denn der höchste Hügel, der weit sichtbare Mellenberg nahe der Südgrenze der Enklave, erreicht nur eine Höhe von 63 m, während in Schmalenbeck mehrere Hügel 71 m erreichen, in Wohldorf dagegen keiner über 31 m hoch ist. Der Mellenberg ist jetzt bis zur Spitze bewaldet und gewährt daher keine Aussicht. Die Anhöhen bestehen aus Sand, untermischt mit Kiesel und Geröll und sind schwach mit Humus oder Heideerde bedeckt. In den niedrigen Wiesen finden sich nicht selten bedeutende Torflager, welche vermutlich die früheren Teiche ausgefüllt haben. Die Moorerde enthält häufig Roseneisenstein. Volksdorf ist zu Bergstedt eingepfarrt und entrichtet hierher Kirchensteuer. Die Schule wurde 1887 von 110 Kindern in zwei Klassen besucht. Bis zur Einführung des Landschulgesetzes war der Prediger zu Bergstedt auch hier der Schulinspektor. Das 1854 erbaute, 1862 vergrößerte Schulhaus liegt auf einem Hügel am Nordwestende des Dorfes, von welchem man eine hübsche Aussicht hat. — Volksdorf ist noch jetzt fast ganz von Waldungen umgeben, also ein richtiges Walddorf, und obgleich es zwischen zwei Landstraßen lag, war es trotz der Nähe Hamburgs im Mittelalter so ziemlich von aller Welt abgeschlossen. In dem älteren Teil des Dorfes sind daher die Wohnhäuser sehr nahe aneinander gebaut, damit bei räuberischen Überfällen die Bauern sich schneller Hülfe leisten konnten. Volksdorf ist daher auch wie Wohldorf so recht ein Ort für Sagen und Märchen, doch scheinen dieselben mit der älteren Generation auszusterben, eine Sammlung derselben wäre gewiß sehr wünschenswert. Manche Sitten und Gebräuche, welche zum Teil aus der heidnischen Zeit stammen mögen, haben sich in Volksdorf sehr lange erhalten, wie z. B. die Feier des Johannistages. Es waren dies wilde Saturnalien, an denen sich Herr und Knecht, alt und jung beteiligte, die Kosten wurden gemeinschaftlich getragen und die Feier fand jedes Jahr in einem andern Hause statt. Es war Ehrensache auszuharren, bis die allgemeine Erschöpfung dem Gelage ein Ende machte. Wer sich früher davon schlich, wurde von dem jüngern Volke aus dem Hause geholt, rücklings auf einen Windelbaum gesetzt und zum Festort zurückgetragen. Die Bedeutung des Festes war allmählich verloren gegangen, und nur die Trinkgelage und Raufereien waren geblieben. Noch im Anfange dieses Jahrhunderts wurden bei Beerdigungen einige Bunde Stroh mitgenommen und beim Überschreiten der Bergstedter Grenze vom Wagen geworfen, also den Göttern geopfert, wenn die Leiche den heimischen Boden verließ.

Die vierte Enklave, Farmsen mit Berne, ist durch einen schmalen, nur 3 bis 400 m breiten Streifen von Volksdorf getrennt und von den Dörfern Bramfeld, Sasel, Meiendorf, Oldenfelde, Rahlstedt, Tonndorf und Hinschenfelde begrenzt. Farmsen liegt am Farmsenerbeck, besteht aus 6 Vollhufnern, 1 Halbhufner, 6 Brinksitzern (einschließlich der Mühle auf dem Kupferdamm) und 7 Anbauern. Der Farmsenerbeck entsteht aus mehreren Quellen in Berne, bildet auf einer Strecke die Grenze von Farmsen gegen Oldenfelde, fließt durch den Kupferteich und mündet in die Wanse. Der Kupferteich wird zur Karpfenzucht benutzt und war früher an die Amtsfischer verpachtet. Über den Farmsenerbeck führt eine hölzerne Brücke, welche Farmsen mit Berne und Volksdorf verbindet. Am Ausfluß des Kupferteichs ist eine zweite hölzerne Brücke mit steinernen Vorsetzen, über welche die alte Poststraße von Hamburg nach Ahrensburg führte. Am Kupferdamm liegen zwei Mühlen. Die Wassermühle treibt eine Korn-, eine Walk- und eine Sägemühle. Sie ist sehr alt und wird schon in den ältesten Urkunden mit dem Dorf erwähnt; sie trieb früher einen Kupferhammer, welcher 1770 eingegangen ist. Die Mühle ist Eigentum der Stadt und dem Müller in Erbpacht übertragen. Der Mahlzwang ist 1842 aufgehoben. Die Windmühle ist 1843 von dem Pächter der Wassermühle erbaut. An der Westseite von Farmsen liegt noch ein ziemlich bedeutendes Moor, in welchem der Osterbeck entspringt. Der Wald ist eigentlich ganz verschwunden, nur hin und wieder finden sich noch kleine Bestände von Eichen. Farmsen hat drei Ziegeleien. Die älteste, Lehmbrok, besteht seit 1820 und liefert besonders gute Backofenfliesen. Die zweite ist 1842 und die dritte 1854 gegründet. Beide liefern hauptsächlich Ziegelsteine und Drainröhren. In alten Zeiten besaß die Stadt hier ein Herrenhaus (Spieker) wie in Wohldorf und Schmalenbeck, doch ist über eine frühere Burg keine Nachricht vorhanden. Die aufgefundenen Fundamente mit Graben auf dem Platz „das rote Haus" sind daher wohl nur Reste des Herrenhauses. — Farmsen wird 1296 zuerst erwähnt. Die Grafen von Holstein übertrugen am 10. Oktober dem Kloster Brouwendal (Harvestehude) den Zehnten von Vermerschen (Farmsen), welchen früher Herr von Wesenbergh zu Lehen getragen hatte. 1302 verkaufte der Ritter Hartwich von Hummelsbüttel an die Hamburger Bürger Hartwich Leo, Johannes von Berghe und Johannes von Harburg den jährlichen Census von acht Mark Pfennigen von den Höfen im Dorfe Vermerschen zur Dotation eines Altars in der St. Jakobikirche. 1347 waren die Dörfer Winterhude, Odelvestorf (Ohlsdorf), Steilshop, Farmsen und Schmachthagen im Besitz des Hamburger Bürgers Daniel von Berghe, doch muß derselbe darauf Farmsen wieder veräußert haben, denn 1361 verkaufte der Knape Marquard Crumbeke von Lübeck das Dorf mit hoher und niederer Gerichtsbarkeit für 143 Mark an den Hamburger Bürger Heyno mit dem Bogen, vielleicht der spätere Ratmann Heinrich von Farmsen. 1394 war das Dorf im Besitz der Hamburger Bürger Jürgen Hoppener, Eylerd Stapelveld, Gerhard Copman und L. Alstorp, und blieb noch längere Zeit in den Händen einzelner Hamburger Bürger, bis 1462 und 1477 etwa die Hälfte des Dorfes, aus Copmans Nachlaß an die Stadt fiel. Im 16. Jahrhundert gehörte die größere Hälfte der Familie von Huttlen, welche die Bauern mit unerträglichen Hofdiensten belastet hatte, und daher mit denselben unaufhörlich in Streit lag. Dadurch sah sich 1576 die Stadt genötigt, von der Witwe H. von Huttlen auch die übrigen Höfe des Dorfes zu erwerben, doch erst 1591 waren alle Zwistigkeiten gänzlich beseitigt.

Berne war früher ein Meierhof des Hospitals St. Georg und wurde 1806 an einen Hamburger Bürger für 100000 Mark verkauft. Es ist bis jetzt Privatbesitz geblieben und enthält 17 Wohnungen mit 102 Einwohnern gegen 54 Bewohner im Jahre 1871. — Berne wird ebenfalls 1296 mit Farmsen bei Übertragung des Zehnten an Harvestehude zuerst erwähnt. Am 11. März 1322 überließen die Knapen Otto, Lambert, Hermann und Heinrich von Raboyse das Dorf Berne an Johann und Nicolaus, Ludolf Volzekes Söhne. Graf Johann von Holstein und Stormarn beurkundet dies und überträgt ihnen dasselbe lehnsweise mit denselben Rechten, mit denen es die von Raboyse besaßen. 1375 bescheinigt Graf Adolf, daß er sein Dorf Berne gegen das Dorf („des Herzogs Dorf" genannt) an Johann Hummelsbüttel vertauscht habe, und da dieser Berne samt den Hölzungen Bußbrok und Aspehorn an das Hospital St. Georg für 90 Mark Pfennige verkauft hatte, so verzichtet er für sich und seine Nachkommen auf jegliche Dienste für dasselbe. 1750 kam mit Holstein ein Grenzvergleich zu stande, da Berne namentlich mit den Oldenfeldern und Bramfeldern über das Recht der gemeinsamen Weide und des gemeinsamen Holzfällens in Streit geraten war. — Farmsen und Berne sind nach Alt-Rahlstedt eingepfarrt und haben hier Kirchensteuer zu entrichten. Die Schule stand früher unter Inspektion des Predigers von Alt-Rahlstedt; sie wurde 1887 von 76 Kindern in zwei Klassen besucht. Das Schulhaus liegt am nördlichen Ende des Dorfes. Seit Einführung der Landgemeinde-Ordnung von 1871 bildet Farmsen mit Berne eine Gemeinde, bis dahin eine Vogtei.

Der Winserbaum.

Die Neubauten, welche durch den Eintritt Hamburgs in den Zollverein und die Herstellung eines Freihafengebiets veranlaßt worden sind, haben in dem betreffenden Stadtteil bedeutende Umwälzungen hervorgerufen. Allerdings ist die Gegend vom Wandrahm bis zum Kehrwieder erst seit Mitte des 16. Jahrhunderts städtisch bebaut worden, nachdem aber durch die große Feuersbrunst von 1842 ein bedeutender Teil der eigentlichen Altstadt eingeäschert und nach einem ganz neuen Plan aufgebaut worden ist, enthielt der jetzt abgebrochene Stadtteil recht viele der ältesten städtischen Gebäude. Die eigentliche Altstadt wurde nur von dem Bau des Zollkanals berührt, doch haben die Straßen beim Dovenflet, beim Zippelhaus, bei den Mühren und Kajen ein ganz verändertes Aussehen erhalten. Da in dem aufgeschwemmten Boden dieser Gegend tiefe Aufgrabungen vorgenommen werden mußten, um für die Neubauten einen festen Baugrund herzustellen, durfte man erwarten, daß bei dieser Gelegenheit manche alte Grundmauern und sonstige Baureste aufgefunden und dadurch für die ältere Hamburgische Geschichte wesentliche Beiträge geliefert werden würden. Diese Erwartung ist auch nicht ganz getäuscht worden; obgleich in der übergroßen Eile, womit die Bauten ausgeführt wurden, manche Fundstücke unbeachtet geblieben sind, so wird doch die Hamburger Geschichte manche Vorteile daraus ziehen können, wenn erst alle aufgefundenen Baureste in Ruhe verglichen worden sind. Beschränken wir uns hier auf den, von dem Bau des Zollkanals berührten Teil des Katharinen-Kirchspiels.

Das Katharinen-Kirchspiel ist in der ersten Hälfte des 13. Jahrhunderts städtisch bebaut worden, denn um die Mitte desselben Jahrhunderts war sowohl die Kirche vorhanden, als auch die Straßen Grimm (jetzt Hürter, Gröningerstraße und Grimm) und Cremon (jetzt Katharinenstraße und Cremon) fast ganz bebaut, indessen hat vermutlich, wenigstens die östliche Hälfte, die Grimminsel, schon früher zur Stadt gehört. Als unter den drei großen Erzbischöfen Unwan, Bezelin Alibrand und Adalbert (1013 bis 1072) das Erzbistum eine so hohe Bedeutung und einen so gewaltigen Umfang erlangte, reichte auch der frühere Hof, das Dreieck zwischen Hermannstraße, Bäckerstraße, Kattrepel und Pferdemarkt, für die Verwaltung nicht aus, denn die östliche Hälfte (bis zur Schmiedestraße und Bergstraße) war durch die Wohnungen der Geistlichen, die westliche Hälfte von Hofhörigen, den Handwerkern, besetzt, für die weltlichen Beamten war also kein Raum übrig. Nun aber zog die Pracht der erzbischöflichen Hofhaltung, die glänzenden Kirchenfeste, der Besuch von Königen und Fürsten, von Künstlern und Gelehrten aus dem Abend- und Morgenlande, auch viele Kaufleute hierher, denn der lebhafte Verkehr nach allen Weltgegenden bot ihnen günstige Gelegenheit zum Kauf und Verkauf ihrer Waren und zu Handelsgeschäften aller Art. Wo konnten sich die Kaufleute ansiedeln, ihr suburbium (Vorstadt der Kaufleute bei den Bischofsitzen) erbauen? Das rechte Alsterufer war im Besitz der Herzöge von Sachsen, und da diese das Wachstum des Erzbistums mit eifersüchtigen Blicken beobachteten, so haben sie jede Ausdehnung der erzbischöflichen Immunität über die Alster hinüber verhindert. Selbst wenn die Herzöge den Kaufleuten hier Bauplätze überlassen hätten, würden diese des kirchlichen Schutzes und des Marktrechtes entbehrt haben. Es ist daher ein Irrtum, wenn J. G. Gallois (Gesch. d. St. Hambg. S. 44 und S. 60) meint, die erzbischöflichen Kaufleute hätten sich im Nikolai-Kirchspiel angesiedelt. Die Gegend östlich von Hamburg, das Jakobi-Kirchspiel, war vermutlich unter verschiedenen Herren geteilt, den Erzbischöfen gehörte sie jedenfalls nicht, auch war sie zur Anlage einer Handelsstadt nicht geeignet. Für die Ausdehnung des erzbischöflichen Hofes blieb also nur die Elbmarsch, der Brok, übrig, und diese ist immer unbestrittenes Eigentum des Erzbistums gewesen. C. F. Gädechens (Hist. Topogr. S. 13) ist der Meinung, daß wenigstens die Grimminsel schon im 11. Jahrhundert eingedeicht und zur Stadt gezogen war. Es ist allerdings sehr unwahrscheinlich, daß die Sachsen vor Einwanderung der Friesen und Holländer im Anfang des 12. Jahrhunderts den Bau der Deiche gekannt haben, und andererseits erscheint es nicht möglich, daß die niedrige Marsch ohne Deiche von den Menschen zum Wohnen benutzt werden konnte. Zwar läßt es sich bis jetzt nicht nachweisen, daß der Wasserstand der Elbe seit dem 11. Jahrhundert höher geworden ist, jedenfalls muß aber die gewöhnliche Flut höher geworden sein, nachdem die Elbmarschen eingedeicht worden sind, denn bis dahin breitete sich die Flut über weite Landstriche aus, sobald sie die Höhe des Mittelwassers erreicht hatte, wie noch jetzt bei Cuxhafen. Dafür spricht auch, daß die zuerst eingedeichten Landstrecken erheblich niedriger sind, als das jetzige Mittelwasser der Elbe. Die Bewohner der Reichenstraßen, der Gröningerstraße ꝛc. waren zwar gegen Sturmfluten nicht geschützt, wenn man aber im 12. Jahrhundert Billwerder, Ochsenwerder, das alte Land ꝛc. eindeichte, so konnte auch das Katharinen-Kirchspiel zum Bewohnen benutzt werden. Die alte Stadt wird sich noch weiter nach Süden erstreckt haben als die Straße bei dem Zippelhaus und bei den Mühren, denn bei den Freihafenbauten sind hier manche alte Baureste aufgefunden worden, welche mit den späteren Straßenzügen in keiner Verbindung stehen. Für eine frühere Bebauung spricht auch das Siel unter der Katharinenkirche. Nach der Zerstörung Hamburgs durch die Slawen unter Kruko im Jahre 1072 blieb aber diese Gegend über ein Jahrhundert wüst liegen, Sturmfluten und Eisgang werden hier große Veränderungen hervorgebracht, neue Wasserläufe ausgewaschen, alte mit Schlamm gefüllt, und besonders seit Anfang des 12. Jahrhunderts so stark mit neuen Sinkstoffen bedeckt haben, daß im 13. Jahrhundert von den früheren Straßenzügen keine Spur zu erkennen war. Es ist daher auch nicht möglich, jetzt noch von dieser alten städtischen Bebauung ein auch nur annähernd richtiges Bild zu entwerfen.

Als im Anfang des 12. Jahrhunderts Alt-Hamburg wieder aufgebaut wurde, genügte der ursprüngliche Platz des erzbischöflichen Hofes für die neuen Bewohner, denn in dem entvölkerten und verarmten Nordalbingien fanden die Kaufleute wenig Gelegenheit für ihre Thätigkeit, und erst nachdem im Laufe des Jahrhunderts der Wohlstand sich allmählich gehoben hatte, werden sich auch in Hamburg wieder Kaufleute niedergelassen haben, für welche jedoch die Reichenstraße ausreichte. Durch die Gründung von Neu-Hamburg gegen Ende des 12. Jahrhunderts wurde jedoch der Handelsverkehr so gehoben, daß das Nikolai-Kirchspiel für die neuen Ansiedler bald nicht mehr ausreichte und das Katharinen-Kirchspiel wieder zur Stadt gezogen werden mußte. Ob das Dovenflet als natürlicher Wasserarm bereits vorhanden war, oder zum Schutz der Stadt erst gegraben wurde, wollen wir hier nicht untersuchen, jedenfalls wurde die Stadt auf dieser Seite mit einer Befestigung versehen. Wahrscheinlich bestand diese anfangs aus Holz, es war also eine Pallisadenwand, wie die 1246 auf der Mönkedamminsel errichtete hölzerne Befestigung, denn ein Teil der Straße „Dovenflet" wird noch im 14. Jahrhundert „bei den Planken" (strata usque ad plankas) genannt, während im 13. Jahrhundert für die Straße westlich der Katharinenkirche schon der Name „bei den Mühren" (juxta murum in

Crimun) vorkommt. Die Stadtmauer vom Winserbaum bis zur Hohenbrücke ist Ende des 14. Jahrhunderts erbaut, denn 1415 wird diese Gegend noch „prope novum murum" bezeichnet. Bei dem Bau der Quaimauer für den Zollkanal sind die Fundamente der alten Stadtmauer an verschiedenen Stellen wieder aufgedeckt worden, und daraus hat sich ergeben, daß die ganze Mauer gleichzeitig und nach demselben Plan erbaut sein muß. Die Mauer begann an der Winserbrücke, folgte ungefähr der Straße „beim Winserbaum", „beim Dovenflet", „beim Zippelhaus" und „bei den Mühren" und ruhte auf einem Pfahlrost aus kurzen etwa drei Meter langen rohen Baumstämmen, aber die Pfähle standen nicht in ununterbrochener Reihe, wie bei der auf dem Rathausmarkt und bei der Börse wieder aufgefundenen Stadtmauer, welche 1314 erbaut worden ist, sondern in Bündeln von etwa einem Quadratmeter Flächenraum, zwischen denen Lücken von einem Meter frei gelassen waren. Auf dem Pfahlrost lagen starke eichene Bohlen, welche zugleich die Lücken überdeckten. Vor diesem Pfahlrost, etwa 30 cm entfernt, war eine Reihe von Pfählen scherenförmig eingerammt, (d. h. neben einem senkrechten Pfahl stand ein schräger) und auf diesen eine eichene Schwelle eingelassen. Auf dieser Unterlage ruhten große rohe Granitblöcke ohne Mörtelverbindung, und sie waren so gelegt, daß die äußern, größeren Blöcke von der Schwelle zum Pfahlrost hinüber reichten. In der Höhe von etwa $3^1/_2$ m über Null begann die eigentliche Mauer, welche an der Wasserseite aus Granitquadern bestand. Diese waren durch Mörtel und durch x förmige, eiserne Anker mit einander verbunden. Die Mauer hinter den Granitquadern bestand aus kleinen gelben (holländischen) Klinkern, das übrige Mauerwerk aber aus großen roten Ziegelsteinen. Die Häuser an der Wasserseite am Dovenflet standen zwar auf der alten Stadtmauer, aber ihre Wasserfronten waren mehr oder weniger in das Flet vorgerückt, es mußten für dieselben also neue Fundamente hergestellt werden, ebenso wie bei den Häusern (den Predigerhäusern) am Katharinenkirchhof, während für die Häuser bei den Mühren die alte Stadtmauer vielfach als Frontmauer benutzt worden war.

An der Ecke, welche diese Stadtmauer bei dem Winserbaum bildete, sind auch die Grundmauern des Winserbaums aufgefunden worden. Dieselben bildeten ein Quadrat und ruhten auf einem Pfahlrost, doch standen die Pfähle in geschlossener Reihe. Der Turm hatte doppelte Grundmauern, welche etwa einen Meter von einander entfernt waren, doch fehlte an der westlichen Seite die besondere Grundmauer und hier war die Stadtmauer benutzt. An der Süd- und Ostseite, also an der Wasserseite bestanden die Mauern vom Pfahlrost an aus Granitquadern, durch Mörtel und Eisenklammern verbunden, und an der Innenseite aus großen roten Ziegelsteinen, nur an der Nordseite waren wieder als Unterlage große rohe Granitblöcke verwandt worden. Außerdem fanden sich in der Mitte des größern Quadrats 4 Bündel von 4 größern Pfählen, welche höher hervorragten, auf jedem Bündel lag eine dicke Sandsteinplatte, welche als Basis einer Säule gedient haben wird. Es geht aus den aufgefundenen Bauresten also hervor, daß der Turm erst erbaut worden ist, nachdem die Mauer vollendet war, und ferner, daß man zuerst einen kleineren Turm errichtet und denselben später durch einen größeren ersetzt hat. Der Keller des zweiten Turmes muß einen ungeteilten Raum gebildet haben, weshalb man vier starke Säulen anbrachte, um die obern Stockwerke zu tragen. Über diese Bauten besitzen wir keine schriftlichen Nachrichten. Nach dem in den Kämmereirechnungen verzeichneten Ausgaben scheint der dem Winserbaum gegenüberliegende große Turm 1381 bis 1383 neu gebaut worden zu sein (C. F. Gädechens, Top. S. 45.) Dieser Turm war 33 Fuß lang, 27 Fuß breit und 78 Fuß hoch, die Mauern waren unten $6^1/_2$ Fuß, oben $2^1/_2$ Fuß dick. Er war erbaut, um die Einfahrt in den Oberhafen zu schützen, und wurde außerdem anfangs als Gefängnis, dann als Getreidespeicher benutzt, weshalb er später im Volksmunde die Roggenkiste hieß, schließlich diente er wieder zum Gefängnis für Diebe und Landstreicher, bis er 1832 abgebrochen wurde. Über den Bau

des Winserbaums bringen jedoch die Kämmereirechnungen keine Nachrichten. Die Abbildungen von dem alten Hamburg geben die Form des Turmes sehr verschieden. Einige zeichnen den Winserbaum, wie den gegenüberliegenden Winserturm als einen runden Turm, z. B. der holländische Kupferstich (1568—77), welcher Lappenbergs Programm beigegeben ist, der Plan von Hieron von Hens=
bergen und der Plan von F. A. Pingeling zu Hamburgs Denkwürdigkeiten; auf andern fehlt er ganz, z. B. auf dem Plan von Matth. Seutten in Augsburg, noch andere zeichnen den Turm in der Mitte der Straße „beim Winserbaum" anstatt auf der Ecke, z. B. der Plan von Wenzel Holler. Auf der Elbkarte von Melchior Lorichs (siehe untenstehende Abbildung) sind beide Türme richtig, also viereckig gezeichnet, wie aus den aufgefundenen Grundmauern hervorgeht. Beide Türme waren durch einen Mauerbogen mit einander verbunden, unter welchen die Schiffe hindurch fahren mußten, doch ist die Höhe dieses Bogens auf den Ansichten ebenfalls verschieden gezeichnet. Schiffe mit hohen Masten konnten vom Oberbaum also nicht in die Stadt hinein fahren. Über die Maße des Gebäudes sind auch keine Nachrichten vorhanden, wie aber aus allen Abbildungen hervorgeht, hatte der Winser=
baum einen geringeren Umfang und eine geringere Höhe als der gegenüberliegende Winserturm (die Roggenkiste). Der alte Turm wird Mitte des vorigen Jahr=
hunderts baufällig geworden sein, denn er wurde abge=
brochen und 1768 an dessen Stelle ein niedriges, zwei=
stöckiges Haus erbaut, welches infolge der Zollanschlußbauten 1882 abgebrochen worden ist. — Seit Anfang des 15. Jahr=
hunderts ist der Winserbaum als Untersuchungsgefängnis für Bürger benutzt worden, schon 1410 wurde Heine Brand von acht Ratsherren nach dem Winserbaum gebracht, auch 1483 ließ der Rat Heinrich van Lohe nach dem Winser=
baum bringen, und bis in die neueste Zeit hat das Haus zu demselben Zweck gedient. Der Turm muß daher noch im 14. Jahrhundert erbaut worden sein.

Der Winserbaum und Winserturm in Hamburg.

Die kurze und sehr schmale Straße „beim Winser=
baum", schon 1321 erwähnt, ist wie die Straße beim Doven=
flet, Zippelhaus rc. nur auf einer Seite, auf der Westseite bebaut gewesen, denn die alte Mauer führte unmittelbar an der Ostseite der Straße entlang, so daß zwischen der Winserbrücke und dem Winserbaum das Flet eine größere Breite hatte. Später wurde die Mauer aber bis zur Ostseite des Winserbaums vorgerückt und an der Wasserseite mit Granitquadern verblendet. Über die Zeit und die Ursachen dieses Baues fehlen ebenfalls alle Nachrichten. Als durch die Errichtung des Walles auf dem Brok um die Mitte des 15. Jahrhunderts die Stadtmauer am Dovenflet überflüssig geworden war, wurde diese nach und nach abgebrochen und auch die Wasserseite der Straßen mit Häusern bebaut. Die Straße beim Winserbaum wurde aber so schmal, daß nur ein Wagen zur Zeit hindurch fahren konnte, und ein entgegenkommender Wagen vor dem Eingange warten mußte, bis der andere durchgefahren war. Am Dovenflet und in den angrenzenden Straßen verkehrten Milchleute und Grünhöker von der Oberelbe, hauptsächlich von Billwerder, Ochsenwerder, Moorwerder, Tatenberg und den Vierlanden. Sie legten ihre Ewer hinter den Häusern am Dovenflet an, und die Keller derselben waren so eingerichtet, daß die Landleute ihre Waren direkt aus dem Ewer in den Keller tragen konnten. Die Mieter solcher Keller hatten in der Regel eine Schenkwirtschaft, damit die Schiffer bei Ankunft und vor der Abfahrt sich erfrischen konnten, und manche derselben erlangten aus diesem oder jenem Grunde eine besondere Beliebtheit. So wurde z. B. im vorigen Jahrhundert

und in der ersten Hälfte dieses Jahrhunderts eine Wirtschaft beim Winserbaum „die gelbe Henne" sehr bevorzugt und war in der ganzen Stadt bekannt, weshalb die Straße „beim Winserbaum" in der Bevölkerung häufig „bei der gelben Henne" genannt wurde. Der Winserbaum war ein sehr einfaches Haus, und wir unterlassen es daher, eine besondere Abbildung zu bringen, dagegen dürfte den Leser eine Ansicht von der ganzen Häuserreihe und dem Eingang zu der engen Straße interessieren, welche wir in dem untenstehenden Bilde bringen. Die Ansicht ist vom Meßberg aufgenommen und zeigt im Vordergrunde die neue schöne Winserbrücke. Die Häuser sind im Baustil des 17. Jahrhunderts erbaut und charakterisieren sehr gut jene Bauperiode. An der Ecke der Straße sehen wir die Hinterseite des Winserbaums. Links ist die neue Wandrahmsbrücke sichtbar und jenseits des breiten Flets erblicken wir einige moderne Bauten im alten Wandrahm und mehrere Häuser am alten Teerhof im Baustil des 17. Jahrhunderts mit den hohen Giebeln. Das große Haus rechts in der Brauerstraße mit den gewölbten Fenstern im Giebel wird im 16. Jahrhundert, vielleicht schon im 15. Jahrhundert erbaut sein. — Auf den Ansichten von Hamburg aus dem 16. Jahrhundert ist der Lembkentwiete gegenüber in der Stadtmauer ein Turm gezeichnet, ähnlich dem Winserbaum mit hohem, spitzen Dach, bei einigen rund, bei andern viereckig. Neben demselben lag unter einem Mauerbogen der Eingang zu dem Flet hinter der Lembkentwiete. Dieser Turm hieß der Hakenturm von Hake, welcher denselben 1386 bewohnte. 1387 wurde hinter diesem Turm ein neuer Turm erbaut, vielleicht

Die neue Winserbrücke in Hamburg.

derselbe, den 1392 Nikolaus von Hachede bewohnte. Der Hakenturm wurde 1609 verkauft. (C. F. Gädechens Top. S. 39). Die Grundmauern dieses Turmes sind aber bei dem Bau des Zollkanals nicht aufgefunden worden.

Auf dem östlichen Teil der Grimminsel, etwa zwischen dem Hopfensack, der Lembkentwiete, dem Dovenflet und der Winserbrücke, lag der erzbischöfliche Saalhof, die von Bezelin Alibrand (von 1035—1043) aus Quadern erbaute Wideburg. Noch im vorigen Jahrhundert wurde der Hopfensack nicht selten Wideburg genannt, und 1252 die Straße beim Dovenflet unter demselben Namen aufgeführt. Da die Wideburg eine Wasserburg war, so wird sie auch von einem breiten tiefen Wassergraben umschlossen gewesen sein und nur durch die Kattrepelsbrücke von dem festen Lande einen Zugang gehabt haben. Das Querflet hinter der Lembkentwiete, sowie das zwischen der Reichenstraße und dem Hopfensack mag noch den Rest dieses Burggrabens bilden. Obgleich demnach die Lage der Wideburg ungefähr bekannt ist, so weiß man doch nichts Näheres über die verschiedenen Gebäude derselben. Beim Bau der Quaimauer des Zollkanals sind hinter der Stadtmauer mancherlei

Pfähle und sonstige Grundbauten aus Holz aufgefunden, welche mit den Grundmauern der Stadtmauer in keiner Beziehung standen und aus älterer Zeit stammen müssen. Da diese Holzbauten auf weitere Strecken nicht verfolgt werden konnten, so war nicht festzustellen, ob sie zu der früheren hölzernen Befestigung dieser Gegend gehörten. Bei dem Bau des Sieles in der neuen Straße wurde in der Gegend der Gerkenstwiete ein bedeutender Steinwall aus großen Granitblöcken durchschnitten, leider konnte bei dieser Gelegenheit der Untergrund nicht weiter untersucht werden, ob die Steine auf einem Pfahlrost ruhten, jedenfalls sind aber diese Steine nicht durch Zufall hierher gekommen, sondern sie werden einem großen, schweren Gebäude als Grundlage gedient haben. Mit der Festungsmauer stand dieser Grundbau in keiner Verbindung, auch wird kein Festungsturm in dieser Gegend erwähnt und der Hakenturm lag jedenfalls viel weiter westlich, es wird daher wahrscheinlich, daß hier das Fundament der von Bezelin Alibrand erbauten steinernen Burg aufgefunden worden ist. Diese Burg

Blick von der Ellernthorsbrücke auf das Fleet, 1886.

wird vermutlich nach dem Gebrauch jener Zeit ein hoher Turm mit dicken Mauern, ähnlich dem Turm auf Neuwerk gewesen sein, und in dem sumpfigen Boden suchte man durch Granitblöcke für den Bau eine feste Grundlage zu schaffen. Diese Fundamente ruhen noch unter dem Pflaster der neuen Straße und feiern vielleicht noch einmal bei Gelegenheit eines großen Neubaues in dieser Gegend ihre Auferstehung, bis dahin müssen wir uns mit Vermutungen begnügen. Wahrscheinlich werden sie ähnlich hergestellt sein, wie die beim Rathausbau aufgefundenen Fundamente der etwa gleichzeitig erbauten Alsterburg des Herzogs Bernhard II. Ebenfalls mögen auch die aufgefundenen Reste von Holzbauten zu der erzbischöflichen Burg gehört haben, denn außer dem festen Turm aus Steinen enthielt eine Burg in jener Zeit verschiedene Holzbauten: die Wohnung des Burgherrn, des Erzbischofs, in Friedenszeiten die Wohnhäuser für die Beamten und Diener, für die Dienstmannen und Reisigen, die Ställe für die Pferde, Scheunen und Lagerhäuser für die Vorräte ꝛc. und der oben bezeichnete Raum erscheint daher nicht zu umfangreich für den Wohnort der angesehenen und mächtigen Erzbischöfe. So weit sich in der engen Baugrube zum Siel erkennen ließ, war das Fundament aus Granitblöcken wie die Reste von Holzbauten hinter der Stadtmauer mit aufgeschlemmtem Boden bedeckt, demzufolge müssen diese Bauten aus dem 11. Jahrhundert stammen. Im Interesse der Geschichtsforschung hätte man es daher wünschen müssen, daß der Zollkanal in dieser Gegend 30 bis 40 m weiter nördlich verlegt wäre, dann würden wir über diese und einige andere Fragen Aufschluß erhalten haben.

Infolge der großartigen Zollanschluß= bauten ist auch im Innern der Stadt viel= fach eine neue Bewegung im Grundeigentum hervorgerufen worden. Man ist bemüht neue Verbindungswege zu schaffen und dadurch den Verkehr in den Parallelstraßen zu entlasten, die alte Landstraße (Mühlen= straße und große Michaelisstraße) hat durch Erbauung der Michaelisbrücke und Heiligen= geistbrücke ihre frühere Richtung und Aus= mündung beim großen Burstah wieder erhalten. Manche ältere Häuser haben dem Verkehr weichen müssen und neue stattliche Gebäude sind an deren Stelle aufgeführt worden. Auch die Fuhlentwiete hat die in der Mitte des 16. Jahrhunderts aufgehobene, Richtung und Ausmündung am Neuenwall durch Überbrückung des Flets wieder erhalten, und hier sind ebenfalls eine Reihe charakte= ristischer Häuser der älteren Stadt abgebrochen worden. Es dürfte daher an der Zeit sein, die früheren Verhältnisse wenigstens durch bildliche Darstellungen für die Nachwelt zu erhalten. Wir glauben deshalb im Sinne der Leser zu handeln, wenn wir hier noch einige Abbildungen hinzufügen. Seite 256 geben wir einen Blick von der Ellernthorsbrücke auf das Flet mit der Hinterfront der Häuser in der Fuhlentwiete und Seite 258 einen Blick in den untern Teil der Fuhlentwiete. In beiden Bildern ist der eigentümliche Bau= stil aus der ersten Hälfte des 17. Jahrhunderts sehr treu zur Darstellung gebracht. Das

Kleine Bäckerstraße 1887.

Bild Seite 257, ein Blick in die alte Bäckerstraße, bringt uns dagegen einige Häuser aus dem 16. Jahrhundert mit den eigentümlichen Vorbauten, den hohen, mannigfach gebrochenen Giebeln, den breiten Haustreppen und den sogenannten Beischlägen zur Anschauung, während die gegenüber= liegenden Häuser in dem nach dem Brande von 1842 in Hamburg beliebten Baustil aufgeführt sind. Wie in den Vororten überall neue stilvolle Bauten erstehen, so sucht auch mancher Grundeigentümer

Neuſtädter Fuhlentwiete 1887.

in der Stadt nicht nur das Innere ſeines Hauſes den Anforderungen der Gegenwart entſprechend einzurichten, ſondern auch das Äußere ſo umzubauen, daß es mit der Umgegend harmoniert und ent= ſchließt ſich daher leichter zu einem Neubau. So ſind beſonders in der Nähe des Freihafengebiets, am Dovenflet, bei den Mühren, auf den Kajen, im Rödingsmarkt ꝛc. viele ſchöne Gebäude aufgeführt worden, aber auch in den entfernteren Gegenden, am Rathausmarkt, Dammthorwall, Holſtenplatz ꝛc. hat ſich das Anſehen der Straße durch einzelne Neubauten bereits weſentlich verändert. Indeſſen würde es zu weit führen, wollten wir von allen verſchwundenen oder in Umwandlung begriffenen Straßen Abbildungen bringen.

Die alte Börse.

Im Altertum zog der Kaufmann mit seinen Waren von Ort zu Ort, tauschte gegen dieselben Produkte des Landes ein und kehrte mit diesen in die Heimat zurück. Aber die wertvollen Güter reizten gar oft die Raublust der Bewohner, und die Kaufleute sahen sich daher gezwungen, solche unsichere Gegenden nur in größeren Gesellschaften zu durchreisen, um durch gemeinsame Kraft räuberische Angriffe zurückzuweisen. Zu gewissen Zeiten versammelten die Kaufleute sich daher an einem bestimmten Grenzort, und hier entwickelte sich infolgedessen ein besonders lebhafter Verkehr, wenngleich manche solcher Marktplätze zu anderen Zeiten ganz unbewohnt waren. Da im allgemeinen die Landstraßen sehr schlecht und die Verkehrsmittel sehr unvollkommen waren, boten die Wasserwege dem Handel größere Vorteile, weshalb der Seehandel schon früh den Landhandel überflügelte und besonders in den Küstenstädten den eigentlichen Großhandel bildete. Doch die Seefahrt bereitete dem Kaufmann ebenfalls manche Gefahren. Ein plötzlich ausbrechender Sturm vernichtete Schiff und Waren, und es war oft nur Sache des Glücks, wenn die Mannschaft das Leben rettete; im dichten Nebel verfehlte das Schiff nicht selten den rechten Weg und scheiterte auf Klippen und Sandbänken, und gelang es den Leuten, manches von ihrem Eigentum an die nahe Küste zu retten, so wurden sie hier von räuberischen Strandbewohnern ausgeplündert. Endlich lauerten auch auf dem Meere Seeräuber den Handelsschiffen auf. Zwar war auch hier die Lage des Kaufmanns günstiger als auf dem Lande, denn mit den schweren unbeholfenen Frachtwagen war eine Flucht unmöglich, war aber das Handelsschiff ein guter Segler, der Kaufmann ein kühner, umsichtiger Seemann, der mit der Führung des Schiffes sicher vertraut war und hatte er kräftige Ruderknechte an Bord, dann gelang es ihm wohl, den Räubern durch die Flucht zu entkommen. War dies nicht möglich, dann mußte allerdings das Glück der Waffen versucht werden; besaß jedoch der Kaufmann Mut und Besonnenheit und leitete mit Ruhe die Verteidigung, dann war die Lage keine so sehr ungünstige, denn jeder Genosse wußte, daß er sein Leben und Eigentum verteidigen mußte, sie kämpften daher alle mit Mut und Tapferkeit, und nicht selten wurden die Räuber mit blutigen Köpfen in die Flucht geschlagen. Wenn jedoch das Handelsschiff von mehreren Raubschiffen gleichzeitig angegriffen wurde, dann konnte nur die Schnelligkeit des Schiffes vor dem Verderben retten. Diese Gefahren nötigten auch die Kaufleute zur See nur in größeren Gesellschaften die Fahrt zu unternehmen, wenn ein Meer durch viele Seeräuber beunruhigt war.

Im fränkischen und später im römisch deutschen Reich standen die Kaufleute im Schutz des Königs und Kaisers, wenngleich derselbe unter schwachen Fürsten wenig bedeutete; in den skandinavischen und slawischen Reichen aber waren die Kaufleute auf sich selbst angewiesen. Die Kaiser und Herzöge im deutschen Reich suchten daher durch Verträge mit den Landesfürsten den deutschen Kaufleuten auch in diesen Ländern Schutz und Sicherheit zu verschaffen. Diese Verträge wurden allerdings nur so lange gehalten, als ein mächtiger Kaiser an der Spitze des Reiches stand, oder ein angesehener Herzog die Grenze des Reiches schützte; nach dem Sturz Heinrichs des Löwen waren z. B. die norddeutschen Städte wieder auf ihre eigene Kraft angewiesen. Aber sowohl die Gefahren des Meeres, als auch der Aufenthalt unter den halb wilden Völkerschaften stählten den Mut und die Kühnheit des deutschen Kaufmanns, doch die Unsicherheit des Verkehrs zwang hier mehr als anderswo zu gegenseitiger Unterstützung. Nachdem die deutschen Kaufleute durch den Kaiser oder ihren Herzog die Erlaubnis zur Niederlassung in einem Lande erlangt hatten, wußten sie durch kluge Benutzung der Verhältnisse weitere Handelsvorteile und Zollermäßigungen zu erwerben, doch die Erhaltung solcher Vorrechte verlangte ein festes Zusammenhalten aller Beteiligten. Die deutschen Kaufleute aus den verschiedenen Städten bildeten daher an dem Ort der Niederlassung eine besondere Genossenschaft, eine Kaufmannsgilde oder Hanse, unter selbstgewählten Älterleuten, welche die Gesellschaft nach deutschem Recht verwalteten. Meistens hatten sie ihre eigene Kirche, jedenfalls ihren besonderen Gottesdienst, der von einem aus Deutschland berufenen Priester geleitet wurde. Sie feierten gemeinsame Feste, und namentlich der Winter brachte die Mitglieder näher, da dann die Seefahrt nicht fortgesetzt wurde, und die in der Fremde geschlossenen Freundschaften wirkten wieder auf das Verhältnis der Heimatstädte zurück. — Das Haupthandelsgebiet der norddeutschen Städte bildete die Ostsee. Getreide, Holz, Metalle, Fische und Wachs waren die wichtigsten Handelsartikel; Gewürze, Perlen, seidene und leinene Gewänder wurden gegen Pelzwerk und andere Landesprodukte eingetauscht. Die Bewohner schafften dieselben auf den schiffbaren Flüssen an die Küste, und an den Mündungen derselben entstanden blühende Städte, welche von den fremden Seefahrern besucht wurden. Nach Adam von Bremen war Jummo an der Mündung der Oder eine große, herrliche Stadt; Birka in Schweden wurde von Dänen, Normannen, Slawen, Russen und Deutschen besucht, und Ansgar unternahm seine erste Reise nach Schweden in der Begleitung schwedischer Kaufleute, welche aus Deutschland zurückkehrten; auch in Schleswig kamen zum Markte Schiffe aus Rußland, Preußen, Schweden, Slawenland, England und vom Niederrhein, und in Soest bestand eine Gilde Schleswiger Kaufleute. Als aber der Dänenkönig Svend Grathe eine russische Flotte im Schleswiger Hafen hatte ausplündern lassen, verlor der Markt seine Bedeutung und der Handelsverkehr wandte sich allmählich nach Lübeck. Den Mittelpunkt des Handels auf der Ostsee bildete jedoch Gotland mit Wisby, denn hier trafen die Schiffe aus dem Osten und Westen zusammen und tauschten ihre Waren um. In Wisby waren deutsche Kaufleute, welche sich hier dauernd niedergelassen hatten, stark vertreten, der Rat bestand aus Gotländern und Deutschen, gotische und deutsche Marktvögte übten das Marktrecht und überwachten den Marktfrieden, aber beide Nationen lebten nach gotländischem Stadtrecht. Neben diesen bildeten deutsche Kaufleute aus zahlreichen Städten, welche sich nur vorübergehend in Wisby aufhielten, eine besondere Genossenschaft. Andererseits nahm schon Kaiser Lothar die gotischen Kaufleute in seinen Schutz und gewährte ihnen das Privilegium, im deutschen Reich nach gotländischem Recht leben zu dürfen. Riga erhielt schon im 12. Jahrhundert das Recht der deutschen Kaufleute auf Gotland, und von hier fanden die Kaufleute den Weg nach Smolensk. 1229 schlossen drei Bürger von Wisby, zwei von Lübeck, einer von Soest, zwei von Münster, Groningen und Dortmund, einer von Bremen und drei von Riga mit dem Fürsten einen Vertrag ab, worin dieser dem Handel Sicherheit und Freiheit versprach; später wurden Kaufleuten aus anderen Städten, Utrecht, Braunschweig rc., dieselben Rechte gewährt. Von größerer Bedeutung für den deutschen Handel war jedoch die Niederlassung in Nowgorod. Die Gotländer besaßen hier schon 1152 eine eigene Kirche, und wenige Jahre später erhielten die Deutschen dieselbe Vergünstigung, im 13. Jahrhundert aber erlangten die Deutschen das Übergewicht; ihre Niederlassung, der Peterhof, bildete den Mittelpunkt des russischen Handels nach dem Westen. 1269 schloß ein Lübecker an der

Spitze einer Gesandtschaft der deutschen Kaufleute in Nowgorod einen neuen Vertrag ab, und seitdem ist Lübeck immer als das Haupt der Nowgoroder Niederlassung angesehen worden.

Die Seefahrt auf der Nordsee nach England von der Mündung des Rheins, der Weser und Elbe ist uralt, Angeln und Sachsen von der Elbe und Eider eroberten England, und seitdem hat die Verbindung eigentlich nie aufgehört, trotzdem haben sich hier die Verhältnisse nicht so rasch entwickelt wie im Osten. Schon Aethelred II. (978—1016) verlieh dem deutschen Verkehr mit England gesetzlichen Schutz, denn „die Leute des Kaisers seien guten Gesetzen ebenso würdig, wie die Engländer". Dieser Schutz wird indessen oftmals wieder in Vergessenheit geraten sein, denn Heinrich II. versprach abermals in einem Briefe an Kaiser Friedrich I. den deutschen Kaufleuten Sicherheit und Freiheit des Handels. Erfolgreicher waren die Bemühungen einzelner deutscher Städte. Köln erwarb von Richard Löwenherz Handelsbegünstigungen, auch Braunschweig erhielt durch Vermittelung des Kaisers Otto IV. ein Privilegium, und andere Städte folgten dem Beispiel. Schon seit Mitte des 12. Jahrhunderts besaßen die Kaufleute von Köln eine Gildhalle in London, sie bildeten eine Hanse; der Zutritt zu derselben war anderen Städten gegen ein Eintrittsgeld gestattet, und die westfälischen Städte scheinen sämtlich zu der Kölner Gildhalle gehört zu haben. Köln behauptete lange den Vorrang in London. Von den Ostseestädten nahm Lübeck zuerst teil an dem Handel nach England, in dem Privilegium des Kaisers Friedrich II. von 1226 werden nach England reisende Kaufleute erwähnt, sie wurden von Abgaben befreit, mit denen die Kölner sie belastet hatten. 1235 wurden auch gotländische Kaufleute in England erwähnt, und 1237 erteilte ihnen Heinrich III. Handels- und Zollfreiheit in seinem Reiche. Durch Vermittelung des Herzogs Albrecht von Braunschweig erlangte Hamburg 1266 und Lübeck 1267 das Recht, in London eine eigene Hanse in derselben Weise wie die Kölner zu gründen, auch durften sie andere Städte gegen einen Beitrag von fünf Schilling in ihre Hanse aufnehmen. Seitdem ist Köln mehr und mehr zurückgedrängt worden, während Lübeck und Hamburg als Vertreter der deutschen Kaufleute die Führung erlangten. 1235 war nur von einer Kölner Gildhalle die Rede, jetzt aber kam allmählich der Name „deutsche Gildhalle" in Gebrauch, deren Privilegien 1281 bestätigt wurden, und schon Ende des 13. Jahrhunderts trat der deutsche Kaufmann unter Führung von Lübeck und Hamburg den einheimischen Kaufleuten gegenüber. Auch in Boston und Lynn Regis bestand eine deutsche Hanse. Indessen war die Stellung der deutschen Kaufleute in London wesentlich verschieden von ihrer Stellung in Nowgorod. Der Ältermann mußte Londoner Bürger sein, und die Hansen mußten im Fall eines Krieges an der Verteidigung der Stadt teilnehmen, z. B. das Bischofsthor besetzen. Auch in Flandern spielte Köln ursprünglich die Hauptrolle; als jedoch 1249 nach langem Streit der Verkehr durch gegenseitigen Rechtsschutz geregelt worden war, bahnten sich auch die Nordsee- und Ostseestädte ihren Weg, und 1252 erlangten die deutschen Städte unter der Führung von Hamburg und Lübeck die ersten gemeinschaftlichen Privilegien. Hermann Hoyer, Ratmann von Lübeck, und Jordan von Boitzenburg, Notar des Rats von Hamburg, werden in allen Urkunden als Abgeordnete und Vertreter der deutschen Kaufleute bezeichnet. Die Niederlassung in Brügge besaß jedoch kein eigenes Grundstück, wie in Nowgorod und London, sondern mußte Mietzins bezahlen. 1307 erlangte die Hanse auch hier die freie Gerichtsbarkeit nach deutschem Recht. — Ähnliche Niederlassungen oder Kontore entstanden später noch an einigen anderen Orten, unter denen besonders Bergen in Norwegen eine größere Bedeutung erlangte. Alle diese Niederlassungen hatten fast dieselbe Ordnung und Einrichtung. Die Mitglieder mußten von unten auf dienen, sie traten als Knaben ein und wurden zuerst mit den einfachsten Arbeiten beschäftigt. Sie mußten die Schreibstuben und Lagerräume reinigen, für die Erleuchtung sorgen ꝛc., denn weibliche Dienstboten wurden innerhalb der Niederlassung nicht geduldet. Später lernten sie schreiben und rechnen, halfen beim Einpacken und Auspacken der Waren, und wie sich allmählich ihre Kenntnisse erweiterten, rückten sie in höhere Stellungen auf. Alle Streitigkeiten unter den Mitgliedern wurden von den Älterleuten geschlichtet, oder wenn sie ernsterer Natur waren, von der Versammlung nach deutschem Recht entschieden. Nach außen handelte die Gesellschaft geschlossen und einheitlich. Der Preis der Waren, die Zeit des Einkaufs und Verkaufs derselben, die Arten der Waren, welche gekauft oder verkauft werden sollten, alles wurde von der Versammlung unter dem Vorsitz der Älterleute bestimmt, niemand durfte diesen Beschlüssen zuwiderhandeln. In diesem festen Zusammenhalten, in dieser Einigkeit lag die Stärke der Kaufleute in den fremden Ländern, so lange sie hier mit einer rohen und ungebildeten Bevölkerung verkehren mußten. Wie die Kaufleute aus den verschiedenen deutschen Städten in der Niederlassung eine fest geschlossene Gesellschaft bildeten, so traten in den einzelnen Städten die Kaufleute, welche derselben Niederlassung angehörten, zu einer Genossenschaft zusammen. Diese war ähnlich geordnet wie die Hauptgesellschaft, hatte ein besonderes Versammlungslokal, ihre eigenen Älterleute, und die Versammlung der Mitglieder bestimmte den Ein= und Verkauf der Waren, die Schiffe, welche die Waren nach der Niederlassung hinüberführen sollten, die Zeit, wann dieselben abgehen, und die Mitglieder, welche die Warensendung begleiten und ihre Mitbürger in der Niederlassung ablösen sollten. Sie sorgten für die Familien der abwesenden und verrichteten gemeinschaftliche Gebete für die auf der Reise befindlichen Mitglieder. Meistens hatten sie in einer Kirche einen besonderen Altar, an welchem sie für die gestorbenen und abwesenden Mit= glieder Messen lesen ließen, auch hatten sie häufig eine eigene Begräbnisstelle für die Mitglieder und deren Familien.

In Hamburg bildeten solche Genossenschaften die Englandsfahrer, die Schonenfahrer, die Flandererfahrer, die Bergenfahrer, die Islandsfahrer ꝛc. ꝛc. Die Englandsfahrer kauften 1377 ein Haus in der Pelzerstraße für ihre Versammlungen und 1395 die Schonenfahrer ebenfalls ein Haus in derselben Straße, welches sie 1471 neu erbauten. Da das Haus der Englandsfahrer in dem oberen Teile der Straße lag, wurden sie häufig die Obergesellschaft genannt, wogegen die Schonenfahrer die Niedergesellschaft hieß. In hohem Ansehen standen auch die Flandererfahrer. Seitdem die Kauf= leute allmählich die Führung ihrer Schiffe einem erfahrenen Seemann übertrugen, traten die Schiffer, da sie ebenfalls manche gemeinschaftliche Interessen hatten, zu einer ähnlichen Genossenschaft zusammen und bildeten die Schiffergesellschaft, welche 1522 ein eigenes Haus in der Bohnenstraße erwarb. Obgleich die Mitglieder nicht durch großen Reichtum ausgezeichnet waren, so standen sie doch wegen ihrer Kenntnis des Seewesens in hohem Ansehen, und ihre Älterleute wurden in allen wichtigen Fragen des Seehandels und der Schiffahrt zu Rate gezogen.

Infolge der Entdeckung Amerikas und des Seewegs nach Ostindien wurden die früheren Geschäftsverhältnisse und Handelsgebräuche gänzlich umgestaltet. In Hamburg entstanden verschiedene neue kaufmännische Geschäfte, welche zu den alten Kaufmannsgilden keine Beziehungen hatten, in anderen Handelsplätzen Verbindungen anknüpften und durch Fleiß und Glück rasch eine größere Bedeutung erlangten. Für diese Unternehmungen genügten aber die alten hansischen Formen und Gebräuche nicht mehr; wenn auch diese neuen Kaufleute zu den alten Gilden in einen gewissen Gegensatz traten, so hatten sie doch ebenfalls das Bedürfnis, mit ihren Berufsgenossen sich über manche Fragen zu verständigen. Nach dem Vorbilde der großen niederländischen Handelsstädte begannen schon im ersten Viertel des 16. Jahrhunderts auch in Hamburg Kaufleute viele sich täglich zu einer gewissen Stunde auf dem Platze vor dem Rathause zu versammeln. Da hier nun oft in wenigen Minuten Geschäfte abgeschlossen wurden, wozu früher ebensoviele Stunden, ja selbst Tage erforderlich waren, so fanden sich immer mehr Kaufleute, auch die Mitglieder der alten Kaufmannsgilden zu dieser

Versammlung ein, weshalb 1534 der Kaak (Pranger) nach dem Berg verlegt wurde, und um mehr Raum zu schaffen, mußten auch die Bardowieker im nächsten Jahre den Platz räumen, wo sie bisher ihre Wurzeln und Zwiebeln feilgeboten hatten. Zum Ersatz dafür erbaute die Stadt für sie einen Schuppen am Dovenflet, das sogenannte Zippelhaus, welches neuerdings dem Bau des Zollkanals, also abermals den Interessen des Handels, hat weichen müssen. Um Unglücksfällen während der Versammlung der Kaufleute vorzubeugen, wurde ferner 1540 das Ufer neben der Wage mit einem eisernen Gitter versehen. Aber auch nach diesen Verbesserungen blieb der Platz wenig zweckentsprechend, denn nicht allein mischten sich oft unbefugte Lauscher unter die Kaufleute und erregten mancherlei Störungen, sondern auch scheu gewordene Pferde, wild gewordene Ochsen ꝛc. bedrohten zuweilen die Versammlung mit noch schlimmerem Unheil. Es wurden daher manche Wünsche laut, wegen Verlegung oder Verbesserung des Versammlungsplatzes. Da trat ein Zwischenfall ein, der zugleich die Gelegenheit bot, den Wünschen der Kaufmannschaft Rechnung zu tragen. Das an der Ecke der Trostbrücke dem Rathaus gegenüberliegende Richthaus, das sogenannte Niedergericht, war baufällig geworden, Rat und Bürgerschaft beschlossen nun, an der gegenüberliegenden Seite der Straße zwischen dem Rathaus und der Trostbrücke ein neues Niedergerichtsgebäude errichten zu lassen, und den Platz des alten Gebäudes den Kaufleuten zur Versammlung einzuräumen. Nachdem das alte Richthaus 1558 abgebrochen war, wurde der Platz den Englands-, Schonen- und Flandererfahrern übergeben, welche denselben unter Hinzunahme eines Teiles der Straße in einer Länge von 112 Fuß (32 m) und einer Breite von 42 Fuß (12 m) auf ihre Kosten ebnen und mit einer Mauer umgeben ließen. Diese erhielt drei Eingangspforten, an der West-, Nord- und Ostseite, die Pfeiler derselben, sowie die Pfeiler an den Ecken der Mauer wurden mit sitzenden Löwen geschmückt, welche die Wappenschilder der Stadt Hamburg, von Holstein, der drei Kaufmannsgesellschaften ꝛc. hielten. Dieser 1560 als Versammlungsort der Kaufmannschaft eröffnete Platz ist die Hamburger Börse, welche fast drei Jahrhunderte den Handel geleitet hat; hier sind die großen Geschäfte abgeschlossen worden, welche Hamburgs Namen in allen bedeutenden Handelsplätzen bekannt und angesehen gemacht haben, sie hat den Hamburger Handel immer schöner emporblühen sehen, aber auch manche trübe Zeiten, schwere Handelskrisen erlebt, doch stets hat sie die Ehre der Hamburger Kaufmannschaft zu retten gewußt. Durch die Einfriedigung war die Versammlung gegen unliebsame Störungen geschützt, denn während der Börsenzeit wurden die Pforten geschlossen und unberechtigte Personen nicht zugelassen, aber unter freiem Himmel war man allen Unbilden der Witterung ausgesetzt, und im strömenden Regen oder Schneegestöber, beim Heulen des Sturmes oder bei Donner und Blitz war es oft nicht möglich, selbst nur kurze Bemerkungen in das Taschenbuch einzutragen. Um wenigstens einer beschränkten Zahl von Börsenbesuchern ein Unterkommen zu schaffen, beschloß daher die Gesellschaft der Lakenhändler oder Gewandschneider 1577 die Börse durch einen Anbau zu erweitern, in der Mitte des Flets wurden mächtige Säulen aus Granitquadern errichtet, unter sich und mit dem Börsenplatz durch starke eichene Balken verbunden und mit dicken Bohlen belegt. Auf dieser Unterlage wurde alsdann der zweistöckige Fachwerksbau errichtet. Der untere Raum bildete eine nach der Börse offene Halle, von dieser nur durch einige Doppelsäulen von Eichenholz getrennt. Der obere Stock, durch einige eichene Säulen in der Mitte des unteren Raumes gestützt, enthielt einen großen Saal und einige kleine Nebenzimmer. Der untere Raum wurde täglich zur Versammlung der Börse benutzt, der Börsensaal aber diente den Kaufleuten zu besonderen Beratungen. Das Gebäude war im Äußeren mit Schnitzereien reich verziert und mit einem Türmchen geschmückt. Nach Vollendung des Baues wurde 1583 die Verwaltung der Börse den Älterleuten der vier Gesellschaften, der Englands-, Schonen- und Flandererfahrer und der Gewandschneider, übertragen, welche daher allmählich den Namen „Börsenalte" erhielten. Da jedoch dieser

Raum später nicht mehr genügte, ließ die Kammer 1669 das Gebäude bis zur Trostbrücke erweitern. Der Anbau wurde in demselben Stile ausgeführt, und das ganze Gebäude erhielt jetzt drei Türmchen, indem in der Mitte ein etwas größerer Turm errichtet wurde. Die Erbauer, also die Gesellschaft der Lakenhändler und die Kammer, mußten jedoch ihre Hälfte des Gebäudes auf eigene Kosten unterhalten. In dem oberen Stock erhielt jetzt das Kommerzium als Vertreter der Kaufmannschaft ein Sitzungszimmer. Das Bild auf Seite 265 zeigt uns das Börsengebäude in seiner Vollendung. Leider ist durch die drei Baumkronen ein großer Teil des Gebäudes verdeckt, doch sind zwischen denselben die reichen Schnitzereien am oberen Stockwerk und die Doppelsäulen im unteren Stock, sowie unter denselben die Pfeiler mit den Löwen und die dichtgescharten Börsenbesucher sichtbar. Wir haben jedoch diese Ansicht gewählt wegen der vielen kulturgeschichtlich-interessanten Beigaben. Links sehen wir den alten Kran, durch welchen ein schweres Faß gehoben wird. Unter demselben sind Mitglieder der Kranzieher-Brüderschaft in ihrer eigentümlichen Kleidung beschäftigt, auf ihrer schweren, zweirädrigen Karre eine Warenladung nach einem Speicher zu befördern. Zwischen dem Kran und der Börse steht die alte Wage, in dem oberen Stock hatte bis 1669 das Kommerzium sein Sitzungszimmer; 1735 wurde hier die Kommerzbibliothek aufgestellt. Rechts von der Börse sehen wir die Front des Rathauses. Vor demselben ist eine Abteilung der Stadtsoldaten aufgestellt. Die Ratssitzung scheint eben geschlossen zu sein, denn die Ratsherren verlassen in festlicher Amtskleidung, gefolgt von ihren Dienern das Haus, ein Mitglied des Rats fährt in einer Staatskarosse vorüber. Das Bild enthält überhaupt eine reiche Auswahl von Kleidertrachten des vorigen Jahrhunderts, Oberalten und Geistliche, vornehme Frauen mit reichgestickten Kleidern spazieren in eifriger Unterhaltung vorüber, eine Altenländerin bietet einem Spaziergänger Obst zu Kauf, eine Bardowiekerin mit einem Korb voll Wurzeln auf dem Kopfe und zwei Kiepen an der Seite wandelt allein ihres Weges, ein Hausknecht befördert auf einer Schubkarre zwei Fässer, ein mit vier Pferden bespannter Frachtwagen wartet darauf, beladen zu werden, selbst das nahe Flet ist mit Ruderböten und Frachtschiffen belebt, und der Künstler hat kaum etwas vergessen, um uns mit dem Leben und Treiben seiner Zeit vertraut zu machen. — Im Dezember 1813 wurde die Börse geschlossen und am 2. Januar 1814 von den Franzosen als Pferdestall, der Börsensaal als Heumagazin benutzt. Nach Befreiung der Stadt wurde die Börse rasch wieder hergestellt, so daß bereits am 16. Mai die erste Versammlung der Kaufleute stattfinden konnte, bevor noch die Franzosen die Stadt geräumt hatten. Da die Umfassungsmauer baufällig geworden und durch die Pferde zum Teil sehr beschädigt war, wurde dieselbe weggeräumt und durch ein einfaches Eisengitter ersetzt. — Schon Ende des vorigen Jahrhunderts war die Börse zu klein gewesen, so daß manche Besucher sich außerhalb derselben versammeln mußten. Nach der Krisis genügte der Raum wieder für die Zahl der Börsenbesucher, als aber nach dem Kriege der Handel sich allmählich wieder entwickelte und infolgedessen neue kaufmännische Geschäfte entstanden, stellte sich auch der frühere Übelstand wieder ein. Allseitige Klagen wegen Überfüllung der Börse veranlaßten schon 1825 die Börsenalten und das Kommerzium, zur Vergrößerung oder Verlegung der Börse Verhandlungen einzuleiten, welche jedoch lange resultatlos blieben. Erst 1836 führten sie zum Ziel, nachdem in einer 1834 von dem Kommerzium eröffneten Subskription die bedeutenderen Handelsfirmen auf 10 Jahre sich zu einem jährlichen Beitrag zum Börsenbau von 16000 Mark Courant, also 19200 Reichsmark verpflichtet hatten. Der Bau der neuen Börse wurde von der Stadt ausgeführt und zu dem Zweck das Marien-Magdalenenkloster erworben, und, nachdem dieses 1839 nach dem Glockengießerwall verlegt worden war, der Neubau so rasch gefördert, daß am 2. Dezember 1841 die neue Börse feierlich eingeweiht werden konnte und am 5. Dezember die letzte Versammlung der Kaufleute in der alten Börse stattfand. Hiermit erlosch auch das Amt der Börsenalten, denn die

Verwaltung der neuen Börse wurde dem Kommerzium übertragen. — Über die Verwendung des alten Gebäudes hatte man sich noch nicht geeinigt, als wenige Monate später, am 5. Mai 1842, dasselbe bei dem großen Brande auch ein Raub der Flammen wurde. Nur die steinernen Säulen im Flet widerstanden der Glut des Feuers und blieben als Denkmal althamburgischer Baukunst noch eine Reihe von Jahren erhalten. Auf denselben ruhte ein Zinkdach, unter welchem Kornschuten gegen Regen und Schnee Schutz fanden. Jetzt sind auch diese verschwunden und nichts erinnert mehr an die Bedeutung des Platzes für die Entwickelung des Hamburger Handels.

Dem Rathaus gegenüber an der Ecke vom Neß lag früher der Kaisershof, welcher 1619 erbaut worden war und von der Kammer zum Gasthaus für vornehme Reisende vermietet wurde. Das Gebäude war durch eine reiche und sehr schön ausgeführte Sandsteinfassade am Neß ausgezeichnet, im Innern aber nicht sehr zweckmäßig eingerichtet, die Seitenfassade dem Rathaus gegenüber machte keinen vorteilhaften Eindruck, auch war dieselbe durch eine Reihe kleiner Buden noch mehr verunstaltet. Zu welchem Zweck das Gebäude errichtet wurde, ist nicht bekannt, wenngleich manche Schriftsteller darüber Vermutungen ausgesprochen haben. Als 1757 das Gebäude des Niedergerichts neben dem Rathaus an der Trostbrücke baufällig geworden war und abgebrochen werden mußte, wurden während des Neubaues für die Gerichtssitzungen im Kaisershof die nötigen Zimmer eingeräumt, auch die Wache hier untergebracht. 1842 blieb der Kaisershof vom Feuer verschont, da er aber nach Erbauung der modernen großartigen Hotels am Jungfernstieg seine Bedeutung gänzlich verloren hatte,

Kaisershof.

wurde das Gebäude 1871 von der Finanzdeputation verkauft und wegen Erbauung der Kommerz- und Diskontobank abgebrochen. Doch ist die reiche Sandsteinfassade sorgfältig abgenommen und hat im Hofe der Gewerbeschule vor dem Steinthor eine vorläufige Verwendung gefunden. Wir geben in dem obenstehenden Bilde eine kurz vor dem Abbruch aufgenommene Ansicht des interessanten Gebäudes.

Die Wandrahmen und die holländische Reihe.

Die großartigen Umwälzungen, welche der südliche Stadtteil von Hamburg infolge des Zollanschlusses erfahren hat, werden unseren Nachkommen nur schwer verständlich erscheinen; ist es doch den Zeitgenossen, unter deren Augen die Bauten ausgeführt sind, beim Betreten der neuen Anlagen kaum möglich, sich eine Vorstellung zu machen, wie diese Gegend vor wenigen Jahren gestaltet war. Dem breiten und tiefen Zollkanal sind bedeutende Strecken der inneren Stadt zum Opfer gefallen, und dort, wo bisher täglich Tausende von Menschen geschäftig ihrem Erwerbe nachgingen, wo Lastwagen, Droschken und Equipagen ihre Wege kreuzten, vermitteln jetzt Frachtschiffe und Dampfböte den Verkehr, und umgekehrt haben sich dort, wo früher Flut und Ebbe um die Herrschaft stritten, hohe Warenspeicher und Lagerschuppen erhoben. Derartige gewaltige Umgestaltungen eines umfangreichen Stadtteils während einer kurzen Zeit von sieben Jahren haben nur wenige Städte zu verzeichnen. Den wichtigsten und wertvollsten Teil des abgebrochenen Stadtteils bildeten die beiden Wandrahmen, sie waren der Mittelpunkt des Kolonialhandels, ungeheure Summen in Wechseln und Waren wurden hier täglich umgesetzt. Beide Straßen bildeten übrigens einen verhältnismäßig jüngeren Stadtteil, denn vor etwa 350 Jahren war die Gegend noch ganz unbewohnt, und als städtisch bebaute Straßen sind die Wandrahmen kaum 200 Jahre alt. Die Gegend gehörte ursprünglich zum Brok, über dessen Form und Umfang in älterer Zeit wir uns völlig im Dunkeln befinden. Zwar sind in der letzten Zeit manche ältere Nachrichten aufgefunden, doch ist dadurch die Frage der Lösung wenig näher gebracht. Vielleicht hat dies darin seinen Grund, daß man leicht geneigt ist, die gegenwärtigen Verhältnisse auf die ältere Zeit anzuwenden und infolgedessen dem Wortlaut der Urkunde eine Deutung zu geben, welche unsern Vorfahren fern lag. Weil die kleine Alster jetzt von dem Adolfsplatz ziemlich weit entfernt ist, so hat man z. B. die Ausdrücke in den alten Urkunden „juxta Alstriam", „apud Alstriam" bei dem Marien-Magdalenen-Kloster als ungenaue Bezeichnungen angesehen, bis es sich beim Bau der Börse und des neuen Rathauses ergeben hat, daß die kleine Alster zu jener Zeit sich wirklich bis hierher erstreckte und das Kloster hart am Alsterufer lag. Ohne Zweifel muß der Brok im Altertum sich viel weiter nach Süden erstreckt haben, denn der kleine Grasbrok wurde erst im 16. Jahrhundert abgetrennt. Ebenfalls reichte der Brok im Osten über den Meßberg bis zum Besenbinderhof, und vergegenwärtigt man sich, daß dem Geestlande vom Eichholz bis Blankenese ein breiter Streifen Marschland, der Blankenbrok, die Wiesen von Dockenhuden, von Herwardeshude ꝛc., vorlag, daß selbst noch 1443 das Johanniskloster eine Wiese im Blankenbrok kaufte, so darf man wohl annehmen, daß im 14. Jahrhundert der Brok sich auch bedeutend weiter nach Westen erstreckt haben wird.[89]) Im 12. Jahrhundert war der Brok vermutlich durch einen schmalen Nebenarm der Bille vom Gorrieswerder getrennt, welcher durch die Sturmfluten im 13. Jahrhundert erheblich erweitert wurde; auch mögen durch dieselben größere Stücke von dem westlichen Ende des Broks weggerissen worden sein. Der ältere Teil des Katharinen-Kirchspiels war schon 1248 durch einen Graben von dem äußern

Brok getrennt, und dieser Graben, das spätere Dovenflet, bildete bis zum 16. Jahrhundert die Süd=
grenze der Stadt. Der östliche Teil des Broks, vom Winserbaum bis zum Besenbinderhof, wurde
1264 ebenfalls durch einen Graben vom Brok getrennt und erhielt jetzt den Namen Osterbrok oder
Hosterbrok. Der äußere Brok wurde hauptsächlich als Viehweide benutzt und erhielt allmählich den
Namen Grasbrok. Durch den Graben beim Winserbaum wurde die Strömung im Dovenflet bedeutend
verstärkt, und infolgedessen am westlichen Ende des Broks immer mehr Land weggeschwemmt. Der
nördliche Teil des Broks fand indessen schon früh Verwendung zu städtischen Zwecken, denn 1250
sind in den Kämmerei=Rechnungen bereits Einnahmen verzeichnet aus der Vermietung von Gärten
und Schiffsplätzen im Brok. Diese Schiffswerften lagen bis Anfang dieses Jahrhunderts in der
Gegend, welche wir als Straße "Hinter dem Boden" noch gekannt haben und jetzt für den Zollkanal
abgegraben worden ist. Auch dieser Teil des Broks wurde durch einen Graben (das kleine Flet,
Broksgraben und Kehrwiedergraben) von dem äußeren Brok getrennt und erhielt den Namen "Schiff=
bauerbrok". Die an wohlhabende Hamburger Bürger vermieteten Gartenplätze lagen an diesem
Scheidegraben. Im 14. Jahrhundert wurde noch ein Teil des nördlichen Broks zu städtischen Zwecken
in Benutzung genommen. 1337 gestattete der Rat dem Domkapitel, auf dem Brok Kalk zu brennen,
und der damals von demselben erbaute Kalkhof lag auf dem Platz am Ende der holländischen Reihe,
welcher noch bis in die neueste Zeit diesen Namen führte. Die Fundamente, welche bei dem Bau
des Zollkanals wieder aufgefunden sind, bestanden aus einem Pfahlrost, auf dem 10 cm dicke Bohlen
lagen, diese trugen eine Schicht großer Granitblöcke, und auf diesem Unterbau waren die Mauern
errichtet. Der Grund des Kalkhofes gehörte zwar noch zum Schiffbauerbrok, aber der Zugang zu
demselben lag auf der Ostseite. Der östliche Teil des Broks war durch das Brokthor mit der Stadt
verbunden, und vor demselben lag der Kalkhof des Rats, welcher 1358 neu erbaut wurde. Auch
dieser Teil des Broks war durch einen Graben von dem äußeren Brok getrennt, und dieser ist zum
Teil noch jetzt als Flet beim holländischen Brok vorhanden. Der städtische Kalkhof war durch einen
Quergraben, welcher noch jetzt als Flet den alten Wandrahm durchschneidet, von dem östlichen Teil
getrennt, für welchen später der Name "Gosebrok" in Gebrauch kam. Der Platz südlich von dem
Kalkhof wurde den Wollenwebern zur Aufstellung ihrer Rahmen überlassen, 1354 sind in den
Kämmerei=Rechnungen drei Schilling, 1356 aber schon drei Talente vier Schilling als Einnahme
von den Tuchrahmen verzeichnet. Hier lag auch das Wandhaus, welches 1358 ausgebessert und 1420
neu erbaut wurde. Von den Tuchrahmen erhielt die ganze Insel den Namen Wandbereiterbrok,
der später nur der kleinen Nebenstraße verblieben ist. Dem Kalkhof gegenüber, an der Westseite der
Straße wurde 1386 der städtische Bauhof angelegt, und seitdem kam für das Brokthor der Name
Bauthor in Gebrauch. Den Platz hinter dem Bauhof bepflanzte man mit Bäumen und machte hier
Anlagen und Spazierwege, weshalb er allmählich den Namen Jungfernstieg erhielt.

  Aus dem 15. Jahrhundert besitzen wir nur spärliche Nachrichten über den Wandbereiterbrok.
Im Jahre 1464 muß der Brok von einer verheerenden Flut heimgesucht worden sein; denn 1465
sank die Miete von den Gärten im Brok auf etwa die Hälfte herab, auch vermachte der Bürgermeister
Simon von Utrecht 1465 in seinem Testament der Stadt 80 Talente zur Befestigung des Broks,
das heißt nicht zur Anlage von Festungswerken, sondern zur Wiederherstellung der durch die Flut
zerstörten Ufer des Broks, und 1465 bis 1467 sind in den Kämmerei=Rechnungen Ausgaben für
Geflechte (aus Weidenzweigen und anderem Reisig) im Brok verzeichnet, welche ebenfalls zur Befestigung
der Uferlinien gebraucht wurden. Indessen scheint durch diese Flut besonders der Schiffbauerbrok,
überhaupt der westliche Teil des Broks gelitten zu haben, denn über Verwüstungen im östlichen Teil,
im Wandbereiterbrok und Gosebrok besitzen wir keine Nachrichten[90]). Dies hatte einige weitere Ver=

änderungen im östlichen Teil des Broks zur Folge. Die wohlhabenden Bewohner des Nikolai-Kirchspiels hatten bisher ihre Gärten vor dem Millernthor und Schaarthor, diejenigen des Katharinen-Kirchspiels im Schiffbauerbrok (am Kehrwieder und Brok) gehabt. Als nun diese Gärten 1464 so arg verwüstet worden waren, mögen manche wohlhabende Bewohner der Reichenstraße, Gröningerstraße ꝛc. beim Rat um die Erlaubnis nachgesucht haben, im östlichen Teil des Broks neue Gärten einrichten zu können, da ihnen die Gegend vor dem Bauthor gelegener war, und sie hier nicht so häufige Verwüstungen durch Eisgang und Sturmfluten zu fürchten hatten; denn seit 1469 sind in den Kämmerei-Rechnungen Einnahmen aus neuen Gärten im östlichen Brok verzeichnet. Da jedoch im Wandbereiterbrok kein Platz für Gärten frei war und der Gosebrok noch weiter als Viehweide benutzt wurde, so muß ein neues Stück von dem östlichen Brok für diese Gärten durch einen Graben von dem äußern Brok abgetrennt und die neuen Gärten in der Gegend der spätern Straßen, holländischer Brok und holländische Reihe angelegt worden sein. Wie am Kehrwieder werden die Besitzer ihre Häuser an der Nordseite, der Stadt zugekehrten Seite des Gartens errichtet und daher den Weg längs des früheren Scheidegrabens freigelassen haben.

Eine bedeutendere Veränderung dieser Gegend erfolgte erst im 16. Jahrhundert. Da nach Erfindung des Schießpulvers und Verwendung desselben in der Kriegswissenschaft die Stadtmauern den verbesserten Feuergeschützen keinen genügenden Widerstand leisten konnten, hatte auch Hamburg schon gegen Ende des 15. Jahrhunderts seine Mauern an der Ost- und Westseite durch Errichtung von Erdwällen verstärken lassen, nur an der Südseite hielt man die Stadt durch den sumpfigen Brok genügend geschützt. Als aber im 16. Jahrhundert die Geschütze eine weitere Verbesserung erfuhren, forderte die Sicherheit der Stadt auch an dieser Seite die Errichtung von Erdwällen. Allein die Stadtmauer führte hier hart am Wasser entlang, und man hätte also das Flet zur Errichtung des Walles zuwerfen, oder auch die hinter der Mauer stehenden Häuser abbrechen müssen. Wegen Ausbruch des schmalkaldischen Krieges war jedoch eine rasche Verbesserung der Festungswerke erforderlich, daher beschlossen Rat und Bürgerschaft 1546, den nördlichen Teil des Broks in die Festungslinie hineinzuziehen, den Wall südlich von dem Scheidegraben zu errichten und diesen als innern Stadtgraben zu benutzen. Das neue Thor vor dem Bauthor wurde wieder Brokthor genannt, das andere, vor dem Schalthor, erhielt den Namen Sandthor. Nach altem Gebrauch durften die Häuser im Brok weder zum Wohnen, noch zum Lagern von Kaufmannsgütern benutzt werden, und noch im Rezeß von 1529 wurde nur das Letztere gestattet, aber 1547 verordnete der Rat, daß die Häuser im Brok nicht mehr mit Stroh, sondern mit Ziegeln gedeckt werden sollten. Die bisherigen Gartenhäuser wurden jetzt zum Wohnen eingerichtet und neue Wohnhäuser erbaut, die Straßen erhielten Namen und die Grundstücke wurden im Stadterbebuch eingetragen (1557 die Kibbeltwiete, 1559 holländischer Brok, 1561 holländische Reihe, 1567 beim kleinen Flet, 1582 Pickhuben und Kannengießerort, 1592 Neuerweg und 1594 Beim Sande). Im allgemeinen herrscht die Ansicht, daß die Niederländer erst gegen Ende des 16. Jahrhunderts in Hamburg eingewandert seien, da aber schon 1559 der holländische Brok nach ihnen benannt wurde, müssen bereits vorher viele Niederländer dort gewohnt haben. Der erste Holländer, über dessen Einwanderung eine schriftliche Nachricht bekannt ist, war Hermann Rodenborg, ein reicher Tuchmacher aus Amsterdam, welcher 1567 mit seiner Familie vor den Kriegsgreueln in den Niederlanden hierher flüchtete. In einer Bittschrift an den Rat ersuchte er um die Erlaubnis, hier eine Walkmühle anlegen, Tuch bereiten und frei verkaufen zu dürfen, auch wünschte er wegen der Unsicherheit seines Vermögens statt der gewöhnlichen Abgaben eine Abfindungssumme zu zahlen und im Fall seiner Rückkehr nach Holland möge der Rat ihm freien Abzug gestatten, ohne Erlegung des üblichen Zehnten. Rodenborg wird sich also schon mit dem Gedanken vertraut gemacht haben, hier längere Zeit verweilen zu müssen; die ersten Flüchtlinge waren aber in der Hoffnung hierher gekommen, daß sie recht bald wieder heimkehren könnten, und hatten daher für einen längeren Aufenthalt keine Vorkehrungen getroffen. Nachdem Rodenborgs Gesuch gewährt worden war, werden auch andere Niederländer seinem Beispiel gefolgt sein. Hamburg stand mit den Niederlanden in einem sehr regen Verkehr, und die Flüchtlinge werden sich bei ihrer Ankunft zunächst an ihre Geschäftsfreunde gewandt haben. Die reichen Kaufleute nahmen sie gastfrei in ihren Häusern auf, da sich aber der Aufenthalt verlängerte, die Tage zu Wochen und Monaten wurden, so mögen manche Hamburger den Fremden ihre Gartenhäuser im Brok überlassen haben, da dieselben keinen Grundbesitz erwerben wollten. Diese Gegend war den Niederländern in doppelter Hinsicht willkommen, denn einmal erinnerte die Anlage der Straße längs des Kanales an die Heimat, und andererseits bildeten sie hier eine abgeschlossene Kolonie, denn durch den Bauhof, den Kalkhof und die Wandrahmen war die Gegend von der eigentlichen Stadt getrennt, und die Hamburger Bevölkerung verirrte sich selten hierher. Die Niederländer unterschieden sich in Religion, Sitten und Kleidung von den Hamburgern, und waren daher leicht dem Gespött des niederen Volkes ausgesetzt. Da auch die Hamburger Geistlichen sie mit scheelen Augen ansahen, freuten sie sich, hier eine Stelle gefunden zu haben, wo sie ungestört ihren heimischen Sitten treu bleiben konnten, weshalb alle Flüchtlinge nach und nach hier ein Unterkommen zu erlangen suchten, und die beiden Straßen nach ihnen benannt wurden. Da dies aber schon 1559 geschah, müssen schon viele Holländer vor Rodenborg, vor 1567, hier eingewandert sein. Es ist auch ein Irrtum der Chronisten, wenn sie erzählen, daß die beiden Straßen von den niederländischen Flüchtlingen angelegt worden und deshalb nach ihnen benannt seien. In den ersten Jahrzehnten dachte nicht ein einziger an eine bleibende Niederlassung, sie bauten daher keine eigenen Häuser, und noch viel weniger würden sie die Anlage einer Straße mit dem Kanal unternommen haben, als sie aber endlich den Gedanken an eine Heimkehr in das Vaterland aufgeben mußten, da waren die Straßen längst unter diesem Namen vorhanden. Eigentlich tragen die beiden Straßen nicht einen holländischen, sondern einen althamburgischen Charakter, denn auch die Reichenstraße, die Gröningerstraße, der Grimm, die Katharinenstraße, der Kremon ꝛc. waren ursprünglich nur an einer Seite bebaut. Einen niederländischen Charakter trugen zwar die Winden am Flet, doch waren auch diese schon vor Einwanderung der Niederländer hier an manchen Stellen in Gebrauch. Jedoch schon vor Errichtung des Walles war hier eine andere Veränderung ausgeführt worden. Da den Wollenwebern der ihnen im Wandbereiterbrok angewiesene Raum zur Aufstellung der Tuchrahmen zu klein geworden war, beschlossen 1540 Rat und Bürgerschaft den Gosebrok zu Rahmenplätzen einzurichten. Vom späteren holländischen Brok wurde eine Brücke hinübergeführt, der Platz erhöht, mit Gräben durchzogen, (was der Stadt eine Ausgabe von 173 Talenten 11 Schilling 6 Pfennig verursachte) und am 8. Juli 1541 den Wandschneidern zur Aufstellung ihrer Rahmen übergeben. Beim Gosebrok lag vermutlich auch die 1574 erwähnte „Barsekuhle", ein Platz, wo die Barsen oder Elbbojen aufbewahrt wurden, welche zur Bezeichnung des Fahrwassers auf der Elbe dienten. Die neuen Stadtgräben benutzte man sehr bald zum Treiben von Wassermühlen, und schon 1555 errichtete man am Ostende des holländischen Broks ein Walkmühle. Mittels einer Schleuse dem Winserbaum gegenüber ließ man zur Flutzeit den äußeren Stadtgraben voll Wasser laufen, und dieses Wasser diente während der Ebbezeit zum Treiben der Mühle. Die Einrichtung bewährte sich so gut, daß man im folgenden Jahre eine zweite Mühle anlegte; der Mühlenstrom diente außerdem dazu, das Flet am holländischen Brock reinzuhalten. Diesen beiden Walk- oder Pochmühlen verdankt die Straße bei der Poggenmühle ihren Namen, und nicht dem plattdeutschen Pogge (Frosch), wenngleich im Mühlenteich sich recht viele Frösche aufgehalten haben. Eine andere

Flutmühle wurde später am kleinen Flet angelegt, doch diente diese von Anfang an zum Mahlen von Getreide.

Eine weitere Veränderung erlitt die Gegend im 17. Jahrhundert. In dem niederländischen Unabhängigkeitskriege hatte die Kriegswissenschaft überhaupt, namentlich aber der Festungsbau und die Belagerungskunst so große Fortschritte gemacht, daß die Reichsstädte, falls sie ihre Freiheit behaupten wollten, ihre Wälle nach einem neuen System umbauen mußten. Auch der Hamburger Rat trat schon im Anfang des 17. Jahrhunderts wegen Verbesserung der Festungswerke mit tüchtigen Offizieren und mit der Bürgerschaft in Unterhandlung. Der Rat hatte namentlich auf die Mangelhaftigkeit des Walles auf dem Brok schon wiederholt hingewiesen, bis endlich 1609 die Bürgerschaft ein doppeltes Grabengeld zur Verbesserung dieser Werke bewilligte. Bei genauerer Untersuchung zeigte es sich jedoch, daß die ganze Anlage ungenügend sei, und 1615 beschloß man, diese Linie durch Errichtung von vier großen Rondelen zu verstärken. Wie die Chronisten berichten, wurde dieser Bau holländischen Wachtmeistern für die Summe von 80 000 Mark übertragen; als diese aber sahen, daß sie wegen des schlechten Untergrundes den Bau für die bedungene Summe nicht ausführen konnten, gingen sie heimlich davon und ließen die Arbeit liegen. Inzwischen hatte der Rat durch Verhandlungen mit tüchtigen Offizieren die Überzeugung gewonnen, daß solche teilweise Verbesserungen für die Sicherheit der Stadt nicht genügten, sondern daß man die Festungswerke nach einem neuen System ganz umgestalten müsse. Auf Empfehlung des Grafen von Solms berief der Rat 1615 den niederländischen Hauptmann Johann von Valckenburgh, welcher einen großartigen Plan für eine ganz neue Befestigung der Stadt entwarf, und dieser wurde nach eingehender Beratung von Rat und Bürgerschaft genehmigt. Die Stadt sollte durch 21 Bastionen verteidigt werden, von denen sechs auf den Brok kamen. Wegen der drohenden Kriegsgefahr begann man 1616 vor dem Steinthor und Spitalerthor zwei Bastionen, Sebastianus und Hieronimus, nach dem neuen Plan auszuführen, aber erst 1618 trat von Valckenburgh in den Dienst der Stadt und übernahm persönlich die Leitung des Festungsbaues. Östlich von der Poggenmühle wurde von ihm zum Schutz des Oberhafens die große Bastion Erikus erbaut, welche zugleich die Elbe beherrschte. Von hier bis zum Brokthor blieb der alte Wall, vor dem Brokthor wurde eine kleine Bastion, Nikolaus, und am Ende des kleinen Flets eine zweite Bastion, Gerhardus, aufgeführt, das neue Brokthor erhielt seinen Platz zwischen den beiden Bastionen. Der Wall, welcher auf dieser Strecke bisher einen einfallenden Winkel gebildet hatte, mußte daher hinaus verlegt werden, und der dadurch entstandene freie Raum wurde später bebaut, es entstanden hier der Neueweg und die Dienerreihe. Neben dem Sandthor wurde eine dritte Bastion, Ditmarus, und am Ende des Kehrwieders die Bastionen Hermanus und Georgius erbaut. Durch die neuen Festungsbauten war Hamburg eine Festung ersten Ranges geworden, welche selbst von den großen Feldherren des dreißigjährigen Krieges, von Tilly und Wallenstein, so respektiert wurde, daß sie keinen Angriff versuchten. Allein die Kriegswissenschaft stand nicht still, und daher war auch Hamburg gezwungen, fortwährend seine Festungswerke zu verstärken. So wurde 1642 zum Schutz des Niederhafens am westlichen Ende des Kehrwieders eine niedrige Bastion, das hölzerne Wams, vor der Bastion Georgius aufgeführt. Von hier war eine doppelte Pfahlreihe durch den Hafen nach dem Johannisbollwerk eingerammt, in denen sich der Niederbaum befand. Zur Verteidigung desselben wurde 1655 ein Blockhaus, Neptunus, erbaut und durch eine hölzerne Laufbrücke mit dem hölzern Wams verbunden. Seit Einführung der Accise diente das Blockhaus zugleich als Wärterhaus für die Beamten zur Erhebung von Zoll und Accise, und alle eingehenden Schiffe mußten daher hier zur Untersuchung anlegen. Wir geben umstehend eine interessante Ansicht des alten Gebäudes, welches 1853 nebst dem hölzernen Wams und der Neptunusbrücke für die Erweiterung des Hafens weggeräumt worden ist. Vor dem=

selben liegt der Schwimmbaum, auf welchem eine Bauerfrau sich mit zwei Schiffern unterhält, an der Ausfahrt durch den Niederbaum ist ein Heuschiff teilweise sichtbar, derartige Fahrzeuge sind jetzt fast ganz aus dem Verkehr verschwunden. Die Spitze des Gebäudes ist mit einem kleinen Turm geschmückt, in welchem die Sperrglocke hängt, und hinter dem Hause ist der Mastenwald des Rummelhafens gezeichnet. Rechts von dem Gebäude beginnt die Pfahlreihe, welche als Accifelinie den Hafen von dem Flet trennte.

Dem Blockhaus gegenüber am Baumwall lag das Baumhaus, so benannt, weil hier zwischen dem Baumwall und dem Ende des Kehrwieders bis 1655 der Niederbaum als Einfahrt in den Binnenhafen lag. Derselbe ist nebst dem daneben liegenden Zollhause 1662 im Auftrage der Kammer von Hans Hamelau erbaut, welcher zu dem Zwecke nach Holland reiste, um dort einen zweckentsprechenden Plan für das Gebäude zu entwerfen. Der Baugrund mußte jedoch erst dem Wasser abgewonnen werden. Die Haupträume des Hauses wurden von der Kammer zu einer Wirtschaft verpachtet, welche wegen der schönen Lage und der guten Bedienung sich stets einer großen Beliebtheit erfreute, namentlich von dem Altan hatte man eine prachtvolle Aussicht auf den Hafen und die Elbe, weshalb es von Einheimischen und Fremden viel besucht wurde. Das Haus war 60 Fuß lang und 40 Fuß breit, und in dem großen Saal fanden mehr als 200 Personen Platz, weshalb derselbe häufig von Gesellschaften zu Mahlzeiten und Bällen benutzt wurde; berühmt waren dort im vorigen Jahrhundert die Stockfisch=Mahlzeiten. Doch diese Herrlichkeit hatte 1811 plötzlich ein Ende, denn die Franzosen nahmen das Gebäude in Besitz, um hier das Generalbureau der Douane und eine Kaserne für die Gensdarmerie einzurichten. Nach der Befreiung Hamburgs wurde das Haus seiner früheren Bestimmung zurückgegeben, doch machten neue und modern eingerichtete Wirtschaften ihm starke Konkurrenz. Als 1837 J. L. Schmidt aus Altona den optischen Telegraphen nach Cuxhaven anlegte, wurde ihm der Boden des Baumhauses zu einer Station eingeräumt, und dieselbe am 11. März 1838 eröffnet. Nachdem 1855 der Niederhafen durch Wegräumung des hölzernen Wams und des Blockhauses bedeutend erweitert worden war, erhielt der Niederbaum seinen früheren Platz zwischen Kehrwiederspitze und Baumwall. Aber das Baumhaus überlebte diese Veränderung nicht lange, denn Ende 1857 wurde es abgebrochen, um einer Verbreiterung der Straße Platz zu machen. Diese kam jedoch erst gleichzeitig mit der Verbreiterung der Vorsetzen 1874 zur Ausführung, worauf dann endlich 1878 die lange gewünschte Verbindung des Baumwalles mit dem Kehrwieder durch die eiserne Drehbrücke hergestellt wurde.

Blockhaus.

Wir bringen in der untenstehenden Abbildung eine Ansicht des hübschen Gebäudes. Auf dem Dache steht der Zeichengeber des optischen Telegraphen, unten ist der Schwimmbaum, der Landungs= platz für Jollenführer, ein jetzt nur selten noch vorkommender Grünhöker=Ewer fährt vorüber und ein gleichfalls jetzt nicht mehr gebrauchter Kahn zum Transport kleiner Warensendungen, rechts liegt ein hochbeladener Torfewer und hinter demselben sind allerdings nur die Masten von den am Stein= höft liegenden Steinewern sichtbar. Links ragt über die Häuser am Baumwall die Spitze des Michaelisturms und rechts der Turm der Waisenhauskirche, des jetzigen Rathauses, über die Häuser am Schaarthor hervor.

Bevor die neuen Festungswerke zur Ausfüh= rung kamen, waren auf dem Wandbereiterbrok und Gosebrok schon mehrere Veränderungen vorgenom= men worden. Um dem Wohnungsmangel abzu= helfen, hatten Rat und Bürgerschaft 1609 be= schlossen, die Tuchrahmen von dem Gosebrok nach dem Grasbrok außerhalb der Festungswerke zu ver= legen und den Platz zur Anlage einer 34 Fuß breiten Straße zu benutzen. Die Straße wurde in gerader Linie von der Poggenmühle bis zum Kalkhof durchgeführt und sehr rasch mit stattlichen Wohnhäusern und Spei= chern bebaut, denn nach der Anschauung jener Zeit war die neue Anlage eine

Baumhaus.

außerordentlich breite und schöne Straße (welche allerdings den jetzigen Ansprüchen gegenüber als sehr bescheiden bezeichnet werden muß, der Rödingsmarkt ist viermal so breit) und wegen ihrer Lage an dem breiten Dovenflet zu Warenspeichern sehr gesucht. Nur an der Südseite siedelten sich hier einige Handwerker an, welche einfache Fachwerksbauten ausführten. Die neue Straße erhielt den Namen Wandrahm, später alter Wandrahm, und zur besseren Verbindung mit der Stadt wurde von der Poggen= mühle eine Brücke, die Wandrahmbrücke, nach dem Meßberg hinüber geführt. — Da im 16. Jahr= hundert der Segeberger Kalk hauptsächlich von den Alsterschiffern nach Hamburg geführt wurde, hatte der Rat 1616 auf der Wiese vor dem Dammthor einen neuen Kalkhof anlegen lassen (in der jetzigen Dammthorstraße, etwa auf dem Platz des Stadttheaters), weshalb der alte Kalkhof weggeräumt und die Straße durch Überbrückung des Querflets mit dem Wandrahm verbunden wurde. Über eine

Wichmann, Hamburgische Geschichte.

andere Verwendung des Platzes konnte man sich jedoch nicht so bald einigen. Anfänglich wollte man hier das Zuchthaus erbauen, doch erschien dazu der Platz zu wertvoll, und nachdem dafür ein Platz an der Alster gefunden war, einigten sich 1660 Rat und Bürgerschaft dahin, daß auf dem Platz am Wandrahm ein großes städtisches Kornmagazin, das Kornhaus, 136 Fuß lang und 108 Fuß breit, errichtet und der Bau Hans Hamelau übertragen werde. Nachdem 1804 Rat und Bürgerschaft die Entfestigung Hamburgs beschlossen hatten, wurden die Geschütze von den Wällen zunächst nach dem Zeughaus, und da dieses nicht genügenden Raum hatte, nach dem Kornhaus geschafft, wo die metallenen Kanonen zerschlagen und die Bronze verkauft wurde. 1813 wurde von den Franzosen das Kornhaus, außer vielen anderen Gebäuden, zum Militärhospital eingerichtet. Nach der Befreiung Hamburgs und Errichtung des Bundeskontingents ist das Kornhaus in die Infanterie-Kaserne umgewandelt worden und hat diesem Zweck bis zum Eintritt Hamburgs in den norddeutschen Bund gedient. Nachdem dann 1869 eine neue Kaserne auf dem Papendamm erbaut war, wurde das Kornhaus 1871 zur Verbreiterung der Brandstwieten abgebrochen und der übrig gebliebene Platz mit stattlichen Privathäusern bebaut. Jetzt haben auch diese wieder der Verbreiterung des Zollkanals weichen müssen und nur noch der Name „Kornhausbrücke" erinnert an das weitläufige, unschöne Gebäude, welches über 200 Jahre den Platz eingenommen hat, der jetzt von tiefgehenden Dampfschiffen befahren wird. Auf einem Teil des dem Kalkhof gegenüberliegenden Bauhofes wurde 1658 ein Zeughaus erbaut, aber schon nach wenigen Jahren (1665) wieder abgebrochen, da der schlechte Grund das schwere Gebäude nicht tragen konnte, nachdem 1661 auf dem Zeughausmarkt ein anderes Zeughaus erbaut worden war. Der Bauhof hatte übrigens schon längst nicht mehr dem Bedürfnis genügt, man hatte bald hier, bald dort freie Plätze zur Lagerung von Materialien und zur Bearbeitung derselben benutzen müssen und da eine Erweiterung des Bauhofes nicht möglich war, wurde eine Verlegung desselben eine unabweisbare Forderung. Durch die Errichtung der neuen Festungswerke war zwischen dem alten Winserthor und dem neuen Deichthor ein geräumiger Platz entstanden, welcher 1670 von Rat und Bürgerschaft zur Anlage eines neuen Bauhofes bestimmt wurde. Nachdem diese Anlagen 1675 in Benutzung genommen werden konnten, wurde der alte Bauhof allmählich geräumt, und die kleinen Wohnhäuser der Bürgermeisterdiener, welche neben dem Bauhof standen, 1677 nach dem freien Platz beim Brokthor verlegt, welcher deshalb den Namen Dienerreihe erhielt. Auf dem geräumten Platz wurde jetzt eine neue Straße angelegt und dadurch der Wandrahm in gerader Linie bis zum Jungfernstieg fortgeführt. Diese Straße erhielt den Namen „neuer Wandrahm" und wurde sehr schnell mit schönen stattlichen Wohnhäusern und Speichern bebaut. Die beiden Wandrahmen bildeten seitdem das vornehmste Kaufmannsquartier, die angesehensten und reichsten Handelshäuser suchten hier ein Grundstück zu erwerben, und nur sehr wohlhabende Besitzer konnten es sich erlauben, solche Prachtbauten aufzuführen. Diese Gebäude waren Muster des im 17. Jahrhundert hier herrschenden Baustils, und man kann daher den Abbruch des neuen Wandrahm um so mehr bedauern. Die Frontmauer war ohne Ausnahme massiv und häufig mit Reliefbildern reich verziert. Der Giebel ist nach der Straße zugewandt, aber die geraden Linien derselben sind durch die höher hinaufgeführte Frontmauer verdeckt, auch ist das Dach flacher, so daß meistens nur zwei Böden übereinander liegen. Die Giebelmauer ist häufig an beiden Seiten durch zwei große Delphine geschmückt, eine damals hier sehr beliebte Verzierung. Allerdings mag diese Vorliebe aus dem zu jener Zeit von Hamburg mit so großem Nutzen betriebenen Walfischfang entsprungen sein, allein es dürfte doch wohl eine nicht richtige Annahme sein, daß die Bauherren aller Häuser mit Delphinen-Giebeln Anteil an dem Walfischfang gehabt hätten oder beim Thranhandel interessiert gewesen seien. Noch mehr war das Innere dieser Häuser durch reichen Schmuck ausgezeichnet. Die große Diele des althamburgischen Kaufmannshauses, welche durch zwei Stockwerke reichte, war noch beibehalten und empfing durch hohe Fenster von dem Hofe ihr Licht. Da die Grundstücke aber eine größere Breite hatten als in dem alten Hamburg, so konnte auf beiden Seiten neben der Hausthür an der Straße ein geräumiges Zimmer eingerichtet werden. Die Gesellschaftsräume lagen im ersten Stock, zu dem an der einen Seite der Diele eine breite bequeme Treppe hinaufführte. Im ersten Stock war die Diele auf zwei oder drei Seiten von einer offenen Galerie umgeben, wo bei Mahlzeiten serviert wurde, auch hatte die Musik hier ihren Platz. An der einen Seite des Hofes lagen in einem Seitenflügel die Geschäftszimmer, zwei bis drei durch breite Thüren miteinander verbundene Räume, so daß der Handelsherr alle Arbeiter leicht überwachen konnte. Von der Diele führte eine kleine Treppe zu dem etwas höher gelegenen Kontor hinauf. Über demselben lagen die Schlafzimmer der Familie, welche von der Galerie im Vorderhause und meistens durch eine Treppe am Ende des Seitenflügels einen Zugang hatten. Der hintere Teil des Grundstücks am Flet wurde von dem Speicher eingenommen. Interessant sind die Ausschmückungen der Gesellschaftsräume, welche beim Abbruch der Häuser wieder zu Tage getreten sind, denn in ihnen zeigt sich der in den verschiedenen Perioden hier herrschende Geschmack. Anfänglich hatte man auch in den Prunkzimmern die freiliegenden Balken beibehalten, dieselben aber wie die Decke durch Bemalung reich verziert. Die Bilder gehörten meistens der niederländischen Schule an, welche zu jener Zeit durch mehrere tüchtige Meister hier vertreten war. Später kamen die Verzierungen in Stuck in Aufnahme. Man verkleidete die Decke und Balken mit Verschalung und überzog diese mit Stuckaturbildern, oft von wunderbarer, künstlerischer Ausführung, die Figuren, Tier- und Fruchtstücke waren nicht selten so stark relief, daß manche Teile frei hervortraten, das Ganze war mit der peinlichsten Sorgfalt ausgeführt. Gegen Ende des vorigen Jahrhunderts wandte sich der Geschmack gegen die freiliegenden Balken, man bedeckte alles mit einer neuen Verschalung und überzog diese mit einer flachen Gipsdecke. Durch die Verschalung geschützt, wurden die alten Verzierungen, zum Teil sehr schön erhalten, beim Abbruch der Häuser wieder aufgefunden, und die besten Stücke sind von der Museums-Kommission erworben worden. Auch die Wände waren ursprünglich mit Wandgemälden geschmückt und diese nicht selten von Künstlern ausgeführt, leider konnten dieselben nicht für die Nachwelt erhalten werden. Später wurden diese Gemälde einfach mit Tapeten überklebt.

Durch die Errichtung der Ericus-Bastion war der Wall bei der Poggenmühle überflüssig geworden, derselbe wurde daher abgetragen und der Platz mit Häusern bebaut, die neue Straße erhielt den Namen „Bei der Poggenmühle". Auch die Mühlen wurden 1623 neu erbaut und sind vermutlich gleichzeitig in Mahlmühlen verwandelt worden. Um diese Zeit trat auch in den beiden Straßen, holländischer Brok und holländische Reihe, eine wesentliche Veränderung ein. Die hier eingewanderten Niederländer hatten bis dahin noch immer gehofft, daß die Verhältnisse in der Heimat sich derartig ändern würden, um ihnen binnen kurzer Zeit die Rückkehr zu gestatten, weshalb sie stets nur um eine zeitweilige Verlängerung ihres hiesigen Aufenthalts nachsuchten. Da sie jedoch größtenteils der reformierten Kirche angehörten und ihrem Glauben mit großer Treue anhingen, fürchteten die lutherischen Prediger den ketzerischen Einfluß derselben auf den reinen Glauben ihrer Beichtkinder und beschwerten sich beim Rat über den wachsenden Zuzug der Niederländer. Der Rat empfahl daher 1572 den Reformierten, sich mit der lutherischen Geistlichkeit zu vergleichen, und diese wandten sich an den Prinzen Wilhelm von Oranien, welcher am 13. Aug. in einem Schreiben an den Rat das Gesuch seiner Landsleute unterstützte, infolgedessen ein Abkommen mit dem Ministerium zustande kam. Die Eroberung von Antwerpen durch die Spanier vergrößerte abermals die Zahl der Flüchtlinge, durch welche der Verkehr mit Amsterdam und anderen holländischen Handelsplätzen so gefördert wurde, daß die Älterleute des gemeinen Kaufmanns mit Bewilligung des Rats 1580 eine neue Ordnung für die nach dieser Gegend reisenden Boten (Postboten) entwarfen. Unter den hierher geflüchteten Niederländern befanden sich aber auch manche, welche in der Heimat durch Brand und Plünderung ihr ganzes Vermögen verloren hatten, weshalb die hiesigen wohlhabenden Niederländer 1585 beschlossen, zur Unterstützung ihrer armen Landsleute eine Kasse zu gründen, welche später den Namen „niederländische Armenkasse" erhielt. Die Verwaltung führten 12 Vorsteher, und die Mittel zu den Unterstützungen wurden durch wöchentliche Sammlungen aufgebracht und bald durch ansehnliche Geschenke und Legate vermehrt. Der Jahresverwalter, Wilhelm Amsinck, konnte während seines Amtes im Jahre 1587 bereits 806 Mark 14½ Schilling verteilen und 1618 war die jährliche Einnahme schon auf 2000 Mark gestiegen. Das erste Legat von 1000 Mark empfing die Kasse 1605 von Gilles de Greve, und drei Jahre später von dessen Erben noch weitere 500 Mark, 1616 und 1617 von Andreas Bockum und Pieter Hoons 3500 Mark. Außer der wöchentlichen Verteilung an hiesige arme Niederländer unterstützte die Kasse auch Durchreisende mit Geld, Kleidung und Fußzeug, trotzdem hatte sie noch Geld für andere Zwecke übrig. 1602 bis 1606 leistete sie zum Bau der lutherischen Kirche in Amsterdam einen Zuschuß von über 1400 Mark, 1608 und 1609 übersandte sie zur Unterstützung armer Glaubensbrüder in Rotterdam, Middelburg, Utrecht und Haarlem 2200 Mark ꝛc. Die ersten 2000 Mark Kapital belegte die Kasse 1618. — Im Jahre 1579 beschwerten sich die vor dem Schaarthor wohnenden niederländischen Fischer, welche mit Seefischen handelten, daß man sie vertreiben wolle, weil sie außerhalb der Stadt wohnten, und am 8. Dezember 1586 erließ der Rat eine Verordnung, wie die hier wohnenden Fremden, besonders die Niederländer, sich verhalten sollten; sie durften unter anderm nur mit Bürgern Handel treiben. Es zeigt dies also, daß die fleißigen und betriebsamen Einwanderer nicht allein von den Geistlichen mit scheelen Augen angesehen wurden. Die Bedingungen, unter welchen die Fremden hier Aufnahme finden sollten, bildeten daher auch häufig Gegenstand der Verhandlungen zwischen Rat und Bürgerschaft. 1606 machte z. B. der Rat der Bürgerschaft die Mitteilung, daß er mit 130 niederländischen Familien gegen Zahlung eines Aufenthaltsgeldes einen Vertrag auf zehn Jahre unter Genehmigung der Oberalten und der Achtmänner (Kämmereibürgern) abgeschlossen habe, und 1615 wurde dieser Vertrag auf weitere 15 Jahre verlängert. — Inzwischen hatten aber manche Familien die Hoffnung auf eine Rückkehr in die Heimat aufgegeben, sie begannen ihre Niederlassung in eine dauernde zu verwandeln, erwarben das Hamburger Bürgerrecht, wurden Besitzer von Grundstücken und erbauten auf denselben Häuser nach ihrem heimatlichen Geschmack. Die Hausthür lag in der Regel an der Seite des Hauses und war mit dem darüberliegenden Fenster von einer Sandstein-Verzierung eingefaßt; eigenartig war auch die Giebelmaner. Im Innern fehlte die hohe Kaufmannsdiele, und zum Warenlager wurden die Hausböden benutzt. Die Waren wurden durch die am Flet stehende Winde aufgenommen und durch die Speicherwinde auf die Böden befördert. Diese Häuser sind größtenteils wohl im ersten Viertel des 17. Jahrhunderts erbaut, die Häuser No. 28 und 29 am holländischen Brok wahrscheinlich 1618, und jetzt fast sämtlich den Freihafenbauten zum Opfer gefallen. Manche dieser Häuser, besonders an der holländischen Reihe, hatten in den Gesellschaftszimmern sehr wertvolle Decken- und Wandverzierungen, von denen leider nur wenig gerettet werden konnte. Obgleich die Niederländer als Hamburger Bürger sich überall in der Stadt ankaufen konnten, so gaben sie meistens doch der von ihnen bisher bewohnten Gegend den Vorzug, zumal ein Neubau der leichten Gartenhäuser schon längst wünschenswert gewesen war.

Bevor noch die neue Befestigung zur Ausführung kam, hatte man zum Ersatz des am Ende des Kehrwieders abgebrochenen Terpentinhofes 1611 östlich von der Poggenmühle außerhalb der

Festungswerke ein Teermagazin angelegt, welches nach Errichtung der Bastion Ericus aber wieder innerhalb der Stadt lag. 1731 wurde dasselbe nach dem Stadtdeich verlegt und der Platz zur Anlage einer neuen Straße benutzt, welche noch jetzt den Namen „Bei dem Teerhof" führt. Als gegen Ende des 17. Jahrhunderts auf kurze Zeit der Handel mit spanischem und portugiesischem Seesalz in Blüte stand, wurde 1673 bei dem Teerhof eine Salzsiederei angelegt, um Seesalz von St. Ubes in Portugal zu raffinieren. Obgleich diese Salzsiederei nur kurze Zeit bestand, so verdankt doch das Flutbassin der Poggenmühle ihr seinen Namen. — Als im 18. Jahrhundert der holländische Brok für den Handel eine größere Bedeutung erlangte, wurde auf Kosten der dortigen Grundbesitzer 1767 der innere Stadtgraben hinter dem holländischen Brok schiffbar gemacht und mittelst einer Schleuse unter dem Wall ein Zugang aus dem äußern Stadtgraben hergestellt. Zugleich erhielten die Eigentümer die Zusicherung, daß der Wall längs des holländischen Broks nicht mit Bäumen bepflanzt werden solle, damit diese ihnen die Aussicht auf den Grasbrok und auf die Elbe nicht verdecken möchten, was auch bis zur Abtragung des Walles und Anlage der Quaibahn gehalten worden ist.

Auf den großen Einfluß der eingewanderten Niederländer auf die Entwickelung des Handels und der Armenpflege können wir hier nicht weiter eingehen.

Die Insel Neuwerk.

Die kleine Insel bildet einen interessanten Flecken Erde, sie besitzt einen Flächenraum von 257,5 Hektar und ist nur 10,28 km von dem Festlande, von Duhnen entfernt. Zur Flutzeit, bei Hochwasser, vom Meer ringsum umspült, ist sie zur Ebbezeit, bei Niedrigwasser, von Sandbänken, Watten, umgeben, so daß man zu Fuß nach dem Festlande hinübergehen kann. Allerdings sind diese Sandbänke von tiefen Wasserläufen, sogenannten Prielen, durchfurcht und der Weg daher nicht ganz gefahrlos, aber die sogenannten Wattenläufer, welche den Weg genau kennen, bringen es fast zu jeder Jahreszeit fertig, nach Neuwerk hinüber zu gehen. — Die Insel Neuwerk wird zuerst 1246 erwähnt, als der Herzog von Sachsen die Hälfte derselben an den Erzbischof von Bremen abtrat. In einem Vertrage vom 14. April 1286 (H. U. 821 und 917) zwischen dem Herzog von Sachsen, dem Erzbischof von Bremen und den Städten Hamburg, Stade und Bremen erhielt Hamburg die Erlaubnis, auf der Insel ein Leuchtfeuer zu unterhalten, und am 2. November 1296 erteilte Papst Bonifazius VIII. dem Hamburger Rat die Erlaubnis, auf der Insel einen tragbaren Altar aufzustellen, damit ein dazu abgesandter Priester vor demselben die Messe lesen könne. In diesen Verträgen wird die Insel O, Nige O, oder Nova O genannt. (Lappenberg, Lorichs Elbk. S. 27.) — Unzweifelhaft hat die deutsche Nordseeküste in alter Zeit sich viel weiter nach Norden erstreckt. Der Sage nach sollen sowohl die westfriesischen, wie die nordfriesischen Inseln, sogar Helgoland mit dem Festlande verbunden gewesen sein, und wenn wir auch über die Zerstörungen des Meeres in früherer Zeit keine genauen Berichte besitzen, so wissen wir doch, daß der Zuyder See, der Dollart und der Jahde-Busen ganz oder größtenteils erst in der historischen Zeit entstanden sind. In den letzten Jahrhunderten hat man jedoch genauere Aufzeichnungen über die Fortschritte des Meeres gemacht. Wangeroog hat z. B. in diesem Jahrhundert so viel Land verloren, daß die Kirche, welche vor hundert Jahren noch in der Mitte der Inseln stand, jetzt von den Meeresfluten bespült wird, in den sechziger Jahren hat eine große Zahl von Bewohnern die Insel verlassen, weil das Meer ihre Äcker weggespült hatte und in Oldenburg Neu-Wangeroog gegründet. Helgoland hatte 1649 noch einen Umfang von 4 Meilen, jetzt nur noch von einer drittel Meile. Auch Neuwerk war im 16. Jahrhundert noch einmal so groß wie jetzt, und es bedarf großer Anstrengungen, um einen weiteren Abbruch des Landes zu verhindern. Selbst in der jetzt vom Meer bedeckten Gegend hat man Spuren menschlicher Ansiedelungen aufgefunden, und z. B. an der oldenburgischen Küste (v. Alten — Allmers Marschenbuch), etwa 1000 m vom Lande entfernt, unter dem Wattensand deutliche Spuren von Waldungen und menschlichen Wohnungen mit Gräbern, Urnen, Küchenabfällen, Dunggruben aufgedeckt. Man wird daher leicht versucht sein, wie die friesischen Inseln, von Texel bis Sylt, auch Neuwerk als Rest des untergegangenen Landes zu betrachten. — Mit dieser Ansicht steht aber der älteste Name Nige O, d. h. neue Insel im Widerspruch, denn wenn die Bewohner im 13. Jahrhundert die Insel als Rest des Festlandes angesehen hätten, würden sie dieselbe nicht neue Insel genannt haben, im Gegenteil deutet diese Bezeichnung darauf hin, daß die Insel erst einige Zeit vorher entstanden war. Hiermit stimmt der geologische Aufbau der Insel überein. Ein Teil der Insel, 68 Hektar, ist eingedeicht, 115,7 Hektar Außenland ist Weide oder Heide, das übrige Düne (Neßmann, die Stadt Hamburg, S. 86). Im Außenland ist der Wattensand mit einer dünnen Schicht Klaie oder Darg, d. h. fruchtbare, durch die Sinkstoffe des Wassers gebildete Erde bedeckt, aber auch im eingedeichten Land ist die Klaie durchschnittlich nur 30 cm dick, während sie in den benachbarten Marschen (im Lande Hadeln und im Lande Wursten) eine Mächtigkeit von 1 bis 2 m erreicht. Überall ruht die Insel auf Wattensand, von Geest findet man keine Spur. Wie die Elbe gegenwärtig z. B. an der holsteinischen Küste das Land wieder aufbaut, was sie an der hannoverschen Küste abgerissen hat, so mag auch im 11., 12. und 13. Jahrhundert die Strömung auf den Watten vor der Elbe Schlick und Klaie abgelagert und dadurch eine Insel gebildet haben. Als aber später die Strömung sich veränderte, hat auch hier der Abbruch des Landes wieder begonnen und das Meer zerstörte allmählich seine eigene Schöpfung.

Die Insel besitzt einen großen und einen kleinen Leuchtturm sowie zwei Baaken, die Ost- und Nord-Baake. Baaken sind eigentümliche, nur aus Balken aufgeführte Bauwerke, welche am Tage den Schiffern als Wegweiser dienen, um das richtige Fahrwasser zu finden. Die Ost-Baake steht im Außenland, die Nord-Baake im Watt, welches vor hundert Jahren jedoch noch Außenland war. Sechs Kilometer nördlich von Neuwerk steht auf dem Scharhörnriff die Scharhörnbaake, die äußerste Landmarke Deutschlands. Sie ist auf dem Felsenuntergrund erbaut, 28 m hoch und enthält in ihrem oberen Teile eine Kammer mit mehreren Schlafstellen für Schiffbrüchige, denen es gelingt, sich hierher zu retten. Der kleine Leuchtturm auf dem Norddeich ist 1815 ganz von Holz 16 m hoch erbaut, er war mit zwei Beleuchtungsapparaten versehen, doch seit Juli 1885 ist das Feuer ausgelöscht und wird wahrscheinlich nicht wieder angezündet werden. Der große Turm steht auf einer Wurth, im Binnenlande, ist viereckig, jede Seite etwa 13 m lang und 28 m hoch (Gaedechens, Hist. Top. S. 80), ganz aus großen Mauersteinen erbaut, die Mauern sind über 2 m dick. Das untere Stockwerk ist durch eine breite Thür von außen zugänglich, der zweite Stock hat ebenfalls nach außen eine breite Thür, doch dient diese eigentlich nur zum Ein- und Ausbringen der Waren, ist aber von außen nur mittelst einer Leiter zugänglich. Die Thüren zu beiden Stockwerken sind ursprünglich nicht vorhanden gewesen, sondern die Mauer ist erst später durchbrochen worden. Beide Stockwerke haben nur sehr schmale Fenster und sind daher im Innern nur schwach beleuchtet, und beide sind mit Kreuzgewölben gedeckt. Zum dritten Stock führt an der Außenseite des Turmes eine hölzerne Treppe hinauf. Hier ist die Wohnung des Vogtes. Der ursprünglich hohe Raum ist durch eingelegte Balken in 2 Stockwerke abgeteilt, der untere höhere Teil enthält die Wohnstube, die Küche und das Bureau des Vogtes, der obere, niedrigere Raum wird als Werkstatt, Lagerraum 2c. benutzt. Im Innern des Turmes führt vom dritten Stock eine Treppe nach dem zweiten Stock hinunter, welcher von dem Vogt als Vorratskeller benutzt und auch Keller benannt wird. Vom dritten Stock führen ebenfalls im Innern des Turmes die Treppen nach den weiteren Stockwerken hinauf. Im vierten Stock befinden sich die Schlafzimmer für die Familie des Vogtes und im fünften Stock sind Zimmer für Gäste eingerichtet. Beide Stockwerke sind durch eingelegte Balken wie der dritte Stock in Doppelstockwerke geteilt. Der sechste Stock bildet einen ungeteilten Raum und dient zur Beobachtung. Er hat weite Fensteröffnungen, mit Einrichtungen zum Auflegen des recht guten Fernrohrs. Mit diesem Stock endigt die senkrechte Mauer. Der hohe, vierseitige Dachstuhl ist auf zwei Seiten mit Kupfer, auf den anderen Seiten mit Pfannen gedeckt. Auf der Mauer läuft eine Galerie herum, von welcher man bei klarem Wetter eine weite Aussicht hat, in der Nacht sieht man hier den Leuchtturm von Helgoland, den Weser-Leuchtturm, die Feuerschiffe, und den Leuchtturm von Cuxhaven. Auf der Südwest- und der

Nordwestecke der Mauer sind hier Stationen für die trigonometrische Vermessung aufgemauert und diese bilden ein wichtiges Verbindungsglied zwischen der Elb- und Wesermündung und Helgoland. Der Raum über diesem Dachstuhl ist seit 1816 zum Leuchtturm eingerichtet, der Beleuchtungsapparat ist mit 21 Reflektoren versehen und bescheint ununterbrochen einen Leuchtkreis von 15 Seemeilen Radius. Seit 1873 ist Neuwerk durch den Telegraphen mit Cuxhaven und seit 1878 durch Telephon mit Duhnen verbunden.

Die Nachrichten über die Zeit der Erbauung des Turmes sind unsicher und stehen miteinander im Widerspruch. 1299 bestätigte der Herzog von Sachsen den Hamburgern den Besitz der Insel und gestattete ihnen, zum Schutz des Leuchtfeuers und anderer Anlagen für die Sicherung der Schiffahrt eine Burg zu erbauen (H. U. 918), seitdem kam für die Insel der Name Neuewerk (Novum opus) allmählich in Gebrauch. Der Herzog soll zugleich erlaubt haben, die Steine zum Bau aus Wohlde (Altenwalde) und anderen Gegenden zu holen (F. A. Becker, Amt Ritzebüttel, S. 78). 1380, nach anderen Nachrichten 1372, soll der Turm durch Feuer zerstört, aber bald nachher wieder aufgebaut worden sein, und endlich sollen die Ditmarsen 1431 bei dem Überfall alle Gebäude der Insel zerstört haben. Demnach würde der jetzige Turm erst nach 1431 erbaut worden sein; aber die Gewölbe weisen doch auf eine viel ältere Bauzeit zurück, wenn auch die großen Mauersteine im 15. Jahrhundert noch im Gebrauch waren. Nun ist es sehr wahrscheinlich, daß die Ditmarsen auf ihrem Raubzuge zwar die leichten Häuser der Bauern vernichtet haben, daß sie aber keine Zeit hatten, den festen Turm zu zerstören, selbst wenn sie ihn erobert hätten; der jetzige Turm würde daher nach 1380 erbaut sein. Nun wäre es allerdings möglich, daß damals nur das Innere des Turmes, das Holzwerk, durch eine Feuersbrunst zerstört worden wäre, da die Flammen den starken Mauern nicht viel anhaben konnten, und daß diese also aus dem Anfang des 14. Jahrhunderts stammen. Da aber

Leuchtturm auf Neuwerk.

die ganze Mauer von unten auf aus Mauersteinen besteht, so müssen die Hamburger von der Erlaubnis, die Steine zum Bau aus Wohlde zu holen, also die hier reichlich vorhandenen Granitblöcke zum Bau zu verwenden, keinen Gebrauch gemacht haben. Die historischen Nachrichten lassen uns demnach über die Bauzeit des Turmes ganz im Dunkeln. Das Ritzebütteler Schloß war ursprünglich gleichfalls ein einfacher Turm (Lappenb., Lorichs Elbk., S. 28), welcher noch jetzt den Mittelbau desselben bildet. Dieser Turm ist aber dem Neuwerker so ähnlich, daß entweder beide gleichzeitig von demselben Baumeister erbaut sein müssen, oder der eine das Modell des anderen gewesen ist. 1372 verpfändeten die Brüder von der Lappe die Kirchspiele Wohlde und Groden an Hamburg mit dem Recht, auch das Schloß Ritzebüttel besetzen zu dürfen, und nachdem die Hamburger 1393 dasselbe erobert hatten, ist es ununterbrochen in ihrem Besitz geblieben, aber wir besitzen keine Nachricht darüber, daß die Hamburger einen Neubau des Turmes vorgenommen hätten, das jetzige Gebäude muß also schon 1372 vollendet gewesen sein. Ob und wann der Ritzebütteler Turm von der Familie von der Lappe erbaut worden ist, darüber fehlen ebenfalls alle Nachrichten, wir erhalten also auch hier keinen Anhalt für die Bestimmung der Bauzeit des Neuwerker Turmes.

In der ersten Hälfte des 14. Jahrhunderts suchten alle norddeutschen Seestädte in den Besitz der Flußmündungen zu gelangen und dieselben durch Anlagen von Befestigungen zu sichern. So erbaut z. B. Rostock 1311 den Turm Warnemünde, Lübeck den Turm Travemünde, aber über den Baustil und den Umfang dieser Bauwerke besitzen wir keine genaueren Nachrichten, wir können aus ihnen also auch keinen Anhalt für den Neuwerker und Ritzebütteler Turm gewinnen, dagegen treffen wir in England ganz ähnliche Bauwerke. Wie die Westgoten nach der Eroberung von Südgallien gezwungen waren, ihre Wohnungen mit einer Befestigung zu umgeben, um sich auf ihren ausgedehnten Besitzungen gegen plötzliche Überfälle der unterjochten Bevölkerung zu schützen, und dadurch die Erfinder der im Mittelalter weitverbreiteten Burgen wurden, so mußten auch die normannischen Barone, welche nach der Schlacht bei Hastings am 14. Oktbr. 1066 von Wilhelm dem Eroberer mit ausgedehnten Besitzungen in England belehnt wurden, ebenfalls auf Mittel denken, um sich gegen plötzliche Überfälle der unterjochten Angelsachsen zu sichern. Zu dem Zweck errichteten sie eine besondere Art von Citadellen, sogenannte Keep-towers. Das Ganze war ein gewaltiger, hoher Turm, viereckig oder rund, von dicken Felsmauern, welche häufig noch durch Mauerstreifen verstärkt waren. Den Zugang bildete eine außen am Turm angebrachte Treppe, entweder von Holz, so daß sie bei einem Überfall leicht entfernt und auf den Turm hinaufgezogen werden konnte, oder von Stein, aber so angelegt, daß sie von oben leicht verteidigt werden konnte. Das untere Stockwerk hatte von außen keinen Eingang, sehr schmale Fenster und diente zur Aufbewahrung von Vorräten aller Art. Der zweite Stock hatte zwar einen Ausgang,

Das Ritzebütteler Schloß.

der jedoch bei Kriegsgefahr geschlossen und fest verrammelt werden konnte. Er diente zum Aufenthalt der Mannschaft und der Diener und war durch eine Treppe im Innern des Turmes mit dem unteren und oberen Stockwerk verbunden. Beide Stockwerke waren mit Kreuzgewölben überdeckt, welche auf starken Pfeilern ruhten. Der dritte Stock enthielt die Räume für die Festlichkeiten und den Empfang fremder Gäste. Das Innere war ein großer, hoher Saal, oft 20 Fuß hoch, mit einer Balkendecke, welche auf Rundsäulen ruhte und durch Arkaden von den Nebenräumen getrennt war. Ringsum an der Mauer befanden sich kleine überwölbte Räume, welche zu verschiedenen Zwecken benutzt wurden. Das ganze Stockwerk war im Innern prächtig dekoriert. Die eigentlichen Wohn- und Schlafgemächer befanden sich meistens im vierten Stock. Das obere Stockwerk hatte nach außen weite Fensteröffnungen, es bildete einen ungeteilten Raum und von hier aus fand die Verteidigung des Turmes mittels Wurfgeschossen statt. Rauchfang und Brunnen befanden sich im Innern des Turmes. Bei dem lebhaften Verkehr von der Unterelbe nach England wird schon früh eine Kenntnis dieser normannischen Türme hierher gelangt sein, und da die norddeutschen Küstengegenden sehr oft von plötzlichen Überfällen der Seeräuber heimgesucht wurden, war hier für derartige Festungen ebenfalls ein Bedürfnis vorhanden, auch finden sich längs der deutschen Nordseeküste bis zum Niederrhein eine große Zahl ähnlicher Türme. Da aber der Ziegelbau schwerlich vor dem 13. Jahrhundert in Norddeutschland allgemeinen Eingang gefunden hat, läßt sich auch wohl die Bauzeit der beiden Türme von Ritzebüttel und Neuwerk nicht weiter zurückverlegen. Es erscheint daher wahrscheinlich, daß der Turm von Ritzebüttel gegen Ende des 13. Jahrhunderts erbaut worden ist, und daß die Hamburger, als sie 1299 von dem Herzog die Erlaubnis erhielten, auf der Insel eine Burg zu errichten, demselben Meister den Bau übertrugen, und da dieser sich für den Ziegelbau entschied, die Steine in Wohlde nicht zum Turmbau, sondern nur zu den Grundmauern verwendeten. Die Hamburger begnügten sich übrigens nicht, durch die Erbauung des Turmes für die Sicherheit der Insel zu sorgen, sondern sie schlossen auch mit der benachbarten Küstenbevölkerung für den Schutz der Insel besondere Verträge ab, so z. B. 1308 mit den Hadlern, 1316 mit den Wursten, 1315 verpflichtete sich auch die Familie von der Lappe, gegen eine Entschädigung von jährlich 10 Mark den Turm auf Neuwerk gegen feindliche Angriffe zu schützen. Dieser Vertrag hatte eine besondere Veranlassung. Um diese Zeit waren einige Verwandte der Familie von der Lappe erschlagen worden, darunter die Ritter von Crummendiek; Wolder Lappe, der damals Schulze im Lande Hadeln war, beschuldigte die Hamburger der Teilnahme an dem Verbrechen und es gelang ihm 1312, den Hauptmann von Neuwerk aufzuheben. Der Hamburger Rat nahm dagegen einige angesehene Hadler gefangen, darunter den Bruder des Wolder Lappe, lieferte zugleich aber den Beweis, daß die Hamburger an dem Tode der Ritter ganz unschuldig seien. So wurde denn 1315 endlich der Streit beigelegt, die Gefangenen ausgewechselt, und der Rat schloß mit der Familie einen Freundschaftsvertrag zum Schutz der Insel ab. Welchen hohen Wert die Hamburger schon damals auf den Besitz von Neuwerk legten, geht auch daraus hervor, daß ein Mitglied des Rates als Hauptmann von Neuwerk abgeordnet wurde, welcher im Turm (im dritten und vierten Stock) seine Wohnung hatte. Als 1400 die Insel unter die Aufsicht des Amtmanns von Ritzebüttel kam, wurde die Stelle des Hauptmanns aufgehoben und die Verwaltung der Insel einem Vogt übergeben und demselben die Wohnung im Turm eingeräumt. Für die Unterhaltung des Leuchtfeuers und sonstiger Anlagen für die Sicherung der Schiffahrt erhob Hamburg von den ein- und ausgehenden Schiffen einen Zoll, den Werk- oder Neuwerkerzoll, dessen Erhebung später nach Hamburg verlegt und 1628 von Kaiser Ferdinand II. ausdrücklich bestätigt wurde. Bei der Vereinigung aller Zölle kam 1814 die Erhebung und die Benennung des Werkzolles in Wegfall. In dem Kriege der Hamburger gegen die Ditmarsen wurde 1431 die Insel von diesen durch Raub und Brand arg verwüstet.

Eine interessante Episode in der Geschichte vom Neuwerk bildet die Verwaltung des Vogtes Berend Bräseke oder Beseke. Derselbe war in Braunschweig (Lappenb., Hamb. Chron., S. 113—126) geboren, eines Nadlers Sohn; seiner Mutter Bruder, Heine Schröder, ließ ihn nach Hamburg kommen und gab ihm später seine Stieftochter zur Frau mit einer reichen Mitgift. Beseke trat darauf in die Zunft der Wandschneider und wurde bald ein reicher Mann. Er glaubte jetzt, man müsse ihn auch in den Rat wählen, suchte sich durch prächtige Kleidung bemerkbar zu machen und führte überall das große Wort. Als er sich aber in seiner Hoffnung getäuscht sah, bemühte er sich vergebens, in Braunschweig, Lübeck oder in Hamburg eine andere einflußreiche Stellung zu erlangen. Als nun 1534 Kord Koning, der Vogt von Neuwerk, gestorben war, bewarb Berend sich um diesen Posten; um den unruhigen Bürger los zu werden, willfahrte der Rat kurz vor Weihnacht seinem Wunsch und im Frühjahr 1535 begab sich Berend Beseke mit Frau und Kindern nach Neuwerk. Allein dem unruhigen Geiste genügte die Verwaltung der kleinen Insel, die Überwachung des Leuchtfeuers, der Uferwerke und der Deiche bald nicht mehr, er suchte nach größeren Thaten. Nun traf es sich, daß einem Hadler eine Anzahl Ochsen gestohlen wurde. Der Dieb brachte dieselben nach Neuwerk, und gegen eine gute Belohnung übernahm Beseke es, sie hier zu verbergen. Zufällig kamen damals 5000 Landsknechte unter ihrem Hauptmann Übelacker in das Land Hadeln, welche der Pfalzgraf gegen Dänemark in Sold genommen hatte, und der Eigentümer der gestohlenen Ochsen, welcher erfahren hatte, daß dieselben auf Neuwerk seien, verständigte sich mit einigen Landsknechten, daß sie gegen eine gute Belohnung die Ochsen ihm wieder herbeischaffen sollten. Die Landsknechte sandten nun einen Boten an den Vogt, er möge ihnen die Ochsen gutwillig ausliefern, sonst würden sie dieselben mit Gewalt holen. Aber Beseke verlachte und verhöhnte den Boten, weil er glaubte, sie würden den Weg über die Watten nicht finden. Die Landsknechte aber vereinigten sich mit vielen ihrer Genossen, kamen glücklich nach Neuwerk und nahmen nicht nur die gestohlenen Ochsen, sondern alles Vieh, was sie in der Eile zusammentreiben konnten, mit sich fort. Beseke erlitt dadurch einen großen Verlust und wurde ein armer Mann. Er eilte jetzt nach Hamburg, um seinen Schaden von der Stadt ersetzt zu erhalten, und klagte beim Rat und den Bürgern, daß der Amtmann von Ritzebüttel die Landsknechte unterstützt habe. Der Rat versprach ihm, die Sache zu untersuchen und Jürgen Plate zur Vernehmung nach Hamburg kommen zu lassen. Aber Beseke wartete das Resultat der Untersuchung nicht ab, sondern kehrte mit dem Vorsatz nach Neuwerk zurück, sich selbst zu helfen, da er von der Stadt wohl keine Entschädigung erhalten würde. Es traf sich nun, daß ein Ewer aus Stade, mit einer Ladung von Tuch und Geld nach Dänemark bestimmt, um dort Getreide einzukaufen, wegen schlechten Wetters bei Neuwerk anlegen mußte. Als Beseke von dem Wert der Ladung Kunde erhielt, verständigte er sich mit einigen seiner Knechte und überfiel in der Nacht das Schiff. Der Kapitän und vier Knechte wurden erschlagen und über Bord geworfen und das Schiff ausgeplündert. Aber einer von den Knechten gelangte am nächsten Tage nach Ritzebüttel und brachte das Verbrechen zur Anzeige. Der Rat ließ hierauf Beseke und die beteiligten Knechte durch Johann Renzel auf Neuwerk verhaften und nach Hamburg bringen. Nach langen Verhandlungen wurde er am 2. August 1536 vom Niedergericht wegen Raubmord zum Tode verurteilt und am 16. August auf dem Grasbrook hingerichtet, die gleiche Strafe erlitten am 19. August drei seiner Knechte.

Von den Kriegen im 17. und 18. Jahrhundert wurde die Insel wenig berührt, als aber Napoleon die Hansestädte 1810 seinem Reiche einverleibte, erhielt auch Neuwerk eine französische Besatzung. Am Fuß des Turmes wurde eine Batterie, von der noch ein Teil des Festungsgrabens erkennbar ist, aufgeworfen, um von hier aus die Einfahrt in die Elbe zu beherrschen und die Einschmuggelung englischer Waren zu verhindern. Im März 1813 mußten die Franzosen das Amt Ritzebüttel und daher auch Neuwerk räumen und als sie im Mai zurückkehrten, ließen sie anfangs die Insel ganz unberücksichtigt, aber am 20. Juni erschien ein Befehl von Davoust, daß die Bewohner mit ihrem Vieh innerhalb vier Tagen Neuwerk räumen und alle Gebäude demoliert werden sollten; infolgedessen wurden 33 Personen von den Franzosen vertrieben. Mit dem Niederreißen der Bauernhäuser wurde man bald fertig, allein der Turm widerstand allen Angriffen, auch den Sprengversuchen mit Pulver, und so blieb das alte ehrwürdige Gebäude der Nachwelt erhalten.

Für die Sicherheit der Schiffahrt hat der Hamburger Rat zu allen Zeiten die Anstalten hier zu verbessern und zu erhalten gesucht; aber er hat auch für die armen Schiffbrüchigen gesorgt. Schon 1319 wurde hier ein Begräbnisplatz für die verunglückten Schiffbrüchigen angelegt, und den geretteten Schiffbrüchigen erwies man jede mögliche Unterstützung. Das Strandrecht wurde streng bewacht. Am Deich neben dem Turm liegt jetzt ein vollständig ausgerüstetes Rettungsboot (das Boot „Freiherr von Diergard" der Gesellschaft zur Rettung Schiffbrüchiger), um bei Strandungsfällen den Schiffbrüchigen schleunigst Hilfe zu bringen. Das untere Stockwerk des großen Turmes ist zu einem Magazin eingerichtet, in welchem die gestrandeten Güter, eine Medizinkiste, Kleidungsstücke für Schiffbrüchige ꝛc. aufbewahrt werden. Auch in der Scharhörnbaak ist oben im Kreuz ein Zimmer für Schiffbrüchige eingerichtet und mit allem Notwendigen ausgerüstet. Die Schiffbrüchigen finden hier trockene Kleidung, Nahrungsmittel und Erfrischungen, welche alle 14 Tage erneuert werden, und Mittel um Ertrunkene ins Leben zurückzurufen. Es ist ein viel verbreiteter Irrtum, daß der große Turm bereits in früheren Jahrhunderten als Leuchtturm gedient habe. In der älteren Zeit pflegten die Handelsschiffe im Winter sowohl, wie in dunklen Nächten ihre Fahrten zu unterbrechen, aber im 13. Jahrhundert begannen die Seestädte an den besuchten Stellen für die Nacht Leuchtfeuer einzurichten, so z. B. auf Falsterbo während der Fischzeit. Die wichtigeren Handelsstädte errichteten stetige Leuchtfeuer für die Einfahrt in ihre Häfen, z. B. Lübeck 1226 den Leuchtturm bei Travemünde, Wismar 1266 auf der Insel Lieps, Hamburg 1286 auf Neuwerk, Stralsund 1306 auf der Insel Hiddensee, dies waren aber offene Feuer (Blüsen). Auf der Spitze eines aus rohen Balken errichteten hohen Gerüstes wurden in einer Pfanne oder auf einem Rost Tran, Kienholz oder sonstiges hellleuchtendes Brennmaterial verbrannt. Auch das Leuchtfeuer auf Neuwerk war eine solche Blüse. Diese stand auf dem Außenland, jetzt Watt, etwa in der Mitte zwischen der Nordbaake und dem Deich, einige übrig gebliebene Pfähle lassen noch jetzt zur Ebbezeit die Stelle erkennen. Die Beaufsichtigung des Leuchtfeuers war dem Blüsenmeister übergeben. In der letzten Zeit wurden hier Steinkohlen gebrannt. Die Einrichtung der Leuchttürme mit Lampen und Reflektoren ist erst in späterer Zeit und allmählich eingeführt. Der Feuergefahr wegen durften die Blüsen aber nicht in der Nähe menschlicher Wohnungen eingerichtet werden, erst nach Einführung des Lampenlichtes konnte man den großen Turm 1816 zum Leuchtturm einrichten.

Neuwerk ist sehr oft und sehr schwer von Stürmen und hohen Fluten heimgesucht worden und die Bewohner müssen stets zum Kampf ums Dasein mit diesen mächtigen Feinden der Menschenwerke bereit sein. Wie an der ganzen Nordseeküste finden auch hier die Bäume nur ein Fortkommen im Schutz der Häuser und des Deiches und wie in allen Marschdörfern sind auch hier die vielen Bracken die stummen Zeugen früherer Deichbrüche. Schriftliche Nachrichten über den Umfang solcher Verheerungen sind nur wenige erhalten. 1717 wurden von einer Sturmflut 3 Häuser weggeschwemmt, 12 Menschen verloren dabei ihr Leben, 1825 wurde der innere Deich durchbrochen und die ganze Insel überschwemmt. Die Einwohner verloren ihren ganzen Viehstand, die Brunnen wurden verdorben, und es erforderte jahrelange Arbeit, bis die Äcker ihre Fruchtbarkeit wieder erlangten. Seit einigen Jahren wird der Deich allmählich erheblich verbreitert und erhöht, um das Binnenland selbst gegen die höchsten Fluten zu schützen, doch ist diese Verstärkung bis jetzt meistens nur auf den Deichstrecken des Staates durchgeführt. Die Insel enthält zehn kleine Gehöfte mit 50 Einwohnern (1831 betrug die Zahl der Einwohner 68, 1866 : 56, 1871 : 49), welche meist von Landwirtschaft und Viehzucht leben. Wie in allen Marschdörfern stehen die Gebäude an oder auf dem Deich, doch enthält der Hof gewöhnlich nur zwei Gebäude, das Wohnhaus und den Viehstall. Der Ackerbau ist unbedeutend, gebaut wird Roggen, Hafer, Gerste und Gemüse, doch deckt der Ertrag nicht einmal den eigenen Bedarf. Bedeutender ist die Viehzucht, 1873 wurden 17 Pferde, 107 Rinder, 177 Schafe und 6 Schweine gezählt, weshalb das Außenland mit den fruchtbaren Weiden den Reichtum der Insel bildet. Das magere Vieh wird im Frühjahr vom Festlande nach der Insel hinübergetrieben und das fette Vieh kehrt im Herbst über die Watten zurück. — Neuwerk bildet jetzt eine selbständige Gemeinde, welche nach Döse eingepfarrt ist. Bei Taufen, Hochzeiten und zur Feier des Abendmahls müssen die Einwohner nach dem Festlande hinüberwandern, der gewöhnliche Gottesdienst wird von dem Lehrer abgehalten. Das Schulzimmer dient als Betsaal. Hier ist ein Harmonium zur Begleitung des Gesanges aufgestellt und der Lehrer liest zur Erbauung der Gemeinde Abschnitte aus der Bibel, Predigten rc. vor. Das kleine, 1827 erbaute Schulhaus steht neben dem Turm und enthält ein kleines Vorzimmer und ein für etwa 20 Schüler eingerichtetes Schulzimmer Der Lehrer unterrichtet alle Kinder von 6—14 Jahren, Knaben und Mädchen, und hat Kost und Logis bei dem Vogt.

Für den Binnenländer ist das Tierleben am Strande sehr interessant. Tausende von Vögeln sind hier in fortwährender Bewegung, bald einzeln, bald in ganzen Schwärmen erheben sie sich plötzlich, um sich an einer andern Stelle wieder niederzulassen. Während des Hochwassers halten sie sich auf dem Vorlande oder auf der Düne auf, bei Niedrigwasser aber zerstreuen sie sich über die Watten, um ihre Nahrung zu suchen. Namentlich verfolgen sie scharenweise den über das Watt führenden Wagen und suchen in der Wagenspur die aufgeworfenen Würmer auf. Am zahlreichsten sind hier Möven und Seeschwalben vertreten und höchst interessant sind ihre Brutplätze. Das Weibchen scharrt im Sande nur eine unscheinbare flache Grube aus, ohne irgend eine Ausfütterung mit Stroh, Haaren, Federn vorzunehmen, legt zwei Eier hinein und überläßt das Ausbrüten der Sonne. Die ausgekrochenen Jungen können sofort laufen, bewegen sich aber anfangs nur unbeholfen vorwärts. Sie suchen sich hinter Schilf oder Buschwerk gegen die Witterung zu schützen und warten hier geduldig auf die Fütterung der Alten. Während der Brutzeit ist der Strand so zahlreich mit den jungen Vögeln bedeckt, daß man Mühe hat, zwischen ihnen hindurch zu gehen, ohne sie zu zertreten. Die Eier sind wohlschmeckend und werden bis zur Schonzeit fleißig gesammelt, aber das Fleisch der Vögel ist ungenießbar. Dagegen sind die ebenfalls hier sehr verbreiteten Austernfischer (Haematopus ostrealegus), Brachvögel (Numenius arquatus), Strandläufer (Tringa) rc. eine gesuchte Jagdbeute. Der Strand, besonders die Düne, ist reich mit Muscheln bedeckt. Man findet hier Cardium edule in zahlreichen Varietäten, von Tellina solidula und Mactra solida kommen sehr schöne Exemplare vor, ebenso von der fein gezeichneten Mya truncata. Ebenfalls reich vertreten ist Mytilus edulis, und wer anfängt, Muscheln zu sammeln, der hat bald alle Taschen gefüllt, denn er glaubt fortwährend neue und schönere Formen zu finden. Für Botaniker gewährt der Strand geringere Ausbeute. Die überall vorkommenden Strandpflanzen sind hier zwar vertreten aber selten in ausgezeichneten Exemplaren.

Die Entstehung der Stadt Altona.

Sehr wenige Städte kennen den Namen ihres Gründers und können die Zeit ihrer Entstehung mit annähernder Sicherheit angeben, denn meistens haben sie sich aus kleinen Anfängen ganz allmählich entwickelt, und im Altertum machten die Menschen nur über sehr wichtige Ereignisse schriftliche Aufzeichnungen. Wenn später der Ort eine größere Bedeutung erlangte, dann waren die Zeit und die Ursachen seiner Gründung längst dem Gedächtnis entschwunden und der Dichtung war mithin ein weites Feld eröffnet, weshalb der Anfang fast aller größeren Städte mit einem reichen Kranz von Sagen umgeben ist. Trotzdem muß es überraschen, daß selbst die Gründung von Altona in völliges Dunkel gehüllt ist, obgleich der Ort erst im 16. Jahrhundert und in unmittelbarer Nähe von Ham-

Altona nach einer Zeichnung von Waterlo.

burg entstanden ist, und hier doch viele Einwohner schriftkundig waren, welche das rasche Wachstum Altonas mit eifersüchtigen Blicken beobachteten. Fast alle Sagen lassen Altona aus einem Krug entstehen (O. Beneke, Gesch. und Sagen); da dieselben aber wohl ohne Ausnahme erst im 17. und 18. Jahrhundert in Hamburg und nur aus der Ursache gedichtet sind, um die Bedeutung des Namens zu erklären, so haben sie für die Geschichte kaum eine Bedeutung. Die älteren Chronisten lassen Altona aus einem kleinen Dorf oder aus einem Fischerdorf entstehen, ohne für diese Ansicht historische Belege beizubringen. Den Geschichtsschreibern des 17. und auch noch des 18. Jahrhunderts war es ja viel bequemer, ein Ereignis so darzustellen, wie sie dasselbe in ihrer Phantasie zurecht gelegt hatten, anstatt gründliche Studien vorzunehmen, welche sie auch nicht einmal versuchen konnten, da die Archive ihnen verschlossen waren. In jener Zeit war es sehr beliebt, alle Städte an der Elbe und selbst Hamburg aus einem Fischerdorf entstehen zu lassen, ein Chronist schrieb es dem andern nach, und es lag daher sehr nahe, daß man mit Altona keine Ausnahme machte und die Entstehung Altonas aus einem Fischerdorf bald gläubige Anhänger fand, zumal die Stadt nicht nur einen Fischmarkt, sondern auch noch zwei Fischerstraßen aufweisen konnte. Hatten die Chronisten bei den alten Fischerdörfern an der Elbe in ihrer Dichtung den Ort vergessen, wo die Fischer ihre Ware an den Markt bringen konnten, so fällt dies allerdings bei Altona fort, denn die Altonaer Fischer hätten in dem nahen Hamburg gewiß eine günstige Gelegenheit gefunden, die gefangenen Fische zu verkaufen. Doch die geschichtlichen Nachrichten widerlegen diese Ansicht ganz und gar, denn nicht die Fischer, sondern die Handwerker in Hamburg beschweren sich 1548, daß ihnen in Altona allerlei Eingriffe, Verkürzungen und Benachteiligungen geschehen, Beschwerden und Klagen der Fischer über die Altonaer kommen erst viel später vor. Um uns zu überzeugen, ob Altona früher ein kleines Dorf gewesen ist, müssen wir versuchen, den ursprünglichen Umfang des Ortes festzustellen. — Im Jahre 1495 erhielten die Englandsfahrer und einige andere Hamburger Bürger von dem Grafen Otto von Schauenburg die Vergünstigung, „aver dem beke in der heyde" eine Wasserleitung anzulegen und damit das Wasser zu ihrer Bequemlichkeit in die Stadt Hamburg zu leiten. Die Quellen und die Brunnenleitung kamen 1534 in den Besitz der Gesellschaft des Katharinen Feldbrunnens, welche dieselben bis zu ihrer Auflösung vor wenigen Jahren benutzt hat. Dies ist der sogenannte Brunnenhof nördlich der Rosenstraße in Altona, dem die Brunnenstraße ihren Namen verdankt. In beiden Urkunden wird Altona nicht erwähnt. Aber am 21. April 1628 verkaufte Karsten Wahn an Peter von Speckelsen, Ratmann zu Hamburg, Friedrich Hatken u. a., als Interessenten und Bornverwandte, von seinem Lande, genannt der Lammerskamp, so sich vom Ottensener Felde bis Altona erstreckte, ein Stück für 80 Mark lübisch. Der Brunnenhof gehörte also 1628 nicht zu Altona und die Nordgrenze des Fleckens bildete damals die Rosenstraße. Im Jahre 1611 kauften „die in Hamburg wohnenden portugiesischer Nation" von dem Grafen Ernst von Schauenburg ein Stück Landes von 12 Ruten auf dem Heilberg bei Altona belegen, zur Begrabung ihrer Toten. Dieser Begräbnisplatz in der Königstraße ist noch jetzt im Besitz der israelitischen Gemeinde, es geht also daraus hervor, daß die Königstraße damals noch nicht zu Altona gehörte. Im Jahre 1642 erteilte Christian IV. dem Paul Hoeckel aus Hamburg ein Privilegium zur Errichtung einer Sägemühle, worin es heißt: „den Platz an der Elbe, nahe bei Altona sich endigend". 1651 wurde die Sägemühle in ein Wirtshaus verwandelt, und in dem Privilegium wird dieselbe „unter Ottensen belegen" bezeichnet. Bis vor wenigen Jahren wurde das Grundstück zur Seifensiederei benutzt, und da der Platz der Sägemühle nahe bei Altona endigte, muß die damalige Grenze von Altona zwischen der Brauerstraße und dem Sandberg gesucht werden. Im Jahre 1647 schenkte König Christian IV. ferner der Gemeinde Altona einen Platz zum Bau ihrer Kirche, nämlich den Raum zwischen der Prinzen-, Grünen- und Königstraße. Woher der König den Platz genommen hat, wird in der Urkunde nicht gesagt, aber zu Altona kann er nicht gehört haben, denn dann hätte die Schenkung keinen Sinn. Es bildete also hier die große Mühlen- und Prinzenstraße die Grenze von Altona, denn das Feld zwischen der Mühlenstraße und der Königstraße gehörte zu dem Hofe des U. Chr. Hollmann in Ottensen. J. C. Eyffler besaß einen Hof in Ottensen, er hatte auf einem Kamp bei Altona allerlei Fabrikanlagen gemacht, und nachdem Altona zur Stadt erhoben war, legte er auf diesem Kamp 1670 die Johannisstraße, die Marien=, Anna=, Christian= und Peterstraße an, folglich muß die frühere Grenze von Altona zwischen der kleinen Freiheit und der Johannisstraße gesucht werden. Nehmen wir nun an, daß Altona sich bis an die Hamburger Grenze erstreckt hat, so besaß es in der ersten Hälfte des 17. Jahrhunderts einen Flächenraum von etwa 379000 Quadratmetern, nicht viel größer als das Heiligen=Geistfeld, und es muß jedem einleuchten, daß auf diesem Raum von einem Dorf mit landwirtschaftlichem Betrieb keine Rede sein kann, denn selbst die kleinsten Dörfer in unserer Umgegend besitzen eine fünfmal so große Feldmarke. Der be= zeichnete Flächenraum wäre für ein Fischerdorf, etwa wie z. B. Ellerbeck bei Kiel, Blankenese an der Elbe ausreichend gewesen, allein dann hätte die Bebauung sich in anderer Weise vollziehen müssen. Als 1664 das Stadterbebuch eröffnet wurde, war die Lange= und Breitestraße, die kleine Prinzenstraße und die Böhmkenstraße fast ganz bebaut, wogegen die große Elbstraße noch unbenannt war und die dortigen Grundstücke durch „an der Elbe belegen" bezeichnet wurden; es fanden sich hier die alte Münze, eine Windmühle, und noch 1691 eine Glashütte, gewiß der beste Beweis, daß von einer städtischen Bebauung hier keine Rede war. Endlich wird das erste Fischerhaus erst 1690 eingetragen, weshalb man den Gedanken wird aufgeben müssen, daß Altona ursprünglich ein Fischerdorf gewesen sei. — Wir haben oben den Umfang von Altona in der ersten Hälfte des 17. Jahrhunderts festzu= stellen gesucht, im 16. Jahrhundert war der Ort aber noch viel kleiner. Graf Ernst von Schauen= burg überließ dem französischen Koch de la Chambre ein Stück Land auf der Freiheit, um darauf ein Gasthaus zu errichten (den sogenannten Franschen Hof) und schenkte 1601 den Mennoniten und 1602 den Reformierten einen Platz auf der Freiheit, um dort in der Stille ihren Gottesdienst zu feiern. Die Freiheit kann demnach im 16. Jahrhundert noch nicht zu Altona gehört haben, denn dann hätten die Grafen von Schauenburg nicht darüber verfügen können. Ferner verlieh der Graf Otto von Schauenburg am 1. Januar 1546 dem Hamburger Bürger Heinrich von Holte einen Brunnen „zwischen Altona und einem andern Brunnen" in seiner Herrschaft am Pepermöhlenbek. Aus den Ein= tragungen im Stadterbebuch geht hervor, daß dieser Brunnen zwischen der Bach=, Langen= und Linden= straße lag, daß auf dem Grundstück später zwei Bleichen und 1841 auf demselben die Wilhelminen= und die Amalienstraße angelegt wurden. Dies quellenreiche Feld östlich der Langenstraße gehörte also 1546 auch nicht zu Altona. Es bliebe demnach noch der Abhang nach der Elbe übrig. Im Jahre 1602 errichtete Graf Ernst von Schauenburg eine Münze zu Altona, da dieselbe sehr leichtes Geld lieferte, mußte er auf Beschwerde des niedersächsischen Kreises sie 1620 wieder eingehen lassen. Das Gebäude lag in der großen Elbstraße zwischen der Sestermannstraße und Brauerstraße und wird später als „alte Münze" im Stadterbebuch erwähnt. Der Abhang südlich der Breitenstraße hat also auch nicht zu Altona gehört, denn der Graf würde die Münze auf der Freiheit erbaut haben, wenn die Gegend an der Elbe nicht in seinem Besitz gewesen wäre. Für das ursprüngliche Gebiet von Altona bleibt nur der Raum zwischen der Breiten=, Langen=, großen Prinzen= und großen Mühlenstraße übrig, dieser reichte aber nicht aus, um eine Familie ausschließlich von der Landwirtschaft zu ernähren, der Besitzer muß daher noch irgend einen Nebenerwerb gehabt haben. Wir haben in dem Artikel „Das Kloster Herwardeshude", S. 219, erwähnt, daß Graf Adolf von Schauenburg 1313 dem Kloster einen kleinen, wüsten Raum bei Ottensen (spacium quoddam juxta villam nostram Tottenhusen) überließ, um daselbst Häuser zur Bestellung ihrer Felder zu errichten. Ottensen aber war ein Geest= dorf und seine Feldmarke reichte bis an die große Landstraße (jetzt Flottbecker Chaussee, Palmaille große Mühlenstraße und große Prinzenstraße). Wir wollen es hier nicht untersuchen, ob der Abhang zur Elbe zu Ottensen gehörte, der Elbstrand bildete aber noch in neuerer Zeit als Neumühlen eine eigene Gemeinde, auch gehörte der Platz, welchen Christian IV. dem Paul Hoeckel 1642 zur Errich=

tung einer Sägemühle überließ, nicht zu Ottensen, der Abhang hatte aber in jener Zeit für das Dorf keinen Wert, da er zum Ackerland nicht benutzt werden konnte. Zur Zeit der Gründung des Dorfes mag nun das kleine Dreieck zwischen dem Abhang in der Breitenstraße und der Landstraße nicht zur Feldmark gezogen worden sein, weil es zum Kamp zu klein, auch wahrscheinlich nicht sehr fruchtbar war. Der Raum bildete also ein Stück Land, wie wir es nicht selten bei armen Heidedörfern finden, das als Hofplatz einer Hufe keine Verwendung gefunden hat, und so unfruchtbar ist, daß es die Kosten der Bestellung nicht trägt. Dem Kloster konnte es aber gleichgültig sein, ob der Boden unfruchtbar war, denn der Platz sollte ja nur zur Errichtung landwirtschaftlicher Gebäude benutzt werden, und es unterliegt daher wohl keinem Zweifel, daß wir in diesem Dreieck den von dem Grafen Adolf dem Kloster geschenkten Platz vor uns haben. Später muß das Kloster seine Besitzung an der Elbe veräußert haben, vermutlich an die Grafen von Schauenburg, und diese werden die Felder für sich behalten haben, während sie die Hofstelle mit den Gebäuden einem Leibeigenen überließen, welcher um seine Familie zu ernähren, neben der Landwirtschaft noch einen anderen Erwerbzweig betreiben mußte. Vergegenwärtigen wir uns nun die Verhältnisse dieser Gegend in der ersten Hälfte des 16. Jahrhunderts, so wird es nicht schwer zu erraten, welchen Nebenerwerb der Besitzer betrieben haben kann. Die Westgrenze von Hamburg bildete der Baumwall, die jetzige Admiralitätstraße, und der Altewall; mit Ausnahme einiger Gartenhäuser vor dem Millernthor und Schaarthor war die ganze Gegend bis Ottensen unbebaut und unbewohnt, auf der ganzen Strecke kennen wir nur den Nobiskrug, etwa dort, wo die Thalstraße jetzt in die Langereihe auf St. Pauli mündet. Bedenkt man nun, daß in jener Zeit die Thore der Stadt mit Dunkelwerden geschlossen wurden und Fremde, welche später eintrafen, außerhalb der Stadt ein Unterkommen suchen mußten, so wird wohl nicht so ganz selten der Nobiskrug überfüllt gewesen sein, daß Reisende hier keine Aufnahme finden konnten. Da auch die Hamburger an Sonn- und Festtagen gern zum Thor hinauswanderten, um frische Luft zu schöpfen, lag es gewiß sehr nahe, daß der Besitzer des an der Landstraße belegenen Hofes auf demselben eine Wirtschaft einrichtete. Dem Besitzer des Nobiskruges lag aber dieselbe zu nahe, und deshalb mag der Name Alltonahe entstanden sein. Dieser Annahme widersprechen auch die geschichtlichen Notizen nicht. — Im Jahre 1537 wurde vor dem Millernthor neben der Windmühle ein neuer Begräbnisplatz abgesteckt, damit dort die Armen, welche die Begräbniskosten nicht bezahlen konnten, ihre Toten beerdigen sollten, zugleich wurde bestimmt, daß auch die Einwohner von Ottensen, Ottmarschen und Bahrenfeld, welche bisher ihre Leichen auf dem Nikolaikirchhof beerdigt hatten, diesen Begräbnisplatz benutzen durften. Altona wurde bei dieser Gelegenheit nicht erwähnt, es wird also als Ortschaft noch nicht vorhanden gewesen sein, als einfacher Hof und Krug bedurfte es der Erwähnung ebenso wenig als der des Nobiskruges. Im nächsten Jahre berichtete Bernd Giseke in seiner Chronik (Seite 159): „Anno 1538 den 2. September do stak de astrologus doctor Reuenlouw enen man to dem Altona." Offenbar hat er Altona nicht als Ortschaft angesehen, er würde sonst to Altona geschrieben haben, auch deutet der Vorfall darauf hin, daß auf dem Hof eine Wirtschaft betrieben wurde, denn die beim Spiel und Wein erhitzten Gemüter waren leicht zu Ausschreitungen geneigt, und daß in Wirtschaften Mord und Totschlag vorkamen, war in jener Zeit keine große Seltenheit. Zehn Jahre später, 1548, beschwerten sich schon die Handwerker in Hamburg über die Altonaer, weshalb in Art. 37 des Rezeß von 1548 bestimmt wurde: „Und dieweil sich viele Bürger aus verschiedenen Ämtern beklagen, daß ihnen zu Altona und Ottensen allerlei Eingriffe, Verkürzungen und Benachteiligungen geschehen 2c." Es muß demnach innerhalb dieser zehn Jahre Altona sich in eine Ortschaft verwandelt haben, aus den Vorgängen in jener Periode ist diese Umwandlung leicht zu erklären.

1529 war in Hamburg die Reformation eingeführt worden, während in der Grafschaft Pinneberg die papistische Partei noch herrschend blieb, weshalb eifrige Papisten Hamburg verließen und einstweilen bei den Glaubensbrüdern in der Umgegend Aufnahme fanden. Die Handwerker unter denselben mußten nach wie vor ihren Erwerb in Hamburg suchen, sie durften sich also nicht zu weit entfernen, und wandten sich daher nach Wandsbeck und Ottensen, zumal sie auf einen baldigen Umschwung der Verhältnisse in Hamburg hofften, welche ihnen die Rückkehr in die Vaterstadt ermöglichen würde. Da dieser Umschwung aber nicht erfolgte, wurden die Glaubensbrüder den Bauern in Ottensen unbequem, denn die Hofgebäude brauchten sie für ihren landwirtschaftlichen Betrieb selbst, sie hatten aber keine Neigung, für die Fremden auf kurze Zeit neue Wohnhäuser zu erbauen, und der Verkauf von Bauplätzen hatte bei einem Bauernhof seine großen Schwierigkeiten. Anders lag die Sache bei Altona. Der Besitzer konnte von seinem Hof und Garten beliebige Plätze abgeben, und die Handwerker, welche ihren Erwerb in Hamburg suchten, gaben sogar wegen der größeren Nähe Altona den Vorzug. Zu den ersten katholischen Ansiedlern kamen bald neue, welche durch die Zunftfreiheit angelockt wurden, so daß die Zahl der Ansiedler sich rasch vergrößerte. Die Papagoyenstraßen, die Böhmkenstraße und die kleine Prinzenstraße zeigen noch jetzt, daß es kleine, von der Landstraße abzweigende, für Handwerkerwohnungen angelegte Straßen waren. Wir geben auf Seite 286 eine Abbildung von Altona aus dieser ersten Periode vom Maler Waterlo und nebenstehend einen Plan von 1550, welche so ziemlich unserer Auffassung entsprechen.

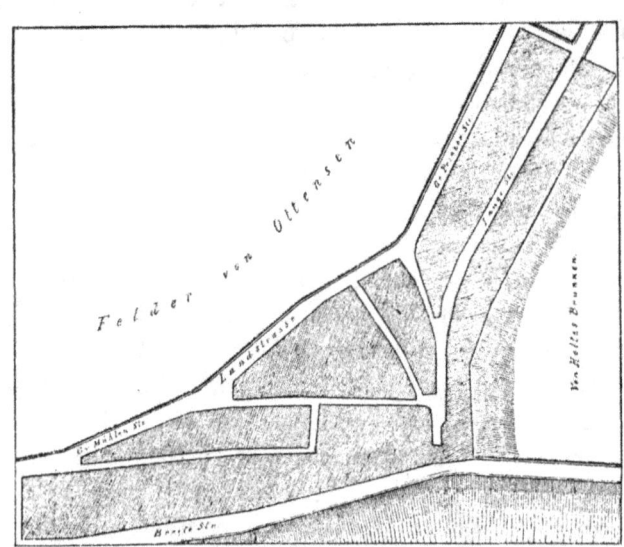

Plan von Altona.

L. H. Schmid berichtet in seiner Chronik von Altona, daß der Ort 1547 abgebrannt sei, und der Rat von Hamburg am Donnerstag nach Vocem Iucunditatis an den damaligen Drost zu Pinneberg, Hans Barner, geschrieben und ihn gebeten habe, daß doch den abgebrannten Leuten, weil sie den Handwerkern in Hamburg so viel Ungelegenheiten machten, nicht verstattet werden möge, wieder zu bauen, sondern, daß man ihnen an andern Orten Stellen anweisen möge. Der Drost habe hierauf geantwortet: daß er den Leuten schon Bauholz angewiesen, die Hamburger Handwerksleute könne solches nicht irren, denn die Leute baueten auf ihres Herrn Grund und Boden, zu dem sei zu beweisen brieflich, daß an dem Orte viel mehr Gebäude gestanden, ohne jemandes Einrede. Schmid giebt diese Erzählung ohne Angabe der Quelle, die gleichzeitigen Chronisten in Hamburg erwähnen die Feuersbrunst mit keinem Wort, außerdem findet sich im Hamburger Archiv weder die Antwort des Pinneberger Drosten, noch eine Abschrift von dem Brief des Rats. Wir müssen daher die Erzählung in das Reich der Sage verweisen, wenn aber die Feuersbrunst wirklich stattgefunden hat, dann muß der Ort nach dem früheren Plan wieder aufgebaut worden sein. Gegen Ende des Jahrhunderts nahm Altona einen neuen Aufschwung. Die spanische Inquisition vertrieb viele jüdische Familien in Portugal von Haus und Hof, und gleichzeitig veranlaßte der in den Niederlanden wütende Religionskrieg viele Reformierte und Mennoniten sich eine neue Heimat zu suchen. Manche dieser Flüchtlinge wünschten sich in Hamburg niederzulassen. Aber die lutherische Geistlichkeit war ebenso unduldsam gegen abweichende protestantische Sekten wie gegen die Katholiken und gegen die

Juden, sie suchten daher die Niederlassung derselben möglichst zu erschweren, weshalb manche der Flüchtlinge sich nach Altona wandten. Da jedoch das ursprüngliche Altona bebaut war, wiesen die Schauenburger Grafen den neuen Ansiedlern Bauplätze auf ihrem Grund und Boden an, und so entstanden die Bach=, Finken= und Reichenstraße, auch auf der Freiheit mögen schon im 16. Jahrhundert einzelne Häuser erbaut worden sein. Das ursprüngliche Altona hatte also eine von den übrigen Ortschaften ganz abweichende Einrichtung; es bildete kein Dorf, weil es von Handwerkern bewohnt war, für eine Stadt war es zu klein und ein Flecken war es auch nicht, weil es keine Marktgerechtigkeit hatte. Die Schauenburger Grafen nennen es zwar „unser Dorf", jedoch wohl nur, weil sie keine andere Bezeichnung kannten. 1604 erhob Graf Ernst von Schauenburg den Ort zum Flecken und vereinigte den ganzen gräflichen Besitz von der Freiheit bis zum Elbstrand mit dem Ort, doch behielt er den privatrechtlichen Besitz des Grund und Bodens, soweit derselbe noch nicht weggegeben war. Der Umfang des Fleckens war dadurch, wie wir oben gesehen haben, beträchtlich vergrößert worden. Bei der Erhebung zur Stadt wurde 1664 fast die halbe Feldmark von Ottensen zu Altona gezogen, und die Stadt erhielt dadurch den gegenwärtigen Umfang. Aber das Land blieb Eigentum der Ottensener Bauern, weshalb die Gemeinde Altona eigentlich keinen Grundbesitz hat, und sie Bauplätze für öffentliche Gebäude erst den Privatbesitzern abkaufen muß.

Für die ältere Geschichte von Altona ergeben sich demnach folgende Abschnitte. Im Jahre 1313 schenkte Graf Adolf von Schauenburg dem Kloster Jungfrauenthal (Herwardeshude) den Raum zwischen der Breitenstraße, Langenstraße, großen Prinzenstraße und großen Mühlenstraße, um daselbst Gebäude zur Bestellung ihrer Felder in Herwardeshude zu errichten. Als später das Kloster seine Besitzung in dem alten Herwardeshude westlich des Baches an die Schauenburger Grafen veräußerte, behielten diese die Felder für sich, den Hof mit den landwirtschaftlichen Gebäuden aber gaben sie einem Bauern und verliehen ihm eine Krug=Gerechtigkeit. Weil der Krug dem Nobiskrug sehr nahe lag, mag er allmählich von der Bevölkerung Altona genannt worden sein. Zwischen 1538 und 1548 verkaufte der damalige Besitzer des Kruges an katholische Handwerker aus Hamburg kleine Bauplätze, und die beiden Papagoyenstraßen, die Böhmkenstraße und die kleine Prinzenstraße wurden nach und nach von ihnen bebaut, wodurch Altona sich zu einer Ortschaft entwickelte. Als gegen Ende des 16. Jahrhunderts viele Flüchtlinge aus den Niederlanden hier einwanderten, überließen die Schauenburger Grafen ihnen Bauplätze an der Hamburger Grenze in der Bachstraße und Finkenstraße, da in Altona alle Plätze bebaut waren. 1604 vereinigte Graf Ernst von Schauenburg seinen Grundbesitz von der Freiheit bis zur Elbe mit Altona und erhob den Ort zum Flecken. In der kurzen Zeit von kaum drei Jahrhunderten hat sich Altona also aus einem so unbedeutenden Anfang zu der größten Stadt der Herzogtümer emporgeschwungen, eine so rasche Entwickelung hat wohl kaum eine andere Stadt in Deutschland aufzuweisen.

Anmerkungen.

Für die Bearbeitung dieses Werkes sind außer verschiedenen ungedruckten handschriftlichen Nachrichten und kleineren Mitteilungen in der Zeitschrift und den Mitteilungen des Vereins für Hamburgische Geschichte folgende Werke benutzt worden.

R. G. Behrmann, Geschichte der Petrikirche.
Dr. F. G. Buck, die Hamburger Bürgermeister.
— " " Oberalten.
— " " Altertümer.
G. Dehio, das Erzbistum Hamburg-Bremen.
H. Fortmann, die Jakobikirche.
C. F. Gaedechens, Historische Topographie.
— das Marien-Magdalenen-Kloster.
J. L. von Heß, Hamburg, topogr. polit. und historisch beschrieben.
Dr. J. R. R. Janßen, Ausführliche Nachrichten.
Das Johanniskloster von Martin Gensler, C. F. Gaedechens und Dr. K. Koppmann.
E. Ph. L. Kalmberg, Geschichte des Johanneums.
Klefecker, Sammlung Hamburgischer Gesetze und Verfassungen.
— " " Mandate.
Dr. Koppmann, Hans. Geschichtsbilder.
— Geschichtsquellen.
— Kämmereirechnungen.
J. M. Lappenberg, Hamburger Urkunden.
— Geschichtsquellen des Erzstiftes Bremen.
— Rechtsaltertümer.
— Elbkarte von Melchior Lorichs.
— Programm zur dritten Säkularfeier.
— Hamburger Chroniken.
— Die Cisterzienser Abtei Herwardeshude
Dr. F. J. L. Meyer, Blick auf die Domkirche.
Dr. Ed. Meyer, Geschichte des Hamburger Schulwesens im M.-A.
Dr. Karl Mönckeberg. Die Nikolaikirche.
F. H. Neddermeyer, Topographie und Statistik.
Neßmann. Die Stadt Hamburg, Vororte, Gemeinden und Ortschaften.
Das Stadterbebuch von 1248—1273.
Nic. Staphorst, Hamburger Kirchengeschichte.
F. Stöter, Die Domkirche zu Hamburg.
Suhr, Die Petrikirche.
Hans Hinr. Wendt, Geschichte des Turmes der Katharinenkirche.
Ferner:
Dr. Wilh. Arnold, Verfassungsgeschichte der deutschen Freistädte.
— Das Aufkommen der Handwerker im M.-A.
— Das Grundeigentum in deutschen Städten.
— Deutsche Urzeit.
Dr. F. v. Aspern, Beiträge zur ältesten Geschichte Holsteins.
Dahlmann, Geschichte von Dänemark.
Dr. H. Dürre, Geschichte der Stadt Braunschweig.
F. G. Eichhorn, Literaturgeschichte.

Dr. F. Frensdorff, Geschichte von Lübeck.
J. Grimm, Rechtsaltertümer.
— Mythologie.
Dr. C. L. Grotefend, Entwickelung der Stadt Hannover.
Colmar Grünhagen, Breslau unter den Piasten.
Georg Hansen, Entwickelung der Dörfer.
Dr. P. Hasse, Schleswig-Holstein-Lauenburgische Regesten und Urkunden.
Andr. Heusler, Verfassungsgeschichte der Stadt Basel.
K. D. Hüllmann, Städtewesen.
Ed. Jacobs, Werningeroder Schule.
G. Kaufmann, Germanen der Urzeit.
Gottfr. Kinkel, Geschichte der bildenden Künste.
Heinr. Kurz, Geschichte der deutschen Literatur.
J. H. Kurtz, Kirchengeschichte.
G. L. v. Maurer, Dorfverfassung.
— Fronhöfe.
C. Meiners, Geschichte der hohen Schulen.
E. F. Mooyer, Nordalbingische Studien.
Möser, Osnabrückische Geschichte.
Oluffsen, Bidrag til Oplysning.
Dr. M. Philippson, Geschichte Heinrichs des Löwen.
F. A. Reimann, deutsche Volksfeste.
Rostocker Kinderlehre im 15. Jahrhundert.
H. Rückert, Kulturgeschichte.
C. W. Sack, Geschichte der Schulen zu Braunschweig.
Savigny, Geschichte des römischen Rechts im M.-A.
Dr. Diedr. Schäfer, die Hansestädte und Waldemar III.
Joh. Scherr, Kulturgeschichte.
K. Schnaase, Geschichte der bildenden Künste im M.-A.
Th. Toeche, Kaiser Heinrich VI.
Fr. Thudichum, der altdeutsche Staat.
—, Gau- und Markverfassung in Deutschland.
W. W. Tomek, Geschichte der Stadt Prag.
Usinger, Anfänge der deutschen Urzeit.
Dr. W. F. Volger, Ursprung der Stadt Lüneburg.
Georg Waitz, Deutsche Verfassungsgeschichte.
— Die altdeutsche Hufe.
Heinr. Weber, Geschichte der gelehrten Schule zu Bamberg.
K. Weinhold, deutsche Frauen im M.-A.
Paul Wiegand, das Kloster Corvey.
M. Wiener, Geschichte der Juden im M.-A.
Wietersheim, Geschichte der Völkerwanderung.
G. Wirth, deutsche Geschichte.

Allgemeine Biographien der königl. Akademie d. Wissensch. in München.

Anmerkungen zur Gründung der Hamburger Kirche.

1) Ein Weg über einen Sumpf oder Bruch, also ein Knüppeldamm wurde von den alten Sachsen Brücke genannt; aber Brücken in unserm Sinne, d. h. Wege auf Pfeilern und Bogen waren ihnen unbekannt. Noch im 13. Jahrhundert hieß der untere Teil der großen Johannisstraße „die lange Brückenstraße". Diese Bedeutung des Wortes hat sich noch in „Steinbrücker" erhalten.

2) Unter „Burg" verstehen wir jetzt einen, meistens auf einem Berge gelegenen, mit Mauern und Graben befestigten Platz. So eng war der Begriff des Wortes in alter Zeit nicht. Zwar gebrauchte auch Ulfilas das Wort baurgs für Stadt, Schloß 2c. da wir aber aus dem Gotischen nur einen Teil der Bibelübersetzung kennen, können wir nicht entscheiden, ob das Wort noch andere Bedeutungen gehabt hat. Baurgs stammt von bairgan, d. h. bergen, schützen, eigentlich „aus der Tiefe in die Höhe retten", wie noch heute bei Schiffbrüchen, Überschwemmungen 2c. bergen für retten gebraucht wird, daher auch gotisch bairgs der Berg. Baurgs ist also ein Ort, wohin man

sich retten kann, der Schutz gewährt. Im Altdeutschen wird ein mit Hecke, Wall, Graben ꝛc. umgebener Herrenhof „Burg" genannt, und vielleicht verdanken die Burgunder dem Umstand ihren Namen, weil sie in befestigten Höfen wohnten. In der Edda wird ein, in der Mitte des Schiffes aus Schildern, Matten ꝛc. für den Führer errichtetes Zelt „eine Burg" genannt. Dem Beowulfliede zufolge errichteten die Recken dem, nach dem Kampf mit dem Drachen gestorbenen Beowulf eine Feuerburg, d. h. einen festen Bau von Holz mit Helmen und Schildern behangen, als Scheiterhaufen. Endlich wird „Burg" auch für Opferplatz gebraucht, vielleicht weil alle, den Göttern geweihte Plätze das Asylrecht besaßen, und mithin Verbrecher sich hier bergen konnten. Vermutlich werden Asciburg, Siegburg, Teutoburg ꝛc., wie Hamburg solche geweihte, heilige Plätze gewesen sein.

Anmerkungen zur Gründung des Erzbistums Hamburg.

3) Hamburg lag an der alten Handelsstraße von Dortrecht nach Schleswig. Vermutlich haben niederländische Kaufleute Ansgar in Schleswig auf die Hamburger Kirche aufmerksam gemacht, und er brachte Hamburg wegen seiner Lage als Sitz des neuen Erzbistums in Vorschlag. Der Sage genügte aber diese Erklärung nicht, denn sie erzählt: Ansgar und Autbert seien bald nach ihrer Ankunft in Dänemark wieder verjagt worden. Während nun Autbert krank nach Neu-Corbie zurückkehrte, habe Ansgar versucht, die Nordalbingier zu bekehren und auf seiner Wanderung auch Hamburg besucht. Nach vielen vergeblichen Versuchen, die Nordalbingier für das Christentum zu gewinnen, sei er ebenfalls nach Corbie zurückgekehrt und vom Kaiser dann nach Schweden gesandt. Wie wir Seite 7 gesehen haben, wurde Ansgar nicht aus Corbie, sondern aus Schleswig zur Mission nach Schweden berufen, und da er wahrscheinlich zu Schiff über den Rhein an den kaiserlichen Hof reiste, wird er auch auf dieser Reise Hamburg nicht berührt haben.

4) Das Pallium war ursprünglich ein Kragen von weißer Lammwolle, den die römischen Bischöfe an hohen Festtagen umlegten zum Gedächtnis Jesu, der gleich einem Lamm zur Schlachtbank geführt war. Seit dem 7. Jahrhundert begannen die römischen Bischöfe befreundeten Bischöfen einen solchen Kragen zu schenken und den von ihnen abhängigen Bischöfen die Erlaubnis zu erteilen, bei feierlichen Gelegenheiten den Kragen umzulegen. Allmählich verwandelte sich der Kragen in eine weiße, mit roten Kreuzen reich verzierte Binde von Lammwolle, welche über die Schultern gelegt, vorn und hinten in zwei Streifen herabhing und durch zwei Querbinden zusammengehalten wurde. Später ward das Pallium ein Zeichen der erzbischöflichen Würde und mußte für schweres Geld von Rom erkauft werden.

Dr. Mönckeberg, Nikolaikirche.

5) Die Bulle des Papstes Gregor IV. (Hamb. Urk. 9) ist zwar gefälscht, aber die Gründung des Hamburger Erzbistums betreffende Teil ist wahrscheinlich der echten nachgeschrieben. Der Papst erzählt im Eingang der Bulle: Karl der Große habe für den äußersten Teil seines Reiches, für Nordalbingien, ein eigenes Bistum gründen wollen, damit dasselbe, von Heiden umgeben, nicht in den Glauben derselben zurückfallen, sondern auch diese zum Christentum herüberziehen möge. Den Kaiser Karl habe der Tod verhindert, den Gedanken auszuführen, aber Ludwig habe denselben wieder aufgenommen.

6) Die Sage spricht von 600 Schiffen, doch ist diese Zahl weit übertrieben. Rechnet man, daß durchschnittlich jedes Wikingerschiff eine Besatzung von 60 Mann hatte, so würde ein Heer von 36000 Mann vor Hamburg erschienen sein. Eine so große Zahl aber haben die Normannen niemals auf ihren Raubzügen vereinigt, keinesfalls nach dem armen Hamburg, denn hier konnte der Beuteanteil des Einzelnen doch nur sehr gering ausfallen, und die Beute war doch der Hauptzweck der Raubzüge.

7) Die Sage erzählt: Ansgar sei nach der Zerstörung Hamburgs nach Bremen gegangen und habe Leuderich um Hülfe bitten wollen. Weil dieser ihn aber wegen der erzbischöflichen Würde stets beneidet hatte, habe er ihn hartherzig abgewiesen. Infolgedessen irrte Ansgar in der Heide obdachlos umher, aber eine adelige Frau Ikia habe sich seiner erbarmt und ihm ihren Waldhof Rameslohe geschenkt. Ansgar habe jetzt seine Geistlichen wieder um sich gesammelt, in Rameslohe ein neues Kloster gegründet, und nachdem Leuderich bald darauf gestorben sei, habe König Ludwig ihm das Bistum Bremen verliehen.

Diese Sage ist später erdichtet, um daraus die geistliche Herrschaft über das Kloster Rameslohe, welches im Bistum Verden lag, abzuleiten.

8) Beide Bullen sind später gefälscht, und wir können daher die Lage der Dinge nicht klar übersehen; doch scheint es, daß die Sätze, welche die Legation und die Trennung der Bremer Kirche von Köln betreffen, aus den echten Bullen aufgenommen worden sind.

Anmerkung zu Rimbert.

9) Offenbar hatte Papst Formosus die Absicht, Adalgar gegen die Anmaßung des Kölner Erzbischofs zu schützen, aber dann ist es doch sehr auffallend, daß er die Bulle des Papstes Nikolaus I. nicht als Beweis gegen die Ansprüche von Hermann anwandte. Entweder muß diese Bulle auch in Rom nicht mehr vorhanden gewesen sein, oder einen ganz anderen Wortlaut gehabt haben, als den wir kennen.

Anmerkungen zur Domkirche.

10) Von dieser Kirche besitzen wir weder eine Abbildung noch eine Beschreibung, wir wissen nur, daß sie von den Zeitgenossen wegen ihrer Schönheit bewundert wurde. Früher nahm man allgemein an, daß die altsächsischen Holzhäuser ähnlich wie die Blockhäuser in Nordamerika erbaut gewesen seien, indem man rohe Baumstämme wagerecht aufeinander legte. Ein solcher Bau mußte einen sehr einfachen Grundriß haben, und daher stellte man sich die älteren Hamburger Domkirchen als kleine, rechtwinkelige Bauten vor, wie man ähnliche Kirchen noch jetzt in abgelegenen Dörfern findet; auch Ansgar wird daher häufig mit einer ähnlichen Kirche abgebildet (siehe S. 3). Ein solcher Bau möchte jedoch schwerlich die Bewunderung der Zeitgenossen erregt haben.

Neuere Untersuchungen haben ergeben, daß die alten Deutschen im Holzbau keineswegs so ungeschickt gewesen sind, sie bauten seetüchtige Schiffe und bauten wenigstens ihre Saalhöfe und Wohnhäuser nicht aus rohen Baumstämmen. Die Wände solcher Gebäude bestanden aus senkrechtstehenden Bohlen, welche (durch Nut und Feder) fest mit einander verbunden wurden, die Ecken bildeten starke geglättete Baumstämme, um dem Gebäude eine größere Festigkeit zu geben. Das Dach wurde im Innern von vier hohen Säulen und im Äußern von kleinen Säulen getragen, welche das Haus auf allen vier Seiten umgaben, so daß hier ein bedeckter Säulengang gebildet wurde. Diese Bauart gestattete nicht nur, Thüren und Fenster leicht anzubringen, sondern auch den Grundriß beliebig zu entwickeln, was bei kirchlichen Gebäuden von Bedeutung war. Wahrscheinlich werden daher die alten Holzkirchen in Norddeutschland in ähnlicher Weise erbaut gewesen sein. Allerdings sind von diesen Gebäuden in Deutschland keine erhalten, aber auf dem Plateau im Innern von Norwegen, z. B. in Telemarken, Valders ꝛc. finden sich noch 40—50 kleine Holzkirchen, sogenannte „Stabkirchen", von denen einige noch jetzt im Gebrauch sind, und welche aus der Zeit der Einführung des Christentums, also aus dem 10. und 11. Jahrhundert stammen.

11) Beim Bau des neuen Rathauses ist 1886 in der Baugrube ein sehr starkes Fundament von etwa 14 m Länge und Breite aufgedeckt worden. Die Grundmauern waren 4 m breit, ruhten auf einem sehr festen Pfahlrost und bestanden aus zwei Schichten großer Granitblöcke. Ob früher noch weitere Lagen von Granitblöcken vorhanden gewesen sind, und ob der obere Bau aus Ziegelsteinen ausgeführt war, ließ sich nicht entscheiden, da der Platz früher schon geebnet worden ist. Da dieses Fundament denen der Normannentürme in England (keeptowers) sehr ähnlich ist, wird es wahrscheinlich, daß hier die Grundmauern der (1035—43) von Herzog Bernhard II. erbauten Alsterburg aufgefunden sind. (Wichmann Grundmauern 1888. S. 9.)

12) Die Feuersbrunst von 1284 ist vielfach in das Gebiet der Sage verwiesen worden, weil die beiden Klöster, das Marien-Magdalenen-Kloster und das Johanniskloster, nachweislich nicht abgebrannt sind. Ein Nekrolog des Mar.-Magd. Klosters berichtet, daß der Ratmann Heinr. Bredewardi am 8. Aug. 1284 beim Brande der Stadt in seinem eigenen Hause (die Hölle) ums Leben gekommen sei. Ein Magdeburger Chronist erzählt später, daß ganz Hamburg abgebrannt, nur das Haus zur Hölle erhalten worden sei, und ein Hamburger Chronist, daß ganz Hamburg bis auf ein Haus niedergebrannt sei, weshalb dies dat helle husz genannt worden, noch ein anderer, daß nur dat helle husz (in der Bohnenstraße) oder Kalenhusz erhalten geblieben und viele dort ihr Leben gerettet hätten. Die Lübecker Jahrbücher berichten 1284 von einem Brand zu Hamburg. Dettmar erzählt, 1284 sei die Stadt Hamburg abgebrannt und großer Schaden geschehen an Gut und Menschen; auch Menko in Mierum (ein Zeitgenosse des Ereignisses) berichtet, Hamburg sei vom Feuer zerstört worden, die steinernen Häuser haben der Glut nicht widerstehen können und seien zusammengestürzt, in dem Saale eines Hauses seien hundert Menschen umgekommen, die Schiffe in den Fleten und die Brücken seien verbrannt.

Dr. K. Koppmann, das Johanniskloster.

13) Beim Abbruch der Domkirche wurden fünf von diesen Granitsäulen dem Bauhof übergeben, in dessen Verwahrung sie bis zum Brande von 1842 verblieben. Als darauf die Petrikirche wieder aufgebaut wurde, haben vier Säulen in dem südlichen Schiff Verwendung gefunden, die fünfte war schon beim Abbruch der Domhalle zerbrochen. Die Säulen tragen jetzt zwei Emporkirchen, weil dazu aber sechs Säulen erforderlich waren, wurden nach dem Muster der alten zwei neue Granitsäulen angefertigt und so treu nachgebildet, daß sie nur schwer von den alten zu unterscheiden sind.

F. Stöter, der Dom zu Hamburg 1879.

14) Die Angabe von J. A. R. Janßen (ausführliche Nachrichten 1826), daß die Domkirche 220 Fuß lang und 126 Fuß breit gewesen sei, beruht wohl auf Irrtum.

Anmerkungen zu: Die Domschule in Hamburg.

15) Auf dem Kaufberge in Lübeck ist 1866 eine Kloake aufgedeckt, welche 1340 für die St. Jakobi-Schule angelegt worden ist. In dieser Kloake sind verschiedene Dinge aufgefunden worden, welche auf die Einrichtung der Schulen in jener Zeit einiges Licht werfen:

a) einige kleine Holztafeln, mit Wachs überzogen, 8—9 Zoll lang und 2—3 Zoll breit, welche zum Schreiben gedient haben. Die auf einigen befindliche Schrift ist so gut erhalten, daß sie sich noch entziffern läßt. Nach den kleinen Löchern in den Tafeln zu schließen, scheinen 6 Tafeln zu einem Buch vereinigt gewesen zu sein. Außer diesen größeren sind noch einige kleinere Tafeln, 3—4 Zoll lang und 2 Zoll breit gefunden, welche wahrscheinlich zu Notizen gebraucht wurden.

b) ein Tintenfaß aus Horn und 2 Tintenfässer aus Stein, welche also beweisen, daß schon damals auch in der Schule mit Tinte geschrieben worden ist.

16) Zur Zeit Walafrid Strabos wurde die innere Schule in Reichenau von etwa 100, die äußere Schule von etwa 400 Schülern besucht, dagegen hatten 1145 die 4 Parochialschulen in Braunschweig jede nur 4 Schüler. 1400 hatten die 7 Parochialkirchen 12 Pfarrschüler und 8 Opferschüler, aber 1429 waren in der Stadt allein 17 fremde Schüler.

C. W. Sack Gesch. d. Schulen zu Braunschweig.

17) In Wismar betrug 1297 das Schulgeld 5 Schillinge und wurde 1561 auf 8 Schillinge erhöht, in Ratzeburg betrug 1620 das Schulgeld ebenfalls 8 Schillinge, in Lübeck 1531 aber nur 4 Schillinge.

Ed. Meyer, Hamb. Schulwesen.

18) In Braunschweig hatten die Schüler im Sommer von 7 bis 9 Uhr, im Winter von 8—10 Uhr morgens und das ganze Jahr von 12 bis 4 Uhr nachmittags Unterricht.

C. W. Sack Gesch. d. Schulen zu Braunschweig.

In Wismar begann der Unterricht um 8 Uhr morgens und dauerte bis 4 Uhr nachmittags.

Ed. Meyer, Hamb. Schulwesen. S. 20.

19) Karl d. Gr. verlangte, daß alle seine Unterthanen das Vaterunser und das apostolische Glaubensbekenntnis kennen sollten. Jeder Priester sollte dafür sorgen, daß alle Kinder seines Sprengels Lesen und Schreiben lernten. Er ließ in Städten und Dörfern Pfarrschulen einrichten. Bischof Theodulf von Orleans erließ an alle Pfarrer seiner Diözese die Vorschrift, daß sie überall Schulen halten, die ihnen zugeführten Kinder aus Liebe aufnehmen und unterweisen sollten, keinen Lohn fordern, sondern nur freiwillige Gaben der Dankbarkeit annehmen dürften.

Dr. J. Rehmke, gesch. Verhältnis von Kirche und Schulen.

Karl d. Gr. verordnete, daß alle Eltern, welche ihre Kinder nicht zur Schule schickten, mit kirchlichen Strafen bedroht werden sollten und das Konzil zu Mainz 813 beschloß: „die Pfarrer sollen das Volk ermahnen, den Glauben und das Gebet des Herrn zu lernen, und wer aus der Gemeinde dieses versäumt, soll durch Fasten und auf andere Art gezüchtigt werden. Auch sollen sie ihre Kinder in die Schule eines Klosters oder Pfarrers schicken, damit sie den Glauben und das Gebet erlernen und dann zu Hause es wieder andern lehren können. Wer es nicht anders vermöge, der solle es in seiner Muttersprache erlernen. Auch jeder Pate müsse billigerweise seine geistlichen Kinder darin unterrichten."

Ruhkopf, Gesch. d. Sch. S. 38.

Karls IV. (1356) Goldene Bulle schreibt in Art. 30 vor: „Derohalben verordnen wir: daß die Söhne und Nachfolger derselben, weil sie vermutlich die deutsche Sprache als die ihnen von Natur eingepflanzte wissen, von dem siebenten Jahre ihres Alters an in der Grammatik, welscher und wendischer Sprache, unterrichtet werden, also daß sie innerhalb des vierzehnten Jahres ihres Alters nach der Gnade, so ihnen Gott verliehen, darin unterrichtet und erfahren sind, dieweil solcher für nützlich und höchst notwendig erachtet wird. Dies aber ins Werk zu richten, wollen wir verordnet haben, daß den Eltern freistehen solle, ihre Söhne oder ihre nächsten Verwandten, so für ihre Nachfolger halten, an die Orte zu schicken, in welchen sie in solchen Sprachen unterrichtet werden, oder auch in ihren Häusern Lehrmeister und Unterweiser und andere Jungen, so solcher Sprache kundig sind, zuzuordnen."

C. W. Sack, Gesch. d. Schulen zu Braunschweig. S. 6.

Auch die Städte waren der Einführung eines Schulzwanges manchmal sehr nahe, so z. B. verordnete der Erzbischof von Köln 1270: „Die Kinder sollen morgens und nachmittags im Lesen und Schreiben unterrichtet werden, und die Eltern sollen bei 12 Mark Strafe ihre Kinder jeden Tag zur Schule schicken."

C. W. Sack, Gesch. d. Schulen.

Anmerkungen zu: Elbmarschen.

20) Es ist möglich, daß der in der Urkunde vom 3. April 1180 (Schlesw.-Holst.-Lauenbg.-Regesten u. Urk. N. 138), worin der Bischof Isfrid von Ratzeburg die Grenzen des Kirchspiels Bergedorf bestätigt, erwähnte Bruneslake für Curslake zu lesen ist.

Anmerkungen zu Adolf III.

21) Der Freibrief für Wirad ist ohne Datum, daher schwanken die Ansichten über das Gründungsjahr von Neu-Hamburg zwischen 1164 und 1189. F. G. Zimmermann (Chronik von Hambg.) giebt 1164, G. N. Bärmann (Chron. v. Hambg.) 1168, J. M. Lappenberg (Entst. d. bürgerl. Verf.) 1188 und C. F. Gädechens (Hist. Topogr.) 1189 an. Wahrscheinlich ist aber, daß Adolf III. erst dann den Entschluß faßte, Neu-Hamburg zu gründen, als der Versuch mißglückt war, Lübeck seiner Herrschaft wieder zu unterwerfen. Der Freibrief für Wirad wird demnach 1187 oder 1188 ausgestellt worden sein.

22) Die Sage berichtet, daß der Herzog Heinrich der Löwe die Steine der Stadtmauer von Bardowik an Hamburg verkauft habe, aus denen die Hamburger Stadtmauer vom Winserbaum bis zum Rödingsmarkt erbaut worden sei. (F. G. Zimmermann, Chronik v. Hambg. S. 85.) Die Mauern von Bardowik bestanden jedoch aus Kalkstein, während die Grundlage der Hamburger Mauer aus Granitblöcken und der Oberbau aus Ziegelsteinen bestand, wie sich beim Bau des Zollkanals herausgestellt hat. Auch ist die Mauer vom Winserbaum bis zur Hohenbrücke nachweislich erst Ende des 13. Jahrhunderts erbaut, und bis dahin war die Stadt auf dieser Seite wahrscheinlich nur durch eine Holzwand geschützt.

Anmerkungen zu Neu-Hamburg.

23) Manche Schriftsteller haben die Ansicht ausgesprochen, daß in Städten und Klöstern jeder Knecht frei war, wenn er sich daselbst Jahr und Tag aufgehalten hatte, ohne angesprochen zu sein, d. h. ohne daß der Herr sein Eigentumsrecht geltend gemacht hatte. Dies ist aber ein Irrtum, denn noch im 14. Jahrhundert kauften und verkauften manche Klöster Knechte und Mägde, und besonders die Städte an der Donau trieben einen schwunghaften Sklavenhandel nach dem Orient, auch selbst die Handwerker hatten in vielen Städten noch nicht ihre volle Freiheit erlangt. Als die Kolonistädte im Wendenland das Privilegium erworben hatten, daß der Knecht frei war, wenn er sich Jahr und Tag dort aufgehalten hatte, nahmen manche der älteren Städte dasselbe Recht auch für sich in Anspruch, und ließen es sich später mit andern Privilegien bestätigen.

24) Der Handel mit Wein und Salz war damals Monopol des Rats, weshalb in allen Städten der Weinkeller und die Salzkanne zu den öffentlichen Gebäuden gehörten.

25) Das älteste Stadterbebuch aus dem 13. Jahrhundert hatte keine Einteilung, sondern die Erben wurden, sobald eine Eintragung erfolgte, bunt durcheinander ohne irgend eine Ordnung eingeschrieben. Im 14. Jahrhundert wurde das Buch nach den vier Kirchspielen abgeteilt, und das Nikolai-Kirchspiel erhielt wiederum drei Unterabteilungen (Neueburg, Deich und Rödingsmarkt), welche wohl auf ältere Stadteinteilungen, Bezirke, gegründet waren. Vielleicht sind dies die in dem Privilegium für Wirad genannten Teile: die Burg, der angrenzende Brot und der Alsterwärder.

Anmerkung zum Hosp. St. Georg.

26) Das Dorf Langenhorn wurde 1332 von dem Junker Adolf, Grafen von Holstein, für 200 Mark an Nikolaus vom Berge verkauft, und kam später an das Hospital St. Georg.

Klein Borstel (Borsteede, Lambertborstel, Averborstel oder Querborstel) wurde 1304 von dem Grafen Adolf von Holstein an Johannes vom Berge verkauft und gelangte später ebenfalls in den Besitz des Hospitals St. Georg.

Das Dorf Berne (Bähr oder Baren) wurde 1375 von Johann von Hummersbüttel für 90 Mark an das Hospital St. Georg verkauft, später niedergelegt und in einen Meierhof verwandelt.

Anmerkung zur Nikolaikirche.

27) Nach der Anschauung jener Zeit konnte man sich einen städtischen Ort nicht ohne Kirche denken. So weit wir unterrichtet sind, wurde bei jeder Gründung einer Stadt sogleich auch der Bau einer Kirche begonnen, und Neu-Hamburg wird keine Ausnahme gemacht haben, mußten doch selbst die im Anfang des 12. Jahrhunderts gegründeten Marschgemeinden für die Unterhaltung der Kirche eine Hufe frei lassen.

Anmerkungen zu Adolf IV.

28) Bei dieser Gelegenheit hatte der Herzog Otto auch mehrere Hamburger zu Gefangenen gemacht, welche die Stadt später mit 1800 Mark auslösen mußte.

29) Die Chronisten nennen den Bürgermeister Alexander von Soltwedel als Anführer der Lübecker, allein nach neueren Untersuchungen von Herrn Senator Dr. W. Brehmer hat Soltwedel im Rat nur eine untergeordnete Stellung eingenommen und ist wohl niemals Bürgermeister von Lübeck gewesen.

30) Eine andere Sage berichtet, Graf Adolf habe gebetet „Hilliger Gott, ick spöre in my dyne allmächtige Hülpe, und ick will nich undankbar erfunden warden. Wenn Du my de Feende awerwinnen helpest, will ick thom Denkmal dyner Gnade, by dem Ankamen tho Dyner Ehren und thom Angedenken disser Victoria Karken uprichten, und will my aller minschlichen Dingen begäwen und to dynem Dinst my sülvest gawen und in en Klooster gahn!"

In Verbindung mit dieser Sage steht wohl eine andere Nachricht, daß Graf Adolf schon bald nach dem Siege die Absicht ausgesprochen habe, in ein Kloster eintreten zu wollen.

31) Patriotismus und Sinn für nationale Interessen waren zu jener Zeit im Abendlande unbekannte Begriffe, und es mag daher auch nicht auffallen, daß ein Schauenburger Graf sich mit dem dänischen Könige gegen eine deutsche Stadt verbündete. Allein Adolf IV. stand doch Lübeck gegenüber in einem besonderen Verhältnis, er verdankte ja der Stadt hauptsächlich den Sieg bei Bornhöved. Man wird daher wohl nicht fehlgehen, wenn man Waldemar II. als den Urheber des Angriffs auf Lübeck betrachtet. Dies geht auch daraus hervor, daß er nicht nur seine Flotte vor die Mündung der Trave legte, sondern selbst mit einem bedeutenden Landheer zur Unterstützung Adolfs vor Lübeck erschien.

32) Von den Chronisten wird der Kampf in dieser Weise erzählt, in Wirklichkeit wird der Verlauf aber ein anderer gewesen sein, denn am 30. Aug. 1234 beauftragt Papst Gregor IX. den Propst, Dekan und Kantor von Halberstadt, den König von Dänemark, welcher trotz der Vorstellungen des päpstlichen Legaten den Hafen von Lübeck fortdauernd gesperrt halte, und über den der Bischof von Ratzeburg nebst Genossen den Bann nicht auszusprechen wage, nochmals bei Androhung des Bannes zur Öffnung des Hafens aufzufordern. (Schlesw.-Holst. Lauenbg. Reg. u. Urk. No. 522.) Am 10. März 1235 beauftragt Papst Gregor IX. den Erzbischof von Bremen, den Dekan zu Schwerin und den Abt von Reinfeld, seine früheren, von den Ordensrittern, den Lübeckern und Rigensern erwirkten Mandate an den Bischof

von Ratzeburg und Genossen, den Bann über den König von Dänemark zu verhängen, falls dieser in der That die Sperrung des Travehafens aufgehoben habe, zu sistieren. (Schlesw.-Holst. Lauenbg. Reg. u. Urk. No. 527.) Aus diesen Urkunden geht also hervor, daß die Lübecker sich hülfesuchend nicht nur an die wendischen Städte, an einige benachbarte Fürsten und den Kaiser Friedrich II., sondern auch an den deutschen Ritterorden, den Papst und die übrigen baltischen Städte gewandt hatten, und daß der Papst wenigstens bemüht gewesen ist, die Stadt zu schützen. Es erhellt aus den Urkunden zwar nicht, wodurch Waldemar gezwungen wurde, die Blokade der Trave aufzuheben, doch muß die Belagerung Lübecks über ein Jahr gedauert haben.

33) Die Chronisten sehen die 1246 errichtete Befestigung für den Altenwall an (J. G. Zimmermann, Chron. v. Hambg. S. 155, G. N. Bärmann, Hambg. Chron. S. 119, J. G. Gallois, Gesch. d. Stadt Hambg. S. 91 ꝛc). Dies ist unrichtig. Wenn schon aus der 1314 von den Klöstern erbauten Festungsmauer hervorgeht, daß damals der Altenwall noch nicht vorhanden gewesen ist, so ist durch die beim Börsenbau 1880 aufgefundenen Baureste der sichere Nachweis geliefert, daß 1314 der Platz des Altenwalles noch von der Alster bedeckt war. . . . . Habebit etiam mater nostra curiam suam situm juxta fratres minores potestatem, si uoluerit, ampliandi usque munitionem, dummodo intra munit:onem uiam publicam non precludat. (H. U. N 535. Schlesw.-Holst.-Lauenbg. Reg. u. Urk. No. 674.)

34) . . . Primo edificabimus murum apud Alstriam, a propugnaculo ligneo, usque ad viale Cerdonum, ubi nostra Curia terminatur. (Staph. II 686.)

Anmerkungen zum: Marien-Magdalenen-Kloster.

35) Franziskus, der Sohn eines reichen Kaufmannes zu Assisi in Umbrien, hatte, begeistert von dem Lob der Armut im Evangelium, allen Reichtum abgeworfen und durchwanderte seit 1208 das Abend- und Morgenland, überall Buße predigend und des Leibes Notdurft von mitleidigen Leuten erbettelnd. Er wurde von dem Vater verflucht, von dem Volke bald als Wahnsinniger verspottet, bald als Heiliger verehrt. Vor Papst und Kardinälen blieb er in seiner wohleinstudierten Rede stecken, aber wenn er zu dem Volk redete, dann strömten ihm die Worte aus der Tiefe des Herzens unaufhaltsam hervor, alle begeisternd und widerstandslos mit sich fortreißend. Papst Innocenz III. ließ den Schwärmer gewähren, denn er fürchtete von seiner Einfalt und Demut nichts für das Papsttum. Papst Honorius III. bestätigte 1223 den Verein von gleichgesinnten Männern, welche sich um Franziskus gesammelt hatten, als Orden der Fratres minores (Minoriten oder Franziskaner) und verlieh ihm das Recht unbeschränkter Predigt und Seelsorge. Die Mönche trugen eine braune Kutte mit einer Kapuze, statt des Gürtels einen Strick um den Leib, und gingen barfuß, weshalb sie auch „Barfüßer" genannt wurden. Nachdem der Orden die Bestätigung des Papstes erlangt hatte, breitete er sich sehr schnell nicht nur über Italien, sondern auch über das ganze Abendland aus. Dessenungeachtet ist es überraschend, daß schon 1227, also 4 Jahre nach der Gründung, Graf Adolf IV. dem Orden in Hamburg ein Kloster überwies. Die Benediktiner suchten ihren Ruhm in prächtigen Bauten, ihr Reichtum gestattete ihnen, sehr feste und schöne Klöster aufzuführen, und namentlich die Kirche und den Kapitelsaal reich und geschmackvoll zu verzieren, weshalb sie auch sehr lange Zeit zur Vollendung ihrer Gebäude gebrauchten. Die Bettelmönche wollten die Menschen belehren und bekehren, Predigt und Seelsorge betrachteten sie als ihre Lebensaufgabe, weshalb sie auf den Schmuck ihrer Kirchen und Klöster keinen Wert legten. Ihre Bauten waren einfach, fast roh zu nennen, aber sie bauten rasch, damit sie ihre geistliche Thätigkeit bald beginnen konnten. Auch das Marien-Magdalenen-Kloster wird daher rasch vollendet worden sein.

In dem Bauplan ihrer Klöster folgten die Minoriten dem Vorbild der Benediktiner. Den Mittelpunkt bildete der viereckige Hof, welcher, wie das Atrium des römischen Wohnhauses von einem Säulengang, dem Kreuzgang, umschlossen war. An diesen Kreuzgang lehnten sich die vier Hauptgebäude des Klosters: die Kirche, der Kapitelsaal, der Speisesaal (Refectorium, Reventer) und der Schlafsaal (Dormitorium); da die Kirche das höchste dieser Gebäude war, wurde sie diesseits der Alpen in der Regel an der Nordseite des Kreuzganges erbaut, damit dem Hof der Sonnenschein nicht zu sehr entzogen werde.

36) In der Baugrube für die Erweiterung der Börse und für das neue Rathaus ist das Fundament dieser Mauer wieder aufgefunden worden. Wichmann, Grundmauern 1888. S. 14.

37) Westlich der Stadtmauer von 1314 fand sich in der Baugrube zum Börsenanbau noch eine dritte sehr feste Grundmauer, welche ungefähr 1,8 m dick war und deren Wasserseite aus sehr großen behauenen Granitblöcken bestand. Auf dieser Mauer stand bis zum Abbruch 1838 das Hauptgebäude des Klosters, wie es unsere Abbildung (S. 133) zeigt. Da die Fenster mit Eisenstäben vergittert waren, und eine Thür durch die Mauer nach der Alster führte, wie es der Vertrag von 1314 vorschreibt, so haben manche diese Mauer für die Festungsmauer von 1314 angesehen. Bei der Ausschachtung des Baugrundes für das neue Rathaus hat sich indessen diese Annahme als irrtümlich erwiesen, denn die Mauer reichte nur bis zur Grenze des Klosterhofes, wo sie rechtwinkelig abbog. Auch das Fundament dieser Seitenmauer bestand bis zur Stadtmauer aus behauenen Granitquadern, während jenseits derselben wieder rohe Granitblöcke benutzt waren, mithin muß zur Zeit der Erbauung des Klosters auch diese Seite noch vom Wasser bespült gewesen sein; auch hatte das Altewallfleet von hier ab bis zum Johanniskloster nur hölzerne Vorsetzen. Das Fundament der zweiten (mittleren) Mauer ist ebenfalls in der Rathausbaugrube wieder aufgedeckt und reicht durch die ganze Breite derselben hindurch. Dem Vertrage von 1314 gemäß sollte die Stadtmauer von der hölzernen Festungswand bis zum Johanniskloster in gerader Richtung fortgeführt werden; dem entspricht aber nur die mittlere Mauer aus rohen Granitblöcken, und es kann daher nicht zweifelhaft sein, daß diese die Fundamente der 1314 errichteten Stadtmauer bilden. Wichmann, Grundmauern 1888. S. 16.

38) Wenn diese Mauer die Stadt auf der Westseite schützen sollte, dann muß sie vor 1475 erbaut worden sein, denn nach Errichtung des hohen alten Walles hatte der Bau einer Festungsmauer hinter demselben keinen Sinn. Es wird zwar berichtet, daß zu Zeiten des 1515 gestorbenen Guardian Peter Enenbeke die Vorsetzen an der Alster, auf denen das Krankenhaus, das Refectorium (Speisesaal) und die Küche standen, von Osten her bis zum Turm der Privaträume aus Quadern aufgeführt wurden; doch ist es nicht sehr wahrscheinlich, daß damals das ganze Gebäude neuerbaut worden ist. Vermutlich bezieht sich diese Notiz nur auf eine Ausbesserung der Vorsetzen. Auch stimmt die Ausführung der Grundmauer mit der Ende des 14. Jahrhunderts erbauten Festungsmauer an der Südseite der Stadt überein. Bis also andere Berichte aufgefunden werden, müssen wir annehmen, daß das Gebäude mit dem Saal zur Klosterküche vor 1410 erbaut worden ist.

39) Ein sehr interessanter Baurest ist endlich noch in der Südwestecke der Baugrube zur Vergrößerung der Börse aufgedeckt. Auf zwei wagerechten Balken ruhten starke Bohlen, etwa 4,5 m über Null, auf diesen war eine fast 1 m dicke Grundmauer errichtet, deren Wasserseite aus kleinen Granitquadern bestand. Die Eichenbohlen reichten noch etwa 2½ m über die Mauer hinaus und ruhten an ihrem äußeren Ende auf 2 senkrechten Pfählen; in der Mitte lag auf denselben eine Schwelle, auf welcher Vorsetzen errichtet waren. Eine

ähnliche Vorrichtung wendet man noch heute bei Schleusen, Brücken ꝛc. überhaupt dort an, wo infolge einer starken Strömung die Unterspülung der Uferbauten zu befürchten ist. Es muß also zur Zeit dieses Baues eine starke Strömung hart am Ufer entlang gegangen sein, was den Baumeister zu dieser Vorsichtsmaßregel veranlaßte. Über die Bestimmung dieses Baues sind wir ganz ohne Nachrichten. Von der Stadtmauer lag die Außenmauer ungefähr 5 m entfernt und die Grundmauer des späteren Klostergebäudes war noch etwa 5 m weiter vorgerückt. Diese Mauer muß also früher erbaut sein, denn nach Errichtung des großen Klostergebäudes konnte der Mühlenstrom diese Stelle nicht mehr erreichen. Vielleicht war dies der im Anfang des 16. Jahrhunderts erwähnte Turm der Privaträume. Wichmann, Grundmauern 1888. S. 15.

40) David von Augsburg ist wahrscheinlich im zweiten Jahrzehnt des 13. Jahrhunderts in Regensburg geboren, wo er sich in dem dortigen Minoritenkloster als Novizenmeister und Professor der Theologie bekannt machte. Später ging er in derselben Eigenschaft nach Augsburg, wo er lange Jahre als Lehrer und Prediger mit großem Erfolg wirkte, weshalb er auch von dieser Stadt seinen Beinamen erhielt. Er starb hier am 15. November 1271. Unter seinen Zeitgenossen erwarb er sich einen hohen Ruf als Lehrer, Prediger und Schriftsteller, und auch spätere Chronisten sind voll seines Lobes. David vereinigte alle Eigenschaften in sich, welche dem Schriftsteller einen vorzüglichen Platz in der Litteratur seines Volkes sichern. Er ist durch die Tiefe, Vielseitigkeit und Wahrheit der ausgesprochenen Gedanken, wie durch seine edle, für das Gute und Hohe begeisterte Gesinnung, namentlich durch seine reine und gebildete Sprache und die schöne und gewandte Form seiner Darstellung ausgezeichnet. Von seinen Schriften sind besonders „Die sieben Vorregeln der Tugend" und „Der Spiegel der Tugend" zu nennen.

41) Der hervorragendste unter Davids Schülern ist ohne Frage Bruder Berchtold. Er mag etwa 10 Jahre jünger sein als David, und ist wahrscheinlich ebenfalls in Regensburg geboren, wenigstens trat er hier in den Franziskanerorden und wurde dadurch Davids Schüler. Berchtold war ein frommer Mann und durch seine Gelehrsamkeit hoch berühmt, er verstand nicht nur lateinisch, sondern auch französisch und italienisch. Unstreitig war er der bedeutendste Redner und Prediger seiner Zeit, und er gab der deutschen Rede eine solche Kraft und Feinheit, daß er durch seine Predigten gewaltige Erfolge erzielte. „Sein Wort brannte wie eine Fackel," sagte ein Zeitgenosse, „denn Gott hatte ihm einen Mund gegeben, der einem scharfen Schwerte gleich war." Er durchwanderte Bayern, Österreich, Böhmen, Mähren, Schlesien, Thüringen, Schwaben und die Schweiz, und seine Beredsamkeit hat größere Erfolge erzielt, als selbst die der Kreuzredner. Wo er erschien, sammelten sich Tausende um ihn, so daß keine Kirche groß genug war, die Zuhörer zu fassen, welche bei dem schlichten, frommen Manne Erbauung und Erhebung suchten. Er predigte daher gewöhnlich auf freiem Felde oder auf offenem Markte zu den um ihn versammelten Menschenmassen, indem er sich nur einen erhöhten Standpunkt, einen großen Stein, einen Baumstumpf, einen Erdwall und dergleichen aussuchte. Bei seinen Reden bekannten hartnäckige und ruchlose Sünder ihre Verbrechen, baten um Verzeihung ihrer Sünden, gelobten Buße und Besserung und entsagten ihrem schändlichen Leben. Sein berühmtes Werk „Der Landprediger" ist wohl nicht von ihm selber geschrieben, sondern von einem seiner Zuhörer, der ihn auf seinen Wanderungen begleitete, vermutlich war es sein Lehrer David, der die von dem Augenblick gegebenen Gedanken und Redewendungen aufzeichnete.

42) Meister Eckhart ist wahrscheinlich in Straßburg geboren. Er trat in den Dominikanerorden und ging zu seiner weiteren Ausbildung nach Paris. Er trat hier als Lehrer der Philosophie auf und erlangte bald einen so großen Ruf, daß der Papst Bonifacius VIII. ihn nach Rom berief und zum Doktor der Theologie ernannte. 1304 finden wir Eckhart als Dominikaner-Provinzial in Sachsen und 1308 als Generalvikar in Böhmen, wo er sich als Lehrer und Prediger großen Ruhm erwarb. Später begab er sich nach Köln, wo er junge Männer um sich sammelte, unter ihnen die nachmals berühmt gewordenen Tauler und Suso, geriet aber mit der Kirche wegen mehrerer Lehrsätze und Meinungen in Konflikt. Der Erzbischof Heinrich von Köln erklärte ihn sehr wichtiger Irrlehren schuldig und Papst Johann XXII. sprach über 26 von Eckhart aufgestellte Sätze die Verdammung aus; doch erlebte Eckhart die Veröffentlichung dieser Bulle nicht mehr. Während Berchtold die Sprache des Volks in ihrer Einfachheit und Bewegung sich aneignete und insoweit veredelte, als es der Stoff und die augenblickliche Erregung seines Gemütes verlangte, bildete Eckhart sie zur Sprache der Wissenschaft aus, indem er sie auf Theologie und Philosophie anwandte und durch neue Wortbildungen bereicherte.

Anmerkungen zum Johanniskloster.

43) Etwa gleichzeitig mit Franziskus von Assisi lebte in Spanien Dominikus Gusmann, Priester zu Osma, geboren 1170 aus vornehmem kastilianischem Geschlecht, ein Mann von besonnenem Geiste und gelehrter Bildung. Im Eifer für das Seelenheil der Menschen ging er mit einigen Gefährten 1208 nach dem südlichen Frankreich, um für die Bekehrung der Albigenser zu wirken und sie durch Belehrung und Beispiel in den Schoß der alleinseligmachenden Kirche zurückzuführen. Um seinem Streben die rechte Weihe zu geben, wanderte er 1215 nach Rom, und Papst Innocenz III. gab ihm für den gegründeten Orden eine Regel, welche Honorius III. erweiterte. Der Dominikaner- oder Predigerorden (ordo fratrum praedicatorum) erhielt das Privilegium, durch Predigt und Lehre die Ketzer zur alleinseligmachenden Kirche zurückzuführen und daher überall predigen und Beichte hören zu dürfen. Wenngleich Dominikus schon 1208, als er nach Frankreich ging, das Gelübde der apostolischen Armut und der Selbstverleugnung ablegte, so erklärte er sich doch erst 1220 mit seinem Orden, in Nachahmung der Franziskaner-Regel, für Bettler und vor seinem Ende 1221 verfluchte er jeden, der den Orden mit dem Besitz irdischen Gutes beflecken werde. Beide Orden wurden von den Päpsten mit Privilegien überhäuft und verbreiteten sich sehr rasch über das ganze Abendland. Beide Bettelorden standen unter einem General in Rom, den Klöstern des Landes war ein Provinzial, und bei den Dominikanern jedem einzelnen Kloster ein Prior vorgesetzt. Durch die Richtung seines Stifters war dem Orden ein Streben nach gelehrter Bildung eingeprägt.

44) Leider berichtet Hartwich von Erteneborg nicht, wo Graf Adolf damals in Hamburg wohnte, als er ihn mit seinen Schützlingen besuchte und wo die Verhandlungen stattfanden, es würde dadurch vielleicht die Lage der Burg an der Elbe bestimmt werden können, welche Adolf IV. in Hamburg erbaut haben soll.

45) Es wird vielfach angenommen, daß Adolf IV. den Platz der 1139 zerstörten Alsterburg zum Bau des Klosters angewiesen habe. Diese Ansicht ist durch die in der Baugrube für das neue Rathaus aufgefundenen Grundmauern hinfällig geworden. In der Südostecke dieser Baugrube war ein Viereck etwa 14 m lang und breit, mit großen Granitblöcken bedeckt. Dieselben ruhten auf einem Pfahlrost von 3 m langen Erlenstämmen, welche in der Breite von 5 m dicht nebeneinander eingerammt waren und den Platz rechtwinkelig einschlossen, so daß im Innern ein Raum von etwa 5 m Breite und 10 m Länge freiblieb. Die Ostseite des Bauwerks ist nicht aufgedeckt worden, da sie außerhalb der Baugrube liegt. Die Köpfe der Pfähle waren ungefähr auf 4 m über Null abgeschnitten, die Pfähle in den Querreihen waren jedoch abwechselnd kürzer

abgeschnitten und mit 2 bis 3 Querhölzern belegt. Auf dem Pfahlrost lagen ferner 4 Schichten wagerechter Baumstämme, abwechselnd Längs= und Querhölzer, auf diesen eine etwa 30 cm dicke Schicht kleingeschlagener Ziegelsteine, in welchen die fast 1 m im Durchmesser haltenden Granitblöcke eingebettet waren. Wie viele Schichten Granitblöcke hier gelegen haben, war nicht mehr zu erfahren, da der Platz bereits 1842 nach dem Brande für den künftigen Rathausbau geebnet worden ist. Das Fundament muß also zu einem sehr wichtigen öffentlichen Gebäude gehört haben. Über den Platz führte die Straße nach der Gerberbrücke, welche 1396 erwähnt wird, aber jedenfalls älter war, da sie den Zugang zu der Gerberstraße und den 1375 nach dem Gänsemarkt verlegten Gerbereien bildete. Das Gebäude muß also erheblich älter gewesen sein, auch noch älter als das Johannisfloster, denn die Johannisfirche, deren Südwestecke in die Baugrube hineinreichte, war nicht so tief fundiert, und muß also später erbaut worden sein. Da wir aber in dieser Gegend von irgend einem andern Gebäude vor der Gründung der Klöster keine Nachricht haben, so kann das Fundament wohl nur zu der Burg des Herzogs Bernhard II. gehört haben, und Adolf IV. hat also nicht den Platz der Burg, sondern nur einen Teil des Burghofes zum Bau des Klosters anweisen können. (Wichmann, Grundmauern 1888. S. 9.)

46) Thraziger folgert hieraus irrtümlich, daß die Johanniskirche durch die Feuersbrunst von 1284 zerstört worden sei. Es ist jedoch nicht denkbar, daß ein so strebsamer Orden wie die Dominikaner, Kirche und Kloster 40 Jahre lang hätten wüst liegen lassen in einem wichtigen Ort wie Hamburg. War aber die Kirche 1314 eingeäschert worden, dann konnte der Bau sich wohl bis 1329 verzögern, da zugleich die Stadtmauer und fast alle Klostergebäude neugebaut werden mußten. Anders lag die Frage bei der Domkirche. Es gehörte nicht zu den Seltenheiten, daß der Bau großer Domkirchen länger als ein halbes Jahrhundert dauerte, und wenn die 1284 abgebrannte Domkirche erst 1329 wieder eingeweiht wurde, so war dies kein außerordentlich seltenes Ereignis.

Anmerkungen zur Entwickelung unserer Geestdörfer.

47) Für die Einleitung zu diesem Artikel sind namentlich die Arbeiten von G. L. von Maurer (Geschichte der Fronhöfe und Geschichte der Dorfverfassung), Fr. Thudichum (Gau= und Markverfassung Deutschlands), G. Waitz (deutsche Verfassungsgeschichte und die altdeutsche Hufe) und Georg Hansen (Staatsbürgerliches Magazin VI, 1837) benutzt; wir verweisen im allgemeinen auf diese Werke, um nicht an den betreffenden Stellen die Citate aus den Urkunden wiederholen zu müssen.

48) Heim, Heimbd oder Heimat heißt in Bayern ein umzäunter Platz, worauf ein Haus steht, daher wird auch Heimwesen für Hauswesen und Heim für Dorf gebraucht, z. B. Pappenheim, Kelheim, Germersheim, Rüdesheim, Suffersheim, Hildesheim.

49) Graf und Müllenhof leiten Hufe von Heben ab, also das Ackerland, von dem die Ernte gehoben wird, doch hat diese Ableitung bis jetzt noch keine allgemeine Anerkennung gefunden.

50) Neugerodetes Land hieß Neuland, novale, Neubruch, rod, reut, riusti, neuriusti, schwand, schwendi, stirpum, stirpatium, runcale, laboratura, elaboratus. Fr. Thudichum.

51) Dr. G. Hansen vertritt die Ansicht, daß die Dorfbewohner ursprünglich Freie waren und erst später in Hörigkeit herabgedrückt wurden, G. Waitz, G. L. v. Maurer und namentlich Fr. Thudichum vertreten die entgegengesetzte Ansicht.

52) Gegen Ende des Mittelalters gab es im Elsaß noch 21, in der Pfalz am Rhein 21, in der Wetterau 21, in Lautkirchen 39 Reichsdörfer.

53) „Die Gerechtigkeit, welche aus dem dominio fundi, wovon Grundbauer erleget wird, gehet, besteht darin, daß E.E. Rat solche Höfe und Häuser, als ihr eigen, jederzeit möge angreifen und geben dem Eigentümer (des Gebäudes) für das, so auf dem Grund gebaut, was gute Leute dem mindesten und meisten erkennen, und ist für kein Geld auszulösen."

„Wenn ein Bauer verläuft, so wird ihm sein Dach bezahlet, der Rest aber gehöret seinen Herren, und müssen die übrigen (Bauern) einen andern wieder in das Haus schaffen, oder auch des Verlaufenen Hofdienste auf sich nehmen, vermöge Holsteinischen Rechtens."
(Sammlung Hambg. Ges. und Verfassungen. Teil XI, S. 564.)

54) Das Innere bildete einen ungeteilten Raum, in welchem die ganze Familie beisammen wohnte und schlief, denn das neugeborene Kind mußte von seiner Wiege aus das Dach und die vier Wände sehen können, sonst war es nicht erbberechtigt. (L. allem. tit. 92.)

55) Dr. W. Hübbe, Kultur, Sitten und Gebräuche im Landgebiet der Stadt Hamburg. Zeitschr. d. Vereins f. Hambg. Gesch. II, S. 429.

Anmerkungen zur Entwickelung unseres Grundeigentums.

56) Seit dem 11. Jahrhundert bildete sich in den Städten ein neues System aus. Da die bisherigen Räumlichkeiten nicht mehr ausreichten, so teilten die großen Grundbesitzer ihre Höfe, gaben den besitzlosen Leuten kleinere Stücke als Bauplätze in Erbleihe und machten dadurch das Wachstum der Städte auch für sich nutzbar. Indem nun der Beliehene einen Teil oder das ganze Leihrecht an einen Dritten verlieh, trat an Stelle des Hofrechtes das geteilte Eigentum, Herrschaft und Erbschaft; proprietas und hereditas waren dingliche Rechte an derselben Sache. M. Wiener, Gesch. der Juden.

57) Donatus, Leibarzt des Erzbischofs Philipp (1167—1191) empfing einen Bauplatz zu Erbrecht geschenkt, und hatte darauf ein Haus erbaut. Später wurde er Mönch zu Altenburg und schenkte das Haus seinem Kloster. Das Kloster bezahlte jetzt 3 Schillinge Zins an die Erzbischöfliche Pfalz. Das Haus wurde darauf dem Kloster für 18 Schillinge weiter verliehen an 2 Familien in Erbrecht, diese zahlten jetzt 3 Schillinge an den Erzbischof, 5 Schillinge an das Stift Mariengreden und 10 Schillinge an das Krankenhaus des Klosters.

Das Bartholomäusstift gab 1321 ein Haus unter den Drehern an Thilmann Sarworthin und dessen Frau für 18 Schillinge und 2 Hühner zu Erbe, wovon eine Mark an das Stift und 6 Schillinge und 2 Hühner auf Martini an Frau Kachelhart zu zahlen waren. Das Letztere ist der Zins für den Platz an die Grundherrschaft.

1287 bestätigt das Leonhardstift in Basel die Leihe eines Hauses, welches Ritter Heinrich zer Kinden und Konrad Ludwigs für 1 Schilling Zins und einen Schnitter zu Erbe haben, und welches dieselben für weitere 10 Schillinge an einen Metzger wieder verleihen.
W. Arnold, Grundeigentum i. d. St.

58) 1257 verleiht das Domstift in Mainz an Baumeister Gerhard eine Hofstatt, freies Allod des Stiftes, worauf derselbe ein steinernes Haus erbaut hat, für 12 Schilling Zins und 12 den. bei Handänderung.

Ein Haus in der Spolengasse in Basel wird 1280 vom Stift St. Peter, nach Auflassung der Inhaberin Gertrud von Zovingen an das Leonhardstift verliehen, für 8 Schillinge, 2 Ringe Zins und 4 Schillinge Ehrschatz.

In Frankfurt giebt Adelheid, die Wittwe eines Dienstmannes, mit gesammter Hand ihrer Kinder, ihr Haus am Luprandsbrunnen an einen Frankfurter Domherren zu Erbe, und bestimmt, daß von dem Zins 10 Schillinge zu einem Licht im Chor verwendet und die übrigen 2 Schillinge ihr und ihren Erben entrichtet werden.

Der Dechant der Frankfurter Kirche verleiht 1302 ein Haus am Schlachthaus, welches dem Altar der Maria Magdalena gehörte, für 10 Schilling Zins an Hermann, den Gerber, seine Frau und Erben.

Das Predigerkloster verleiht 1304 ein Haus, welches durch den Tod einer ritterbürtigen Frau ledig geworden, für 30 Schillinge Heller an Heylo von Ortenberg, dessen Frau und Erben. W. Arnold, Grundeigentum in deutschen Städten.

59) Schwester Agnes in Frankfurt schenkt 1284 dem Predigerkloster verschiedene Grundzinse.

1286 verkaufen die 4 Brüder Heldebergen in Frankfurt dem Kloster Arnsberg 9 Schilling 6 den. und 2 Hühner Zins von Frankfurter Gärten.

1303 Diether von Oberstedin und Frau verkaufen an eine Frankfurter Bürgerin 10 Achtel Frucht jährlicher Rente.

1390 der Edelknecht Henmann von Fricke verkauft an den Goldschmied Henmann Sideler in Frankfurt 2 Pfund 4 Schilling Zins mit Weisung und Ehrschatz von dem Haus zer Schrimpfen.

1396 Agnes, Martin Seckinger Wwe., verkauft an Schwester Mezzina von Sissach eine Rente von Haus und Hofstatt am obern Birsig.

W. Arnold, Grundeigentum i. deutsch. Städten.

60) 1284 Bela Roselin zu Basel kauft 5 Schilling Rente von Johann Hunebolt, so daß sie von dem Haus, welches sie von ihm zu Erbe hat, statt 30 Schilling künftig nur 25 Schilling geben soll.

1300. Der Frankfurter Kürschner Wortwin und Frau kaufen 5 Schilling von dem Zins, den sie an Konrad Snabel zu entrichten haben, welche von dem ganzen Jahreszins von 22 Schilling abgehen.

W. Arnold, Grundeigentum i. deutsch. Städten.

61) Durch die Häuserleihe gelangten die Handwerker zu Grundeigentum, der Begriff des echten Grundeigentums verlor sich, das Recht des Grundherrn sank zum Zinsrecht herab und der Erwerb von Grundeigentum wurde jetzt auch den Kaufleuten und Handwerkern möglich. So ging das Erbrecht der Leihe allmählich in wirkliches Grundeigentum über. Anfangs ist der Leiheherr der Eigentümer und der Beliehene hat nur einen abgeleiteten Besitz, schließlich ist der Beliehene der Eigentümer und der Leiheherr hat nur den Zinsgenuß, mit dessen Ablösung der Boden völlig frei wird.

M. Wiener, Gesch. d. Juden im M.-A.

Das Kloster St. Urban in Basel verkauft 1243 ein Haus an den Amtmann Konrad für 14 Mark Silber und den jährlichen Zins von ein Pfund Wachs.

Von dem Domstift zu Basel wird 1270 ein Haus in der Gerberstraße auf Bitten von Heinrich, genannt Botminger, an dessen Frau Irmentrud für ein Ohm Rotwein verliehen, wie es bis dahin der Ehemann besessen.

W. Arnold, Grundeigentum i. deutsch. Städten.

62) Graf Adolf III. von Schauenburg verlieh Wirad von Boizenburg erblich das Land, welches an die Alster grenzt, bis zur Mitte der Alster unter Marktrecht, um hier einen Hafen anzulegen. Der Graf gestattete ihm freie Bauplätze nach der Gerechtsame Lübecks anzulegen, und erläßt den Erb- und Worthzins.

63) Über die Besitzungen des Domkapitels im 13. Jahrhundert fehlen alle Nachrichten, doch hat Staphorst (T. I, S. 458—473) ein Verzeichnis der Einkünfte des Domes im 14. Jahrhundert abgedruckt, und darunter findet sich eine ganze Reihe von Grundzinsen in Hamburg, welche sehr wahrscheinlich schon im 13. Jahrhundert dem Domkapitel gezahlt werden mußten. Auch Neddermeyer (Topographie I, S. 52) und von Heß (Topogr. II, S. 349) zählen eine ganze Reihe von Grundstücken auf, welche im 18. Jahrhundert sich noch im Besitz des Domkapitels befanden, unzweifelhaft werden unter diesen keine oder nur sehr wenige nach Einführung der Reformation von dem Kapitel erworben worden sein.

Anmerkungen zur Katharinenkirche.

64) F. H. Neddermeyer, Topographie der Freien und Hansestadt Hamburg. J. L. v. Heß, Hamburg topographisch, politisch und historisch beschrieben. C. F. Gaedechens, Histor. Topographie der Freien und Hansestadt Hamburg.

65) Als das Erzbistum Hamburg im 11. Jahrhundert durch Unwan, Bezelin Alibrand und namentlich durch Adalbert eine so außerordentliche Bedeutung erlangte, muß auch die Einwohnerzahl der Stadt Hamburg sich erheblich vergrößert haben, denn hier liefen alle Fäden der Verwaltung zusammen. Das ursprüngliche Hamburg, das heißt das kleine Dreieck zwischen der Hermann- und Bäckerstraße, war mit den kirchlichen Gebäuden und mit den Wohn- und Arbeitshäusern der hörigen Handwerker vollständig besetzt, und für die neuen Ansiedler war hier also kein Raum übrig. Am rechten Alsterufer, im Nikolai-Kirchspiel, konnten sie sich auch nicht niederlassen, denn diese Gegend gehörte dem Herzog von Sachsen, welcher jede Vergrößerung des Erzbistums und der Stadt Hamburg eifersüchtig überwachte. Abgesehen davon, daß die Gegend des Jakobi-Kirchspiels zur Ansiedelung von Kaufleuten wenig geeignet war, gehörte auch diese Gegend nicht den Erzbischöfen, sondern hatte wahrscheinlich verschiedene Herren. Für eine Erweiterung der Stadt blieb also nur die Gegend im Süden, der Brok, übrig, und die Erzbischöfe haben den Besitz der Elbmarsch stets beansprucht, auch mit mehr oder weniger Glück behauptet. Die erzbischöfliche Wohnung, die Wideburg, lag am Hopfensack und Dovenfleet, und im 12. Jahrhundert stand der Brok noch unter Aufsicht des erzbischöflichen Vogtes. Es lag daher nahe, daß die Kaufleute sich unter dem Schutz der erzbischöflichen Burg im Brok, also in der Reichenstraße, Gröningerstraße, Grimm etc. ansiedelten, denn bei allen Bischofshöfen finden wir die Niederlassung der Kaufleute (suburbium) in der Flußniederung. Auch sind bei den Freihafenbauten im Katharinen-Kirchspiel verschiedene alte Baureste aufgefunden, welche zu den späteren Straßenzügen in keine Beziehung zu bringen waren, und also aus einer früheren Zeit stammen müssen. Diese Ansiedelung der Kaufleute wurde 1072 ebenfalls von den Slawen zerstört, das Katharinen-Kirchspiel ist aber keinesfalls vor dem 13. Jahrhundert wieder bebaut worden und war also über hundert Jahre allen Angriffen der Sturmfluten ausgesetzt. Diese Hochfluten werden aber die Gegend vielfach verändert, alte Wasserrinnen verschlammt, neue Wasserläufe ausgegraben und die Baureste mit Sand und Schlamm bedeckt haben, so daß die Spuren früherer Bebauung gänzlich verschwunden waren, als im Anfang des 13. Jahrhunderts neue Einwanderer sich hier niederließen.

66) Im allgemeinen muß es als ein müßiges und wertloses Unternehmen bezeichnet werden, wenn man die Bedeutung eines Namen erklären will, ohne die ältere Schreibweise oder die Aussprache des Wortes zu kennen. Dies beweist insbesondere der Name Cremon. Ältere haben das Wort von der lombardischen Stadt Cremona abgeleitet, indem sie sich einredeten, daß einige Kaufleute von Italien nach Hamburg gekommen seien und in der betreffenden Straße sich angesiedelt hätten. v. Heß hält dies für unwahrscheinlich, ist aber der Meinung, die Straße sei wegen ihrer krummen Gestalt im Volksmunde krummer Mond, Krummond, genannt worden. Wenn aber der Name Mitte des 13. Jahrhunderts Crimun geschrieben wird, so erkennt man schon auf den ersten Blick, daß beide Erklärungen unrichtig sind. Es erscheint dagegen wahrscheinlich, daß Crimun und Grimm denselben Ursprung und dieselbe Bedeutung haben und von dem altdeutschen Krimman, d. h. hängen bleiben, aufbrechen etc., abstammen,

also ein sumpfiges von dem Wasser angeschwemmtes Land bezeichnen.

67) Auch für den ungewöhnlichen Namen Steckelhörn hat man eine Ableitung aufzufinden gesucht. Horn oder Hörn bezeichnet im Mittelalter das Ende des Landes, eines Waldes, und da dieses Ende der Cremoninsel der Katharinenkirche benachbart war, lag es nahe, daß man den Namen mit irgend einer Heiligen in Verbindung brachte, und die Sage dichtete jetzt, daß hier eine heilige Thekla verehrt worden sei. Aus St. Thekla's Hörn sei dann allmählich Steckelhörn entstanden. Dagegen meint v. Heß, das Ufer des Flets sei längs des Deiches mit einem Stacket eingefriedigt gewesen und deshalb habe man den kurzen Weg „Stacketshörn" genannt, und daraus sei später Steckelhörn geworden. Wenn aber 1305 ein Erbe in dieser Straße durch „super steckelhorne" bezeichnet wird, so beweist dies ebenfalls, daß auch diese Erklärungen nur der Phantasie der Verfasser entsprungen sind.

68) Ähnlich liegt die Erklärung des Namen „Seeligen Twiete" und „Mattentwiete". M. Schlüter (Traktat von den Erben 2c.) meint, in alter Zeit sei an der Elbe (beim neuen Krahn) ein schöner luftiger Spaziergang gewesen, wo die Menschen sich sehr wohl (selig) gefühlt hätten, weshalb der dahin führende Weg „Seligentwiete" genannt worden sei. von Heß meint dagegen, die Straße sei in alter Zeit hauptsächlich von Schiffern (Seeleuten) bewohnt und daher im Volksmunde „Seelüds-Twiete" und später von Matrosen „Maats-Twiete" genannt worden, woraus allmählich dann „Seligentwiete" und „Mattentwiete" entstanden sei. Da die älteste bekannte Benennung „Salighentwiete" ist, erkennt man leicht, daß beide Erklärungen ebenfalls in der Luft schweben.

69) Die Kirche ist der heiligen Katharina geweiht, welche der Legende nach im Anfang des 4. Jahrhunderts n. Chr. in Alexandria den Märtyrertod erlitten haben soll. Sie stammte aus königlichem Geschlecht und war in der Stadt Salamis auf der Insel Cypern geboren, kam aber früh mit ihrem Vater Costa nach Alexandrien. Schönheit und Weisheit zeichneten die Jungfrau aus, sie besaß einen erleuchteten Verstand und war jederzeit zur Verantwortung gegen jedermann bereit. Dem Maxentius, einem der Beherrscher des römischen Reichs, welcher ein Feind des Christentums war, trat sie mutig entgegen. Dieser forderte fünfzig heidnischer Philosophen auf, mit Katharina zu disputieren, diese konnten sie aber nicht überwinden. Jetzt versuchte Maxentius sie durch weltliche Vergnügungen und Ehren zu berlocken, und als auch diese sie nicht in ihrem Glauben wankend machten, versuchte er durch Qualen und Martern seinen Zweck zu erreichen, doch Katharina wurde von Engeln auf den Berg Sinai getragen, wo ihre Gebeine im Kloster aufbewahrt werden. Die Kirche feiert ihren Todestag am 25. November. Sie soll auf einem mit Stacheln besetzten Rade gemartet worden sein, welches aber vom Blitz zertrümmert wurde. Die Katharina wird daher meistens mit einem zerbrochenen Rade in der einen und einem Buche, als Zeichen ihrer Weisheit, in der andern Hand, dargestellt, wie auch in der Windfahne auf dem Kirchendach. Das Rad hat also mit dem Spinnrad nichts zu thun, wie vielfach in der Bevölkerung irrtümlich geglaubt wird.

70) In dem dusendsten veerhunderdsten unde vyve unde twyntichsten Jare. In sante marien magdalen avende. Do leten Wy Wygherd quykborn unde hinric kotingh Sworne sante katherynen Dat Speerte richten to der middelkerken. Dar na in dem Jare unses heren MCCCCXXVI Do ward de sulve middelkerken gewelvet. Do weren Sworne de sulve Wygherd quykborn unde Vicke bernstede, unde dat fundament, dar desse kerke uppe steit, beyde buten unde bynnen, unde dar de pyler uppe stan. Dat is altosamende wol besorghet unde truwelyken wol to der kore ghemaket. Dat man Dat nicht beter maken kan, von holtwerke unde van ghroten veltstenen.

71) Die Sage berichtet, Christian IV., König von Dänemark, habe nach Vollendung des Turmes 1603, als er der Huldigung wegen in Hamburg war, gesagt: so lange der Turm stehe, werde er am Leben bleiben. Am 28. Februar 1648 starb König Christian im 71. Jahre, also 14 Tage nach dem Sturz des Turmes.

72) Der Sage nach ist die Krone aus dem Golde angefertigt, welches die Hamburger mit dem Seeräuber Klaus Störtebeker erbeuteten, und dieselbe zählt noch heute im Publikum viele Gläubige. Da aber Störtebeker 1402 auf dem Grasbrok hingerichtet, der Katharinenturm 1657 erbaut und die Krone erst 1658 auf den Turm gebracht worden ist, so müßte das Gold des Störtebeker etwa 250 Jahre vergraben gewesen sein.

73) In der Katharinenkirche sieht man im Chore den schönen Altar, nördlich am Chore: Marien Schmerzen alt gemalt, an der südlichen Kirchenseite etliche alte in Wasserfarben ausgeführte Malereien, über der südlichen Thür ein sinnreiches Lehrgedicht über Jakobs Traum, an einem südlichen Pfeiler altes Holzschnittwerk, gegenüber am nördlichen Pfeiler ein gut gemaltes Bild der Kreuzigung, bei der schönen Alabasterkanzel Salomons Gericht, am dritten nördlichen Pfeiler ein altes Epitaphium in Holz geschnitzt, mit Maria und dem Engel mit dem Einhorn, sehenswert ist auch der schöne Taufstein von Alabaster, vor demselben befindet sich ein altes geschnitztes Epitaphium, an der Nordseite findet man allerlei biblische Gemälde in Wasserfarben, südwestlich ein herrliches Gemälde von der weltlichen Pracht und Eitelkeit, darüber das jüngste Gericht, über der südlichen Thür Pharaos Untergang im Roten Meer, an dem andern südlichen Pfeiler zwei alte geschnitzte und gemalte Epitaphien, am gegenüberstehenden Pfeiler Christi Verspottung, trefflich gemalt, unten im Turm das Gleichnis vom reichen Mann 2c. Auf der Orgel befindet sich noch eines der sehenswertesten Gemälde der Hamburger Kirche: Christi Grablegung. Konrad von Höbelen. Hamburgs Hoheit. Lübeck 1668. S. 87.

Anmerkungen zu der Jakobikirche.

74) Dieser Ablaßbrief wird im Original in der Kirchenbibliothek in einer blechernen Lade aufbewahrt. Er ist in Mönchsschrift auf Pergament in groß Folio geschrieben, von dem Erzbischof Gottfried von Bremen bestätigt, von drei Erzbischöfen und fünfzehn Bischöfen unterzeichnet und mit deren Siegeln versehen. Jeder, der die Kirche besuchen, Wallfahrten dahin anstellen, Messen und Predigten hören, gottesdienstliche Umgänge halten, zum Begräbnis der Armen und Waisen beisteuern, dem Leibe Christi und dem heiligen Öle, wenn es herumgetragen würde, nachfolgen und überhaupt zum Bau der Kirche mildthätig beitragen werde, solle jedesmal auf vierzig Tage Ablaß erhalten.

75) In der Jakobikirche ist der mit alten Schnitzereien wohlverzierte Altar. Südlich vom Chore sieht man die zierlich gemalte Grablegung Christi, daneben die astronomische Uhr, welche die Mondphasen und den Tierkreis zeigt. Ebenfalls südlich am Chor ist Lazarus' Erweckung. Die Kanzel ist mit schönen Alabasterbildern verziert. Über der südlichen Thür ist das herrliche Epitaphium mit Christi Grablegung, von Joh. Beckhof geschenkt. Nordwestlich am Pfeiler vor der Orgel ist ein altes geschnitztes Bild. Südwestlich vor der Orgel ein Epitaphium mit einem Gemälde, Christus und das Weib am Brunnen zu Samaria darstellend. Am vierten südlichen Pfeiler ist ein Epitaphium mit einem schönen Gemälde von Petrus. Am fünften Pfeiler ist ein schönes Epitaphium von Hans Funken. Der Taufstein ist in Alabaster sehr schön gearbeitet. Die Orgel ist das größte Werk in Hamburg.
Konrad von Höbelen. Hamburgs Hoheit. Lübeck 1668. S. 89.

Anmerkungen zum Rödingsmarkt.

76) Weil die meisten Bewohner des Röbingsmarktes Bierbrauer waren, so leitet J. L. v. Heß (Hambg. topogr., polit. und hist., S. 411) den Namen von Rojer, d. h. der Ausmesser von Flüssigkeiten, ab; die Straße habe ursprünglich Rojermarkt geheißen, was später in Röbingsmarkt übergegangen sei. Er bezieht sich zur Begründung dieser Ableitung auf eine Schenkungsurkunde aus dem Jahre 1514, worin Martin Perceval sein Haus in de Rojen Marckde der Kapelle to them Schare vermacht. Wir haben aber oben gesehen, daß die Straße im 13. Jahrhundert Rodersmarka, nicht Rojenmarka hieß, auch findet sich in der Lade des Jahrverwalters aus dem Jahre 1514 ein Schriftstück, worin die Bürger in der Röbingsmarckede genannt wurden, augenscheinlich ist also der Name in Rojen-Marckde von jemand abgeändert, welcher die Ableitung des Wortes von Rojer nachweisen wollte, ähnlich wie Ende des 16. Jahrhunderts einige Leute Altenawe schreiben, weil sie den Namen Altona von Alten Aue ableiteten.

77) Diese irrige Auffassung ist wahrscheinlich bei Nebbermeyer entstanden durch unvollständige und fehlerhafte Auszüge bei Staphorst aus dem Stadterbebuch, Teil 1, Bd. 2, S. 5: „Doch lag der Röbingsmark halb innerhalb außer der Stadtmauer, wie denn 1264 pag. 67 eine Area vorkommt, in fine Rodersmarke extra murum", S. 106: „Area in fine Rodersmarke extra murum". pag. 67 und S. 118: „Domus in Rodingesmarke foris civitatem". pag. 147. Der erstere Auszug auf S. 5 und S. 106 lautet vollständig: „Consulus resignaverunt Bertoldo magno aream in fine Rodersmarke extra murum, sicut sita est, ante et retro, sibi et pueris suis, jure hereditario, inter rivos aquarum, ex utraque parte, tali interposita conditione, quod nullatenus domum ibidem edificabit, sed unam in qua manebit." Am Nordende des Röbingsmarktes kann der Platz nicht gelegen haben, denn hier stand das Heiligen Geist-Hospital, dessen Vorsteher schon 1246 erwähnt werden; wir müssen ihn also am südlichen Ende suchen. Die Lage ist allerdings nur durch sicut sita est bezeichnet, aber weiter unten wird hinzugefügt inter rivos aquarum, folglich muß der Platz zwischen dem Röbingsmarktflet und dem Flet hinter der Herrlichkeit gelegen haben. War um 1264 die Straße Röbingsmark Westseite schon vorhanden, dann hätte man den Platz nicht inter rivos aquarum bezeichnen können, war aber die Straße damals noch nicht vorhanden, dann konnte sie überhaupt nicht mehr entstehen, nachdem Bartoldus sein Haus erbaut hatte. Hier kommt aber noch die Stadtmauer in Betracht, welche sich von der Hohenbrücke bis zum Röbingsmarkt erstreckte. Reichte diese nun schon damals bis zum Flet hinter der Herrlichkeit, dann konnte der Bauplatz südlich dieser Stadtmauer liegen und ebenfalls durch extra murum bezeichnet werden; auch lag er hier inter rivos aquarum. Noch im 16. Jahrhundert wird der Platz auf der Ostseite des Röbingsmarktflets, der sogenannte Knebelappen als außerhalb der Mauer, extra murum, belegen bezeichnet, und es erscheint daher wahrscheinlich, daß der von dem Rat an Bartoldus verkaufte Platz derselbe gewesen ist, auf dem später die Scharkapelle stand, und dann das alte Waisenhaus erbaut wurde. Die zweite Stelle bei Staphorst, S. 113, ist fehlerhaft. Die Eintragung im Stadterbebuch lautet vollständig: „Domina Marqua et filius ejus resignaverunt Volcmaro dolifici domum in Rodinghesmarke, in qua Siricus habet II. marcas hereditarie denariorum." Hier steht also nichts von „foris civitatem", durch Versehen des Abschreibers wird dieser Zusatz aus der folgenden Eintragung „Stephanus et uxor ejus resignaverunt Bertoldo dimidiam domum suam in Submissa Platea foris civitatem" herübergenommen worden sein, folglich lag nicht der Röbingsmarkt, sondern die Submissa (Niedern)straße außerhalb der Stadt.

Indessen liefert auch das Stadterbebuch selbst den Nachweis, daß schon im 13. Jahrhundert das Röbingsmarktflet nicht der Stadtgraben war, denn 1268 übernimmt Alheidis, die Frau des Müllers Eler, die Schleuse im Röbingsmarkt, und 1270 wird ein Haus bei der Schleuse vor dem Millernthor (domum suam prope slusam ante Portam Milderadis) verlassen. Das Thor muß also zwischen dem Röbingsmarktflet und dem Flet hinter der Herrlichkeit gelegen und also letzteres die Stadtgrenze, den Stadtgraben, gebildet haben.

78) 1602 mußte z. B. zum Neubau des Steinhauptes jedes Brauhaus 4 Mark 2 Schillinge, jedes Wohnhaus 1 Mark 6 Schillinge beitragen, desgleichen 1620. 1623 bewilligten die Interessenten eine außerordentliche Zulage von jedem Brauhaus 8 Thaler und von jedem Wohnhaus 1½ Thaler, 1642 desgleichen von jedem Brauhaus 2 Thaler, von einem Wohnhaus 1½ Thaler, und 1655 mußten verschiedene Interessenten gestrichen werden, weil sie beharrlich die Zahlung der außerordentlichen Zulagen verweigerten.

Anmerkungen zum Kloster Harvestehude.

79) Die Cistercienser bildeten eine Kongregation des Benediktiner-Ordens, welche im 13. Jahrhundert in hohem Ansehen stand und bedeutenden Einfluß besaß. Als infolge der angesammelten Reichtümer im 8. und 9. Jahrhundert die Benediktiner-Mönche immer mehr verwilderten, entstand innerhalb des Ordens gegen diese Ausartung eine Reaktion, und manche Ordensgeistliche versuchten in ihrem Kloster die Regel des Benedikt wieder strenge zur Geltung zu bringen. Gegen Ende des 9. Jahrhunderts trat unter diesen Männern der burgundische Graf Berno hervor, als Abt hatte er bereits in zwei burgundischen Klöstern Zucht und Ordnung wieder hergestellt, und erhielt jetzt von dem Herzog Wilhelm von Aquitanien den Auftrag, nach seinen Grundsätzen ein neues Kloster zu gründen. So entstand das Kloster Clugny in Burgund, welches Berno 910 unmittelbar unter päpstliche Oberhoheit stellte. Die strenge Askese, der pracht- und kunstliebende Gottesdienst, der Eifer für Wissenschaft und Jugenderziehung erwarben dem Kloster bald ein hohes Ansehen, und viele Klöster wurden nach der Regel von Clugny reformiert. Schon der Nachfolger Bernos, der Abt Odo (gestorben 942) machte Clugny zum Haupt einer Kongregation innerhalb des Benediktiner-Ordens. Der Abt von Clugny stand an der Spitze und ernannte für die übrigen Klöster den Prior. Die Kongregation fand rasch eine weite Verbreitung, in Frankreich zählte sie im 12. Jahrhundert über 2000 Klöster, und auf das Zeitalter erlangten sie einen beispiellosen Einfluß. Im Anfang des 12. Jahrhunderts aber traten die Cistercienser als Nebenbuhler auf. Diese Kongregation wurde von Robert zu Citeaux (Cistercium) bei Dijon gestiftet. Die Verfassung war der Clugnicienser Regel nachgebildet, unterschied sich aber durch freiwillige Unterwerfung unter die bischöfliche Gewalt und durch Entsagung aller Pracht in Kirchen und Klöstern. Auch trugen sie Mönche eine weiße Kutte statt der schwarzen Ordenstracht der Benediktiner. Durch Bernhard von Clairvaux wurde das Ansehen der Cistercienser über alle anderen Orden erhoben und im 13. Jahrhundert zählten sie über 2000 Mönchs- und 6000 Nonnenklöster. Mit den Clugnicensern vermittelte Bernhard einen Frieden, und ihm zu Ehren wurden die Cistercienser vielfach Bernhardiner genannt. Auch in Norddeutschland fanden die Cistercienser früh Eingang. Graf Adolf III. von Schauenburg gründete zum Andenken an seine Weihnacht 1185 gestorbene erste Gemahlin das Cistercienser Mönchskloster Reinfeld und Adolf IV. hatte bereits das Cistercienser Nonnenkloster Reinbeck gestiftet.

80) Die Unterstützung eines kirchlichen Baues ist jedoch nicht figürlich, sondern wörtlich zu nehmen. Bis zum 13. Jahrhundert waren die Geistlichen nicht nur die Bauherren, sondern auch die Baumeister und Architekten, sie entwarfen und zeichneten die Baupläne und leiteten alle Bauarbeiten. Die Laien

aber glaubten ein gottgefälliges Werk zu thun, wenn sie zum Bau einer Kirche oder eines Klosters Handlangerdienste verrichteten. Zum Bau eines berühmten Gotteshauses strömten im 8. und 9. Jahrhundert Tausende von Laien zusammen, Fürsten und Adelige, Ritter und Bürger, Reiche und Arme, gruben den Grund aus, trugen Steine und Mörtel herbei, fällten in der Waldung die Bäume, und schleppten die bearbeiteten Balken zur Baustelle unter der Aufsicht und Leitung der Geistlichen. Zuweilen war der Andrang so groß, daß die Ernährung der Menschenmenge den Bischöfen und Äbten große Sorge machte und sie gezwungen waren, einen Teil dieser unentgeltlichen Hülfsarbeiter wieder zu entlassen. Als später der Eifer erkaltete, die Geistlichen aber die freiwilligen, unbezahlten Hülfsarbeiter nicht entbehren wollten, griff man zum Ablaß, um den Eifer wieder anzuregen, und wir sehen, daß Mitte des 13. Jahrhunderts bereits für acht Tage Arbeit ein Ablaß von 20 Tagen gewährt wurde.

81) Graf Gerhard I. hatte diesen Besitz 1277 den 16. Juni an den Hambg. Bürger Hartwig, Bertrams Sohn, verkauft (H. U. 772).

82) Der Besitz der Wiesen von Heimichude, auf denen jetzt die Straßen Groß- und Klein-Fontenay, neue Rabenstraße, Alsterterrasse, Klopstockstraße, Alsterglacis und Alsteruser erbaut sind, war schon 1256 von den Grafen Johann und Gerhard der Stadt bestätigt worden. 1258 wurde der Bach Heimichude (später der Hundebeck, jetzt das Siel längs der Badestraße) als Grenze des Hamburger Weichbildes bestimmt. Der gräfliche Hof jenseits des Baches war 1274 im Besitz des Hamburger Bürgers Hartwig, welcher denselben 1277 seinem Sohn, dem Knappen Konrad übertrug. 1285 hausten hier Wegelagerer, welche den Bürgern viel Sorge machten, vielleicht weil die Stadt infolge des Brandes von 1284 sehr verarmt war. Andererseits finden wir einen Hof Heimichude im Besitz des Erzbischofs Hildebold (1257—1273), welcher denselben dem Scholastikus Johann von Hamme verlieh. Wir sehen hier dieselben Widersprüche wie bei Herwardeshude, doch lösen sich dieselben, wenn man annimmt, daß der Scholastikus den Hof nach dem Tod des Erzbischofs 1274 an Hartwig verkauft hat.

83) In diesem Jahre (1530) ist bei Hamburg das herrliche Kloster Hervesthud, an der Alster gelegen, in Grund niedergerissen, die Nonnen enturlaubet und an der Stedte eine öffentliche Wirthschaft angerichtet, dahin man des Sommers kan lustiren gehn.

Helvader, Sylva (1632) chronol. Circ. Balth. ad a 1530.

Der Platz ist dem Bacchus geweiht, und in eine Schenke verwandelt, wie noch jetzt zu sehen ist.

Lambecius, Rerum Hamb. lib. II, pag. 44.

84) Die größte Gefahr drohte den Städten von seiten Dänemarks, denn Erich Menved verfolgte den Plan, das Reich Waldemars II. wieder herzustellen, also Norddeutschland und die deutschen Seestädte der dänischen Herrschaft wieder zu unterwerfen. Von einem gemeinsamen Vorgehen gegen den Erbfeind deutscher Interessen findet sich jedoch keine Spur, jede Macht suchte sich selbst zu schützen und aus der allgemeinen Not Vorteil zu ziehen. Die holsteinischen Grafen, obgleich sie durch die Zersplitterung des Landes ihre Macht und Einnahmen immer mehr geschwächt hatten, beabsichtigten, das reiche Lübeck wieder in Abhängigkeit zu bringen, wogegen die holsteinische Ritterschaft unter Führung ihrer Overboden jede Gelegenheit benutzte, die gräfliche Herrschaft ganz abzuschütteln. Als die Ritter die Dithmarsen gegen die Grafen unterstützt hatten, kam es 1304 zu der sogenannten Grafenfehde, in welcher die Ritter unterlagen, aber in Lübeck Schutz und Unterstützung fanden. 1306 verbündeten sich Hamburg und Lübeck, um die Raubschlösser Travemünde, Wohldorf und Ahrensfelde zu zerstören, und jetzt kam es zu einem allgemeinen Kriege. Der Herzog von Sachsen und der Herzog von Schleswig verbündeten sich mit den Städten, dagegen Heinrich von Mecklenburg und Nikolaus von Worle mit den Grafen von Holstein. Die Lübecker erschienen zuerst im Felde, nahmen Oldesloh und brandschatzten das umliegende Land, aber gegen Neujahr schlossen die Grafen Lübeck mit 1400 Rittern ein. Zwar wiesen die Lübecker alle Angriffe erfolgreich zurück, weil aber die wendischen Städte aus Furcht vor den Mecklenburgern keine Unterstützung sandten, baten die Lübecker im Mai 1307 Erich Menved um Vermittlung des Frieden und nahmen ihn gegen ein jährliches Schutzgeld von 750 Mark auf zehn Jahre zum Schutzherrn. Nachdem Erich das Haupt der deutschen Städte an sich gebracht hatte, suchte er auch in den übrigen wendischen Städten festen Fuß zu fassen. Diese hatten sehr bald ihren Fehler erkannt, und 1308 schlossen Stralsund, Greifswald, Rostock und Wismar eine Einigung gegen die Fürsten, 1310 trat zwar Lübeck dem Bündnis bei, jedoch mit Ausschluß aller Schritte gegen den König von Dänemark. Erich Menved hatte inzwischen viele Schuldscheine der Stadt Rostock angekauft, um die Rechte eines Gläubigers zu erlangen und dann 1311 viele Fürsten nach Rostock eingeladen, um den Markgrafen von Brandenburg zum Ritter zu schlagen. Die Rostocker schlossen jedoch ihre Thore und wollten nur einzelne Herren mit geringem Gefolge einlassen. Zwar versuchten die Fürsten den Eingang mit Gewalt zu erzwingen, allein die Rostocker wiesen alle Angriffe mit Erfolg zurück, jedoch mußte Wismar, welches gleichzeitig angegriffen war, den Mecklenburgern die Thore öffnen. Auch Rostock hatte zwei Jahre später dasselbe Schicksal, von den Fürsten abermals angegriffen, mußte es nach hartnäckiger Verteidigung im Dezember 1313 sich dem dänischen Könige unterwerfen. Nur Stralsund gelang es, mit Hülfe der Markgrafen von Brandenburg seine Unabhängigkeit zu behaupten.

85) Rezeß von 1483.

Alse dat Closter to Herwestehude up ene beständige regul und Abbatie gefunderet und gebuwet is unde dat also lange dargestan heft, dar alle iungvrouwen up gekledet synt unde darna geleret hebben, dar dat meiste deel der iungvrouwen hier in disser Stadt gebaren unde hyr uth darinnen gegeven sünt, schal vnde wil de Rad mit den Borgheren beschermen vor averval, unde twe personen des Rades unde itlike borghere, de de Abbatissa dartho keset tho vorstenden, deme Closter vorwesen unde alle dynk tho des Closters besten helpen reden, also dat tho Lubeke vnde in anderen steden vnde landen, dar sulke Closter des Ordens vnde wesendes synt, wert gheholden.

Art. 16.

Dat men ock dem Closter to Herveste hude enen framen borger, mit vulbord des Rades und der vorstender der veer carspel, to enem vorstender setten möge, de densulven jarlick bescheed doen möge.

Art. 17.

Dat men demsulven closter, mit vulbort des Rades unde der vorstender der veer carspel, enen guden praedicanten und enen capellanen setten möge, und andere prester, de dar up dem have mochten proven gekoft hebben, ock andere prester da nene messe holden mögen.

Der Rat erwiderte:

Item de 16te und 17te Artikel willen mit ripen rade angefangen und achterfolget syn dorch frundlich handel by der abtissin und dem gemenen convente tho Harvestehude.

86) Rezeß von 1531, Art. IV. van den Jungfern to Harvestehude:

De verordneten Rathspersonen und Börgers des Klostere Harvestehude hebben der Domina und Versamblung angesegt, dat se der Nonnen plege nicht mehr dragen, den se fortan fruwen, tüchtige, ehrlicke wedwen, na der upgerichteten ordnung glikmetig holden schulden, welken se vör dem utgange des schier künftigen Sondags Cantate also tho geschehen, to achterfolgen versöcht und angenamen hebben. Des hebben tom överflot de Verordnete E. E. Rades sambt den deputaten der verordneten Börger dat kloster tho sunt Johannis, den Jungfrauen etwan van Harvestehude inthonemen nagegeven, besichtiget tho dem Grunde, dat se idt mögten innehmen und tho eren und tho ander framen lüde kinder beste besitten und sick darin christlik und ehrlich entholden mögen. So se averst dat angebadene Kloster nicht annehmen, ock eren gedahnen loffde und thosage nicht nakamen wulden, alsdan wulde E. E. Radt sambt den verordneten Börgern davor sien unde helpen raden, dat dat sülve Kloster mit anderen ehrbaren Frauenpersonen besettet, und dat alle de Göder des Klosters Harvestehude tho erer Underholding geleget und verbruket werden schölen. Und de iungfern, so mt vorbevörte Kloster to gan weigerlick, mögen even, dat sülve, dat de andern utgegangene Personen genaten, empfangen und eer beste damit weten tho dohn.

87) Art. 32.

„Dewile de Jungfrauen tho Hervestehude sick dem E. Rade und gemeenen Börgern underwerpen, und jeglik der Börger der Göder sick baven rede und recht undernehmen und motwillig etlike stige böme gehauen: so wollen die Börger, dat tho Eemsbüttel een landrecht möge geholden werden unde also böme gehauen und andere waltsame daht gedahn, rechtes geneten und entgelden mögen.

Anmerkung zum Jungfernstieg.

88) Es ist verschiedentlich versucht worden, für den Namen "Reesendamm" eine andere Ableitung und daraus die Bedeutung des Dammes aufzufinden, doch sind diese Versuche sämtlich erfolglos geblieben. Wichtiger erscheint aber die Frage, woher unsere Vorfahren das Material für die Aufschüttung des Dammes genommen haben. Der Boden des Alsterbeckens lag etwa 6 m über Null, und der Damm mußte demnach zwei Meter hoch aufgeschüttet werden, um das Wasser zum Treiben der Obermühle genügend aufzustauen. Die dazu erforderliche bedeutende Erdmasse konnte vom linken Alsterufer nicht geholt werden, da es bereits mit Häusern bebaut war, ebensowenig konnte es dem Alsterbett entnommen werden, und da bei den damaligen Beförderungsmitteln eine Herbeischaffung aus größerer Entfernung ausgeschlossen war, blieb nur das rechte Alsterufer, die Gegend des Gänsemarkts und der Dammthorstraße, übrig. Der Boden ist hier jetzt gegen die Alster sanft geneigt, was wohl nur durch eine künstliche Abgrabung entstanden ist, denn vor etwa 40 Jahren hatten die Gärten der Hohenbleichen noch einen steilen Abfall nach den Großenbleichen, und am Mittelweg in Harvestehude ist noch jetzt eine ziemlich starke Böschung zu erkennen. Man mußte daher schon früher vermuten, daß das Material zur Aufschüttung des Reesendamms von der Gegend des Gänsemarkts abgegraben sei. Diese Vermutung ist durch die Bauten an der Gehrhofstraße bestätigt worden. Beim Ausgraben des Baugrundes an der Ecke des Gänsemarkts fand man zuerst aufgeschütteten Boden, dann folgte eine Schicht von vielen kleineren Granitblöcken, 20—30 cm im Durchmesser (auf einem Bauplatz wurden mehrere hundert solcher Steine aufgefunden), deren Zwischenräume mit Lehm ausgefüllt waren. Zwischen den Steinen fanden sich aber aufrechtstehende Baumstümpfe mit noch im Boden festsitzenden Baumwurzeln, wie die Bäume seiner Zeit gewachsen waren. In einer Tiefe von 5 bis 6 m über Null lag aufgeschwemmter Boden, und der Abhang des Geestbodens hatte eine Neigung von fast 45°. Es ist also klar, daß die Steine erst später, nachdem die Bäume gewachsen waren und an den tiefern Stellen die Niederschläge aus dem Alsterwasser sich abgelagert hatten, hierher gekommen sein können. Verfolgt man die Linie des Geestabhanges in

den Baugruben, dann muß die Mitte des Gänsemarkts damals noch eine Höhe von 13 bis 14 m über Null gehabt haben Der hohe Geestrand bot für die Aufschüttung des Reesendammes ein leicht erreichbares Material, und die Arbeiter, denen die Fortschaffung der größeren Steine unbequem war, rollten dieselben den Abhang hinunter, wo sie zwischen den Bäumen liegen blieben, Platzregen schwemmten dann den aufgelockerten Lehm nach, und dieser füllte allmählich die Zwischenräume aus. Als später der Neuewall durch die kleine Alster errichtet wurde, holte man von dieser Gegend wiederum das Material und vervollständigte die Planierung derselben bis zum Holstenthor, welches etwa 13 m höher liegt, als der Jungfernstieg. Daraus erklärt sich auch, warum die Straße an der Nordseite des Gänsemarkts bis zum Valentinskamp sich um einen Meter senkt und hier fast drei Meter höher liegt als die Ecke an der Gehrhofstraße.

Anmerkungen zum Wandrahm.

89) Herr H. W. C. Hübbe wird durch die Übertragung der gegenwärtigen Verhältnisse auf die ältere Zeit zu der Annahme verleitet, daß das in den Kämmerei-Rechnungen 1311 erwähnte „wer civitatis nostri" am Kehrwieder gelegen habe. Allerdings hatte noch im Anfange dieses Jahrhunderts das westliche Ende des Grasbroks in der Form einige Ähnlichkeit mit dem Finkenwärder Schallen, allein es ist wohl sehr gewagt, aus diesem Grunde dasselbe als einen flach in das Wasser abfallenden, im Laufe der Zeit höher aufgeschlickten „Steert" zu bezeichnen. Die bei den Freihafenbauten am Ende des Kehrwieders aufgefundenen Baureste haben gerade das Gegenteil gelehrt. Als 1547 und 1548 die erste Befestigung am Ende des Kehrwieders aufgeführt wurde, hatte das Ufer eine steile Böschung, fast 45°, und um den Wall gegen eine Unterspülung durch die starke Strömung zu schützen, mußte man vor demselben doppelte Vorsetzen unter Fluthöhe anlegen, außerdem an der Nordwestecke noch ein Stack aus großen Granitblöcken (ein Steinhaupt) errichten, um die Strömung abzulenken, und da dies noch nicht genügte, das Stack später durch ein Bollwerk aus schweren Schiffstrümmern verstärken. Als man 1620—26 die Befestigung weiter nach Westen vorschob, die Bastion Georgius und später das hölzerne Wams aufführte, da war der Boden hier nicht höher aufgeschlickt, sondern die Klaie lag unter 4 m über Null, und man mußte den Grund für die Festungsbauten erst durch Einschüttung von Erde schaffen, auch durch Vorsetzen unter Fluthöhe wieder gegen Abspülung zu schützen suchen. Das westliche Ende des Grasbroks ist also im Laufe der Zeit nicht aufgeschlickt, sondern abgespült worden und war daher zur Aufstellung von Fischwehren nicht geeignet.

90) Vermutlich ist durch diese Überschwemmung auch das Boot untergegangen, welches im Dezember 1883 beim Bau des Kanals am Kleinenflet wieder aufgefunden ist. Das Boot war ein Klinkerbau, etwa 11 m lang und 3 m breit, vorn spitz hinten breit abgeschnitten, die Seitenplanken waren durch eiserne Nieten mit einander verbunden und durch hölzerne Nägel an den schwach gebogenen Rippen befestigt, die hintern Rippen waren Sförmig gekrümmt, der Hinterteil des Bootes behielt infolgedessen noch eine solche Breite, daß die Fahrgäste auf Seitenbänken Platz nehmen konnten. Für die Ruderer waren in der Mitte des Bootes Querbänke angebracht; deren Platz noch an zwei Stellen der einen Seite kenntlich war. Die Bänke und der Spiegel des Bootes waren gänzlich verschwunden, überhaupt hatte der Hinterteil des Bootes bedeutend mehr gelitten, auch vom Bord war nur ein kleiner Teil erhalten, doch zeigte dieser noch zwei Löcher für die Ruderdollen. Da der Boden, wie die Seiten durch dünne, einen Centimeter dicke Bretter verschalt war, so läßt sich in Verbindung mit der eleganten Bauart darauf schließen, daß es ein Lustboot war,

welches ein Gartenbesitzer auf dem Schiffbauerbrok auf dem Scheidegraben zur Unterhaltung seiner Familie und Gäste liegen hatte, ähnlich wie noch heute Gartenbesitzer an der Alster und Bille zu demselben Zweck ein Boot zu halten pflegen. Das Boot lag neben Vorsetzen aus dünnen Baumstämmen, welche durch Flechtwerk, etwa 5 m über Null, mit einander verbunden waren, wie man solche zur Uferbefestigung von Gärten noch jetzt verwendet. Das Boot muß bei einer großen Überschwemmung untergegangen sein, denn es war ziemlich hoch mit Elbsand bedeckt. Es lag in einer Tiefe von 2,70 m über Null unter den Häusern Nr. 40 und 41 am Kleinenflet, welche gegen Ende des 16. Jahrhunderts erbaut worden sind, und muß also mindestens 300 Jahre hier gelegen haben.

91) Um das Alter des vorerwähnten Bootes annähernd festzustellen, wurde eine Durchsicht des Stadterbebuches vorgenommen, welche über die Entwickelung des Grundeigentums in dieser Gegend interessante Resultate geliefert hat. Die erste Eintragung des Grundstücks Nr. 40 ist 1588 geschehen, sie lautet: „Zu wissen, daß Veit Kremper Zeit seines Lebens ohne irgend welchen Widerspruch und Hindernis sein Erbe nebst anliegendem Platz besessen hat, belegen im alten Broke hinter den Pickhuben, zwischen den Erben des Jasper Kock und des Heinrich Meier." Das Grundstück wurde von den Erben Krempers an dessen Schwiegersohn Johann Becker überlassen. Das Grundstück Nr. 41 ist erst 1595 eingetragen. Die Eintragung lautet: „Zu wissen, daß Heinrich Meier Zeit seines Lebens ein Erbe, einst auf den Pickhuben belegen zwischen den Erben des Johann Becker und Hermann Wegener, ruhig und in Frieden besessen hat." Erwerber des Grundstücks war der Schwiegersohn Ludkin Schriver. Noch interessanter ist das im Westen angrenzende Grundstück, welches die ganze Ecke vom Kleinenflet und der Kibbeltwiete einnahm. Dasselbe ist 1585 eingetragen: „Zu wissen, daß nach dem Tode des Wilhad Kock ein Hof oder Garten nebst Zubehör bei dem Schiffbauerbrok zwischen den Erben des Alerd Renner, Christian Riken und Veit Kremper an Agneta, seine Wittwe 2c., als Erbschaft gefallen ist." Die Erben überlassen das Grundstück an den Sohn Jasper Kock. Bis 1610 blieb das Grundstück ungeteilt, dann wurde ein Bauplatz an der Kibbeltwiete abgeschrieben, 1611 folgten zwei weitere Plätze und 1622 bis 1627 die Plätze am Kleinenflet, so daß im Laufe von 17 Jahren der Garten in acht Grundstücke geteilt wurde, gewiß ein Beweis, wie sehr der Wert des Grundeigentums in dieser Gegend während des 30 jährigen Krieges gestiegen war. Interessant ist es auch, daß im Stadterbebuch noch 1588 und 1595 die beiden Erben, belegen im alten Broke und auf den Pickhuben, eingetragen wurden, während das Kleineflet schon 1567 erwähnt wird.